证券法苑

第三十二卷

（2021年6月）

黄红元 总编

蔡建春
卢文道 主编

Zheng Quan Fa Yuan

法律出版社
LAW PRESS · CHINA
北京

图书在版编目(CIP)数据

证券法苑. 第三十二卷 / 蔡建春, 卢文道主编. --
北京 : 法律出版社, 2021
ISBN 978-7-5197-5750-2

Ⅰ. ①证… Ⅱ. ①蔡…②卢… Ⅲ. ①证券法-中国-文集 Ⅳ. ①D922.287.4-53

中国版本图书馆 CIP 数据核字(2021)第137876号

证券法苑(第三十二卷)
ZHENGQUAN FAYUAN
(DI-SANSHIER JUAN)

蔡建春　卢文道 主编

责任编辑 彭　雨
装帧设计 贾丹丹

出版发行 法律出版社
编辑统筹 法律考试·职业教育出版分社
责任校对 王晓萍
责任印制 胡晓雅
经　　销 新华书店

开本 710毫米×1000毫米　1/16
印张 30.75　**字数** 465千
版本 2021年9月第1版
印次 2021年9月第1次印刷
印刷 中煤(北京)印务有限公司

地址:北京市丰台区莲花池西里7号(100073)
网址:www.lawpress.com.cn
投稿邮箱:info@lawpress.com.cn
举报盗版邮箱:jbwq@lawpress.com.cn
销售电话:010-83938349
客服电话:010-83938350
咨询电话:010-63939796

书号:ISBN 978-7-5197-5750-2
定价:92.00元

凡购买本社图书,如有印装错误,我社负责退换。电话:010-83938349

证券法苑 第三十二卷
（2021年6月）

主办单位：上海证券交易所

卷首语

自2020年以来，以新《证券法》实施、《刑法修正案（十一）》颁布为标志，资本市场改革发展的法治保障进一步完善。同时，资本市场的改革发展，也对另一部基础性法律《公司法》提出了修改完善的立法需求。《公司法》修改已纳入全国人民代表大会常务委员会立法工作范围。为加强《公司法》修改的研究，本卷集中收录11篇相关研究成果。另外，还收录了8篇其他优秀稿件。本卷共分为6个栏目，简要介绍如下：

"公司法修改——被动投资者"栏目收录了3篇观点存在差异甚至针锋相对的文章，将问题研究推向深入。缪若冰的《被动投资者有改善公司治理的激励吗？》直面关于被动投资者的理论争议，通过搭建激励分析—实践验证—理论意义的分析框架，鲜明地认为被动投资者有改善公司治理的激励。陈双、徐佳翻译的论文《论限制被动股东表决权》则认为，投资者持续涌向被动投资工具将对公司治理、股东乃至整体经济产生不良影响，应当对被动基金的表决权进行限制。唐峰翻译的《华尔街新巨人：被动投资者的一个理论框架》则认为，被动投资者正投入更多的资源来参与他们投资的公司，对被动投资者的现有批评是没有根据的，监管者可以继续评估被动投资者的影响。

"公司法修改——公司治理"栏目收录了关于

公司治理机制的4篇文章。徐明在《公司法修改的几点考虑》中,从《公司法》修改的基本原则和逻辑出发,认为应当以建立"公众公司"为主轴,围绕"公众公司"这一核心,引入"公众公司"和"非公众公司"等相关概念,并在具体内容上作出差异化的安排。李诗鸿翻译的论文《契约治理:对公司章程细则的影响》对美国公司治理中董事会和股东使用章程和章程细则条款来定制其公司治理的现象作了探讨,认为法院和立法机构应当重新考虑股东权力的现有约束,或者法院应该更仔细地审查董事会采纳的章程细则。薛前强在其《商业公司应对社会突发公共事件法律机制的演进及创新》中,对社会突发性公共事件对公司治理的影响进行了分析,在"新冠"肺炎疫情蔓延全球的背景下更具现实参考意义。另外,共益公司等非营利企业的发展是近年来的一大趋势,朱圆、蔡颖的《美国共益公司法之评析》介绍了美国共益公司法的相关内容及其积极意义,为我国公司立法提供了新的视角。

"公司法修改——公司资本"栏目收录了4篇文章。卢颖、沈志韬的《有限责任公司股权转让的释义困境与法经济学方法探析》运用法经济学的代理成本理论,研究了有限责任公司股权转让中的三类典型法律问题,为具体司法裁判提供了价值论和方法论的补充。陈铭宇聚焦公司回购减资中的债权人保护问题,认为现有制度在债权人保护上同时存在反应过度和反应不足的问题,建议明确法律欲加以维护的资本范围,并在回购交易中区分资本是否受损采取差异性的债权人保护措施。陈洪磊从典型案例"十堰市政公司、王某玉合资、合作开发房地产合同纠纷案"出发,指出在公司增资时若增资股东未尽出资义务,其他股东并不应当如发起人一样承担连带责任。黄维平、成卓玲在《明股实债的司法审查:标准选择与裁判逻辑的反思》一文中指出,明股实债融资模式遭受了金融监管的阻力,面临司法裁判的困境;司法在明股实债纠纷中应当坚持谨慎、适时、能动介入,并划清司法与监管的边界,公共政策纳入司法裁判应当经过充分严密的论证。

"金融司法案例评注"栏目收录了2篇案例研究文章。来自上海金融法院的法官和上海检察院的检察官分别探讨了证券虚假陈述投资者损失认定的理念与方法,以及新《证券法》实施背景下的信息披露犯罪若干疑难问题,有助于读者关注和了解证券法律制度具体适用中的前沿热点问题。

“证券监管”栏目收录了3篇文章。五洋建设债券案引起了广泛的关注与讨论。吴弘、吕志强的《债券承销商虚假陈述侵权行为认定机制探析》基于债券市场虚假陈述的特性，认为宜结合行业尽职调查指引及个案情形对承销商过错审慎认定责任，且应当以虚假陈述信息对发行人偿债能力的影响程度来划定承销商的责任范围。执法成本高、难度大是资本市场监管面临的挑战，胡大路以新《证券法》第218条规定为起点，具体分析了妨碍证券执法行为的认定与责任。市场操纵行为是各个法域的规制重点，刘春彦、林义涌介绍了欧盟近年来统一和优化资本市场操纵行为认定规则的立法经验，并提出我国应从规范体系化、内容精细化与结构科学化三方面加强资本市场操纵行为认定规则建设。

“制度研究”栏目收录了3篇文章，分别探讨了股份代持、现金分红与员工持股计划等热点制度。钱玉林、徐芙蓉认为，股份代持的司法规制应以不打破双层关系为原则，将法益保护、行为外部性作为前置考虑因素，针对股份在取得、持有和转让阶段的不同，确立身份冲突时的取舍规则、公司归入权的引入规则以及发起人的严格绑定规则等新的裁判路径。曹兴权、王婷婷指出，应当从私法与公法两个层面发掘强制现金分红制度的作用空间，关注如何将现金分红监管理念融入信息披露与公司内部决策机制等其他监管措施，同时考量如何将现金分红监管与行政许可监管“脱钩”等问题。牛喜堃依据新《证券法》第9条规定，结合员工持股计划的实际适用情况，提出了对科创板上市审核相关规则的完善建议。

编　者
2021年3月

Securities Law Review Serial No. 32 (2021)

《证券法苑》(2021)
第三十二卷,第1~8页

被动投资者有改善公司治理的激励吗?

缪若冰*

摘要:无论是好公司还是坏公司,也无论它们向市场发出什么样的信号,美国的被动投资者交易型开放式指数基金[(ETF)与指数基金]都会进行资产配置。因此,有关被动投资者是否具有改善公司治理激励的问题,在理论层面一直存在争议。有学者认为,被动投资者没有改善公司治理的激励,应限制被动投资者的投票。本文通过搭建激励分析—实践验证—理论意义的分析框架,鲜明地认为市场的制度环境、竞争以及行为的可实施性,塑造了被动投资者改善公司治理的激励。

关键词:被动投资者　公司治理　行为激励

一、被动投资者改善公司治理的激励与行为

被动投资者具有改善公司治理的激励,其依据是:首先,被动投资基金的投资标的虽然被锁定,但投资者并未锁定,基金发起人的"商业决策是在竞

---

* 重庆大学法学院讲师。

争激烈的市场环境下做出的”。正如组织社会学分析的那样,制度环境是指具有自身合法性以及要求的环境,“制度化的过程即这样的一个不断采纳制度环境强加于组织之上的形式和做法的过程”。[1] 制度环境产生的压力以及要求,会促使被动投资者通过差异化的竞争行为将投资者留在基金。其次,被动投资者的竞争对手不仅包括其他被动基金,也包括主动基金,竞争形式不仅基于基金的资产规模,也基于投资收益,是“在成本和绩效两个维度上展开”。最后,被动投资者确实可以采取一系列行动以改善公司治理,如通过发布适用于大部分公司治理的“最佳实践”,支持高质量的审计报告,增加对董事的监管,提升专业审计委员会能力,与其他投资机构合作等方式,促进公司治理的改善。概言之,激烈的市场竞争,参与公司治理的可行性,决定了被动投资者有足够的激励改善公司治理。

为了验证前述激励是否转化为具体行为,文章随后考察了被动投资者在公司治理实践中的表现。作者发现,被动投资者越来越注重投票权的行使,并重视按照规定披露对所持公司的投票情况。[2] 同时,在投票决策中,被动投资者采用了包括设立专门的投票人、建立投资管理监督委员会、聘任代理投票顾问公司等形式,来实现负责任的投票。除此之外,被动投资者在公司治理中增加了与目标公司管理层的交流,实施非公开行动,与其他机构共同合作,投身于公司治理的监管与政策的制定等。

同时,文章对被动投资者在公司治理上面临的主要理论争议也进行了回应,具体包括:(1)市场纪律问题。针对有观点认为被动投资者的投资方式及日益增长的规模有损市场纪律的观点,笔者认为,被动投资者的规模虽然一直在增加,但美国股票市场依然由主动投资者控制。并且,两者之间的竞争将促使主动投资者更为积极地获取信息,因而并不会影响市场纪律发挥作用。(2)所有权集中问题。美国被动投资者75%的市场份额是由贝莱德、先锋和道富所有,而它们又是40%的上

---

〔1〕 周雪光:《组织社会学十讲》,社会科学文献出版社2003年版,第74~76页。

〔2〕 See *Disclosure of Proxy Voting Policies and Proxy Voting Records by Registered Management Investment Companies*, 68 Fed. Reg. 6564.

市公司的最大股东,这引发了所有权集中的担忧。[3] 作者同意所有权的集中将引发合法性、责任能力等问题,但同时认为,这一集中也会降低所有权与控制权分离所产生的代理成本。并且,其他机构投资者、公司的董事会,也能在公司治理中制衡被动投资者的影响。(3)利益冲突的问题。被动投资者面临的利益冲突包括所投公司可能是基金(或者同一发起人的其他基金)的客户或者潜在客户,以及基金可能投资了一系列相互竞争的公司。作者认为,被动基金实际上嵌入一系列基金之中,享有规模经济下的协同效应,如果简单地要求区分投票,是对这种结构优势的误读。并且,许多客户本身是交叉进行投资,既投资了发起人的主动投资基金,也投资了被动投资基金。在投票策略上,被动投资基金确实可能面临直接的利益冲突问题,如持有两个待合并公司的股份,收购方案可能更有利于其中一方。文章认为这一问题难以避免,但被动投资者在法律层面的信义义务是针对整个投资组合而言,而非单个公司。

二、理论争议中的被动投资者

随着机构投资者的兴起,美国公司治理的核心问题在发生根本性的变革。在20世纪初,伯利与米恩斯曾指出,股东持股的碎片化导致了所有权与控制权的分离。在此基础上,失去控制权的股东与公司管理层之间的代理成本问题成为公司治理研究的重点。虽然在早期的Dodge v. Ford Motor Co. 一案中,法院就形成了公司经营应以股东利益为重的司法观点,[4] 理论层面也一直呼吁加强股东会中心主义。[5]

---

〔3〕 See Fisch, Jill E., Hamdani, Asaf, Davidoff Solomon & Steven, *The New Titans of Wall Street: A Theoretical Framework for Passive Investors*, University of Pennsylvania Law Review, Vol. 168, 2019.

〔4〕 See Bainbridge, Stephen M., *In Defense of the Shareholder Wealth Maximization Norm: A Reply to Professor Green*, Washington and Lee Law Review, Vol. 50, No. 4, Fall 1993.

〔5〕 See Lucian Arye Bebchuk, *The Case for Increasing Shareholder Power*, Harvard Law Review, Vol. 118, No. 3, Jan. 2005.

但是,实践中的美国公司治理更多的是首席执行官控制,[6]而一直为人们所期待,同时不断增强独立性的董事会,始终难以有充足的时间与精力担负起治理中心的责任,因而饱受批评。[7] 然而,市场并未停止自身的进化,机构投资者的兴起、资金的汇集、持有股份规模的扩大,促使其开始改变美国公司治理的局面。

对于主动投资者特别是其中的对冲基金而言,高业绩要求下的竞争压力、收益的较高分成、资金杠杆的应用、投资标的的集中,都形成了其完善公司治理的动机与激励。有研究指出,在某些投资决策中,对冲基金正是看到公司存在组织治理的问题,通过征集代理权、更换公司董事、出售资产、进行投资并购等活动来对公司施加压力,从而获得更高的投资收益。[8] 当然,对冲基金的相关行为并非无懈可击。例如,有文献指出,部分对冲基金介入公司后的决策,并未着眼于公司的长期价值,而是注重短期收益。[9]

与主动投资者相比,针对被动投资者的批判则更为尖锐。在部分学者看来,被动投资者不会根据差异化的信息匹配投资,而是被动地参与,它们整体规模的增加,对信息作用的有效性以及市场纪律的形成构成了"威胁"。特别是对公司治理而言,被动投资者的规模庞大,但内部能够仔细了解公司经营情况并给出专业意见的配置人员又不成比例得少。被动投资者的这一经营模式和现实中的困难,以及对市场有效性的干扰,一直让其在理论层面受到持续的质疑。

在前述理论争议的背景下,本文最为突出的理论贡献是尝试构建、论证被动投资者有激励去改善公司治理,而推动形成这一激励的正是

---

〔6〕 See George W. Jr. Dent, *Academics in Wonderland: The Team Production and Director Primacy Models of Corporate Governance*, Houston Law Review 44, No. 5, Winter 2008.

〔7〕 See *Charles M. Elson, Director Compensation and the Management – Captured Board – The History of a Symptom and a Cure*, SMU Law Review 50, No. 1, 1996.

〔8〕 See *Alon Brav, Wei Jiang, Frank Partnoy & Randall Thomas, Hedge Fund Activism, Corporate Governance, and Firm Performance*, The Journal of Finance, Vol. 63, No. 4, 2008.

〔9〕 See Marcel Kahan & Edward B. Rock, *Hedge Funds in Corporate Governance and Corporate Control*, University of Pennsylvania Law Review, Vol. 155, No. 5.

高度竞争的制度环境。作者认为，基金投资者并非固定在基金内部，而是可以在基金表现不好时撤离，这塑造了被动投资基金改善公司治理的激励。并且，本文认为，公司治理并不只限于“投票”，也非外显于激进的公司治理策略，非公开行动、公司治理监管政策的制定等都是完善公司治理整体行为的一部分。

当然，有关被动投资者的激励理论，也存在争议之处。实践中，投资者虽然并未固定在基金内部，投资者的离开也确实会给被动投资基金带来业绩方面的压力，但是这一压力很难证明会直接促使被动投资者产生改善公司治理的激励和行为。换言之，被动投资者确实有争夺基金投资者的激励，但这一激励导致的行为未必投射于改善公司治理这一不确定性较大而又直接产生成本的行为中。正如作者在文章中指出的，基金的服务、成本、业绩都构成了竞争中的要素。

另外，作者承认被动基金面临集体行动的困境，同时认为存在抵销因素，〔10〕但文中的回应略显薄弱。所谓集体行动的困境，是指拥有共同利益的群体，却未必采取一致的行动。正如奥尔森指出的，“认为从理性的和寻求自我利益的行为这一前提可以逻辑地推出集团会从自身利益出发采取行动，这种观念事实上是不正确的”。〔11〕 实践中，被动投资基金的规模、精力以及投资模式，反而有较强的激励促使其成为集体行动中的“搭便车者”。以贝莱德管理的被动基金为例，其对应投资的公司数量在全球范围内达到 14,000 多家，但贝莱德只配备了 20 人的团队负责公司治理问题的决策。〔12〕 很难想象，仅 20 人的团队有足够的精力去发现、识别、积极地了解公司治理的情况。更具挑战性的是，被动投资者如果选择积极地参与公司治理，将直接增加成本，但对整个基金投资收益的改善却微不足道。换言之，即使被动投资者

---

〔10〕 作者认为，以下要素会抵销集体行动困境中的消极因素：第一，被动投资基金的管理者运营多支基金，包括被动基金与主动基金，不同的基金之间共享信息，从而降低公司治理改善所需的信息成本；第二，被动基金的管理者本身对持有人承担信义义务，这将促使其主动地承担管理责任。

〔11〕 ［美］曼瑟尔·奥尔森：《集体行动的逻辑》，陈郁、郭宇峰、李崇译，格致出版社·上海人民出版社 2014 年版，第 2 页。

〔12〕 See Dorothy S. Lund, *The Case against Passive Shareholder Voting*, Journal of Corporation Law 43, No. 3, Spring 2018.

确有改善公司治理的激励,但这一激励在许多实践的个案中却难以得到证明。

三、维护市场的有效性

经过多年的长足发展,我国机构投资者正逐步增长,散户为主的市场格局在逐步打破。实证显示,以散户为主的市场,更容易受到"噪音交易者"的影响,股市易大起大落。[13] 相比之下,机构投资者更能增加公司股价中的信息含量,提升市场运作效率。[14] 但是,我国的机构投资者也出现了分化,有实证研究认为,部分机构投资者是短期投资者,他们的存在对资产收益的稳定性有较大的影响。[15] 同时,也有研究指出,如果超常规地发展机构投资者,在机构投资者信托责任淡薄的背景下,将加剧市场波动。[16]

作为发展较为成熟的证券市场,美国已经进入以机构投资者为主的阶段,机构投资者越来越成为公司治理中的主角,它们虽然数量较少,却占据了上市公司中越来越多的份额。[17]

从本文的理论建构中可以看到,围绕被动投资者在公司治理中的作用,理论层面存在许多争议,但争议的核心始终着眼于相关的机构能否强化市场的功能。在高效的市场中,市场主体能够公平地传递信息,并将信息转变为行为,从而建立市场秩序。正如哈耶克所言,"理解了

〔13〕 参见朱伟骅、张宗新:《投资者情绪、市场波动与股市泡沫》,载《经济理论与经济管理》2008 年第 2 期。

〔14〕 参见侯宇、叶冬艳:《机构投资者、知情人交易和市场效率——来自中国资本市场的实证证据》,载《金融研究》2008 年第 4 期。

〔15〕 参见刘京军、徐浩萍:《机构投资者:长期投资者还是短期机会主义者?》,载《金融研究》2012 年第 9 期。

〔16〕 参见蔡庆丰、宋友勇:《超常规发展的机构投资者能稳定市场吗?——对我国基金业跨越式发展的反思》,载《经济研究》2010 年第 1 期。

〔17〕 See Lucian A. Bebchuk, Alma Cohen & Scott Hirst, *The Agency Problems of Institutional Investors*, Journal of Economic Perspectives, Vol. 31, No. 3, 2017.

信息（或事实知识）传递的作用，也就为理解扩展秩序敞开了大门”。[18] 然而，当我们寻求市场发挥有效作用时，有三个要素非常关键：一方面，市场本身的力量应足够强大；另一方面，市场必须公平，所有人能够有途径获得同样的信息，从而作出属于自己的判断；最后一方面，信息在市场传递中能够产生激励，并转化为行为。正是在这一视角下，才会出现文章所需要回应的理论争议——被动投资者是否有足够的市场激励完善公司治理，被动投资者是不是市场作用的一部分，被动投资者会不会抑制市场信息传递的效率与价值？学者担忧的正是被动投资者庞大的投资规模和被动的参与方式会从根本上动摇市场的基础性功能，而这也是我们未来需要仔细评估与应对的证券监管与公司治理挑战。

对于我国而言，现阶段尚未进入以机构投资者为中心的制度环境，因而被动投资者在公司治理中的法学讨论较少，更多的讨论集中在经济学与金融学的实证研究中。不过，域外的理论争议对我们有以下启示：（1）美国对包括被动投资者在内的机构投资者，明确了其对投资者具有信义义务，并在此法律框架下要求基金加强信息披露与避免利益冲突；（2）美国证券监管机构明确要求被动投资者披露其在上市公司中的投票情况，以促进被动投资者进行负责任的投票，这是我国可以借鉴与学习的；[19]（3）美国证券监管部门允许被动投资者聘任专业的投票咨询机构，将相关的服务进行外包，而我国相关的咨询服务机构尚待在制度与实践层面进一步发展与培育；（4）美国头部的被动投资基金，会在内部建立专门的公司治理决策团队，完善被动投资基金参与公司治理的决策制度，这是积极参与公司治理的一种表现；（5）我国应关注被动投资者规模增加与公司治理之间有效性的实证研究，从我国的实

〔18〕［英］F. A. 哈耶克：《致命的自负》，冯克利、胡晋华等译，中国社会科学出版社2000年版，第100页。

〔19〕以发行指数基金的主体公募基金为例，我国目前对公募基金的信息披露要求，更多集中于规范公募基金的合法合规经营，保障投资者的合法权益，而未延伸到对公司治理的关注，这与我国机构投资者的发展阶段有关。

际情况出发,加强被动投资者参与公司治理的激励考核机制,[20]从而进一步维护市场的有效性。

(编辑:邹思思)

〔20〕 证券投资基金业协会2012年曾发布《基金管理公司代表基金对外行使投票表决权工作指引》,但该指引更多为自律指引,并且对参与公司治理的规定较为宽泛,更多地关注利益冲突问题。

《证券法苑》(2021)
第三十二卷,第9~63页

论限制被动股东表决权*

[美]多萝西·隆德 著**
陈 双 徐 佳 译***

摘要:投资者持续涌向被动投资工具,将对公司治理、股东乃至整体经济产生不良影响。首先,被动基金缺乏经济激励来确保其庞大投资组合中的每家公司都运营良好。其次,被动基金面临严重的集体行动问题。最后,被动基金不能基于投资而直接获得公司的业绩信息,因此干预公司治理的成本极高。基于以上原因,本文建议对被动基金在股东大会上的表决权进行限制,降低被动基金在公司治理方面的影响力,从而发挥知情投资者对管理层的约束作用。

关键词:被动投资 治理扭曲 机构投资者 代理人成本 限制表决权

美国投资者已开始接受学术界数十年来一直主张的现实:被动追踪指数的投资策略优于投资个股或主动基金。但我们有理由认为,被动投资的兴

---

* *The Case Against Passive Shareholder Voting*, Journal of Corporation Law, Vol. 43, No. 3, 2017.

** 南加州大学古尔德法学院助理教授。

*** 译者均系西南政法大学经济法学院2018级硕士研究生。

起将对公司治理、股东乃至整体经济产生有害影响。首先,被动基金并不主动寻求取得超越市场的表现,而是试图复制指数表现,因此,它们缺乏经济激励来确保其庞大投资组合中的每家公司都运营良好。其次,被动基金面临严重的集体行动问题:改善公司业绩的投资将使追踪该指数的基金同等受益,但只有主动基金承担成本。最后,对于被动基金而言,干预公司治理的成本是极高的,因为被动基金不能基于投资而直接获得公司的业绩信息,因此,必须投入额外的成本来识别表现不佳的公司并评估其他投资者提出的干预措施。这些支出将使被动基金最吸引投资者的成本优势不复存在。

基于以上原因,许多被动基金更倾向于将公司业绩留给市场这只无形之手来调整。即使有基金愿意进行干预,它也会理性地选择低成本、"一刀切"的治理方式,而这种治理方式可能并不利于公司利益的最大化。这个问题的影响可能是极大的:随着投资者持续涌向被动投资工具,无论是通过股东投票还是激进型对冲基金发起的投票,主导被动基金市场的机构投资者都将越来越多地影响甚至主导股东干预的结果,从而对经济造成广泛的损害。因此,本文建议立法者对被动基金在股东大会上的表决权进行限制,从而降低被动基金在公司治理方面的影响力,更有利于发挥知情投资者对管理层的约束作用。

一、引言

过去几年,数百万投资者舍弃了积极管理的共同基金(主动基金),转而投资被动管理的基金(被动基金)。仅 2016 年一年,投资者就从主动基金中撤出了 3400 亿美元(约占其总额的 4%),同时向被动基金投资了 5330 亿美元(增长率达 9%)。[1] 投资者这种史无前例的转变行为引

---

〔1〕 See *Morningstar Direct Asset Flows Commentary*: *United States*, Morningstar (Jan. 11, 2017), https://corporate. morningstar. com/us/documents/assetflows/assetflowsjan2017. pdf(分析了美国的资产流向)[以下简称 Morningstar Direct Assets].

发了一系列新闻报道，甚至有些文章称指数基金“正在吞噬世界”。[2]

被动投资的兴起对投资者来说是个好消息，因为这意味着其能够以更低的成本进行更多元化的投资，但这对公司治理则不那么有利。与基于个股表现来择股的主动基金不同，被动基金［包括指数基金和交易型开放式指数基金（ETF）］自动跟踪市场指数。因此，本文认为，被动基金的增长有可能扭曲和抑制“企业影响力市场”。[3]

企业影响力市场的参与者，通常是机构投资者和激进型对冲基金，[4]他们利用大额持股所带来的影响力来约束管理层。尽管这些投资者缺乏参与公司管理工作的完美动机，[5]但他们的存在构成了对管

〔2〕 See, e. g. , Sarah Krouse et al. , *Meet the New Corporate Power Brokers: Passive Investors*, WALL ST. J. (Oct. 24, 2016), https://www.wsj.com/articles/the-new-corporate-power-brokers-passive-investors1477320101; Tom McGinty et al. , *Index Funds are Taking Over the S&P 500*, Wall ST. J. (Oct. 17, 2016), http://www.wsj.com/graphics/index-funds-taking-over-sp-500; Jason Zweig, *Are Index Funds Eating the World?*, WALL ST. J. (Aug. 26, 2016), https://blogs.wsj.com/moneybeat/2016/08/26/are-index-funds-eatingthe-world/; John Authers & Chris Newlands, *Exchange Traded Funds: Taking over the Markets*, Fin. Times (Dec. 5, 2016), https://www.ft.com/content/a54e75d4-b7f9-lle6-ba85-95dl533d9a62; Nicole Bullock & Dan McCrum, *Rapid Rise of ETFs Sparks Growing Pains*, Fin. Times (Dec. 5, 2016), https://www.ft.com/content/cf69b382-bade-1 I e6-8b45-b8b8 dd5dO8O.

〔3〕 Brian R. Cheffins & John Armour, *The Past Present and Future of Shareholder Activism by Hedge Funds*, 37 J. Corp. L. 51, 61-73 (2011)（探讨了“the market for corporate influence”的词源）。

〔4〕 尽管对冲基金也是机构投资者，但由于其事前投资策略，本文将激进型对冲基金单独归为一类。见本文注［16］。

〔5〕 关于对冲基金激进主义者的短视性以及共同基金面临的集体行动问题，已有许多文章著述。See, e. g. , Leo E. Strine, Jr. , *Can We Do Better by Ordinary Investors? A Pragmatic Reaction to the Dueling Ideological Mythologists of Corporate Law*, 114 COLuM. L. Rev. 449, 458-459 (2014)［以下简称 Strine Jr. , Can We Do Better?］（认为短视的投资者掌握话语权将损害公司的长期价值）；Iman Anabtawi & Lynn Stout, *Fiduciary Duties for Activist Shareholders*, 60 Stan. L. Rev. 1255, 1290-1292 (2008)（认为激进投资者追求短期利益的做法可能会损害长期股东的利益）；Ronald J. Gilson & Jeffrey N. Gordon, *The Agency Costs of Agency Capitalism: Activist Investors and the Revaluation of Governance Rights*, 113 Colum. L. Rev. 863, 887 (2013)（讨论机构投资者面临的集体行动问题）；Edward B. Rock, *Institutional Investors in Corporate Governance*, U. Pa. L. Legal Scholarship Repository 1, 13 (2015)（文章阐明了机构投资者受到激励缺失的困扰，导致他们在公司治理方面相对被动）。

理懈怠的制衡,因为识别表现不佳的公司是他们投资策略的一部分,因此他们有动力约束任性的管理层。因为他们将识别表现不佳的公司视为投资策略的一部分,并乐于约束任性的管理层。

被动基金则不同,他们只追求与市场指数的表现相匹配,因此,缺乏经济激励来确保其投资组合中的每家公司都运营良好。首先,被动基金往往拥有非常庞大的投资组合,因此,投资于改善某单个公司的治理不可能达到提升基金整体收益的效果。其次,被动基金面临严重的集体行动问题,因为治理方面的投资对于所有追踪该指数的基金都是同等有利的,但成本却只有主动基金承担。最后,被动基金干预公司治理的成本是极高的,与主动基金不同,它无法基于投资而得到公司的具体业绩信息。因此,审慎的干预措施要求被动基金追加资金来另外获取公司的具体信息并提升治理能力。这些支出将使被动基金最吸引投资者的成本优势不复存在。

因此,资产持续流入被动基金,将加剧代理人成本问题,因为基金经理不太可能与投资组合公司进行深度"对话"或约束管理层,他们通常会采取低成本的投票策略,如遵循投票顾问的建议,或支持任何符合预设条件的股东提案。在良好治理的标准还未达成共识的前提下,我们有理由认为,这种盲目的、"一刀切"的治理方式的泛滥,将使许多公司的境况变得更糟糕。

此外,被动投资的兴起有可能扭曲对冲基金激进主义。激进型对冲基金日益被大型机构投资者所掣肘,这些投资者有权利阻止不符合股东长期利益的活动,并推动其认为的有益干预。然而,被动基金不太可能成为激进主义的"基石",这意味着其不仅不会支持某些有益干预,反而可能会大力支持某些有害干预。

目前,大多数共同基金的资产都投资于主动基金,这一定程度上能够减轻我们对于治理扭曲问题的担忧。[6] 但被动投资正呈快速增长趋势,一些标普500指数公司的被动基金占股已经超过20%。此外,主导被动基金市场的三大机构投资者(先锋、黑石、道富)已经在公司治理问题上拥有相当大的话语权。这三大机构投资者("三巨头")

〔6〕 McGinty et al.,supra note 2.

合计是美国88%的上市公司的最大股东。[7] 换句话说,倾向于被动投资策略的机构投资者已经开始排挤主动投资者。

当同一机构的被动基金和主动基金存在投资重叠时,被动基金就可以免费获取主动基金得到的信息。但与被动基金相比,主动基金投资的公司数量较少,因此并非一定会出现投资重叠。此外,随着资金持续从主动基金中流出,重叠的投资标的将会更少,能靠主动基金经理得到的信息也就更少。

被动基金持股可能会出现问题的另一个理由在于:有效治理需要知情投资者的参与,且其需求量可能大于保持股票市场定价效率所需要的量。如果一些主动基金通过观察市场,进而识别出表现不佳的股票,并用这些信息来影响交易决策,那么股票价格将随公司价值波动。[8] 但少数的知情投资者无法控制治理结果,被动基金一旦持股达到51%,即使全部知情投资者都反对,他们也能够单方面决定股东提案、代理权竞争和对冲基金激进主义的成功与否。即使不能绝对控制投票结果,被动基金仍可以对公司行为产生重大影响。[9] 这意味着,治理扭曲的出现会远早于股市定价无效。

目前的法律研究关注的是随着被动投资、机构多元化投资的兴起而产生的另一问题,即在一些垄断行业中,当机构投资者在处于竞争关系的公司中同时拥有大量股份时,可能会引发反竞争行为。[10] 理论上,高度多元化的投资机构的经理可能会向投资组合公司的管理层施

---

〔7〕 See Eric A. Posner et al., *A Proposal to Limit the Anti – Competitive Power of Institutional Investors*, 81 Antitrust L. J. 669, 673 (2017)

〔8〕 See generally Eugene F. Fama, *Efficient Capital Markets: A Review of Theory and Empirical Work*, 25 J. Fin. 383 (1970).

〔9〕 See Anabtawi & Stout, supra note 5, pp. 1270 – 1271(讨论了公司少数的小股东是如何影响公司决策的)。

〔10〕 See Posner et al., supra note 7; Einer Elhauge, *Horizontal Shareholding*, 129 Harv. L. Rev. 1267, 1291 – 92 (2016); Eric Posner & E. Glen Weyl, *Mutual Funds' Dark Side*, Slate (Apr. 16, 2015), http://www. slate. com/articles/news – and – politics/view – from – chicago/2015/04/mutual – fundsmake. air – travel more. expensivejinstitutional – investorsreduce. html. But see Edward B. Rock & Daniel L. Rubinfeld, *Defusing the Antitrust Threat to Institutional Investor Involvement in Corporate Governance*, N. Y. U. Law & Econ. Research Paper Series, Working Paper No. 17 – 05, 2017.

压,要求避免激烈的价格竞争,因为这会损害该机构其他的横向投资。[11]

本文提供了另一种思路:问题并不在于基金经理会诱使公司避免竞争,而在于他们不会尽力推动管理层实现股东利益最大化。在寡头垄断行业中,当股东对管理层的约束缺失时,管理层通常会采取“默契合谋”这种阻力最小的方式进行管理。[12] 在竞争更激烈的行业中,可能还会导致如高管薪酬过高、生产力和增长率下降以及收购效率低下等其他问题。[13] 因此,被动投资的兴起带来的问题可能比目前研究所关注的范围要大得多,因为其不仅涉及寡头垄断行业中的公司,还涉及所有被动股权高度集中的公司,而被动股权在美国资本市场中占比巨大且呈持续增长趋势。

在将被动投资和治理扭曲联系起来时,本文有三大创新点。首先,将饱受争议的机构投资者定位为企业影响力市场的重要参与者。本文阐明了支持主动管理策略的机构投资者与采取被动投资方式的机构投资者之间的差异,并通过分析共同基金激进主义来支撑这一观点。其次,解决了一个困扰许多公司法学者的难题,即尽管被动基金的“买入并持有”投资策略理应使他们对投资组合公司的长期健康发展有所关注,但他们却并未基于股东身份认真参与治理。为此,本文提出了一个理论来解释阻碍被动基金深入参与治理的激励缺失问题,然后论证了被动投资的兴起可能会加剧代理人成本问题,并造成数十亿美元的社会福利损失。最后,文章提出了一个立法建议:限制真正的被动基金在股东大会上的表决权。通过弱化被动投资者在治理中的作用,这一规

---

〔11〕 See Posner et al. , supra note 7.

〔12〕 See José Azar et al. , *Anti – Competitive Effects of Common Ownership*, J. Fin. (forthcoming 2018) (manuscript at 4), https://papers. ssrn. com/sol3/papers. cfm? abstractid = 2427345 [以下简称 Azar et al. , Anti – Competitive Effects] (“不明确要求或激励投资组合公司之间进行更激烈的竞争,可能会使管理者安于现状,从而在导致竞争减少的同时又保持住高利润率”);Michelle Bertrand & Sendhil Mullainathan, *Enjoying the Quiet Life? Corporate Governance and Managerial Preferences*, 111 J. Pol. Econ. 1043 (2003).

〔13〕 See, e. g. , Bertrand & Mullainathan, supra note 12; Randall Merck et al. , *Do Managerial Objectives Drive Bad Acquisitions?* 45 J. Fin. 31 (1990).

则不仅可以降低扭曲的风险,而且可以保持作为约束力量的知情投资者的话语权。此外,这种限制还有令人信服的法律依据。由于被动基金缺乏治理的专业知识和公司经营相关知识,因此,审慎的投票策略只会增加成本,而不会提高投资组合的回报,而草率的投票又可能损害投资者和其他股东的利益,特别是在被动基金持有股份规模和影响力还在不断增长的情况下。换言之,无论哪种方式,被动基金都有可能违反其为投资者谋求利益最大化的信义义务。因此,限制被动基金表决权,将对投资者和基金经理都更为有利。

本文结构如下:第一部分(本部分)为引言。第二部分阐述了机构投资者股份持有额的增长及其在代理人成本问题中的影响。第三部分详细介绍了被动投资的戏剧性的、前所未有的增长,并分析了被动基金面临的激励(缺失)问题,以及偏好被动投资策略的机构投资者结构如何导致激励(缺失)问题。本文认为,被动投资的兴起将增加代理人成本并扭曲公司治理,主要表现在降低知情投资者干预治理的频率和效率,以及增加无效干预或有害干预的可能性。有证据表明,被动投资已经开始影响那些被动基金所有权集中的公司的治理,并表明这些扭曲在未来会变得更加严重。第四部分提出了几项限制被动基金表决权的立法建议,并解释了激励主动基金在公司治理中发挥积极作用不如限制被动基金表决权有效的原因。第五部分得出结论。

二、代理人成本、机构投资者和公司影响力市场

从 20 世纪 30 年代,阿道夫·伯利(Adolph Berle)和加德纳·米恩斯(Gardiner Means)首次提出所有权和控制权分离会带来代理人问题以来,控制代理人成本一直是公司法研究的重点问题。[14] 他们认为,集体行动问题导致分散的股东不能实现对公司管理层的最佳监管,因

---

〔14〕 See Adolf A. Berle, JR. & Gardiner C. Means, *The Modern Corporation and Private Property*, New York, The Macmillan Company, 1932.

此,安于现状的管理层往往只会做到基本保证股东利益的同时为自己保持留存收益。[15] 然而,这早已不是伯利和米恩斯所处的股权分散的时代了,现在的很多投资者都集中到了大型投资机构。[16] 1980 ~ 1996 年,大型机构投资者在美国公司中的持股比例从 30% 以下增加到 50% 以上,几乎翻了 1 倍。[17] 截至 2010 年,机构投资者持有的股份在美国股市的占比约为 80%。[18] 而共同基金正是这一增长的最大驱动力:1980 年,他们拥有 700 亿美元的资产,到 2009 年,这一数字已上升至

---

〔15〕 同前注〔14〕。

〔16〕 "机构投资者"根据不同的结构和目标分为不同的类型。第一类是营利性资产管理公司,其中一些是上市公司,如黑石。Rock, supra note 5, p. 6. 第二类是"共同"(mutual)和非营利性管理公司,包括先锋,该管理公司为先锋基金所有,因此间接归先锋的投资者所有。Id., p. 7. 第三类是公职人员养老基金,如加州公务员退休基金(CalPERS),其董事会由政治家任命或直接由选民选举产生。不出所料,这些基金通常受到政治因素的影响较大。第四类是与工会相关的基金,包括美国劳工联合会—产业工会联合会(AFL - CIO),它们通常致力于推动与劳工有关的议程。Id. 本文重点关注第一类和第二类投资者,这些投资者是机构投资增长的主要驱动力。对冲基金也属于机构投资者,是私人组织的投资工具,公众无法广泛接触到,因此它们大多不受证券监管。典型的对冲基金经理具有获得正回报的强烈动机,因为他的薪酬主要取决于业绩。See Alon Bray et al., *Hedge Fund Activism, Corporate Governance, and Firm Performance*, 63 J. Fin. 1729, 1735 (2008). 对冲基金也称为"激进主义者",因为它们既可以事先发现有问题的公司,然后进行战略干预,又可以像共同基金和养老基金那样,采取事后治理的方式。但由于其事前投资策略,本文将激进型对冲基金排除在机构投资者之外。

〔17〕 See Paul A. Gompers & Andrew Metrick, *Institutional Investors and Equity Prices*, 116 Q. J. Econ. 229 (2001).

〔18〕 See Posner et al., supra note 7, p. 7; see also Marshall E. Blume & Donald B. Keim, *Institutional Investors and Stock Market Liquidity: Trends and Relationships*, Table 6 (Aug. 21, 2012)(未出版的手稿), http://ssm.com/abstract - 2147757. 尽管在过去的四十年中,散户持股的比例急剧上升(约有 50% 的美国家庭持有股票,比 1977 年增加了 30%),但这些股票持有率的增长主要来自共同基金,而非个人。See Gilson & Gordon, supra note 5, p. 884.

7.2万亿美元。[19]

提高股东集中度曾被认为是解决代理人成本问题的最佳方案。[20]理论上，在一家公司拥有大量股权的投资者应该有强烈的动机去监督和约束管理层，因为其能够分享监管所带来的收益。此外，由于持有大量股份，机构投资者应该不太可能将“退出”作为一种约束工具，因为大量抛售股票会导致股价下跌并给公司造成更大损失。因此，学术界一致认为，大型机构投资者会越来越多地利用其“话语权”来约束管理层。[21] 但机构投资者实际上并未这样做。[22] 代理投票数据似乎证实了机构投资者采取的是被动治理方式。例如，2007~2009年的代理期间，共同基金的提案仅占全部股东提案的4.5%，且仅有0.9%涉及公

〔19〕 联邦退休政策的变化是机构投资增长的原因之一。See generally id.，p. 879；Rock，supra note 5，p. 5. 1974年，在大量养老金计划资金不足的消息曝光后，国会颁布了《雇员退休收入保障法》(ERISA)，要求退休计划用独立资产池支持所有承诺收益的养老金。See I. R. C. §41 1(a)(2)(A)，(b)(1) (2006)（规定了固定收益养老金计划的最低要求）；Employee Retirement Income and Security Act of 1974 § 203，29 U. S. C. § 1053 (2006) (same)；id. § § 301－308（提供了最低资金标准）。按照这些规定，企业将资产转入养老金和退休账户，进而投入资本市场，supra note 5，pp. 879－880. 现代投资组合理论通过增加投资者对高度分散化投资工具的需求，促进了机构投资的增长。根据马科维茨的均值—方差投资效率理论（现代投资组合理论的前身），分散化提高了风险调整后的收益，投资组合越大，分散化程度越高。此外，由于成熟的二级市场效率很高，因此，增加其价值的研究成本高昂，其固定成本最好分散在大型投资组合中。这些观点对发行共同基金和指数基金的机构投资者来说是一个福音。See id.

〔20〕 See Roberta Romano，*Public Pension Fund Activism in Corporate Governance Reconsidered*，93 Colum. L. Rev. 795，795 － 853 (1992)；Bernard Black，*Agents Watching Agents：The Promise of Institutional Investor Voice*，39 Ucla L. Rev. 811 (1991)［以下简称 Black，Agents Watching Agents］；Ronald Gilson & Renier Kraakman，*Reinventing the Outside Director：An Agenda for Institutional Investors*，43 Stan. L. Rev. 863 (1991)；Bernard Black，*Shareholder Passivity Reexamined*，89 Mich. L. Rev. 520，575－591(1990)［以下简称 Black，Shareholder Passivity Reexamined］.

〔21〕 See id.；John Coffee，Jr.，*Liquidity versus Control：the Institutional Investor as Corporate Monitor*，91 Colum. L. Rev. 1277 (1977)（讨论了资产变现与行使话语权之间的权衡）。

〔22〕 See Rock，supra note 5；William W. Bratton & J. A. McCahery，*Introduction to* Institutional Investor Activism：Hedge Funds and Private Equity，Economics and Regulation 1 － 38 (2015)；Gilson & Gordon，supra note 5；Strine Jr.，*Can We Do Better?*，supra note 5，p. 481.

司治理或业绩问题。[23] 此外,最近一项研究表明,机构投资者很少支持其他股东的提案,但对管理层的提案几乎都表示赞成,反对票的占比仅1/10。[24] 事实上,过去10年中,对冲基金激进主义势头的猛进也表明机构投资者的治理工作并不到位。若机构投资者约束管理层的效果达到最佳,那这些旨在使公司价值持续增长的积极干预措施就不会取得如此普遍的成功。[25]

机构投资者对治理的消极态度有两大原因。第一点,也是最重要的一点,共同基金的行业结构导致了一个新的集体行动困境:投资于公

---

〔23〕 See Gilson & Gordon, supra note 5, p. 887.

〔24〕 See Jan Fichtner et al., *Hidden Power of the Big Three? Passive Index Funds, Re – Concentration of Corporate Ownership, and New Financial Risk*, 19 Bus. & Pol. 298, 319 – 320 (2017). 关于机构投资者投票存在的问题已有许多著述,包括它仅仅是在一定程度上提升了第三方投票顾问的话语权。See, e. g., Leo E. Strine, Jr., *Toward Common Sense and Common Ground? Reflections on the Shared Interests of Managers and Labor in a More Rational System of Corporate Governance*, 33 J. Corp. L. 1 (2007); Leo E. Strine, Jr., *One Fundamental Corporate Governance Question We Face: Can Corporations Be Managed for the Long Term Unless Their Powerful Electorates Also Act and Think Long Term?*, 66 Bus. Law. 1 (2010) [以下简称 Jr., *One Fundamental Corporate Governance Question*]; David F. Larcker et al., *Outsourcing Shareholder Voting to Proxy Advisory Firms*, 58 J. L. & Econ. 173, 173 – 204 (2015) [以下简称 Larcker et al., *Outsourcing Shareholder Voting*].

〔25〕 See C. N. V. Krishnan et al., *The Second Wave of Hedge Fund Activism: The Importance of Reputation, Clout, and Expertise*, 40 J. Corp. Fin 296 (2016); Lucian A. Bebchuk et al., T*he Long – Term Effects of Hedge Fund Activism*, 115 Colum. L. Rev. 1085 (2013); Nickolay Gantchev, *The Costs of Shareholder Activism: Evidence From a Sequential Decision Model*, 107 J. Fin. Econ. 610, 625 tbl. 8, tbl. 4A (2013) [文章称,在19个月的竞争期间,"原始"股东平均(中位数)回报率约为39%(33%),而经市场调整的年平均(中位数)收益率约为4%]; Alon Bray et al., *Hedge Fund Activism, Corporate Governance, and Firm Performance*, 63 J. Fin. 1729, 1750 tbl. tI (2008) [文章称,在竞争活动期间,原始目标股东的平均回报率(中位数)为42%(18%),而经市场调整的年平均(中位数)回报率为21% (4%)]; April Klein & Emanuel Zur, *Entrepreneurial Shareholder Activism: Hedge Funds and Other Private Investors*, 64 J. Fin. 187, 188, 226 (2009) (报告称,在上市后的1年里,经市场调整的目标股东的平均收益率约为22%)。

司治理的基金需要承担成本，而治理收益却要与竞争对手共享。[26] 且因为共同基金在业绩方面存在竞争关系，因此，那些投资于公司治理的基金的表现还会弱于竞争对手。第二点，某些干预要求基金构建复杂的监管体系，从而进一步增加了治理干预的成本。[27]

但是，尽管存在这些激励问题和成本问题，本文认为，机构投资者在降低代理人成本方面仍然发挥着至关重要的作用，而这一作用却一直被低估。首先，主动基金面临的集体行动困境被夸大了。主动基金不需要在竞争对手投资的公司中保持同等的投资比例，因此，它可以通过增加某支股票的权重并投资于治理来提高其相对业绩。[28] 当然，其他基金肯定会分享一些干预收益，但对于那些在其投资组合中占比较大的投资（或者更确切地说，该投资在其投资组合中的占比大于其竞争对手），主动基金始终都会有强大的经济动力去利用其“话语权”来约束管理层。通过投票问题我们可以看到，当前的研究还未充分了解机构投资者话语权的作用机制及成本。主动基金可以通过投资获得投资组合公司业绩不佳的信息，并通过多种方式利用这些信息。除了投票之外，基金经理还可以利用其他三种成本低且有效的约束工具：一是

---

〔26〕 See Lucian Bebehuk et al. , *The Agency Problems of Institutional Investors*, 31 J. Econ. Persp. 89 (2017) [以下简称 Bebehuk et al. , *Agency Problems*]; Gilson & Gordon, supra note 5, p. 887; Rock, supra note 5, p. 13; Jill Fisch, *Relationship Investing: Will it Happen? Will it Work?*, 55 Ohio ST. L. J. 1009 (1994).

〔27〕 Mark Roe, Strong Managers, Weak Owners (1996); Mark Roe, *A Political Theory of American Corporate Finance*, 91 Colum. L. Rev. 10 (1991); Black, *Shareholder Passivity Reexamined*, supra note 20; Black, *Agents Watching Agents*, supra note 20. 自撰写这些文章以来，某些监管限制已经放松。其中最受关注的是，美国证券交易委员会在 1992 年对代理规则进行了改革，允许投资机构与其他机构进行沟通，而不必担心因不当征求代理而承担责任。See Regulation of Communication Among Shareholders, 57 Fed. Reg. 48, 276 (Oct. 16, 1992) (codified at 17 C. F. R. pts. 240, 249). 然而，监管的难度仍然很大。See generally Marcel Kahan & Edward Rock, *Hedge Funds in Corporate Governance and Corporate Control*, 155 U. PA. L. Rev. 1021 (2007) (描述了对机构投资者激进主义的监管障碍)。

〔28〕 的确，改善股权占比较高的公司的治理，将有助于该基金在争夺投资者资产的“锦标赛”中取胜，这是一场“赢家通吃”的竞赛，因为表现最佳的基金将在随后几个季度获得更多的投资。See Keith C. Brown et al. , *Of Tournaments and Temptations: An Analysis of Managerial Incentives in the Mutual Fund Industry*, 51 J. Fin. 85 (1996).

向管理层表达不满;二是以出售部分股票作为威胁;三是向对冲基金透露信息或以其他方式支持对冲基金。有证据表明,机构投资者通常能有效地使用这些工具。

至于第一种工具,机构投资者越来越倾向于与管理层进行沟通或者"对话",而不是积极参与投票,尽管投资者以外的人难以衡量和判断,但投资者自己非常清楚,前者显然比后者更为有效。[29] 最近的一项研究报告向更多人普及了这种机构投资者主导的幕后干预。[30] 在这项研究中,大多数机构投资者表示,他们只在非正式沟通失败后才会使用代理机制,这就可以解释代理投票率低迷的原因。[31] 另一项研究显示,基金分析师会定期在路演现场、会议室、投资者办公室及公司总部等地与管理层面谈。[32] 已经有证据表明,这种非正式沟通是非常有效的。在 1998 年进行的一项研究中,研究人员评估了 1992 ~ 1996 年美国教师退休基金会(TIAA - CREF)与 45 家公司关于治理问题的通

---

〔29〕 See Joseph McCahery et al. ,*Behind the Scenes:The Corporate Governance Preference of Institutional Investors*, 71 J. Fin. 2905, 2095 (2016); Matthew J. Mallow & Jasmine Sethi, Engagement:*The Missing Middle Approach in the Bebchuk - Strine Debates*, 12 N. Y. U. J. L. & Bus. 386,386 (2016); Susanne Craig, *The Giant of Shareholders Quietly Stirring*, N. Y. Times (May 19, 2013), http://www. nytimes. com/2013/05/19/business/blackrock - a - shareholding - giant - is - quietly - stirringhtml. 相比之下,股东提案的通过率非常低, see Stuart Gillan & Laura Starks, *Corporate Governance Proposals and Shareholder Activism:The Role of Institutional Investors*, 57 J. Fin. Econ. 275,286 (2000); Stuart Gillan & Laura Starks, *The Evolution of Shareholder Activism in the United States*, 19 J. Applied Corp. Fin. 55,61 - 62 (2007),同时,代理权竞争的成本十分高昂, see Gantchev, supra note 25, p. 9.

〔30〕 See McCahery et al. , supra note 29 ["在我们的调查中,143 名受访者(大多数是关注长期利益的大型机构投资者)表示,话语权是非常重要的,尤其是在幕后"对话"的时候。例如,63% 的受访者表示,在过去 5 年中,他们曾与管理层进行过直接讨论,45% 的受访者曾在管理层不在场的情况下与公司董事会进行过私下讨论。"]。

〔31〕 Id.

〔32〕 See David Soloman & Eugene Soltes, *What Are We Meeting for? The Consequences of Private Meetings with Investors* 58 J. Law. & Econ. 325,331 (2016)[调查发现,97% 的上市公司首席执行官(CEO)会与投资者私下会面,2010 年的一项调查显示,首席执行官和首席财务官(CFO)平均每年与投资者会面的时间分别为 17 日和 26 日]。

信内容。[33] 研究发现，尽管该基金的正式提案只有一个获得通过，但实际上这45家公司中98%的公司都与其达成了共识。这表明，该基金通常能够在不诉诸代理权竞争的情况下实现其想要的治理改革。其他评估基金干预成功率的研究也支持了该结论。[34] 此外，2016年对投资者"对话"情况进行披露的标普500指数公司中，近半数也披露了这种"对话"对其治理和实践的改变。[35]

也有证据表明，机构投资者能够且也正在以"威胁退出"作为约束工具。[36] 一项关于机构投资者"对话"的研究报告称，基金通常在与管理层的"对话"中以退出作为威胁，而这种威胁在促使投资者达成其想要的改革时，成功率能达到40%。[37]

最后一点，机构投资者越来越倾向于与其他投资者合作来影响管理层。[38] 最重要的形式就是与激进型对冲基金合作。这些基金会大量购买表现不佳的公司股权，通过改善治理来提高股东回报。[39] 其干预范围很广，不仅包括实行股票回购或分红等较小的策略改变，还包括迫使公司出售资产或撤换董事会等重大改革。基于机构投资者高度集中的股权和允许管理者从干预中获利的薪酬结构，激进型对冲基金有强烈的动

---

〔33〕 See Willard T. Carleton et al., *The Influence of Institutions on Corporate Governance through Private Negotiations: Evidence from TIAA – CREF*, 53 J. Fin. 1335 (1998).

〔34〕 See Elroy Dimson et al., *Active Ownership*, 28 Rev. Fin. Stud. (2015); Marco Becht et al., *Returns to Shareholder Activism: Evidence From a Clinical Study of the Hermes UK Focus Fund*, 22 Rev. Fin. Stud. 3093 (2010); Michael Smith, *Shareholder Activism by Institutional Investors: Evidence from Calpers*, 51 J. Fin. 227 (1996).

〔35〕 See *Four Takeaways from Proxy Season* 2015, EY (June 2015), http://www.ey.com/Publicaion/vwLUAssets/EY – four – takeaways – from – proxy – season – 2015/ $ File/EY – fourtakeaways – from – proxy – season – 2015.pdf.

〔36〕 尽管随着投资者持股比例的增加，其退出的成本越来越高，但退出也并非不可能——市场分析显示，机构投资者通常会减持表现不佳公司的股份。See Strine Jr., *Can We Do Better?*, supra note 5, p. 479 n. 87.

〔37〕 See McCahery et al., supra note 29.

〔38〕 这种沟通在1999年成为可能，当时美国证券交易委员会通过了14a – 12规则，允许投资者与股东进行沟通，且不限制沟通人数。See 17 C. F. R. § 240. 14a – 12 (1999); Thomas W. Briggs, *Corporate Governance and the New Hedge Fund Activism: An Empirical Analysis*, 32 J. Corp. L. 681, 687 – 88 (2007).

〔39〕 See Kahan & Rock, supra note 27, p. 1045.

机来提升他们所投资公司的价值。[40] 正因如此,激进型对冲基金是应该作为一种有利于规范公司治理的力量而受到欢迎,还是应该作为“门口的野蛮人”而遭到抵制,一直存在广泛争议。包括特拉华州最高法院首席大法官在内的反对派认为,激进型对冲基金推动的策略偏向于自己的短期利益,而未充分衡量这些策略是否会减少长期投资、导致高杠杆和外部性风险。[41] 该主张也导致对激进型对冲基金的监管审查越来越严格。[42]

尽管学术界和监管机构持质疑态度,但经验表明,积极干预确实带

---

〔40〕 See Bebchuk et al. ,*Agency Problems*,supra note 26.

〔41〕 See Strine Jr. ,*Can We Do Better*?,supra note 5,pp. 458 – 459(认为短视的投资者掌握话语权将损害公司的长期价值);Anabtawi & Stout,supra note 5,pp. 1290 – 1292 (2008)(认为激进投资者追求短期利益可能会损害长期股东的利益);Iman Anabtawi,*Some Skepticism About Increasing Shareholder Power*,53 Ucla L. Rev. 561,579 (2006)(文章称,主动基金频繁交易改变其头寸,以寻求从短期价格波动中获利,而不考虑公司的长期利益);Stephen M. Bainbridge, *Responses*: *Director Primacy and Shareholder Disempowerment*,119 Harv. L. Rev. 1735,1751 (2006)(认为激进投资者最有可能利用甚至滥用股东权利的增加为自己谋利);William W. Bratton & Michael L. Wachter,*The Case Against Shareholder Empowerment*,158 U. PA. L. Rev. 653,726 – 727 (2010)(认为“规范市场管理是亟须解决的问题”,并将2008年的金融危机与股东过分关注股价短期上涨联系起来);Martin Lipton,*Twenty – Five Years After Takeover Bids in the Target's Boardroom*:*Old Battles*,*New Attacks and the Continuing War*,60 Bus. Law. 1369,1377 (2005)(认为激进型股东不考虑公司或整体股东的长期利益)。See generally Strine Jr. ,*One Fundamental Corporate Governance Question*,supra note 24,p. 1(阐释了在大多数股东都是短期持股的情况下,很难确保公司价值的长期增长)。

〔42〕 最近,美国证券交易委员会将内幕交易诉讼的重点放在了对冲基金上。See Kevin S. Haeberle & M. Todd Henderson,*Information – Dissemination Law*:*The Regulation of How Market – Moving Information is Revealed*,101 Cornell L. Rev. 1373,1386 (2016). 此外,美国证券交易委员会最近采用了FD监管规定,公司高管和董事普遍认为这不利于加强管理层和股东之间沟通。See Regulation FD,17 C. F. R. § 243. 100(b)(2)(ii) (2011);Stephen M. Bainbridge,*Constraints on Shareholder Activism in the United States and Slovenia* 16 (May 17,2000)(未出版的手稿),https://ssm. com/abstract = 228780(认为FD监管规定将会阻碍管理层和大股东之间的沟通)。最近,美国证券交易委员会被要求缩短13D披露的“窗口期”,并扩大受益股权的定义,以应对衍生品交易引起的头寸变化。See Gilson & Gordon,supra note 5,pp. 914 – 915;Lucian A. Bebchuk & Robert J. Jackson,Jr. ,*The Law and Economics of Blockholder Disclosure*,2 Harv. Bus. L. Rev. 39 (2012). 这些提议一旦实施,将大幅降低积极股东的回报,因为在消息传出并推高目标公司股价之前,他们的股份增持量将大量减少。See Gilson & Gordon,supra note 5,pp. 914 – 915;Bebchuk & Jackson,Jr. ,p. 39.

来了公司价值的提升、创新的增长和公司业绩的提高。[43] 这可能是因为那些愿意承担高额干预成本的股东也正是干预的实质受益者,可能是因为公司本身的管理确实太糟糕,也可能是因为机构投资者的参与已成为对冲基金激进主义的"基石"。[44]

主动投资者应当一开始就知道,机构投资者的支持对于其行动的成功至关重要。当投资者想要采取某项行动时,很少会通过购买足够多的股票来控制投票结果。2015 年,主动投资者或该群体的持股比例中位数低于 7%,在市值超过 200 亿美元的公司的持股比例更是连 3% 都不到。[45] 因此,要想赢得代理权(或许更好的办法是,与管理层达成有利的和解,避免可能高达 1000 万美元的代理权竞争费用),[46] 激进型对冲基金必须获得大型机构投资者的支持。[47] 因此,激进型对冲基金在选定目标公司前通常会对其投资者进行严格的分析。如果该基金判定存在太多不友好的机构型股东,则不太可能进行干预。[48] 如果该

---

〔43〕 See supra note 25 and accompanying text; Gantchev et al., *Governance under the Gun: Spillover Effects of Hedge Fund Activism* (Dec. 2017) (未出版的手稿), https://papers.ssrn.com/sol3/papers.cfm? abstract-id=2356544 [以下简称 Gantchev et al., Governance Under the Gun]; Bray et al., *The Real Effects of Hedge Fund Activism: Productivity, Asset Allocation, and Industry Concentration*, 28 Rev. Fin. Stud. 2723, 2728-2731 (2015).

〔44〕 See Gilson & Gordon, supra note 5 (描述了对冲基金激进主义者与机构投资者之间的"互益"关系。在这种关系中,如果激进主义者构建并试图推动治理改革,其只有在得到成熟机构投资者广泛支持的情况下,才能获得成功)。

〔45〕 2016 *U. S. Shareholder Activism Review and Analysis: Activists Face Headwinds in* 2016, Sullivan & Cromwell (Nov. 28, 2016), https://www.sullcrom.com/siteFiles/Publications/SCPublication_2016_U.S._Shareholder_Activism_Review_and_Analysis.pdf [hereinafter 2016 *U. S.* Shareholder Activism Review].

〔46〕 See Gantchev, supra note 25, p. 9.

〔47〕 See Gilson & Gordon, supra note 5, pp. 897-900.

〔48〕 实证研究显示,激进对冲基金的目标通常是机构持股比例较高的公司,这也与现有理论相吻合,即若激进型对冲基金能较为容易地获得投票支持,它们更有可能对公司进行干预。See John C. Coffee, Jr. & Darius Palia, *The Wolf at the Door: The Impact of Hedge Fund Activism on Corporate Governance*, Columbia Law & Econ., Working Paper, No. 521, 2015. 最近的一项研究同样表明,"激进主义友好型"机构投资者的存在增加了公司成为对冲基金激进主义目标的可能性;反之则可能性降低。See Simi Kedia et al., *Institutional Investors and Hedge Fund Activism* (Nov. 2016) (未出版的手稿), https://editorialexpress.com/cgibin/conference/download.cgi? dbname=AFA201-8&paperjid=342.

对冲基金选择进行干预,通常它会先作出 13D 公告来提醒市场,再向大型机构投资者说明具体情况。[49] 在公告公布前后,该对冲基金还可能招募其他小型对冲基金,这被称为“狼群行为”(wolf – packing)。[50] 最终,该对冲基金会明白,获得一个或多个机构投资者的支持是至关重要的。[51] 这样做不仅有助于该对冲基金获得投票支持,而且还能向其他投资者发出可信赖信号,增加他们参与积极干预活动的可能性。[52] 然而,一旦作出 13D 公告,管理层则就会开始试图说服机构投资者,使其相信该对冲基金的计划存在短视性或其他问题。事实上,这种游说甚至可能发生在干预之前,因为有证据表明,管理层认为加强与大股东的沟通是防御对冲基金激进主义的重要手段。[53]

---

〔49〕 See 17 C. F. R. § 240. 13d – 1(a) (2012)(要求任何收购目标公司 5% 以上股份的人,均需在收购股份达到 5% 后的 10 日内,向美国证券交易委员会提交 13D 公告)。就像最近的一个例子,激进型对冲基金 Jana Partners 在对 Agrium 管理层进行干预之前,评估了来自大型机构投资者的潜在支持情况。See David Gelles & Michael J. De la Merced, *New Alliances in the Battle for Corporate Control*, N. Y. Times (Mar. 18, 2014), http://dealbook. nytimes. com/2014/03/18/new – alliances – in – battle – for – corporate – control/? r – 0; Coffee Jr. & Palia, supra note 48; Mario Becht et al. , supra note 34(建议股东激进主义主要通过对目标管理层和其他机构的私下干预来进行)。

〔50〕 See Susan Pulliam et al. , *Activist Investors Often Leak Their Plans to a Favored Few: Strategically Placed Tips Help Build Alliances for Campaigns at Target Companies*, Wall ST. J. (Mar. 26, 2014), http://www. wsj. com/articles/SB10001424052702304888404579381250791474792; Coffee Jr. & Palia, supra note 48; Briggs, supra note 38, pp. 686 – 694.

〔51〕 例如,激进型对冲基金 ValueAct 以不到 1% 的股份成功地获得了微软董事会的席位,因为微软意识到其他大型机构都支持该基金。See Gelles & De Ia Merced, supra note 49.

〔52〕 Ian Appel et al. , *Standing on the Shoulders of Giants: The Effect of Passive Investors on Activism* 2 (NBER, Working Paper No. 22707, 2016), http://www. nber. org/papers/w22707 [以下简称 Appel et al. , Standing on the Shoulders of Giants].

〔53〕 See *Board the Swinging Pendulum Governance in the Age of Shareholder Empowerment*, PWC (Oct. 15, 2016), http://www. lexissecuritiesmosaic. com/gateway/sec/speech/assets – pwc – 2016 – annual – corporatedirectors—survey. pdf [以下简称 The Swinging Pendulum][文章指出:“近五分之四的董事表示,他们的董事会采取了积极的措施,为实际或潜在的激进主义做好准备。约有一半董事称,他们的董事会定期与公司最大的投资者沟通,并使用股票监测服务定期更新公司所有权的变化情况。还有一些董事称,他们的董事会修改了高管薪酬计划、改变了董事会的组成(分别为 21% 和 16%)。”]。

因此,尽管机构投资者不太可能自己采取激进主义立场,但他们在推动对冲基金激进主义方面发挥了重要作用。机构投资者有时也会主动寻求积极干预,如将其投资组合中表现不佳的公司名单透露给对冲基金以寻求该基金的干预。[54] 基于这些原因,管理层明白,当机构投资者产生不满时,就确实存在撤换管理层的风险,而对这种合作关系的极大威胁足以促使管理层专注于实现股东财富最大化。[55]

机构投资者还能约束激进型对冲基金:基于表决权,他们能够阻止其认为不利于公司长期健康发展的干预措施。因此,激进型对冲基金已经开始调整他们的策略来优先满足机构投资者的需求。多年来,激进型对冲基金一直致力于推动商业策略转变、资产负债表变动、资产剥离或公司出售。[56] 代理权竞争的最新趋势是将重点放在共同基金所关注的董事会治理问题上,而不再是原来的资产负债表问题。[57] 故现在需要更多的研究来确认,机构投资者是否应对这种转变负责以及这些变化是否能使股东受益。不过基于现有的一些证据,我们至少能看出,激进型对冲基金的干预措施通常可以提升企业价值的原因之一在于机构投资者,因为机构投资者不会支持那些不符合其长期利益的改革。

总而言之,尽管机构投资者的激励机制并不完善,但可以确定的是,能够从投资组合公司的长期健康发展中获益的大型专业投资者的存在,已成为公司治理的一项重要保障。

---

〔54〕 激进型基金 Pershing Square Capital 创始人比尔·艾克曼表示:"大型机构会定期与我们接洽,因为若这些机构对它们投资的公司的业绩感到失望,就会来询问我们是否有兴趣推动其变革。"他还称,机构投资者甚至已经有一个(非正式的)术语来描述这种现象:"R. F. A."(积极主义者诉求)。See Gelles & De la Merced, supra note 49.

〔55〕 See Gantchev et al., *Governance under the Gun*, supra note 43 (研究发现,同一行业中公司的管理者把他们行业中的激进主义视为一种威胁,并会采取切实的政策改革来应对这种威胁); *The Swinging Pendulum*, supra note 53, p. 15 (注意到有 4/5 的董事表示,他们的董事会采取了积极的措施,包括改变薪酬计划、识别战略漏洞以及调整董事会薪酬,以避免成为激进主义的目标)。

〔56〕 *S&C* 2016 *U. S. Shareholder Activism*, supra note 45.

〔57〕 Fichtner et al., supra note 24, pp. 298 – 299.

三、被动投资的威胁

我们正在进入被动投资兴起所带来的新投资时代,这再次改变了企业的格局。资金集中在被动基金中将使代理问题更加严峻,因为股东将控制权让渡给了没有经济动力监督管理层或实现良好治理的投资者。

本文这部分首先介绍了投资于被动基金的资产急剧增加的现状,然后描述了被动基金面临激励不足的问题,并对被动投资有可能扭曲公司治理并加剧上市公司代理人成本问题的理论进行了论证。

(一)被动投资的增长

被动基金不是基于证券的业绩来选择投资目标,而是自动选择并加权以匹配市场指数。被动基金包括指数基金和交易型开放式指数基金(ETFs),两者都寻求复制市场指数的同时最小化费率。虽然基金经理可能会根据设立基金时预设的组合投资的理念进行初步判断,然后决定追踪指数的方式,但被动基金主要还是自动进行交易的。因此,被动基金的收费通常要比主动基金低得多。[58]

被动基金已经存在一段时间了,现代指数基金是在20世纪70年代中期由先锋集团创始人约翰·博格尔(John Bogle)引入的。[59] 四十

〔58〕 截至2015年年底,美国被动型股票指数基金的资产加权平均费率仅为0.12%,而主动型为0.79%。See Patricia Oey, *Average Fund Costs Continued to Decline in* 2015, *But Investors Are Not Necessarily Paying Less*, Morningstar (Apr. 26, 2016), http://corporatel. momingstar. com/ResearchArticle. aspx? documentId = 750768.

〔59〕 See Zweig, supra note 2 (介绍了指数基金的历史)。20世纪30年代,存在一种与现代指数共同基金非常相似的信托产品:固定信托。它拥有可赎回的股票和固定的投资组合。但不知什么原因,到了20世纪40年代,它们就不那么受欢迎了。See John Morley, *Collective Branding and the Origins of Investment Fund Regulation*, 1936 - 1942, 6 VA. L. & Bus. Rev. 341 (2012)(探讨投资基金的起源)。

多年来，学者一直在宣传它们对投资者的好处。〔60〕 针对被动基金与主动基金的比较研究也表明，大多数主动基金并不能持续创造比市场指数（如标普 500 指数）更高的收益。〔61〕 即使有更高的收益，高出的部分也往往会被更高的管理费所抵消。〔62〕 但直到近几年，投资者才开始真正地接受被动投资。2008～2015 年，投资者卖出了价值 8000 亿美元的主动基金，转而买入了约 10,000 亿美元的被动基金。〔63〕 仅 2016 年 1 年，投资者就从主动基金中撤资 3400 亿美元，同时向被动基金投资了 5330 亿美元，增长率约为 9%。〔64〕 现在被动基金管理的资产已达 4 万亿美元，在美国共同基金市场的占比从 1995 年的 4% 上升至现在的 34%。〔65〕 在过去 10 年间，被动基金所持股份在美国股市总市值中的

---

〔60〕 1976 年，约翰·朗本（John Langbein）和理查德·波斯纳（Richard Posner）首次提出指数投资方法，他们认为"受托人的理性策略应是购买共同基金或持有市场组合（市场基金）的其他投资工具"。它们（市场基金）似乎是具有决定性优势的：在任何给定的风险/回报水平上，都达到了最大化分散，投资成本降到了最低。See John H. Langbein & Richard A. Posner, *Market Funds and Trust – Investment Law*, AM. B. Found. Res. J. 1, 19, 30 (1976).

〔61〕 See William F. Sharpe, *Mutual Fund Performance*, 39 J. Bus. 119, 137 (1966)（研究发现，风险调整后，股票共同基金样本表现逊于道琼斯工业平均指数）；Michael C. Jensen, *Risk, The Pricing of Capital Assets, and The Evaluation of Investment Portfolios*, 42 J. Bus. 167, 239 (1969)（研究发现，风险调整后，共同基金的净回报率低于市场整体水平）；Martin J. Gruber, *Another Puzzle: The Growth in Actively Managed Funds*, 52 J. Fin. 783, 787 (1996)（研究发现，主动基金的年回报率比相应的市场指数低 65 个基点）；Russ Wermers, *Mutual Fund Performance: An Empirical Decomposition into Stock – Picking Talent, Style, Transactions Costs, and Expenses*, 55 J. Fin. 1655 (2000)（发现主动基金持有的股票表现优于市场，但净回报率比市场指数低 1%）；Javier Gil – Bazo & Pablo Ruiz – Verdfi, *The Relation between Price and Performance in the Mutual Fund Industry*, 64 J. Fin. 2153 (2009)（根据不同的管控情况，主动基金的回报率比市场指数低 21～71 个基点不等）。

〔62〕 Id. Jeff Schwartz, *Reconceptualizing Investment Management Regulation*, 16 Geo. Mason L. Rev. 521, 550 – 551 (2009)（"如果加上主动基金较高的管理费用，那么其平均表现就会低于被动管理的证券指数。这为主动基金将跑赢市场的观点留下了待证空间。此外，普通投资者很难挑选出始终高于平均水平的投资标的。投资于一只主动管理的共同基金，相当于在一个非常拥挤的马场押注其中一匹马……有研究表明，在 15 年的时间里，84% 的主动管理型共同基金的回报率未能超过市场回报率。"）。

〔63〕 Fichtner et al., supra note 24, pp. 298 – 299.

〔64〕 See Morningstar Direct Assets, supra note 1.

〔65〕 Id., p. 6.

占比翻了两番,超过了8%,相当于标普500指数市值的12%〔66〕(见图1〔67〕)。

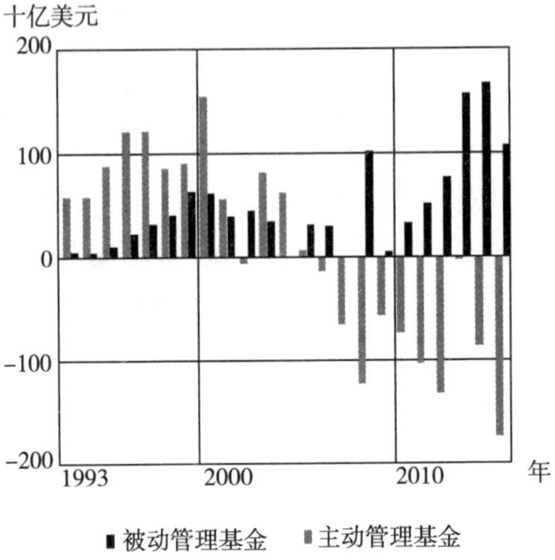

图1　美国股票市场和ETF的净流动

这种快速增长呈持续增长趋势。〔68〕主动基金的平均表现持续低于市场指数,这使被动基金更具吸引力。〔69〕而且由于全球经济增长率预计将持续处于低位,低费率的被动基金也将继续保持其竞争优势。〔70〕因此,安永会计师事务所预测未来几年ETF行业的年增长率将

〔66〕 Ian Appel et al., *Passive Investors, Not Passive Owners*, 121 J. Fin. Econ. 111 (2016) [以下简称 Appel et al., Passive Investors].

〔67〕 *Why Passive Investing is Overruning Active, in Five Charts*, Wall ST. J., http://www.wsj.com/graphics/passive-investing-five-charts/, visited Mar. 12, 2018.

〔68〕 See Madison Marriage, *Large Investors Pull $350bn From Active Equity Funds*, Fin. Times (Dec. 10, 2016), https://www.ft.com/content/4418502e-be2e-1le6-8b45-b8b81dd5dO8O (描述了主动基金行业黯淡的前景)。

〔69〕 Fichtner et al., supra note 24, pp. 302-304.

〔70〕 See Sarah Krouse, *Investors Leave Active Funds Despite Fee Cuts*, Wall ST. J. (Jan. 6, 2017), http://www.wsj.com/articles/active-funds-fee-cutting-doesnt-stem-investor-exodus-1483376271.

保持在 15% ~30%。[71] 而普华永道则认为会有更大幅度的增长,他们预计截至 2020 年,投资于 ETF 的资产能持续每年翻番。[72]

对共同基金管理费的监管审查也推动了被动基金的增长。2016 年 4 月,劳工部(DOL)发布了一项最终规则,扩大了 1974 年《雇员退休金保障法》(ERISA)中对"投资顾问信义义务"的定义。[73] 该规则于 2017 年 6 月 9 日生效,要求投资顾问在就 401(k)条款养老计划或个人退休账户(IRA)提出建议时,应承担信义义务。[74] 同样地,在 2016 年 6 月,美国证券交易委员会的合规检查办公室宣布,证交会审查员将仔细审查投资顾问在向其客户提供有关股票类别的建议时,是否与客户存在利益冲突。[75] 该公告明确表示,当存在更便宜的股票类别时,若投资顾问建议客户购买了价格更高的股票,则违反了信义义务。[76] 劳工部和证交会日益严格的审查,加上与共同基金管理费有关

---

〔71〕 See *EY Global ETF Survey*: 2015 *and Beyond*, EY (2015), http://www. ey. com/Publication/vwLUAssets/ey - global - etf - survey - 2015 - and - beyond/ $ FILE/ey - etf - survey - 2015and - beyond. pdf.

〔72〕 See Judith Evans & Jonathan Eley, *Democratising Finance*: *How Passive Funds Changed Investing*, Fin. Times(2015), http://www. ft. com/intl/cms/s/0/b3cOc960 - a56c - 1 I e4 - bfl 1 - 001 44feab7de. html.

〔73〕 See Definition of the Term "Fiduciary"; Conflict of Interest Rule - Retirement Investment Advice, 81 Fed. Reg. 20946, 20945 (Apr. 8, 2016) (codified at 29 C. F. R. pts. 2509, 2510, 2550).

〔74〕 See Tara Siegel Bernard, *Obama's Fiduciary Rule, after a Delay, Will Go Into Effect*, N. Y. Times (May 23, 2017), https://www. nytimes. com/2017/05/23/business/obamas - fiduciary - rule - after - a - delay - will - go - into - effect. html? _r = 0. 该规定原计划于 2017 年 4 月 10 日开始分阶段实施,但实际上却被推迟到 2017 年 6 月 9 日,并要求在 2019 年 7 月 1 日前全面实施该规定。但许多观察人士怀疑这次推迟可能会无限期延长。See, e. g., Ashlea Abeling, *Will DOL Gut Fiduciary Rule By Latest July* 1, 2019 *Extension*?, Forbes (Aug. 9, 2017), https://www. forbes. com/sites/ashleaebeling/2017/08/09/will - dol - gut - fiduciary - rule - by - latest - july - 1 - 2019extension/#2779d4365840.

〔75〕 See Office of Compliance Inspections and Examinations, *OCIE's* 2016 *Share Class Initiative*, SEC (July 13, 2016), https://www. sec. gov/ocie/announcement/ocie - risk - alert - 2016 - share - class - initiative. pdf.

〔76〕 Id.

诉讼的增加,[77] 使投资顾问开始将个人退休账户近 70,000 亿美元的资金从主动基金转移到被动基金。[78]

对于被动基金的快速发展,机构投资者是最大的受益者。这是因为被动基金行业非常集中,仅"三巨头"就持有 ETF 市场 70% 的份额。[79] 虽然指数基金市场份额的数据不会公开,但据最新估算,先锋已经占据了指数基金市场 75% 的份额。[80] 随着被动投资的增长,"三巨头"已成为公司治理的重要参与者。2015 年,"三巨头"合计构成了标普 500 近 90% 的上市公司的最大股东,比 2000 年增加了 25% 。[81] 即使扩大范围至全美的上市公司,它们也至少能构成 40% 的公司的最大股东。[82] 2016 年,仅先锋集团的一位被动基金经理就控制了标普 500 中 468 家公司超过 5% 的股份,10 年前这个数字仅为 3% 。[83]

尽管被动基金需求的增长是基于良性原因,但据一些金融评论员预测,资金日益集中在被动投资者手中可能会对市场产生不利影响。

---

〔77〕 在过去 10 年里,随着雇员退休计划中主动管理不当的现象越来越普遍,许多律师依据《雇员退休收入保障法》提起了针对管理费的诉讼。See Rosen v. Prudential Retirement Ins & Annuity Co. et al. ,2016 WL 74924320 (D. Conn. 2016)(原告辩称,雇主选择成本较高的主动基金,而不是被动基金,违反了《雇员退休法》);Taylor v. United Techs. Corp. ,2009 WL 535779,at ∗10 (D. Conn. Mar. 3,2009),aff'd,354 F. App'x 525 (2d Cir. 2009)尽管有专业证据支持积极管理基金表现不如消极管理的指数基金,被原告认为带有收入共享安排的共同基金集中出现违反了《雇员退休收入保障法》的规定,法院否定了这一观点。这种责任风险促使一些公司将其退休金账户从积极管理基金转向指数基金。See,e. g. ,Anne Tergesen & Jason Zweig,*The Dying Business ofPicking Stocks*,Wall ST. J. (Oct. 17,2016)描述了伊利诺伊州投资委员会在日益增长的责任风险下如何投票决定将其 40 亿美元的职工 401(k)计划转为完全指数投资。

〔78〕 John Waggoner,*DOL Rule Silver Lining? It May Trigger a Shift of $1 Trillion to ETFs*, Invest. News (Apr. 3, 2016), http://www. investmentnews. com/article/20160403/FREE/304039997/dol - rule - silver - lining - itmay - trigger - a - shift - of - I - trillion - to - etfs.

〔79〕 Fichtner et al. ,supra note 24,pp. 303 – 304.

〔80〕 Id.

〔81〕 Posner et al. ,supra note 7,p. 7.

〔82〕 Fichtner et al. ,supra note 24,p. 315.

〔83〕 See Dennis K. Berman & Jamie Heller, *Wall Street's "Do – Nothing" Investing Revolution*, Wall ST. J. (Oct. 17,2016),http://graphics. wsj. com/passivists/.

一方面,被动投资可能使投资者的“羊群效应”增强,并导致更多的市场关联波动,从而加剧金融市场的顺周期性问题。[84] 另一方面,普遍的被动投资可能会降低股票市场定价效率,因为对于某些公司,如标普500上市公司,其股票拥有相对稳定的市场;而未列入指数的公司可能会因为潜在买家更少,导致股票价值被低估。[85] 甚至连博格尔也承认:“如果只追求指数的投资不受任何限制,那么市场就会陷入混乱。也就是说,如果不能买卖,则意味着没有流动性,也就不存在市场了。”[86] 但他又补充,只有被动基金的股票市场份额占比达90%时,才会有如此荒谬的市场影响。[87]

现有研究主要关注的是机构投资者的兴起带来的另一个问题,即机构投资者同时拥有存在竞争关系的公司的大量股权可能会引发反竞争行为。实证研究表明,该问题至少引起了美国两个机构投资者集中的行业股价的上升。[88] 艾里克·波斯纳(Eric Posner)、菲奥纳·莫顿

---

〔84〕 See Andrew Haldane, Exec. Dir. Fin. Stability & Bank of Eng., *The Age of Asset Management*? (Apr. 4,2014), https://www.bis.org/review/rl40507d.pdf.

〔85〕 See Russ Wermers & Tong Yao, *Active vs. Passive Investing and the Efficiency of Individual Stock Prices* (May 2010) (unpublished manuscript), https://finance.unimannheim.de/fileadmin/files/areafinance/files/Paper.FinanceSeminar/Wermers.pdf; Inigo Fraser – Jenkins et al., *The Silent Road to Serfdom: Why Passive Investing is Worse than Marxism*, Bernstein (Aug. 23,2016), https://www.scribd.com/document/323564709/Bernstein – Passive – Investing – Serfdom – Aug – 2016; but see Miles Johnson, *Why Active Fund Managers Should Cheer Therise of ETFs*, Fin. Times (Dec. 5, 2016), https://www.ft.com/content/dfld95ec – bac4 – 1 1e6 – 8b45 – b8b81dd5d080 (主动基金应将被动基金的兴起视为利用那些因未列入指数而被低估价值的股票的机会)。

〔86〕 Zweig, supra note 2.

〔87〕 Id.

〔88〕 José Azar et al., Anti – Competitive Effects, supra note 12; José Azar et al., Ultimate Ownership and Bank Competition (July 2016) (未出版的手稿), https://papers.ssm.com/sol3/papers.cfm? abstract – id = 2710252. 某些行业股价上涨的情况与笔者的理论并不矛盾;的确,阿扎尔等人的理论认为,投资者缺乏对竞争的需求可能会同时带来竞争减少和持续高收益的结果。See Azar et al., *Anticompetitive Effects*, supra note 12, pp. 4 – 5. 然而,我认为竞争的减少只是问题的一个方面,缺乏投资者的约束准则也可能导致代理成本上升,且这些有害影响不只存在某些机构投资者集中的行业,而是会波及整个市场。

(Fiona Morton)和 E. 格伦·韦尔(E. Glen Weyl)以及艾纳·艾尔豪格(Einer Elhauge)声称,机构投资者可能会因其在竞争对手公司中的利益而迫使双方管理层避免激烈的价格竞争。[89]

下文提供了另一种思路,问题的关键或许不在于机构投资者以避免激烈竞争为目的向管理层施压,而在于这些不断增加的被动基金股权对管理层的监管和约束的缺失。当这些被动投资者对公司进行干预时,他们采取的是非审慎的自动化治理方式,这不太可能实现公司的最佳利益。若这种趋势持续下去,被动投资所带来的绝不仅仅是反竞争行为的问题,因为其不仅涉及寡头垄断行业中的公司,还涉及所有被动股权高度集中的公司,而被动股权在美国资本市场中占比巨大且还在持续增长。

(二)被动投资与公司治理

被动基金的目标是复制市场指数的表现,故其不会轻易退出。因此,人们可能会误认为被动基金与公司那些长期投资者的动机是一致的。[90] 但事实上,被动基金面临着严重的集体行动和代理人成本问题,这使他们不太可能审慎地参与公司治理。

由于被动基金仅寻求与市场指数的业绩相匹配而非超越它,故被动基金缺乏经济激励来确保其投资组合中的每家公司都运营良好。[91] 首先,被动基金投资组合高度多元化,因此与主动基金相比,其需要管理更多的公司。例如,一支标普 500 指数基金(当前热销的被动基金之一)的投资组合通常由 500 家公司组成,是主动基金平均投资公司量的

---

〔89〕 Posner et al. ,supra note 7;Elhauge,supra note 10.

〔90〕 See,e. g. ,Strine Jr. ,*Can We Do Better*?,supra note 5,p. 478. 表述如下:正是因为指数基金不会出售其在标的指数中持有的股票,所以这些基金更喜欢投资治理状况良好的公司,因为这种良好的治理能为股东创造最持久的财富。指数基金投资者不会从泡沫破裂中受益,因此,其比主动基金的投资者更为关注公司的前景。主动基金的交易频率相对较高,这让人很难相信其经理的交易决策是基于对公司长期资金流情况的真实评估,而非对市场走向的推测。

〔91〕 他们的指数化策略表现在,被动基金可能会拒绝溢价购买其股票的要约,只要这只股票属于该基金正在追踪的指数,即使该交易是有利的,他们也会拒绝。这是因为报价和市价之间的价格差,以及交易之间的时间差,都会干扰基金追踪指数的能力。See Some Tender Offer Quirks,*Kirkland & Ellis M&A Update*(Oct. 9,2009),https://www. kirkland. com/files/MAUpdate/100909. pdf.

5 倍以上。[92] 这意味着任何改善组合中单个公司治理的投资对于该基金的整体表现都影响甚微。[93]

此外,被动基金面临严重的集体行动问题,因为有效的治理干预将提高所有跟踪该指数的基金表现。与主动基金不同,后者可以根据公司预期收益来调整投资组合的权重,并通过投资公司治理来与其他基金竞争,而被动基金是按各公司股票在市场指数中的权重来同等配置其持股比例。因此,投资于治理的被动基金将在同等程度上改善所有与其具有竞争关系的被动基金的业绩,甚至还包括主动基金,因为他们会顺势加仓从而获取更大的利益。换句话说,任何治理投资都会在加重被动基金成本的同时使竞争对手受益。因此,除非治理干预不需要成本,否则肯定会影响被动基金的相对表现。但实际上,被动基金的审慎干预成本是极为高昂的。因为这些基金通常不了解其投资公司的内部信息,包括该公司的人事、经营现状以及其他的特殊状况。[94] 由于其自动化的交易策略,被动基金不会对所投资公司的基本面进行调查。[95] 这导致被动基金需要为其主动、知情的干预额外付出成本,这些成本包括识别表现不佳的公司、找出他们表现不佳的原因,并确定最

---

〔92〕 See David M. Smith & Hany Shawky, *Optimal Number of Stock Holdings in Mutual Fund Portfolios Basedon Market Performance*, 40 Fin. Rev. 481, tbl. 2 (2005) (2002 年,共同基金投资组合中的公司平均数量为 92 家)。

〔93〕 此前的研究认为"中立"股东是指进行衍生品交易的股东,他们否定与其股票头寸相关的所有经济风险的存在。See Frank Partnoy, *U. S. Hedge Fund Activism*, in Jenniyer G. Hiu & Ramdull S. Thomas eds. Research Handbook on Shareholder Power 13 – 14 (2015); Henry T. C. Hu & Bernard Black, *Empty Voting and Hidden Ownership: Taxonomy, Implications, and Reforms*, 61 Bus. Law, 1011 (2006). 这篇文章扩展了中立股东的概念,认为进行高度多元化投资的被动基金经理也属于中立股东,因为他们缺乏动机通过投资来改善投资组合内公司的业绩。

〔94〕 See Freidrich A. Hayek, *The Use of Knowledge in Society*, 35 Am. Econ. Rev. 519, 522 (1945). 对于那些为了复制指数表现而对公司进行抽样调查的指数基金来说,情况就不太一样了。如果一家公司的表现开始低于行业水平,那么这些基金可能就需要重新调整其投资组合。但即便是在这种情况下,这些基金也没有动力去找出基金表现不佳的原因,更不用说投入资源去试图改善公司业绩。

〔95〕 先锋强调,这些基金之所以能够收取较低的费用,是因为它们不需要花费资源调查每家公司的情况或与基金经理会面。See Frank Partnoy, *Are Index Funds Evil?*, The Atlantic (Sept. 2017), https://www.theatlantic.com/magazine/archive/2017/09/are – index – fundsevil/534183/ [以下简称 Partnoy, Are Index Funds Evil].

有效的干预方式。[96] 这种低成本交易策略还意味着该基金不得不花费额外的资源,来评估股东提案和其他投资者提出的治理干预措施。承担这些费用的被动基金,则需要向客户收取更高的管理费,而这可能会导致价格敏感型投资者流向其竞争对手。[97]

总之,被动投资加剧了间接融资带来的代理人成本和集体行动问题——尽管投资者也渴望良好的治理,但比起为此支付相关费用,他们更愿意"搭便车"。被动基金经理也是一样,因为这种治理投资会降低基金的竞争力。因此,与主动基金不同,被动基金缺乏经济激励来监督管理层或投资治理干预。或者,正如博格尔所言,一直以来,指数基金经理都理性地认为,他们应该将公司的业绩交给市场这只"看不见的手"来决定。[98]

因此,由于资金越来越多地从主动基金流向被动基金,企业影响力市场可能会经历两次巨大变动。首先,缺乏动力来监督约束管理层或改善治理的股东会越来越多;其次,公司会面临被动基金投票弊大于利的风险。因为被动基金经理很有可能会坚持采用低成本、非审慎的治理方式,如自动赞成任何符合其预设条件的股东提案。一旦存在激烈的利益冲突,被动基金往往会选择妥协。最重要的是,他们会特别乐于跟随管理层投票,因为这是获取养老金固定缴款计划资产的重要手段,

---

[96] 此外,由于"三巨头"在许多上市公司持有大量股份,当他们干预公司业绩时,就有违反1934年《证券交易法》第13(d)条款的风险。该条款规定,持股在5%以上的投资经理必须遵守广泛的信息披露要求。并且只要投资经理怠于行使"控制权"(包括提名董事和进行代理权竞争),他们就会受到13G公告中更具限制性的披露约束。See John Morley, *Too Big to Be Active: Large Investment Managers, Conflicts of Interest, and the High Costs of Corporate Control*(研究报告)(作者存档)。这条规则可能导致投资量巨大的投资经理避免采取任何可能被视为寻求影响力的行动。

[97] See generally Yang Sun, *The Effect of Index Fund Competition on Money Management Fees* (Apr. 15, 2014) (未出版的手稿), https://papers. ssm. com/sol3/papers. cfm? abstract - id = 2432361; Lisa Beilfuss, *Readers React: Low Fees Are Driving Us Into Passive Funds*, Wall ST. J. (Oct. 24, 2016), http://tabbforum. com/channels/fixed - income/news/readers - react - low - fees - are - driving - us - into - passive - funds. 指出价格敏感型投资者对此表示异议, Erik Sirri & Peter Tufano, *Costly Search and Mutual Fund Flows*, 53 J. Fin. 1589 (1998).

[98] Krouse et al., supra note 2.

这是一个投资于指数基金的庞大且还在不断增长的资金池。[99]

此外,由被动基金股权所带来的治理扭曲很可能出现在股市低效定价现象之前。因为相比股市有效定价而言,企业影响力市场的有效运行需要更多主动参与量。即使只有少数投资者根据与公司相关的信息主动进行交易,股票价格也会产生相应变化。但他们无法轻易影响公司治理结果,这意味着被动投资的兴起将很快导致治理效率低下。[100] 例如,某被动基金持有 Y 公司 51% 的股份,并且该基金的内部准则规定,该基金应赞成所有提高董事会独立性的提案。此时有一位股东提议,通过分离首席执行官与董事长这两个职位来提高董事会的独立性。而被动基金并不了解该公司的内部信息,因此无法判断这个有争议的提案是否能真正提高股东价值。然而,即使其他所有的积极股东都反对该提案,它还是会因被动基金严格遵守其投票规则而被通过。[101] 又如,假设某被动基金持有 X 公司 51% 的股份。该公司的知情投资者已经确定 X 公司表现不佳并且可以通过干预提高公司业绩,但除非大多数股东都支持,否则管理层会成功地阻止干预。我们进一

---

〔99〕 2015 年,401(k)计划管理的资产总额为 4.7 万亿美元,其中 60% 为共同基金所持有。See Sean Collins et al., *The Economics of Providing* 401(*k*) *Plans*:*Services*,*Fees*, *and Expenses*,Ici Res. Persp. (July 2016),http://www. ici. org/pdf/per 22 – 04. pdf; see also Simon C. Y. Wong, *How Conflicts of Interest Thwart Institutional Investor Stewardship*,Butterworths J. int'l Banking & Fin. L. 481 (2011). 在某些情况下,管理层会利用其作为委托人的权力作出决策。举个例子,1990 年,在 Fidelity 撤回对于宾夕法尼亚州《反收购法》的反对意见后,该法的坚定支持者 Armstrong World Industries 就将其 1.8 亿美元的员工储蓄计划从 Vanguard 先锋转而委托给了 Fidelity。See Black,*Shareholder Passivity Reexamined*,supra note 20,p. 602.

〔100〕 Zweig,supra note 2.

〔101〕 在公司治理中,是否应将首席执行官和董事长职位分离是一个备受争议的问题。近年来,尽管没有证据能够证明分离的积极作用,但目前更倾向于选择分离。See David F. Larcker & Brian Tayan, *Chairman and CEO*:*The Controversy Over Board Leadership Structure*, Stan Bus.:Stan. Closer Look Series (June 24,2016),https://www. gsb. stanford. edu/sites/gsb/files/publication – pdf/cgri – closer – look – 58 – independent – chair. pdf. 事实上,这两个职位的分离能提高公司业绩或治理质量的说法是没有依据的。最近的一项研究发现,若是迫于股东压力而选择分离,往往会导致公司市值与未来经营业绩的下降,参见 Aiyesha Dey et al., *CEO And Board Chair Roles*:*To Split or Not to Split*?,17 J. Corp. Fin. 1595 (2011)(对未来经营业绩进行了分析)。

步假设,若被动基金投票规则未对某类干预进行规定,那么,被动基金经理很可能会放弃表决权或者直接跟随管理层投票,而不是花费资源去判断干预是否有益,这意味着即使所有知情股东都赞成干预,该提案也不会被通过。

被动基金有两大行业特征可以解决部分问题。首先,被动基金也许可以通过"搭便车"的方式从投资重叠的主动基金那里获取信息。截至2016年6月,先锋和贝莱德各自管理的权益资产中有19%投资于主动基金,道富也有3%。[102] 当一个机构的主动基金和被动基金之间存在投资重叠时,就有可能进行有益的信息共享,从而增加被动基金知情投票的可能性。[103] 例如,2016年贝莱德的被动基金根据主动基金经理的建议,改变了一个广受关注的兼并项目的投票决定。这是专业服务提供商Towers Watson和Willis Group之间标的额达180亿美元的兼并案。Towers Watson的投资者不愿意接受以下约定:合并后公司现金与股票的组合价值是低于交易公布当日Towers Watson的股票价值的。但实际上,这笔交易将增加Towers Watson的收入并降低其成本,这意味着股东从该交易中最终是获益的。[104] 美国机构股东服务公司(以下简称ISS)和Glass Lewis都因该提案的短视性而表示不赞同,[105] 贝莱德的被动基金团队最开始也这样认为。但该机构的主动基金经理支持该交易并最终说服了他们。[106] 贝莱德的转变使该兼并提案最终被通过。信息共享确实可以降低产生不良后果的风险,但主动基金投资的

---

〔102〕 See Fichtner et al. , supra note 24, p. 304 tbl. 1.

〔103〕 有证据表明,有益的信息共享通常发生在大型机构投资者之间,参见Michelle Lowry & Peter Iliev, *Are Mutual Funds Active Voters*?, 28 Rev. Fin. Stud. 446 (2015)[研究表明,尽管25%的共同基金盲目地遵循了美国机构股东服务公司(ISS)的建议,但规模较大的共同基金和那些较大基金家族中的基金会主动参与投票的积极性更高,理论上是因为这些大型基金能够将研究成本和收益分散到各种基金中]。

〔104〕 See Paul J. Davies, *Towers Watson – Willis Merger: Battle to Save a Dubious Deal*, Wall ST. J. (Nov. 19, 2015), http://www.wsj.com/articles/towers-watson-willis-merger-battle-to-save-a-dubious-deal1447950545.

〔105〕 See *Critics React to Contentious Towers Watson Merger*, Chief Inv. Officer (Dec. 15, 2015), http://www.ai-cio.com/news/critics-react-to-contentious-towers-watson-merger/.

〔106〕 See Krouse et al. , supra note 2.

公司远少于被动基金，因此，他们之间并不一定会存在投资重叠。此外，随着资金继续从主动基金流出，他们开始裁减投资分析师，[107] 这意味着不仅产生的信息会减少，有益的溢出效应也会降低。此外，包括先锋在内的一些机构正逐步将主动管理事务外包给第三方，这意味着免费获取主动基金的信息将更加困难。[108] 由于没有主动基金经理的指导，被动投资的兴起可能会使机构投资者在公司中越来越被动。

被动基金行业的另一个复杂特征是，与其他许多大型机构投资者一样，被动投资机构通常会将投票表决和治理的工作交给公司治理的专业团队。[109] 理论上，一支人手充足且能审慎地指导被动基金投票并参与治理的团队，可以避免产生本文所讨论的许多问题。本文接下来将介绍“三巨头”治理团队的结构及其具体工作，并据此认为前述理论

---

〔107〕 “三巨头”已经开始裁减投资分析师：尽管流入道富(State Street)银行和贝莱德所管理的被动基金的资金再创纪录，但他们最近公布的裁员人数却达历年之最。See Sarah Krouse, *BlackRock to Cut About* 400 *Jobs*, Wall ST. J. (Mar. 30, 2016), http://www. wsj. com/articles/blackrock – to – cut – about – 400 – jobs – 1459370775（报道称贝莱德计划裁员约400人，占其员工总数的3%，这是迄今为止规模最大的一轮裁员）; Ross Kerber, *Update* 1 – *State Street Net Income Flat*, *Plans Job Cuts*, Reuters (Oct. 23, 2015), http://www. reuters. com/article/statestreet – results – idUSLINI2N17320151023（报道称，道富银行计划在全球范围内裁员600人）; Deirdre Fernandes, *State Street Corp. Eyes* 7000 *Layoffs by* 2020, Bost. Globe (Mar. 29, 2016), https://www. bostonglobe. com/business/2016/03/29/state – street – official – pegs – staff – reductionworkers/89HmTzw98F6AvUCVy A9A41/story. html（报道称，道富银行在投资者会议上宣布计划在未来3年内裁减7000名员工使其“成为一家技术驱动型公司而非依赖人工交易的公司”）。

〔108〕 See Hortense Bioy & Alex Bryan, *Passive Fund Providers Take an Active Approach to Investment Stewardship*, Morningstar (Dec. 2017), https://corporatel. momingstar. com/ResearchLibrary/article/839413/passive – fund – providers – take – an – activeapproach – to – investment – stewardship. full – report/（介绍了评估资产管理经理管理工作的方法）。

〔109〕 See Charles M. Nathan, *The Parallel Universes of Institutional Investing and Institutional Voting*, Harv. L. Sch. F. Corp. Governance & Fin. Reg. (Apr. 6, 2010), https://corpgov. law. harvard. edul2010/04/06/the – parallel – universes – of – institutional – investing – and – institutionalvoting/［以下简称 Nathan, The Parallel Universes］（注意，许多较大的投资经理都有专人负责投资组合中所有公司的投票事宜，而且这些员工“通常完全独立于投资组合经理，向投资经理的总法律顾问或高级合规官报告，而不是向投资部报告”）。

并不成立。此外也有证据表明,被动投资的兴起可能已经扭曲了股东投票的结果以及对冲基金活动的本质。

1. 被动性、投票与"对话"

"三巨头"宣称他们的治理团队积极参与了公司治理,但该说法是经不起推敲的。[110] 因为其治理团队的薪酬不与基金业绩挂钩,[111] 而且他们的人手也不足:先锋只雇用了15名员工来负责全球约13,000家公司的实地"对话"和投票表决,黑石只雇用了大约20名员工参与约14,000家公司的治理工作,而道富更是只有不到10人来参与近9000家公司的治理。[112] 换句话说,先锋治理团队的每个成员都要负责制定近1000家公司的治理决策,而先锋甚至可能是其中某些公司的最大股东。

鉴于治理团队所需要监督的公司数量是如此庞大,即使不考虑投票策略,投票本身也是一项十分艰巨的任务。[113] 所以对于这种规模的团队,他们就更不可能去制作公司治理报告、发布和评估公司治理规则、认真研究并审慎进行代理投票以及会见管理层和董事会。因此,调

〔110〕 例如,贝莱德解释称,其"对话"主要是通过与所投资公司的董事会和管理层进行接触,"致力于保护和提升其代表客户投资的公司的经济价值"。See BlackRock, *Global Corporate Governance and Engagement Principles*, SEC (2014), https://www. sec. gov/Archives/edgar/data/890393/000119312515334865/d25691dex 99corpgov. htm. 先锋集团同样强调,它采取了积极的参与方式,"确保(其投资组合中的)公司在公司治理事务方面的策略和实践,有利于为投资者创造长期价值"。Vanguard, *Vanguard's Approach to Corporate Governance*, Harv. L. Sch.: Program on Corp. Governance(Sep. 2, 2016), https://pcg. law. harvard. edu/wp – content/uploads/2016/09/2 – Vanguards – approach – to – corporate govemance – _ – Vanguard. pdf[以下简称Vanguard, Approach to Corporate Governance]; see also *Global Proxy Voting and Engagement Principles*, ST. Street Global Advisors 2 (Mar. 3, 2016), https://www. ssga. com/investment – topics/environmental – social – govemance/2016/Global – Proxy – Votingand – Engagement – Principles – 20160301 . pdf [以下简称 Global Proxy Voting].

〔111〕 Rock, supra note 5, p. 10.

〔112〕 See Krouse et al., supra note 2. 与之相对的是激进型对冲基金 Pershing Square Capital Management。该公司安排了一个8人的投资团队以及几名外聘员工来共同管理其投资组合中的12家公司。Id.

〔113〕 See Strine Jr., *Can We Do Better*?, supra note 5, p. 475(称投资组合规模较大的机构投资者每年须参加数千次投票)。

研团队并不会采用主动的投票策略,而是通过发布并严格遵守投票规则的方式参与投票。[114] 他们甚至还将投票决策事务直接外包给投票顾问机构:贝莱德称其治理团队主要依靠 ISS 和 Glass Lewis 两大投票顾问来参与日常事务投票,只有在投票顾问指出存在问题时,才亲自进行分析。[115] 道富和先锋同样也委托 ISS 和 Glass Lewis 这两大公司来代理投票并研究其中的相关问题。[116]

尽管实践中还没有普遍认可的最佳治理方法,但"三巨头"却不约而同采用了几乎一模一样的投票规则:明确表明支持董事独立;承认公司长期业绩与高管薪酬之间的关联性;质疑反收购条款和公司的重大性变革,如兼并、重组或调整资本结构。[117] 美国证券交易委员会的规定指明了投票规则的可选议题。2003 年,证券交易委员会宣布投资经理对代理投票负有信义义务以维护投资者利益,也为共同基金投票规则议题选择的适当性提供了指导:

在投票规则中可以披露的问题包括但不限于:公司治理问题,包括公司注册、兼并、重组以及分层董事会、"毒丸计划"、绝对多数决等反收购措施;资本结构的调整问题,包括增资、减资、发行优先股、实施股票期权及其他调整管理层薪酬的计划;企业社会责任的相关问题。[118]

---

[114] See Bioy & Bryan, supra note 108.

[115] Craig, supra note 29.

[116] Global Proxy Voting, supra note 110, p. 3; Eleanor Bloxham, *Shareholder Research Firms Are Not the Enemy*, Fortune (Mar. 19, 2014), http://fortune. com/2014/03/19/shareholder – research – firms – are – not – theenemy/. 可能有人会认为:虽然这种委托是有益的,但投票顾问采取的是"一刀切"的投票策略,其本身与投资组合公司没有利益关联,如果作出与投票规则不符的决策,只会损害该规则的价值。See Charles M. Nathan, Proxy Advisory Business: Apotheosis or Apogee?, Harv. L. Sch. F. Corp. Gov. & Fin. Reg. (Mar. 23, 2011), https://corpgov. law. harvard. edu/2011/03/23/proxy – advisory – business – apotheosis – or – apogee/ [以下简称 Nathan, Proxy Advisory Business]; Robert M. Krasne, *Proxy – Voting Concern*, Pensions & Inv. (May 31, 2004), http://www. pionline. com/article/20040531/PRINTSUB/405310706/1026/TOC.

[117] Id. BlackRock, supra note 110; Vanguard, Approach to Corporate Governance, supra note 110.

[118] See *Disclosure of Proxy Voting Policies and Proxy Voting Records by Registered ManagementInvestment Companies*, 68 Fed. Reg. 6564, 6567 (Feb. 7, 2003) (codified at 17 C. F. R. pts. 239, 249, 270, 274).

对于以上问题,"三巨头"通常会遵循 ISS 和 Glass Lewis 等投票顾问的建议,即采取"一刀切"的投票策略。[119] 而且由于"三巨头"严格遵循其投票表决指南,故即使在跨基金的投票表决中,它们也表现出高度的一致性。2015 年,贝莱德参与投票表决的每 10 万个股东提案中只有 18 个提案出现了基金之间投票结果不一致的情况。[120] 同样,先锋进行表决的 10 万个提案中也只有 6 个出现了投票结果不一致的情况。[121] 道富的内部分歧也不多,在 10 万个提案中只有 195 个不一致。[122] 相比之下,Fidelity(被动基金仅占其权益资产的 16%)的 10 万个提交表决的提案中,有 3144 个存在内部分歧。[123] 这种较高程度的不一致可能是因为,像 Fidelity 这种以主动投资为主的机构,更倾向于让主动基金经理自行做投票决策,而不同的基金经理对有争议的提案或基于不同投资者的需求而产生投票分歧是很正常的。[124] 这也可以表明,被动基金采用的集中投票策略可能不符合所有投资者的最佳利益。

鉴于其不断增长的市场份额和一致的偏好,"三巨头"可能正在主导投票结果。首个也是唯一针对该问题的研究表明,被动基金股权的增加提高了"三巨头"认可的治理提案被实施的可能性,这些提案包括

[119] See Nathan, *Proxy Advisory Business*, supra note 116 ("参与过机构股东投票的每个人都知道或者应当知道,投票顾问的投票建议是基于缺乏灵活性的、'一刀切'的投票策略和简单分析模型作出的,这种简单模型是基于某些标准和来自现有数据的、容易获得的信息,而无法进行任何具体研究或有意义的判断")。

[120] Fichtner et al., supra note 24, pp. 316 – 317.

[121] Id.

[122] Id.

[123] Id.

[124] 贝莱德是"三巨头"中唯一一家允许其主动基金与其他机构投不同票的公司,但"这种情况很少发生"。See Bioy & Bryan, supra note 108, p. 26. 尽管主动投资组合经理可以提供信息,但先锋和道富仍不允许任何投票分歧。Id., pp. 42, 46. "同时,指数投资组合经理对投资组合的投票没有话语权。" Id., p. 14.

提高董事会独立性，取消“毒丸计划”和其他反收购措施，[125]以及取消双层股权结构。[126]

我们应该警惕这种趋势。数十年的学术研究仍未就何为善治达成共识，目前的结论是良好的治理内生于特定的公司，我们有理由认为，在不同的公司中实施“一刀切”的治理策略将使所有公司的处境变得更糟。例如，最近的一项研究发现，据统计，基于代理咨询公司的建议

---

〔125〕 有人可能会辩称，被动基金从战略上消除收购防御，是希望这种来自外部的收购威胁能够约束管理层，从而免去股东监督的必要性。但这种思路是有问题的。首先，敌意收购的成本是非常高昂的，“只有收购目标的管理极为不善时，典型的溢价50%的收购才算基本合理”。See Black, *Shareholder Passivity Reexamined*, supra note 20, p. 522. 敌意收购还面临着很大的法律风险，最明显的是将违反各州的反收购法规。See Guhan Subramanian et al., *Is Delaware's Antitakeover Statute Unconstitutional?: Evidence from* 1988 – 2008, 65 Bus. Law 685 (2010). 鉴于收购的成本和监管问题，大型上市公司不太可能成为敌意收购的目标。最后，控制收购往往比纠正问题更为必要：对于拥有称职的管理者（他们能够从密切监管中受益）的公司来说，收购是一种得不偿失的选择，会在带来交易成本的同时造成公司的巨大混乱。See Black, *Shareholder Passivity Reexamined*, supra note 20, p. 522.

〔126〕 Appel et al., *Passive Investors*, supra note 66, pp. 4 – 5. 同一项研究表明，尽管被动基金资产占比较高的机构几乎总是跟随管理层投票，但其跟随频率其实是略低于主动基金资产占比较高的基金的。但这一结果并不当然证明被动基金是主动的投票者——相反，这正印证了该理论：即使跟随管理层投票是更好的选择，被动基金还是会遵循其投票指导规则或听从投票顾问的建议。研究还发现，被动股权的增加与公司资产回报率的小幅上升有关。Id., p. 6. 作者认为，这表明是被动基金股权带来了这些有益的变化，但也有其他解释。例如，被动基金股权越集中的公司，主动基金股权往往也越集中。See K. J. Martijn Cremers & Quinn Curtis, *Do Mutual Investors Get What They Pay For? Securities Law and Closet Index Funds*, II VA. L. Bus. Rev. 31 (2016)（表明实际上，许多高费用的主动基金持有的投资组合与市场指数基本重叠）; see also Audra Boone & Joshua White, *The Effect of Institutional Ownership on Firm Transparency and Information Production*, 117 J. Fin. Econ. 508 (2015)（发现机构股权在罗素1000指数和罗素2000指数分界点上的巨大差异是由被动股权和主动股权的差异造成的）; See Alan Crane et al., *The Effect of Institutional Ownership on Pay out Policy: Evidence from Index Thresholds*, 29 Rev. Fin. Studies 1377 (2016). 尽管Cremers和Curtis将“隐形的指数追踪”（除了少数重大投资，主动基金主要采取追踪指数的投资策略）定义为一种欺骗性行为，但本文表明，它也可能会带来好处。如果该基金经理愿意参与投资组合公司的管理，以指数为参照来决定应加大哪些公司的权重，那么，所有投资者都将从这项投资中受益。总之，主动基金也可能青睐于指数上市公司，这可能会起到促进公司业绩提高的作用。但随着投资者继续将资产从主动基金转入被动基金，这种作用可能会减弱。

而作出的薪酬调整,对股票价格产生了负面影响。[127] 另一项研究也发现,实施 ISS 建议的股票期权交易计划同样对股票价格产生了负面影响。[128]

但投票表决只是参与治理的一部分。如上所述,机构投资者认为"对话"才是影响和约束管理层最重要、最有效的方式,但也是最耗费资源的方式。那么,"三巨头"的"对话"工作质量究竟如何呢?"对话"本身是很难评估的,但先锋和贝莱德每年都会披露其与管理层的会议次数:2015 年,贝莱德公布了其在全球范围内进行的1421 次"对话"。[129] 其中 1/3 是针对美国公司的,且仅有 13% 是"全面性的""对话"(相比于"适度的"或"基础性的")。[130] 同样,先锋披露了其在全球范围内与管理层、董事进行了 800 次"对话"(道富未公布"对话"数据[131])。

这些"对话"次数看起来很多,但我们更应注意到的是,其投资组合中的绝大多数公司(以先锋为例,至少有 12,200 家公司)都被忽视了。这种"对话"力度远远比不上偏好主动投资策略的机构投资者。例如,在 2015 年,Fidelity International 这家采取主动投资策略的小型机

---

[127] See generally Larcker et al. , *Outsourcing Shareholder Voting*, supra note 24. 其他研究也得出了类似的结果. See Pay Governance LLC, *Do Proxy Advisors Say On Pay Voting Policies Improve TSR?*, Harv. L. Sch. F. Corp. Governance & Fin. Reg. (Apr. 20, 2015), https://corpgov. law. harvard. edu/2015/04/20/do – proxy – advisors – say – on – pay – voting – policies – improve – tsr/.

[128] See David Larcker et al. , *Proxy Advisory Firms and Stock Option Exchanges: The Case of ISS*, Rock Ctr. for Corp. Governance, Working Paper No. 100, 2011, https://www. gsb. stanford. edu/faculty – research/working – papers/proxy – advisory – firms – stock – option – exchanges – case – institutional.

[129] See *Investment Stewardship Report: Voting and Engagement Quarterly Statistics*, Blackrock (2016), https://www. blackrock. com/corporate/en – br/literature/fact – sheet/blk – voting – engagement – annual – figures – q2 – 2015 – ql – 2016. pdf.

[130] Id.

[131] *Our Engagement Efforts and Proxy Voting: An Update*, Vanguard (June 30, 2016), https://about. vanguard. com/vanguard – proxy – voting/update – on – voting/index. html. 先锋解释说,其指数基金之所以能够收取较低的费用,是因为基金经理无须承担与公司会面的成本。事实上,先锋的代表人称,指数基金经理从未与企业就其业务问题进行过会面,因为这样做将要求该基金提交新的监管文件,并改变其投资准则。See Partnoy, *Are Index Funds Evil*, supra note 95.

构投资者（不要与未公布其年度“对话”情况的 Fidelity Investments 混淆[132]），披露了其公司治理团队和调研团队进行的 1001 次“对话”。[133] 但这个数字并不包括其分析师及其他员工对 16,000 多家公司进行的随访和日常例会，因为这些本来就是他们的“日常业务”。[134] T. Rowe Price 是一家仅有 8.9% 资金投在被动基金的大型机构投资者，它也表示，大多数会议都是“由投资组合经理推动，并由行业分析师提供专业支持”，而“对话”只是分析师在正常投资过程中对尽职调查工作的一个补充。[135]

换言之，主动基金分析师才是与管理层开展非正式会议、进行沟通的主要驱动者，而非公司治理团队的成员。因此，被动投资的兴起不仅可能影响代理投票的结果，还可能影响投资者与管理层举行非正式会议的频率及效率，[136] 而这些会议也许正是发挥机构投资者影响力最重要的途径。[137] 当这种情况发生时，机构投资者与公司管理层私下沟通达成的协议将会减少，那么，就只能通过成本高昂的代理权竞争来发挥其影响力了。

---

[132] 富达国际管理着 2900 亿美元的资产。See *About Us*, Fidelity Int'l, https://www.fidelityinternational.com/global/about/default.page? visited Mar. 12, 2018.

[133] See *Governance and Engagement Report*, Fidelity int'l (2015), http://www.fidelityilf.com/assets/pdf/governance - engagement - report.pdf. 相比之下，先锋集团管理着 4 万亿美元的资产，贝莱德管理着 5 万亿美元的资产。Sarah Krouse, *Vanguard Reaches $4 Trillion for First Time*, Wall ST. J. (Feb. 10, 2017), https://www.wsj.com/articles/vanguardreaches - 4 - trillion - for - first - time - 1486745349.

[134] Id.

[135] *Building on Our Values*, T. Rowe Price (2014), https://www.troweprice.com/usis/content/dam/trowecorp/Pdfs/CSRReport2014.pdf.

[136] 问题不仅在于“对话”次数过少，而且被动基金进行的“对话”相对而言效果不大，因为被动基金缺乏可信的退出威胁：它们的指数策略往往只要求持有股票，而不论公司业绩。事实上，如果跟踪出现错误，可能会导致被动基金经理在他们想要卖出的情况下反而选择了买入。See Bratton & McCahery, supra note 29, p. 16.

[137] 例如，Schwab 的被动指数管理团队拒绝开展“对话”，因为其成本将大大超过收益。See Bioy & Bryan, supra 108, p. 15 [总结 Schwab 的观点：“不仅对话本身很难同时满足一致性与灵活性的要求，而且（被动基金）投资者没有从中获得明显的利益来证明这笔支出的合理性”]。正如上文所述，三巨头对该问题的看法不同，尽管他们未能对其庞大投资组合中的绝大多数公司开展有效“对话”。

2. 被动性和对冲基金激进主义

随着机构投资者越来越偏向被动投资,理论上,这些投资者也不太可能成为对冲基金激进主义的基石。[138] 如前文所述,主动基金通常有动力也有能力去评估主动干预措施并识别出有利的措施加以推动,同时阻止不利于其长期投资者利益的干预。

被动基金则不同,即使是最有利的干预,也既不能改善被动基金的相对业绩,又无法实质性地提高投资组合回报。因此,除非不需要成本,否则被动基金经理不太可能支持积极股东。更不用说事实上与积极股东合作的成本十分高昂,其原因在于:首先,由于被动基金缺乏公司及其业绩的相关信息,他们需要投入时间和资源来评估积极股东的提议;其次,支持积极股东会导致基金承担与管理层沟通和发生潜在诉讼的成本;[139] 最后,被动基金经理可能会担心,支持积极股东会危及他与目标公司的关系,并使基金面临失去企业养老基金资产的风险。[140] 不仅如此,这些目标公司也可能是被动基金的客户之一。[141] 由于证券法要求基金披露所有的投票情况,[142] 因此,支持积极股东的投票将不

---

〔138〕 此外,主动管理的共同基金的减少,可能会加大对冲基金激进主义的成本,能识别出有问题的公司并将名单透露给对冲基金的分析师将随之减少。

〔139〕 See Robert C. Pozen, *The Role of Institutional Investors in Curbing Corporate Short – Termism*, 71 Fin. Analysts J. 81, 83 (2015).

〔140〕 正如激进的对冲基金经理威廉·艾克曼(William A. Ackman)在给投资者的一封信中所解释的那样,"企业养老基金资产是投资于指数基金的最大资金池之一。指数基金经理无论是把自己打造成积极股东还是表明其对积极股东的支持,都无益于他们赢得美国公司的业务。事实上,情况可能正好相反。如果某些基金经理选择支持现任管理层,而非积极股东,那么他们获得企业养老金计划投资的可能性,远高于投票反对管理层的指数基金经理"。See Letter from William A. Ackman, *Pershing Square Capital Management*, L. P., to Shareholders (Jan. 26, 2016), https://assets.pershingsquareholdings.com/2014/09/Pershing – Square – 2015 – Annual – Letter – PSl – January – 26 – 2016.pdf; see also Wong, supra note 99; Black, *Shareholder Passivity Reexamined*, supra note 20, p. 602.

〔141〕 See Bebchuk et al., Agency Problems, supra note 26, p. 19.

〔142〕 See Disclosure of Proxy Voting Policies and Proxy Voting Records by Registered Management Investment Companies. 已注册的投资管理公司必须披露代理投票策略和投票记录, 68 Fed. Reg. 6564, 6565 (Feb. 7, 2003) (codified at 17 C. F. R. pts. 239, 249, 270, 274).

可能隐瞒现有的或潜在的客户。[143] 越来越明显的是,管理层将与机构投资者保持良好的关系作为防御投资者激进主义的主要手段。[144] 事实上,在机构投资者中建立良好商誉已经成为管理层工作中日益重要的一部分,[145] 被动基金甚至还为此制定了考评指标,因为支持积极股东对他们没有任何益处。最后,被动基金可能会因担心影响其他投资项目而拒绝支持积极股东。正如 Posner 等人所主张的,在具有竞争关系的公司中同时拥有大量股权的机构投资者会要求管理层避免激烈竞争,以保持其投资组合的高收益。[146] 有人可能会认为,这样做会促使激进型对冲基金将目标转向这些被要求避免竞争的公司,并煽动其采取更激进的商业策略甚至撤换管理层。但是,最有可能在竞争对手之间进行横向投资的被动机构投资者,不会乐于见到激进投资者的成功,因为激烈的竞争会损害他们其他的投资。在这种情况下,被动基金可能会以短视性为由来反对干预。出于以上原因,被动基金通常不会考

[143] 一些实证研究发现,商业关系会影响投资经理的投票决策。See Dragana Cvijanovid et al. , *Ties that Bind: How Business Connections Affect Mutual Fund Activism*, 71 J. Fin. 2933 (2016)(研究发现,与公司有业务关系的共同基金家族,在公司内部力量势均力敌的情况下,更有可能投票支持管理层);Rasha Ashraf et al. , *Do Pension-Related Business Ties Influence Mutual Fund Proxy Voting? Evidence from Shareholder Proposals on Executive Compensation*, 47 J. Fin. & Quantitative Analysis 567 (2009)(研究发现,在所有公司中,与公司业务往来更为密切的共同基金家族,在高管薪酬问题上往往更倾向于支持公司经理)。

[144] 华尔街公司正在组建专业团队,就如何加强与大型机构投资者的关系为管理层提供建议,以抵御激进主义。See Sonali Basak & Beth Jinks, *It's Getting Harder to Keep the Barbarian Sat the Gate-and It's This Guy's Job*, Bloomberg Mkts (Feb. 1, 2017), https://www.bloomberg.com/news/articles/2017-02-01/lazard-s-jim-rossman-studies-shareholding-to-help-fight-activists; see also *The Swinging Pendulum*, supra note 53; *The Effect of Shareholder Activism on Corporate Strategy*, Nyse (2016), https://www.nyse.com/publicdocs/ShareholderEngagement-SurveyReport_2016.pdf.

[145] Id.

[146] See Elhauge, supra note 10; Posner et al. , supra note 7.

虑积极股东的任何提议。[147] 即便被动基金确实支持了激进型对冲基金,那也可能是基于某些特殊因素甚至是政治原因。

很明显,被动基金越来越能够决定积极干预行动的成败,但无论是积极干预的支持方还是反对方,都不乐见这种局面。因为对于认为积极干预会损害公司及其长期股东利益的一方,他们会担心被动基金将会以与利益无关的理由支持积极干预。相对应,认为激进型对冲基金能约束管理层的一方,则会担心被动基金往往会选择跟随管理层投票,或直接什么都不做,而非尝试积极股东提出的干预措施。

由此引发的问题不仅是被动基金不大可能支持对冲基金激进主义,更令人担忧的是,激进型对冲基金可能会调整他们的干预措施来迎合最不知情的投资者。

有证据表明,被动投资的兴起已经影响到激进型对冲基金的行动策略。目前,只有沃顿商学院的一个研究团队对这个问题进行了实证分析。在两项研究中,他们通过对比在罗素1000(Russell 1000)指数和罗素2000(Russell 2000)指数分界点附近的公司来研究被动基金股权的影响。[148] 第一项研究发现,被动基金持有的股权越多,对冲基金激进主义就越少,反对积极股东提案的投票也更多。[149] 尽管事实上,被动基金持有股权的增多也与取消反收购防御措施有关。[150] 在第二项研究中,这个团队使用了最新的数据集来研究这个问题,他们再次发

---

〔147〕 平均而言,与主动基金中资产占比更高的机构相比,"三巨头"不太可能支持与其有意见分歧的董事会候选人。2015年,先锋集团所有有关董事会候选人的提案中,其支持有意见分歧的候选人的投票仅占比为16%;贝莱德占比为36%;道富占比为28%。相比之下,富达有一半投票支持有意见分歧的候选人。T. Rowe Price,63%. See Steve Wolosky et al., *Shareholder Activism: Investing in a Stronger Corporate America*, Olshan (2015), https://www.olshanlaw.com/assets/htmldocuments/Shareholder%20Activism%20 - %20Investing/o2Oin%20a%2OStronger/o2OCorporate%2OAmerica. PDF.

〔148〕 Appel et al., *Standing on the Shoulders of Giants*, supra note 52, p. 2; Appel et al., *Passive Investors*, supra note 66. 指数基金一般是采用市值加权,因此,公司市值越大,其在指数中的权重越大。因此,位于罗素1000指数底部的公司几乎没有被动基金股权,而位于罗素2000指数顶部的公司拥有更多的被动基金股权。由于这两组公司的规模相似,并且具有一定的行业代表性,因此,该方法可以找出被动股权增加所带来的变化。

〔149〕 Appel et al., *Passive Investors*, supra note 66.

〔150〕 Id. p. 114.

现，与被动基金持股较少的公司相比，持股较多的公司较少成为激进主义行动的目标（尽管该结果从统计学上看没有什么意义）。[151] 但他们同时发现，在被动基金股权集中程度较高的公司，积极股东所采取的行为类型发生了较大变化：谋求董事会代表席位的行为有所增多，而寻求增派红利等政策变动的行为有所减少。[152] 该研究还发现，被动基金持股比例越高，代理权竞争就越多，并且最后通常是以积极股东赢得一个董事会席位达成和解。[153]

当然，这只是第一个针对该问题的实证研究，[154] 现在就断言被动投资的兴起究竟会如何影响对冲基金激进主义还为时尚早。有理论主张被动投资将改变激进主义的行动策略，但也许这种改变弊大于利，这些研究为该理论提供了一些初步证据。研究人员将研究结果解释为，当被动股权增加时，积极股东更有可能采取激进的策略，并任命新董事进入董事会。如果这是真的，那么，无论是被动基金所面临的激励不足问题，还是被动投资机构可能不会花太多时间来评估积极干预措施，都让人感到担忧。但令人费解的是，被动基金本身不太可能在代理权竞争中支持与其有意见分歧的董事。[155]

---

〔151〕 Appel et al., *Standing on the Shoulders of Giants*, supra note 52.

〔152〕 Id.

〔153〕 Id. 2016 年，大型上市公司作为被动基金股权集中程度较高的公司，其积极干预明显减少。Andrew Birstingi, 2016 *Shareholder Activism Review*, Factset (Feb. 1, 2017), https://insight. factset. com/hubfs/Resources/Research% 20Desk/Market% 20nsight/FactSet% 27s% 202016% 20Year - End% 20Activism% 20Review_2. 1. 17. pdf（这里注意到，2015 年有 32 起针对市值超过 100 亿美元的美国公司的干预行动，而 2016 年只有 17 起）。相比之下，针对市值低于 10 亿美元的小公司的积极干预大幅增长。Id. 该数据可能表明，对冲基金正回归传统做法，将重点放在规模较小的公司上，因为持有大型公司的股份成本较高。See Coffee Jr. & Palia, supra note 48, p. 554. 这也可能表明，对冲基金意识到，当公司拥有高度集中的被动投资者时，他们行动的后果就更难以预料。

〔154〕 此外，本研究中使用的辅助变量（罗素 1000/2000 指数分界点），也可能有多种设置方式。See, e. g., Boone & White, supra note 126，这就降低了作者结论的可信度，即被动投资的增加也许不是造成这些影响的原因。Cf. Samuel Bazzi & Michael A. Clemens, *Blunt Instruments: Avoiding Common Pitfalls in Identifying the Causes of Economic Growth*, 5 Am. Econ. J. 152 (2013).

〔155〕 See Ryan Bubb & Emiliano Catan, *The Party Structure of Mutual Funds* (Feb. 14, 2018)（未出版的手稿），https://papers. ssrn. com/sol3/papers. cfm? abstract id - 3124039; Wolosky et al., supra note 147.

另一种可能的解释是,激进型对冲基金意识到,被动基金可能不太支持干预资产负债表的行动。因此,对于对冲基金而言,更好的策略是将重点放在董事会改组问题上,这是一项更具侵入性、成本更高的尝试,但通常而言,由于它符合该机构的投票规则,从而更有可能获得被动基金的支持。另一种理论是,当管理层难以开展"对话"也难以取得公司最大股东的支持时,一场代价高昂的代理权竞争的威胁更有可能促使管理层与激进主义者达成和解。[156]

总而言之,尽管还需要更多的时间和研究来确定被动投资的兴起究竟会带来怎样的影响,但可以确定的是,它至少会破坏机构投资者与激进型对冲基金之间的互益关系。

四、立法建议

资产从知情的投资者流向被动基金,可能会对市场、股东甚至整体经济产生负面影响。虽然本文没有对这种损害进行精确量化,但有证据表明这种损害将是极大的。最近一项研究发现,"投资分散"(distracted)的机构投资者持股与股价的大幅下跌有关。[157] 具体而言,有机构投资者持股的公司,若该投资者的投资组合中的其他部分遭受外部冲击(因此分心),则该公司更有可能开展多样化的、破坏价值的收购,其收购价格比平均公告收益率低33%,比交易完成36个月后的价格低9.5%。[158] 这些公司对于表现不佳的首席执行官,通常是给愿意留下的(opportunistically - timed)他们一些限制部分红利的股票期权,而不是将其解雇。而正常情况下,没有被收购过的公司,其业绩平

〔156〕 对与激进投资者达成和解持怀疑态度,see John C. Coffee Jr., *The Agency Costs of Activism: Information Leakage, Thwarted Majorities, and the Public Morality*, European Corp. Governance Inst. (ECGI), Working Paper No. 373, 2017, https://ssrn.com/abstract-3058319.

〔157〕 Elisabeth Kempf et al., *Distracted Shareholders and Corporate Actions*, 30 Rev. Fin. Stud 1160(2017).

〔158〕 Id., pp. 1662, 1680.

均每月比同行低 15 个基点。[159]

量化收购收益的研究也表明,减少对管理层的约束会导致社会福利的巨大损失。据迈克尔·詹森(Michael Jensen)估计,在 20 世纪 80 年代,为时四年半的收购能为股东带来 400 亿美元的回报,这还不包括为了阻止收购而主动采取的行动所带来的收益。[160] 从那时起,公司影响力市场逐渐开始超过公司控制权市场,成为约束管理层的主要机制,而这一重要力量的削弱,将导致相应规模的股东损失。[161] 当然,被动基金也不会对管理层完全不加约束——有的被动基金可能还是会选择通过投票来表达不满。但如前所述,其"一刀切"的治理模式也会损害股东利益。例如,最近一项研究发现,就平均风险调整回报率而言,调整薪酬时遵循投票顾问建议的公司比未参考投票顾问建议的公司低 0.44%。[162]

因此,我们担心被动投资的兴起将导致重大的经济损失。[163] 故立

---

〔159〕 Id. ,p. 1690.

〔160〕 Michael C. Jensen, *The Takeover Controversy: Analysis and Evidence*, 4 Midland Corp. Fin. J. 1,4(1986).

〔161〕 See, e. g. , Robert Thompson, *The Limits of Hedge Fund Activism* (Mar. 2007)(未出版的手稿)(存档于范德堡大学)(描述了 20 世纪 80 年代末,在防御措施日益普遍化的情况下,收购活动是如何衰退的。于是,人们将注意力转向了机构投资者,以应对所有权和控制权分离带来的代理成本问题)。

〔162〕 See Larcker et al. , *Outsourcing Shareholder Voting*, supra note 24.

〔163〕 最近的研究发现,短期主义与"准指数"投资者在进行多元化投资时,坚持被动买入并持有策略的基金股权之间存在联系。具体而言,准指数股权占比较高的集中行业的公司,即使其盈利能力和市场估值都很高,投资水平也会远低于同行。See German Gutierrez & Thomas Philippon, *Investment - less Growth: An Empirical Investigation*, Nber, Working Paper No. 22897, 2016, https://www. frbatlanta. org/ -/media/Documents/research/seminars/2017/philipon - 030817. pdf. 麦肯锡全球研究所的一个试图量化短期思维成本的团队观察到,自 2001 年以来,关注长期的投资水平、收益质量和增长的公司,其表现一直优于同行:具有长期思维的公司,其平均收入比同行高出 47%,利润增长高出 36%。此外,这项研究还发现,该类公司创造了可观的社会福利:从 2001 年到 2015 年,它们比同行平均多提供了约 1.2 万个工作岗位。该作者计算出,如果所有公司的表现都与那些具有长远眼光的公司一样好,美国的 GDP 将增加 1 万亿美元,并再创造至少 500 万个就业岗位。该研究还假设,如果企业继续关注短期业绩,到 2025 年,美国经济将再错失 3 万亿美元的 GDP 和就业增长的机会。See Dominic Barton et al. , *Measuring the Economic Impact of Short - Termism*, McKinsey Global Inst. , Discussion Paper, 2017, http://www. fcltglobal. org/docs/default - source/default - document - library/20170206_mgishorttermism. vfinal - public. pdfsfvrsn = 0.

法者面临一个艰巨的问题,即当企业影响力市场失去了关键的主动参与者,当最不知情的一方拥有了最大的话语权,那该怎么办?

政府干预是必要的,因为市场扭曲是严重的集体行动问题造成的,这种市场失灵正说明了监管的必要性。此外,关心治理的投资者掌握的信息并不全面:尽管投资者能够知悉基金以往的投票记录,但这些信息并不能揭示多少与投票质量或与基金其他治理工作效果有关的信息。而且,被动基金有加剧基金与投资者之间信息不对称的动机,因为宣传基金在治理中的积极作用将有助于其取悦投资者,并吸引更多投资。[164]

当然,市场本身迟早也能自我修正。当被动投资的危害成为现实时,被动基金投资者会是最大的受害者。届时,投资于多个市场领域的主动基金将因其更高的业绩而开始吸引这些投资者。但投资者充分纠正市场扭曲是需要时间的,除非不佳的业绩表现已成为常态,否则他们不会进行纠正。如果这听起来难以置信,那么我们可以回想一下,学术界从 40 年前就开始鼓吹被动投资工具,但直到最近 10 年,这些工具才得到投资者的青睐。[165] 因此,如果不采取监管行动,可能会有数百万的投资者在未来多年内遭受社会福利损失。

出于以上原因,明智的立法者应当通过干预来减少被动基金对治理的影响。这种干预将优于禁止或劝阻投资者选择低成本和多元化的投资工具。因为从投资者的角度来看,被动基金通常优于主动基金,并且最近的监管改革已经认同了这一观点。[166] 但未来的改革也不应忽视积极投资者对股东甚至是整体经济的积极作用。

监管机构应限制真正的被动基金参与治理,特别是限制其股东选举权。下文对此提出了若干立法建议,以减少被动基金对公司治

---

〔164〕 See Bioy & Bryan, supra note 108, p. 3("随着各方利益群体施加的压力越来越大,资产管理公司别无选择,只能提高他们对所投资公司的参与度,并作出更多旨在推动良好变革的承诺。") Id. , p. 10

〔165〕 See, e. g. , Langbein & Posner, supra note 60.

〔166〕 See, e. g. , *Definition of the Term "Fiduciary"; Conflict of Interest Rule – Retirement Investment Advice*, 81 Fed. Reg. 20,946, 20,946 (Apr. 8, 2016) (codified at 29 C. F. R. pts. 2509, 2510, and 2550).

理的影响，并说明了这些限制优于激励机构投资者审慎参与治理的理由。

（一）反思被动基金表决权

被动投资的兴起所带来的治理问题主要是，被动基金在治理中具有相当大的影响力，但它们却缺乏激励去利用其影响力实现企业价值的最大化。鉴于任何对投票的投资成本都可能高于收益，而被动基金竟然会参与所有事项的投票，这着实让人惊讶。

这是因为大多数投资基金经理都误以为，根据美国证券交易委员会的规定，他们必须要进行投票。这种误解的存在还不算太久。自1940年《投资公司法》颁布以来，尽管对共同基金和养老基金的监管日益严格，但多年来无论是联邦还是地方各州，对他们的投票和治理行为的监管都较为宽松。[167] 然而，到了20世纪70年代，随着机构股权的增长，新的治理格局逐渐形成，SEC开始主张（非正式地），投资基金应负有根据其受益人最佳利益投票的信义义务。[168]

2003年1月23日，美国证券交易委员会通过了一项规定，要求投资基金顾问披露他们在公司选举中的投票结果、投票策略和程序，从而强化了这一观点。美国证交会正式通过的规定表述如下："共同基金的投资顾问作为受托人，对该基金负有……诚信义务。这一信义义务延伸至……与基金的证券组合有关的代理投票事项上。"[169] 这一规定被普遍解读为要求共同基金应就其投资组合中持有的所有股份行使表决权。因此，包括"三巨头"在内的大型资产管理公司通常都会这

〔167〕 See Alan R. Palmiter, *Mutual Fund Voting of Portfolio Shares: Why Not Disclose?*, 23 Cardozo L. Rev. 1419, 1461 – 1462 (2002).

〔168〕 Id.，援引来自证交会的一份有关企业责任的员工报告，该报告解释道："信义原则适用于投资管理的各个方面，包括投票。在代为行使股东选举权时，受托人有义务以增进受益人利益为目进行投票。" See Letter from Alan D. Lebowitz, *Deputy Assistant Sec'y, Dep't of Labor*, *to Helmuth Fandl*, *Chairman of Ret. Bd.*, *Avon Prods.*, *Inc.*, *Dep't of Labor Interpretive Letter on Avon Products, Inc. Employees' Retirement Plan*, 1988 WL 897696, at *2 (Feb. 23, 1988)（"通常，股票类资产管理计划的信义义务包括进行代理投票。"）。

〔169〕 *Disclosure of Proxy Voting Policies and Proxy Voting Records by Registered Management Investment Companies*, 68 Fed. Reg. 6564, 6565 (Feb. 7, 2003) (codified at 17 C. F. R. pts. 239. 249, 270, 274).

么做。

但该法从未明文规定投资顾问应对其所有投资公司的所有事项进行投票。最近,劳工部(DOL)在解释《美国雇员退休收入保障法案》(ERISA)规定的信义标准能否适用于股东选举权时,明确消除了上述误解:

《美国雇员退休收入保障法案》第 404 条第 a 款 第 1 项(A)(B)部分所述的信义义务,要求在代理投票时……负责任的受托人应只考虑与该投资的经济利益有关的因素,而不必考虑其他不相关的因素……若经合理的计算,确定投票的成本(必要时包括研究如何投票的成本)可能大于投票所带来的预期经济效益,或者进行投票会违反其他限制性规定时,则受托人不应当参与投票。[170] 美国证交会也称:"我们并不认为,投票顾问未能对其所有代理事项进行投票,必然导致其违反信义义务。有时候,不参与投票反而才符合投资者的最大利益,比如当投票顾问认为代理投票的成本将大于客户预期收益时。"[171]

总之,机构投资者需要衡量具体的投票成本(包括分析成本、投票本身的成本以及可能损害股东利益的风险成本)和该投票能带来的潜在收益,而不是机械地要求投票顾问对所有事项进行投票。如果投资者认为投票的成本大于收益,那么,此时其信义义务应当是不参加投票。[172] 目前,何为治理的最佳实践尚未达成共识,因此还没有一套放之四海皆准的投票方法,除非被动基金经理的决策是基于同一投资机构的主动基金经理提供的信息而作出的,否则,盲目地选择投票很可能

---

〔170〕 See *Interpretive Bulletin Relating to the Exercise of Shareholder Rights... Proxy Voting Policies or Guidelines*, Gov't Pub. Off. (emphasis added), https://www.gpo.gov/fdsys/pkg/CFR-2011-title29-vol9/pdf/CFR-2011-title29-vol9-sec2509-08-2.pdf, visited Mar. 12, 2018. 该解释还称:"受托人的信义义务要求他们必须对可能影响投资的经济价值的事项进行代理投票。然而,受托人在决定是否以及如何行使包括表决权在内的股东权利时,也需要考虑成本。这些费用包括但不限于拟订代理决议、提供代理投票服务以及分析某一问题对投资回报净影响。受托人必须考虑各种可能因素,以确定……代理人的投票……是否会对投资回报产生影响,及其收益是否能大于行使此类权利的成本。"Id.

〔171〕 *Proxy Voting by Investment Advisers*, 68 Fed. Reg. 6585, 6587 (Feb. 7, 2003) (codified at 17 C. F. R. pt. 275) (emphasis added).

〔172〕 See Nathan, *The Parallel Universes*, supra note 109.

导致其违反对投资者的信义义务。

或许美国证券交易委员会只需再次强调,当成本大于收益时,被动基金经理的投票将导致其违反对投资者的信义义务。若被动基金知道他们可能会因为不知情的投票而承担责任,也许他们会更多地选择弃权。

然而,我们可能还需要采取更多的措施来阻止被动基金投票。这是因为,虽然投票可能不符合投资者的最佳利益,但机构也可能因行使选举权而获得其他好处。机构选择定期投票有两大原因:首先,如果某机构能被视为主动的管理者,这将有助于其吸引资金和客户,尤其是规模庞大且资产规模还在持续增长的养老基金或其他重视治理的公司。[173] 事实上,"三巨头"通常也会在其宣传资料、演讲[174]、专栏[175]中鼓吹他们在治理方面的专业性,这就表明,他们认为治理专家的形象有助于其赢得客户,而投票则是证明其主动参与治理的成本最低也最直接的方式。[176] 此外,放弃投票还存在一个很大的问题,即市场可能将某基金不投票的决定视为其表现不佳的信号,尤其是当其他基金都在强调他们的治理能力时。换句话说,除非所有被动基金集体放弃表

---

[173] CalPERS,美国最大的养老基金(管理着 3000 亿美元的资产)在其投资策略中曾明确表示,"CalPERS 希望……CalPERS 资本的外部管理者将 CalPERS 原则纳入投资决策,包括代理投票……" See *Total Fund Investment Policy*, Calpers, https://www.calpers. ca. gov/page/investments/about – investment – office/policies, visited Mar. 12, 2018.

[174] See, e. g. , F. William McNabb Ill, *Getting to Know You: The Case for Significant Shareholder Engagement*, Harv. L. Sch. F. Corp. Governance & Fin. Reg. (June 24, 2015), https://corpgov. 1aw. harvard. edu/2015/06/24/getting – to – know – you – the – case – for – significant – shareholder – engagement/. 我们是长期股东。借用沃伦·巴菲特(Warren Buffet)的一句话:如果可以,我们希望能永久持有。无论你达到季度盈利目标,还是没能达到;无论我们看好你还是不看好;无论别人是在大量买入还是抛售,我们都会一直持有你的股票,这正是我们如此关注良好治理的原因。

[175] See F. William McNabb III, *Proxy Votes Certainly Matterto Index Funds*, Wall ST. J. (July 5, 2017), https://www. wsj. com/articles/proxy – votes – certainly – matter – to – index – funds – 1499289400; Vanguard, *The Ultimate Long Term Investors*, Seeking Alpha (Aug. 2, 2017), https://seekingalpha. com/article/4089524 – ultimate – long – term – investors.

[176] See Bioy & Bryan, supra note 108, p. 11 ("投票是股东对公司负责的最直接的工具……")。

决权,否则任何一家机构都不太可能主动这么做。其次,有些机构可能会将其关键决策者的角色视为一种强大的工具,来帮助它赢得其他客户,即它们的投资标的公司。如果公司管理层成为该机构的客户,那么无论是基于它能决定 401K 计划的投向,还是委托该机构进行了其他投资,该机构都会有强烈的动机在股东选举中偏向管理层。

因此,在没有法律干预的情况下,"三巨头"不太可能主动放弃投票。接下来本文将提出几条立法建议来限制被动基金在股东选举中的表决权。[177]

1. 禁止真正的被动基金行使表决权

最简单的方法是禁止真正的被动基金投票。[178] 换句话说,当涉及投票问题时,法律便把被动基金经理视为衍生品持有人。

这样的建议是有法律依据的:被动基金吸引投资者的基础是其跟踪指数的能力。严格来说,主动且知情的投票将只会增加投资者的成本,而没有相应的好处,因此可能会导致基金违反《美国雇员退休收入保障法案》中规定的信义义务。同样地,盲目的、自动的投票方式也可能会损害投资者利益。因此,这条限制被动基金进行不知情投票的规定,对各方都是有益的。

该规定首先假定,任何以追踪指数为投资策略的基金都是"被动基金"。如果一个被动基金表明其投资策略包含与投资组合公司进行"对话"(包括动态跟踪和基本面分析),且其对治理的投资高于某一阈值(基于该基金的规模),那么就可以推翻这一假定,赋予该基金投票资格。如果有被动基金可以证明其能够获得同一机构的主动基金收集

---

〔177〕 罗纳德·吉尔森(Ronald Gilson)和柯蒂斯·米尔豪普特(Curtis Milhaupt)也提出了类似的建议,来限制对国内企业的股权进行大量收购的主权财富基金的表决权。See generally Ronald J. Gilson & Curtis J. Milhaupt, *Sovereign Wealth Funds and Corporate Governance: A Minimalist Response to the New Merchantilism*, 60 Stan. L. Rev. 1345 (2008).

〔178〕 为减轻执行负担,该规则规定,为达到法定人数要求或董事选举的目的,限制性流通股票将不计算在分母中。此外,该规则并不会使股票因此贬值,因为表决权股的持有人依然享有表决权,只是会限制被动机构的该项权利。最后,该规则也允许少数例外,以降低其被滥用的风险。例如,当公司行为有可能会损害被动投资者利益时,应就该事项授予被动基金表决权。

的投资信息，它也可以被赋予相应事项的表决权。[179] 为了取得投票资格，被动基金必须证明，主动基金与其在某些公司有相当份额的投资存在重叠，并且主动基金也符合获得表决权的要求（例如，符合动态跟踪、基本面分析和投资治理的相关标准）。最后，被动基金如果承诺在任何情况下都会遵循"镜像投票"规则，即完全跟随其他股东投票，就可以保留其表决权。

该规则几乎没有执行成本，因为它只会减轻被动基金的义务，而非增设新的义务。此外，被动基金经理也不太可能反对该规则，因为该规则能将他们从繁重且不利于其投资者的治理义务中解放出来。[180]

此外，被动基金可以通过增加对治理的投资来争取其不愿放弃的表决权。因此，该规则将推动对投资者有利的"基金差异化"，并使基金市场更加透明：关心治理的投资者可以选择一只具有表决权的基金，并支付更高的费用来支持其治理事务。而其他只想要稳定回报的投资者，可以选择投资真正的被动基金，这样则不用担心会为成本高昂且可能造成其经济损害的投票埋单。

当然，这一规定的主要意义在于削弱不知情投资者在治理方面的话语权，进而降低市场扭曲的风险。同时还能使每位主动投资者增加相应比例的表决权，来保持知情投资者的影响力。[181] 尽管表决权只是机构投资者的投资工具之一，但表决权的增加将扩大主动基金在幕后

---

〔179〕 许多被动基金都可以符合这种例外条件，因为它们往往与主动基金属于同一机构。但如果投资重叠程度随着被动投资的增加而下降，这一规定将大大减少被动基金的不知情表决权。此外，这一例外可能会产生有益效果，促使机构保留与被动基金存在投资重叠的主动基金。

〔180〕 "三巨头"曾公开反对日益普遍化的双层股权结构，这一事实降低了上述观点的可信度。"三巨头"甚至还通过各种游说活动阻止双层股权公司上市，否则它们将因指数投资策略而被迫购买无表决权或低表决权的股权。See Alexandra Scaggs, *Investor Group to Exchanges: Stop Dual Class Listings*, Wall ST. J. (Oct. 11, 2012), https://www.wsj.com/articles/SB10000872396390443749204578050431073959840（讨论公司发行不平等表决权的股票所引发的争议）。但这种反对意见主要来自"三巨头"的领导人，且其目的是保留影响力，而非追求被动基金投资策略的最优化。

〔181〕 公司内部人士也将受益于表决权的增加，同时也可能会加剧代理成本问题。然而，除了少数股东提案会得到支持，"三巨头"一般都会投票支持管理层。因此，在大多数情况下，限制被动基金投票更有可能减少管理层对治理的影响。

"对话"中的影响力。它还能使那些致力于公司长期健康发展的投资者,成为决定积极干预行动成败的主导者。

2. 转移被动基金的表决权

第二项建议是不完全取消被动基金的表决权,而是明确规定,将"非常规"事务的表决权转移给被动基金的投资者,这种现象被称为"转移投票"。[182] 这意味着基金的表决权将由两类投资者控制:机构投资者(如加州公务员退休基金[183])和散户股东。前一类投资者(特别是当他们还通过其他的投资持有该公司股票时)相对可能更加专业、参与度更高,并且能够在知情的基础上行使表决权。而由于集体行动问题,后一类投资者不太可能参与投票,这就起到了与第一项建议相同的作用,即能够降低不知情投票发生的概率。[184]

转移表决权在法律中也确有先例可循:有些投资工具(如员工持股计划)也赋予计划的参与者部分表决权。[185] 此外,共同基金也已经就其本身的治理工作建立了投票机制,因此,其仅须按照同样的方式为投资组合中的公司进行代理投票。

然而,由于被动基金涉及组合投资,将数百家公司的表决权移交给投资者,不仅对基金来说是沉重的负担,对投资者来说也是如此,把范围限定在"非常规"事项上将有助于减轻这种负担。纽约证券交易所(NYSE)为这种"非常规"的区分提供了一个参考。其规定,代理人不能就非常规事项为股东投票,其中包括关于董事选举、解散董事会、取

---

[182] See, e. g., Richard M. Buxbaum, *Institutional Owners and Corporate Managers: A Comparative Perspective*, 57 Brook. L. Rev. 1, 47 – 52 (1991) (建议"转移表决权"以允许养老基金的受益人来决定基金的投票策略); Jennifer S. Taub, *Able but Not Willing: The Failure of Mutual Fund Advisers to Advocate for Shareholders' Rights*, 34 J. Corp. L. 843, 888 – 889 (2009) (提到选择性的转移投票可能有利于解决共同基金作为中间人的被动性问题)。

[183] See Ananth N. Madhavan, Excihange – Traded Funds and the New Dynamics of Investing, Oxford Univ. Press, 2016, p. 16(注意到,65% 的 ETF 股东是机构投资者)。

[184] See *Press Release*, *SEC*, *Ensuring the Proxy Process* (Feb. 19, 2015), https://www.sec.gov/news/statement/021915 – psclaa.html(注意到,自 2009 年以来,散户股东在代理权征集中的参与度一直在持续降低,2013 年 7 月 1 日至 2014 年 6 月 30 日的答复率还不到 13%)。

[185] See 26 U. S. C. S. § 409(e)(2) (approved 1/10/2018).

消绝对多数投票规则、取消某些反收购措施的提案。[186] 那么，转移投票规则同样也可以将非常规事项的表决权转移给投资者。

该规则还有另一个好处，由于被动基金会将实施成本转嫁给投资者，因此，这一规则将使被动基金的管理费更高，此时其对于投资者的吸引力可能就会稍弱于主动基金。通过这种方式，该规则可以在一定程度上改善“搭便车”问题，并阻止资金从主动基金流向被动基金。

3. 默认转移表决权

最后一个建议是，在非常规事务上默认将机构的表决权转移给投资者，但投资者也有权选择将表决权重新委托给该基金。[187] 该规则的主要好处是，它将促进被动基金之间治理活动的竞争和差异化。某些被动基金可能会致力于动态跟踪和基本面分析，以便以治理专家的形象推广自己，从而吸引投资者并争取他们的选票。此外，对于同时拥有被动基金和主动基金的机构，如果主动基金能帮助它获得更多的表决权，那么，其价值就更容易被投资机构所肯定。被动基金还可以通过发展在某个领域的治理专长来吸引投资者和选票。尽管投资于治理的被动基金收费可能会高于真正的被动基金，但关心良好治理的投资者更有可能接受这种高收费。这看似不合情理，但社会责任型投资基金不就因此取得了初步成功吗？该类基金正是根据特定的标准（如对环保的承诺）来选择目标公司，从而吸引了众多投资者。[188]

对于那些意在进行低成本、多样化投资的投资者而言，他们可以选择采取被动治理方式的被动基金。选择这类基金的投资者很可能会严格遵循默认的投票规则或者直接放弃投票。[189] 换句话说，这条规则也

---

〔186〕 See N. Y. S. E. Manual Rule 452 (CCH) ¶ 2452 (2013). *NYSE Information Memo* 12 – 4, *Application of Rule* 452 *to Certain Types of Corporate Governance Proxy Proposals*, Nyse Regulation, http://www. lexissecuritiesmosaic. com/gateway/nyse/info – memos/12 – 4. pdf.

〔187〕 该规则在起草时应防止基金通过在股票购买协议中附加格式条款使表决权重新回到基金经理手中。例如，该规则可以要求投资者对于表决权的委托必须是主动作出的。

〔188〕 See *Does Socially Responsible Investing Make Financial Sense*?, Wall ST. J. (Feb. 28, 2016), http://www. wsj. com/articles/does – socially – responsible – investing – make – financial – sense – 1456715888（讨论了社会责任投资日益普遍化）。

〔189〕 See Ian Ayres, *Menus Matter*, 73 U. Chi. L. Rev. 3, 4 – 5 (2006)（描述了“默认铁律”）。

能在较大程度上阻止不知情投资者投票。

这些易操作而低成本的规则中的任何一条,都将减少被动基金就治理问题进行不知情投票的可能性,从而保持主动和知情投资者的话语权和影响力。不仅如此,通过限制被动基金的治理活动,这些规则还将增加主动基金所能提供市场回报的可视性,从而提高市场透明度,使投资者能够区分具有治理专长的基金和仅提供低成本、市场回报稳定的基金。同时也能提高主动基金对关心治理的投资者的吸引力,并使被动基金更难"搭便车"。[190]

乍一看,这些规则似乎与我们的股东民主制度背道而驰。传统上,普通股股东不仅拥有资产收益权,还拥有与其股权份额相对应的表决权。但股东民主并不是宪法规定的表决权这种政治民主。表决权通常是一股一权。换句话说,持股越多,表决权也就越多。最近一个多世纪以来,公司法开始允许公司不采取一股一票的投票规则,甚至允许他们直接剥夺某类股票的表决权。[191] 股东选举中的表决权既不是为了提

---

〔190〕 对不知情和缺乏激励的股东的表决权进行限制还有另一个重要好处。特拉华州法院愈发尊重由大多数无利害关系股东表决通过的公司决策。例如,在 Corwin v. KKR Financial Holdings 一案中,特拉华州最高法院认为,如果获得股东的支持,本应经更严格的 Revlon 规则审查的交易可以按照商业判断规则进行审查。125 A. 3d 304 (Del. 2015). 这一决定在某种程度上是合理的,因为上市公司由经验丰富的机构投资者持有,并且投票结果与其实际经济利益攸关。但由于以上讨论过的原因,被动基金投票代理问题颇多,削弱了法院尊重其投票结果的理由。

〔191〕 目前,各州的法律对于公司表决权分配的规定都相对灵活:几乎所有州的公司法都规定,普通股采用一股一票的默认规则,但允许公司的规定与法律规定不一致。See Stephen Bainbridge, *The Scope of the SEC's Authority Over Shareholder Voting Rights* 5, UCLA Sch. of Law Research, Paper No. 07 – 16, 2007, https://papers. ssrn. com/sol3/papers. cfn? abstract – id = 985707 [hereinafter Bainbridge, SEC Authority]; Del. Code Ann. tit. 8, § 151 (1953)[允许公司发行多类股,并享有公司章程或董事会授予的(若章程赋予董事会该权力)的权利、权力和优先权]。许多公司通过采用法院一般都会支持的双层资本结构,来规避一股一票规则。事实上,对股东表决权的限制与公司形式本身一样久远。在 19 世纪中期,在制定公司法之前,得到立法机关许可的公司章程就已经开始采用不同的投票结构。有些人支持一股一票的规则,而另一些人则主张限制大股东的表决权,如规定单个股东所能拥有的表决权上限。Bainbridge, SEC Authority, p. 4. 到 20 世纪初,绝大多数美国公司将一股一票作为默认规则,但同时也允许公司与法律规定不一致。Id., p. 5. 如今这种限制优先股表决权的规则被广泛适用。Id. 此外,公司开始发行无表决权的普通股,1927 ~ 1932 年,至少有 288 家公司发行无表决权或有限表决权股票(几乎占此类发行总数的一半)。Id., p. 7.

高参与度,也不是为了维护公民利益。它最初是作为对剩余索取者的一种保护而产生的,且这种保护已被证明是有效的,因为它将表决权分配给那些最有动力利用其投票来最大化公司价值的人,[192]即投票只需对公司有利即可。因此,通过剥夺不知情股东的表决权来提高公司业绩的建议也就有了理论支撑。[193]

但是,这些建议如何才能上升为法律呢?通过美国证券交易委员会显然是一个备选方案,因为监管代理流程是该机构的一项核心职能。然而,其在1990年对实质性表决权进行的唯一一次干预,被华盛顿特区巡回法院判决无效。[194] 20世纪80年代,企业逐渐开始认识到双层股权结构对于防御敌意收购的作用,美国证券交易委员会随即出台了"19 C-4规则",有效地禁止了上市公司通过发行证券或其他方式来剥夺、限制或差别化减少现有股东的表决权,[195]规则内容主要是在全国性证券交易所和证券协会的上市标准中增加了新的条件。[196]

美国证券交易委员会辩称,它有权根据《证券交易法》(Securities Exchange Act)第19条c款制定该规则。该条款允许美国证券交易委员会在符合《证券交易法》立法目的的前提下修改交易规则,而美国证券交易委员会认为,该法第14条a款就体现出其保护股东民主的立法意图,但华盛顿特区巡回法院驳回了这一观点,认定该条款并未赋予美国证券交易委员会监管股东实质性表决权的权力,其职能应仅限于对代理权征集以及代理投票披露程序的监管。[197]

最高法院没有对这一判决进行复审,但此前曾明确表示对公司表

---

[192] See, e. g., Frank H. Easterbrook & Daniel R. Fischel, The Economic Structure of Corporate Law 63, 67 (1991).

[193] 其他人在法官选举的背景下也提出了类似的观点:大多数表决权人都不知情,要求他们掌握治理的专业知识可能会导致分工效率低下。See Richard A. Posner, *Judicial Autonomy in a Political Environment*, 38 Aruz. ST. L. J. 1, 5 (2006); Dmitry Bam, *Voter Ignorance and Judicial Elections*, 102 Ky. L. J. 553 (2013); Charles Gardner Geyh, *Why Judicial Elections Stink*, 64 OHIO ST. L. J. 43, 52 (2003)(讨论了法官选举中的投票)。

[194] See Bus. Roundtable v. SEC, 905 F. 2d 406 (D. C. Cir. 1990).

[195] Bainbridge, *SEC Authority*, supra note 191, p. 8.

[196] Id., p. 9.

[197] Bus. Roundtable, 905 F. 2d, p. 408.

决权的实质内容的监管属于国家权力。在 CTS 公司诉动力公司(CTS Corp. v. Dynamics Corp)一案中,法院解释道:“没有任何公司法原则和惯例能比国家对国内公司的监管权(包括界定股东表决权)更具权威性。”[198] 因此,在国会没有明确表达其意见的情况下,最高法院不太可能支持联邦机构制定一项限制股东表决权实质内容的规定。

但实际上,《证券交易法》倾向于保护股东民主是旨在防止“公司被少数人控制”。[199] 当公司表决权的平等分配可能使少数机构取得控制权,从而带来市场扭曲并有可能造成大规模的经济损害时,联邦政府应适时介入。而且进行干预可能也是政府唯一的选择,因为企业不太可能主动修改公司章程来限制多数股东投票,并且如果政府不干预,可能会导致大型机构投资者将投资转移到其他国家。

(二)激励有益投资治理的困境

目前,在考虑如何解决代理成本问题时,监管机构和学者提出了旨在激励大型机构投资者对其投资负责的改革方案。例如,证券交易委员会认为,让共同基金承担代理投票披露义务是合理的,因为,此类规定将“鼓励基金更多地参与其投资组合公司的治理”。[200] 但这些规则实际上并没有达到预期的效果——相反,披露义务似乎只是增加了共同基金就所持股权行使表决权的压力,而在任何情况下都保持知情投票是十分困难的。[201] 这些规定也未能解决阻碍共同基金投资治理的集体行动问题。因此,未来任何旨在鼓励机构投资者参与治理的改革,都需要考虑该问题。另外,还可以参照股东派生诉讼这种解决公司内

---

[198] CTS Corp. v. Dynamics Corp. of Am., 481 U. S. 69, 89 (1987); see also Santa Fe Indus., Inc. v. Green, 430 U. S. 462, 477 – 480 (1977)(明确公司内部事务由地方各州监管)。

[199] SEC v. Transamerica Corp., 163 F. 2d 511, 518 (3d Cir. 1947), cert. denied, 332 U. S. 847 (1948)(讨论《证券交易法》第 14 条 a 项背后的法理)。

[200] *Disclosure of Proxy Voting Policies and Proxy Voting Records by Registered Management Investment Companies*, 68 Fed. Reg. 6564, 6566 (Feb. 7, 2003) (codified at 17 C. F. R pts. 239, 240, 270, 274).

[201] See Strine Jr., *Can We Do Better?*, supra note 5, pp. 483 – 490(该研究注意到,“现行制度中涉及过多的投票,以至于机构投资者群体无法对每个提案都进行审慎的投票,并且我们有理由怀疑甚至连投票顾问公司也无法聘请足够多的合格分析师,就每一票提供一份经过深入研究的建议”)。

部代理问题的传统方式进行改革。股东派生诉讼是通过允许股东代表公司提起诉讼,来减少管理层与股东之间的冲突。[202] 典型的是针对公司董事违反其信义义务的诉讼:由于不能指望董事让公司对他们自己提起诉讼,因此允许股东代位取得诉权,代表公司提起诉讼。若诉讼结果有利于该公司及其股东,则原告股东有权请求公司对该诉讼的律师费和其他相关费用予以补偿,[203] 这就减少了其他股东“搭便车”的问题。[204]

就像提起有益派生诉讼的股东一样,投资于公司治理的基金也会为所有股东带来其渴望得到但又不愿承担成本的利益。因此,规定为投资于治理并带来利益的股东提供费用补偿,将有助于吸引更多的机构投资者参与治理。但目前,我国的监管体系却反而是通过审查管理费,来处罚投资于跟踪和治理的主动基金。这些政策的出发点是好的,因为有充足的证据表明,有些基金利用投资者的不知情来收取不适当的高额费用。[205] 但这可能会带来滥用监管权等问题,而允许干预治理者收回相关费用的规定,将有效降低这种风险。它还将提高具有治理专长的基金的竞争力,从而阻止这些基金的投资外流。

该规则可以将可得到补偿的治理干预限定为让公司实际受益的干预政策。并且这种受益应通过干预后股价的持续(至少 1 年)上涨来证明。干预人可以报销干预所产生的费用,但仅限于进行干预前一个月内产生的研究费用,以及与管理层会面、参与投票或发起代理权竞争的费用,且这些费用加起来不能超过公司从中获得的收益。尽管这条规则一定程度上能够起到激励治理干预的作用,但作用效果有限。因为干预通常需要持续且专门针对公司的动态跟踪和多年累积的治理专业知识,所以,这条规则只能帮助基金收回一小部分成本。另外,由于干预成本和长期的收益都难以量化,所以,该规则还有可能会引发成本

---

[202] See Jonathan R. Macey & Geoffrey P. Miller, *The Plaintiffs' Attorney's Role in Class Action and Derivative Litigation: Economic Analysis and Recommendations for Reform*, 58 U. Chi. L. Rev. 1,10 (1991).

[203] See Ralph C. Ferrara et al., *Attorneys' Fees and Incentive Awards*, Shareholder Derivative Litigation: Beseiging the Board § 14.06 (2005).

[204] See Frank Easterbrook & Daniel Fischel, *Handbook of Law and Economics* 897 n. 192 (2007).

[205] See William Birdthistle, *Enpire of the Fund: The Way We Save Now* (2016).

高昂的诉讼。

可能有人会认为,把干预中获得的一部分利益作为奖励而不是成本报销,可以解决一些问题。例如,美国证券交易委员会的举报者计划为:"如果美国证券交易委员会根据举报者主动提供的信息,成功执行了100万美元以上的制裁执法行动,那么举报者将得到相应奖金。"[206]奖金额度是所追回资金的10% ~30%。[207] 如果一个股东(或多个股东)能够从治理干预中获得哪怕10%的奖励,这都将极大地提高其投资治理的积极性。但法律一般会避免基于收益来衡量法律后果,因为很多收益难以量化,因果关系也很难确定。而对后者的判断尤为不易,因为在这种情况下,激进型投资者可能会选择对标同行业的一个公司来进行干预,也可能只是以干预作为威胁来影响管理层决策。[208] 此外,对于"利益"的定义可能会影响干预类型的选择,从而再次带来治理扭曲的风险。因此,一项激励投资者积极参与治理的规定,其成本可能大于收益。[209]

---

[206] *Office of the Whistleblower*, SEC, https://www. sec. gov/whistleblower, visited Mar. 12,2018.

[207] Id.

[208] 民权法中的一个例子说明了因果关系是难以确定的。多年来,法院一直难以解释《公平住房修正案》(Fair Housing Amendments Act)和《美国残疾人法》(Americans with Disabilities Act)中的诉讼成本转嫁条款,这些条款允许法院判定"胜诉方"有权请求相对方支付合理的律师费。2001年,最高法院判决认为,主要以原告是否为结果的"催化剂"来判断因果关系是不恰当的。See Buckhannon Bd. & Care Home, Inc. v. W. Va. Dep't of Health & Human Res. ,532 U. S. 598 (2001). 相反,只有在原告基于法定权利获得判决或法院下达的和解协议的情况下,法院才能支持转嫁诉讼费。Id. 在这样的判决中,法院强调难以确定被告改变其行为的主观动机——催化剂的判断方法"显然不能作为现行实践中的通用准则"。Id. ,609. 允许原告从治理干预中收回部分利益的法律,也会有类似的实践困境。

[209] 另一个可能的解决方案是,规范向被动基金提供建议的投票顾问。事实上,国会正在考虑是否要求对投票顾问进行更严格的监管。比如,要求他们:向证交会登记;聘用行政监察专员受理有关投票信息准确性的投诉;披露潜在的利益冲突;披露形成代理建议、分析的程序和方法;这本质上是为公司提供一个机会,在代理咨询公司正式提供建议之前,对其建议进行预审查和评述。See *Corporate Governance Reform and Transparency Act of* 2016, H. R. 5311, 114th Cong. (2016). 但这一规定将显著增加第三方代理咨询服务的成本,而没有解决真正的问题:第三方投票顾问的建议缺乏任何经济激励。事实上,国会将很难制定出一项能够解决这一问题的规则。

结 论

在过去的20年里,企业影响力市场已经成为约束管理层的重要力量。然而,被动投资的兴起有可能抑制和扭曲该市场、增加代理成本并损害股东福利。尽管目前主动型投资正在改善扭曲的风险,但随着资产迅速流入被动基金,可能很快就会打破这暂时的平衡。因此,立法者应该考虑是否有必要依法进行干预。

目前看来,限制被动基金参与投票的规定将以最低成本带来最大收益。尽管投票只是机构投资者用来约束管理层的工具之一,但被动投资的兴起将使其变得愈发重要。主动基金分析师是与管理层、董事会会面的主要驱动者;但随着其数量的减少,机构投资者进行“对话”的频率和效率也会降低。因此,像现在这样通过幕后沟通就能解决的分歧会更少,而更多的分歧将通过昂贵的代理权竞争来解决。

该规定将通过限制被动基金的表决权,来降低因被动投资兴起而导致的治理扭曲风险。同时,它还能保留知情投资者的话语权作为一种约束力量,避免所有权和控制权分离所导致的代理问题。

(编辑:赵宇)

《证券法苑》(2021)
第三十二卷,第64~123页

华尔街新巨人:被动投资者的一个理论框架*

[美]吉尔·E.菲什　阿萨夫·汉达尼
史蒂文·戴维多夫·所罗门** 著
唐　峰 译***　袁　康 校****

摘要:本文创造性地提出被动投资理论框架并分析其对公司治理的影响。被动基金的发起人与其他投资选择的竞争为被动基金发起人参与其投资组合中公司的治理提供了各种激励。此外,主要基金发起人的规模和持有份额所产生的规模经济效果,能够使其更加经济且有效地参与治理。另外,本文探讨了被动投资兴起对公司法和金融监管的总体影响,评估了所有权集中、利益冲突和共同所有权这些问题以及其在多大程度上会冲击和调整对现有法

---

* Jill E. Fisch, Asaf Hamdani & Steven Davidoff Solomon, *The New Titans of Wall Street: A Theoretical Framework for Passive Investors*, University of Pennsylvania Law Review, Vol. 168, 2019, p. 17.

** 吉尔·E.菲什,宾夕法尼亚大学法学院 Saul A. Fox 商法杰出教授;阿萨夫·汉达尼,特拉维夫大学布赫曼法学院和科勒管理学院教授;史蒂文·戴维多夫·所罗门,加州大学伯克利分校法学院教授。

*** 武汉大学法学院硕士研究生。

**** 武汉大学法学院副教授。

规和实践。

关键词:被动投资者　被动基金　主动基金　公司治理　所有权结构

如果指数基金的表现不如主动基金,那么资产将从被动资产流向主动资产。

——比尔·阿克曼(潘兴广场管理公司首席执行官)[1]

引　言

被动投资者,或更准确地称为管理大部分投资于被动管理基金资产的大型共同基金综合体,是现代资本市场的新势力。[2] 由于这些基金产品的成本较低,而且据称再精明的理财经理也无法持续性地"跑赢"市场,[3]

---

〔1〕 潘兴广场资本法律总顾问史蒂夫·弗雷丁(Steve Fraidin)致史蒂文·戴维多夫·所罗门的电子邮件(2018年5月30日)。

〔2〕 我们从一开始就注意到"被动投资者"一词的潜在歧义。各种基于规则的投资策略都可以称为"被动",如算法交易,资产所有者可以采用被动投资策略,而无须使用诸如共同基金或交易所交易基金这样的产品。See, e. g. Andrew W. Lo, *What Is an Index*?, 42 J. Portfolio Mgmt. 21, 21 – 22 (2016)(描述了可以称为指数投资的投资策略的广度,并认为指数的关键特征是"透明、可投资和系统化")。此外,正如Adriana Robertson有力表明的那样,将基于指数的策略称为"被动"有点误导,因为指数的创建和选择本身就是管理(主动)投资策略。See Adriana Z. Robertson, *Passive in Name Only*: *Delegated Management and "Index" Investing*, 36 Yale J. Reg. 795, 843 (2019). 在本文中,我们不会广泛解决这些问题,而是会采用"被动投资者"的流行术语,专注于传统指数基金和ETF。

〔3〕 大众媒体反复报道,主动管理基金整体上跑输了指数基金及其市场基准。See, e. g., Mark Hulbert, *This Is How Many Fund Managers Actually Beat Index Funds*, Marketwatch (May 13, 2017), https://www.marketwatch.com/story/why-way-fewer-actively-managed-funds-beat-the-sp-than-we-thought-2017-04-24 [https://perma.cc/MAX4-ALTG](报告说,"过去15年间,有92.2%大盘基金落后于简单的标准普尔500指数基金")。金融文献中的故事更为复杂,迄今为止,有证据表明,从长远来看,主动管理型基金可能比被动型基金具有优势。Infra notes 82; see also Diane Del Guercio & Jonathan Reuter, *Mutual Fund Performance and the Incentive to Generate Alpha*, 69 J. Fin. 1673, 1676 (2014)(在共同基金市场的"直接出售部分"中,结果"强有力的支持这一观点……即主动管理基金获得了与指数基金相同的费后阿尔法收益")。

故而投资指数共同基金和交易所交易基金(ETF)[4](统称为指数基金或被动基金,这些基金不做出基于信息的交易决策)的散户投资者数量不断增加。这种转变将越发将公开交易的股票集中在经营这些指数基金的发起人,尤其是"三巨头"——贝莱德(BlackRock)、先锋(Vanguard)和道富(State Street)手中。[5] 尽管指数基金将继续增长到何种程度仍不清楚,但据估计,到 2024 年它们将占据 50% 以上的市场。[6]

评论者对被动投资者的增长及其对资本市场效率和公司治理的影响表达了担忧甚至警示。[7] 然而,现有文献在很大程度上误解或忽略了

---

〔4〕 交易所交易基金,是一种追踪指数的基金,其可在公共市场进行交易,而非从基金发起人处购买(或出售给基金发起人)。See *What Are ETFs*?, Nasdaq, https://www.nasdaq.com/etfs/what-are-ETFs.aspx [https://perma.cc/SQ4R-GMMU], visited July 16,2019. 根据 1940 年《投资公司法》,共同基金和交易所交易基金均被视为投资公司。See Investment Company Act of 1940 § 3,15 U.S.C. § 80a-3 (2018).

〔5〕 See, e.g., Jan Fichtner, Eelke M. Heemskerk & Javier Garcia-Bernardo, *Hidden Power of the Big Three? Passive Index Funds, Re-Concentration of Corporate Ownership, and New Financial Risk*, 19 Bus. & Pol. 298, 298, 304 (2017)(解释了贝莱德、先锋和道富在被动基金行业中占据主导地位,并称其为"三巨头")。

〔6〕 See Trevor Hunnicutt, *Index Funds to Surpass Active Fund Assets in U.S. by 2024: Moody's*, Reuters (Feb. 2, 2017), https://www.reuters.com/article/us-funds-passive/index-funds-to-surpass-active-fund-assets-in-u-s-by-2024-moodys-idUSKBN15H1PN [https://perma.cc/5R6B-3U7J].

〔7〕 See, e.g., Lucian A. Bebchuk, Alma Cohen & Scott Hirst, *The Agency Problems of Institutional Investors*, 31 J. Econ. Persp. 89, 90 (2017)(认为指数投资的增加对"全系统的治理产生不利影响"); Dorothy S. Lund, *The Case Against Passive Shareholder Voting*, 43 J. Corp. L. 493, 495 (2018)(认为被动投资者缺乏足够的动机成为知情股东); Shawn Langlois, Robert Shiller: *Passive Investing Is a "Pseudoscience" and It's Bad for Markets*, Marketwatch (Nov. 15, 2017), https://www.marketwatch.com/story/robert-shiller-passive-investing-is-a-pseudoscience-and-its-bad-for-markets-2017-11-14 [https://perma.cc/HY92-DF8X][引用了诺贝尔奖经济学家罗伯特·席勒(Robert Shiller)在访谈中的描述,即指数是"对全美国的商业环境造成了重大损失的'混乱系统'"]; see also Fiona Scott Morton & Herbert Hovenkamp, *Horizontal Shareholding and Antitrust Policy*, 127 Yale L. J. 2026, 2026 (2018)(认为最大被动投资者的所有权集中将破坏产品市场竞争); Eric A. Posner, Fiona M. Scott Morton & E. Glen Weyl, *A Proposal to Limit the Anticompetitive Power of Institutional Investors*, 81 Antitrust L. J. 669, 669-670 (2017)(相同观点)。

被动基金的制度结构及其运营所处的市场环境,[8]因而无法准确反映被动投资者的激励。此外,通过排斥或共谋的主张将被动投资者边缘化,这些文献亦未能理解被动投资兴起对公司法和公司治理的重大意义。

本文对这一缺憾做出回应,给出第一个全面的被动投资理论框架并利用此框架来探究被动基金在公司治理中的作用,探讨该越发重要的作用对公司法的总体影响,包括管理层与股东之间的权力分配、投票的监管以及经济力量的集中(concentration of economic power)。

评论者的批评集中在被动基金的两个关键属性上。其一,被动基金因其投资策略被锁定在其所持有的投资组合公司中,既不能通过交易利用定价错误或其他信息优势,也不遵循华尔街规则(Wall Street Rule)像传统股东一样(特别是主动基金)可以从绩效欠佳的公司退出。[9] 其二,被动基金与追踪相同指数的其他被动基金竞争,并不是基于投资组合的绩效(因为众多被动基金持有相同的指数),而主要是基于成本。[10] 由

---

〔8〕 我们注意到,自从将本文的初稿发布到 SSRN 以来,学者还发布了其他几篇文章,更深入地探讨了被动投资者的作用和激励。See Lucian A. Bebchuk & Scott Hirst, *Index Funds and the Future of Corporate Governance: Theory, Evidence, and Policy*, 119 Colum. L. Rev. (2019)(手稿,pp. 1 – 2),https://ssrn. com/abstract = 3282794(认为指数基金目前在公司监管方面花费的资源不足);John C. Coates, *The Future of Corporate Governance Part I: The Problem of Twelve* 2, Harvard Pub. Law Working Paper, Paper No. 19 – 07, 2018, https://ssrn. com/abstract = 3247337(讨论了指数的繁荣和对公众公司控制权集中到少数机构投资者手中的政策回应);Edward B. Rock & Marcel Kahan, *Index Funds and Corporate Governance: Let Shareholders be Shareholders* 33 – 34, ECGI Working Paper Series in Law, Paper No. 467, 2019, https://ssrn. com/abstract = 3295098(分析了指数基金的激励措施和信息结构,并认为它们与负责任的公司治理保持一致)。

〔9〕 See Anat R. Admati & Paul Pfleiderer, *The "Wall Street Walk" and Shareholder Activism: Exit as a Form of Voice*, 22 Rev. Fin. Stud. 2645, 2647 (2009)(详细说明大股东如何通过退出而不是行使投票权来应对业绩不佳的情况)。

〔10〕 See, e. g. , Jeff Sommer, *A Price War Has Driven Fund Fees to Zero. They May Be Set to Drop Further.*, N. Y. Times (Apr. 5, 2019), https://www. nytimes. com/2019/04/05/business/price – war – fund – fees – zero – negative. html [https://perma. cc/W6UM – KNQ6](说明了大型指数基金发起人之间的竞争如何降低了投资者的成本)。有文献指出,被动资金也可以在跟踪质量上竞争。See, e. g. , Ari I. Weinberg, *Watch an Index Fund's "Tracking Error"*, Wall ST. J. (July 9, 2012), https://www. wsj. com/articles/SB10001424052702303734204577466453629079534 [https://perma. cc/862Y – KL4D](解释了跟踪误差及其在指数基金中的变化方式)。

于公司专项研究(firm - specific research)的成本高昂且被动基金致力于跟踪指数回报,因而被动基金无法利用基于信息的交易来提高其收益。由此,批评者们认为,对被动投资者而言研究和监督其投资组合公司是不合理的。[11]

本文质疑这种对被动投资者商业模式的不完整描述并且给出了一个更精细的回答。首先,尽管被动基金一词被广泛使用,但却经常被误解。被动基金是追踪一个指数的基金,但由于指数种类繁多,不同被动基金之间差异巨大。指数的构建和管理不是被动的,而是由被动基金本身或是指数提供者主动提供的一种管理投资形式。其次,尽管大量基金追踪标准普尔 500 指数(S& P 500)这类热门指数,另一些基金却追踪专门为某个热门指数基金创建的定制指数。[12] 另外,一些名义上的被动基金赋予经理们一定程度的自由裁量权,以根据特定指数或是偏离该指数选择股票。[13] 最后,虽然许多被动基金的费用非常低,但是这些费用之间差异很大。[14]

本文认为,要理解被动基金,就必须理解其运营所处的制度环境。现有文献分析了被动投资者在独立共同基金层面上的行为及其激励,但却忽略了独立共同基金仅仅是资产池的事实。[15] 共同基金的行为实际上是由与基金有合同关系的第三方采取的。[16] 这些第三方(被称为"被动投资者",以区分其行为与基金本身的行为)是建立基金的基金发起人和制定基金运营决策的关联投资顾问。[17]

因此,被动基金的制度环境会因基金运营者的结构和激励的差异

---

〔11〕 See, e. g. , Bebchuk, Cohen & Hirst, supra note 7, p. 90(认为"指数基金对从事能改善治理和增加价值的管理活动的激励特别低");Lund, supra note 7, p. 495.

〔12〕 See Robertson, supra note 2, p. 821.(解释了定制指数的本质)。

〔13〕 See infra notes 67 – 70 and accompanying text.

〔14〕 例如,富达大型股指基金的费用比率为零。See Sommer, supra note 10. 普信(T. Rowe Price)的股票指数 500 基金的费用比率为 21 个点。Equity Index 500 Fund, T. Rowe Price, https://www. troweprice. com/personal – investing/tools/fund – research/PREIX [https://perma. cc/AGT2 – AED2], visited August 6, 2019.

〔15〕 See Jill E. Fisch, *Rethinking the Regulation of Securities Intermediaries*, 158 U. PA. L. Rev. 1961, 1968 (2010).

〔16〕 同上。

〔17〕 同上。

而大相径庭。以富达为例,除了提供500多种共同基金外,基金发起人富达投资(Fidelity Investments)作为私有公司,还设计、管理雇主发起的退休计划、提供经纪服务和其他投资服务。[18] 富达管理研究公司(Management & Research Company)是富达共同基金家族的投资顾问。[19] 相反,贝莱德共同基金的发起人、上市公司贝莱德(BlackRock, Inc.)的资金则是由贝莱德资本投资顾问有限公司(BlackRock Capital Investment Advisors LLC.)管理。[20] 为简单起见,本文将基金发起人和投资顾问统称为发起人,但应注意到它们是拥有不同激励的独立实体。[21]

发起人所持激励,而不仅仅是资产池的激励,驱动着基金的行为。最重要的是,发起人通常管理着包含被动基金和主动基金在内的整个基金家族,最大化整个基金家族的收益是发起人商业模式的核心,[22] 而该收益又可表述为管理资产和基金费率的乘积。为在被动投资者层面上说明这一点,需强调竞争存在于富达和先锋之间,而非富达大型股指基金(Fidelity's Large Cap Index Fund)和富达麦哲伦基金(Fidelity Magellan Fund)之间。[23]

同样,区分共同基金和投资该基金的份额持有人也很重要。尽管

---

[18] See *Fidelity by the Numbers: Corporate Statistics*, Fidelity, https://www.fidelity.com/about-fidelity/fidelity-by-numbers/corporate-statistics [https://perma.cc/GUQ8-CD2B], visited June 11, 2019.

[19] 同上。

[20] 贝莱德顾问公司是贝莱德资本投资顾问有限公司的唯一管理合伙人,也是贝莱德公司的全资子公司。See *BlackRock Investment Management LLC.*, Client Brochure, Form ADV Part 2A, at 33 (2019), https://www.lfg.com/wcs-static/pdf/BlackRock%20Investment%20Management%20LLC.pdf [https://perma.cc/KX5M-MDBE].

[21] 基金发起人有时也称为基金综合体或基金家族。

[22] 我们观察到,共同基金发起人业务的其他组成部分也可能影响它们的激励机制和运营决策。例如,评论员认为,当基金的投资顾问"还管理或试图管理该公司的退休计划资产时",该基金的投资顾问可能会在对投资组合公司的证券进行投票时面临利益冲突。See *Disclosure of Proxy Voting Policies and Proxy Voting Records by Registered Management Investment Companies*, 68 Fed. Reg. 6564, 6565 (Feb. 7, 2003).

[23] 在独立基金投资组合经理层面,激励措施的运作有些不同。由于被动投资者,特别是"三巨头",经常在基金家族的层级上投票和参与,因此,这些激励措施并非我们的分析重点。

被动基金被锁定在其投资中,但其持有人却没有。像所有共同基金持有人一样,指数基金的投资者可以随时通过出售基金份额并获得其权益的资产净值退出。[24] 通过这种退出选择,共同基金可以持续不断地争夺投资者。此外,指数基金并非只与追踪相同指数的其他指数基金争夺投资者。相反,指数基金与其他被动(指数)基金、[25]主动管理基金[26]以及其他投资选择都存在竞争,且这种竞争并非完全基于成本。由于共同基金资产流入取决于基金的业绩,[27]因此,若被动基金的表现在成本调整的基础上落后于主动管理基金,那么,被动投资者就有流失资产的风险。[28]

此外,共同基金持有人通常是整个共同基金家族的客户。投资者通常会在一个基金家族中进行投资,[29]因为这样做具有合并报表和在基金之间转移资产更简便等优势。[30] 因此,被动投资者的商业模式可以被理解成为获取更多资产和投资者而竞争。这就解释了为什么富达

〔24〕 See,e. g. ,John Morley & Quinn Curtis, *Taking Exit Rights Seriously*: *Why Governance and Fee Litigation Don't Work in Mutual Funds*,120 Yale L. J. 84,89 (2010)(解释了共同基金股东以资产净值退出的机制)。

〔25〕 例如,Adriana Robertson 收集的数据表明,2017 年美国共同基金追踪了 555 个独立指数。Robertson,supra note 2,p. 815.

〔26〕 有关主动基金与被动基金竞争的证据,see generally Martijn Cremers, Miguel A. Ferreora, Pedro Matos & Laura Starks, *Indexing and Active Fund Management*: *International Evidence*,120 J. Fin. Econ. 539 (2016).

〔27〕 See, e. g. , Jonathan Lewellen & Katharina Lewellen, *Institutional Investors and Corporate Governance*: *The Incentive to Be Engaged* 2, Tuck Sch. of Bus. , Working Paper No. 3265761,2018,https://ssrn. com/abstract = 3265761[报告称,"机构基准调整后的季度回报增加 1 个百分点,则预测随后的 10 个季度净流入增加 1. 29 个百分点(标准误差为 0. 12)"]。

〔28〕 See,e. g. ,Susan E. K. Christoffersen, David K. Musto & Russ Wermers, *Investor Flows to Asset Managers*: *Causes and Consequences*,6 Ann. Rev. Fin. Econ. 289,290 (2014)(考察了关于影响资金流入和流出共同基金的因素的经验文献); Lewellen & Lewellen,supra note 27,p. 2(结论为"流入极大地有助于机构的激励")。

〔29〕 See,e. g. ,Edwin J. Elton, Martin J. Gruber & T. Clifton Green, *The Impact of Mutual Fund Family Membership on Investor Risk*,42 J. FIN. & Quantitative Analysis 257,257 (2007)("个人通常将所有共同基金投资都放在一个共同基金家族中。")。

〔30〕 See,e. g. ,Joshua Kennan, *What Is a Mutual Fund Family*?, The Balance (Apr. 26, 2019),https://www. thebalance. com/what - is - a - mutual - fund - family - 358178 [https://perma. cc/7SPE - 73WR](说明了在单个基金发起人中进行投资的优势)。

愿意提供4只完全不收取管理费的指数基金。[31] 即使富达没有从投资免费基金的资产中获得任何直接收益,[32]它也可能需要使用这些基金来吸引随后投资其他富达共同基金的客户。实际上,当富达开始提供零费用基金时,其他主要的主动基金发起人的股票受到了冲击。[33]

理解被动投资者的商业模式可得出关乎其激励和行为的综合理论(在第一部分讨论)。首先,与其他基金发起人之间的竞争激励被动投资者特别是大型发起人参与管理,而且被动基金中管理大量资产的基金家族有在成本调整的基础上保持被动基金相对于主动基金吸引力的独特需求。

具体而言,主动基金凭借其投资自由判断获取阿尔法的能力进行竞争——选择特定证券并相对于基准进行增持或减持,并以公司的特定信息为基础进行交易。[34] 在极端情况下,确定基金存在特殊问题的主动经理可以通过退出选择执行市场纪律(market discipline)。被动投

---

〔31〕 富达最初提供了两种零费用指数基金。See Eric Rosenbaum, *Fidelity's New No - fee Index Funds Bring in $1 Billion in First Month*, CNBC (Sept. 4, 2018), https://www.cnbc.com/2018/09/04/fidelity - offers - first - ever - free - index - funds - and - 1 - billionfollows.html [https://perma.cc/8D97 - RBSK]. 随后,它扩大了产品范围,零费用基金增至4个。See *We're Raising the Bar on Value*, Fidelity, https://www.fidelity.com/mutual-funds/investing-ideas/index-funds? imm_pid = 700000001009773 & immid = 100611&imm_eid = ep35415530159 & gclid = CjwKCAiA4t_iBRApEiwAn-vt-ymCpDfC43wE3RjhNoxvZN-L7XKqa0qhwV QHHsP2TlLXW69W - VWIwRoCmp8 QAvD_BwE & gclsrc = aw. ds [https://perma.cc/BWF3 - 77X4], visited June 11, 2019.

〔32〕 基金发起人通过其证券交易佣金和证券借贷,从其管理的基金中获得更多收入。See Sommer, supra note 10. 这些收入主要是该基金投资组合中所持有证券的借贷需求的产物。See, e. g., Miles Weiss, *Fidelity Drops Goldman by Bringing Securities Lending In - House*, Bloomberg (May 14, 2019), https://www.bloomberg.com/news/articles/2019 - 05 - 14/fidelity - drops - goldman - by - bringing - securities - lending - in - house [https://perma.cc/9DZ8 - CL6K](说明了共同基金发起人可以从做空者需求的借出股票中赚取高额费用)。

〔33〕 See Rosenbaum, supra note 31["受富达行动影响最大的一些基金公司是主要以主动共同基金著称的公开交易商,如联邦投资者(Federated investors)、莱格·梅森(Legg Mason)和富兰克林资源(Franklin resources),它们在富达8月初宣布提供免费基金的那一天下跌5%以上。"]。

〔34〕 See, e. g., Del Guercio & Reuter, supra note 3, p. 1674(提供了证据表明,当投资者的资金流入对阿尔法产生响应时,主动基金会花费资源来产生阿尔法)。

资者缺乏选择权,因而面临潜在的"柠檬问题"。[35] 如果主动经理出售或减持低质量公司证券导致被动基金被迫占据整个市场,被动基金在成本调整基础上的绩效甚至会不如主动基金。为了保持竞争力,被动投资者可以通过广泛的努力来改善市场的整体绩效并解决公司治理、风险管理、可持续性和网络安全等跨领域问题。

以网络安全为例,将网络安全视为可能严重影响公司绩效的风险的主动基金经理,会增加具备最佳网络安全系统的银行的股票权重,而对网络安全系统落后者的股票予以减持。相反,被迫占据整个行业或市场的被动投资者则必须采取增加全市场范围内对网络安全的关注度等行动,以减少主动基金的相对优势。

更广泛地,被动投资者针对不良绩效公司的治理倡议,如提高董事会质量、利益冲突政策以及结构合理的高管薪酬计划等,均意在避免可能突出主动管理价值的事件。标准普尔 500 指数基金的投资者,像因被迫继续持有安然股票(Enron)并在安然被剔除出标普 500 指数之前损失超 99% 的投资者一样,[36] 遭受了一部分主动基金投资者能够避免的重大损失。[37] 为了减少此类事件的发生频率,被动投资者有动力通过重点改善公司治理来解决这些问题。

被动投资者的商业模式使其参与具有成本效益。被动基金享有规模经济,从而能以低成本管理大量资产。由于是在基金家族层面进行投

〔35〕 机构投资者非常清楚这一限制,并在与投资者和公司的沟通中经常注意到这一点。See, e. g., Annual Letter to CEOs, Lawrence D. Fink, CEO, BlackRock, A Sense of Purpose (Jan. 12, 2018), https://www. blackrock. com/corporate/investor – relations/larry – fink – ceo – letter[https://perma. cc/NCL5 – XR26]("但是,在管理我们的指数基金时,只要公司还在相关指数中,贝莱德就不能通过出售公司的证券来表示不赞成。因此,我们参与和投票的责任比以往任何时候都重要。")。

〔36〕 See Lawrence C. Strauss, *The Enron Verdict: Always Diversify*, *Barron's*(May 8, 2006), https://www. barrons. com/articles/SB114687148778645481 [https://perma. cc/5TAS – 8AW7](请注意,安然倒闭时,标普 500 指数基金投资者遭受的损失)。标准普尔直到 2001 年 11 月下旬才将安然的股票从标准普尔 500 指数中删除,当时该公司的股价低于每股 1 美元。See Luisa Beltran, *Enron Failure May Be Biggest*, CNN Money (Nov. 29, 2001), https://money. cnn. com/2001/11/29/companies/enron/[https://perma. cc/QZH6 – 22SX].

〔37〕 See Strauss, supra note 36(指出了尽管一些主动管理的基金在安然崩溃时仍持有其股票,但另一些主动基金则能够减少或清空其头寸并避免重大损失)。

票和参与,被动投资者不仅能够汇总其大量持有的资产规模和所有投资提供的信息,而且能在整个投资组合中分摊获取信息的成本。最后,大型被动投资者作为关键投票者,充分了解信息更易被认为具备正当性。

被动投资理论在现实中得到证实。在本文第二部分中,作者记录了被动基金的新兴参与过程以及被动基金对于特定公司和全市场的公司治理日益增加的影响。本文认为,被动投资者已对激励做出回应,它们在整个系统范围内识别导致公司不良绩效的治理弱点并寻求降低治理风险。作者还记录了被动投资者如何与股东激进主义者进行协调和调解,并且一些初步经验研究表明,协调和调解行动一直在改善公司治理和绩效。[38]

在第三部分中,作者考虑了被动投资理论对公司法和金融监管的影响。本文认为,尽管因担忧公司治理就取缔被动基金的建议是被误导的,但被动基金的兴起也引发了某些情况下被现有文献忽视的其他潜在问题。被动投资的增长导致一小部分发起人手中的公开交易股票更加集中,它们可能利用对这些公司的巨大影响力来寻求金钱或非金钱私人控制利益。[39] 被动基金发起人也面临着独特的利益冲突问题。本文考虑到了这些问题,但仍然认为尽管发起人关注基金客户和整个经济的利益,目前并没有必要对监管进行调整。

---

〔38〕 See, e. g. , Ian R. Appel, Todd A. Gormley & Donald B. Keim, *Passive Investors, Not Passive Owners*, 121 J. Fin. Econ. 111, 114 (2016)(发现被动投资者的所有权增加会导致更多的独立董事、消除收购辩护、更平等的投票权和更好的长期表现,而且减少了被激进主义者针对的可能性);Ian R. Appel, Todd A. Gormley & Donald B. Keim, *Standing on the Shoulders of Giants: The Effect of Passive Investors on Activism*, 32 Rev. Fin. Stud. 2720, 2723 (2019)(发现更多的被动所有权与寻求董事职位、争夺代理权、和解和出售公司的更强烈的对冲基金激进主义有关);Andrew Bird & Stephen A. Karolyi, *Do Institutional Investors Demand Public Disclosure?*, 29 Rev. Fin. Stud. 3245, 3245 - 3248 (2016)(报告机构投资者增加所有权"显著增加了 8 - K 申请的信息内容",并将此结果归因于"相对被动的投资者的披露偏好");Audra L. Boone & Joshua T. White, *The Effect of Institutional Ownership on Firm Transparency and Information Production*, 117 J. Fin. Econ. 508, 508 (2015)(证明了被动所有权的增加与"更多的管理披露、分析师的关注度和流动性有关,降低了信息不对称性")。

〔39〕 有关此问题的扩展分析, see generally Coates, supra note 8, pp. 13 - 14。

一、被动投资者激励理论

本部分讨论被动投资者激励理论。第一节中,作者分析了关于早已为现有研究所忽略的制度环境的关键背景;第二节中,作者阐释了被动投资者之间为获客开展的竞争,并且这种竞争不限于费用最小化;第三节中,作者表明基金之间的竞争是被动投资者采取措施在整个系统范围内改善其投资组合中的公司治理的激励。

(一)被动基金的制度环境

共同基金或交易所交易基金〔40〕是一个资产池,可能包括股票、债券、现金和其他类型的投资。〔41〕共同基金的价值,通常称为资产净值(NAV),是指基金拥有资产的价值除以流通份额数。〔42〕共同基金没有独立操作或雇员,其运营决策由外部服务提供商做出。〔43〕基金本身也不赚钱,其收取的费用部分用于购买投资顾问和管理支持等服务,其余部分则分配给基金发起人。〔44〕共同基金发起人是一个实体,通常是负责建立和出售共同基金份额的金融服务公司。〔45〕将基金本身的利益与发起人的利益区分开非常重要。〔46〕除先锋外,〔47〕发起人通常是

---

〔40〕就本文而言,除非另有说明,否则我们对共同基金的提及也包括交易所交易基金。

〔41〕See Fisch, supra note 15.

〔42〕See Jill Fisch & Eric Roiter, *A Floating NAV for Money Market Funds: Fix or Fantasy?*, 2012 U. Ill. L. Rev. 1003, 1008.

〔43〕See Fisch, supra note 15.

〔44〕共同基金中的股份由基金发起人提供,基金发起人为投资者提供含有不同类型基金的菜单。See generally *Mutual Funds*, U. S. Sec. Exch. Comm'n (Dec. 14, 2010), https://www.sec.gov/fast-answers/answersmutfundhtm.html [https://perma.cc/4AEG-U3C9].

〔45〕大多数基金发起人都是独立基金顾问,但共同基金也由银行、保险公司和经纪公司出售。See Inv. CO. Inst., 2016 Investment Company Fact Book 15 (56th ed. 2016).

〔46〕See, e. g., John Morley, *Too Big to Be Activist*, 92 S. Cal. l. Rev. 1407, 1417 (2019)(指出"很容易将富达与其各种客户混为一谈,但我们仍应在概念上保持其区别……")。

〔47〕先锋是一个特例。发起人先锋集团由其共同基金所有,因此,发起人按成本为基金提供服务。See *Why Ownership Matters*, Vanguard, https://about.vanguard.com/what-sets-vanguard-apart/why-ownership-matters/ [https://perma.cc/3BQ5-C866], visited June 24, 2019.

贝莱德之类的上市公司[48]或是富达投资之类的私人公司。[49] 无论哪种情况，基金收取的费用减去基金的运营成本即发起人的股东利润，而发起人的目标就是实现利润最大化。

基金向投资者收取年费或费用率，该费用或费用率是按特定基金管理资产(管理中的资产)的百分比计算的。[50] 行业内，共同基金发起人内部的费用率甚至都存在很大差异。因此，收取高额费用的小型基金可能比管理更多资产但费用很低的基金对发起人更有利可图。基金发起人提供的产品差异很大，但通常都包括被动基金和主动基金。[51] 先锋一类的发起人专门研究被动管理基金；[52] 富达[53]和普信等类型的发

[48] See *Our History*, Blackrock, https://www. blackrock. com/corporate/about – us/blackrockhistory [https://perma. cc/3WAE – PJGR], visited June 12, 2019.

[49] See Tim McLaughlin, *How the Owners of Fidelity Get Richer at Everyday Investors' Expense*, Reuters (Oct. 5, 2016), https://www. reuters. com/investigates/special – report/usa – fidelity – family/ [https://perma. cc/B7Y2 – R4CN].

[50] 一些基金还收取其他类型的费用，如加载费和12b – 1费用。See Fisch, supra note 15, pp. 1973, 2000. 本文重点关注基金费用比率，该比率反映了投资者的持续成本和基金发起人的持续收入。

[51] 发起人的业务差异很大。一些发起人将其业务限于共同基金，一些发起人从事更广泛的资产管理活动，而其他发起人从事包括商业银行、投资银行等其他业务。例如，德意志银行和高盛提供交易所交易基金。See Asjylyn Loder, *ETFs Provide Some Good News at Deutsche Bank*, Wall ST. J. (Feb. 27, 2017), https://www. wsj. com/articles/etfs – provide – some – good – news – at – deutsche – bank – 1488191402 [https://perma. cc/AUK3 – J6YC]; Asjylyn Loder, *Goldman's $3 Billion Drop in the ETF Bucket*, Wall ST. J. (Mar. 2, 2017), https://www. wsj. com/articles/goldmans – 3 – billion – drop – in – the – etf – bucket – 1488483434 [https://perma. cc/33A9 – DEER].

[52] 甚至是通常被视为纯粹被动投资者的先锋也提供主动基金和被动基金的混合。例如，截至2018年12月，先锋提供了129个共同基金，根据其网站，其中80个是主动管理的基金。See *Vanguard Believes in Active Management*, Vanguard (Dec. 7, 2018), https://institutional. vanguard. com/VGApp/iip/site/institutional/researchcommentary/article/InvComActiveMgmtInfographic2018 [https://perma. cc/NR4H – C2RH]. 主动管理资产约占先锋管理的总资产的30%，其美元价值超过1万亿美元。同上。

[53] 截至2019年年初，富达为投资者提供了200多个共同基金，其中27个为指数基金。See *Why Invest in Fidelity Index Funds?*, Fidelity, https://www. fidelity. com/mutual – funds/fidelity – funds/why – index – funds [https://perma. cc/EHQ3 – Q7WQ], visited June 12, 2019. 富达的指数基金包括国内外股票基金、债券基金和房地产基金。同上。富达客户正将越来越多的资产转移到指数基金。See Tirthankar Chakraborty, *Vanguard vs. Fidelity: Fee War Heats Up*, Nasdaq (Aug. 25, 2017), https://www. nasdaq. com/article/vanguard – vs – fidelity – fee – war – heats – up – cm837199 [https://perma. cc/6KAD – DCSF].

起人则更多地关注主动管理。[54] 故而,被动基金的作用及被动基金在基金发起人整体商业模式中的经济意义各不相同。

要理解基金发起人的激励,关键在于理解发起人的竞争策略以及其被动基金和主动基金在获取收益方面的相对作用。基金发起人在各个方面进行竞争,包括提供的基金数量和类型、基金经理的专业知识、网站的用户友好性以及提供的其他产品和服务的类型。

一些发起人主要在成本上竞争。例如,先锋的商业模式依靠努力成为行业低成本领导者而推动,并且先锋的广告宣传平均基金费率远低于行业平均水平。[55] 这种竞争策略适用于先锋指数基金及其主动管理基金。[56] 然而,收费较高的基金发起人即便吸引的资产规模小得多,也能产生可观的收入。

发起人的运作方式也有所不同。目前全球最大的资产管理公司贝莱德管理着近 6 万亿美元的资产,其中 2/3 是被动基金。[57] 然而,贝

---

〔54〕 See Active Management, T. Rowe Price, https://corporate. troweprice. com/ccw/jsp/pages/active - management/investment - approach. jsp [https://perma. cc/G6HT - U77S], visited June 12,2019(描述了普信对"有纪律的、主动的投资管理"的遵循)。然而,即使是普信,也提供几种指数基金。See, e. g. , *Mutual Fund Research Tool*, T. Rowe Price, https://www3. troweprice. com/fb2/mfpathways/pathways. otc? facets = domesticStock, intStock [https://perma. cc/EKR4 - X9JZ], visited June 12,2019(描述普信股票指数 500 基金)。

〔55〕 See *Why Ownership Matters*, Vanguard, https://about. vanguard. com/what - sets - vanguard - apart/why - ownership - matters/ [https://perma. cc/3BQ5 - C866], visited June 12,2019(提到先锋在 2018 年的平均资产加权费用率为 0. 10%,行业平均值为 0. 58%); see also *Owen Walker*, Vanguard's Campaign to Drive Down Fees Runs out of Road, Fin. Times (Mar. 17, 2018), https://www. ft. com/content/e35ba836 - 291f - 11e8 - b27e - cc62a39d57a0[https://perma. cc/2B8H - A3YA](指出"先锋"在过去十年中引领着削减费用的方式……)。

〔56〕 See Erin Arvedlund, *Vanguard Crushing the Competition with Largest Fund Inflows So Far in* 2019, Phila. Inquirer (May 27, 2019), https://www. inquirer. com/business/vanguard - jack - boglepassive - active - mutual - fund - etf - 20190527. html [https://perma. cc/NYV4 - N4GE](将流入先锋主动管理基金的资金描述为"类似指数的费用")。

〔57〕 See Chris Flood, *BlackRock's Rivers of Gold from Active Management*, Fin. Times (Oct. 14, 2017), https://www. ft. com/content/f62ed0c2 - ada1 - 11e7 - beba - 5521c713abf4 [https://perma. cc/8DU2 - FDFE].

莱德的主动管理产品收取的费用却大致相当于其体量大得多的被动基金产生的费用收入。[58] 以主动基金闻名的富达提供四种零费用的被动基金。[59] 关键是,每个基金发起人都提供不同的基金选择菜单,即使主要被动投资者也提供追踪不同指数的基金,因此,每个发起人所持投资组合公司整体也有所不同。此外,发起人可以根据商业环境或市场发展情况调整其提供的基金组合。以指数化著称的道富最近宣称,当前的市场环境可能有利于将资产转移到主动管理基金。[60] 对于一个特定的基金家族,商业模式既涉及将潜在的资产流失引导至其他基金家族,又要最大限度地从现有客户中获取潜在收益。[61] 最后,还需要了解基金家族中资产黏性如何,以确定被动基金资产何时可能有流失至基金家族内的主动基金或其他发起人出售的基金的风险。

发起人的商业决策是在竞争激烈的市场环境下做出的。[62] 截至2018年年底,共有846家基金发起人[63]竞相向投资者提供超过17,700种不同的共同基金。[64] 被动基金本身的资产类别差异非常

---

〔58〕 参见前注(报道称贝莱德的主动资金在2017年第三季度产生了13.2亿美元,其被动资金产生了13.3亿美元)。

〔59〕 See *Why Invest in Fidelity Index Funds?*, supra note 53.

〔60〕 See Bailey McCann, *Surprising Cry from an Index Firm*:"*Go Active*", Wall ST. J. (Apr. 8, 2018), https://www.wsj.com/articles/suprising-cry-from-an-index-firm-go-active-1523239621 [https://perma.cc/63Q2-Q9FU].

〔61〕 对于某些基金发起人而言,廉价指数基金可能是亏损的领导者,旨在吸引投资者将其整个投资组合带入基金家族以吸引对该基金综合体其他更高成本基金选择的投资。See, e.g., Ben Johnson, *Penny-Pinching Index Fund Investors May Pay a Price*, Morningstar (Apr. 14, 2017), http://www.morningstar.com/articles/802512/pennypinching-index-fund-investors-may-pay-a-price.html [https://perma.cc/3Y7W-SKHC]["在许多情况下,这些低成本的构成要素简直就是损失的领导者,一加仑便宜牛奶意在吸引消费者进入商店并希望他们在到达柜台前能购买一些奇多(Cheetos)和一包口香糖。"]。

〔62〕 See generally John C. Coates IV & R. Glenn Hubbard, *Competition in the Mutual Fund Industry: Evidence and Implications for Policy*, 33 J. Corp. L. 151, 153 (2007)(考察了共同基金行业的结构、表现和动态,并表明它们与竞争状况一致)。

〔63〕 See Inv. Co. Inst., 2019 Investment Company Fact Book 43 (59th ed. 2019).

〔64〕 截至2018年年底,美国共有17,707个共同基金。

大。[65] "被动基金"一词通常让人联想到标准普尔 500 指数基金,但当前市场指数的爆炸式增长已经到了指数数量比公开交易股票数量更多的程度。[66] 许多新指数是某一共同基金发起人为销售新产品而创建的。新指数提供了一种使用高股息或低波动率等自定义标准[67]将传统主动投资策略转变为基于规则进行投资的方法。[68] 尽管大多数被动基金的成本相较于主动基金更低,但并非所有被动基金都是低成本的,也有很多被动基金的费用比标准普尔 500 指数基金高得多。[69] 指数和指数基础投资策略的激增使得一些评论家认为事实上"没有被动

---

[65] 例如,在 2018 年,纽约证券交易所(NYSE)上市交易"纽约证券交易所皮肯斯石油响应交易所交易基金"(NYSE Pickens Oil Response ETF),该交易所交易基金"反映了传奇石油商和能源投资者 T. 布恩·皮肯斯(T. Boone Pickens)的投资理念",但仍被归类为指数基金。See, e. g., Tom DiChristopher, *Legendary Oilman T. Boone Pickens Inspires New ETF with the "BOON" Fund*, CNBC (Feb. 28, 2018), https://www. cnbc. com/2018/02/28/legendary – oilman – t – boone – pickens – inspires – new – etf – with – the – boon – fund. html [https://perma. cc/7N98 – BQCD].

[66] See *There Are Now More Indexes Than Stocks*, Bloomberg News (May 12, 2017), https://www. bloomberg. com/news/articles/2017 – 05 – 12/there – are – now – more – indexes – than – stocks [https://perma. cc/8XVK – VZ29].

[67] 其中一些策略被称为被动策略,被称为"要素投资"(factor investing)或"智能贝塔"(smart beta)策略。See Jason Stoneberg & Bradley Smith, Invesco White Paper Series: The Facts Behind Factor Performance 2 (2019), https://www. invesco. com/static/us/financial – professional/contentdetail? contentId = 634ff6163339f410VgnVCM100000c2f1bf0aRCRD[https://perma. cc/R38W – 79LB](将要素投资描述为"一种基于规则的方法,它使用要素选择和/或替代权重来试图胜过基准、降低投资组合风险,或者两者兼而有之";将智能贝塔描述为"基于未按市值加权的指数")。

[68] See Robertson, supra note 2, p. 831. 还有一些基金包含被动成分,但允许一定程度的主动投资。See, e. g., *Fidelity Launches First Two Sustainability – Focused Index Funds*, Fidelity (May 15, 2017), https: www. fidelity. com/about – fidelity/institutional – investment – management/first – two – sustainability – focused – index – funds [https://perma. cc/7JBC – VM2K]["每个基金通常至少将其资产的 80% 投资于该指数所包含的证券,以尝试复制其各自指数的表现(扣除费用之前)。"]。

[69] See, e. g., Anora Mahmudova, *Pioneer of Smart – beta Investing Warns Strategy is Being Abused*, Marketwatch (Aug. 11, 2016), https://www. marketwatch. com/story/the – pioneer – of – smart – beta – investing – is – flashing – warning – signs – 2016 – 08 – 10 [https://perma. cc/4UF7 – NHAV](警告称"智能贝塔基金相对较高的费用会吃掉未来的任何回报")。

投资之类的东西”。[70]

(二)被动基金竞争

一般认为,基金之间的竞争会激励发起人与投资组合公司进行互动。[71] 但是,被动基金的批评者认为,由于被动投资者主要在费用和追踪误差上相互竞争,因此他们没有理由主动增加公司价值。[72] 这种传统观点聚焦于追踪同一指数的被动基金之间的竞争,它假定投资者对追踪特定指数的被动基金的购买偏好是由外部因素决定的,因而追踪该指数的被动基金之间为吸引投资者而竞争完全是基于成本[73]和追踪误差。[74]

但是,这种观点是不完整的。被动基金,更准确地说是提供这些基金的发起人,不仅要为获得投资者资产而相互竞争,而且要与追踪不同指数的被动基金以及主动基金竞争。此外,这种竞争并不仅仅基于基金费用,同时也凭借其基金业绩。正如下文所讨论的,这种竞争为被动投资者提供了改善其投资组合中公司治理的激励。

尽管金融文献曾提及主动基金和被动基金之间的竞争,[75]但并未研究这种竞争的动力或对被动基金激励的影响。然而,基金发起人的激励是利用其基金产品菜单来吸引其他基金发起人的资产和客户。主要提供主动管理型共同基金和对冲基金的发起人追求阿尔法(alpha)收益,即超过被动管理基准投资可得收益的回报。[76] 发起人通过投资公司专

---

〔70〕 Dani Burger, *Investing in Index Funds Is No Longer Passive*, Bloomberg (Feb. 27, 2018), https://www.bloomberg.com/news/articles/2018-02-27/passive-becomes-the-new-active-as-indexing-rules-everything [https://perma.cc/5X6H-D4SB].

〔71〕 See Lewellen & Lewellen, supra note 27, pp. 2-3.

〔72〕 See, e. g., Bebchuk & Hirst, supra note 8 (手稿, p. 19)(“与其他指数基金的竞争没有为指数基金经理提供精确的附加激励以使其投资于其任何投资组合公司的管理。”)。

〔73〕 See, e. g., Chakraborty, supra note 53(描述了富达与先锋的标准普尔500指数基金之间的竞争性成本削减)。

〔74〕 See, e. g., Weinberg, supra note 10(观察到两个相同的指数基金的收益可能由于追踪误差而不同)。

〔75〕 See generally Cremers et al., supra note 26(发现增加指数基金的存在会减少费用并提高主动基金的阿尔法值)。

〔76〕 See Paolo Guasoni, Gur Huberman & Zhenyu Wang, *Performance Maximization of Actively Managed Funds*, 101 J. Fin. Econ. 574, 575 (2011)(解释了阿尔法并讨论了其在金融服务中的重要性)。

项研究并基于该研究进行交易来实现这一目标。[77] 例如,投资组合经理对一家公司进行研究并确定其存在一次大规模欺诈后会减持或出售该公司的股票,并且希望当市场发现其欺诈行为时获益。[78] 这项研究会使主动基金产生更高的成本并收取更多的费用,而投资者愿意支付这些费用是希望这些基金的选股活动产生比基准投资组合更高的净收益回报。[79]

如果投资者认为被动基金的回报率不会比主动基金更好,他们会逃向主动基金;反之亦然。的确,近期大量资产流入被动基金的现象部分回应了众多媒体对主动基金的表现不及被动基金的报道。[80] 更广泛地,投资者愿意和这类基金发起人投资,即基金发起人能在成本调整的基础上提供最具吸引力的基金产品"菜单"。金融文献一贯认为共同基金资产流动是对其过去业绩的反映,[81]这也说明了共同基金投资

---

〔77〕 See Robert F. Stambaugh, *Skill and Fees in Active Management* 1, Nat'l Bureau of Econ. Research, Working Paper No. 26027, 2019, https://ssrn.com/abstract=3412701("主动投资经理通过识别和交易可能跑赢大盘的股票来超越被动基准投资组合。")。

〔78〕 这种典型的例子发生在安然公司倒闭前的几个月。See, e. g., Jen Wieczner, *Hedge Fund Manager Who Spotted Fraud at Enron Calls Tesla "The Anti-Amazon"*, Fortune (Sept. 13, 2016), http://fortune.com/2016/09/13/tesla-amazon-stock-solarcity-jim-chanos/[https://perma.cc/QD6S-A83D][认为对冲基金经理吉姆·查诺斯(Jim Chanos)在上市之前就确定了安然的欺诈行为,并通过卖空安然股票获利而闻名]。

〔79〕 See, e. g., K. J. Martijn Cremers & Antti Petajisto, *How Active Is Your Fund Manager? A New Measure That Predicts Performance*, 22 Rev. Fin. Stud. 3329, 3329 (2009)(证明基金持有与其基准差异最大的共同基金表现往往优于基准净收益)。

〔80〕 See, e. g., Peter Coy, *Index Funds Are King, But Some Indexers Are Passive-Aggressive*, Bloomberg (Jan. 24, 2019), https://www.bloomberg.com/news/articles/2019-01-24/index-funds-are-king-but-some-indexers-are-passive-aggressive [https://perma.cc/QW83-PQDA]("2019年,被动管理的美国股票基金的资产可能会超过主动管理型基金的资产……到8月,在美国'大型混合'类别基金中,只有17%的主动管理基金在过去20年中击败了被动基金。")。

〔81〕 See, e. g., Jonathan B. Berk & Jules H. van Binsbergen, *Mutual Funds in Equilibrium*, 9 Ann. Rev. Fin. Econ. 147, 148 (2017)("众所周知,根据基金以往的表现,流入共同基金的资金是高度可预测的……"); C. Wei Li, Ashish Tiwari & Lin Tong, *Investment Decisions under Ambiguity: Evidence from Mutual Fund Investor Behavior*, 63 Mgmt. Sci. 2509, 2509 (2017)(描述了"有据可查的基金投资者追逐绩效现象")。

者追逐业绩的合理性。[82] 一些主动管理基金在收取远高于指数基金的费用的同时以优秀业绩继续吸引大量新资产流入，证明了这场竞争的持续性。[83] 即使近期大量资产流入被动基金，至少有一部分客户仍然认为主动基金会产生更高的净收益回报。

此外，共同基金投资者并未被某个特定共同基金锁定。[84] 相反，投资者一直有以公允价值或资产净值退出该基金的选择，[85] 而且基金的资产净值不受投资者对基金未来费用预期或绩效预期的影响。[86]

基金竞争的另一个方面是所有共同基金投资的很大一部分发生在雇主发起的401(k)退休计划框架内。[87] 这些计划通常为参与者提供包括被动基金、主动管理基金、稳定价值基金和其他产品在内的投资选择菜单，[88] 参与者可用的投资选项由雇主决定。退休投资的两个方面

---

〔82〕 See, e. g., Jonathan B. Berk & Richard C. Green, *Mutual Fund Flows and Performance in Rational Markets*, 112 J. Pol. Econ. 1269, 1270 – 1271 (2004)(为投资者追逐共同基金过去的表现提供了经济学上的解释)。确实，学者已经证明资产流向成功基金的比率增加了，但是由于基金顾问的想法是有限的，因此最终投资者将不再能获得超额收益。See, e. g., David C. Brown & Shaun William Davies, *Moral Hazard in Active Asset Management*, 125 J. Fin. Econ. 311, 313 (2017)(经验证据支持了"真正的主动基金经历规模收益递减"的结论)。

〔83〕 See, e. g., Lee Conrad & Andrew Shilling, *Fund Flows: Who's the Big Winner YTD?*, Fin. Planning (Dec. 13, 2017), https://www.financial-planning.com/slideshow/mutual-funds-and-etfs-with-the-biggest-net-flows-ytd#slide-1 [http://perma.cc/L3HU-7FE6](记录了2017年资金流入量最大的前20只基金，其中一些是主动管理且收费较高的基金)。

〔84〕 因此，有文献记载了通过基金家族和确定性福利计划投资的黏性。See generally Anne M. Tucker, *Locked In: The Competitive Disadvantage of Citizen Shareholders*, 125 Yale L. J. F. 163, 172 – 178 (2015)(考察了退休计划中转换共同基金的结构性障碍)。

〔85〕 See Fisch & Roiter, supra note 42, p. 1008("共同基金监管的基本组成部分要求共同基金……允许投资者随时以基金份额的资产净值赎回其份额。")。

〔86〕 See, e. g., Morley & Curtis, supra note 24, p. 89(说明共同基金的"资产净值不受对未来费用或投资组合变化的期望"，甚至预期未来回报的影响)。

〔87〕 See, e. g., 2019 Investment Company Fact Book, supra note 63, p. 180(截至2018年年底，8.2万亿美元的共同基金退休资产占所有共同基金资产的46%)。

〔88〕 See, e. g., Brightscope & Inv. Co. Inst., The Brightscope/ICI Defined Contribution Plan Profile: A Close Look at 401(K) Plans, 2014 32 (2016)[报告称，2014年，普通401(k)计划为投资者提供了21种投资选择，并将目标日期基金(target date fund)也算作为一个投资选择]。

影响共同基金市场:其一,根据 1974 年《雇员退休收入保障法》(ERISA)的信托义务,[89] 雇主可能会倾向于选择至少包含一些低成本选项的计划"菜单"[90] 但法院一般也会支持包含高成本选项的计划,只要该计划整体上为参与者提供了足够多的选择。[91] 其二,投资者一般可以在退休计划中的基金之间进行切换而无须缴税。[92]

被动基金的发起人为获得投资者而竞争的现实与某些学者的观点形成鲜明对比,即认为竞争几乎不能成为让被动投资者关注投资组合中的公司业绩的理由。本文的分析表明,被动基金发起人与其他被动基金发起人、主动基金发起人二者都存在竞争,并且竞争都在成本和绩效两个维度上展开。因此,主要同主动基金发起人竞争的被动基金发起人有动力采取措施抵消主动基金发起人的比较优势(利用投资酌处权产生超额收益的能力)。在既提供主动基金又提供被动基金时,发起人也有采取措施改善其高成本主动基金选项绩效的激励。正如下文解释的那样,这两个因素都为基金发起人与它们投资组合公司进行互动创造了激励。

在继续行文之前,笔者要对集体行动问题、发起人差异以及基金发起人竞争范围澄清一些看法。

集体行动问题。本文承认被动基金与主动基金的竞争在基金层面存在不对称的集体行动问题。主动基金可通过运用选股技巧以超越基

---

〔89〕 Pub. L. No. 93 – 406, 88 Stat. 829 (codified as amended in scattered sections of 26 and 29 U. S. C).

〔90〕 See Tibble v. Edison Int'l, 135 S. Ct. 1823, 1829 (2015)[认为雇主有持续性义务监测和改善其 401(k)计划中的投资选择]。有关《雇员退休收入保障法》规定的雇主义务的概述, see Jill E. Fisch, *Tess Wilkinson – Ryan & Kristin Firth*, *The Knowledge Gap in Workplace Retirement Investing and the Role of Professional Advisors*, 66 Duke L. J. 633, 643 – 648 (2016).

〔91〕 有关 401(k)计划的典型结构以及此类计划组成的司法监督, see Jill E. Fisch & Tess Wilkinson – Ryan, *Why Do Retail Investors Make Costly Mistakes? An Experiment on Mutual Fund Choice*, 162 U. Pa. L. Rev. 605, 614 – 619 (2014).

〔92〕 See, e. g., Kent Thune, *How to Reduce Taxes on Mutual Funds*, The Balance (Nov. 27, 2018), https://www.thebalance.com/how – to – reduce – taxes – on – mutual – funds – 2466701 [https://perma.cc/QBH9 – RWCV][说明在 401(k)计划中出售共同基金不会产生税负]。

准获益,吸引潜在投资者。相比之下,被动基金的全市场行动可能会使跟踪同一指数的所有被动基金受益。然而,所有通过主动基金和被动基金参与公司治理的机构投资者都存在这种集体行动问题,[93] 其为改善公司业绩采取的高成本措施会使持有这些公司股份的所有投资者受益。[94]

因此,集体行动问题可能会限制被动基金加入高成本参与行动的意愿。一定程度上,某一特定基金的决策受到其最害怕的竞争者(主动基金或被动基金)影响。[95] 然而,一些抵消性因素也存在。下文的详细阐述中,被动基金的参与活动因同一基金家族中主动基金的信息优势而得到促进,但同时也确保了这些主动基金以及被动基金的利益。[96] 此外,由于规模巨大,"三巨头"在公司治理和全市场行动方面享有可观的规模经济。[97] "三巨头"的巨大规模能使其从改善的公司治理中获得巨大收益。[98] 治理参与还可能使基金发起人在另一个层面为吸引资产而竞争。[99] 最后,或许也是最重要的一点,尽管本文聚

---

〔93〕 See, e. g., Jill E. Fisch, *Relationship Investing: Will It Happen? Will It Work?*, 55 OHIO St. L. J. 1009, 1023 - 1024 (1994)(认为由于其竞争对手能够在机构投资者的监督下"搭便车",所以监督"降低了机构投资者相对于整个市场的回报")。

〔94〕 同上。

〔95〕 被动基金的发起人投入公司治理中的资源越多,就可以更好地对冲基金将资产损失给主动管理基金的风险。但是,如果这类投入导致较高的支出比率,则会损害该基金相对于其他指数基金的头寸。

〔96〕 See infra notes 130 - 131 and accompanying text.

〔97〕 See infra notes 112 - 116 and accompanying text.

〔98〕 See Lewellen & Lewellen, supra note 27, p. 17(强调了贝莱德投资组合的规模,并指出收益率的小幅变动后总收益有多大)。

〔99〕 积极的治理可以起到品牌或营销功能的作用。例如,贝莱德因拉里·芬克(Larry Fink)给投资组合公司首席执行官的信引起了公众的广泛关注。See Fink, supra note 35; see also Arno Riedl & Paul Smeets, *Why Do Investors Hold Socially Responsible Mutual Funds?*, 72 J. Fin. 2505, 2507 (2017)(报道了一些投资者似乎愿意为投资于社会的共同基金支付更高的费用而获得更低的回报); Symposium, *Corporate Governance "Counter - Narratives": On Corporate Purpose and Shareholder Value(s)*, 31 J. App. Corp. Fin. 9, 21 (2019)[引用了罗纳德·吉尔森(Ronald Gilson)关于公司目的在法律上和政治上的挑战的圆桌评论][预测一些投资者将愿意为有环保、社会和治理(ESG)意识的基金支付更高的费用]。

焦于经济性激励,但基金发起人也可以为基金持有人承担受托人角色。[100] 发起人的受托职责包括采取合理措施最大化投资资产价值,同时,这些义务更加督促基金以负责任的所有者身份行事。[101]

发起人差异。主动基金和被动基金竞争的影响可能因基金发起人而异。一方面,从被动基金中获得更多收入的发起人可能更关注主动基金的比较优势;另一方面,同时持有大量主动基金份额的发起人最能利用好公司专项研究专长和主动型经理的交易机会。在此,作者不讨论独立基金发起人如何平衡这些激励,就本文目的而言,认识到二者均有可能激励发起人的参与行为就足够了。

基金发起人竞争范围。基金发起人之间也在其他方面竞争。如前文所述,共同基金资产的很大一部分是通过雇主发起的退休计划进行投资的。许多基金发起人,包括先锋这类主要被动发起人和富达这类主动发起人,都竞相提供可用作计划投资选项的基金并为管理这些计划而竞争。[102] 在这种模式下,指数基金在基金综合体内为投资资金流而竞争,但也使发起人能够通过降低整个计划的平均费用水平竞争计划管理资格。与此同时,一旦资产经理赢得公司的401(k)计划业务,他们提供的计划通常包括低费用指数基金和高费率主动基金,这些基金将在计划内争夺投资资金。[103]

(三)被动基金与治理

从本质上讲,被动基金必须同时将好公司和坏公司纳入其指数。

---

〔100〕 有关受托责任作用的探讨,see infra Section Ⅲ. C.

〔101〕 我们注意到,英国已尝试通过《管理守则》(Stewardship Code)来正式确定机构投资者的管理义务。See generally Iris H – Y Chiu, *Institutional Shareholders as Stewards: Toward a New Conception of Corporate Governance*, 6 Brook. J. Corp. Fin. & Com. L. 387 (2012).

〔102〕 See Kent Thune, *The 7 Best Mutual Funds to Hold in a 401k Plan*, Investorplace (Aug. 18, 2017), https://investorplace.com/2017/08/best-mutual-funds-401k-plan-401k-funds/[https://perma.cc/75W8-8Y6F][将先锋、富达和美国基金(American Funds)称为"雇主发起计划业务中的最大参与者"]。

〔103〕 See, e. g., Clemens Sialm, Laura T. Starks & Hanjiang Zhang, *Defined Contribution Pension Plans: Sticky or Discerning Money?*, 70 J. Fin. 805, 805 (2015).[发现"固定缴款(defined contribution or DC)资产与非固定缴款资金流相比,它们更具波动性,并且表现出更高的绩效敏感性,这主要是由于计划发起人对投资选项的调整。"]

由于没有退出选择，被动基金缺乏主动基金通过投资选择获得超额收益的能力。被动投资者也没有解决运营问题所必需的公司专项信息或专业知识，但是它们却可以通过自主发声并寻求改善公司治理来与主动基金竞争。

例如，被动投资者可以在几乎没有公司专项信息的情况下确认可降低不良绩效风险的治理"最佳实践"，而且用于确定治理改进实践的投资可以部署于广泛的投资组合公司中。[104] 虽然作者注意到指数基金通常不会提交股东提案，[105] 但相比之下，负责管理纽约市养老基金的纽约市审计长办公室在向养老金中75家投资组合公司提交代理参与（proxy access）提案过程中产生了最小边际成本。[106]

与主动基金不同，被动投资者不能利用发行人错误定价，但可以尝试通过各种方式减少定价错误，如通过支持高质量财务报告等治理倡议直接实现，又或是通过寻求增加对董事会的监督、更高效的专业审计委员会间接做到这一点。好的公司治理还可以减少价格波动。具有较高治理风险的公司可能会因风险实现而经历更频繁的价格变动，而回应公司或全市场发展的价格变动可能会变得更加极端，因为这些发展会因其对公司的影响而导致更大的投资者不确定性（investor uncertainty）。[107] 高质量的公司治理还可能减少内部人自我交易、欺诈、过度自信偏见、

---

[104] 被动投资者也可以针对其认定为表现不佳的公司进行一般性治理改革。加州公务员退休基金（CalPERS）是最早的治理者之一，其在参与公司治理初期就采用了该策略。See, e. g. , Stephen L. Nesbitt, *Long - term Rewards from Shareholder Activism: A Study of the "CalPERS Effect"*, 6 J. Applied Corp. Fin. 75, 76 (1994).

[105] See, e. g. , Bebchuk & Hirst, supra note 8（手稿，p. 48）（"我们对2008年至2017年提交的近4000个股东提案进行审查，未发现有'三巨头'中的任何一个提交的提案。"）。

[106] See Nikita Stewart, *City Comptroller Reaches Deals with 5 Companies on Giving Shareholders Say on Directors*, N. Y. Times (Mar. 10, 2015), https://www.nytimes.com/2015/03/11/nyregion/city - comptroller - reaches - deals - with - 5 - companies - on - giving - shareholders - say - on - directors.html [https://perma.cc/AHL5 - 8XDX].

[107] See Merritt B. Fox, Ronald J. Gilson & Darius Palia, *The Core Corporate Governance Puzzle: Contextualizing the Link to Performance*, 99 B. U. L. Rev. 1995, 2004 (2019)（指出好的公司治理"可能是有关公司管理质量的信号，这是市场难以直接观察到的特征"）。

董事群体思维等价值降低事件(value - decreasing events)的发生频率。[108] 此外,公司的特定问题可能会对一个被动基金投资组合中的其他公司产生溢出效应。[109] 一般性治理改进可增加董事会监督和管理层责任感,如年度董事选举和代理参与,从而可能减少不良绩效。因此,与主动基金的竞争可激励被动投资者投资于治理和其他限制主动基金竞争优势的全市场行动。

此外,由于规模庞大,被动投资者(尤其是"三巨头")一般在投票和解决公司治理等问题的参与行动方面具有比较优势。这个优势具有双重意义:第一,被动投资者享有可显著降低每个公司有效参与成本的规模经济,并且其持有的大量份额还意味着被动投资者可以通过治理和其他增加投资组合公司价值的行动获得更多可见收益。因此,尽管面临收费竞争的压力,参与活动依旧具备合理性。[110] 第二,被动投资者的持有份额越发使被动基金成为关键投票者,从而提高了被动基金实施改革或施压以使发行人自行实施改革的能力。

关于第一点,被动投资的低收费模式使被动基金对客户极具吸引力,这也导致被动基金发起人管理的资产数量急剧增加。规模经济使大型发起人能够收取更低费用从而使其基金相对更具吸引力。[111] "三

---

〔108〕 See René Otto & Wim Weterings, *D&O Insurance and Corporate Governance: Is D&O Insurance Indicative of the Quality of Corporate Governance in a Company?*, 24 Stan. J. L. Bus. & Fin. 105, 111 (2019)(解释了公司治理在限制管理机构成本和降低机会主义行为风险方面的价值)。

〔109〕 See, e. g. , Madison Condon, *Externalities and the Common Owner*, 95 Wash. L. Rev. (2020 年即将出版)(手稿, p. 5), https://ssrn. com/abstract = 3378783 [https://perma. cc/3YHL - DLEA]("如果投资组合中的部分公司将成本通过产生负外部性强加给更广泛的投资组合,就会激励整个投资组合的所有者从源头上减少这些外部性。")。

〔110〕 See Lewellen & Lewellen, supra note 27, p. 17(观察到"最大的机构投资者,由于其规模,实际上有较强的激励吸引许多激进投资者参与")(原文强调)。

〔111〕 See, e. g. , Stewart L. Brown, *Mutual Fund Advisory Fee Litigation: Some Analytical Clarity*, 16J. Bus. & Sec. L. 329, 351 (2016)("规模经济存在,并且在投资组合管理过程中非常重要。")。

巨头”管理着全市场3/4的被动管理基金。[112] 由于规模庞大,这些大型基金发起人持有其投资组合公司大量股份,而且相对于主动基金,其受到小股东集体诉讼问题困扰的可能性更低。[113] 尽管被动基金总体费用比率很低,但因其规模庞大,被动基金仍然能为发起人创造可观的费用收入,从而使发起人能够投入大量资源用于公司治理。[114]

此外,这些资源分布在广泛的投资组合中,就全市场举措而言,每个发行人的治理参与成本可能很低,特别是若基金发起人在整个投资组合中支持特定治理改革的话。被动基金投资组合中的多家公司可能会执行代理参与(proxy access)、公司间诉讼管辖权选择(forum - selection bylaws)或分期分级董事会(staggered boards)等治理条款。被动投资者可以很好地评估并判断一般意义上这些条款是否会增加或减少大多数投资组合公司的价值。[115] 被动投资者也更可能将治理条款产生的溢出效应内部化。[116]

---

〔112〕 See Reshma Kapadia, *Passive Investors Are the New Shareholder Activists*, Barron's (July 8, 2017), https://www.barrons.com/articles/passive - investors - are - the - new - shareholder - activists - 1499491673 [https://perma.cc/AU5Q - HW44]. 值得注意的是,就规模而言,接下来的三家公司,富达、摩根大通(JP Morgan)和纽约梅隆银行(BNY Mellon)更依赖主动管理。

〔113〕 Cf. Elliott J. Weiss & John S. Beckerman, *Let the Money Do the Monitoring: How Institutional Investors Can Reduce Agency Costs in Securities Class Actions*, 104 Yale L. J. 2053, 2110 - 2112 (1995)(类似地解释了持有大量股权机构投资者积极参与股东诉讼具有合理性)。

〔114〕 See Lewellen & Lewellen, supra note 27, p. 4.

〔115〕 See also Rock & Kahan, supra note 8, pp. 34 - 35[指出治理安排往往是“问题特有”(issue - specific)的,而不是“公司特有”(firm - specific)]。

〔116〕 一间公司的某些治理变更也可能使其同行受益。See, e. g., Michael D. Guttentag, *An Argument for Imposing Disclosure Requirements on Public Companies*, 32 Fla. St. U. L. Rev. 123, 136 (2004)(描述了与强制性证券披露有关的积极外部性)。有证据表明,大投资者的交叉所有权导致投资组合公司进行更多的披露。See, e. g., Jie (Jack) He, Jiekun Huang & Shan Zhao, *Internalizing Governance Externalities: The Role of Institutional Cross - Ownership*, 134 J. Fin. Econ. 400, 414 (2019)(引用了经验证据以支持“机构交叉所有者在使治理外部性内部化中发挥了积极作用”的前提); Andrea Pawliczek, A. Nicole Skinner & Sarah L. C. Zechman, *Facilitating Tacit Collusion: A New Perspective on Common Ownership and Voluntary Disclosure* 27 (May 8, 2019)(未出版的手稿), https://papers.ssrn.com/sol3/papers.cfm?abstract_id=3002075(发现的证据表明,共同所有权与披露增加和共同所有者对其他投资者的可观测溢出效应有关)。

关于第二点,被动投资者可能是关键投票者这一事实促进了其与投资组合公司的接触。股东的支持可以决定股东投票结果,因而管理层有明确激励与股东互动。同时,日益重要的股东投票权使被动投资者不仅可以直接通过投票来施加影响,而且可以通过威胁大量投票反对管理层的立场或政策来间接地施加影响(即使投票不具有法律约束力)。[117] 例如,《多德 – 弗兰克法案》(Dodd – Frank Act)要求发行人应允许股东有机会对高管薪酬进行投票。[118] 股东提案的范围已经得到扩大,股东可讨论的话题也更为广泛。[119] 对董事选举程序的修改(如代理参与和多数投票)使股东投票对董事选举更加重要。[120] 特拉华州公司法的修改增加了股东投票在一系列问题上的法律重要性,包括批准合并和董事薪酬计划结构。[121] 在这些事项上的投票权给了被动投资者一个向发行人施压以谋求改变的有力工具,也使机构投资者能够

---

[117] See, e. g. , Jill E. Fisch, *Standing Voting Instructions: Empowering the Excluded Retail Investor*, 102 Minn. L. Rev. 11, 14 (2017)(观察到"近期的监管变化和股东激进主义的兴起使股东的投票权越来越重要")。

[118] See Dodd – Frank Wall Street Reform and Consumer Protection Act § 951, 15 U. S. C. § 78n – 1 (2018).

[119] See, e. g. , Trinity Wall St. v. Wal – Mart Stores, Inc. , 792 F. 3d 323, 327 (3d Cir. 2015)(评估沃尔玛纳入强迫其制定枪支销售标准的股东提案的义务); Deere & Co. , SEC No – Action Letter, 2015 WL 586242(Dec. 3, 2015)[拒绝同意迪尔(Deere)的观点,依据该观点,公司可以排除要求向股东提交公司政治活动年度报告的股东提议]; Exxon Shareholders Approve Measure on Climate – Change Report, CNBC (May 31, 2017), http://www. cnbc. com/2017/05/31/exxon – steps – up – efforts – to – sway – shareholders – on – climate – report – vote. html [https://perma. cc/LC8T – 3RK5](报道了要求公司报告"遵守全球气候变化准则对其业务的影响……"的股东提案)。

[120] See, e. g. , Stephen J. Choi, Jill E. Fisch, Marcel Kahan & Edward B. Rock, *Does Majority Voting Improve Board Accountability*?, 83 U. Chi. L. Rev. 1119, 1124 – 1126 (2016)(描述了上市公司从复数投票改为多数投票)。

[121] See, e. g. , Corwin v. KKR Fin. Holdings, LLC, 125 A. 3d 304, 306 (Del. 2015)(在获得知情股东投票对合并的批准时,将商业判断规则应用于董事会批准合并的决定); Cambridge Ret. Sys. v. Bosnjak, C. A. No. 9178 – CB, 2014 Del. Ch. LEXIS 107, at * 27 – 28 (Del. Ch. June 26, 2014)(在股权奖励已经由股东投票批准后采用废弃物审查标准驳回对外部董事股权奖励的质疑)。

表达对特定发行人政策以及更一般地对发行人经济绩效的不满。[122]

至关重要的是,被动投资者的投票权使其能够以低成本参与治理等活动,而不必诉诸诉讼和股东提案等高成本对抗策略。以投票权影响管理层的能力增加了被动投资者与管理层会面并回应其担忧的可能性。这种影响可能解释了一些评论员的观点,即被动投资者不太可能投票反对管理层。[123] 正是由于被动投资者的影响,这类投票通常是不必要的。[124] 研究表明,发行人会回应大型投资者的利益并经常修改其投资策略,而非将可预见的失败议题付诸表决。[125] 因此,被动投资者可能没有必要投票反对高管薪酬计划或是赞成股东提议。

基金的关键投资者地位不仅能增加其投票筹码,而且可以降低监督成本。公司经理们很重视争取被动投资者的投票,因而更可能与其进行交流和信息共享。[126] 类似地,由于被动投资者的支持对于成功开

---

〔122〕 See, e. g., Jill Fisch, Darius Palia & Steven Davidoff Solomon, *Is Say on Pay All about Pay? The Impact of Firm Performance*, 8 Harv. Bus. L. Rev. 101, 101 (2018) [记录了薪酬话语权(say - no - pay vote)对薪酬计划特征和发行人整体经济绩效二者的回应]。

〔123〕 See, e. g., Sean J. Griffith & Dorothy S. Lund, *Conflicted Mutual Fund Voting in Corporate Law*, 99 B. U. L. Rev. 1151, 1180 (2019) (观察到大型共同基金发起人在代理权争夺中支持异议人士的可能性"比其他投资者和第三方代理顾问要小"); Alon Brav, Wei Jiang, Tao Li & James Pinnington, *Picking Friends Before Picking (Proxy) Fights: How Mutual Fund Voting Shapes Proxy Contests* 3, ECGI Working Paper Series in Finance, Paper No. 601, 2019, https://ssrn. com/abstract = 3101473 (发现被动基金在代理权争夺中投票反对管理层的可能性比主动基金更小)。

〔124〕 See, e. g., Kapadia, supra note 112 [认为对于被动投资者来说,"代理投票(proxy vote)不是他们激进主义的一个好的标尺,而是万不得已才采用的最后标准"]。

〔125〕 See, e. g., Rob Bauer, Frank Moers & Michael Viehs, *Who Withdraws Shareholder Proposals and Does it Matter? An Analysis of Sponsor Identity and Pay Practices*, 23 Corp. Governance 472, 484 (2015) (记录经理主动地通过改变公司行为与大股东达成和解,而不是将提案付诸表决并输掉)。

〔126〕 See David R. Beatty, *How Activist Investors Are Transforming the Role of Public - company Boards*, Mckinsey & Co. (Jan. 2017), https://www. mckinsey. com/business - functions/strategy - andcorporate - finance/our - insights/how - activist - investors - are - transforming - the - role - of - public - company - boards [https://perma. cc/4CVD - GQQ3] ("董事会和高管经常按持股比例审查最大股东名单。然后,他们决定制定一项顾问策略,其中可能包括没有任何管理层在场的独立董事拜访。")。

展激进主义运动是必要的,因此,激进主义者很可能会主动与被动投资者接触以表达想法并争取被动投资者的支持。[127] 激进主义者与"三巨头"之间有一条记录良好的信息通道,因为所有人都在交易不良绩效公司的信息。[128]

通过充当激进主义的"看门人",被动基金在对冲基金更聚焦的参与中也发挥了补充作用。罗恩·吉尔森(Ron Gilson)和杰夫·戈登(Jeff Gordon)观察到,对冲基金通常购买不到10%的发行人股票,因此,除非其获得机构投资者(被动基金)的支持,否则就不可能成功开展激进主义运动。[129] 作为关键投票者,被动投资者可以通过评估对冲基金的策略并仅在其认为对冲基金可能成功的情况下提供支持来调解激进主义行动。值得注意的是,在这种情况下进行公司专项分析的成本并不过高,因为被动投资者中投资组合公司参与合并、激进主义者运动等类型活动的数量有限。与大多数主动基金发起人不同,被动基金发起人不太可能因激进主义者的议程注重获取短期收益就先增持然后又退出一个目标公司,故而拥有大量被动份额的发起人可以长期关注并行使其投票权。[130]

最后,被动基金发起人会因其产品组合通常包括主动基金和被动基金而在所有行动中得到助益。大多数评论家都忽略了这两类基金的混合状态,主动基金和被动基金因专长不同而产生了高效的交叉补贴。例如,需要评估治理建议的主动基金可以从被动基金的治理专长中受

---

〔127〕 See Ronald J. Gilson & Jeffrey N. Gordon, *The Agency Costs of Agency Capitalism: Activist Investors and the Revaluation of Governance Rights*, 113 Colum. L. Rev. 863, 900 (2013)("在进行了首次投资之后,激进主义者进行了一次非公开的运动以引起有利的机构回应。")。

〔128〕 See Beatty, supra note 127("激进主义者和传统资产管理者之间的合作正在改变董事会。")。

〔129〕 Gilson & Gordon, supra note 128, p. 897("激进投资者构筑并试图改变治理/绩效时,只有在获得能够评估替代策略的机构投资者的广泛支持下,他们才是成功的。")。

〔130〕 See, e. g., Leo E. Strine, Jr., *Can We Do Better by Ordinary Investors? A Pragmatic Reaction to the Dueling Ideological Mythologists of Corporate Law*, 114 Colum. L. Rev. 449, 478 (2014)("正是因为指数基金没有在目标指数中出售股票,所以这些基金对那些追求根本上的合理策略的公司具有独特的利益,这些策略能为股东创造最持久的财富。")。

益，因为对于主动基金而言培养这些治理专长的成本可能过于昂贵；被动基金则能从主动投资者生成的与选股信息相关的公司专项信息中获益，原因在于选股信息在具有经济意义的重要股东投票情形（如代理权争夺和合并）中特别有用。正如下文所详述，[131] 基金发起人通常通过一个集中的治理或管理委员会来协调其主动基金和被动基金的参与和投票活动。许多基金家族均设计有该措施，它旨在增加主动基金和被动基金之间的信息流动。这使同一基金家族中被动基金和主动基金的努力可以互补。

本文的分析并不意味着被动投资者将寻求发现并解决公司的专项运营缺陷。[132] 作者同意其他评论家的观点，即被动投资者缺乏有效地做到这一点的专长和资源。[133] 但此特征并非被动投资者独有，其同时也常见于主动共同基金（以及公共养老基金和散户投资者）。[134] 治理参与和董事会组成、网络安全和风险管理等许多投资组合公司所常见问题上的参与，并不要求基金为其投资组合中的特定公司给出改进的业务策略。同时，这些努力可以提高被动基金投资组合中所有公司的业绩，从而提高全市场回报率并阻碍资本流向主动基金或其他竞争指数基金。

---

〔131〕 See infra notes 143 – 149 and accompanying text.

〔132〕 我们很容易认识到，被动基金缺乏基于基本面分析进行治理参与所必需的研究。See, e. g., Sharon E. Fay, Alliancebernstein, The Megaphone Effect: Amplifying the Impact of Engagement with Management 3 (2018), https://www.alliancebernstein.com/sites/library/Instrumentation/FINAL_EQU – 7697 – 0618. pdf [https://perma.cc/56SM – 7S66]（观察到"指数基金明显缺乏基于基础研究的参与"）。

〔133〕 我们也同意贝布丘克（Bebchuk）和赫斯特（Hirst）批评被动投资者未能在单个所有者可能期望的监控水平上进行参与的观点。基于我们确定的原因，除了单个所有者是不适当的基准这一事实之外，这种参与的成本将极大地改变被动投资者的商业模式，并降低其作为客户的投资工具的吸引力。

〔134〕 See, e. g., Fisch, supra note 93, p. 1024（发现了为什么"搭便车"在公司专项监控中合理地减少了机构投资者的支出）；Gilson & Gordon, supra note 128, p. 889（"公共基金更有可能是积极主动的，但主要限于治理事务，而不是公司的战略或执行。最多，机构可能会参与"治理激进主义"而不是"绩效激进主义"。）。

二、实践中的被动投资者

上文阐释了被动投资者理论。本部分中,作者证明了被动投资者的行为与被动投资者理论相一致。第(一)部分研究了治理在共同基金综合体中如何发挥作用。第(二)部分探讨了被动基金与激进主义者之间的关系。第(三)部分研究了被动基金如何通过投票发声影响治理。

(一)被动投资者与治理

随着被动投资者不断发展,其参与公司治理也越来越频繁。机构投资者参与公司治理始于几家大型公共养老基金,特别是加州公务员退休基金(CalPERS)。[135] 共同基金(被动基金和主动基金)最初并没有加入,并且评论家们对共同基金缺乏激励参与上述行动以改善其投资组合公司的治理给出了多种理由。[136]

在美国证券委员交易会(SEC)于2003年通过一项规则要求共同基金披露其所持投资组合公司股份如何投票后,情况发生了变化。[137] 尽管该规则并不严格要求共同基金对报给股东会的每期发行都进行投票,但实际上共同基金对此作出了回应,即共同基金所持几乎所有的股份都参与了投票。[138] 例如,贝莱德表示,其所持遍及85个市场的

---

〔135〕 See Stephen J. Choi & Jill E. Fisch, *On Beyond CalPERS: Survey Evidence on the Developing Role of Public Pension Funds in Corporate Governance*, 61 Vand. L. Rev. 315, 316 (2008)(描述了加州公务员退休基金在影响投资组合公司的治理中的领导作用,以及其在利用此策略时有效性的实证研究)。

〔136〕 See, e. g., James Cotter, Alan Palmiter & Randall Thomas, *ISS Recommendations and Mutual Fund Voting on Proxy Proposals*, 55 Vill. L. Rev. 1, 8 - 10 (2010)(描述并给出了传统共同基金被动性的原因,包括成本可能超过收益、可能的利益冲突以及法律和法规的限制)。

〔137〕 参见注册管理投资公司的代理投票政策和代理投票记录的披露,68 Fed. Reg. 6564 (Feb. 7, 2003)。

〔138〕 See, e. g., Proxypulse, 2017 Proxy Season Review 2 (2017), https://broadridge.com/_assets/pdf/broadridge-2017-proxy-season-review.pdf [https://perma.cc/CH3E-7SVX](报告称,机构投资者在2017年代理季中对91%的股份进行了投票)。

17,000家公司的所有股份都会进行投票。[139] 这些投票以及投票所依据的任何政策都会向美国证券委员交易会公开备案并由市场上的其他人追踪,这使共同基金不仅可以在公司层面发声,而且可以向整个市场表达自己的态度。[140]

共同基金发起人以不同的方式来组织其投票活动。[141] 许多大型基金的发起人通过使用代表整个基金综合体做出投票决定的投票人或治理员来集中投票。[142] 某些发起人通过集中治理委员会投票。例如,每个先锋共同基金都将投票权委托给投资管理监督委员会。[143] 尽管

---

[139] Blackrock, Proxy Voting and Shareholder Engagement FAQ 1 – 2 (2019), https://www.blackrock.com/corporate/literature/fact – sheet/blk – responsible – investment – faq – global.pdf [https://perma.cc/5UGW – J8MP] [hereinafter Blackrock, FAQ] ("我们的目标是在客户已授予我们投票权的所有会议上进行投票,因此,我们每年在超过85个市场中的大约17,000个股东会议上投票。")。

[140] 参见注册管理投资公司的代理投票政策和代理投票记录的披露,68 Fed. Reg., p. 6567 ("委员会正在通过采用修改、修正案的形式,要求每个基金向委员会提交其代理投票记录,并将该记录提供给其股东。")。See generally K. J. Martijn Cremers & Roberta Romano, *Institutional Investors and Proxy Voting on Compensation Plans: The Impact of the* 2003 *Mutual Fund Voting Disclosure Rule*, 13 Am. L. Econ. Rev. 220 (2011).

[141] See Bonnie Saynay & Henning Stein, Invesco White Paper Series: Proxy Voting: The Hallmark of Active Ownership 6 (2017), https://apinstitutional.invesco.com/ap – public/dam/jcr:c15b0254 – 7307 – 4602 – acb4 – b8543bd21470/Macro_20170718_ESG%20Proxy%20Voting – the%20hallmark%20of%20active%20ownership – July2017.pdf[https://perma.cc/6STP – ZRD6](描述共同基金发起人的不同投票策略); see also Griffith & Lund, supra note 123, pp. 1170 – 1171(描述了最大的被动投资者的投票做法)。

[142] See, e.g., Strine, supra note 131, p. 478 n. 85(引用文献记录了贝莱德、富达和先锋集中投票权的来源)。But see Stephen Choi, Jill Fisch & Marcel Kahan, *Who Calls the Shots? How Mutual Funds Vote on Director Elections*, 3 Harv. Bus. L. Rev. 35, 47 – 48 (2013)(报告了共同基金家族之间不同程度的集中化)。

[143] 该委员会"由先锋的高级官员组成,没有外部客户职责"。Vanguard, Proxy Voting Guidelines for U. S. Portfolio Companies 2 (2019), https://about.vanguard.com/investment – stewardship/portfolio – company – resources/proxy_voting_guidelines.pdf [https://perma.cc/9WR2 – L28M] [hereinafter Vanguard, Proxy Voting Guidelines]; see also, e.g., Hortense Bioy, Jose Garcia – Zarate & Alex Bryan, *Passive Fund Providers and Investment Stewardship*, Harv. Law Sch. F. on Corp. Governance & Fin. Reg. (Dec. 21, 2017), https://corpgov.law.harvard.edu/2017/12/21/passive – fund – providers – and – investment – stewardship/ [https://perma.cc/Q7LD – YKXR] [观察到"先锋、道富环球(SSGA)和法通(LGIM)……公司治理团队拥有表决的最终权力"]。

先锋最近宣布从2019年年底起,其主动基金的投资组合经理将负责就某些影响其管理股份的事项进行投票。[144]

或者,个别基金经理可保留投票权。但在这种情况下,基金发起人仍会为其经理提供相应机制以共享信息并协调其投票决定。例如,贝莱德有集中投票机制,但个别基金经理仍保有最终投票权以偏离"贝莱德"观点。[145] 普信(T. Rowe Price)设有代理委员会,建议基金如何投票,虽然基金经理仍保有最终投票权,但其必须记录偏离集中建议的原因。[146] 景顺(Invesco)使用创新投票平台让基金经理在其投资组合公司中讨论临近的投票并达成共识。[147] 即使是总体上采取集中投票的基金,也可能会授予基金经理针对合并或选举竞争等特殊议题的投票权,因为这些情况下公司专项信息非常重要。[148] 最后,基金可能会将其投票决定外包。[149] 许多小型基金综合体似乎会将投票决定委托给代理投票顾问公司(Institutional Shareholder Service, ISS)一类的代理

---

〔144〕 Dawn Lim & Cara Lombardo, V*anguard Is Handing over Some of Its Voting Power*, Wall St. J. (Apr. 25, 2019), https://www. wsj. com/articles/vanguard - is - handing - over - some - of - itsvoting - power - 11556190120 [https://perma. cc/T88A - QCEY][到今年年底……管理先锋主动股票基金(约占先锋管理资产的9%)的公司将能够对收购,董事会提名投票 或影响他们所监管股份的股东提议进行投票,但先锋"将继续对其庞大的指数基金持股进行投票……"]。

〔145〕 See Blackrock, Faq, supra note 140, p. 1(概述了贝莱德如何通过其投资者管理团队对股份进行投票)。

〔146〕 See T. Rowe Price, Proxy Voting Guidelines 1 (2019), https://www3. troweprice. com/usis/content/trowecorp/en/utility/policies/_jcr_content/maincontent/polices_row_1/para - mid/thiscontent/pdf_link/pdffile [https://perma. cc/88X8 - E9FH](指出代理投票建议是由代理委员会提出的,但基金管理人最终有权自行决定为其公司投票,因为只要他们"以书面形式向代理委员会记录其理由")。但是,普信代理委员会的集中建议是有局限的,而且留下了很多问题[包括薪酬话语权问题、主席和首席执行官职位分离以及ESG(环保、社会、治理)问题]需要逐案决定,这其中,投资组合经理作出的公司特有决定起着重要作用,并且最终可能决定以不同的方式对他们的股份进行投票。

〔147〕 Saynay & Stein, supra note 142, p. 8("景顺基金经理门户网站……允许基于共识情报的代理投票,而不是一个人或一个团队推翻其他所有人。这能够让拥有更深刻见解和最新信息的经理们在同事之间共享他们的知识。")。

〔148〕 See, e. g., Vanguard, Proxy Voting Guidelines, supra note 144, p. 9.

〔149〕 例如,富达通过其指数基金将投票外包给次级顾问乔德(Geode)。See Bioy et al., supra note 144, p. 4.

机构。[150]

集中治理委员会、投票平台和基金经理间的问询是发起人利用所有基金资源做出投票决定的工具。主动基金得益于被动基金的治理专长,而被动型基金也依赖于主动经理的公司专项知识。[151] 值得注意的是,基金投票包含治理团队之间以及被动经理和主动经理之间的持续互动。[152] 即使基金综合体内投资组合经理可以自由做出基金投票决定,[153] 这些机制也会导致投票决定的高度共通性。

另外,基金家族成员似乎并没有步调一致地进行投票表决,特别是在代理交易和合并等特定交易方面。[154] 此外,每个基金发起人都有其决定基金综合体投票方式和对公司管理层投反对票频率的政策和做法。[155] 有经验证据表明,持有发行人更多股票的基金更可能参与主动投票,[156] 并且更可能自己投入资源做出投票决定而非遵循代理投票顾问公司的建议,[157] 这表明对表决最具影响力的被动投资者最有可能获悉相关

---

〔150〕 See Choi et al. ,*Who Calls the Shots*?,supra note 143,p. 53(报告称,与代理投票顾问公司的建议保持紧密一致的共同基金投票在共同基金资产中所占的比例相对较小)。

〔151〕 一些共同基金公司明确依靠其主动经理来确定其被动基金的投票政策。See,e. g. , Saynay & Stein,supra note 142,p. 7[解释了景顺的被动基金参与回声投票(echo - voting)以"利用主动股权专业知识"]。

〔152〕 参见前注〔151〕,第8页(解释了景顺的代理投票平台如何"鼓励对任何投票进行内部辩论,使可能拥有更深刻见解和最新信息的管理人员在同事之间共享知识")。

〔153〕 See,e. g. ,Choi et al. ,*Who Calls the Shots*?,supra note 143(记录了基金家族内部投票决定的集中程度)。

〔154〕 See Bioy et al. ,supra note 144,exhibit 3(详细说明了投票制度和实践中各基金综合体之间的差异)。基金发起人甚至无法协调其投票行为,这为质疑认为大型被动投资者之间的共同所有权引发反垄断担忧的学术论文提供了理由。See,e. g. ,Morton & Hovenkamp,supra note 7;Posner et al. ,supra note 7.

〔155〕 See Bioy,et al. ,supra note 144,exhibit 3.

〔156〕 See Peter Iliev & Michelle Lowry,*Are Mutual Funds Active Voters*?,28 Rev. Fin. Stud. 446,458 - 60 (2015).

〔157〕 参见前注〔156〕,第455页(表明较大的基金家族不太可能遵循代理投票顾问公司的投票建议);see also Choi,et al. ,*Who Calls the Shots*?,supra note 143,pp. 53 - 54, 61 - 62 (2013)(报告称,大型基金家族不太可能遵循代理投票顾问公司的建议,并确定先锋的投票与代理投票顾问公司的建议之间存在分歧)。

信息。[158]

多种数据资料记录了共同基金投票对公司治理和运营决策的影响。[159] 大多数人没有区分主动投资者和被动投资者。然而,艾派勒(Appel)、格姆雷(Gormley)和凯姆(Keim)最近基于罗素(Russell)1000和2000指数中股票分配的不连续性分析专门研究了被动所有权的影响。[160] 该经验研究检视了三种治理措施并得出结论:被动所有权会对公司治理产生影响。具体地,研究发现,增加的被动所有权与独立董事人数增加、收购防御减少以及一股一票所有权增加有关。[161]

但是,被动投资者投票并非在真空中进行,而是越来越多地利用其

---

〔158〕 这与隆德(Lund)教授的主张相反,即被动投资者坚持"低成本,无思想的治理方法……"See Lund, supra note 7, p. 513.

〔159〕 See, e. g., Matthew D. Cain, Jill E. Fisch, Sean J. Griffith & Steven Davidoff Solomon, *How Corporate Governance is Made: The Case of the Golden Leash*, 164 U. Pa. L. Rev. 649, 678 – 94 (2016) [研究共同基金的投票和参与及其对金皮带薪酬安排(golden leash compensation arrangements)的影响]; Steven Mufson, *Financial Firms Lead Shareholder Rebellion Against ExxonMobil Climate Change Policies*, Wash. Post (May 31, 2017), https://www. washingtonpost. com/news/energy – environment/wp/2017/05/31/exxonmobil – is – trying – to – fend – off – a – shareholder – rebellion – over – climate – change/? utm_term = . 9579fd3049f6 [https://perma. cc/LGN5 – 8MRY] [报道了贝莱德和先锋拥有埃克森美孚(ExxonMobil)13%的股份,他们的投票对于通过要求改善气候变化影响的披露情况的股东提案至关重要]。

〔160〕 See Appel et al., *Standing on the Shoulders of Giants*, supra note 38. 艾派勒、格姆雷和凯姆对罗素2000/1000指数作为识别方法的使用无处不在,现在至少已用于6项不同的研究中。See Ian Appel, Todd A. Gormley & Donald B. Keim, *Identification Using Russell 1000/2000 Index Assignments: A Discussion of Methodologies* 1 (May 20, 2019)(未出版的手稿), https://ssrn. com/abstract = 2641548. 我们尚不清楚此识别方法(IV,初始化向量)是否正确还是只是在将要进入或退出该指数的公司之中接受改变,因为每年的指数重新校准是可预测的,并反映在公司绩效中。但是,它们确实提供了一些被动的投资者影响力的初步证据。这一经验证据得到大量轶事证据的支持。

〔161〕 此外,艾派勒、格姆雷和凯姆发现,被动所有权不仅与观察到的治理差异相关,而且与由资产收益率和托宾Q(Tobin's Q)衡量的绩效的改善相关。See Appel et al., *Passive Investors, Not Passive Owners*, supra note 38, p. 114. But see Appel, Gormley & Keim, *Standing on the Shoulders of Giants: The Effect of Passive Investors on Activism*, 32 Rev. Fin. Stud. 2720, 2753[发现"被动所有权与目标公司的现金持有量、股利收益率、杠杆比率、资本支出或研发(R&D)支出、资产回报率,托宾Q或目标前一年的库存回报在数据上并无重大关联"]。

投票权筹码来推动与投资组合公司经理和董事进行意见交流并鼓励变革。[162] 被动基金表现出了对管理层投反对票的意愿,这是一种提高被动基金非公开参与有效性的方法。[163] 有证据表明,这种意愿加上其大量所有权所提供的筹码,通常足以让管理层做出回应。[164]

近年来,共同基金的非公开参与(private engagement)行动急剧增长。[165] 共同基金越来越多地通过信函、电话、电子通讯和直接会议与投资组合公司管理人员和董事直接联系。[166] 最近一项调查报告称,过去的5年中,有63%的大型机构投资者与管理层进行过直接讨论,45%在管理层外与公司董事会进行过私下讨论。[167] 类似地,报告投资者参与行动的标普500指数公司比例从2015年的56%上升至2018年

---

〔162〕 被动基金也可以通过其指数的构成施加市场压力。例如,富达提供了两种可持续发展指数基金,而投资者将大量资产转移到这些基金中,将激励发行人采取更可持续的商业实践。*Fidelity Launches First Two Sustainability – Focused Index Funds*, Fidelity (May 15, 2017), https://www.fidelity.com/about – fidelity/institutional – investment – management/first – two – sustainability – focused – index – funds [https://perma.cc/B5WV – QTQ6].

〔163〕 See, e. g., Kapadia, supra note 112(解释说,"当对话无法进行时,似乎越来越愿意采取行动")。

〔164〕 同上。

〔165〕 这种参与有多种形式。See, e. g., State St. Glob. Advisors, Proxy Voting and Engagement Guidelines 2 (2019), https://www.ssga.com/our – insights/viewpoints/2019 – proxy – voting – and – engagement – guidelines – north – america.html [https://perma.cc/KK94 – CWQD] [报告了道富全球(SSGA)参与"公司治理,提供对推动我们做出投票决定的原则和做法的见解。我们还积极参与以与最大化股东价值一致的方式解决重大的股东关切以及环境、社会和治理(ESG)问题"]; Sarah Krouse, *At BlackRock, Vanguard and State Street, "Engagement" Has Different Meanings*, Wall St. J. (Jan. 20, 2018), https://www.wsj.com/articles/at – blackrock – vanguard – and – state – street – engagement – has – different – meanings – 1516449600 [https://perma.cc/38A8 – AZ4P](注意到,对于不同的被动投资者而言,参与的途径不同)。

〔166〕 参与当然不仅限于被动投资者,还可以通过主动管理的共同基金和对冲基金来实现。See, e. g., Matthew J. Mallow & Jasmin Sethi, *Engagement: The Missing Middle Approach in the Bebchuk – Strine Debate*, 12 N. Y. U. J. L. & Bus. 385, 395 (2016) [报告称,普信(T. Rowe Price)"与全年管理的投资组合中拥有的公司进行了数百次简短、直接的对话,涉及与公司进行的正常尽职调查会议之外的问题"]。

〔167〕 Joseph A. McCahery, Zacharias Sautner & Laura T. Starks, *Behind the Scenes: The Corporate Governance Preferences of Institutional Investors*, 71 J. Fin. 2905, 2906 (2016).

7 月的 77%。[168]

特别是大型被动投资者参与行动也有所增加。2017 年,贝莱德对其投资组合公司参与 1600 多次,先锋参与 900 多次,道富参与 600 多次。[169] 除亲自参与之外,道富银行还向其投资组合公司发送了数百封信件。[170] 贝莱德、先锋和道富都成立了专门的公司治理团队,负责与其投资组合公司的互动。[171] 例如,贝莱德解释称其治理专家"每年参与公司数千次对话",而这些会晤都建立在投资者近些年新收集的大量"投资见解"类可得信息之上。[172] 先锋解释称,2018 年 6 月 30 日之前的 12 个月中,其代表着超 1.6 万亿美元的基金资产进行了参与活动,参与资产量从 2014 年起增加了 63%。[173]

与投票一样,同一基金综合体内被动基金和主动基金的混合会在参与上产生互补性。[174] 主动基金可以识别不良绩效发行人,这些发行人可能成为进行改善治理或其他改进的适当目标。但发起人可以利用被动基金的投票权以最大限度发挥其影响力。即使从发起人的知识和专长中受益的方式不同,主动基金和被动基金在培养发起人知识和专长时共同发挥作用。

---

[168] 2018 *Proxy Season Review*, Ernst & Young (July 2018), https://www.ey.com/Publication/vwLUAssets/EY-cbm-proxy-season-review-2018/$FILE/EY-cbm-proxy-season-review-2018.pdf [https://perma.cc/VE7W-MGS8].

[169] See Krouse, supra note 166.

[170] Id.

[171] See, e.g., Madison Marriage, BlackRock, *Vanguard and State Street Bulk Up Governance Staff*, Fin. Times (Jan. 28, 2017), https://www.ft.com/content/657b243c-e492-11e6-9645-c9357a75844a [https://perma.cc/CZU-Z8WD](观察到,截至 2017 年 1 月,贝莱德的治理人员人数增加到 31 人,先锋有 20 位治理人员,道富有 11 位)。

[172] Blackrock, Exploring Esg: A Practitioner's Perspective 2, 1 (2016), https://www.blackrock.com/corporate/literature/whitepaper/viewpoint-exploring-esg-a-practitioners-perspective-june-2016.pdf [https;//perma.cc/55KU-RJE4].

[173] Vanguard, Investment Stewardship 2018 Annual Report pp. 7, 8 (2018), https://global.vanguard.com/documents/investment-stewardship-annual-report-v2.pdf [https://perma.cc/P4LD-6MWD].

[174] See, e.g., Ann M. Lipton, *Shareholder Divorce Court*, 44 J. Corp. L. 297, 309 (2019) ("尽管大型资产管理者们持有多个基金的份额,但他们通常会协调其治理和参与政策,这样多个基金就只发出一种声音,从而增大其影响力。")。

尽管开展了这些活动,一些评论家仍然批评被动投资者治理人员数量有限。[175] 本文在此回应三点:其一,随着参与程度的提高,被动投资者正在增大治理人员的规模;[176] 其二,分析治理问题所需人员数量明显少于针对公司专项特征进行研究所需的人员数量;其三,这种批评忽视了当今股东生态系统中各个基金综合体相互影响并且依靠代理顾问公司和股东激进主义对冲基金来补充其观点、助力监督和信息收集过程从而大幅降低信息收集和评估成本的情况。

与此相关,发行人和股东也在制定非公开计划促进董事会股东的参与行动,而被动投资者再一次处于这些行动的最前沿。例如,2014年美国主要发行人与包括贝莱德和先锋集团在内的几家大型机构投资者合作,共同创建了"股东—董事交换计划"(shareholder - director exchange program)。[177] 类似地,2016年美国主要公司和主要投资者的代表(再次包含贝莱德、道富和先锋)签署了一项协议以支持一系列公司治理常识性原则,并且呼吁发行人和股东进行持续建设性对话。[178] 由16家大型资产管理公司(包括先锋和贝莱德在内)组成的"投资者管理小组"(investor stewardship group,ISG)旨在"建立一个管理标准和公司治理的框架"。[179]

被动投资者的参与也超出了个体公司层面,其中一种方式是影响代理投票顾问公司和格拉斯·刘易斯(Glass Lewis)等代理顾问公司的

---

[175] See,e. g. ,Bebchuk,Cohen & Hirst. ,supra note 7,p. 100(称指数基金将"实际上疏忽的资源"用于治理和管理);Lund,supra note 7,pp. 515 - 516(认为"三巨头"的治理团体"人员不足"并且"尚未完成任务")。

[176] See supra notes 152 - 154 and accompanying text.

[177] See James Woolery, *Introduction to the SDX Protocol*, Harv. L. Sch. F. On Corp. Governance & Fin. Reg. (Feb. 5,2014), https://corpgov. law. harvard. edu/2014/02/05/introduction - to - the - sdx - protocol/ [https://perma. cc/K25P - K989]; see also *About SDX*, SDX, http://www. sdxprotocol. com/about - sdx/ [https://perma. cc/VQ3B - 3MLH], visited Oct. 14,2017.

[178] See Open Letter from Tim Armour et al. , *Commonsense Principles* 2. 0 (Oct. 18, 2018), https://www. governanceprinciples. org/wp - content/uploads/2018/10/CSP - 2. 0 - Open - Letter. pdf [https://perma. cc/M4QK - MCPT].

[179] David A. Katz & Laura A. McIntosh, *Common - Sense Capitalism*, Harv. L. Sch. F. On Corp. Governance & Fin. Reg. (July 28,2017), https://corpgov. law. harvard. edu/2017/07/28/common - sense - capitalism/ [https://perma. cc/7CFC - 6ESJ].

投票政策。这些顾问公司降低了治理方面的信息成本,而这对于管理大型投资组合且注重成本的被动投资者至关重要。顾问公司还通过制定作为投票建议基础的治理政策对公司治理产生重大影响。然而,顾问公司的投票政策在很大程度上受到基金综合体观点的影响。[180]

代理投票顾问公司明确地利用其机构客户的观点来制定投票指南。[181] 这使投资者可以汇总偏好并克服集体行动问题,并通过影响治理专长更加有限的小型基金综合体,以最大限度利用其观点。基于许多共同基金独立且主动的观点证明,尽管代理投票顾问公司和格拉斯·刘易斯通知共同基金投票信息,但却并没有要求基金投票。相反,研究发现,共同基金越来越多地参与对投票决定的独立分析。[182]

最后,即使追踪热门指数的被动投资者也可能影响指数本身的构成,从而对其必须投资的公司有一定程度的控制。[183] 例如,"三巨头"在说服某些指数提供商排除双重股票发行人上发挥作用。[184] 文献通常假设主要指数的构成是固定且基于规则的,但事实上,指数提供者在纳入标准上有很大的自由裁量权。[185] 投资者已经影响并使指数提供

---

[180] See generally David F. Larcker, Allan L. McCall & Brian Tayan, *And Then A Miracle Happens!: How Do Proxy Advisory Firms Develop Their Voting Recommendations?*, Stan. Closer Look Series (Stanford Univ., Stanford, Cal.), Feb. 25, 2013, https://www.gsb.stanford.edu/sites/gsb/files/publication-pdf/cgri-closer-look-31-proxy-firms-voting-recommendations.pdf [https://perma.cc/6JCB-W6NL](总结和批评了代理投票顾问公司和格拉斯·刘易斯的政策制定程序)。

[181] See *Policy Formulation Process*, ISS, https://www.issgovernance.com/policy-gateway/policy-formulation-application/ [https://perma.cc/S3JR-BTMG], visited June 2, 2019.

[182] See Iliev & Lowry, supra note 157, p. 466(发现可以从主动投票中获得更多收益的共同基金常常不同意代理投票顾问公司的建议)。

[183] 我们感谢安德鲁·沃斯坦(Andrew Verstein)提请我们注意这一点。

[184] See Joann S. Lublin, *Big Investor Group to Push for End to Dual-Class Shares*, Wall St. J. (Jan. 31, 2017), https://www.wsj.com/articles/big-investor-group-to-push-for-end-to-dual-class-shares-1485817380 [https://perma.cc/9GNW-LPDY](报告了包括贝莱德、道富和先锋在内的集团禁止拥有双重股份的公司在美国交易所上市的努力)。

[185] See Gabriel Rauterberg & Andrew Verstein, *Index Theory: The Law, Promise and Failure of Financial Indices*, 30 Yale J. Reg. 1, 18-19 (2013)(描述了指数提供者行使的广泛解释权)。

者既放弃了原本会排除受欢迎或高收益公司的过滤机制,[186]也剔除了投资者认为有问题的公司。[187]

(二)被动投资者与激进主义者

正如被动投资者理论所预测的那样,被动投资者在调解股东激进主义人士的影响方面起着重要作用。由于被动投资者的潜在影响,激进主义者和发行人在培育战略影响和考虑治理变革时,均越来越关注被动投资者及其重视的问题。激进主义者出于各种原因,购买一家投资组合公司的股份通常不会超过5%~10%,并且在目标较大的情况下,其购买的股份可能会少得多。[188] 因此,无论是设计公司出售交易还是获取董事会代表席位,在没有被动投资者支持的情况下,激进主义者都不能实现其目标。拥有大量股份的被动投资者常常决定了激进主义运动的成功与否。例如,在杜邦(DuPont)公司特里安(Trian)的激进运动中,"三巨头"中没有一家投票支持特里安。据媒体报道,如果"三巨头"中任何一家支持特里安,那一票将改变代理权争夺的结果并让特里安获胜。[189] 在表决事后分析中,杜邦的顾问认为与被动投资者的互动是杜邦胜利的一个因素。[190]

---

[186] 同前注[185],p. 19(例如,"标准普尔500指数增加了获利能力和住所要求,但其选择委员会会对受欢迎的或重要的公司视个案情况放弃这些要求"。)。

[187] See, e. g., Emma Boyde, *Index Providers Tweak Rules as Investors Raise Concerns*, Fin. Times (Nov. 18, 2011), https://www. ft. com/content/b02adf58 – 092e – 11e1 – 8e86 – 00144feabdc0 [https://perma. cc/YH5U – W6N8](报告称,罗素和标准普尔决定将中国的反向并购公司从美国公司的定义中排除,从而将它们从热门指数中排除)。

[188] See Claire A. Hill, Brian JM Quinn & Steven Davidoff Solomon, Mergers & Acquisitions: Law, Theory, and Practice 767 (2d ed. 2019)("激进主义者通常将其持股比例限制为目标公司的10%,以避免34号法案第16条的适用……"); see also Gilson & Gordon, supra note 128, p. 897.

[189] See Stephen Gandel, *DuPont Nearly Lost Its War with Activist Nelson Peltz*, Fortune (June 4, 2015), http://fortune. com/2015/06/04/dupont – nelson – peltz – vote/ [https://perma. cc/46BB – PXDC].

[190] See Andrew R. Brownstein, Steven A. Rosenblum, David A. Katz & Sabastian V. Niles, *Winning a Proxy Fight—Lessons from the DuPont – Trian Vote*, Harv. Law Sch. F. On Coro. Governance & Fin. Reg. (May 18, 2015), https://corpgov. law. harvard. edu/2015/05/18/winning – a – proxy – fight – lessons – from – the – dupont – trian – vote/ [https://perma. cc/L2AK – CJVB].

关键投票者的角色为被动投资者在公司层面参与管理工作以缓和激进主义者的影响创造了独一无二的机会。由于自身的激励可能不同于激进主义者以及一些主动基金的激励,被动投资者在筛查激进主义方面发挥着至关重要的作用。如果激进主义者能够实施产生短期收益但长期来看对会公司造成损害的变革,被动投资者就会因其分享了有效激进主义在公司内的收益却又无法像主动投资者一样在公司遭受损害之前退出而蒙受损失。[191] 这些激励可能会使被动投资者采取更为谨慎的态度,而不像主动基金那样愿意支持某些激进主义者。[192]

早期的经验证据表明被动投资者在对冲基金激进主义运动中发挥中介作用。艾派勒、格姆雷和凯姆的一项研究发现,更高的被动投资者所有权与激进主义者的战略选择和特别是与代理权争夺发生率上升有关。[193] 该研究还发现,在这种情况下,激进主义者更为成功,且更可能获得董事会代表席位或是影响公司出售交易。[194] 这些发现与其他说明被动投资者不愿支持激进主义者的理论工作背道而驰。[195]

被动基金还试图规范经理人和对冲基金之间的私人协议。激进主义者代理权争夺越来越多地以董事会同意增加一名或多名激进主义者

---

〔191〕 See, e. g., In re PLX Tech., Inc. Stockholders Litig., No. 9880 – VCL, 2018 WL 5018535, at *41(Del. Ch. Oct. 16, 2018)(引用了对特定类型的投资者可能会拥护短期投资策略并安排其事务以从这些策略中获取经济利益的担忧)。

〔192〕 FactSet Sharkrepellent 报告称,在 2016 年和 2017 年,激进主义者对冲基金在异议代理权争夺中的成功率分别为 55% 和 53%。See generally Sharkrepellent, https://www.sharkrepellent.net [https://perma.cc/C3R8 – QNGM], visited Oct. 25, 2019. 举一个最近的例子,在马卡托(Marcato)与 Deckers Outdoor 的代理权争夺中,贝莱德和先锋这两家公司的 5 个最大股东中的 2 个向管理层投票。格拉斯·刘易斯支持管理层,而代理投票顾问公司支持激进主义者。See Svea Herbst – Bayliss, *Deckers Wins Proxy Contest Against Hedge Fund Marcato*, Reuters (Dec. 14, 2017), https://www.reuters.com/article/us – deckers – outdoor – marcato/deckers – wins – proxy – contest – against – hedge – fund – marcato idUSKBN1E82KR [https://perma.cc/F69S – TXDX]. 尽管被动基金可能会对对冲基金激进主义采取更具个性化的手段,但主动基金可能会系统性地避免激进主义,因为这会抑制其获得阿尔法超额收益的能力。

〔193〕 See Appel et al., *Standing on the Shoulders of Giants*, *supra* note 38, p. 2723.

〔194〕 参见前注〔193〕,第 2724 页。

〔195〕 See Lund, supra note 7.

提名董事的和解形式解决。[196] 这些和解通常不涉及股东投票,并且有理由担忧这种和解会降低管理层的责任感。[197] 被动基金最近开始反对发行人不寻求长期机构投资者的参与就解决选举竞争的做法。[198] 这些结论还表明,被动投资者将能够通过声誉制裁措施限制破坏性对冲基金激进主义。[199]

(三)政策的作用

被动投资者在政策和监管中的作用越来越大。[200] 通过积极参与政策讨论,被动投资者总体上会为投资者发出更多声音。在公司治理以外的其他多个问题上与政策制定者进行互动,被动投资者以此将对其政策考量的理解带给发行人并将投资组合公司的利益带给政策制定者。同时,被动投资者越来越多地涉猎此类事务与本文的被动投资者激励理论相一致。

被动投资者积极参与其投资组合公司的治理是影响监管政策的一个方面。被动投资者定期评论并呼吁更改美国证券交易委员会根据联邦证券法通过的规则。例如,1991 年 4 月机构投资者发布了一份呼吁进

---

[196] See, e. g. , Gail Weinstein, Warren S. de Wied & Philip Richter, *Shareholder Activism*: 1*H* 2018 *Developments and Practice Points*, Harv. Law Sch. F. On Corp. Governance & Fin. Reg. (Oct. 14, 2018), https://corpgov. law. harvard. edu/2018/10/14/shareholder - activism - 1h - 2018 - developments - and - practice - points/ [https://perma. cc/FJ2A - QF2G](注意到了激进主义运动中和解的持续流行,这导致了目标董事会中董事的替换)。

[197] See Jill E. Fisch & Simone M. Sepe, *Shareholder Collaboration*, 98 Tex. L. Rev. (2019 年即将出版)(手稿, pp. 37 - 39), https://ssrn. com/abstract = 3227113(解释了股东合作可能会降低透明度并限制问责制)。

[198] See Kai Haakon Liekefett & Lawrence Elbaum, *Think Twice Before Settling with an Activist*, Law 360 (Dec. 9, 2016), https://www. law360. com/articles/869160/think - twice - before - settlings - with - an - activist [https://perma. cc/CUW3 - RUQJ].

[199] See Kapadia, supra note 112.

[200] See Asaf Eckstein, *The Virtue of Common Ownership in an Era of Corporate Compliance*, 105 I Owa L. Rev. (2020 年即将出版)(手稿, p. 46), https://ssrn. com/abstract = 3194605("共同所有权为机构投资者提供了强大的权力,使它们有特权参与立法和规则制定……")。

行多项代理制度改革以增加共同基金之间合作的报告。[201] 这项受到机构投资者广泛支持的改革由美国证券交易委员会于 1992 年实施,减轻了投资者交流和集团诉讼的监管负担。[202] 机构投资者一直积极参与美国证券交易委员会的其他各项改革以提高股东投票权的有效性。例如,最近机构投资者一直在积极影响并试图阻止规范代理顾问服务的国会提案。[203]

被动投资者在制定公共政策中的作用不仅限于证券监管。正如阿萨夫·埃克斯坦(Asaf Eckstein)所记录的那样,被动投资者花费大量资金进行游说,就机构规则的制定发表评论,参加圆桌会议和其他政策讨论以及与立法者的私人会议。[204] 埃克斯坦指出,一些被动投资者的高管已在国会作证。[205] 被动投资者参加诸如机构投资者委员会(Council for Institutional Investors, CII)之类的贸易团体以发展和支持公司治理最佳实践以及其他政策立场。[206] 现在,机构投资者定期对立法表明政策立场并提交法庭之友书(amicus briefs)。[207] 机构投资者曾

---

[201] See Alicia McElhaney, *Fight for Your Right to Proxy*, Institutional Inv. (Nov. 10, 2017), https://www.institutionalinvestor.com/article/b15kfxz7qzdrpy/fight-for-your-right-to-proxy [https://perma.cc/C6JH-VNTR](描述了这一报告及其建议)。

[202] See *Regulation of Communications Among Shareholders*, 57 Fed. Reg. 48, 276 (Oct. 22, 1992).

[203] See Letter from the Council of Institutional Inv'rs to the U. S. Senate Comm. on Banking, Hous. & Urban Affairs (Sept. 6, 2016), https://corpgov.law.harvard.edu/2016/09/26/the-regulationof-proxy-advisory-firms/ [https://perma.cc/MSL6-8XTL](分享了对拟议的《公司治理改革和透明度法案》表示担忧)。有关监管代理顾问的风险, see generally Asaf Eckstein, *Great Expectations: The Peril of an Expectations Gap in Proxy Advisory Firm Regulation*, 40 Del. J. Corp. L. 77 (2015).

[204] See Eckstein, supra note 201 (手稿, pp. 47-48).

[205] 同上,第 48 页。

[206] See Associate Members, Council of Institutional Invs., https://www.cii.org/associate_members [https://perma.cc/5NHD-NX8R], visited June 9, 2019(将贝莱德、先锋和道富作为机构投资者委员会的成员列出)。

[207] See, e. g., Zach Wener-Fligner, *Every US Company Arguing for the Supreme Court to Legalize Same-Sex Marriage*, Quartz (Mar. 10, 2015), https://qz.com/359424/every-us-company-arguing-forthe-supreme-court-to-legalize-same-sex-marriage/ [https://perma.cc/WM24-SJGY](报道称,贝莱德在美国最高法院签署了法庭之友书,为同性伴侣主张婚姻平等)。

积极参与《多德-弗兰克法案》的协商和通过以及后续的立法工作。[208] 最近,机构投资者(包括主要经营被动基金的基金综合体)积极参与了应对气候变化的活动。[209]

这项政策工作包括基础广泛的政策倡议和公司专项行动。大型共同基金综合体定期发布政策性信件和消息,其中一些已经开始向发行人发送年度信件来强调其政策关注点。例如,2019年,贝莱德董事长拉里·芬克(Larry Fink)向所有贝莱德投资的上市公司首席执行官发出呼吁,号召采取更具可持续性的商业做法。[210] 类似地,许多机构投资者也发布公告,呼吁在公司董事会中实现更多性别多元化。[211] 总而言之,现有资料数据详表了指数基金发起人在参与、治理和范围更广的政策倡议方面重要且不断增长的影响,并且这些活动对其投资组合公司产生了广泛的全市场影响。

三、理论的意义

本文前面各部分对被动投资者缺乏参与和获取信息的激励的主张提出质疑。[212] 恰恰相反,本文提供了被动投资者参与活动增加的证据,并从理论上解释了为什么被动投资者具有主动监督其投资组合公

[208] See, e. g., Dodd-Frank Act, Council of Institutional Invs., https://www.cii.org/dodd_frank_act [https://perma.cc/M4GT-JQ36](观察到,机构投资者委员会"大力提倡适用于《多德-弗兰克法案》的许多内容")。

[209] See, e. g., Ken Silverstein, *More Institutional Investors Throw Weight into Fight against Climate Change*, Forbes (Dec. 12, 2017), https://www.forbes.com/sites/kensilverstein/2017/12/12/isthe-financial-and-political-heft-behind-the-climate-fight-enough-to-make-a-difference/#41639a6 21551 [https://perma.cc/LMJ5-E49T].

[210] See Fink, supra note 35.

[211] See, e. g., Brianna Castro, *Raising the Stakes on Board Gender Diversity*, Harv. L. Sch. F. On Corp. Governance & Fin. Reg. (Jan. 8, 2018), https://corpgov.law.harvard.edu/2018/01/08/raising-the-stakes-on-board-gender-diversity/ [https://perma.cc/3AMS-LKHX](报告了道富、贝莱德和先锋集团的公告)。对这些倡议中的任何一个是否就是整个社会或是投资组合中的公司所希望的,我们不做评论。

[212] Cf. Lund, supra note 7, pp. 494-495(认为主动基金有激励来监控,但被动基金缺乏这样的激励)。

司的激励,同时也提供了这种监督的有效性经验证据。[213] 本文对这类文献的批评并不意味着担忧被动投资者的兴起毫无理由。[214] 作者在本部分中讨论了一些潜在的问题。第(一)部分考虑了被动投资对市场纪律(market discipline)的影响;第(二)部分探讨了被动投资的兴起将导致有害的经济实力集中问题;第(三)部分中确认了被动投资者引起的明显利益冲突。我们强调,被动投资者的巨大规模和参与行动是一个相对较新的现象。因此,我们的分析是必要的但也是初步的。

(一)市场纪律

被动投资引起的一个关注点是其对市场纪律的潜在影响。评论家们都同意被动投资"可能会损害股票市场的有效价格发现……"的看法。[215] 之所以出现这种担忧,是因为被动投资者不进行基于信息的交易,也没有购买和出售份额的自由裁量权。

这一问题尤为重要,因为股价反映公司价值的前提不仅驱动着公司控制市场,而且引导着法院和独立董事。[216] 交易是市场效率背后的重要机制。知情的投资者会出售价格过高的股票,从而压低价格以反映其基本价值(反之亦然)。[217] 然而,由于被动投资者没有投资自

---

〔213〕 我们对被动投资者参与渠道的描述也与认为被动投资者的共同所有权引发反垄断问题的学术观点不一致。例如,关于这种观点,see Posner et al. ,supra note 7,pp. 669 – 670.

〔214〕 我们不主张被动投资者从事社会最优管理。正如其他人所证明的,有时他们没有这样做。See,e. g. ,Brown & Davies,supra note 82,p. 312(认为来自被动基金的竞争会产生道德风险问题,并减少主动基金经理的工作量)。

〔215〕 See Fichtner et al. ,supra note 5,p. 321.

〔216〕 See Jeffrey N. Gordon,*The Rise of Independent Directors in the United States*,1950 – 2005:*Of Shareholder Value and Stock Market Prices*,59 Stan. L. Rev. 1465,1563 (2007)(从理论上讲,独立董事将股价视为公司价值的信号)。

〔217〕 机构投资者的交易与股票价格的信息效率相关。See Ekkehart Boehmer & Eric K. Kelley,*Institutional Investors and the Informational Efficiency of Prices*,22 Rev. Fin. Stud. 3563,3564 (2009) ("基于四年的机构交易的独有每日数据,我们将机构交易与更有效的价格联系起来。"); Alex Edmans,*Blockholders and Corporate Governance*,6 Ann. Rev. Fin. Econ. 23,29 (2014)(注意到,大股东的知情退出可以使股价反映公司价值);see also McCahery et al. ,supra note 168,p. 2912(调查结果表明,由于对绩效或治理的不满而出售股票的情形非常普遍;49% 的受访者出售股票是因为对公司绩效不满,而 39% 的受访者出售股票则是因为对公司治理不满)。

由裁量权,即使被动投资者认为投资组合中的某些份额定价过高也不能将其出售。随着被动投资者在市场中所占份额越来越大,担忧在于没有足够多的投资者参与信息和价格发现,市场价格的效率将降低。[218]

这些担忧在研究中获得了一些间接支持。这些研究表明:第一,纳入指数可能导致不一定反映基本面的股票价格变化;[219]第二,随着被动基金买卖组成指数的所有股票以回应资金流入和流出,指数中包含的股票的价格表现出波动;[220]第三,被动投资会产生一些暂时的价格扭曲,[221]但鲜有证据表明被动投资者对股票信息效率有直接影响。[222]

本文的理论表明,即使被动投资急剧增加也不会损害市场效率。

---

[218] See, e. g. Steven D. Bleiberg et al. , Epoch Inv. Partners, The Impact of Passive Investing on Market Efficiency 5 – 6 (2017), http://www.eipny.com/assets/pdfs/The_Impact_of_Passive_Investing_FINAL.pdf [https://perma.cc/PDR2 – E7DV](报告的三项研究结果称,被动投资的增加正在降低市场价格的效率)。

[219] See, e. g. , Eric Belasco, Michael Finke & David Nanigian, *The Impact of Passive Investing on Corporate Valuations*, 38 Managerial Fin. 1067, 1067 – 1068 (2012)(注意到,资金流入标准普尔500指数基金会影响该指数内公司的估值); Stijn Claessens & Yishay Yafeh, *Comovement of Newly Added Stocks with National Market Indices: Evidence from Around the World*, 17 Rev. Fin. 203, 205 (2012)(发现"纳入主要股票市场指数与新增股票和其余市场股票之间的联动性增加有关")。

[220] See Vladyslav Sushko & Grant Turner, *The Implications of Passive Investing for Securities Markets*, BIS Q. Rev. , Mar. 2018, p. 119.

[221] See, e. g. , Jeffrey L. Coles, Davidson Heath & Matthew C. Ringgenberg, *On Index Investing* (June 6, 2018)(未出版的手稿), https://papers.ssrn.com/abstract=3055324(发现指数投资引入不规律波动而影响股票价格,但不会影响长期价格效率或套利者的交易)。

[222] 例如,一项研究发现,交易型开放式指数基金持有量的增加与公司层级的价格效率降低有关。See Doron Israeli, Charles M. C. Lee & Suhas A. Sridharan, *Is There a Dark Side to Exchange Traded Funds? An Information Perspective*, 22 Rev. Acct. Stud. 1048, 1051 (2017). 另一项研究更为积极,发现被动投资者可以更好地整合系统性收益信息。Lawrence R. Glosten, Suresh Nallareddy & Yuan Zou, *ETF Activity and Informational Efficiency of Underlying Securities*, Mgmt. SCI.(即将出版)(手稿, p. 1), https://ssrn.com/abstract=2846157.

随着大量市场份额指数化,从具备信息优势中获取的收益会增加。[223]因此,主动交易共同基金和对冲基金可以利用这些收益,[224]可收取相对于被动基金费用更高的费用。[225] 这将增加主动基金获取信息的激励,既使其获得相对于指数基金的交易优势,[226]同时也进一步增加了主动基金和被动基金之间的竞争。[227]

而且,被动投资者破坏股票信息效率的情况还没有出现。主动投资者仍然主导着美国股票市场。虽然很难准确估计被动投资股票证券

---

[223] See Jason Zweig, *Are Index Funds Eating the World*?, Wall St. J., The Intelligent Investor (Aug. 26, 2016), http://blogs. wsj. com/moneybeat/2016/08/26/are - index - funds - eating - the - world/ [https://perma. cc/PFA2 - U43B]("在每个人都拥有相同信息的市场中,它必须回报付出更多的努力以获取更多信息的人。因此,主动的管理不可能消失。")。

[224] See Sushko & Turner, supra note 221, p. 120("更大的单个证券价格异常现象将有望增加从信息充分的分析和主动交易中获得的收益,从而刺激更多的主动投资策略。"); see also Sanford J. Grossman & Joseph E. Stiglitz, *On the Impossibility of Informationally Efficient Markets*, 70 Am. Econ. Rev. 393, 405 (1980)(描述了一个模型,该模型表明市场效率取决于购买信息获取收益的可用性)。

[225] 多项研究表明,一些基金经理具有持续超越市场的能力。See, e. g., Malcolm Baker, Lubomir Litov, Jessica A. Wachter & Jeffrey Wurgler, *Can Mutual Fund Managers Pick Stocks? Evidence from Their Trades Prior to Earnings Announcements*, 45 J. Fin & Quantitative Analysis 1111, 1129 - 1130 (2010)(发现的证据表明共同基金经理由于能够预测与收益相关的基本面而具有盈利能力); Robert Kosowski, Allan Timmermann, Russ Wermers & Hal White, *Can Mutual Fund "Stars" Really Pick Stocks? New Evidence from a Bootstrap Analysis*, 61 J. Fin. 2551, 2553 (2006)(发现相当一部分共同基金经理选择股票的能力足以支付其成本)。

[226] 我们注意到这种交易机会的出现尚不清楚,部分原因是指数化水平不可能足以产生价格效应。See, e. g., Adam Zoll, *Does the Growth of Passive Investing Make Opportunities for Active Investors*?, Morningstar (Jan. 22, 2014), http://www. morningstar. com/articles/631398/does - the - growth - of - passive - investing - make - opportun. html [https://perma. cc/PWF8 - A5CW][引用晨星公司(Morningstar)分析师詹姆斯·熊(James Xiong)的话说,"增加的指数化是否为主动投资者创造了可利用的机会的问题尚无定论"]。

[227] 正如一项研究观察到的那样,相似基金之间的竞争降低了共同基金经理保持优胜绩效的能力。See Gerard Hoberg, Nitin Kumar & Nagpurnanand Pabhala, *Mutual Fund Competition, Managerial Skill, and Alpha Persistence*, 31 Rev. Fin. Stud. 1896, 1897 (2018). 因此,如果在一个大量资产被指数化的世界中,主动经理面临的竞争较少,那么,他们应该能够取得优胜业绩并收取更高的费用。同上。

的比例,但是大多数评论者估计这一比例高达50%,[228]这意味着仍然有很大一部分市场仍受基于信息的交易策略的影响。此外,经验和理论研究表明,价格发现和价格效率只需要少量的主动交易者就能实现。[229] 即使被动投资占据市场的60%或70%,仍然有足够的交易来进行价格发现。[230]

第二个问题是被动投资对首次公开募股(IPO)公司治理决策的影响。现有法律对首次公开募股阶段的公司治理决策有一定的偏见,部分是基于这一前提:这些决策受到市场纪律约束。[231] 理论上,首次公开募股投资者可以为发行人的治理结构定价或者可以拒绝投资公司治理不佳的发行人。[232] 但是,被动投资的增长可能会降低首次公开募股阶段的市场纪律约束。[233]

具体而言,被动投资者无法避免购买将要成为其指数一部分的发

---

[228] See, e. g., Alicia Adamczyk, *Index Funds Are More Popular Than Ever—Here's Why They' re a Amart Investment*, CNBC (Sept. 19, 2019), https://www.cnbc.com/2019/09/19/why-indexfunds-are-a-smart-investment.html [https://perma.cc/JH87-46Z5] ("据投资研究公司晨星公司的数据,美国股票指数基金首次比主动管理型基金更受欢迎。截至8月31日,这些指数基金持有的资产为4.27万亿美元,而主动基金为4.25万亿美元。")。

[229] See Jonathan B. Berk & Jules H. van Binsbergen, *Measuring Skill in the Mutual Fund Industry*, 118 J. Fin. Econ. 1, 18 (2015); Bradford Cornell, *Passive Investing and Market Efficiency*, 26 J. Inv., Fall 2017, pp. 7-8.

[230] Cf. Zweig, supra note 224(声称,由于被动基金交易如此频繁,即使被动所有权的水平继续上升,主动基金仍将确定市场价格)。

[231] See Michal Barzuza, *Inefficient Tailoring: The Private Ordering Paradox in Corporate Law*, 8 Harv. Bus. L. Rev. 131, 147 (2018) ("然而,首次公开募股阶段的最优性,关于治理条款的选择,取决于资本市场正确评估治理条款的假设。")。

[232] See, e. g., Andrew William Winden, *Sunrise, Sunset: An Empirical and Theoretical Assessment of Dual-Class Stock Structures*, 2018 Colum. Bus. L. Rev. 852, 903(指出"私人订购的支持者"认为投资者没有"被迫接受创始人的投资条款——投资者总可以选择不进行投资,而由双重治理模式产生的代理成本风险是由市场将其定价在首次公开募股股价内的,市场具有评估和定价此类风险的能力。")。

[233] 评论员质疑这种对首次公开募股过程的描述实际上是不准确的,并建议首次公开募股投资者不得对治理条款进行定价。See John C. Coates IV, *Explaining Variation in Takeover Defenses: Blame the Lawyers*, 90 Calif. L. Rev. 1301, 1308 (2001); Robert Daines & Michael Klausner, *Do IPO Charters Maximize Firm Value? Antitakeover Protection in IPOs*, 17 J. L. Econ. & Org. 83, 85-86 (2001).

行人的股票,[234] 无论其公司治理质量如何。[235] 因此,被动投资者是被迫购买者。[236] 此外,由于指数纳入条款是预先确定并公开的,公司可能能够在上市时预测到其股票将成为热门指数的一部分。然后,该公司可以依靠这种"固定"需求以使其具有价值贬损特征的股票上市。[237]

在首次公开募股阶段引入的治理条款也可能会限制被动投资者随后投票利用其观点的行动。[238] 例如,在首次公开募股阶段的双重类别股票在科技公司中变得越来越受欢迎。[239] 色不拉(SNAP)2017 年 3

---

[234] 在非美国市场,问题可能更加严重,因为在美国市场,公司更容易纳入主要股指。例如,在英国,来自俄罗斯和印度尼西亚的治理不善的大型公司上市导致其被纳入主要的富时(FTSE)指数。反过来,这导致英国机构投资者推动制定新的上市规则,以管理优质上市公司。See Richard Wachman, *FTSE Makes Room for More Russians*, Guardian (Dec. 6, 2011), https://www. theguardian. com/business/2011/dec/06/ftse – russian – miners – governance – concerns [https://perma. cc/F6WK – HK7X].

[235] 例如,机构投资者委员会(CII)指出,其成员遵循被动投资策略,因此,不能简单地拒绝购买此类公司的股票。See Letter from Jeff Mahoney, Gen. Counsel, Council of Inst. Inv'rs, to Claudia Crowley, CEO & Chief Regulatory Officer, NYSE (Oct. 2, 2012), https://www. cii. org/files/issues_and_advocacy/correspondence/2012/10_2_12_cii_letter_to_nyse_dual_class_stock. pdf [https://perma. cc/MSL6 – 8XTL].

[236] 但是,我们注意到,大多数指数要求发行人在被纳入指数之前必须公开发行一段时间。Ari I. Weinberg, *Why Index Funds Have a Limited Presence in the IPO Market*, Wall St. J. (Sept. 4, 2017), https://www. wsj. com/articles/why – index – funds – have – a – limited – presence – in – the – ipo – market – 1504577040 [https://perma. cc/ZV2V – MVAK]. 在这种情况下,指数纳入将无法解决发行人在首次公开募股阶段出售股票的能力。

[237] 同上。

[238] See e. g. , Jill E. Fisch, *Governance by Contract: The Implications for Corporate Bylaws*, 106 Calif. L. Rev. 373, 382 – 399 (2018)(确定了有效股东与公司对合同的理解不一致的投票的各种限制); see also Scott Hirst, *Frozen Charters*, 34 Yale J. Reg. 91, 93 (2017)(解释了首次公开募股阶段采用的投票规则如何限制发行人修改不利章程条款的能力)。

[239] 美国金融业监管局报告称:"在 2013 年至 2015 年年末,有 98 家在美国交易所新上市的公司进行了双重新股发行。" Supervoters, *Stocks and Silicon Valley: What Investors Should Know About Dual Class Voting Structures*, Fin. Industry Reg. Authority (Dec. 1, 2015), http://www. finra. org/investors/insights/supervoters – stocks – and – silicon – valley – what – investors – should – know – about – dual – class – voting [https://perma. cc/7EDT – RP4G].

月2日进行的首次公开募股不享有投票权的股票,[240]是1940年以来在纽约证券交易所(EYSE)上市的首个无投票权首次公开募股。[241] 一些机构投资者此前曾反对双重股权结构,而色不拉的首次公开募股使反对意见更加高涨。正如道富所解释的那样,即使是更喜欢参与而非对抗的被动投资者,也担心有限的投票权会导致管理层忽略其担忧。[242]

在色不拉首次公开募股之后,一些机构投资者通过要求主要指数提供者将双重类别股权结构的公司排除在外,以应对被迫投资具有双重类别结构公司的风险。[243] 作为回应,最大的两家指数提供者标准普尔(S&P)和富时罗素(FTSE Russell)同意将特定多层结构公司排除在主要指数外。[244] 第三家主要指数提供者摩根·史丹利资本国际

---

[240] Ken Bertsch, *Snap and the Rise of No – Vote Common Shares*, Harv. L. Sch. F. On Corp. Governance & Fin. Reg. (May 26, 2017), https://corpgov. law. harvard. edu/2017/05/26/snap – and – the – rise – of – no – vote – common – shares/ [https://perma. cc/JGH9 – LDX4].

[241] 同上。

[242] See Julie Segal, *State Street Blasts Snap Over Lack of Shareholder Voting Rights*, Institutional Inv' r (June 23, 2017), https://www. institutionalinvestor. com/article/b1505pmgs8zjg5/state – street – blasts – snap – over – lack – of – shareholder – voting – rights [https://perma. cc/5Q3S – DVSB].

[243] See Letter from Kenneth A. Bertsch, Exec. Dir. , Council of Inst. Inv' rs, to MSCI Equity Index Comm. 6 (Aug. 3, 2017), https://www. cii. org/files/issues _ and _ advocacy/correspondence/8 – 3 – 17% 20CII% 20response% 20to% % 20MSCI% 20Consutation. pdf [https://perma. cc/8G25 – JZMM] ("机构投资者委员会的成员包括被动指数策略的坚定支持者,而且我们相信,主要指数提供商在防止无投票权和多类别股权结构获得不可阻挡的势头上可发挥关键作用。")。

[244] See Abe M. Friedman, Bob McCormick, Allie M. Rutherford & Rob Zivnuska, *S&P and FTSE Russell on Exclusion of Companies with Multi – Class Shares*, Harv. L. Sch. F. On Corp. Governance & Fin. Reg. (Aug. 5, 2017), https://corpgov. law. harvard. edu/2017/08/05/sp – and – ftse – russell – on – exclusion – of – companies – with – multi – class – shares/ [https://perma. cc/LX8J – APEU] (描述了指数提供者的新政策,其中包括"部分或完全排除具有多类股份结构的公司"); see also Chris Dieterich, Maureen Farrell & Sarah Krouse *Stock Indexes Push Back Against Dual – Class Listings*, Wall St. J. (Aug. 2, 2017), https://www. wsj. com/articles/stock – indexes – push – back – against – dual – class – listings – 1501612170 [https://perma. cc/79LQ – SS2R] (报告了标准普尔的决定,即色不拉和其他双重类别公司将不符合纳入标准普尔500指数的条件)。

（MSCI）在经过18个月咨询期后决定保留其主要指数中的双重类别发行人，但创建了一系列在资格标准上控制投票权的新基准。[245] 然而，值得注意的是，并非所有被动投资者都支持从主要指数中排除双类别股票的方案。贝莱德担心其被动基金将无法投资高增长科技股票，而主动基金仍可以购买这些股票。[246]

目前，许多机构正在寻求一种替代方案，即由证券交易所而非指数提供者对发行人使用双重类别结构施加限制。这将使被动基金摆脱投资于问题双重股权结构发行人的义务，从本质上通过上市要求而非选股来对主动基金施以市场纪律约束并展示被动投资者影响治理行为的能力。[247]

（二）所有权集中

被动投资者增长引起的第二个担忧是所有权集中。正如约翰·科茨（John Coates）所解释的那样，指数化创建了“由少数具有无与伦比权力的个人控制”的组织——大型共同基金发起人。[248] “三巨头”是40%的美国上市公司和88%大公司的最大股东。[249] 科茨警告称这种集中导致大多数投资组合公司的所有权集中在为主要基金发起人工作的少数个人手中，[250] 从而引发了对合法性、责任能力以及其他上述经

[245] Rachel Evans, *MSCI Rejects Calls to Ban Dual - Class Stocks From its Indexes*, Bloomberg（Oct. 30, 2018）, https://www.bloomberg.com/news/articles/2018-10-30/msci-rejects-calls-to-ban-dual-class-stocks-from-its-indexes [https://perma.cc/294C-QFG5].

[246] Ning Chiu, *BlackRock Wants Equal Voting Rights but Opposes Exclusion from Indexes*, Davis Polk Briefing: Governance（Oct. 23, 2017）, https://www.briefinggovernance.com/2017/10/blackrock-wants-equal-voting-rights-but-opposes-exclusion-from-indexes/ [https://perma.cc/EV2F-ETKY]（引述了贝莱德的担忧，即排除该指数中的双重类别公司会剥夺基于指数客户的“收益机会”）。

[247] See, e. g., *Dual - Class Stock*, Council of Inst. Inv'rs（2019）, https://www.cii.org/dualclass_stock [https://perma.cc/6YBC-NSWN]（解释了“证券交易所可以通过确保其上市标准禁止双重结构的公司来主动解决这个问题”）。

[248] See Coates, supra note 8, p. 3.

[249] See Griffiffiffith & Lund, supra note 123, p. 1156.

[250] See Coates, supra note 8, p. 14（“毫不夸张地说，即使这一大趋势开始逐渐消退，在接下来的1000年中，美国最大的1000家公司中的大多数在接下来的10～20年将由十几个人或更少的人控制。”）。

济实力集中有关的其他问题的担忧。

科茨的观察是正确的，因为被动投资增长导致所有权集中度的提高将改变公司治理的本质，但这是否值得关注？本文认为，尽管这种集中可能带来挑战，但也可能带来好处。

拥有大量股权的发起人的崛起有可能减轻现代公司自20世纪30年代以来就面临的集体诉讼问题。[251] 伯利（Berle）和米恩斯（Means）确定了分散公共所有权下专业经理人控制公司时产生的管理者代理成本（managerial agency cost）。[252] 管理者代理成本已成为公司法近一个世纪的中心关注点。[253] 所有权在主要共同基金家族手中重新集中可能降低这些代理成本。[254] 本文记录的参与行动和被动投资者所有权增强了对冲基金的激进主义和监督行为的经验研究结果都支持了这一结论。[255]

此外，被动投资者的投资期限可能会比主动基金和激进主义者更长。[256] 因此，对于那些担忧短期主义会伴随主动共同基金和对冲基金更多监督可能性的人来说，拥有大部分所有权的被动投资者可作为一味珍贵解药。讽刺的是，这种共同基金的再集中和授权可能会部分克

---

〔251〕 伯利和米恩斯最引人注目地指出了分散小所有权问题以及由此产生的管理权。See generally Adolf A. Berle, JR. & Gardiner C. Means, The Modern Corporation and Private Property (1932).

〔252〕 同上。

〔253〕 See, e. g. , Jesse M. Fried, *The Uneasy Case for Favoring Long - Term Shareholders*, 124 Yale L. J. 1554, 1624 (2015)（"股东将管理者代理成本降至最低的能力是股权分散公司治理中最重要的挑战之一。"）。

〔254〕 See, e. g. , Edmans, supra note 218, pp. 25 - 33（回顾了有关大股东参与公司治理并降低代理成本的各种方式的文献）。

〔255〕 See supra notes 194 - 196 and accompanying text.

〔256〕 See, e. g. , Jeffrey A. Busse, Lin Tong, Qing Tong & Zhe Zhang, *Trading Regularity and Fund Performance*, 32 Rev. Fin. Stud. 374, 388 - 390 (2019) Bidisha Chakrabarty, Pamela C. Moulton & Charles Trzcinka, *The Performance of Short - term Institutional Trades*, 52 J. Fin. & Quantitative Analysis 1403, 1406 (2017)（解释了主动基金回应信息而交易更加频繁，并且发现这种交易与业绩相关）；Bidisha Chakrabarty, Pamela C. Moulton & Charles Trzcinka, *The Performance of Short - term Institutional Trades*, 52 J. Fin. & Quantitative Anayysis 1403, 1406 (2017)（指出了共同基金经理从事短期交易以"看起来主动"的担忧）。

服一些管理上的固有动机,但这些动机却又导致了对共同基金行业的监管以及具有分散共同基金对投资组合公司的所有权效果的各种要求产生。[257]

此外,本文对制度环境的分析表明,主要发起人不太可能充当单一所有者;其利益会因基金的组成、发起人的商业模式及其他业务活动而存在很大差异。[258] 因此,尽管主要基金发起人会在大型投资组合公司的监督中发挥更大作用,也没有理由认为基金发起人会投票或以其他方式起到阻碍作用。[259]

而且,被动投资者的影响力增加并非在真空中进行。如前文所述,主动管理基金继续在共同基金市场上占据主导地位,并且能够利用由公司专项分析获得的信息并通过行使其投票权和做出交易决策两种方式产生影响。就像被动投资者是对冲基金激进主义的制衡一样,对冲基金也是对被动投资者影响的强大制衡。对冲基金继续在有限数量的投资组合公司中进行集中投资并进行高度实质性的分析,常常会为这些公司带来提升价值的运营见解。[260] 实际上,激进主义人士的活动仍在继续增加。截至 2019 年年初,100 多个激进主义者对冲基金在 2018 年的活动参与水平创下新纪录。[261]

最后,抵销被动投资者影响最重要的制衡措施是公司管理的持续影响。在上文中,作者解释了作为关键股东的被动投资者不必诉诸主动策略来影响管理。但是,这种分析并不意味着被动投资者可以控制

[257] 关于建立共同基金行业监管是政治压力的结果这一论点,这种政治压力旨在防止可能影响该行业的机构变得太大太强,see Mark J. Roe, *Political Elements in the Creation of a Mutual Fund Industry*, 139 U. Pa. L. Rev. 1469, 1470 – 1471 (1991).

[258] See, e. g. , Fichtner et al. , supra note 5, p. 307(“涉及股东投票时,这些投资组合可能具有不同的利益。”)。

[259] 的确,即使是那些批评被动所有者的人也观察到他们并不都以相同的方式投票。See, e. g. , Bebchuk & Hirst, supra note 8 (手稿, pp. 41 – 42); Griffith & Lund, supra note 123, pp. 1179 – 1180.

[260] See Fisch & Sepe, supra note 198 (手稿, p. 14).

[261] Martin Lipton, *Dealing with Activist Hedge Funds and Other Activist Investors*, Harv. Law Sch. F. On Corp. Governance & Fin. Reg. (Jan. 25, 2019), https://corpgov. law. harvard. edu/2019/01/25/dealing – with – activist – hedge – funds – and – other – activist – investors – 2/[https://perma. cc/9F9Q – 47KQ].

特定的商业或运营决策。公司法将公司决策制定的最终控制权交给了董事会，而股东既缺乏法律权力也无制定运营决策的能力。[262] 公司董事会既是先行者又拥有对股东提案的否决权，而且法院曾在多个情形下维护过董事会的否决权。[263] 在特拉华州和其他地方，成文法和决策法都赋予公司董事会对公司决策的基本控制权，股东权力仅限于针对法律指定的少数问题进行投票表决和通过参与活动施加影响。[264] 即使对冲基金激进主义者，通常也寻求董事会代表席位，因为其无力改变作为股东的能力。[265] 其他监管制约也限制了基金行使控制权的能力，如《证券交易法》第 13 条(d)[Securities Exchange Act, Section 13(d)]。[266]

上文的分析假设基金发起人以及代表其作出决定的个人会使用其权力为自身谋福利。但发起人也可能面临利益冲突。[267] 下文将讨论这一问题。

(三)利益冲突

第三个问题是利益冲突的可能性。与其他机构投资者一样，被动基金由具有各自激励和利益的实体和个人管理的。代表被动投资者作

---

[262] See, e. g., James D. Cox, *Corporate Law and the Limits of Private Ordering*, 93 Wash. U. L. Rev. 257, 291 (2015)(解释了董事会具有广泛的法定权力，而股东的权力是有限的)。

[263] See, e. g., Air Prods. & Chems., Inc. v. Airgas, Inc., 16 A. 3d 48, 55 (Del. Ch. 2011)(支持了董事会拒绝收购要约的权力，尽管广大股东支持收购)。

[264] See, e. g., Stephen M. Bainbridge, *Director Primacy: The Means and Ends of Corporate Governance*, 97 Nw. U. L. Rev. 547, 557 – 559 (2003)(将排他性董事会权力描述为克服股东集体诉讼问题的关键)。

[265] See Fisch & Sepe, supra note 198 (手稿, pp. 16 – 18)(描述了对冲基金提名董事数量的增加和发行人及对冲基金汇总信息的辩护委员会代表机制)。

[266] See, e. g., Morley, supra note 46, pp. 1423 – 1430[观察到第 13 条(d)是共同基金无法有效参与激进主义的几个原因之一]。

[267] 正如科茨所展现的那样，控制最大被动基金发起人的少数人可能会利用自己的权力来攫取自己的私人利益(金钱或非金钱的)。共同基金经理进行自我交易的可能性是一个标准的代理问题，尽管是合法的，但其在概念上与公司经理进行自我交易的可能性没有区别，并且诸如独立董事会和信义义务等最能减少此类自我交易的标准法律工具能得以适用。But cf. Eric D. Roiter, *Disentangling Mutual Fund Governance from Corporate Governance*, 6 Harv. Bus. L. Rev. 1, 4 – 5 (2016)(厘清了共同基金治理与标准公司治理之间的区别)。

出决策的共同基金发起人和投资顾问并不拥有其管理的资产,而是"投资他人的钱"。[268]

虽然学者总体上分析了与机构投资者相关的代理成本和道德风险问题,但被动投资者却与众不同。一方面,代理成本不太可能影响到投资决策,因为该基金的投资组合构成受到适用指数的限制;[269]另一方面,被动基金的规模和投票权赋予其发起人巨大的权力以影响其投资组合公司。担忧在于基金发起人将以使发起人的其他基金或商业活动受益的方式利用这一权力。这样做的动机是与被动基金产生的费用相比这些其他活动对发起人来说更有利可图。作者考虑三个问题:第一,发起人与投资组合公司之间的业务关系引起利益冲突;第二,偏好主动基金而非被动基金的激励;第三,交叉所有权对投票的影响。

第一个问题是发起人与公司管理层之间潜在的业务联系可能会影响被动基金的投票行为。评论家已经发现了公开公司与基金发起人之间由业务关系引起的一些潜在冲突。[270] 例如,如前所述,先锋和富达为雇主发起的401(k)计划提供广泛的服务。[271] 这些服务带来了以下风险:先锋和富达会倾向于将基金份额投给管理层而非为基金持有人的最大利益考虑,以期获得管理层的青睐并赢得或保留401(k)计划业务。有文献探讨了基金发起人与其投资组合公司的关系对基金投票决定的潜在影响,而且至少存在证据表明这些关系增加了发起人基金支

---

[268] Bebchuk, Cohen & Hirst, supra note 7, p. 93.

[269] 每当分配投资机会时基金发起人和顾问都面临潜在的冲突,因为它们能够偏好一个客户或基金而不是另一个。See, e. g., McLaughlin, supra note 49[描述了一个冲突的富达决策,即通过其乔纳生(Johnson)家族拥有私人风险基金向多个首次公开募股前的公司投资,而非通过其共同基金]。

[270] See, e. g., Gerald F. Davis & E. Han Kim, *Business Ties and Proxy Voting by Mutual Funds*, 85 J. Fin. Econ. 552, 553 (2007)(研究了共同基金的投票方式,而共同基金的发起人管理上市公司的员工福利计划)。

[271] See, e. g., Greg Iacurci, *Fidelity Pushes Vanguard to Compete on Brand in 401(k) Plans*, Inv. News(Jan. 24, 2018), http://www.investmentnews.com/article/20180124/FREE/180129959/fidelity-pushes-vanguard-to-compete-on-brand-in-401-k-plans [https://perma.cc/RLH5-ZVUS][描述了富达和先锋在争夺管理401(k)计划的收益和此类计划中的投资基金二者上的竞争]。

持管理层的频率。[272]

第二个问题是发起人会利用被动投资者所持大量份额带来的权力为同一家族中利润更高的主动基金提供好处。其主动管理基金会产生更高的费用收益，因此，发起人对多个基金的管理会带来风险，即主动经理会导致被动基金采取有利于主动基金利益的方式行事。有文献指出，共同基金发起人可能会偏向某些基金的利益，但尚未对此问题进行充分探讨。[273]

由一个基金发起人提供的各个共同基金的利益在不同情形下可能会有所不同。[274] 由一个发起人提供的两个基金可能拥有不同比例的竞争公司股份，因此，改善一个公司的治理会降低其竞争对手的优势。发起人的对冲基金持有空头头寸时，被动基金可能在发起人的投资组合公司中做多。无论哪种情况，被动基金都可能投票反对公司的价值提升措施。[275]

发起人还可能使用其所持份额提供的访问权限来获取其投资组合公司的信息，然后利用该信息告知发起人其他产品（如主动管理基金或对冲基金）的投资者交易决策以使其受益。例如，发起人可以利用负面信息来做空或减持其在特定公司中的股票，从而使其主动基金的

---

[272] See, e. g. , Rasha Ashraf, Narayanan Jayaraman & Harley E. Ryan, Jr. , *Do Pension – Related Business Ties Influence Mutual Fund Proxy Voting? Evidence from Shareholder Proposals on Executive Compensation*, 47 J. Fin. & Quantitative Analysis 567, 587 (2012).

[273] See, e. g. , José – Miguel Gaspar, Massimo Massa & Pedro Matos, *Favoritism in Mutual Fund Families? Evidence on Strategic Cross – Fund Subsidization*, 61 J. Fin. 73, 74 (2006).

[274] See, e. g. , John Morley, *The Separation of Funds and Managers: A Theory of Investment Fund Structure and Regulation*, 123 Yale L. J. 1228, 1261 (2014)（称此类冲突"普遍存在"，并观察到"金融经济学家和法律学者因此发现在投资管理公司中同时管理多个基金引起的冲突非常令人震惊"）。

[275] 富达将其指数基金的投票权委托给第三方顾问的独特政策是解决此问题的一种方法。See supra note 150.

表现超越基准。[276]

类似地,被动基金发起人可能会重视其被动基金所持大量份额所提供的进入管理层的机会并为其主动管理基金创造价值。在一定程度上,发起人可以利用这种接触机会使主动经理更好地了解情况再进行选股,这样发起人的主动管理基金就能收取更高的费用。有证据表明,基金发起人倾向于偏爱收费较高的对发起人来说更有利可图的基金。[277] 从理论上讲,若投票将损害主动基金,即使有理由提出反对意见,这种偏爱行为也可能导致共同基金发起人避免将其大量被动基金份额投出以反对或者批评管理层。类似地,如果发起人的主动管理基金持有目标公司的大量股份,那么,被动基金可能会支持只产生短期价值的激进主义者运动,这将与受益人的利益背道而驰。

本文认为,这些可能性并不能推导出基金发起人必须将其被动基金和主动基金的参与和投票决定分开的结论。在本文的框架下,基金发起人以最大化共同利益的方式运营基金通常是基金家族的结构优势而不是错误。基金经理集中多个基金信息优势和众多基金经理的能力可产生规模经济。利用被动基金投票权和主动基金专业知识的能力可产生宝贵的协同作用。确实,将经理们集体管理基金家族的能力描述为利益冲突是一种误导。因为,如前文所述,投资基金业竞争激烈,因此,发起人保有这种行为收益的能力是有限的;相反,基金客户从基金之间的隐性交叉补贴中获得了收益。一个例子就是富达最近采用的零费用共同基金,这种基金只能通过交叉补贴而存在,而这些基金的资产

---

[276] 这种情况的发生程度尚不清楚。但是,我们注意到,贝莱德因 2018 年 1 月英国卡里林(Carillion)公司倒闭而受到关注。See Emma Rumney, Ben Martin & Alasdair Pal, *Carillion Collapse Hits Banks and Investors, Boosts Short Sellers*, Reuters (Jan. 15, 2018), https://uk.reuters.com/article/uk-carillion-restructuring-funds/carillion-collapse-hits-banks-and-investors-boosts-short-sellers-idUKKBN1F424D [https://perma.cc/NCF3-VU7L]. 此外,在某种程度上,后一种情况是以基金发起人访问重要的非公开信息的能力为基础。因此,发行人和发起人都有强烈的动机避免导致非法内幕交易的行为。

[277] See Gaspar et al., supra note 274, p. 74; see also Diane Del Guercio, Egemen Genç, Hai Tran, *Playing Favorites: Conflicts of Interest in Mutual Fund Management*, 128 J. Fin. Econ. 535 (2018)(还发现,管理对冲基金的基金经理所管理的基金的表现要落后于同行共同基金)。

会提供给富达的其他业务运作。

此外，从单独基金的角度分析利益和动机会错误地使基金的利益与客户的利益相混合。如前文所述，客户通常投资于单个基金家族提供的多个基金。在一定程度上，富达客户拥有其零费用大盘基金的份额，如果该基金的运作得到了费用较高的麦哲伦基金的补贴，零费用基金客户就会受益。但是，这些相同的客户也可能拥有麦哲伦基金的份额而从增加的杠杆率中收益，因为该基金投资组合公司的份额与其他富达基金的份额收益会汇集到一起。〔278〕 同样地，许多富达客户也投资富达共同基金，因为富达是雇主401(k)计划的管理员，从而能受益于退休服务和共同基金的协调业务运作。

第三个问题是交叉所有权带来的潜在冲突。〔279〕 每个共同基金都可能拥有大量投资组合公司的头寸，而这些公司的商业利益可能会发生冲突。在许多问题上，基金在一个投资组合中的投票，可能会有益于或损害到另一投资组合的利益。那么，基金在做出投票决定时应如何考虑这些利益？

交叉所有权的影响在合并投票的情况下尤其明显。在合并投票中，单个共同基金可以同时拥有收购方和目标公司的股票。当投标人和目标人都是属于指数的上市公司时，被动基金通常会同时持有两者的股份。〔280〕 合并可能在两个合并公司的利益之间造成直接冲突，因为合并条款可能对目标方有利但对收购方不利；反之亦然。或者，合并可

---

〔278〕 实际上，考虑到交叉补贴的潜力，如果麦哲伦基金可以通过这种杠杆作用收取更高的费用，那么，即使仅投资零费用基金的富达客户也可以从中受益。

〔279〕 See, e. g., Griffith & Lund, supra note 123, p. 1157（描述了一个机构对"交易双方都有利益"是一种"利益冲突"的事实）。

〔280〕 但是，值得注意的是，这是所有共同基金（不仅是被动基金）所共有的问题，尽管被动投资的兴起增加了交叉所有权的出现频率。See Chris Brooks, Zhong Chen & Yeqin Zeng, *Institutional Cross – Ownership and Corporate Strategy: The Case of Mergers and Acquisitions*, 48 J. Corp. Fin. 187, 189 (2018)（发现，在1984～2014年，美国上市公司之间2604宗合并的样本中，目标机构所有者平均持有18%的收购方股票，而且目标机构持有21%的目标股票）。

能会降低整体价值,但会为其中一个合并公司的利益服务。[281]

得益于特拉华州判例法的发展,当一项交易已获得独立股东们的知情表决批准后司法审查的水平有所降低,股东投票在合并情形中变得越来越重要。[282] 在最近质疑特斯拉与太阳城(Solar City)合并的诉讼中,原告提出由于存在这种交叉所有权,特斯拉和太阳城的最大股东("三巨头"和其他共同基金的发起人)对特斯拉投票批准合并的目的并不是无私的。[283] 原告辩称"与其他不拥有太阳城股票的特斯拉股东不同,投资者具有强大的经济激励利用特斯拉的资本来为太阳城纾困……"[284] 这种利益冲突"扭曲了投票权的有效行使",因此,批准合并的投票应被视为非独立的,应予以排除。[285]

除了注意到特拉华州法律一般不会询问非控股股东行使表决权的

---

[281] 一些评论员认为,例如,特斯拉与太阳城合并是价值降低的合并。See Griffith & Lund, supra note 123, p. 1153. 惠普(HP)与康柏(Compaq)的合并中,类似的担忧也出现过。实际上,惠普的主要股东沃尔特·休伊特(Walter Hewitt)成功地提出了质疑合并的诉讼。See Hewlett v. Hewlett - Packard Co., No. 19513 - NC, 2002 Del. Ch. LEXIS 35 (Del. Ch. Apr. 30, 2002). 回想起来,惠普与康柏的合并对两家公司而言都是增值的。See, e. g., Alice LaPlante, *Compaq and HP: Ultimately, the Urge to Merge Was Right*, Stan. Graduate Sch. Bus.: Insights (June 1, 2007), https://www.gsb.stanford.edu/insights/compaq - hp - ultimately - urge - merge - was - right [https://perma.cc/CJ5J - SEWT](报道了"共识是合并确实是一个好主意")。

[282] See, e. g., Corwin v. KKR Fin. Holdings, LLC, 125 A. 3d 304, 312 - 13 (Del. 2015). 有关特拉华州将这些标准重新定义到更低水平的进一步讨论, see generally Steven Davidoff Solomon & Randall S. Thomas, *The Rise and Fall of Delaware's Takeover Standards*, in Steven Davidoff Solomon & Randall Stuart Thomas eds., The Corporate Contract in Changing Times: Is the Law Keeping up? 2019; Zohar Goshen & Sharon Hannes, The Death of Corporate Law, 94 N. Y. U. L. Rev. 263 (2019).

[283] 原告反对被告在23~24日驳回第二次修订起诉书的动议摘要。In re Tesla Motors, Inc. Stockholder Litig., No. 12711 - VCS, 2018 WL 1560293 (Del. Ch. Mar. 28, 2018) (No. 12711 - VCS), 2017 WL 3316057 [hereinafter Tesla Motors Plaintiffs' Answer]. 特斯拉的前25名机构股东(共持有特斯拉股票的45.7%)也拥有太阳城的股份。See In re Tesla Motors, Inc. Stockholder Litig., No. 12711 - VCS, 2018 WL 1560293, at * 10 n. 183 (Del. Ch. Mar. 28, 2018).

[284] Tesla Motors Plaintiffffs' Answer, supra note 284, p. 34.

[285] 同上。p. 35 (引注省略).

动机,[286] 本文并没有解决原告的论点,即在柯温(Corwin)标准下共同基金对特斯拉的投票不应被视为无利益。然而,作者并不认为从共同基金客户的角度来看投票反映了一种利益冲突。共同基金的信义义务要求其以对投资者有利的方式进行投票,而不是对投资组合中所持有的每家公司都有利。[287] 与普通投资者一样,共同基金的交叉所有权会使投票决定变得复杂。没有一个唯一的正确答案,共同基金像任何投资者一样有权以最大化其投资者利益的任何方式进行投票,而不必考虑该投票是否旨在使投资组合公司的价值最大化。[288] 因此,对合并进行投票时理性的投资者可以投票支持会增加整体利益的合并;投资者可以根据其在目标公司和收购公司中的持股量的相对大小进行投票;或者投资者可以基于公司的独立地位考虑最佳公司利益而对每家公司进行投票。

交叉所有权既可以出现在发起人层面,也可以出现在单个基金层面,并且当同一发起人中的不同基金拥有不同的股票时,可能会出现不同的问题。[289] 有人可能会认为基金之间的交叉所有权对于集中投票决定的发起人来说尤其成问题,因为在为某一特定基金作出投票决定

[286] See, e. g., Fisch, *Standing Voting Instructions*, supra note 117, pp. 47 – 48(观察到特拉华州法院已"承认股东行使其表决权自私行事的权利,并且股东无义务以公司的最大利益为目标对其持有的股份进行表决")。

[287] See, e. g., Tanzer v. Int'l Gen. Indus., Inc., 379 A. 2d 1121, 1124 (Del. 1977) [quoting William Meade Fletcher et al., Fletcher Cyclopedia of the Law of Private Corporations § 2031 (perm. ed., rev. Vol. 1976)]("在股东大会上,每个股东仅代表自己和自己的利益,在任何情况下均不代表他人的受托人或代表……"), overruled by Weinberger v. UOP, Inc., 457 A. 2d 701 (Del. 1983).

[288] 交叉所有权并不意味着采取明确的投票策略这一事实可能解释了为什么关于交叉所有权对合并的影响的现有证据是混杂的。至少一项研究发现,机构投资者对投标人和目标人的所有权都会影响他们对收购的投票。See Gregor Matvos & Michael Ostrovsky, *Cross – ownership, Returns, and Voting in Mergers*, 89 J. Fin. Econ. 391, 400 (2008); see also Brooks et. al., supra note 281, pp. 197 – 202(发现具有较高机构交叉所有权的收购方为目标支付的溢价较低,并倾向于使用股票作为支付方式)。相反,一项针对 1984 ~ 2006 年的研究发现,这对投票结果或交易特征没有影响。See Jarrad Harford, Dirk Jenter & Kai Li, *Institutional Cross – holdings and Their Effect on Acquisition Decisions*, 99 J. Fin. Econ. 27, 27 (2011).

[289] See generally Ann M. Lipton, *Family Loyalty: Mutual Fund Voting and Fiduciary Obligation*, 19 Transactions: Tenn. J. Bus. L. 175 (2017).

时,基金发起人可能不仅考虑该基金受益人的利益,而是可能考虑该基金家族内其他基金的利益、合并创造的整体利益或盈余,或是整个投资组合中基金持有人的利益。[290]

前文对管理多个基金的发起人的分析也解决了这个问题。除合并情形外,基金之间冲突的投票很少,基金发起人可以在限制潜在冲突的同时灵活地利用管理多个基金的优势。适用于合并情形的复杂分析可能解释了为什么即使是一般集中基金投票决定的发起人,也可以为合并投票表决破例。[291]

此外,本文的分析表明,对与基金发起人投票决定有关的职责进行的分析更为细微,特别是在合并情形下。由于个体共同基金客户可能在基金家族中持有不同的基金,因而不可能采用一种投票规则为所有基金客户达成价值最大化目标。[292] 例如,管理拥有特斯拉和太阳城股份的基金的发起人可能会决定合并对太阳城有利而对特斯拉不利。[293] 本文认为,这一决定既不应阻止发起人对支持并购的所有基金的股份进行投票,也不应迫使发起人投票反对合并。[294] 发起人以使所有发起人所持资产总价值最大化的方式进行投票,这一方案既可预测也可取。作者注意到,在基金发起人一级对合并进行评估与在发起人一级集中所有投票决定是一致的。而且,虽然作者认为不应对这种集中提出要求,但这是允许的。

---

〔290〕 See Lipton, supra note 175, p. 309(观察到机构投资者越来越多地面临"投资者对其股东能力的偏好与非股东能力偏好之间的冲突")。

〔291〕 见前注〔143〕及相关正文。

〔292〕 与其他股东一样,共同基金的客户也可能在合并中拥有与其对该基金的所有权无关的权益,包括其他证券头寸、对冲、合并中一家公司的雇员身份等。

〔293〕 基金发起人还可以合理地确定合并符合特斯拉和太阳城的利益。我们注意到,机构股东服务公司认可了合并,认为特斯拉支付了低价溢价,并认为这是特斯拉成为综合性可持续能源公司的"必要步骤"。Claudia Assis, *SolarCity Jumps After Tesla Merger Receives ISS Endorsement*, Marketwatch (Nov. 4, 2016), https://www.marketwatch.com/story/solarcity - jumps - after - tesla - merger - receives - iss - endorsement - 2016 - 11 - 04 [https://perma.cc/T48A - 7YGW]. 另外,发起人可能已经得出结论,对特斯拉富有创新能力的首席执行官埃隆·马斯克(Elon Musk)支持的合并进行投票是适当的。

〔294〕 以独立的合理方式对每个基金的股份进行投票,或者使用"镜像"投票与其他股东的投票按比例进行投票也是理性的做法。

结　论

至少当前被动投资者是资本市场的“新国王”。被动投资持续增长无疑将改变资本市场，评论家已经在警惕地应对这些变化。本文为被动投资提供了第一个理论框架，可作为进一步研究这种新现象的基础。

本文的分析核心是对被动投资者运作所处制度环境的理论理解。特别地，本文解释了这种制度环境的三个关键特征。其一，尽管指数基金被锁定在投资中，但投资于这些基金的持有人却没有；其二，现有文献分析了被动共同投资者在个人共同基金层面上的行为和激励，但没有认识到基金发起人是基金行为的驱动力且有动机在整个基金选择菜单上实现收益最大化；其三，个人投资者通常是基金发起人的客户，不能仅通过参考其在单个基金中的份额来分析其利益。因此，本文认为，近来对被动投资者及其激励的批评并不完整。

本文认为，由于共同基金发起人面临竞争，提供被动基金的发起人需要以知情方式行使其治理权以提升公司价值。被动投资者必须依靠投票而不是退出选择来做到这一点。本文重视被动投资者在某些参与行动方面的结构优势，尤其是改善公司治理之类的市场活动。本文还解释了被动投资者在调解股东激进主义方面可以发挥的作用。越来越多的证据表明被动投资者的行为方式与此理论相符。

本文进一步分析了上述理论对被动投资增加引起的若干潜在问题的影响，包括对市场纪律的影响、对市场集中的作用以及造成利益冲突的可能性。对制度环境更细微的理解表明，许多目前的这些担忧被夸大了。作者提醒监管者有必要采纳本文的分析，在更充分地了解被动投资者影响和所有权范围之前抵制要求监管回应的呼吁。解决被动投资者对经济成果的影响还为时过早，但本文提供了一个理论框架来分析未来被动投资者的行为以及为解决其异常崛起而提出的任何拟议政策。

（编辑：胡睿超）

《证券法苑》(2021)
第三十二卷,第 124 ~142 页

公司法修改的几点考虑*

徐　明**

摘要:《公司法》的修改要充分考虑公司法的权威性、稳定性和前瞻性,做好实体与程序、"入口"与"出口"、大股东与中小股东、公司法与其他法律的平衡,并加强与民法和《证券法》的联动。《公司法》的修改逻辑应当以建立"公众公司"为主轴,围绕"公众公司"这一核心,引入"公众公司"和"非公众公司"等相关概念,专章规定"公众公司"和"非公众公司",并在具体内容上作出差异化的安排。

关键词:公司法修改　平衡与联动　证券法　公众公司

1993 年颁布实施的《公司法》自 2005 年的修订之后,至今已有 16 年了。16 年来,我国公司法律实践出现了许多新的情况,与《公司法》等密切相关的法律也发生了较大的变化。我国《民法典》正式颁布实施,《证券法》经过了大的修改,也已正式施行,我国《刑法》也在不断修订并日渐完善。16 年来,我国社会经济发展突飞猛进,作为社会经济重

---

* 本文仅代表作者个人观点,与所任职单位无关。

** 全国中小企业股份转让系统有限公司党委书记、董事长。

要主体的公司也在不断发展变化,公司实践活动中出现了许多新情况、新问题,需要从立法的层面加以考虑,实践中的经验教训也需要进一步在法律中汲取和不断完善。正因如此,近年来,理论界、实务界也在积极呼吁修改《公司法》,《公司法》修改目前已正式纳入了立法计划。笔者就此次《公司法》修改谈几点粗浅的看法:

一、《公司法》修改的权威性、稳定性和前瞻性

(一)权威性、稳定性、前瞻性是法律的重要特征

1. 权威性

立法的层级、程序和强制力都体现了法律的权威性。首先,从法律体系看,法律处于最高层级,高于行政法规、规章等,具有最高的权威性;其次,从制定程序看,法律的制定修改程序非常严肃,需要全国人民代表大会或全国人民代表大会常务委员会审议;最后,从规范强制力看,法律与政策、民俗和道德等规范不同,它由国家最高权力机构制定,代表国家意志,由国家保障实施,具有最高的强制力。

2. 稳定性

法律的稳定性是权威性的基础。法律一经颁布,非经严格程序不能变动。如果朝令夕改,法律极易产生前后逻辑不一、权利义务关系难以稳定等问题,影响实践发展,也不利于法律权威性的树立。但是,法律也不是一成不变的,作为上层建筑,法律与经济基础密切相关,既要根植于社会现实,又要随着现实的不断发展而调整完善,才能实现法律权威性与稳定性的平衡。

3. 前瞻性

法律之所以具有稳定性,原因之一是其具有一定的前瞻性。前瞻性要求法律制定、修改时应当具备发展的眼光,能够想到还没发生又可能发生的事情。但是法律亦不能太超前,否则不符合当下的社会现实,反过来又会影响其权威性和稳定性。

法律的权威性、稳定性和前瞻性三者之间关系密切,相互作用、相辅相成。法律的权威性使法律能够得到很好的执行,权威性是法律实

施的前提,如果法律失去了权威性,就不可能贯彻实施,法律的权威性保障了法律的稳定性;法律的稳定性是法律得以持续的基础,因而也是法律权威性的基础;法律的前瞻性对法律的权威性和稳定性起到了促进作用,如果法律的前瞻性不够,就会对实践形成一定的阻碍,从而影响法律的权威性和稳定性。可见,权威性、稳定性与前瞻性既是法律的重要特征,也是法律具有科学性、合理性的基本保障。

但是,在立法的实践中,要处理好三者之间的关系,实现科学立法并非易事。这是因为,社会实践中各种利益关系错综复杂、相互交织,人们的认知水平的不同所导致的看法不一等,这些都会影响立法,主客观方面的各种原因都成为影响立法权威性、稳定性和前瞻性的难题。立法者要平衡处理好三者之间的关系。

(二)《公司法》修改要考虑权威性、稳定性、前瞻性

权威性、稳定性、前瞻性是法律的重要特征,也是公司法的基本特征。本次《公司法》修改是根据我国公司制度的发展和公司法律制度的实践需要以及我国公司经营治理的现实情况进行的,顺应了形势要求和专家学者、实务部门以及社会各界的呼声。但无论如何具体修改,都要处理好公司法的权威性、稳定性和前瞻性之间的关系。要实事求是地将权威性、稳定性和前瞻性充分体现在《公司法》的修改中,体现《公司法》修改的科学性。

1.《公司法》修改要考虑权威性

《公司法》修改的内容是对实践的总结,将实践中的好经验加以提炼,对实践中的教训加以总结、吸取和避免,将好的政策、法规、部门规章、规范性文件等进一步提升,纳入《公司法》,以提升法律地位,增加权威性。实践中的这些做法以及相关部门的政策法规、部门规章、规范性文件等一旦纳入《公司法》,其权威性将大大增加。如果不慎重对待修法,修改的《公司法》不符合实践的需要,不实事求是,修改后的法律执行起来较为困难,就会使《公司法》的依法、执法、守法大打折扣,《公司法》的权威性就会受到影响。因此,慎重修法、科学修法在《公司法》的修改中至关重要。

2.《公司法》修改要考虑稳定性

《公司法》不可能随意、频繁地修改。随意和频繁修改不但会使法律丧失权威性，而且会使法律的稳定性受到影响，使法律制定过程中的连贯性、逻辑上的一致性受到干扰和破坏。法律的不确定性使人们无法执行、无所适从，更容易使人们在遵守法律、执行法律中无法形成明确的预期，对公司的生产经营和治理等带来影响。法律的稳定性是法律与政策相区别的一个很重的因素。尽管政策也具有一定的稳定性，不应当“朝令夕改”，但政策的制定在程序上毕竟不如法律的制定具有极其严谨性。政策的制定一般具有阶段性和灵活性，而法律的制定要远比政策严谨。一般情况下，政策在执行一段时间具有稳定性后，经过立法或者修法程序可以上升为法律。从我国《公司法》的修改历程看，1993 年我国《公司法》颁布实施后，尽管于 1999 年和 2004 年进行了两次修改，但这两次只是对公司法个别条款的修改，是“微改”，并没有对《公司法》形成大的改动，因此并不影响《公司法》的稳定性。2005 年对《公司法》进行了比较大的修改，2013 年和 2018 年又有两次小的修正。2019 年全国人民代表大会启动的本次《公司法》修改将是在 2005 年《公司法》修改的基础上进行的较大修改。上述情况表明，我国《公司法》两次大修的时间均在 10 年以上，第一次的大修改是在《公司法》制定后的 11 年，目前的大修改启动于 2019 年，距离 2005 年的《公司法》已超过 15 年。

3.《公司法》修改要考虑前瞻性

对公司法律实践的超前性安排主要体现在两方面：一方面是对能够看得清楚的问题，虽然国内实践并不多，但国外的立法例和公司法律实践非常成熟，并且这一制度和实践也能够符合我国国情，可以在《公司法》修改时加以确认；另一方面是对在实践中争议比较大需要进步讨论研究，或者公司改革创新实践需要法律的支持和实践的进一步探索的问题，在修改公司法律时需要留有一定的余地，给改革创新实践留出一定的空间。这样不但不会因为法律规定形成阻碍，同时也可以给相关实践和创新以足够的灵活性，还可以给政策或者部门规章等的制定获得足够的空间，待创新实践或相关政策、规章等取得了足够的成熟经验后再逐步升级并细化，体现在《公司法》中。

实际上，前瞻性的要求也贯穿在我国其他法律的修改中。比如，近期修改的《证券法》就体现了这一原则。自 2015 年《证券法》修订一读稿至2019年的四读稿即如此。以股票发行注册制为例，《证券法》修订一读稿，按照“大改”思路，对股票发行注册制作了大篇幅细致规定。但在实践中，注册制是资本市场的大事，涉及关系复杂，需要不断探索和总结。如果没有充分实践就在法律层面进行详细规定，反而不利于注册制的全面落地，影响《证券法》的权威和稳定。《证券法》二读稿结合对证券市场异常波动的反思，确定了“有限目标、问题导向、简洁务实”的立法思路，删除了一读稿中的注册制等内容，仅保留一条特别授权安排。三读稿、四读稿则在科创板实践基础上，对公开发行注册制作了进一步规定。可以看出，新《证券法》修订的总体思路是：对相关问题看得清就写，看不清则不写或者进行授权性规定，体现了修改的前瞻性。[1]

（三）《公司法》修改中权威性、稳定性和前瞻性的具体体现

1. 充分考虑进一步完善公司法律制度中各类主体的基本规范

公司法律制度中的参与主体，包括股份有限公司、有限责任公司、国有独资公司、一人公司；公众公司、非公众公司；公司发起人、公司股东、大股东、控股股东、实际控制人、中小股东，董事（包括独立董事）、监事、高级管理人员、董事会秘书，公司员工，公司债权人、债务人等；为公司服务的各类中介机构，如会计师事务所、律师事务所、股份发行和转让的服务机构等；政府监督管理机构、股份交易或转让的场所等，这些主体在公司实际运行中都有着各自的定位、权利义务和职责，都发挥着不可或缺的作用。因此，在公司法律层面需要就其性质定位、基本行为规范等进行规定，以为各类主体提供根本遵循，也为下位规则的细化定下基调、提供方向。

《公司法》修改要在全面规定前述主体的同时，充分体现实践发展成果，进一步丰富相关内容，科学规范公司法律制度中各类主体的基本规范。比如，在实践中已经运用的公众公司和非公众公司的概念、内容，进一步强化对公司大股东、控股股东和实际控制人的约束，进一步加强对公司中小股东合法权益的保护；应进一步加大公司及相关主体

---

〔1〕 参见徐明：《新三板理论与实践》（下册），中国金融出版社2021年版，第953～964页。

违法违规的法律责任力度,进一步加强与相关法律制度的衔接等。这些具有针对性的规定,既体现了《公司法》修改的特点,也丰富了《公司法》权威性的内涵。

2. 充分考虑进一步完善公司法律的重大基础制度

公司的正常运行和有效管理,涉及公司的设立,股份的发行、登记、转让,债券的发行、登记和转让,公司的经营与治理,公司的合并与分立,公司的撤销与解散,公司的监管与法律责任等一系列基础性制度。《公司法》是作为商事主体的公司的基本法律制度,所涉及的内容广泛而复杂。《公司法》修改要将这些基本制度尽量全面科学地体现在法律中,充分吸收公司实践中好的经验和做法,归纳总结形成制度性安排,使公司法律的重大基础制度更加扎实和完备。

在这一方面,已颁布实施的新《证券法》为本次《公司法》的修改提供了很好的榜样。新《证券法》在原有规定基础上,对相关基础制度做了较多完善,进一步提升了法律的权威性。例如,(1)全面推行证券发行注册制,按照市场化精神精简优化发行条件、调整发行程序,并强化证券发行中的信息披露和中介机构责任,为注册制的全面实施提供坚实的法律保障;(2)加强信息披露监管,将原《证券法》中的"持续信息公开"一节调整为"信息披露"专章,不仅增加了信息披露的主体和内容,还规定了自愿披露、公开承诺等制度,使相关市场实践更加有法可依;(3)明确《证券法》的域外效力,应对我国资本市场对外开放的需求,规定境外证券发行和交易活动扰乱境内市场秩序、损害境内投资者合法权益的,依法追究法律责任,将《证券法》的权威性进一步拓展至域外证券活动。

3. 充分考虑全面强化法律责任追究

法律责任追究是法的"牙齿",是法律具有权威性的重要保障。不仅如此,部分法律责任追究方式,如罚款、要求承担连带赔偿责任等,涉及相关主体的财产权等基本权利,由法律层面规定更为适宜。

《公司法》的修改要针对原有法律规定的行政处罚力度过低等问题,在法律责任追究方面进行完善,加大公司法律制度中的法律责任追究力度,提高《公司法》的权威性和威慑力:其一,要进一步丰富违法行为认定标准,为追究相关主体法律责任提供明确依据。其二,全面大幅提高违法成本,无论是倍数罚还是数额罚,无论是对机构还是个人,均是如此。通过加重法律责任,能够增强相关主体对法律规则的敬畏,从而减少违法违规行为。其三,完善民事责任追究机制,如规定控股股东、实际控制人在侵害公司利益行为中的过错推定赔偿责任等,进一步保护好投资者合法权益。

二、《公司法》修改中的平衡问题

《公司法》修改在考虑权威性、稳定性和前瞻性,体现良法善治精神的同时,还要考虑修改本身应当具有的平衡性。我国市场经济虽然经过了几十年的发展,取得了许多成绩,商事主体在经营过程中也有不少成功经验,公司法律制度也在逐步完善。但我国目前市场经济仍处于不断发展过程中,改革创新举措频出,《公司法》在为商事主体保驾护航的同时,也为公司的发展留下了足够的空间,在一些制度安排上也会轻重不一。《公司法》修改还涉及其他方面,因而还要注意平衡性,不断积累经验,为公司法律制度的不断完善提供立法实践。《公司法》修改应当进一步把握好“四个平衡”。

(一)实体与程序的平衡

在我国长期的法律传统中,普遍存在重实体法轻程序法的观念。我国法律体系中的程序性法律规范没有受到应有的重视,表现为行政程序法、违宪监督程序法等重要程序法至今尚未出台,已有的程序法如《刑事诉讼法》和《民事诉讼法》的相关内容如集团诉讼、公益性诉讼等也无法适应实际需要。

公司法律制度既涉及实体内容也涉及程序内容。在实体内容上,公司法律制度主要是规定和确认公司及公司所涉相关主体在参与公司活动中所发生的权利义务关系以及这种关系所导致的结果。权利和职权以及义务和责任,涉及法律关系主体依法拥有的利益、主张、资格、力量或者自由,其实现将给法律关系主体带来有形或者无形的利益。在程序内容上,主要是以保证权利和职权得以实现或行使,义务和责任得以履行的程序方面的规定,这是正确实施实体法的保障。程序对于市场主体是极其重要的。程序的公正性在某种程度上不亚于实体内容的公正性,如没有程序正义,很难想象实体内容的正义会得到保证,当事人的权利亦是无法得到保障的。

在公司法律制度中,同样存在重视实体内容轻视程序规范的情况。一方面,是对实体内容和程序规范的差异化对待。大多数规定的是实体法的内容,涉及程序法的内容较少。比如,对公司治理有较多的规定,但对执法者或者公司活动的其他参与者规定很少。另一方面,程序规范本身的不均衡。公司经营活动中的程序规范主要体现为执法者的程序规范和公司参与主体的程序规范。就执法程序而言,所存在的问题是对执法结果强调程序规范的较多,即对行政处罚程序和行政复议程序的规范相对较多,对行政处罚的审议和行政复议规定了一系列的程序要求,而对执法本身的程序要求相对弱化,监管机构实施监管过程中需要履行何种程序的规定并不详细,程序化和透明度有待加强。就后者而言,公司经营活动中的参与者在主张权利时或者执法者履行职责时的程序性要求也不十分明确。

(二)"入口"与"出口"的平衡

公司的设立、股份发行制度和公司的关闭、解散制度都是《公司法》上的基本制度,分别为公司的"入口"和"出口"两端。但就目前情况看,在公司法制度中,比较重视公司制度的"入口",相比较而言,对公司的"出口"问题不如公司设立和股份发行等重视。对公司的撤销、解散等的规定不够全面、细致。因此,在《公司法》修改中要考虑这一平衡。

(三)大股东与中小股东的平衡

在公司中,股东所拥有的股份是其身份和地位的象征,公司法中的资本多数决制度也决定了公司命运。大股东、控股股东、实际控制人在公司的经营决策和公司治理中具有天然的优势和更多的话语权、决定权。公司法中所谓的公平正义和股权平等就变得相对,甚至只是形式上的公平和平等。无论是简单多数决还是重大议题的绝对多数决,在拥有更多股份获得更多表决权的情况下,中小股东的表决权就显得微不足道甚至毫无意义,自然而然地股东大会也就变成了大股东会。因此,在《公司法》修改中,要注重对大股东权利的制约和中小股东合法权益的充分保护。

(四)公司法与其他法律的平衡

除《公司法》外,公司经营活动也会受到其他法律的调整。比如,随着多层次资本市场的发展,公众公司、非上市公众公司的概念已经广泛使用,这些概念及相关内容涉及证券法律制度的安排;随着市场经济的复杂性、多样性的增加,违法犯罪的手段和类型也在不断的变化,涉及刑事犯罪的种类和罪名的修改和增加;《公司法》中关于股东保护和法律责任力度的加大,涉及民事赔偿制度在体制机制及赔偿力度等方面,会导致民事法律规定的变化。因此,在修订《公司法》的同时,势必也涉及《证券法》、《刑法》和民事法律的相关内容,这就需要《公司法》与其他法律的协同和平衡,需要相关法律的跟进。只有这样,才能使《公司法》不断丰富完善并得到全面落实。

三、《公司法》与民法的联动修改

民法是规定并调整平等主体的公民间、法人间及其他非法人组织之间的财产关系和人身关系的法律规范的总称,是国家法律体系中的一个独立的法律部门,与人们的生活密切相关。民法既包括形式上的民法(《民法典》),也包括单行的民事法律和其他法律、法规中的民事法律规范。民法作为我国私法领域中的最基本法律,其具有私法领域各种法律规范的统领地位;公司法作为私法领域中的基本法律制度,具体地说是市场经济领域中的基本法律制度,与民法的关系相当密切。因此,《公司法》修改时必须要考虑与民法的关系,要与民法实施联动。目前,我国《民法典》[2]已正式颁布实施,《公司法》修改在与民法的联动方面,主要体现的是与《民法典》的联动。体现到《民法典》的条文

〔2〕 我国《民法典》于2020年5月28日由第十三届全国人大第三次会议通过,2021年1月1日正式实施。共计7编并加附则。分别为总则、物权、合同、人格权、婚姻家庭、继承、侵权责任、附则,共计1260条。

中,更多是《民法典》总则编[3]的相关内容。《公司法》与民法的联动主要体现在以下三个方面:

(一)民法与公司法是一般法与特别法的联动关系

公司法的许多基本制度、基本概念、基本内容源于民法,它是民法在公司法律领域的延伸。民法中的立法结构、法人制度、民事权利制度、法律行为制度和法律责任制度等,均称为公司法中的基本法律制度。因此,民法制度的修改和重大创新,民法理念、制度逻辑和制度结构的发展变化,也会对《公司法》形成实质性的影响,进而实质性地影响《公司法》的修改。《公司法》的修改应当充分考虑与民法的一致性,在基本制度上充分依据民法的规定。"理论上,因民法典的体系化结构及其司法一般法的地位,对于民法总则已经规定的内容,公司法修改时应当避免出现重复规定;公司法仅对民法总则未表达的事项和与民法总则的规范意旨不一致的事项予以规定",[4]"在这个意义上,民法总则拓展了公司法修改的空间,如何体现和丰富民法总则已经表达的制度逻辑和规范结构,全面审视公司法作为单行法的立法结构及与其对应的规范文本取舍,将为公司法修改的首要任务和必经之路。"[5]

(二)民法以民事权利为中心的法律逻辑和体系化制度结构,与公司法以股东为中心的法律逻辑和体系化制度结构具有关联性

民法中的民事法律关系主体所享有的民事权利,具体到公司法中更多地体现在股东及其相关当事人的权利。从已颁布实施的《民法典》来看,总则、物权、合同、人格权、婚姻家庭、继承、侵权责任7编内容大多数是从民事主体的权利角度加以规定的;而《公司法》的内容大多数也是从股东权利的角度加以规定,或者以公司及公司股东为基础加以规定的。"公司法的修改应当致力于全面落实公司的独立地位和股东权利的保护,回归公司法的固有面貌,切实处理好股东之间、股东和公司之间的权利义务关系配置。以股东权利的保护为中心,将成为民

---

[3] 《民法典》总则编共十章,分别为基本规定、自然人、法人、非法人组织、民事权利、民事法律行为、代理、民事责任、诉讼时效、期间计算。

[4] 邹海林:《关于公司法修改的几点思考》,载《法律适用》2020年第1期。

[5] 同上。

法典后公司法修改方向”。[6]

（三）民法中以私法自治为基础辅之以适当的义务和监督管理，公司法中的以公司治理为基础，辅之以适当的义务和监督管理具有较强的关联性

民法中对民事法律关系主体在法律规定的范围充分赋权，当事人可以按照自己的意志从事各种民事活动，意思自治是民法中的一项重要内容，当事人自己的真实意思表示是民法中法律行为效力的重要衡量标准。同样，公司法中强调公司自治，尊重公司、公司股东和公司章程也是公司法的重要精神。因此，在《公司法》的修改中应当充分考虑民法中的私法自治与公司自治的关联性。

四、《公司法》与《证券法》联动修改

公司法作为市场经济领域的基本法律制度，和市场经济领域的其他法律关系密切。其中，和资本市场的基本法律证券法更是如此。可以说，公司法和证券法都是资本市场的基本法律制度。《公司法》和《证券法》关联度极高，许多内容和法律规定具有高度的相似性，只不过是从不同的角度交易规定。“公司法与证券法是紧密联系的‘姊妹法’。尽管两部法律出台的时间并不一致，主要是与资本市场发展的历史有关。但是，两法所担当的角色，必然需要两法保持高度的协调性。”[7]因此，《公司法》的修改必然要牵涉到《证券法》，《公司法》的修改和《证券法》具有一定程度的联动。

（一）《公司法》与《证券法》联动的四个表现

1. 在主体上具有较强的联动性

在法律关系的主体上，《公司法》上的主体和《证券法》上的主体具有较强的相似性。而在证券法律制度中所涉及的法律关系主体公司及

〔6〕 前注〔4〕。

〔7〕 杨忠孝：《〈公司法〉与〈证券法〉的联动修改》，载《上海法治报》2019年9月25日，第B06版。

其相关当事人几乎和公司法律关系的主体相同,涉及较少的主要是一人公司和国有独资公司,有的主体在《公司法》和《证券法》实际上仅仅是换了一种称呼,其性质并未有所不同。比如,《公司法》中的中小股东,在《证券法》中称为中小投资者;《公司法》中的股份有限公司,在《证券法》中称为上市公司、股票在国务院批准的其他全国性证券交易场所的公司(新三板市场挂牌公司,以下简称挂牌公司)等。

2. 在内容上具有较强的联动性

在法律关系的内容上,《公司法》上的内容和《证券法》上的内容具有较强的相似性。公司法律制度中涉及证券的发行(股票、公司债)、股份的登记、股份的转让,公司治理涉及的股东大会、董事会、监事会、经理层的相关活动,公司的并购重组,关联交易,公司的分立与合并,公司分拆,公司的撤销和解散等,而证券法律制度中所涉及的这些内容也几乎和公司法律关系的上述内容相同,在《证券法》中也有所体现。只不过有的内容在《公司法》和《证券法》中实际上是换了一种称呼,其性质并未有所不同。比如,《公司法》中的股份转让,在《证券法》上为股票交易。

3. 在当事人合法权益保护上具有较强的联动性

《公司法》和《证券法》都十分注重对当事人合法权益的保护。《公司法》在对公司日常经营活动过程中相关当事人保护的基础上,更加注重对中小股东的保护。同样,《证券法》在保护证券发行和交易活动相关当事人合法权益的基础上,也注重对中小投资者的保护。比如,新《证券法》设立"投资者保护"专章,加强了对投资者尤其是中小投资者的保护。

4. 在监管和法律责任上具有较强的联动性

由于《公司法》和《证券法》中的法律关系主体在公司经营活动和资本市场发行、交易活动中具有极大的相似性,因此,这些主体所从事的活动被监管机构实施监管也具有较强的联动性。国务院证券监督管理机构作为资本市场的监管者,依据证券法律对发行人、上市公司、挂牌公司以及相关当事主体的活动进行的监管,同样涉及公司法律制度对公司主体及相关当事人的规定,而国家其他有权机关依据《公司法》进行的监管,也有可能涉及证券法律制度的规定。在法律责任上,《公司法》中的法律责任和《证券法》中的法律责任尽管在法源上并不相同,但违法违规主体的行为有可能涉及《证券法》规定的法律责任,也有可能涉及《公司法》中的法律责任。

(二)《公司法》与《证券法》联动的两点考虑

1.《公司法》修改时要避免与《证券法》的雷同、重复、矛盾和遗漏

《公司法》和《证券法》都是市场经济领域中重要的法律制度,尤其对于资本市场而言,尽管《公司法》和《证券法》规制的内容有所不同,涉及的主体也不一样,但出发点和目的是相同的。实际上,《公司法》和《证券法》所规定的内容是一个硬币的两面。《公司法》注重的是公司的设立、公司的形态、公司的组织、股份的形成和转让、公司的运行和治理、股东的权利义务,公司的变更和消灭等,因此,《公司法》实际上是公司的组织法,它对公司的产生、运行和消亡进行了全方位的规制,对公司的主体、内容等进行了详细的规定。《公司法》又是公司的监督管理法,它对公司以及涉及公司的各个方面进行全方位的管理和监督,以保证公司、公司股东及相关当事人能够正常地运营和活动,公司及相关当事人的合法权利能够充分得到保证,并监督公司及相关当事人能够履行自己的义务,从而用《公司法》管理好公司和相关当事人的各种活动,以达到维护公司健康发展和当事人合法权益的目的。《证券法》注重的是证券的发行、交易以及围绕证券发行交易所涉及的交易场所、证券的登记结算、信息披露、中介服务机构和市场的组织运行等内容。因此,《证券法》实际上是证券市场的组织法,它对证券的产生、变更、证券市场的运行等进行了全方位的规制,对证券市场的参与主体和内容进行了详细的规定。《证券法》又是证券市场的监管管理法,它是对证券的发行交易以及围绕证券发行交易而展开的各种活动进行监督管理,对涉及证券发行交易的相关主体进行监督,监督管理他们依据《证券法》和其他相关法律法规履行自己的职责,而从维护证券市场秩序、保证证券市场公开、公平、公正,保护市场参与主体的合法权益。

可以看出,《公司法》和《证券法》的目的都是促使公司治理良好、交易秩序正常、资本市场健康稳定发展、公司的股东和市场上投资者的合法权益得以保护。但毕竟是不同的法律,有许多差异性。比如,《公司法》侧重的是公司的治理和公司的规范运营,《证券法》强调的是市

场的组织和发行交易的秩序。因此,《公司法》修改时就要特别注意和《证券法》的关联性,即使规定具有相同属性的内容,也要注意避免同《证券法》的雷同、重复、矛盾和遗漏。

2.《公司法》修改时要兼顾《证券法》有关规定,和《证券法》保持一致

《公司法》所规定的许多内容,和《证券法》所规定的相似内容并没有本质上的差异。这就要求《公司法》在制定和修改时要充分兼顾与《证券法》的协调,要在相同和相似的内容条款上和《证券法》保持一致。以股东保护和投资者保护为例,《公司法》和《证券法》具有一致性,《公司法》上的股东就是《证券法》上的投资者。《公司法》和《证券法》都注重对中小股东或中小投资者的保护,更多地对大股东、控股股东、实际控制人,大额投资者和交易者进行约束,更多地赋予中小股东或中小投资者相应的权利。

《公司法》和《证券法》之所以这样规定,是有其法律逻辑的。公平地保护每一位市场参与者,平等地规制每一个股东和投资者,这是法律和监管者的理想。但在现实中,资本的逐利性、人性的贪婪往往使这种理想很难实现。毫无疑问,在资本市场上,大股东、控股股东、实际控制人,机构投资者、大额投资者与中小股东、中小投资者相比,实际上的优势是非常明显的,他们往往会利用这种优势、滥用法律赋予的权利去侵害上市公司和中小股东、中小投资者的利益。在此情况下,法律和监管者所谓的公平保护、平等规制,所导致的结果是中小股东权利受限、利益受损。正因如此,世界各国的公司法和证券法等法律更多从中小股东、中小投资者的角度去设置权利,给予中小股东、中小投资者更多的保护。在公司法中规定了类别股东大会制度、累计投票制度、独立董事制度、关联股东回避制度、股东派生诉讼制度等一系列制度性安排;在证券法中规定了大股东的强制性信息披露制度、短线交易制度、股票交易限制制度、关联交易制度、内幕交易制度、操纵市场制度等一系列制度性安排。这些权利设置或限制、相关制度的安排,其出发点和目的都是制约大股东或大额投资者的权利,更多地保护中小股东和中小投资者的合法权利。同样的道理,监管者也是从更多保护中小股东、中小投资者的角度,去监督大股东、控股股东、实际控制人、管理层、大额投资

者的行为,防止他们做出掏空公司、违规担保、忽悠式重组、虚假估值、利益输送、关联交易、违规减持、阻却收购、虚假陈述、内幕交易、操纵股价等一系列损害公司和中小股东、中小投资者合法权益的行为。更多地保护中小股东、中小投资者合法权益是法律的责任、监管者的使命。因此,在《公司法》的修改中,要充分地考虑和《证券法》的一致性。

五、《公司法》修改的"公众公司"逻辑

(一)《公司法》修改的主轴是建立"公众公司"制度

《公司法》所规范调整的对象范围是极其广泛的,内容也极其丰富,它以调整规范商事主体——公司法人为出发点和目的。公司法人的活动渗透到全社会,因此,《公司法》的制定和修改就是要规范好商事法律主体参与商事活动所形成的各种法律关系,规范好各主体的法律行为。

如何制定和修改好《公司法》是立法者必须面对的问题。法律的修改并不是简单和杂乱无章的,特别是进行大范围的修改,应具有一定的逻辑性。和立法一样,法律的修改面临着科学性问题,应具有一套科学的体系。就公司法而言,公司法的体系构造并非公司法规范的任意组合,而是始终有其内在的逻辑。按照法律体系构造的基本原理,法律规范之间的组合总是受制于特定的体系概念,不同法律规范之间必须具有一定的协调性和互补性,不得存在矛盾与冲突,这是公司法体系建构工作中非常重要的内容。对于立法者而言,功能性概念、一般性原则、类型化构造对于公司法的体系建构具有至关重要的意义。[8] 从这个角度而言,立法者必须有效地运用功能性概念、原则性规范、类型化区分等"工具"建构公司法的结构体系。要推进公司法的现代化工作,《公司法》修改时也应重视公司法的"体系化"变革,对功能性概念、原则性规范、类型化区分进行妥当安排,使《公司法》规范的内在逻辑和

---

〔8〕 参见[德]卡尔·拉伦茨:《法学方法论》,陈爱娥译,商务印书馆2003年版,第279~285页。

体系关联能够得到优化。[9]

从目前我国《公司法》现代化改革的实践情况来看，“体系化”思维的缺乏是非常值得关注的问题，在多数情形下，理论界和实务界多专注于公司法具体规则的“堵漏洞、补窟窿、打补丁”，对于《公司法》存在的结构性缺陷和体系性不足却缺乏足够的重视。[10] 即便注意到了应从整体上改革《公司法》，也多是从公司规范和公司制度层面加以推进，对于支撑公司法体系的功能性概念、一般性原则、类型化标准没有开展深入的研究。如果要推动公司法的现代化，必须从体系层面全面反思既有公司法的内在问题，并尝试从基础概念、基本原则、类型结构、规范表达等维度实现整体性重构，力争相关制度的改革、相关规范的设计能够围绕核心功能概念、重要原则规范、基本结构类型加以展开。实际上，对于上述根本性问题，理论界和实务界尚未形成共识。比如，“公司利益”和“股东利益”哪个应该成为《公司法》保护的重心；《公司法》的规范对象是要以有限责任公司为核心，还是以股份有限公司为核心；信义义务能不能成为统领所有《公司法》规范的核心概念；《公司法》应当更加强调公司资本的形成，还是仅仅侧重股东的出资；《公司法》的体系构造和制度设计应当取向于工业社会，还是应当面向信息社会；应当建构更为刚性还是更为柔性的公司治理机制；在股东和公司的关系处理上，应当强调股东的自由还是公司的约束；《公司法》是否要兼顾传统的人合性公司，还是仅仅需要处理资合性公司的问题。[11]

对于上述根本性问题，理论界和实务界存在分歧是可以理解的。从某一角度来看，各自都有一定的道理，但有些似乎也很难一时辩论清楚。比如，“公司利益”和“股东利益”，哪个是《公司法》保护的重点这一命题似乎很难明确的回答。因为，在正常情况下，公司利益和股东利益应该是一致的。公司因股东的出资而形成，公司的生产经营不但是为了公司的发展，而且是要给股东以投资者回报。公司的重要活动、重

---

〔9〕 夏小雄：《公司法现代化：制度改革、体系再造与精神重塑》，载《北方法学》2019 年第 4 期。

〔10〕 参见王保树：《公司法的全面改革不能着眼于堵漏洞、补窟窿》，载《环球法律评论》2014 年第 1 期。

〔11〕 同前注〔9〕。

大决策均由公司的股东大会决策,因而也听命于公司股东。但在实践中的有些情况下,公司利益和股东利益并不完全一致,或者说和公司中的某些股东的利益并不完全一致,甚至有所冲突。比如,公司被内部人控制,公司的大股东、控股股东、实际控制人等为了自己的利益同公司利益发生冲突,因此,《公司法》的制定和修改中,“公司利益”和“股东利益”,哪个应当成为公司法保护的重点的命题是成立的。

姑且不论上述问题谁是谁非、如何取舍,在《公司法》修改时,坚持《公司法》的修改逻辑,理顺公司法律体系的功能性概念、一般性原则和基本结构类型,明确《公司法》修改的主线和核心内容,对修改的科学性是十分重要的。规范公司经营、完善公司治理、保护公司经营活动中法律关系主体的合法权益,促进公司健康稳定发展是《公司法》立法和修改的宗旨。正是基于这样的认识,我们认为,《公司法》修改涉及的内容繁多复杂,但是在修改逻辑上应当以建立“公众公司”为主轴,围绕“公众公司”这一核心,引入“公众公司”和“非公众公司”等相关概念,专章制定“公众公司”和“非公众公司”,并将目前的公司形态及相关内容分别纳入。在分类上,将“公众公司”分为上市公司、挂牌公司和公众化股份公司三种类型,将“非公众公司”分为非公众化股份公司、有限责任公司、其他非公众公司三种类型。这一分类进一步模糊了股份有限公司和有限责任公司,强调了公司公众性的重要性。《公司法》修改的结构性调整和内容上的差异化对待,使《公司法》的修改更应符合我国的公司改革实践,更加具有自己的特色。

(二)以“公众公司”为核心,明确相关规定

1.引入“公众公司”和“非公众公司”概念

现行《公司法》根据公司组织形式的不同,将公司类型划分为有限责任公司及股份有限公司两种,并以公众性为基础,从股份公司中划分出上市公司并对其特殊组织事项进行了特别规定。这一划分逻辑符合公司法理,与世界主要国家公司法规定相一致,较好地体现了不同公司类型“人合性”“资合性”的不同特点,成为证券市场各制度的基础。然而,随着公司实践的进一步深入,有限责任公司和股份有限公司的两分法不能完全涵盖公司的类型,也未能反映出我国公司实践,需要引入公众公司和非公众公司的概念。这是因为:

首先,实践中存在大量的非上市公众公司,同样经国务院证券监督管理机构核准并于证券交易场所公开交易,遵守公开市场信息披露要求和公司治理要求,“公众公司”概念已广泛使用,但这些概念一直未能在《公司法》层面予以体现。

其次,日本、我国台湾地区等深受大陆法系影响,传统上没有公众公司概念的国家或地区,也逐渐出现公众公司概念,如日本直接在公司法中规定了公众公司概念,我国台湾地区虽然没有直接规定公众公司,但界定了闭锁性股份有限公司,同时对相关公司应当履行信息披露义务进行了规定。

最后,新《证券法》亦引入“股票在国务院批准的其他全国性证券交易场所交易的公司”这一概念,与“上市公司”并列使用,在信息披露、法律责任等方面的要求与上市公司基本相同。

因此,有必要借《公司法》修改之机,对公众公司概念进行全面梳理,在《公司法》中纳入公众公司概念,与此相对应的也要引入非公众公司的概念。

2. 明确“挂牌公司”概念

引入“挂牌公司”概念,在《公司法》中明确定义为“本法所称挂牌公司,是指股票在国务院批准的其他全国性证券交易场所交易的公司”。主要理由在于,历经 8 年的实践,新三板市场已累计服务 13,000 余家挂牌公司,形成了一整套有自身特色的发行、交易、公司治理机制;新《证券法》亦引入“股票在国务院批准的其他全国性证券交易场所交易的公司”这一概念,与“上市公司”并列使用,因此,在《公司法》层面应就“挂牌公司”概念予以明确,并就挂牌公司的有关特色制度安排予以规定。

3. 明确公众化股份公司和非公众化股份公司概念

在《公司法》中确定公众化股份公司和非公众化股份公司的概念,是对我国目前公司法律实践和资本市场现实情况的确定。前者是我国实践中出现的在上市公司、挂牌公司之外的第三种公众公司,具体是指既非上市公司,又非挂牌公司,但股东人数超过 200 人的股份有限公司。在实践中,这类公司不但要按照《公司法》的规定运行,也要受到《证券法》的约束,接受证券监管管理机构的监管。后者是实践中大量出现的在有限责任公司和一人公司之外的第三种形式的非公众公司,具体是指既非有限责任公司,也非一人公司,股东人数不超过200人的股份有限公司。在实践中,这类公司并不在证券监督管理机构的监督范围之内,更多是接受《公司法》的管理和约束。

4. 对公众公司和非公众公司予以差异对待

在具体内容的规定上,要注重规制公众公司,对公众公司进行更为严格的规范,而对非公众公司则进一步放松管制。在公司设立登记、公司资本制度,股份发行,股份转让,公司债券发行和转让,公司的重大行为,公司章程、公司治理,大股东、控股股东、实际控制人的监管,董事、监事、高级管理人员的监管,信息披露,公司对外担保,公司并购重组,公司合并分立、分拆,公司的解散、清算等各个环节,公众公司和非公众公司在规定的内容和要求上应有所差别。在公众公司内部,也因上市公司、挂牌公司和公众性股份公司的公众性不同而应有所区别。

(编辑:姜沅伯)

《证券法苑》(2021)
第三十二卷,第143~185页

契约治理:对公司章程细则的影响*

[美]吉尔·E. 菲什 著** 李诗鸿 译***
姜沅伯 校****

摘要:董事会和股东越来越多地使用章程和章程细则条款来定制其公司治理。根据美国特拉华州法律,股东采纳和修改公司章程细则的权力比董事会的权力更为有限。这会导致对公司契约范式的质疑。本文提出了两种替代解决方案:特拉华州法院和立法机构重新考虑股东权力的现有约束,以便在股东和董事之间建立公平的竞争环境,并充分

---

* Jill E. Fisch, Governance by Contract: The Implications for Corporate Bylaws, 106 Cal. L. Rev. 373 - 409 (2018).

** 宾夕法尼亚大学法学院佩里·戈尔金(Perry Golkin)讲席教授,宾夕法尼亚大学法学院法律与经济研究中心联席主任。感谢肖恩·格里菲思(Sean Griffith)、史蒂文·大卫杜夫·所罗门(Steven Davidoff Solomon)和弗兰克·帕特诺伊(Frank Partnoy)对初稿的意见。同样非常感谢作者在加州大学伯克利分校法学院演讲"时代变迁中的企业契约:法律是否与时俱进?"(The Corporate Contract in Changing Times: Is The Law Keeping Up?)以及在加州大学洛杉矶分校法学院演讲"特拉华州能被废黜吗?评估特拉华州在公司法上的主导地位"(Can Delaware Be Dethroned? Evaluating Delaware's Dominance of Corporate Law)时收到的有益评论。

*** 华东政法大学国际金融法律学院副教授。

**** 现任职于上海证券交易所法律部。

实现契约范式。如果特拉华州法律保留对股东权利的现有限制,那么,法院应该更仔细地审查董事会采纳的章程细则。

关键词:契约治理　章程细则　股东　董事会

引　言

公司法的契约方法植根于罗纳德·科斯(Ronald Coase)[1]和奥利弗·哈特(Oliver Hart)[2]等著名经济学家的著作。虽然学者普遍接受契约隐喻的效用,但他们对于其对监管政策的影响存在争议。[3] 一些人认为契约原则支持对公司参与者所选择的结构安排的实质性尊重;[4]另一些人则质疑这种尊重的适当范围。[5] 例如,哈特指出,涉及股东和经理之间权利分配的治理契约在公众公司中尤其可能是不完整的。[6]

在支持尊重参与者基于自治和效率而商定的治理条款方面,契约方法具有特别重要的影响。[7] 评论人士认为,公司法应该采用一种授权的方法,即公司参与者可以自由修改默认的公司法规则,而不是强制

---

〔1〕 See Ronald H. Coase, *The Nature of the Firm: Meaning*, in Oliver E. Williamson & Sidney G. Winter eds., The Nature of the Firm: Origins, Evolution, and Development 48, 56, 1993(“公司本质上是契约安排的选择。”)。

〔2〕 See Oliver Hart, *An Economist's Perspective on the Theory of the Firm*, 89 Colum. L. Rev. 1757 (1989).

〔3〕 See, e. g., William A. Klein, *The Modern Business Organization: Bargaining under Constraints*, 91 Yale L. J. 1521, 1563 (1982) (认为“现代商业组织最好被理解为一系列在约束下达成的交易”,但将此立场描述为是实证的,而不是规范的)。

〔4〕 E. g., Frank Easterbrook & Daniel R. Fischel, The Economic Structure of Corporate Law (1991).

〔5〕 E. g., Lucian Arye Bebchuk, *Limiting Contractual Freedom in Corporate Law: The Desirable Constraints on Charter Amendments*, 102 Harv. L. Rev. 1820 (1989).

〔6〕 See Oliver D. Hart, *Corporate Governance: Some Theory and Implications*, 105 Econ. J. 678, 690 (1995).

〔7〕 See, e. g., Frank H. Easterbrook & Daniel R. Fischel, *The Corporate Contract*, 89 Colum. L. Rev. 1416, 1446 (1989) (“公司法在这里的作用与其他地方一样,是采用普遍存在的背景条款,除非按契约变更”)。

实行“一刀切”的强制性规定。[8] 越来越多的企业参与者正在使用私人秩序（private order），通过确立适用于发行人的条款来定制他们的公司治理。[9] 本文把这种趋势描述为“新治理”。[10] 最近的例子包括协议管辖条款（forum selection bylaws）、多数决条款（majority voting bylaws）和预先通知条款（advance notice bylaws）。[11]

当时的大法官（现在是首席大法官）斯特林（Strine）在 Boilermakers Local 154 Retirement Fund v. Chevron Corp[12]一案中，发展了这种完善的公司契约模式。正如斯特林在 Boilermakers 案中所解释的那样，“特拉华州公司的章程构成了《特拉华州普通公司法》（DGCL）法定框架内形成的董事、高级管理人员和股东之间具有约束力的更广泛契约的一部分”。[13] 在这样的推理中，斯特林是基于司法传统构建的，采用了一种学术模式，即从契约条款的角度分析公司非利益相关者之间的权力

---

〔8〕 See, e. g., Troy A. Paredes, Sec. Exch. Comm'r, *Statement at Open Meeting to Adopt the Final Rule Regarding Facilitating Shareholder Nominations* ("Proxy Access") (Aug. 25, 2010), http://www.sec.gov/news/speech/2010/spch082510tap.htm [https://perma.cc/S4V9-VPN6]（“授权的方法依赖于私人秩序，以确定如何组织每个公司以最有效地促进其特定需求和利益。”）。其他形式的商业实体法在为参与者商定的条款提供最大效力方面更为明确。See Paul M. Altman & Srinivas M. Raju, *Delaware Alternative Entities and the Implied Contractual Covenant of Good Faith and Fair Dealing under Delaware Law*, 60 BuS. LAW. 1469, 1469 (2005)（解释说，特拉华州修订的《统一有限合伙法》和《有限责任公司法》，“基于并反映了一项强有力的自由政策，该政策有利于在特拉华州有限合伙和有限责任公司设立、运营和终止的几乎所有方面享有广泛的合同自由”）; see also Larry E. Ribstein, *Unlimited Contracting in the Delaware Limited Partnership and lts Implications for Corporate Law*, 16 J. Corp. L. 299, 300 (1991)［认为特拉华州有限责任合伙（LLP）法规中反映的契约方法应该扩展到公司］。

〔9〕 See D. Gordon Smith, Matthew Wright & Marcus Kai Hintze, *Private Ordering with Shareholder Bylaws*, 80 Fordham L. Rev. 125 (2011).

〔10〕 See Jill E. Fisch, *The New Governance and the Challenge of Litigation Bylaws*, 81 Brook. L. Rev. 1637 (2016).

〔11〕 See id., p. 1654 (describing advance notice and forum selection bylaws); Stephen Choi, Jill Fisch, Marcel Kahan & Edward Rock, *Does Majority Voting Improve Board Accountability?*, 83 U. CI. L. Rev. 1119, 1145 (2016)（描述了多数决章程细则）。

〔12〕 Boilermakers Local 154 Ret. Fund v. Chevron Corp., 73 A.3d 934 (Del. Ch. 2013).

〔13〕 Id., p. 939.

关系。[14]

正如斯特林在 Boilermakers 案中所阐述的,公司契约模式依赖于两个因素。一是默示同意理论。[15] 当股东在一家公司购买股票时,该公司的章程赋予董事会该权力,那么,股东默认同意受该公司董事会通过的章程细则约束。二是股东对董事会制定的章程细则提出质疑的权利,包括"股东自行制定和修改章程细则的不可剥夺的权利"。[16] 斯特林将股东这样做的能力描述为"合法地神圣不可侵犯"。[17]

在 ATP Tour, Inc. v. Deutscher Tennis Bund 案中,法院再次依据这一理由支持了一项由董事会通过的章程细则,该章程细则要求败诉的原告股东支付公司的诉讼费用。[18] 法院的推理不只是基于合同的类比,而是将相关的章程细则作为合同条款来具体对待,并解释说该章程细则相当于"美国规则的合同例外"。[19] 具有讽刺意味的是,法院的结论是基于这样一个事实:公司章程细则是"公司股东之间的契约",尽管相关的章程已经被董事会通过且未经股东投票。[20]

Boilermakers 案和 ATP 案反映的股东章程细则权力的广泛概念与特拉华州最高法院早些时候的一项裁决形成了紧张关系。在 CA Inc. v. AFSCME 案中,法院认为,股东通过的代理费用补偿条款与特拉华州法律不一致,因为股东对采用此类章程细则的权力有限。[21] 具体来说,法院的结论是,董事会管理公司的法定权力是对股东权力的一种约束。正如法院所解释的那样,"内部治理契约——在这里以章程细则条款的形式出现——也将阻止董事在其受托责任要求他们拒绝向持不同

---

〔14〕 See, e. g., Airgas, Inc. v. Air Prod. & Chem., Inc., 8 A. 3d 1182, 1188 (Del. 2010) [citing Centaur Partners, IV v. Nat'l Intergroup, Inc., 582 A. 2d 923, 928 (Del. 1990)] (将章程细则描述为公司股东之间的契约)。

〔15〕 Boilermakers, 73 A. 2d, pp. 955 – 956.

〔16〕 Id., p. 956.

〔17〕 Id.

〔18〕 ATP Tour, Inc. v. Deutscher Tennis Bund, 91 A. 3d 554, 557 (Del. 2014).

〔19〕 Id., p. 558.

〔20〕 Id. 毫无疑问的是,ATP 是一家非股份公司,但法院并未将其持股限制在非股份公司。

〔21〕 CA, Inc. v. AFSCME Emps. Pension Plan, 953 A. 2d 227 (Del. 2008).

意见的候选人补偿费用的情况下行使其全部管理权力”。[22]

Boilermakers 案、ATP 案与 AFSCME 案之间的紧张关系对当代理解提出了挑战，即公司形式的契约性质保证了司法高度尊重 Boilermakers 案反映出来的私人秩序。在新的治理背景下，由于各种原因，董事会采用和修订章程细则条款的权力可能大于股东相应的权力。反过来，由此产生的对契约隐喻范围的限制，也为质疑当前章程细则诉讼的司法途径提供了一个理由。

其影响是双重的。首先，对契约范式的承诺表明，特拉华州法院（也许还包括立法机构）可能希望以促进私人秩序的名义，重新考虑对股东权力的现有约束。在这样做时，他们将不得不考虑增强股东权力的可能后果。[23] 其次，如果特拉华州法律保留了 AFSCME 案中反映的对股东权力的既有限制，法院应该对董事会通过的章程细则进行更严格的审查，因为股东可能无法自行取消这些章程细则。[24]

本文的内容如下。第一部分简要概述了公司契约模型的基础，以及该模型在发行人专属的（issuer - specific）公司章程细则中的影响。第二部分指出了造成董事会权力与股东权力之间差距的限制股东采纳和修改章程权力的因素。第三部分考虑了这种差异对契约方法的影响。

一、公司章程细则的契约性质

公司契约模式强调管理者与股东之间的关系本质上是契约性的。

---

〔22〕 Id. ,p. 239.

〔23〕 这些后果包括股东积极主义的可能性增加以及这种积极主义的后果。评论人士对赋予股东权力的规范性含义存在分歧。Compare William Bratton & Michael Wachter, *The Case Against Shareholder Empowerment*, 158 U. Pa. L. Rev. 653, 658 - 59 (2010)（主张股东权力的增强导致管理者过度管理市场），with Lucian Arye Bebchuk, *The Case for Increasing Shareholder Power*, 118 Harv. L. Rev. 833, 836 (2005)（声称“增加股东干预的权力……将通过解决长期困扰公众公司的重要代理问题来改善公司治理并提高股东价值”）。

〔24〕 股东和董事之间通过治理章程细则的权力平衡，对 SEC Rules 14a - 8(i)(1) 和 (2), 17 C.F.R. § 240.14a - 8(1) & (2) (2016) 中允许的股东提案的范围产生了进一步的影响。对这些影响的考虑超出了本文的范围。

这意味着公司的管理文件——公司章程和章程细则——对管理者和股东都起作用并具有约束力,就像他们谈判并签署了像普通法契约一样的条款。〔25〕 该模型源于一系列法律和经济学理论,〔26〕已经引发了一些法律和经济学者争辩,认为通过股价施加的市场约束,将促使股东采用最优合同条款,或者至少是比监管更优的条款。〔27〕

契约理论对公司法具有重要影响。〔28〕 学者们曾利用它来论证,公司法应该通过接受广泛的企业专属的(firm - specific)、定制的条款来促进缔约过程。〔29〕 此外,他们还认为公司法不应被强制要求采取"一刀切"的做法,这既是因为政策制定者不太可能成功确定最优的公司法规则,也是因为单一规则不太可能对所有发行人而言均是最优的。〔30〕

企业专属条款的发展已被称为私人秩序。〔31〕 虽然多方学者已经

〔25〕 See, e. g. , Jason W. Neyers, *Canadian Corporate Law, Veil - Piercing, and the Private Law Model Corporation*, 50 U. Toronto L. J. 173, 214 (2000)[质疑"(公司的)英国模式是否具有契约性"]。

〔26〕 See, e. g. , Robert C. Clark, *Contracts, Elites, and Traditions in the Making of Corporate Law*, 89 Colum. L. Rev. 1703, 1705 (1989)(观察到"公司的契约理论……主导了大多数经济学家和大多数以经济为导向的公司法学者的思想");Michael C. Jensen & William H. Meckling, *Theory of the Firm: Managerial Behavior, Agency Costs and Ownership Structure*, 3 J. Fin. Econ. 305, 311 (1976)(将企业描述为"一系列缔约关系的纽带")。

〔27〕 Easterbrook & Fischel, supra note 7, pp. 1430 - 1433.

〔28〕 See generally Symposium, *Contractual Freedom in Corporate Law*, 89 Colum. L. Rev. 1395 (1989)(讨论契约方法对强制性公司法角色的影响)。

〔29〕 Easterbrook & Fischel, supra note 4, p. 5. Frank Easterbrook and Daniel Fischel are among the most influential adherents to the contractual model. See Ian Ayres, *Making A Difference: The Contractual Contributions of Easterbrook and Fischel*, 59 U. Ch. L. Rev. 1391, 1419 (1992)("伊斯特布鲁克和费舍尔是科斯五十多年前开始的契约传统的当之无愧的继承者。")。

〔30〕 See Henry N. Butler & Larry E. Ribstein, *Opting out of Fiduciary Duties: A Response to the Anti - Contractarians*, 65 Wash. L. Rev. 1 (1990)(总结关于私人订购与强制性规则之间的争论)。

〔31〕 Smith et al. , supra note 9, p. 127 n. 12(讨论"私人秩序"一词的各种用法)。

指出了契约方法的局限性，并因此质疑其作为限制强制性监管的理由，[32]但该方法仍然为私人秩序提供了规范基础。[33] 公司章程提供了一种机制，股东（和董事）可以通过这种机制参与此种私人秩序。[34]

特拉华州公司法在很大程度上进行授权的结构，与私人秩序的方法是一致的。[35] 特拉华州法规包含的强制性条款相对较少。[36] 相反，大多数法规都提供了可以通过适当的章程和章程细则加以修改的默认规则。[37] 例如，该法包含一项反收购条款，限制在3年内与有利害关系的股东进行企业合并，但为公司提供了可以避免适用该条款的各种机制。[38] 同样，该法规定董事会将每年选举一次，但允许公司通过章程条款或股东通过的章程细则选择一个分级董事会（classified board）予以替代。[39]

除了允许个别公司修改法定的默认规则外，特拉华州的法规还允

---

〔32〕 See, e. g., Melvin Aron Eisenberg, *Corporate Law and Social Norms*, 99 Colum. L. Rev. 1253, 1275 (1999)（反对就忠实义务采用契约方法）；Michael Klausner, *The Contractarian Theory of Corporate Law: A Generation Later*, 31 J. Corp. L. 779, 784 (2006)（"事实证明，契约理论在很大程度上建立在一个完全可信、但实际上是虚构的契约世界之上。"）。

〔33〕 See, e. g., Jill E. Fisch, *The Destructive Ambiguity of Federal Proxy Access*, 61 Emory L. J. 435 (2012)（认为联邦证券法应该促进通过私人秩序进行使用委托投票说明书的尝试）。

〔34〕 See, e. g., Smith et al., supra note 9, p. 130（"我们将通过采用股东章程细则条款降低缔约的障碍，从而促进公众公司的私人秩序。"）公司也可以通过采纳公司特有的章程条款开展私人秩序。章程和章程细则之间的关键区别在于，章程的修改通常需要股东和董事会的批准。相比之下，大多数州允许董事会和股东单方面修改章程细则。联合行动的要求意味着契约方法对章程条款的合法性有不同的影响，这个问题超出了本文的范围。此外，法律可对可根据章程规定实行的允许私人秩序的范围施加不同的限制。See, e. g., Frechter v. Zier, No. 12038, 2017 Del. Ch. LEXIS 214, at *5 n. 19 (Del. Ch. Jan. 24, 2017)［将第109(b)(4)所容许的绝对多数规定与第102(b)(4)作比较］。

〔35〕 See generally Jill E. Fisch, *Leave It to Delaware: Why Congress Should Stay out of Corporate Governance*, 37 Del. J. Corp. L. 731 (2013).

〔36〕 See Fisch, supra note 10, p. 1671.

〔37〕 有关例外，see Del. Code Ann. tit. 8, § 211 (2017)（要求召开年度股东大会）；id. § 170（要求召开年度股东大会）。

〔38〕 Id., § 203(a).

〔39〕 Id., § 141(d).

许公司通过包含各种可选的类似契约的条款来定制其章程和章程细则,从而促进了私人秩序形成。特拉华州普通公司法(DGCL)第102(b)(7)条中较为人熟知的一个条款允许公司采用章程条款,来限制或免除某些董事对违反注意义务索赔中的金钱赔偿责任。[40] 另一项条款授权公司通过章程条款,放弃对特定商业机会的权益,从而限制了公司机会原则下的潜在索赔。[41] 该法令还授权公司通过纳入一项可选的章程条款来采用绝对多数决投票要求。[42]

特拉华州法律允许公司使用章程细则来达到类似的效果。根据特拉华州法规,股东有权采纳、修改和废除公司章程细则。公司可以通过章程条款向董事授予相同的权力,但此类条款不能剥夺股东的权力。[43] 绝大多数特拉华州公司章程赋予董事会这一权力。[44]

潜在治理章程细则的范围非常广泛。特拉华州法规授权公司采用"与公司业务、公司事务的处理、公司的权利/权力或股东、董事、高级管理人员或雇员的权利/权力有关的,与法律或公司注册证书不相抵触的任何条款"。[45] 由于这一范围广泛,而且股东和董事会都可以单方面采纳治理章程细则,在特拉华州的公司中,大量的私人秩序都是通过采用发行人专属的章程细则展开的。[46]

反过来,特拉华州法院基本上接受了公司法的契约理论。[47] 正如

---

〔40〕 See John L. Reed & Matt Neiderman, "*Good Faith*" *and the Ability of Directors to Assert § 102(b)(7) of the Delaware General Corporation Law as a Defense to Claims Alleging Abdication, Lack of Oversight, and Similar Breaches of Fiduciary Duty*, 29 Del. J. Corp. L. 111, 113 (2004)[描述102(b)(7)的历史和范围]。毫无疑问地,该部分并非完全契约,因为它豁免了四类董事不能被脱罪的行为。Id., pp. 113 - 114.

〔41〕 DEL. CODE ANN. tit. 8, § 122(17) (2017).

〔42〕 Id., § 102(b)(4).

〔43〕 Id., § 109(a).

〔44〕 See Ann M. Lipton, Manufactured Consent: The Problem of Arbitration Clauses in Corporate Charters and Bylaws, 104 GEO. L. J. 583, 589 n. 25 (2016) ("一般来说,公众公司从一开始就赋予董事这样的权力。")。

〔45〕 Del. Code Ann. tit. 8, § 109(b) (2017).

〔46〕 See, e. g., E. Norman Veasey, *The Shareholder Franchise Is Not a Myth: A Response to Professor Bebchuk*, 93 Va. L. Rev. 811, 821 (2007)(说明股东可以通过采纳修改发行人选举董事程序的章程细则来致力于私人秩序,包括实施多数决)。

〔47〕 See, e. g., Airgas, Inc. v. Air Prods. & Chems., Inc., 8 A. 3d 1182, 1188 (Del. 2010).

特拉华州最高法院在 Airgas 案中所解释的那样，“公司章程和章程细则是公司股东之间的合同”。[48] 契约理论为法院提供了一种解释章程和章程细则的方法——它们是使用契约原则来解释的。[49] 该理论也为法院的司法提供了依据。正如斯特林在 Boilermakers 案中所解释的那样，“章程细则构成了特拉华州公司与其股东之间契约的一个有约束力的部分”。[50]

在 Boilermakers 案中，法院依据两个不同的因素，维持了董事会通过的协议管辖条款的有效性。首先是默示同意理论。斯特林的理由是，特拉华州的法规预期，如果“章程”有此种规定，那么董事将有权单方面采纳章程细则。在法定框架下，如果公司章程授权董事会修改章程细则，其股东就默示地同意，他们“将受到董事会单方面采纳的章程细则的约束”。[51] 股东通过决定投资该公司，表示对该条款的认同。[52]

其次，斯特林从股东不同意董事会通过的章程时享有的法定权利获得了对公司契约分析的支持理由。正如斯特林所指出的，股东拥有自己的权利，与董事会的权利相当，可以采用或修改公司章程细则。[53] 此外，股东有权对拒绝同意股东投票的董事进行惩戒，将这些拒不服从的董事从其职位上撤下。因此，斯特林得出结论：“如果股东不希望董事会通过的协议管辖条款成为他们与公司之间契约的一部分，股东拥有强大的权利来保护自己，这是股东和公司之间固有的灵活契约，而章程细则是该契约的一部分。”[54]

Boilermakers 案的判决反映了对公司法中契约自由的有力支持。

---

〔48〕 Id.

〔49〕 Id.

〔50〕 Boilermakers Local 154 Ret. Fund v. Chevron Corp., 73 A. 3d 934, 955 (Del. Ch. 2013).

〔51〕 Id., p. 956.

〔52〕 Id.

〔53〕 Id. [citing CA, Inc. v. AFSCME Emps. Pension Plan, 953 A. 2d 227, 232 (Del. 2008)].

〔54〕 Id., p. 957.

因此,它鼓励公司通过采纳和修订公司章程细则来展开私人秩序。[55] 公司对这一鼓励作出了回应。例如,发行人协议管辖条款的使用,在 Boilermakers 案判决作出前程度有限,但在 Boilermakers 案之后"迅速加速"。[56]

发行人也开始尝试其他(公司)治理细则条款。[57] 在 ATP 案中,特拉华州最高法院支持了一项由董事会采纳的费用转移条款(fee - shifting bylaw),并推断认为 Boilermakers 案的契约分析是适用的。[58] 同样,一些发行人采用了董事资格条款,禁止针对某些类型的积极主义者提名的董事候选人的补偿协议(compensation agreements)。[59] 一些

---

〔55〕 发行人以前采用了各种类型的治理章程细则条款。例如,预先通知条款(advance notice bylaw)要求股东事先通知发行人有意提名竞争董事候选人,这种做法在 Boilermakers 判决之前就很普遍了。See Wilmer Hale, 2015 M&A Report 5 (2015), https://www. wilmerhale. com/uploadedFiles/SharedContent/Editorial/Publications/Documents/2015 - WihnerHale - MA - Report. pdf [https://perma. cc/HR3U - MVZK] (估计"2014 年年底,标准普尔 500 指数 95% 和罗素 3000 指数 90% 的成分股公司都存在预先通知条款")。特拉华州法律对预先通知章程细则的制定设定了很高的标准。See, e. g. , Gibson Dunn, *Advance Notice Bylaws: Trends and Challenges* 2 (2015), https://www. gibsondunn. com/advance - notice - bylaws - trendsand - challenges [https://perma. cc/55EC - KWVHQ] (解释说,法院在 AB Value Partners 的裁决中"阐明了,根据特拉华州法律,只有在'不公平情况'的门槛相对较高的情况下,才会禁止预先通知章程细则")。

〔56〕 Roberta Romano & Sarath Sanga, *The Private Ordering Solution to Multiforum Shareholder Litigation*, 14 J. Empirical Legal Stud. 31, 38 (2017). 特拉华州立法机构在 2015 年明确认可了协议管辖条款的有效性。See Del. Code Ann. tit. 8, § § 102 (f), 109(b) (West 2015).

〔57〕 See generally Fisch, supra note 10 (描述董事会采纳的治理条款的范围)。

〔58〕 See ATP Tour, Inc. v. Deutscher Tennis Bund, 91 A. 3d 554, 556 (Del. 2014). 特拉华州立法机构随后修改了该法规,禁止费用转移条款。Del. Code Ann. tit. 8, § § 102 (f), 109(b) (West 2015).

〔59〕 See Matthew D. Cain, Jill E. Fisch, Sean J. Griffith & Steven Davidoff Solomon, *How Corporate Governance Is Made: The Case of the Golden* Leash, 164 U. Pa. L. Rev. 649, 652 - 653 (2016). 值得注意的是,在 Boilermakers 案中,"黄金皮带"(golden leash)章程的经验与斯特林的推理是一致的。当股东们反对这些章程细则,不让采纳它们的董事投票时,带来问题的董事会作出了撤销这些规定的回应。

发行人甚至确立了强制仲裁条款。[60] 评论人士认为，这些章程细则条款的有效性来自 ATP 案和 Boilermakers 案的推理。[61]

通过采纳公司章程细则条款，股东也加大了参与私人秩序的力度。近年来，股东们通过修改公司章程细则提出了一系列治理改革方案，包括多数决（majority voting）、使用委托投票书（proxy access）和股东召集特别会议的权利。这些提案获得了相当多的投票支持。例如，截至 2014 年 1 月，"标准普尔 500 指数成份股公司中，近 90% 的采用了某种形式的多数决"。[62] 2015 年对于委托投票书使用的章程细则条款来说是"突破性的一年"，部分原因是纽约市审计长（New York City Comptroller）发起了一场股东提案运动（shareholder proposal campaign）。[63] 大多数使用委托投票说明书的提案得到了多数股东的支持，越来越多的发行人正在采用某种形式的委托投票书。[64]

---

〔60〕 See Claudia Allen, *Bylaws Mandating Arbitration of Stockholder Disputes?*, 39 Del. J. Corp. L. 751 (2014). 几家法院支持了由马萨诸塞州一家房地产投资信托公司（REIT）制定仲裁细则的决议（decision），尽管该分析并未涉及特拉华州的公司法。Del. Cnty. Emps. Ret. Fund v. Portnoy, No. 13 - 10405, 2014 U. S. Dist. LEXIS 40107 (D. Mass. Mar. 26, 2014)（适用既判力驳回原告提出的宣告性判决动议）；Katz v. Common Wealth REIT, No. 24 - C - 13 - 001299 (Md. Cir. Ct. Aug. 31, 2015)（引用 Boilermakers 判决的契约分析）；Corvex Mgmt. LP v. Common Wealth REIT, No. 24 - C - 13 - 001111, 2013 Md. Cir. Ct. LEXIS 3 (Md. Cir. Ct. May 8, 2013)（驳回了中止仲裁的动议，理由是原告已同意仲裁，在仲裁中，这些股票带有提供建设性通知的传奇色彩，而原告是老练的投资者）。

〔61〕 See Letter from Jeff Mahoney, Gen. Counsel, Council of Institutional Investors, to Keith F. Higgins, Dir., Div. of Corp. Fin., SEC, and John Ramsey, Acting Dir., Div. of Trading and Mkts., SEC (Dec. 11, 2013)（推断 Boilermakers 这样的判决可能导致公司采纳仲裁章程细则条款）。

〔62〕 Choi et al., supra note 11, p. 1121.

〔63〕 Simpson Thacher & Bartlett, Proxy Access Proposals 1 (2015), http://www.stblaw.com/docs/default - source/memos/firmmemo_07_30_15_proxy - accessproposals.pdf [https://perma.cc/5TZV - HZWD].

〔64〕 Well, Gotshal & Manges, What's New for the 2016 Proxy Season: Engagement, Transparency, Proxy Access and More 7 (2016), https://www.weil.com/ - /media/files/pdfs/1 22_16govemance - alert_final2.pdf7cid = 8590500125 [https://perma.cc/4J78 - U338]（报告称，在 2015 年 1 月 1 日至 2016 年 2 月 4 日，124 家发行人通过了使用委托投票说明书，要么是自愿的，要么是响应股东的提议）。

二、契约类比的局限:董事会与股东之间的权力不对称

如上所述,董事会和股东正利用私人秩序,采纳发行人专属的治理章程细则。如果这些章程细则被恰当地理解为契约的谈判条款,可以说法院应该给予它们广泛的尊重。Boilermakers 案和 ATP 案的判决依赖于这一基本原理来分别支持协议管辖条款和费用转移条款。

然而,契约分析存在两个关键问题。其中,第一个问题是,股东是否真的应该如同斯特林论证的那样,应当理解为同意章程和章程细则的条款。同意问题很重要,但它超出了本文的范围。〔65〕第二个问题是,由于种种原因,股东修改章程细则的权力比 Boilermakers 案的判决所暗示的更为有限。尽管董事会拥有广泛的权力来通过治理章程细则,但股东们并不享有类似的权力。因此,当股东持不同意见时,他们限制董事会行为的能力有限。本部分提到了股东权力对公司章程细则的几个主要限制。下面的部分将考虑这些限制的影响。

(一)根据第 109 条对股东权力的实质性限制

尽管 Boilermakers 案和 ATP 案将股东根据特拉华州法律采纳和修改章程细则的权力描述为非常广泛,但特拉华州最高法院的早期判决 CA, Inc. v. AFSCME 案则表明,股东的作用更加有限。〔66〕美国州县和市政工人联合会(AFSCM),是一个工会养老基金,根据 14a-8 规则提交了一份修改章程细则的股东提案。〔67〕拟议的章程细则要求发行人在某些情况下,支付由股东提名候选人参选董事会选举而支付的合理

---

〔65〕 关于这一点的进一步讨论,see Verity Winship, *Shareholder Litigation by Contract*, 96 B. U. L. Rev. 485, 496 (2016)。

〔66〕 CA, Inc. v. AFSCME Emps. Pension Plan, 953 A. 2d 227, 229 (Del. 2008). 在 AFSCME 案之前,特拉华州法院在这个问题上的立场不太清楚。See Frantz Mfg. Co. v. EAC Indus., 501 A. 2d 401, 407 (Del. 1985)(支持股东通过的章程修正案要求董事会在采取行动前,全体董事必须达到法定人数并经董事会一致批准……从而限制了 Frantz 董事会的职能,尽管修正案的目的是限制董事会的"反收购策略")。

〔67〕 AFSCME, 953 A. 2d at 229; 17 C. F. R. § 240.14a-8 (2016).

的委托书征集(proxy solicitation)费用。[68] CA 公司试图将股东提案从其委托投票说明书(proxy statement)中排除,理由是拟议的章程细则不是股东行动的适当主题,如果获得通过,则根据特拉华州普通公司法第141(a)条的规定将是非法的。[69]

为支持其不采取行动救济(no - action relief)的请求,CA 向美国证券交易委员会(SEC)提交了一份来自特拉华州法律顾问的意见书,辩称拟议的章程细则是无效的,因为它将干扰董事会根据法规和章程管理公司的权力。[70] 根据该意见书,决定如何使用公司资金的决定权在董事会而非股东,股东没有权力"对董事会自由裁量权单方面[施加]限制"。[71] 该意见书还辩称,该章程细则将"妨碍董事会履行其管理公司业务和相关事务的信义义务"。[72]

美国证券交易委员会向特拉华州最高法院寻求指导,以确定 CA 的说法是否符合特拉华州公司法。[73] CA 使用特拉华州新采用的认证程序[74]向特拉华州最高法院证明了两个问题:(1)根据特拉华州法律,AFSCME 的提案是否股东采取行动的合适主题?(2)AFSCME 提案如果获得通过,是否会导致 CA 违反其所适用的特拉华州法律?[75]

法院在其判决中就第 109 条规定的股东权限范围提供了若干指导原则。首先,或许也是最重要的一点是,法院明确拒绝了股东通过章程细则的权力与董事会的权力范围同样广阔的观点。[76] 相反,法院解释说,股东权力受到第 141(a)条的限制,该条款赋予董事会而非股东对

---

〔68〕 See AFSCME,953 A. 2d,pp. 229 – 230.

〔69〕 *No – Action Request from Richards, Layton & Finger, Counsel for CA, Inc., to SEC, Div. of Corp. Fin.* (Apr. 17,2008), https://www. sec. gov/divisions/corpfin/cf – noaction/2008/ca062708 – 14a8 – incoming. pdf [https://perma. cc/J9SJ – 5Q49].

〔70〕 Id. ,pp. 3 – 4.

〔71〕 Id. ,p. 7 n. 3.

〔72〕 Id.

〔73〕 CA, Inc. v. AFSCME Emps. Pension Plan,953 A. 2d 227,231 (Del. 2008).

〔74〕 S. B. 62,144th Gen. Assemb. ,Reg. Sess. (Del. 2007).

〔75〕 See AFSCME,953 A. 2d ,p. 231.

〔76〕 "孤立地看,第 109 条(a)可以解读为使董事会和股东有权通过、修改或废除章程细则的权力完全相同且具有共同的广泛性,但第 109 条(a)并不存在于真空中。其必须与 8 Del. C. § 141(a)一起理解……"Id. ,p. 232.

公司事务的广泛管理权。[77] 法院解释说,如果股东采纳的章程细则限制了"董事会根据第141(a)条规定的管理特权",那么,该章程细则将是无效的。[78]

在AFSCME案中,法院就股东章程的允许范围提供了指导,以便分析第141(a)条规定的董事会权力与第109条规定的股东权力之间的关系。[79] 作为一个起点,法院承认,法定语言只是"在确定特拉华州立法机构将股东采纳、修改和废除章程细则的权力的合法范围为何时"才略有帮助。[80] 值得注意的是,与《特拉华州有限责任公司法》(Delaware Limited Liability Company Act)和《修订版统一合伙法》(Revised Uniform Partnership Act)相比,《特拉华州公司法》的相关规定没有包含任何明确支持契约方法的语言。[81]

法院接着解释,章程细则的适当职能是解决程序问题,而不是强制

---

〔77〕 Id.("没有如此广泛的管理权力被法定地分配给股东。")。

〔78〕 Id. ,p. 232. 最高法院的分析基于一种观点,即评论人士是在回应"赎回式毒丸"(pill redemption)条款时提出这一观点的。See, e. g. , Lawrence Hamermesh, *Corporate Democracy and Stockholder Adopted By – Laws: Taking Back the Street?*, 73 Tul. L. Rev. 409 (1998). 在20世纪90年代末,机构投资者试图采用章程细则限制董事会使用"毒丸"来抵制敌意收购要约。See, e. g. , John C. Coffee, Jr. , *The Bylaw Battlefield: Can Institutions Change the Outcome of Corporate Control Contests?*, 51 U. Miami L. Rev. 605, 610 – 12 (1997)(描述机构投资者为引入赎回式毒丸章程细则所做的努力)。特拉华州法院没有就赎回式毒丸章程细则的有效性作出裁决。See Jonathan R. Macey, *The Legality and Utility of the Shareholder Rights Bylaw*, 26 Hofstra L. Rev. 835, 866 (1998)("没有一家特拉华州法院处理过股东权利章程细则的合法性问题。")然而,俄克拉荷马州法院维持了一项章程细则,该章程细则要求董事会向股东提交一份毒丸计划,以获得批准。Int'l Bhd. of Teamsters Gen. Fund v. Fleming Cos. , 975 P. 2d 907, 908 (Okla. 1999). 评论人士辩称,特拉华州法律支持一种以董事会为中心的公司模式,这种模式与弗莱明(Fleming)的判决不一致,并以规范为由为这一模式辩护。See, e. g. , Stephen M. Bainbridge, *Director Primacy: The Means and Ends of Corporate Governance*, 97 Nw. U. L. Rev. 547, 572 (2003)(推理包括两部分,即公司形式涉及股东决定将该控制权委托给董事会,并且该授权是有效的); see also Stephen M. Bainbridge, *The Case for Limited Shareholder Voting Rights*, 53 Ucla L. Rev. 601, 627 (2006)("为了维护权威的价值,股东投票必须受到限制。")。

〔79〕 CA, Inc. v. AFSCME Emps. Pension Plan, 953 A. 2d 227, 232 – 33 (Del. 2008).

〔80〕 Id. , p. 234.

〔81〕 See, e. g. , Del. Code Ann. tit. 6, § 18 – 1101(b) (2011)("本章的政策是为了最大限度地发挥契约自由原则……")。

执行实质性的商业决策。根据特拉华州法律,该实质/程序的区别可用于界定股东所采纳的章程细则允许的范围。[82] 因此,法院随后将其对第一个经核证问题的分析框定为,要求它确定费用补偿条款(expense reimbursement bylaw)是否"与程序有关"。[83] 法院的结论是肯定的。虽然该章程细则显然涉及公司资金的支出,但法院通过详尽的论述认为该支出与维持选举程序的完整性有关。因此,该章程细则是股东采取行动的适当主题。

实质/程序的区别可以理解为确定股东所采用的章程何时不得违反第141(a)条规定的董事会授权的方式。[84] 因为第141(a)条中赋予了董事会实质性商业决策的权力,因而可以理解一项实质性章程细则会篡夺这项权力。然而,一个章程细则就决策程序作出规定,但仍将最终决策权配置给董事会,这可能是有效的。[85] 所以,实质/程序的区别为董事会审议的章程细则划定了不同于股东审议的章程细则范围,因为董事会不仅限于程序性的章程细则。

然而,AFSCME 案法院判定委托书费用补偿条款(the proxy reimbursement bylaw)是基于程序的,因此在法律上是允许的,但这并没有得出分析的结论。法院接着审查了第二个问题——拟议的章程细则是否会导致 CA 违反特拉华州的法律。法院认为它会。法院的理由是,假设章程细则可以要求董事会补偿一名股东的委托书费用(proxy expenses),在某些情况下将违反董事会的受托人义务,这一缺陷使该章

---

〔82〕 AFSCME,953 A. 2d,p. 235("普遍的共识是,规范董事会行为过程的章程细则是法定授权的。")。

〔83〕 Id. ,p. 236.

〔84〕 评论人士提出了分析这个问题的其他方法。例如,本·沃尔特(Ben Walther)将试图限制董事会管理权力(权限)的章程细则与试图控制或约束董事会的章程细则进行了区分。Ben Walther, *Bylaw Governance*, 20 Fordham J. Corp. & Fin. L. 399, 414 – 415 (2015). 杰克·科菲(Jack Coffee)提供了区分适当和不适当的股东章程细则的四个标准:(1)处理基本和普通事务的章程细则;(2)与正面义务相反,施加负面约束的章程细则;(3)关注程序而非实质的章程细则;(4)关注公司治理而非商业决策的章程细则。See Coffee, supra note 78, pp. 613 – 615.

〔85〕 See also Hollinger Int'l, Inc. v. Black, 844 A. 2d 1022, 1078 – 1079 (Del. Ch. 2004)(说明存在"一个普遍共识,即规范董事会程序的章程细则行为是法定授权的")。

程细则在法律上无效。[86]

法院通过类比于一类情形得出了这一结论,即法院将一些强加给董事会与其信义义务不一致的义务的合同认定为无效。[87] 虽然这些情况涉及董事会自愿承担的合同义务,而不是股东采纳的章程细则规定的义务,但法院认为"这种区别没有影响"。[88] 法院的理由是,在任何情况下,其结果都是限制董事会行使其完全范围内的管理权力。[89] 同样,分析的"试金石"是第141(a)条下赋予董事会的广泛权力。[90]

尽管AFSCME案的判决受到了批评,[91] 特拉华州立法机构随后修改了法规,明确委托投票书费用补偿条款(proxy expense reimbursement bylaws)和使用委托投票书条款(proxy access bylaws),[92] 但第109条规定的股东权力比董事权力更为有限的原则似乎仍然存在。在2015年的一项判决中,副大法官(Vice - Chancellor)诺布尔(Noble)撤销了一项授权股东无故撤换公司高管的章程细则条款。[93] 值得注意的是,在

---

〔86〕 法院解释说,如果存在"任何可能的情况,要求董事会采取行动(如果)董事会遵守了章程细则,就会违反他们的受托人责任",那么,就需要将章程细则视为与法律不一致。CA, Inc. v. AFSCME Emps. Pension Plan, 953 A. 2d 227, 238 (Del. 2008).

〔87〕 Id. [citing Paramount Commc' ns Inc. v. QVC. Network Inc., 637 A. 2d 34 (Del. 1994)].

〔88〕 Id., p. 239.

〔89〕 在多大程度上将受托人义务除外规范纳入章程细则将解决这一问题,是一个悬而未决的问题。See Sabrina Ursaner, *Note, Keeping "Fiduciary Outs" Out of Shareholder - Proposed Bylaws: An Analysis of CA, Inc. v. AFSCME*, 6 N. Y. U. J. L. & Bus. 479, 507 - 508 (2010).

〔90〕 但值得注意的是,法院认为,如果限制是通过章程的规定而不是章程细则加以实施,情况可能会有所不同。See AFSCAE, 953 A. 2d, p. 240 [认为股东可以通过寻求"修改公司注册证书(certificate of incorporation)以包含章程细则的实质内容"来获得追索权]。由于章程条款的范围同样受限于法规所允许的范围,因此,不清楚为何使用章程条款而不是章程细则条款会影响结果。然而,这种区别促使原告在Boilermakers案中提出的争论是:如果协议管辖条款是允许的,就必须通过章程条款而不是章程细则来采纳通过。See Boilermakers Local 154 Ret. Fund v. Chevron Corp., 73 A. 3d 934, 955 n. 93 (Del. Ch. 2013). 法院驳回了这一论点。Id.

〔91〕 See, e. g., Brett H. McDonnell, *Bylaw Reforms for Delaware's Corporation Law*, 33 Del. J. Corp. L. 651, 668 (2008).

〔92〕 See Del. Code Ann. tit. 8, § § 112, 113 (2017).

〔93〕 Gorman v. Salamone, No. 10183 - VCN, 2015 De. Ch. LEXIS 202, at *18 - 19 (De. Ch. July 31, 2015).

这种情况下，该案的原告所依赖的法定语言似乎明确授权章程细则处理公司高管的任免事项。[94]

值得注意的是，副大法官诺布尔依据 AFSCME 案的判决，提出"股东修改章程细则的能力与董事会的并行权力并不相同，并且受到第 141(a)条规定的董事会管理特权的限制"。[95] 他进一步认为，确定章程细则是否侵犯了董事会管理职能的"试金石"是 AFSCME 案法院制定的实质/程序区别。[96] 根据这一标准，他得出结论认为章程细则是无效的，因为它"将允许(股东)为公司做出实质性的商业决策"。[97]

(二)股东权力的额外法定限制

虽然 AFSCME 案区分了股东和董事会采纳和修改章程细则的权力，但这只是一种情况。未来的法院将在多大程度上坚持这一区别仍不明确。[98] 尽管如此，《特拉华州公司法》的结构和语言还提供了将第 109 条规定的股东权力范围视为有限权力的其他理由。[99] 该法规的一个显著特点是，它载有若干条款，明确授权股东就解决特定问题的章程细则条款进行表决。这些规定包括根据第 112 条规定授权代理费用补偿(proxy expense reimbursement)，根据第 113 条规定委托投票说明书使用(proxy access)，根据第 141(d)条对董事会进行分类(classifying

---

〔94〕 Id. at *13–14. See Paul M. Tiger & Carolyn Oh, *Gorman v. Salamone: Delaware Court of Chancery Strikes Down Bylaw Granting Stockholders the Right to Remove and Replace Officers*, Cleary M&A & Corp. Governance Watch (Aug. 31, 2015), http://www.clearymawatch.com/2015/08/gorman-v-salamone-delaware-court-of-chancery-strikes-down-bylaw-granting-stockholders-the-right-to-remove-and-replace-officers [http://perma.cc/68XM-3M6B][解释戈尔曼(Gorman)的判决]。第 142 条(b)规定："高级管理人员应以章程细则规定或董事会或其他理事机构确定的方式选出，并按其任期任职。" Del. Code Ann. tit. 8, § 142(b) (2017)(着重强调)。

〔95〕 Gorman, 2015 Lexis 202, at *11 [quoting CA, Inc. v. AFSCME Emps. Pension Plan, 953 A.2d 227, 232 (Del. 2008)].

〔96〕 Id. at *1314(认为"有效的章程细则注重过程").

〔97〕 Id. at *6.

〔98〕 See also Walther, supra note 84, p. 448(认为 AFSCME 案的"影响可能正在减少")。

〔99〕 See also James D. Cox, *Corporate Law and the Limits of Private Ordering*, 93 Wash. U. L. Rev. 257, 291–292 (2015)[主张法院应"从'契约联结'方法的欺骗性质中汲取教训，回归公司法规，赋予(推测)董事会对股东的相对权利"]。

the board of directors),根据第 216 条规定要求多数决(majority voting),并根据第 203(b)(3)条排除适用州反收购立法。

虽然法规中没有任何语言表明,股东只能采用章程细则来解决其中明确授权的事项,但有将明确的法定授权列举视为对股东权力范围限制的两个可能理由。首先,如第 109 条所述,如果股东可以采纳包含"与公司业务有关的,不违反法律或公司注册证书的任何规定"的章程细则规定,[100] 则就特定事项的授权列举是不必要的。[101] 因此,在成文法构建的形式主义方法下,[102] 成文法规定了一系列允许股东采纳的章程细则的事项。这就意味着,在缺乏法定授权的情况下,至少某些类型的章程细则由股东通过是不被允许的。[103]

其次,授权条款强化了股东对公司事务的权力有限,以及所有剩余权力都归属于董事会的观点。[104] 这一观点与前一部分提出的论点一致,即根据第 141(a)条,董事会管理公司的权力是无限的,但股东只拥有法规明确授予的权力。这也符合一种法定结构,即赋予股东除了采纳章程细则的权力外的具体和有限的权力,将所有剩余的权力归属于董事会。例如,特拉华州的法规授权股东对具体问题进行投票——董事会选举、公司章程修改,以及合并和其他结构变更的批准。[105] 因此,

---

[100] Del. Code Ann. tit. 8, § 109(b) (2017).

[101] 换句话说,人们可以将章程细则视为与法规不一致,除非它处理的是一个明确允许章程细则的主题。

[102] 虽然特拉华州坚持平等尊严原则(equal dignity doctrine),其中根据各法规章节采取的行动构成具有独立法律意义的行为,see Hariton v. Arco Electronics, Inc., 188 A. 2d 123 (Del. 1963),至少有一位评论人士指出,平等尊严原则可能不适用于股东权力问题。See Larry E. Ribstein, *Takeover Defenses and the Corporate Contract*, 78 Geo. L. J. 71, 117 n. 253 (1989)("限制董事权力的规则在公司的经济结构中发挥的作用不同于限制大多数股东权力的规则。")。

[103] See Hamermesh, supra note 78, p. 444[认为"因此,就正式的法定结构而言,最好将第 141 条(a)解读为就董事管理权力(director management authority)事项的章程细则的绝对排除,因为在第 109 条(b)之外没有明确的法定权限来加以限制"]。

[104] 这种结构类似于美国宪法所规定的联邦制,即国会拥有有限的权力,所有剩余的权力仍然属于各州。See generally John Yoo, *The Judicial Safeguards of Federalism*, 70 S. Cal. L. Rev. 1311, 1393 (1997)("第十修正案规定,'宪法没有授予美国的权力,也没有禁止它授予各州的权力,是分别保留给各州或保留给人民的'。")。

[105] But see Bebchuk, supra note 23(主张应扩大股东投票的主体范围)。

包含特定事项的股东章程细则授权条款和特拉华州公司法关于董事会权力的一般授权方法表明，股东权力的范围比董事会权力的范围更有限。

第109条规定的股东权力有限的另一个原因是，在几乎所有公司中，股东权力都不是排他性的。[106] 虽然股东有权采纳和修改章程细则，但董事会也有同样的权限。因此，即使股东采纳了一项章程细则，他们的行为也可能被董事会推翻。[107]

特拉华州的法规包含明确保护股东通过的章程细则免遭董事会撤销的规定，但它们只适用于少数实质性问题。例如，《特拉华州公司法》第216条规定，股东采纳的规定董事选举所需票数的章程细则条款“不得由董事会进一步修改或废除”。[108] 如果没有第216条所述的语言，特拉华州公司的董事会似乎可以自由地修改或废除其不同意的由股东通过的章程细则。[109]

相比之下，根据特拉华州的法律，目前尚不清楚股东是否可以通过在拟议的章程细则中加入相应的措辞来阻止董事会推翻股东所采纳的章程细则。[110] 事实上，特拉华州最高法院在一份法官附带意见

---

〔106〕 See Hamermesh, supra note 78, p. 417 n. 27（“因此，在特拉华州、纽约州和俄克拉荷马州等州的法定默认规则——否认董事有权采纳和修改章程细则——与习惯和惯例大相径庭。”）。

〔107〕 See id., p. 416（“即使股东可以有效地发起并通过一项限制董事会权力的章程细则，但如果在股东通过之后，董事会能够简单地废除该它，那么，这样的章程细则修正案也将收效甚微，甚至毫无作用。”）。

〔108〕 Del. Code Ann. tit. 8, § 216 (2017).

〔109〕 副大法官雅各布斯（Jacobs）明确提到董事会的权力是对 Kidsco Inc. v. Dinsmore 的契约方法的限制，674 A. 2d 483, 492（Del. Ch. 1995）。正如他解释的那样，“尽管章程是公司和股东之间的一份契约，但该契约受制于董事会单方面修改章程细则的权力”。Id.

〔110〕 See L. John Bird, *Comment, Stockholder and Corporate Board Bylaw Battles: Delaware Law and the Ability of A Corporate Board to Change or Overrule Stockholder Bylaw Amendments*, 11 U. Pa. J. Bus. & Emp. L. 217, 219（2008）（注意到特拉华州法规规定“对适用于股东通过的章程细则的董事修改权没有明确限制”）；see also In re Pennzoil Corp., SEC No - Action Letter, 1993 SEC No - Act LEXIS 304, at ＊1 - 2, 66（Feb. 24, 1993）（基于其他理由，批准了排除股东提议的章程细则修正案，其中包括在未经股东批准的情况下禁止废除该修正案的措辞）。

(dictum)中表示,股东采纳的、声称不受董事会否决影响的章程细则将是无效的,理由是该限制与董事"采纳或修改公司章程细则的一般权力明显冲突"。[111] 相关地,特拉华州某一法院明确支持董事会撤销一项重要章程细则的决定,即使股东们要投票否决该章程细则的撤销。[112] 法院的理由是,股东们拥有适当的补救措施,他们可以召集特别会议、投票恢复(reinstate)章程细则,然后罢免带来问题的董事。[113]

特拉华州法律在这方面不同于美国《示范商事公司法》。[114] "示范法"明确授权股东将其采纳的公司章程细则免受董事会的否决,规定"公司董事会可以修改或废除公司章程细则,除非……股东在修改、撤销或者采纳章程细则时明确规定董事会不得修改、撤销或者恢复该章程细则"。[115] 正如一位评论人士所指出的,特拉华州可以修改其法规,采取类似做法以增加(或明确承认)股东的权力。[116]

另外,广泛解释的董事会修改或撤销股东采纳的章程细则的权力可能为 AFSCME 案中提出的股东权力问题提供一个解决方案。如果股东采纳的章程细则可能侵犯董事会的管理权力或导致董事会违反其信义义务,而董事会保留撤销这种股东采纳的章程细则的权力,那么,该权力就应该将章程细则从 AFSCME 案认定的缺陷中拯救出来。至少在董事会与股东同时有权修改章程细则的发行人公司中,董事会修

[111] Centaur Partners, IV v. Nat' l Intergroup, Inc. ,582 A. 2d 923,929 (Del. 1990). But see Am. Int'l Rent - a - Car, Inc. v. Cross, 1984 Del. Ch. LEXIS 413, at $*9$ (Del. Ch. May 9,1984)(在法官的附带意见中建议股东可以修改章程细则并取消董事会进一步修改适用条款的权力)。

[112] Am. Int' l Rent - a - Car, Inc. ,1984 Del. Ch. LEXIS 413, at $*9$.

[113] Id.

[114] Bird, supra note 110, p. 219.

[115] Model Bus. Corp. Act § 10.20(b) (Am. Bar Ass' n 2010).

[116] Bird, supra note 110, p. 229(注意到特拉华州"可以全面采纳《示范商业公司法》的相关规定,赋予股东通过章程细则的权利,如在章程细则中有此规定,则董事会不能对此作进一步修正")。或者,特拉华州可以明确授予董事会修改任何股东通过的章程细则的权力,从而强化其董事至上(director primacy)的地位。See id. ("立法机构可以修改现有法规,赋予董事会明确的权力,修改或废除股东通过的章程细则修正案。")。

改章程细则的权力似乎意味着股东所采纳的章程细则不能侵犯第 141(a)条规定的董事会权力。

然后,副大法官斯特林在 General DataComm Industries v. Wisconsin Investment Board 案的法官附带意见中含蓄地指出了这一点。[117] 在考虑根据特拉华州的法律,股东采纳的一项阻止董事会在未经股东批准的情况下对期权重新定价的章程细则是否有效时,他指出,如果董事会确定有必要这样做,董事会可以随时废除这一违规(offending)章程。[118] 因此,他认为章程细则可能不会像“毒丸”计划一样限制董事会的自由裁量权,而依据新董事会的多数决是无法弥补这一缺陷的,而法院此前曾驳回过这一要求。[119]

董事会还可以阻止股东使其章程细则不受董事会废除的努力,即主动采用他们自己的不排除董事会后续修订的章程细则。许多发行人公司的董事会在多数决条款(majority voting bylaws)方面都采用了这种方法。[120] 目前,根据包括特拉华州在内的许多州的法律,股东通过的多数决条款不受董事会撤销。[121] 但是,这一限制不适用于董事会通过的多数决条款。因此,董事会可以通过自己采纳的多数决条款来避免对其权力的限制。[122] 正如一位评论人士所指出的,“这样做使董事们得到了双重好处:不仅获得了支持多数决的股东的批准,而且也确保了董事们有机会单方面废除自己的章程细则”。[123]

---

〔117〕 Gen. DataComm Indus., Inc. v. State of Wis. Inv. Bd., 731 A. 2d 818, 821 (Del. Ch. 1999)(暗示董事会有权废除股东通过的章程,但注意到这方面的法律尚未解决)。

〔118〕 Id., p. 821(脚注省略)[“GDC 的说法可能是正确的,即在 Quickturn 教学下,重新定价的章程细则显然是无效的。但问题是,一项经股东批准的章程细则是否可能随时被执行其商业判断的 GDC 董事会废除,see 8 Del. C. § 109(a),在涉及董事会批准的契约权利计划的案例中显然是无效的,该计划通过契约排除了新董事会多数成员在选举后 6 个月之前赎回该计划下的权利,这似乎是一个值得仔细考虑的问题。”]。

〔119〕 Id.[表明该章程细则可能提出了一种与 Quickturn Design Sys., Inc. v. Shapiro, 721 A. 2d 1281 (Del. 1998)相区别的情况的可能性]。

〔120〕 Mary Siegel, *The Holes in Majority Voting*, 2011 Colum. Bus. L. Rev. 364, 374 (2011).

〔121〕 See, e. g., Del. Code Ann. tit. 8, § 216 (2017)(“股东通过的章程细则修正案,规定了选举董事所必需的票数,董事会不得进一步修改或者废除。”)。

〔122〕 See Siegel, supra note 120.

〔123〕 Id., p. 374.

一个相关的问题是,股东是否确实有权修改或废除他们不同意的董事会通过的章程细则,正如斯特林在 Boilermakers 案中所表明的那样。[124] 如 AFSCME 案所示,如果董事会修改章程细则的权限比股东的权限更广泛,那么,在某种程度上就可能存在问题。如果董事会根据第 141(a)条的授权通过了股东不能自行通过的章程细则,则不清楚股东是否有权修改或废除该章程细则。换句话说,AFSCME 案对采纳章程细则的股东权力及其修改或废除董事会通过的章程细则的权力设定了类似的限制,这似乎是合理的。[125] 尽管特拉华州法院还没有机会解决这个问题,但随着企业加大私人秩序的力度,股东也更愿意挑战董事会采取的治理措施,这个问题更有可能出现。[126]

当然,股东还有其他方式来回应发行人的治理规定。特别是,股东可以通过拒绝对董事的支持来直接对董事会进行惩戒;如果发行人拥有多数表决权,则可以通过罢免采纳令人反感的章程细则的董事来对董事会进行规范。虽然这些方法取得了一定的成功,但它们还不足以弥合董事会和股东权力之间的现有差距。此外,正如下文所述,它们很容易受到实际问题的影响。[127]

对股东而言,最有力的选择之一是,对采纳或未能废除令人反感的

---

〔124〕 See Boilermakers Local 154 Ret. Fund v. Chevron Corp. ,73 A. 3d 934,958 (Del. Ch. 2013)(观察"股东保留修改公司章程的权利")。值得注意的是,在 Boilermakers 案决议之前,4 家发行人的股东引入了非约束性提案,试图废除董事会通过的协议管辖章程细则。Claudia Allen, *Exclusive Forum Provisions*: *Putting on the Brakes*, Conf. Bd. Blog (Dec. 19, 2012), http://tcbblogs. org/governance/2012/12/19/exclusive - fonum - provisions - putting - on - the - brakes [https://perma. cc/HD4K - VDBQ]. 这些提议中只有两项付诸表决,而且都没有得到大多数股东的支持。其他两家公司在投票前废除了各自的章程细则。Id.

〔125〕 Cf Invacare Corp. v. Healthdyne Techs, Inc. ,968 F. Supp. 1578 (N. D. Ga. 1997)(认为,根据佐治亚州公司法,股东不能通过章程细则推翻"毒丸"计划的"死手"条款,因为法律将涉及"毒丸"计划条款的唯一权力赋予董事会)。

〔126〕 与此相关的是,股东们积极寻求推翻设立交错董事会的公司章程条款,这一努力得到了哈佛股东权益项目(Harvard Shareholder Rights Project)的支持。See Fisch, supra note 10, p. 1647(描述股东权利项目)。

〔127〕 参见第二(三)部分。

治理条款的董事候选人,不给予投票支持。[128] 主要代理咨询公司美国机构股东服务公司和 Glass Lewis 的作用,增强了这种方法的有效性。[129] 这些公司强调了董事会单方面采取的减少股东权利的行动,以及董事会未能对股东要求做出回应,[130] 将它们标记为影响其关于董事选举建议的关键因素。[131] 相应地,股东非常重视这些建议。[132] 例如,一位评论人士指出,在 ISS 对董事候选人发布负面建议的诸多原因中,"缺乏'回应性'显然是最具影响力的"。[133]

最近的一个例子表明了股东在董事选举中保留投票权的潜在有效性。2013 年,ISS 发布了一份政策立场,表明其打算建议股东拒绝投票支持那些通过了限制董事会候选人从第三方取得补偿的董事补偿条款的董事。[134] Wachtell Lipton 律师事务所制定了所谓的"黄金皮带"条款("golden leash" bylaws),以回应激进对冲基金与其董事候选人之间

---

[128] See Stephen J. Choi, Jill E. Fisch & Marcel Kahan, *Director Elections and the Role of Proxy Advisors*, 82 S. Cal. L. Rev. 649, 660 (2009) [描述股东的"拒绝投票"(withhold vote)运动]; Yonca Ertimur, Fabrizio Ferri & David Oesch, *Understanding Uncontested Director Elections*, Mgmt. Scl. (2018 年即将出版)(对促使股东在无竞争的选举中拒绝投票的因素进行实证分析)。

[129] See Stephen J. Choi, Jill E. Fisch & Marcel Kahan, *The Power of Proxy Advisors: Myth or Reality?*, 59 Emory L. J. 868 (2010)(研究发现,尽管机构投资者投票顾问服务机构增强了股东的投票权,但他们的影响力往往被夸大了)。

[130] See e. g., Weil, Gotshal & Manges, *Heads up for* 2015 *Proxy Season: Two Proxy Advisory Firm Developments* (2014), http://www. weil. com/ - /media/files/pdfs/pcag alert nov2014. pdf [https://perna. cc/V8SF - 6LC9](描述 2015 年采用的 ISS 和 Glass Lewis 政策,即"如果董事会在未经股东批准的情况下修改章程或章程细则,严重损害股东权利或妨碍股东行使权利的能力,则股东一般会发出反对董事的消极投票建议"); Ertimur et al, supra note 128, p. 3(报告 ISS 董事会层面的拒绝投票建议,"72.2% 是由于对获得多数投票的股东提案缺乏回应")。

[131] See Sullivan & Cromwell, 2015 Proxy Season Review 19 - 21 (2015) [描述美国机构股东服务公司(ISS)为单方面董事会行动和缺乏响应性而提供保留建议的做法]。

[132] See Stephen J. Choi, Jill E. Fisch & Marcel Kahan, *Who Calls the Shots? How Mutual Funds Vote on Director Elections*, 3 Harv. Bus. L. Rev. 35 (2013).

[133] Sullivan & Cromwell, supra note 131, p. 21.

[134] Chris Cernich et al., *ISS*, *Wheeling out the Procrustean Bed: Bulaw Restrichons on Dissident Nominee Compensation* 1 (2013).

的薪酬安排。[135] 在ISS的声明发布后,第一家受其立场影响的发行人Provident Bank的董事获得了大约34%的拒绝票,这是一个极高的拒绝票数。[136] 在接下来的6个月里,32家采用黄金皮带条款的发行人中,有28家废除了这些规定。[137] 值得注意的是,股东投票压力的威胁足以导致相关发行人废除其章程细则,而无须对章程细则的有效性提起诉讼。

随着多数决(majority voting)的出现,股东投票对董事选举的影响有所增加。在传统的相对多数决(plurality voting)下,股东不可能在无竞争的选举中选不出董事候选人。在绝对多数表决制中,董事候选人必须获得多数选票,并且一笔大额反对或拒绝投票可以要求董事递交其辞呈。[138] 因此,从理论上讲,多数决赋予股东对董事选举的表决权以真正的效力。

尽管这些工具的存在及其重要性日益增加,但它们的实际效果有限。在拥有相对多数决的发行人中,多张拒绝票仍具有象征意义,并不会将董事从董事会中除名。即使在大量采用多数决的发行人中,未能获得多数票的董事人数也非常少,其中失去工作的人数更少。[139] 考虑到所涉及的高昂成本,股东们似乎也不太可能发起一场委托书争夺(proxy contest)来罢免或取代那些采纳了股东不同意的章程细则条款的董事。[140]

---

[135] See Martin Lipton, *Bylaw Protection Against Dissident Director Conflict/Enrichment Schemes*, Harv. L. Sch. F. On Corp. Governance & Fin. Reg. (May 10, 2013), http://corpgov. law. harvard. edu/2013/05/10/bylaw - protection - against - dissident - director - conflictenrichment - schemes [https://perma. cc/7GFF - 2TGA] (提出示范"金色皮带"细则条款)。

[136] See Provident Fin. Holdings, Inc., *Annual Meeting Results* (Form 8 - K) (Nov. 26, 2013), https://www. sec. gov/Archives/edgar/data/1010470/000093905713000530/prov8kipl 12613. htm[https://perma. cc/LTE5 - 5BQ9].

[137] Cain et al., supra note 59, pp. 675 - 676.

[138] See generally Choi et al., supra note 11 (描述多数决)。

[139] Id., p. 1122 (报告称,2007 ~ 2013年,只有8名董事未能在拥有多数投票权的发行人公司获得多数赞成票,其中只有3名董事在选举后离开董事会)。

[140] See, e. g., Stephen M. Bainbridge, *The New Corporate Governance in Theory and Practice* 210 (2008) [注意到委托书争夺(proxy contests)"非常昂贵"]。

更重要的是,这种策略的效用有限,因为它只回应了董事会的权力,并没有真正赋予股东积极参与治理的权力。虽然股东可以在董事选举中用其投票权对董事会采纳的治理规定施加压力,但是这种施压的能力并不等于同意这些行动。鉴于上述限制,针对一项令人反感的章程细则的回应中缺乏足够的能动性并不意味着股东同意采用该章程细则。

最后,在一些州,董事会和股东之间的权力差距甚至比特拉华州还要大。Boilermakers 案的前提是,根据特拉华州法律,股东修改细则的权力不能被取消。[141] 并不是每个州的公司法都是相似的。在某些州,公司的组织架构可以使董事拥有修改章程细则的专属权。例如,在得克萨斯州,公司可以通过章程中的适当条款取消股东修改公司章程细则的权力。[142] 在马里兰州,公司可以将上述权力授予董事会、股东或双方。[143] 事实上,根据 Fleming 案的判决,俄克拉何马州立法机构修改了其公司法,将只有董事会有权修改或废除公司章程细则规定为默认规则,尽管公司也可以自愿将这项权力授予股东。[144] 印第安纳州的法规也存在类似的规定。[145]

即使在公司无法取消股东通过或修改公司章程细则的权力的州,这种权力也可能仅限于某些类型的治理条款。例如,虽然特拉华州授权股东修改章程细则以采用多数决条款,[146] 但截至 2011 年,只有 19 个州允许股东采用多数表决制的章程细则条款,而无须事先获得章程

---

〔141〕 其他法院则依赖于 Boilermakers 案的判决,对涉及特拉华州公司的治理问题采用契约方式。See, e. g. , In re CytRx Corp. Stockholder Derivative Litig. , 2015 U. S. Dist. LEXIS 176966, *13 (C. D. Cal. Oct. 30, 2015)("在 Boilermakers 之后,特拉华州公司董事会单方面采纳的协议管辖章程细则在特拉华州合同和公司法下具有法律效力,这是毫无疑问的。"); North v. McNamara, 47 F. Supp. 3d 635, 642 (S. D. Ohio 2014)(同上)。

〔142〕 Tex. Bus. Orgs. Code Ann. § 21. 057(c) (West 2015)["公司董事会可以修改或废除公司章程细则,或采用新的章程细则,除非:(1)公司的设立证书(certificate of formation)或本法典完全或部分地将权力保留给公司股东……"]。

〔143〕 Md. Code Ann. , Bus. Reg. § 2 - 109(b) (West 2013).

〔144〕 Okla. Stat. tit. 18, § 1013 (2015).

〔145〕 Ind. Code § 23 - 1 - 39 - 1 (2017)("除非公司章程或本章第四节另有规定,否则只有公司董事会可以修改或废除公司章程细则。")。

〔146〕 Del. Code Ann. tit. 8, § 216 (2017).

授权或董事会批准。[147] 总而言之,如果州法律或公司专属条款限制股东全部或部分采纳、修改和废除公司章程细则的权力,那么,Boilermakers案契约方法就丧失了关键断言。

(三)对股东权力的实际限制

除了通过和修改章程细则权力方面的法律限制,股东变更公司章程细则的权力也面临实际限制。事实上,正如斯特林所指出的,"股票市场所有权的现实已经发生了变化,剥夺了大多数股东的发言权和退出权"。[148] 斯特林和沃尔特(Walter)把这称为"所有权与所有权的分离"。[149] 许多股东通过养老基金和共同基金等机构中介持有股票,其投票权掌握在机构代理人手中。此外,我们有理由相信,在投票结果中占主导地位的机构投资者的投票偏好不同于散户投资者。[150]

标准的集体行动问题构成了另一个实际限制。[151] 大量文献指出,由于美国上市公司的股权分散,他们在寻求集体行动时会面临成本,而且与董事不同,他们通常必须自己承担这些成本。[152] 股东积极主义(shareholder activism)的兴起以及ISS等中介机构的影响已经显著降低

---

[147] See Siegel, supra note 120, pp. 371 - 372.

[148] Leo E. Strine, Jr. & Nicholas Walter, *Conservative Collision Course?: The Tension Between Conservative Corporate Law Theory and Citizens United*, 100 Cornell L. Rev. 335, 370 (2015).

[149] Id., p. 340 [quoting Leo E. Strine, Jr., *Toward Common Sense and Common Ground? Reflections on the Shared Interests of Managers and Labor in a More Rational System of Corporate Governance*, 33 J. Corp. L. 1, 6 (2007)].

[150] See Jill E. Fisch, *Standing Voting Instructions: Empowering the Excluded Retail Investor*, 102 Minn. L. Rev. 51 (2017)(描述了散户投资者投票率较低,以及对散户股东与机构投资者投票偏好差异的担忧)。

[151] See, e. g., Kelli A. Alces, *The Equity Trustee*, 42 Ariz. St. L. J. 717, 722 - 35 (2010)(描述股东之间的集体行动问题)。

[152] See, e. g., Bainbridge, supra note 78, p. 613("集体行动问题阻止股东对管理决策施加有意义的日常甚至常年的控制。"); Margaret M. Blair & Lynn A. Stout, *A Team Production Theory of Corporate Law*, 85 Va. L. Rev. 247, 312 (1999)("股东仍面临集体行动问题,这使股东利用他们对基础性变革的投票权来反对董事会支持的交易或政策,总是极其困难,而且往往是不可能的。"); Stephen Choi & Jill E. Fisch, *How to Fix Wall Street: A Voucher Financing Proposal for Securities Intermediaries*, 113 Yale L. J. 269, 271 (2003)("股东集体行动很少见,即使它可能使股东作为一个集团受益。")。

了这些成本。[153] 此外，积极主义对冲基金也扮演着治理中介的角色。对冲基金可以识别治理失败，然后动员传统上的被动机构投资者来对这些失败作出回应。[154] 尽管如此，公司治理问题的价值很少高到足以吸引对冲基金积极主义人士的兴趣。相反，最近的研究支持了这样的结论：对冲基金行动主义主要集中在其他领域，如销售、资本结构和公司战略。[155]

此外，特定发行人的绝对多数决(supermajority voting)要求可能会通过提高修改或废除董事会通过的章程细则所需的门槛，从而加剧集体行动问题。[156] 特拉华州法律允许公司要求"以绝对多数决通过任何后续的章程细则修正案"。[157] 公司对部分或全部股东行为采取绝对多数决要求是很常见的。[158] 首次公开募股章程中越来越多地包含了绝对多数决条款——2015 年 88% 的首次公开募股章程中包含了绝对多数决条款。[159]

---

〔153〕 See Cain et al. , supra note 59 (使用"黄金皮带"作为中介行动的一个例子，以减少集体行动的成本)；supra notes 129 - 133 and accompanying text (讨论机构投资者投票顾问服务机构)。

〔154〕 See Ronald J. Gilson & Jeffrey N. Gordon, *The Agency Costs of Agency Capitalism: Activist Investors and the Revaluation of Governance Rights*, 113 Colum. L. Rev. 862, 897 (2013)(将股东积极主义者描述为"通过对公司的活动进行监督，以发现战略机遇，然后将其提交机构投资者以获得批准，从而使治理权变得更有价值")。

〔155〕 See C. N. V. Krishnan, Frank Partnoy & Randall Thomas, *The Second Wave of Hedge Fund Activism: The Importance of Reputation, Clout, and Expertise*, 40 J. Corp. Fin. 296 (2016).

〔156〕 See, e. g. , Michael Klausner, *Fact and Fiction in Corporate Law and Governance*, 65 Stan. L. Rev. 1325, 1348 (2013)("章程通常包含阻止股东修改章程细则的条款——例如，具有绝对多数决的要求。")。

〔157〕 Stephen M. Gill, Kai Haakon, E. Liekefett & Leonard Wood, *Structural Defenses to Shareholder Activism*, 47 Rev. Sec. & Commodities Reg. 151, 155 (2014); see Del. Code Ann. tit 8, § 102(b)(4) (2017)(授权章程规定要求"比本章所要求的……更大比例的股份")；Id. § 216(授权公司确定股东行动所需的投票权，并规定，在没有具体规定的情况下，所需的门槛是"亲自出席或由委托书代表出席的多数股份")。其他州的法规也很相似。See, e. g. , Scott Hirst, *Frozen Charters*, 34 Yale J. Reg. 91, 100 (2017)("每个州允许公司要求更高的投票要求……以批准对章程重要部分的修改。")。

〔158〕 See Hirst, supra note 157, p. 125 n. 127[报告称，在作者的罗素 3000 指数的样本中，"(41.9% 拥有)修改其一项或多项章程细则规定的绝对多数决条款"]。

〔159〕 See Wilmerhale, 2016 M&A Report 4 (2016), https://www.wilmerhale.com/uploadedFiles/SharedContent/Editorial Publications/Documents/2016 - WilmerHale - MA - Report. pdf [https://perma.cc/L9GM - Z54N]. 报告的数据只包括特拉华州的公司，还包括那些包含"批准合并或修改公司章程和章程细则"的绝对多数决要求。Id.

尽管在标准普尔500指数成份股公司中,这些要求的发生率有所下降,但2013年仍有约30%的公司保留了绝对多数决投票要求。[160] 值得注意的是,如果发行人的章程包含绝对多数决要求,则该要求只能被同样的绝对多数决废除。[161]

虽然从理论上讲,即使在拥有绝对多数决表决权要求的公司中,股东也可以获得通过或修改章程细则的必要投票,但这种要求加剧了集体行动问题。正如斯科特·赫斯特(Scott Hirst)所记录的那样,不同发行机构的投票率差别很大。[162] 许多发行人经常遇到投票率水平低于绝对多数决表决权门槛的情况。[163] 选民投票率不足的问题由于实际上排除了经纪商(brokers)的酌情投票而进一步恶化。[164]

---

〔160〕 参见前注〔157〕,Giu,p. 156 n. 37(注意到这个数字反映了与2003年的67.62%相比有所下降)。然而,由于股东要求发行人废除绝对多数决要求的提案近年来相当普遍,因此,具有绝对多数决要求的发行人数量继续下降。See, e. g., Holly Gregory, *Hot Topics for the* 2016 *Proxy Season*, Practical Law, Oct. 2015, pp. 30, 33 – 34, http://www.sidley.com/-/media/publications/octl5_governancecounselor.pdf [https://perma.cc/2H8Z-FNL7](将"取消或减少绝对多数投票要求"确定为2015年获得最高平均股东支持水平的股东提案类型之一,并注意到"取消修改章程细则的绝对多数条款"很可能"继续成为2016年股东提案的重点")。

〔161〕 Del. Code Ann. tit. 8, § 242(b)(4)(2017)["当公司章程(certificate of incorporation)要求采取行动时……对于公司董事会、任何类别或者系列股票的持有人,或者任何其他的表决权证券持有人采取的行为,公司章程细则规定了高于本编任一条款规定的表决数量或者比例的,非经这一较高表决数量或者比例通过,不得改变、修订或者废除章程细则这一规定。"]; see also Lumina Inc., SEC No-Action Letter, 2016 SEC No-Act. LEXIS 245 (Mar. 18, 2016), https://www.sec.gov/divisions/corpfin/cf-noaction/14a-8/2016/mcritchieyoung031816-14a8.pdf [https://perma.cc/A9N7-ZZ8H](支持Lumina排除寻求废除多数决要求的股东提案的努力,理由是该提案与董事会保留绝对多数决要求的提案相冲突)。

〔162〕 See Hirst, supra note 157.

〔163〕 See id., p. 102(记录显示,在2013年罗素3000指数的公司中,"近50%的会议出席率低于80%的已发行股份")。

〔164〕 从历史上看,根据纽约证券交易所和纳斯达克的规定,如果受益所有人(beneficial owners)未提交投票指示,经纪人就可以对他们作为托管人持有的股票行使投票权。对这些规则的修改大大削弱了这种权力,导致更多的股份没有被投票表决。See Fisch, supra note 150, pp. 26 – 27(描述了纽约证券交易所和纳斯达克规则的修订,减少了经纪商对未经指示的股票行使酌情投票权的问题范围)。

标准计票方法加剧了绝对多数决要求的影响。[165] 根据最近的一项研究，超过半数的大型上市公司将对股东提案的弃权票视为“否决”票。[166] 由于股东发起的章程细则修订必须采取股东提案的形式。因此，这种方法的效果是，允许发行人将一些股东提案视为失败，即使它们获得了多数投票。[167] 该研究发现，2004 ~ 2014 年，有 63 项由股东发起的提案被发行人认定为失败，但按照所谓的“简单多数”（simple majority）原则，这些提案本应获得通过。[168] 股东们的一项积极反应是提交决议，寻求让发行人转向简单多数方式，从而在计票中排除弃权。[169]

美国证券交易委员会的守门人角色是对股东权力的最后一个实际障碍。寻求修改章程细则的股东决议通常（尽管并非不可避免地）以

---

〔165〕 这种方法可能与所有州的适用法规不一致。See, e. g. , Abbott Labs. , SEC No – Action Letter, 2016 SEC No – Act. LEXIS 79, at ＊10 – 20 (Jan. 29, 2016), https://www. sec. gov/divisions/corpfin/cf – noaction/14a – 8/2016/kennethsteinerabbottO12916 – 14a8. pdf [https://perma. cc/2G4H – 3VSL]（美国证券交易委员会对雅培实验室公司的调查表明，根据 Ill. Bus. Corp. Act Section 7. 60，简单多数决投票方法无效，该条款规定股东行动要求出席会议并有权就某一事项投票的多数股份投赞成票）。特拉华州法律的语言与伊利诺斯州的法律相似。See Del. Code Ann. tit. 8, § 216(2) (2017)（“在除董事选举外的所有事项中，亲自出席或派代表出席会议并有权就该主题事项进行表决的多数股份的赞成票，均为股东的行为。”）。

〔166〕 See Investor Voice, Simple—Majority Standard for Use in Corporate Proxies (2015), http://www. investorvoice. net/wp – content/uploads/2015/03/Vote – Counting Synopsis Version – 9e_2015. 0315. pdf [https://perma. cc/AUS8 – 34FR]（描述简单多数方案）。

〔167〕 Bruce Herbert, *Simple Majority Vote Counting Initiative for Proxies*, Corp. Governance (Mar. 19, 2015), http://www. corpgov. net/2015/03/simple – majority – vote – counting – initiative – for – proxies [https://perma. cc/ZCR2 – VH4D].

〔168〕 See Investor Voice, supra note 166, p. 2.

〔169〕 Gregory J. Millman, *Why Shareholder Proposals Win More Votes, Lose Anyway*, Wall St. J. (Mar. 20, 2015), http://blogs. wsj. com/riskandcompliance/2015/03/20/why – shareholder – proposals – win – more – votes – lose – anyway/? mod = WSJ hps sections risk compliance [https://penna. cc/92YB – YTMZ]. 迄今为止，这些提案获得了有限的股东支持。See, e. g. , Shirley Westcott, 2016 *Proxy Season Review*, Harv. L. Sch. F. On Corp. Governance Fin. Reg. (Aug. 11, 2016), https://corpgov. law. harvard. edu/2016/08/11/2016 – proxy – season – review – 2 [https://perma. cc/QP2X – 7V27] [“投票通过的 8 项决议平均只有个位数(7.9%)的支持率。”]。

14a－8 规则股东提案的形式提交给发行人。[170] 发行人通常会寻求美国证券交易委员会的批准,将他们不支持的股东委托书提案排除在外。[171] 排除股东提案的一个依据是,如果该提案得到实施,将导致发行人违反州法律。[172] 这使美国证券交易委员会的工作人员处于试图确定股东章程细则授权的范围的尴尬境地,正如上文第二(一)部分中所述:特拉华州法律在这个问题上有些不清楚。[173]

特拉华州在 2007 年修改了宪法,允许美国证券交易委员会向州最高法院证明有关特拉华州公司法的问题。[174] 尽管美国证券交易委员会在 AFSCME 案中使用了认证程序(certification procedure),[175]但并不强制要求这样做,并且特拉华州最高法院也没有被要求接受美国证券交易委员会的裁决请求。[176] 因此,美国证券交易委员会的工作人员一

---

[170] See Donna Nagy, *Judicial Reliance on Regulatory Interpretations in SEC No－Action Letters: Current Problems and A Proposed Framework*, 83 Cornell L. Rev. 921, 938 (1998)(根据规则 14a－8 讨论与股东提案有关的无异议函)。股东可以发起独立的委托书征集活动,寻求修改章程细则,但考虑到此类征集活动的成本,股东不太可能在不受控制的情况下这么做。Cf Airgas, Inc. v. Air Prods. & Chems., Inc., 8 A. 3d 1182, 1187 (Del. 2010) 描述 Air Product 提出的三项章程细则修正案,连同"作为其收购战略的一部分"的委托书争夺(proxy contest)。

[171] 17 C. F. R. § 240. 14a－8(j) (2017) (为寻求排除股东提案的发行人指定必要程序); see Alan Palmiter, *The Shareholder Proposal Rule: A Failed Experiment in Merit Regulation*, 45 Ala. L. Rev. 879, 886－892 (1994) (解释不采取行动的过程)。

[172] 17 C. F. R. § 240. 14a－8(j)(2) (2017).

[173] See John C. Coffee, Jr., *Bylaw Barricades: Unions and Shareholder Rights*, N. Y. L. J., 1997, p. 31[观察到,在 International Brotherhood of Teamsters General Fund v. Fleming Companies 案中,1997 U. S. Dist. LEXIS 2980 (W. D. Okla. Jan. 24, 1997),"地区法院解读美国证券交易委员会 14a－8 规则的方式与美国证券交易委员会近年来对股东提案的规则有很大不同,并确定强制性章程细则修正案是州法律规定的一项适当主体"]。

[174] Del. Const. art. IV, § 11(8), amended by 76 Del. Laws 2007, ch. 37, § 1 (effective May 3, 2007).

[175] See CA, Inc. v. AFSCME Emps. Pension Plan, 953 A. 2d 227, 229 n. 1 (Del. 2008); see also No－Action Request, supra note 69, p. 3[认为应根据第 14a－8(i)(2)条排除委托书费用补偿提案——(a proxy reimbursement proposal)]。

[176] See, e. g., Junis L. Baldon, *Note, Taking a Backseat: How Delaware Can Alter the Role of the SEC in Evaluating Shareholder Proposals*, 4 OHIO St. Bus. L. J. 101, 121－22 (2009) ("美国证券交易委员会仍有可能误入歧途,继续发布州法律声明[原文如此],而国家的指导力度却微乎其微。")。

再被要求确定股东提议的章程细则是否是允许的，只有提议者和发行人提交的文件来指导其做出决定。[177] 尽管对员工处理这个问题的方法的全面分析超出了本文的范围，[178] 但很明显，该程序具有实际效果，可以防止许多拟议的章程细则提交给股东。[179]

三、使契约模式更可行的解决方案

上述讨论表明，由于种种原因，股东通过采纳、修改和废除公司章程细则而采取行动的权力，不如董事会权力那么广泛。因此，

---

[177] 根据该条款寻求豁免的发行人必须提交律师的支持意见。17 C. F. R. § 240. 14a – 8(j)(2)(iii) (2017).

[178] 为了获得更详细的分析和论证，美国证券交易委员会应拒绝采纳股东提案的政策，理由是这些提案违反了州法律，see Christopher Bruner, *Managing Corporate Federalism: The Least – Bad Approach to the Shareholder Bylaw Debate*, 36 Del. J. Corp. L. 1, 43 (2011).

[179] 《华尔街日报》(The Wall Street Journal) 报道称，在 2017 年的委托书征集季(proxy season)，发行人提交了 288 份排除股东提议的申请，其中 78% 得到了美国证券交易委员会工作人员的批准。Tatyana Shumsky, *SEC Lets More Companies Ignore Shareholder Proposals in* 2017, Wall St. J. (July 7, 2017), https://www. wsj. com/articles/sec – lets – more – companies – ignore – shareholder – proposals – in – 2017 – 1499447145 [https://perna. cc/E8DQ – 4PUR]. See, e. g., Scott's Liquid Gold – Inc., SEC No – Action Letter, 2013 SEC No – Act LEXIS 383, at ＊1, 4 (May 7, 2013), https://www. sec. gov/divisions/corpfin/cfnoaction/14a – 8/2013/michaeldeutschrecon05o713 – 14a8. pdf[https://perma. cc/B6LY – 5MFT] (允许将一项提案排除在外，理由是该提案强制规定具体的披露，从而不可避免地限制了董事会的权力)；Pfizer Inc., SEC No – Action Letter, 2012 SEC No – Act LEXIS 161, at ＊1 (Feb. 22, 2012), https://www. sec. gov/divisions/corpfin/cf – noaction/14a – 8/2012/donaldvuchetich022212 – 14a8. pdf [https://perma. cc/H9RY – C6WN] (允许排除拟议的争议解决章程细则)；Vail Resorts, Inc., SEC No – Action Letter, 2011 SEC No – Act LEXIS 492, at ＊1 (Sep. 16, 2011), https://www. sec. gov/divisions/corpfin/cf – noaction/14a – 8/201 1/jeffreydoppel091611 – 14a8. pdf[https://perma. cc/5QTY – KXT4] (批准排除股东提议修改的公司章程细则——"优先向股东派发股份，而非偿还债务或收购资产")；Monsanto Co., SEC No – Action Letter, 2008 SEC No – Act LEXIS 746 (Nov. 7, 2008), https://www. sec. gov/divisions/corpfin/cf – noaction/14a – 8/2008/haringtoninvestuents 121808 – 14a8. pdf[https://perma. cc/TQ6Y – G4D9] (同意排除要求董事宣誓效忠美国宪法的股东提议修改章程细则)。

Boilermakers 案和 ATP 案基于契约理论所反映的司法尊重水平可能不足。特别是,董事会通过的治理规定可能不值得受到有限的监督,因为它们的采纳不符合上文讨论的契约原则。如果股东没有权力阻止或推翻他们不同意的条款,法院不应该假定股东已经同意这些条款。

有两种可能的替代解决方案。一种方法是通过增加股东权力来弥补现行法律未能符合契约隐喻的缺陷。如果股东采纳、修改和废除公司章程的权力与董事会的权力相称,则公司章程细则将更加类似于 Boilermakers 案所设想的理论上的契约。然而,股东赋权引发了规范性问题,并与特拉华州公司法以董事会为中心的模式产生了紧张关系。因此,另一种办法是让法院承认契约类比的局限,并更仔细地审查董事会通过的章程细则。本文借鉴了特拉华州最高法院对优尼科(Unocal)案的判决,[180] 为加强对此类章程细则的司法审查构建了一个框架。

(一)通过增加股东赋权来振兴公司契约

斯特林的观点指出法院没有理由干预公司参与者自由采纳的治理条款,这无疑是正确的。私人秩序符合特拉华州对公司法的授权方式,也符合人们普遍持有的预期,即市场约束将引导发行人采用提高价值的治理条款。[181] 私人秩序为市场参与者提供了克服信息问题的机会,这些问题限制了监管机构识别最优治理结构的能力。它还为企业提供个性化的定制服务,使其能够改变其治理结构,以反映企业特定的特征。[182] 根据《特拉华州公司法》,私人秩序的问题在于,董事会对治理条款的控

---

〔180〕 Unocal Corp. v. Mesa Petroleum Co. ,493 A. 2d 946 (Del. 1985).

〔181〕 See, e. g. , Barry Baysinger & Henry Butler, *Race for the Bottom v. Climb to the Top: The ALI Project and Unformity in Corporate Law*, 10 J. Corp. L. 431, 446 – 449 (1985) (将这一立场描述为"企业联邦主义者"的立场)。

〔182〕 See Daniel M. Gallagher, *Commissioner Gallagher Discusses Federal Preemption of State Corporate Governance*, CLS Blue Sky Blog (Apr. 7, 2014) http://clsbluesky. law. columbia. edu/2014/04/07/commissioner – gallagher – discusses – federal – preemptionof – state – corporate – governance [https://perma. cc/FE9Y – 3YVG] (将《多德 – 弗兰克法案》的公司治理联邦化描述为"一刀切"模式); see also David F. Larcker & Allan L. Mccall, *Proxy Advisers Don't Help Shareholders*, Wall St. J. (Dec. 8 2013), https://www. wsj. com/articles/proxy – advisers – don8 2 17t – help – shareholdersproxy – advisers – don8217thelp – shareholders – 1386530835 [https://perma. cc/7S28 – JME6] (约定机构投资者投票顾问的"一刀切"治理实践"最佳评估")。

制远远大于股东的控制，而董事会单独行动可能会因为各种原因而无法选择最优的治理结构。[183]

一种可能的解决方案是修改特拉华州法律以平衡竞争环境，赋予股东更大的权力参与私人秩序。特拉华州的立法机构可以选择通过减少或取消对股东采纳和修改章程细则的权力的限制。例如，它可以修改公司法规，要么广泛地支持股东权力，要么更狭隘地消除行使股东权力现有的具体障碍。采取广泛的方法，立法机关可以调和第 109 条和第 141(a)条之间的现有紧张关系，明确尽管存在第 141(a)条的规定，股东仍有权通过与公司业务和事务有关的任何章程细则，无论是实质性的还是程序性的。[184] 这样的规定将明确公司契约的双方——股东和董事会——都拥有选择契约条款的同等权力。或者，立法机关可以修改公司法律，使之与有限责任公司(LLC)和有限合伙(limited partnership)法律相一致，后者明确规定了契约自由的最大效力。一个更具针对性的方法可以解决董事会和股东对他们不同意的特定章程细则的相对权力。例如，立法机构可以修改法规，为股东提供明确的权力，让他们通过简单多数决修改或废除董事会通过的章程细则。同样，该法规可以遵循上文讨论的《示范商事公司法》的方法，并阻止董事会修改或废除股东采纳的章程细则。

如上所述的法定变更，将有助于澄清股东对章程细则权力的问题，但没有必要采取立法行动。特拉华州法院在第 109 条和 141(a)条之间制造了现有的紧张关系，他们有权重新解读法规(reread the statute)以消除这种紧张局势。特拉华州法院以其渐进式的，针对具体情况的公司法处理方式，[185] 以及对市场和制度发展的敏感性而闻名，这些都

---

[183] See Michal Barzuza, *Do Heterogeneous Firms Select Their Right "Size" of Corporate Governance Arrangements?* Va. L. & Econ. Research Working Paper No. 16, 2016(认为代理问题会妨碍公司选择有效的治理条款)。

[184] See CA, Inc. v. AFSCME Emps. Pension Plan, 953 A. 2d 227, 234 (Del. 2008)(请注意，现有的法定语言"在确定特拉华州立法机关打算将股东通过、修改和废除章程细则的权力的合法范围确定为什么方面，只起到了微弱的帮助作用")。

[185] See, e. g., Jill E. Fisch, *The Peculiar Role of the Delaware Courts in the Competition for Corporate Charters*, 68 U. Cin. L. Rev. 1061, 1079 (2000)(注意到，特拉华州法院愿意重新考虑他们之前的判例，而不是坚持强有力的遵守先例原则)。

要求重新考虑它们之前的先例。[186] 如上所述,考虑到股东权力行使的最新进展,AFSCME 案判决对股东的章程细则权力的狭隘做法可能已成熟到可以重新考虑的程度。投资者积极主义有所增加,包括机构投资者越来越多地使用股东提案来引入关于治理结构的章程细则修订。此类修订包括实施多数决(majority voting)和使用委托投票书(Proxy access)。这些变化应促使最高法院重新考虑股东采纳和修改公司章程细则的权力。[187]

然而,是否以这种方式增加股东权力以支持评估公司章程有效性的契约方法的问题,引起了重要的规范性考虑。特别是,是否应修改特拉华州法律以增加股东权力是有争议的。一方面,更大的股东权力可以使股东更有效地监督管理层。一些评论人士进一步将股东权力视为股份所有权(stock ownership)的固有权能。例如,卢西恩·拜伯切克(Lucian Bebchuk)建议公司法授予股东"发起和采纳任何比赛规则(rules - of - the - game)决定"的权力。[188] 拜伯切克甚至认为可以允许股东发起章程修订并作出重新设立公司的决策。[189] 他的观点与本文前面部分的分析一致,即现行法律禁止股东采用管理层不赞成的增值治理安排。[190]

同样,戈登·史密斯(Gordon Smith)、马修·赖特(Matthew Wright)

---

〔186〕 See, e. g., Corwin v. KKR Fin. Holdings LLC, 125 A. 3d 304 (Del. 2015); In re Trulia, Inc. Stockholder Litig., 129 A. 3d 884 (Del. Ch. 2016); see also Fisch, supra note 185, p. 1079.

〔187〕 虽然特拉华州法院很少直接否决公司法先例,但判例法反映了法院宣布采用新途径的各种领域,反映出与以往案件大不相同的做法。See, e. g., Corwin, 125 A. 3d at 311 [imposing limits on the scope of the court's prior decisions in Gantler v. Stephens, 965 A. 2d 695 (Del. 2009), Unocal Corp. v. Mesa Petroleum Co., 493 A. 2d 946 (Del. 1985), and Revlon, Inc. v. MacAndrews Forbes Holdings, Inc., 506 A. 2d 173 (Del. 1986)]; Stone v. Ritter, 911 A. 2d 362, 370 (Del. 2006) [澄清"尽管法院事在 In re Walt Disney Co. Derivative Litig., 906 A. 2d 27 (Del. 2006) 案先明确表述了诚信义务(good faith)的概念","诚信义务并没有与注意和忠诚的义务站在相同的基础上,并不构成独立的受托人责任"]。

〔188〕 See Bebchuk, supra note 23, p. 865; see also id., p. 871(建议"通过促进其缔约能力,赋予公众公司股东权力")。

〔189〕 Id., p. 913.

〔190〕 Id., pp. 845 - 846.

和马库斯·凯·欣茨(Marcus Kai Hintze)也广泛地为私人秩序的价值进行了辩护,并主张修改特拉华州的法规、判例法和14a－8规则,以“增强公众公司股东与股东章程细则订立契约的能力”。[191] 布雷特·麦克唐奈(Brett McDonnell)观察到,股东章程细则是股东在未经董事会批准的情况下塑造公司治理的主要举措,因此,可以证明扩大股东章程细则权力是合理的。[192] 因此,他提出了4项旨在增强股东权力的法定改革。[193]

然而,我们有理由对此回应持谨慎态度。虽然赋予股东权力可能给公司带来好处,但也有其成本。比尔·布拉顿(Bill Bratton)和迈克尔·瓦赫特(Michael Wachter)阐述了反对赋予股东权力的一个更有力的立场。他们认为,赋予股东权力可能会导致经理人管理市场出现问题,因为它会产生过度冒险的动机。[194] 更大程度的股东授权也与公司以董事会为中心的模式关系紧张。[195] 斯蒂芬·班布里奇(Stephen Bainbridge)通过确定所有权和控制权分离带来的各种效率效益,对拜伯切克支持的扩大股东权力的主张提出了挑战。[196] 评论人士还警告称,赋予股东权力会带来自我交易或利益集团行为的风险,因为股东与

[191] Smith et al., supra note 31, p. 188.

[192] See McDonnell, supra note 91, p. 656.

[193] Id., p. 665. 麦克唐纳(McDonnell)的建议包括制定实质/程序的区别,规定股东采用的章程细则可以限制董事会的自由裁量权,明确授权股东采纳处理“毒丸”计划的章程细则,并规定董事会不能修改股东采纳的章程细则。Id.

[194] See Bratton & Wachter, supra note 23, pp. 657－661.

[195] 斯蒂芬·班布里奇最为人所知的观点是,赋予董事会强大的集中权力最有利于股东的利益,他将这种模式称为“董事至上”(director primacy)。See Bainbridge, supra note 78, pp. 557－559.

[196] See Stephen M. Bainbridge, *Response to Increasing Shareholder Power: Director Primacy and Shareholder Disempowerment*, 119 Harv. L. Rev. 1735, 1735 (2006). 出于一些务实的原因,董事会的首要地位也是合理的。例如,正如杰费里·戈登(Jeffrey Gordon)所观察到的那样,由于“股东投票中的异常风险以及股东有可能利用这种主动权来获取私人收益”,股东权力的增加可能会被滥用。See Jeffrey N. Gordon, “*Just Say Never?” Poison Pills, Deadhand Pills, and Shareholder－Adopted Bylaws: An Essay for Warren Buffett*, 19 Cardozo L. Rev. 511, 547 (1997).

董事不同,通常不对公司和其他股东负有受托人责任。[197] 最后,如果契约自由能够提高价值,那么,商业参与者可以通过选择其他替代的组织形式(如有限责任公司)来获得这种自由。通过保留公司法中的管理方式,特拉华州为企业提供了一系列结构性选择。

上述论点提供了谨慎对待赋予股东权力以证明采用契约方法是合理的这种做法的理由。虽然评估增加股东权力的相对成本和收益超出了本文的范围,但特拉华州不需要平衡契约式的竞争环境。相反,法院可以减少对契约模式的依赖,并对董事会采纳的章程细则进行更严格的审查。下文将考虑这种替代方法。

(二)替代方案:加强司法监督

由于在公司章程细则方面创造公平的竞争环境将增强股东的权力,那些倾向于董事至上的人可能会拒绝这种做法。如果特拉华州法律继续限制股东章程细则授权的范围,则另一种替代方案是法院对董事会采纳的治理条款进行更大程度的司法监督。

加强对董事会通过的治理章程细则的司法监督也许是可行的。事实上,现有的判例法提供了一个可以很容易地扩展到新治理的模型:在优尼科案件中发展的分析方法。[198] 在优尼科案中,特拉华州最高法院宣布了一个新的框架,要求法院在审查董事会采用的反收购手段时加强审查。该测试涉及两部分调查,包括合理性和相称性。[199] 首先,"董事们必须证明,他们有合理的理由相信公司政策和有效性存在危险"。[200]

---

[197] See, e. g. , Frederick H. Alexander & James D. Honaker, *Power to the Franchise or the Fiduciaries?: A n Analysis of the Limits on Stockholder Activist Bylaws*, 33 Del. J. Corp. L. 749, 755(2008)("股东不能利用其法定权力通过采纳章程细则作出管理决策:因为股东对其他股东不负有受托责任。"); Iman Anabtawi, *Some Skepticism about Increasing Shareholder Power*, 53 Ucla L. Rev. 561, 564 (2006)("股东……可以使用赋予他们的任何增量权力来追求这些利益,而损害股东作为一个阶层的利益。")。

[198] Unocal Corp. v. Mesa Petroleum Co. , 493 A. 2d 946, 954 (Del. 1985).

[199] See Unitrin, Inc. v. Am. Gen. Corp. , 651 A. 2d 1361, 1374 (Del. 1995)(描述"优尼科的合理性和比例性审查")。

[200] Unocal, 493 A. 2d, p. 955.

其次,董事会的回应必须“就所构成的威胁而言是合理的”。[201]

同样加强的司法审查,可以理解为一种中度审查基准,可以适用于董事会单方面通过[202]一项严重削弱股东权利的治理规定。[203] 首先,法院会考虑董事会是否合理地认为,该规定对于解决对公司的威胁是必要的。其次,法院将决定这项规定是否是对这一威胁作出的相称的反应。如果治理规定符合这些标准,法院将予以支持。

在评估威胁的性质时,法院应考虑到章程细则条款的分类,并考虑到两项原则。首先,为了与董事至上的原理保持一致,法院应该更容易接受旨在保护董事会在某些决策方面的自由裁量权的行为,该种决策“对管理层日常经营公司的能力至关重要,以至于他们不能直接受到股东的监督是一个实际的问题”。[204] 在管理层的基本业务选择方面,股东权力的案例不那么引人注目。[205] 其次,法院应该注意到,股东自由选举董事的权利是董事至上的合法性的根本基础。[206] 因此,实质性

---

[201] Id. 优尼科法院确定了第三个因素:“董事们的行为可能并不完全或主要是出于想要长期任职的愿望。”Id. 这个因素在后来的优尼科分析中发挥的作用更为有限。See, e. g. ,Ivanhoe Partners v. Newmont Mining Corp. ,535 A. 2d 1334,1344 (Del. 1987)[得出的结论认为,第三个因素得到了满足,当“纽蒙特董事会(the Newmont board)采取行动维护公司的独立性,而不仅仅是保持自己的控制”]。

[202] 本文所提倡的方法特别适用于董事会的单方面行动。本文没有就这种司法监督水平是否必要或适用于须经股东批准的条款,如章程修正案或股东批准的章程细则,表明立场。

[203] 这种说法来自机构投资者投票顾问服务机构——美国机构股东服务公司和 Glass Lewis 的政策立场,这两家公司在决定是否建议反对选举一位董事候选人时采用了这种标准。See Weil,Gotshal & Manges,*Heads up for the* 2016 *Proxy Season*:*ISS and Glass Lewis Update Their Voting Policies* (2015),https://www. weil. com/ – /media/files/pdfs/revised – pcag – alert—112315. pdf [https://perma. cc/8NHWLYA9];Ellen Odoner & Lyuba Goltser,*ISS and Glass Lewis Updated* 2016 *Voting Policies*,Harv. L. Sch. F. On Corp. Gov. & Fin. Reg. (Dec. 2,2015),https://corpgov. law. harvard. edu/2015/12/02/issand – glass – lewis – updated – 2016 – voting – policies [https://perma. cc/ZJZ9 – 4LSS](描述美国机构股东服务公司和 Glass Lewis 政策的更新)。

[204] “股东提案规则”修正案,SEC Release No. 23200,1998 WL 254809,at *4 (May 21,1998).

[205] Trinity Wall St. v. Wal – Mart Stores,Inc. ,792 F. 3d 323,348 (3d Cir. 2015)(发现管理层而非股东最有能力确定销售哪些产品——这是一个基本的商业选择)。

[206] See Blasius Indus. ,Inc. v. Atlas Corp. ,564 A. 2d 651,659 (Del. Ch. 1988)(“股东投票权是董事会权力合法性的意识形态基础。”)。

地干预选举权力的章程细则需要更充分的理由。

一些例子证明了这种中度审查在董事会采用的常见章程细则中的应用,并说明了这种方法如何比契约分析更有效地关注现有的权力动态。第一个例子是协议管辖条款,如 Boilermakers 案中的相关条款。为应对股东诉讼特别是并购诉讼的增长,董事会已采纳了协议管辖条款。[207] 协议管辖条款旨在限制公司在基于单一交易的多个法庭上为自己辩护的必要性。[208]

由于绝大多数协议管辖条款是单方面采纳而未经股东投票,[209] 因此应适用中度审查。法院应根据优尼科式方法分析董事会对协议管辖条款的采用情况,具体如下:首先,并购诉讼的普遍增加,尤其是多辖区诉讼(multi – forum litigation)的增加,对企业价值构成了足够的威胁。评论人士已经注意到在多个辖区为诉讼进行辩护的成本,以及判决冲突和原告律师逆向拍卖(reverse auctions)的风险。[210] 此外,董事会将管理诉讼和诉讼风险作为其职责的核心功能。[211] 其次,特拉华州法院应将采纳协议管辖条款视为对威胁的一种相称的回应。此类章程细则解决了与协议管辖条款相关的问题,但并未大幅减少股东的诉讼权利。

费用转移条款可能会存在不同的分析。尽管无用的诉讼问题与对

---

[207] See Matthew D. Cain & Steven Davidoff Solomon, *A Great Game: The Dynamics of State Competition and Litigation*, 100 IOWA L. Rev. 465 (2015)(详细介绍了并购诉讼的增加);Fisch, supra note 10(描述了涉诉章程细则对这种上升的回应)。

[208] 约瑟夫·格伦菲斯特(Joseph Grundfest)是最早提出这种观点的人之一。See Joseph Grundfest, *Choice of Forum Provisions in Intra – Corporate Litigation: Mandatory and Elective Approaches*, Stanford Univ. Rock Ctr. for Corp. Governance Working Paper, Paper No. 91, 2010, http://ssrn.com/abstract =1690561.

[209] See Romano & Sanga, supra note 56, pp. 27, 31(报告称,在所研究的样本中,"只有12%的中期阶段采纳的章程细则进入股东投票表决")。

[210] See, e. g., *U. S. Chamber Inst. for Legal Reform, Economic Consequences: The Real Costs of U. S. Securities* http://www.instituteforlegalreform.com/uploads/sites/1/EcononicC onsequencesWeb.pdf CLASS Action Litigation 1, 3 (2014), [https://perma.cc/BKG7 – YCV8](描述了股东诉讼的成本)。

[211] See, e. g., Michael P. Dooley & E. Norman Veasey, *The Role of the Board in Derivative Litigation: Delaware Law and the Current ALI Proposals Compared*, 44 Bus. Law. 503, 522 (1989)(观察到"董事会就一般公司诉讼所作的决策,与就其他业务事宜所作的决策,在原则上并无分别。")。

多辖区诉讼的担忧密切相关,但董事会对股东过于频繁地提起不会约束公司管理层或维护股东权利的诉讼的认定则更值得怀疑。[212] 尽管如此,通过诉讼对合并发起挑战的频率之高,加上此类诉讼导致原告获得金钱补偿的频率之低,已导致许多人得出结论:相当大比例的诉讼没有价值。[213] 因此,审查法院可以得出这样的结论:过度和琐碎的诉讼构成了潜在的威胁。

然而,像 ATP 案中所见的费用转移条款是否代表了对该威胁的合理回应是值得怀疑的。正如批评人士所观察到的,ATP 案中的具体条款可能会阻止提起“好”或“坏”的诉讼。[214] 另外,费用转移条款不必像 ATP 案董事会所采用的条款那样广泛。相反,董事会可以严密地制定费用转移条款的范围,从而在允许有价值的诉讼继续进行的同时,阻止不必要的诉讼。[215] 与 ATP 案判决广泛接受以及特拉华州立法机构后来否决所有与公司内部索赔诉讼相关的要求股东承担责任的章程和章程细则条款相比,更为严格的司法审查将带来一种更细致入微的方

[212] 因为相当大比例的股东诉讼涉及对董事行为或监督方面的挑战,这一点尤其如此。See, e. g. ,Erica Gorga & Michael Halberstam, *Litigation Discovery and Corporate Governance: The Missing Story about the "Genius of American Corporate Law"*, 63 Emory L. J. 1383, 1395 (2014)(主张信息披露是通过股东诉讼中发现的“学科管理”)。

[213] See Jill E. Fisch, Sean J. Griffith & Steven Davidoff Solomon, *Confronting the Peppercorn Settlement in Merger Litigation: An Empirical Analysis and a Proposal for Reform*, 93 Tex. L. Rev. 557, 559 – 560 (2015)(总结本次辩论); Del. State Bar Council, Explanation of Council Legislative Proposal 3 (2015), http://www.corporatedefensedisputes.com/files/2015/03/COUNCIL – SECOND – PROPOSAL – EXPLANATORY – PAPER – 3 – 6 – 15 – U0124513.pdf [https://perma.cc/T2N4 – 5K8F](观察到,“另一方面,一些高级管理人员、董事和他们的拥护者声称,股东诉讼导致公司支出而不产生相应的利益”)。

[214] See, e. g. , Sean J. Griffith, *Correcting Corporate Benefit: How to Fix Shareholder Litigation by Shifting the Doctrine on Fees*, 56 B. C. L. Rev. 1, 30 (2015)(将这种章程细则称为“偏激的”,因为它“没有考虑到潜在诉讼索赔的优点”); Del. State Bar Council, supra note 213, pp. 3, 6(认为像 ATP 案中这样的费用转移章程细则条款会使股东诉讼变得“站不住脚”,并“废除现存唯一的实体法规制”)。

[215] See, e. g. , Albert H. Choi, *Fee – Shifting and Shareholder Litigation*, Va. Law & Econ. Research Working Paper No. 15, 2016(建立一种最优的费用转移章程细则条款模型,包括加强司法监督)。

法来评估费用转移条款的有效性。[216]

第三个例子是预先通知条款,即要求股东事先通知发行人他们提名董事候选人的意图,并披露与该提名有关的各种信息。公众发行人中几乎普遍存在预先通知条款。[217] 特拉华州法院注意到,“预先通知要求是‘司空见惯的’,而且‘经常被特拉华州法院解释为有效并被维持有效’”。[218] 然而,无论是在预先通知的数量还是强制披露的程度方面,预先通知条款的范围差异很大。[219] 评论人士将法院对预先通知条款的做法描述为具有“司法精神分裂症”。[220] 特别是,确定某一特定章程细则条款的要求何时会给股东投票权带来过度负担的努力似乎有些无原则。[221]

本文中提出的标准将会增加清晰度。发行人为预先通知条款辩护的理由是,它们允许股东有足够的时间和信息进行明智的投票。[222] 提供通知期限和与这些目标合理相关的必要信息的条款应经得起司法审查。[223]

---

[216] Del. Code Ann. tit. 8, § 115 (2016).

[217] See Romano & Sanga, supra note 56.

[218] Goggin v. Vermillion, Inc., No. 6465 – VCN, 2011 WL 2347704, at *4 (Del. Ch. June 3, 2011) [quoting Openwave Sys., Inc. v. Harbinger Capital Partners Master Fund I, Ltd., 924 A. 2d 228, 238 – 39 (Del. Ch. 2007)].

[219] See, e. g., Elina Khasina, *Note*, *Disclosure of "Beneficial Ownership" of Synthetic Positions in Takeover Campaigns*, 2009 Colum. Bus. L. Rev. 904 (2009) (建议发行人采用预先通知章程细则条款,要求股东披露其对衍生品证券的所有权)。

[220] Dale A. Oesterle & Alan R. Palmiter, *Judicial Schizophreniain Shareholder Voting Cases*, 79 IOWA L. Rev. 485, 570 (1994).

[221] See, e. g., Morgan N. Neuwirth, *Shareholder Franchise – No Compromise: Why the Delaware Courts Must Proscribe All Managerial Interference with Corporate Voting*, 145 U. Pa. L. Rev. 423, 467 (1996) [describing Stroud v. Grace, 606 A. 2d 75 (Del. 1992), 涉及预先通知章程细则条款有效性的案件,作为“最近特拉华州法律中较为混乱的案件之一”]。

[222] See Mentor Graphics Corp. v. Quickturn Design Sys., Inc., 728 A. 2d 25, 41 (Del. Ch. 1998)(支持章程细则的理由基于“Quickturn 董事会选择的 90 ~ 100 日延迟间隔是合理的……[给予]股东合理的机会,让他们了解所提出的问题。”)。

[223] See id., pp. 40 – 43(得出的结论是,所所涉的具体章程细则是对所确定问题的合理回应);In re Gaylord Container Corp. S' holders Litig., 753 A. 2d 462, 482 (Del. Ch. 2000) (说明提前 60 日发出通知的章程细则“只是以一种似乎在全体选民需要听取所有辩论参与者的意见和收购者需要在会议前有充分机会列出候选人名单之间取得合理平衡的方式,延长了选举竞争的时间”) But see Chesapeake Corp. v. Shore, 771 A. 2d 293, 319 (Del. Ch. 2000) (运用“令人信服的正当理由”标准推翻了一项由董事会采纳的绝对多数决章程细则,其中董事会的“主要目的”是损害股东利益)。

但是，如果预先通知条款具有排除股东行使表决权的效力，则该检验将为法院提供一个使其无效的基础，因其与上述目标不成比例。[224]

类似的中度审查可以适用于其他董事会通过的限制股东投票权有效性的章程细则条款。该分析将阐明董事会职权的范围。[225] 例如，在最近的 Frechter v. Zier 判决中，董事会通过了一项章程细则，规定 2/3 以上的股东才能投票罢免一名董事。[226] 法院认为该章程细则是无效的，因为它与第 141(k)条规定相冲突。[227] 然而，由于第 216 条似乎明确授权了绝对多数决条款，[228] 先前也没有将此类条款视为无效的案件，这一判决与第 216 条处于紧张状态。[229] 法院的分析可能不是依赖于法规，而是集中在董事会对章程细则的理由以及在特定公司的背景下绝对多数决条款在多大程度上实质性地限制股东的投票权。法院应该已经认识到，绝对多数决条款本身并不妨碍股东达成他们所期望的结果。

最后，同样的原理也可以用于对 AFSCME 案中股东采纳的章程细则进行更有原则的分析。由于股东选举董事的权利至关重要，除了对董事会干预该项权利的努力进行审慎审查外，法院应以更广泛的视角

---

[224] See, e. g. , Fisch, supra note 10, pp. 1655 – 1656（将 Allergan 董事会通过的章程细则描述为对股东投票权的过度限制）。

[225] See, e. g. , J. W. Verret, *Defending Against Shareholder Proxy Access: Delaware's Future Reviewing Company Defenses in the Era of Dodd – Frank*, 36 J. Corp. Law 391, 404 – 406 (2011)（讨论董事会采纳的董事资格章程细则或限制持不同政见者的董事拥有采纳防御股东权利的权力的章程细则）。

[226] Frechter v. Zier, No. 12038 – VCG, 2017 Del. Ch. LEXIS 214 (Del. Ch. Jan. 24, 2017).

[227] 正如法院所指出的，第 141(k)条有两个例外——已对董事会进行分类的公司和拥有累积投票权的公司。Id. , at *5 n. 20. 这两种例外都不适用于弗雷特(Frechter)。法院进一步指出，其决定仅限于绝对多数章程细则的效力，并注意到法规第 102(b)(4)条规定，公司章程可能要求“对于任何公司行为……股票的很大一部分……超出了本章所要求的”。Id. , at *5 n. 19 [citing DEL. CODE ANN. tit 8, § 102(b)(4) (2017)].

[228] See Del. Code Ann. tit 8, § 216 (2017)（“根据本章对特定事项所要求的表决为前提，被获授权发行股份的公司，在章程或章程细则中均可规定……任何企业的交易所必需的投票……”）。

[229] See, e. g. , Chesapeake Corp. v. Shore, 771 A. 2d 293 (Del. Ch. 2000)（基于董事会采纳章程细则的目的，否决董事会采纳的绝对多数决章程细则）。

审视股东采纳关注选举和董事会结构的章程细则条款的权力,这些细则条款是否有效的“试金石”应该是选举过程这一主题问题,而不是这些章程细则被辨识为实质性还是程序性的。

这一做法似乎与 AFSCME 案判决之后的特拉华州法律修正案所反映的立法意图相一致,该修正案明确授权股东采纳使用委托投票说明书(proxy access)[230] 和授权委托书争夺(proxy contest)费用的章程细则条款。[231] 同样的原则也应适用于类似的股东采纳的章程细则,这些章程细则涉及股东提名、选举和罢免董事会成员的权力,而不是要求对每项章程细则进行明确的法定授权。然而,值得注意的是,本部分所建议的分析并不妨碍董事会在监督公司运作方面的基本作用,因此,与本部分前文讨论的股东赋权方法相比,其干扰性较小。

结　论

公司法的契约路径在过去 25 年的法学学术研究中得到了广泛的辩护,并在特拉华州最近的两项裁决中获得了强有力的司法支持。[232] 在这些案件中,法院对契约自由的广泛认可,为针对发行人专属需求的新治理规定的广泛试验和实施打开了大门。特拉华州法院明确依赖契约原则来证明对这种实验予以广泛尊重的正当性。

与此同时,这些判决可能将与契约的类比延伸得太远。特别是,现行法律在若干方面限制了股东在私人秩序过程中与董事会平等参与的能力。这种不对称性削弱了广泛的司法尊重的正当理由。由于没有真正的股东权力来限制董事会采用不受欢迎的治理条款,法院在契约方面对新治理条款的描述被夸大了。

一种可能的解决方案是,法院或立法机构推翻对股东权力的现有限制,以保证对契约类比的依赖。尽管这种方法可能是可取的,但增加

[230] Del. Code Ann. tit. 8, § 112 (2017).

[231] Id. § 113 (2017).

[232] ATP Tour, Inc. v. Deutscher Tennis Bund, 91 A. 3d 554 (Del. 2014); Boilermakers Local 154 Ret. Fund v. Chevron Corp., 73 A. 3d 934 (Del. Ch. 2013).

股东的权力引发了一些潜在的担忧。相反,法院可以重新考虑对董事会通过的治理规定的现有尊重水平,并将这些规定置于更严格的司法审查之下。中度审查将使法院能够在防止董事会采用过分干涉股东权利的章程细则方面发挥更有意义的作用。法院进行这种审查的必要性回应了这样一个现实,即公司并非真正的契约,而且股东基于现有的法律和实际障碍,无法有效地保护自己。

(编辑:赵宇)

《证券法苑》(2021)
第三十二卷,第186~207页

商业公司应对社会突发公共事件法律机制的演进及创新*

薛前强**

摘要:社会突发公共事件破坏公司经营秩序,带来法律风险与商业风险。为此,美国率先创设紧急章程细则和董事会紧急权力规则以确保核战争、冷战冲突下公司运营正常化。世纪之交,商业应急管理指南提供更详尽的指引,"9·11"事件则倒逼其走入企业合规体系。晚近,为应对"新冠"肺炎疫情,需革新公司法、公司治理的应对思路,重点处理好机制的时代创新与适用成本、措施的短暂性与长期性、实施效果的有限偏离与成比例性及公司自治与法律强制4对关系。

关键词:紧急章程细则　社会突发公共事件　商业和工业紧急管理指南　公司法　公司治理

---

* 本文为中央民族大学校级青年教师科研能力提升计划项目"少数民族企业应对社会突发紧急公共事件法律机制研究"(项目编号:2021QNPY60)及国家社会科学基金2016年度课题一般项目"公司资本制度改革实效评估与再改革研究"(项目编号:16BFX113)的阶段性成果。

** 法学博士,中央民族大学法学院讲师。

一、问题的提出

在具象化的现实社会中，以武力战争、传染病流行、自然灾害暴发等为代表的社会突发公共事件（危机）带来的消极影响显而易见——破坏社会秩序，造成人员伤亡，经济损失惨重。但社会突发公共事件在抽象化公司治理领域产生的副作用同样不容忽视，应得到公司监管者、运营者及立法者的高度重视。最常见的，是那些情况紧急且严重破坏社会运转的公共事件会使董事、高管、核心雇员等公司决策者、运营者的生命安全健康、行为自由及履职能力处于不确定状态——例如，据报道，仅在2020年新型冠状病毒肺炎（COVID－19）疫情的全球性大流行中，就有多家知名公司董事、首席执行官及核心员工因感染该病毒去世，或被迫隔离治疗，或休病假，公司不得不仓促确认岗位继任者。[1]

除前述事实层面的不良影响外，社会突发公共事件更是在法律层面给公司、董事、高管、雇员等从业者带来了一系列诉讼难题和问责风险，包括但不限于：(1)公司员工及其他成员健康受损而引发工伤认定争议；(2)公司业务因突发事件而被迫中断，无力偿还债务或以其他方式履行约定义务、提供服务而遭致债权人、利益相关者索赔；(3)股东针对董事、高管未采取充足事先预防措施，未实施及时有效的事后应对计划、反应而引发潜在派生诉讼；(4)公众投资者因上市公司未披露由突发紧急公共事件产生的经营风险及与之相关的应对措施等重大信息而引发证券欺诈诉讼；等等。

这其中最为严重的，当属破坏董事会、股东会的正常决策流程和工作弹性，如导致公司董事会、股东（大）会无法作出有效决议。公司法规则中，一项合规的董事会或股东会决议需经过召集和主持程序，出席会议董事、股东需在会议记录上签名，股东（大）会和董事会会议召开

---

〔1〕 例如，《当当网员工感染新冠肺炎细节公布　82名密切接触者集中隔离观察》，载《北京青年报》2020年2月23日版。

前一段时间还应分别提前通知全体股东、全体董事和监事。[2] 此外,决议有效的前提除表决内容的合法性外,还需满足一定的法定人数,如股份公司董事会需经全体董事过半数同意,股东大会的一般决议需经出席会议的股东所持表决权过半数同意。但当公司外部社会环境已处于紧急状态,董事或股东被锁定在某个无法进行通讯连接的地方或丧失工作(决策)能力时,以上两种会议就面临可能难以满足通知程序和法定人数要求的风险。

"新冠"肺炎病毒的流行更是迫使董事会和高管团队需有意识地制定预案,以处理社会突发公共事件情形下关键领导者或决策者无法履职时业务将如何继续运作,确保公司关键职位的正常交接,并允许管理者采取一套"紧急公司法""紧急公司治理"规则来消除上述社会突发事件对公司带来的消极影响,保障在社会紧急情况下公司治理的有效性与稳定性。因而,历史经验和现实例证皆表明,公司、董事和高级管理人员在应对当今急剧变化的世界性和地方性社会突发公共事件中面临多重领域的诸多难题。但在这个危机频发的年代,很多企业并没有做好准备,甚至从未讨论过公司面对重大社会危机时的行动计划。[3]

值得注意的是,美国早在 20 世纪 50 年代就针对性地以冷战中的核武器为潜在威胁,率先在公司法中做了相应规则配置,以保证社会危机场景下公司运营的正常化。21 世纪初,震惊美国的"9 · 11"事件则倒逼立法者及商业精英将企业应急准备、管理计划纳入企业合规体系。现今,"新冠"肺炎病毒在美国的流行更是将公司如何降低灾难性紧急事件对公司秩序的不良影响再次提上议程,引发美国公司法、公司治理新一轮的系统性变革。

---

〔2〕 我国《公司法》第 41 条规定:"召开股东会会议,应当于会议召开十五日前通知全体股东;但是,公司章程另有规定或者全体股东另有约定的除外。股东会应当对所议事项的决定作成会议记录,出席会议的股东应当在会议记录上签名。"《公司法》第 110 条规定:"董事会每年度至少召开两次会议,每次会议应当于会议召开十日前通知全体董事和监事。代表十分之一以上表决权的股东、三分之一以上董事或者监事会,可以提议召开董事会临时会议。董事长应当自接到提议后十日内,召集和主持董事会会议。董事会召开临时会议,可以另定召集董事会的通知方式和通知时限。"

〔3〕 仲继银:《紧急状态下董事会如何作为?》,载《董事会》2018 年第 9 期。

如果做一个并不恰当的借用,美国思想家托马斯·潘恩曾警告说,许多已经出现或是即将出现的情况并非局限于北美地区,而是具有世界共通性。[4] 那么,不容否认的是,在经济全球化的影响下,任何美国社会突发公共事件在公司法、公司治理领域所反映的现象、问题,也终将是世界范围内公司法、公司治理领域具有共通性的现象与问题。相应地,美国公司法、公司治理就此所实现的针对性变革、应对措施及发展趋势也是具有高度分享意义与可借鉴性的经验、对策与智识。

为此,本文将从冷战、"9·11"事件和"新冠"肺炎病毒这三个美国现代典型的社会突发公共事件出发,考察其引发美国公司法规则体系和公司治理实践体系双重变革的具体纹路与经验叙事,最终旨在促使商事企业无论是在此次"新冠"肺炎疫情抑或未来其他可能的社会突发公共事件中做好防御性准备。

二、20 世纪中期冷战与公司紧急章程细则、董事会紧急权力规则的制定

(一)紧急章程细则与董事会紧急权力规则的制度背景、流变及实例

自 20 世纪后半叶开始,冷战愈演愈烈,美国和苏联开展疯狂的军备竞赛并将重点放在核弹、核潜艇等核武器的持有量上。虽然不断激增的军备力量在某种意义上强化了持有国在铁幕氛围下的安全感,但另一方面也给双方增加了战争爆发的恐慌。正是在这样一个时代背景下,美国公司法学界率先在公司法规则中未雨绸缪式地假设了当核武器、战争袭击在美国爆发后,如何保障公司决策的正常进行。最终于 1953 年诞生了堪称美国公司法专利的公司紧急章程细则与董事会紧急权力规则这套特殊制度安排,这也成为美国在公司法规则体系中对社会突发公共事件进行回应的首次尝试。

由于该规则在具有代表性的特拉华州《特拉华州一般公司法》(Delaware General Corporation Law,DGCL)第 110(a)条和示范性的美国

---

[4] 参见[美]托马斯·潘恩:《常识》,赵田园译,北京大学出版社 2015 年版,第 4 页。

法学会《示范商业公司法》(Modelbusiness Corporation Act,MBCA)第2.07节中被双重确认,故包括纽约州在内的其他重要州基于公司法规则竞争压力,也在各自州公司法中作出类似表述。据统计,美国50个州中有包括得克萨斯州和马萨诸塞州等在内的14个州缺乏此类规定,但这一数量也正逐渐减少。例如,在2013年,加利福尼亚州律师协会公司法委员会商法部为在紧急情况下给加利福尼亚公司提供一定的灵活性,提案并通过了491号议会法案。该法案第255章部分对《加州公司法典》(以下简称《加州法典》)第212节章程细则(bylaw)等进行修正,授权商事公司、非营利性公益组织、非营利性互利组织或非营利宗教组织在可预见及正在发生的紧急状况下,按照紧急章程细则的规定来处理公司日常运营及事务。

紧急公司章程细则立法在商业实践中被众多知名公司采纳。有学者曾对财富100强公司章程进行统计,发现在最近10年中,大型上市公司董事会根据紧急章程细则而制订紧急首席执行官计划已成为一种普遍性做法,有20%左右的公司采用特定紧急章程细则来支持董事会决策的正常运转。[5] 例如,石油巨头埃克森美孚公司章程细则第4(a)条规定,当公司商业运行基于正在发生的对美战争攻击、核袭击及原子能灾难或相关攻击、袭击及灾难的潜在威胁而处于紧急状态时,则适用本部分紧急状态下公司运行规则。同时,基于应对2008年金融危机这一部分原因,量身定做的紧急章程细则在金融服务类公司中也变得相当普遍,如美林证券、美国银行等知名金融企业章程细则中也都存在类似规定。

(二)紧急章程细则与董事会紧急权力的规则构造

董事会是受股东管辖的最高管理机构,在假定的社会突发公共危机情况下,按照传统方式,召开股东大会几乎是不可行的,故董事会成为公司应对社会紧急事件的“震中”。统观美国法学会、特拉华州及加利福尼亚州等州的代表性立法,紧急公司章程细则规则的表述多具有

---

〔5〕 See Holly J. Gregory, John P. Kelsh, *Rebecca Grapsas*, *Leadership Resiliency in an Emergency* (April 8,2020), https://www.sidley.com/en/insights/newsupdates/2020/04/leadership - resiliency - in - an - emergency, visited June 9,2020.

一致性与类同性，通常为：在发生法律所确认的紧急情况下，董事会召开方式、决议人数等可以按照事先制定的紧急章程细则执行，同时，董事会享有一定的紧急权力，二者具体构造主要包括五个方面。

1. 适用前提：紧急情况与董事会会议受阻

触发紧急公司章程细则和董事会紧急权力规则的先决条件是发生社会紧急情况且导致很难达到董事会或董事会常务委员会采取行动所需要的法定人数。但美国各州在到底什么状态才构成公司法上的"社会紧急情况"这一问题上有分野，且明显受制于当时公司的外部社会环境、时代背景。例如，特拉华州的规定为：由于对美国或公司开展业务或惯常召开董事会或股东会议地方的攻击，或在任何核灾难或原子灾难中，或在发生任何灾难或其他类似紧急情况时，致使董事会或法定常委的法定人数不能轻易召集起来采取行动。[6]《示范商业公司法》则采用更为概括式的表述，在2.07(d)节中将"紧急情况"定义为导致公司董事会无法轻松组成法定人数的灾难性事件。这种概括式表述被俄亥俄州所借鉴，《俄亥俄州重述法典》第1701.01(u)条中将紧急情况定义为：灾难使公司处于紧急情况，且这种紧急情况将持续到因州长或其他依法行使职权并履行州长职务的人宣布而终止。

值得注意的是，紧急情况所指内容也随着公司所处时代背景的不同而发生变化。例如，2013年加利福尼亚州在州法典第207(i)(5)条中将紧急情况详细列举为三种类型：(1)自然灾害。包括但不限于飓风、龙卷风、风暴、高水位线、潮汐波、海啸、地震、火山喷发、滑坡、泥石流、暴风雪、干旱以及无论出于何种原因的各类火灾、洪水或爆炸。(2)战争、袭击及潜在威胁。美国的敌人对国家或该州进行攻击，或根据联邦政府发出的警告表明可能或即将发生敌人袭击。(3)恐怖主义及其他人为灾害。导致灾难级别或大规模的破坏，对基础设施、环境、经济、政府职能及人口产生严重影响，包括但不限于大规模撤离。

由此来看，虽然前文所列举的紧急状态并没有提及类似"新冠"病毒肺炎这类疫情暴发或者类似突出公共卫生事件，但如果该州或国家已被州长或总统宣布进入紧急状态，那么，无论依据何种定义或列举的

---

〔6〕 参见《特拉华州一般公司法》第110(a)条。

紧急情形,其也足以构成公司紧急状态,是公司特殊治理手段的触发条件。正如有学者所认为的,由于加利福尼亚州于2020年3月4日被宣布进入紧急状态,这表明,在此次疫情之中,加利福尼亚州的公司治理尤其是董事会的召开、决策等程序自动适用紧急章程细则的规则安排。〔7〕

2. 意定规则:紧急章程细则中董事会会议的紧急处理

众所周知,社会紧急事件最先破坏的是公司正常经营秩序,尤其是董事会会议程序。故董事会可以制定紧急公司章程细则,并将规制重点放在董事会会议的紧急处理之上。一般而言,各州法律允许紧急章程细则可以规定在紧急情况下任何现实、必要的内容,包括但不限于:(1)会议召集程序。董事会会议或委员会会议可以由任何高级职员或董事以紧急章程细则规定的方式、在章程细则规定的条件下召集。(2)董事会会议法定人数的确认与变更。参加会议的董事人数或者紧急章程细则中确定的较高的人数构成法定人数。(3)指定额外董事或替代董事。经董事会批准的紧急情况出现之前指定的高级职员或者其他人员,按照人员名单上的先后顺序,在紧急章程细则或者批准该名单的董事会决议规定的条件下,在该细则或者该决议规定的期间(不得超过紧急情况消失后的必要的合理期间),在构成董事会会议法定人数要求的范围内,视为参加该类会议董事。〔8〕

可能是后发优势的原因,在特拉华州之后的一些州对于制定紧急章程细则可包含的内容作出更为详尽的列举。例如,《俄亥俄州修订法典》规定,除非被俄亥俄州公司章程或相关法规明文禁止,否则紧急法规可能会针对以下方面作出"切实可行或必要"的安排:(1)会议召开地点和时间、召集,通知和进行董事会议的方式和权限以及法定人数的要求;(2)设立和任命董事执行委员会和其他委员会,并由董事会将权力下放给委员会;(3)董事、高管职位的空缺(包括临时空缺)的创建、存在和填补;(4)在缺少一位或多位董事出席会议的情况下,通过

---

〔7〕 See Keith Paul Bishop, *When is an Emergency an Emergency for Purposes of Emergency Bylaws?* (March 23, 2020), https://www. natlawreview. com/article/when – emergency – emergency – purposes – emergency – bylaws, visited May 2, 2020.

〔8〕 参见《特拉华州一般公司法》第110(a)条。

任命、选举或其他方式选拔高级管理人员和其他人担任董事会会议的董事;(5)任何高管空缺(包括临时空缺)的产生、存在和填补;(6)高管职责和权限大小的排序和顺延。[9]

3. 法定规则:董事会的紧急权力

如果想最大化保障公司经营免于外部社会紧急事件的影响,那么,当公司未明授予董事权力采取紧急监管以及未事先定制化设置紧急章程细则时,即在公司对紧急章程细则条款适用并不明确的情况下,以法律的形式赋予董事会一些与其行使职权相关的紧急权力,从而使公司仍有可能"走进"紧急状态下规则的适用范畴则显得尤为重要,这就包括:(1)董事成员的紧急指定。紧急状态出现或者持续时,董事会可以规定(抑或不时修改)人员继承顺序,以防止紧急状态持续期间内,部分或者全部公司高级职员或者代理人由于各种原因无法履行职责(incapacity)。[10] (2)办公地点的紧急指定。在紧急状态出现或者持续时,董事会可以改变主要办公地,指定数个主要办公地或者区域办公地,也可以授权高级职员改变主要办公地、指定数个主要办公地或者区域办公地。[11] (3)简化会议通知送达程序。除非紧急章程细则另有规定,在紧急状态持续期间,有关董事会任何会议的通知可以只向当时能够通知到的董事作出,可以只使用当时可行的通知方式(包括出版物或无线电传送)。[12] (4)董事身份的推定。紧急状态持续期间,在构成董事会会议法定人数要求的范围内,除紧急章程细则另有规定外,在场的公司高级职员按照职位高低(职位相同的按照资历高低),视为参加该会议的董事。[13]

---

〔9〕 参见《俄亥俄州修订法典》第1701.11(C)部分。

〔10〕 参见《特拉华州一般公司法》第110(2)条。

〔11〕 例如《特拉华州一般公司法》第110(3)条。又如,《加州法典》第207(i)(1)条规定:在可能发生或已发生紧急事件的情况下,除非紧急章程细则另有规定,否则请根据第212(c)条之规定,可采取以下两项或多项行动来进行公司日常业务与事务:(A)修改继任规则以适应因紧急情况而导致的任何董事、高管、雇员、代理人丧失履职能力;(B)更改或授权高管(office)更改总公司办公室地址,指定替代性总公司办公室或区域办公室地址。

〔12〕 参见《特拉华州一般公司法》第110(6)条。

〔13〕 参见《特拉华州一般公司法》第110(7)条。

值得注意的是,在董事会的法定紧急权力方面,后立法的州所规定的内容更为详细。如当修订现有章程以授权董事会采用紧急规制的权力是不可行的,那么,《俄亥俄州修订法典》第1701.11(F)部分规定了在紧急情况下可适用于公司治理的“特别规则”:(1)董事会议可以由任何高管或董事召集。(2)每次董事会的时间、地点应在当时可行的情况下通过书面或口头、亲自或群发的方式通知董事。(3)如果董事已经被充分召集和通知,那么,出席董事会的现有董事就应当构成法定人数。在一名或多名董事缺席的情况下,出席会议的董事可以任命一名或多名公司高管来出席会议。(4)如果在充分召集和通知的前提下仍没有董事出席董事会议,那么,出席会议的公司高管(按照级别不超过3人)视为会议董事,构成会议的法定人数。并且可以任命一名或多名高管参加会议。(5)若公司首席执行官死亡、失踪或者因其他原因暂时或永久不能履行职务,那么,当职位空缺时,由下一级高管承担已故、已失踪或无履职能力的首席执行官的职务和权力,直指董事会另有委任时止。(6)公司秘书和财务主管应被视为同级。在办公室自身内部及办公室与财务部门之间的等级由首次选举的先后顺序决定。当两人任命时间相同时,则以年龄更长的一方为级别更高者。

4.优先尊重公司自主意识的效力处理、修改及废止方式

对于意定性的紧急章程细则和法定性的董事会紧急权力,法律实际上均规定优先尊重公司自主意识的效力认定、修改及废止方式。

第一,如果公司董事会制定了紧急章程细则,那么,无论是《特拉华州一般公司法》还是《示范商业公司法》,均规定紧急章程细则由股东行为废止或修改。[14]

第二,如果公司存在已经通过或者可以通过的关于紧急状态下的权力的其他规定,如果与其他章程条款一致,则不因法律所规定的内容而被废除。[15]

第三,在与通过的紧急章程细则不抵触的范围内,公司章程细则在

〔14〕 参见《特拉华州一般公司法》第110(a)条。

〔15〕 参见《特拉华州一般公司法》第110(8)条。

紧急状态下仍然有效，紧急状态结束后，紧急章程细则效力终止。[16]

第四，在处理紧急章程细则与公司章程的关系上，采用的是特殊优于一般的处理方式，即在紧急情况下，任何关于有效管理和开展公司普通商业事务的条款都不视为与公司章程相冲突。[17]

第五，紧急章程细则的优先适用性还表现在对于董事的责任处理上。例如，法律多设置保留条款（saving clause），规定依照紧急章程细则行事的高级职员、董事或者雇员，除非有故意的不当行为，否则不承担责任。[18] 加利福尼亚州的最新规定更是加入了"根据紧急规章而善意作出的公司行为对公司具有约束力"这一表达，以明确紧急章程细则对公司的效力。

5. 不适用紧急公司章程细则的情形

作为最早立法的特拉华州，其没有规定不能适用紧急章程细则的情形，而一些后立法的州则将这些情形类型化为特殊主体和特殊行为两个方面。就前者而言，俄亥俄州就将国内保险公司排除在外。[19] 就后者而言，《加州法典》第212（c）（2）条列举式的要求董事不得就需要股东投票的事项（除非该事项在紧急情况发生前已产生表决结果）和不属于公司日常商业业务采取任何行动。第一种类型被排除在外的原

---

〔16〕 例如，《特拉华州一般公司法》第110（5）条。又如，《加州法典》在第212（c）（3）条中则明确了公司章程一般条款与紧急条款的衔接规则及紧急条款的效力区间，规定：与紧急情况规定相一致的常规章程的所有规定在紧急情况下仍然有效，紧急条款在紧急情况结束后不再有效。

〔17〕 参见《加州法典》第212（c）（1）条。其明确了董事会事务在紧急情况下的处理规则：在第207条所定义的紧急情况下，任何关于有效管理和开展公司普通商业事务的条款都不视为与公司章程（articles）相冲突。这些条款包括但不限于董事会会议的召集程序、董事会的法定人数要求以及指定其他或替代董事。

〔18〕 例如，《特拉华州一般公司法》第110（4）条。又如，《示范商业公司法》第2.07（c）节规定：不得根据紧急规章善意采取的公司行动对公司的董事、高级管理人员、雇员或代理商施加责任。再如，《加州法典》第212（c）（4）条免除了董事的行为责任。

〔19〕 参见《俄亥俄州修订法典》第3901.27条。俄亥俄州对于特殊公司类型的规制还表现在如果该公司是俄亥俄州的非上市公司或联邦证券法中的受控公司（controlled corporation），那么，公司股东可以书面同意的方式在紧急情况发生后以修改章程授予董事采用紧急治理模式的权力。而对这种紧急状态的适用可能是在未获得股东一致书面同意的情况下根据俄亥俄州法律采取的行动之一。对此参见《俄亥俄州修订法典》第1701.11（C）条。

因，一方面是股东表决事项多为公司组织变动、资本变动等非公司日常经营事项，而紧急情况往往只会对公司的正常经营产生影响，因而需重点规制的是保障公司常态化经营的正常运转，即董事会的运行。另一方面则在于如果将其纳入紧急条款之中，那么，董事会无疑存在利用紧急情况侵夺股东权力之可能。第二种事项被排除的原因在一些学者看来可能是“无法解释”[20]的，怀疑立法机关打算在紧急情况下对公司董事会施加不合理限制。

在字面意思上，这一条将紧急条款调试空间狭隘的局限于对公司正常业务流程而采取的特殊化行动，但笔者认为该情况的言外之意有二：其一，对于依据商业常识、公司法规定或者公司自主划定的重大经营事项，董事会不能采取紧急条款中的“简易表决”而轻率处理。其二，如果公司本身明确设置了与公司法不冲突的紧急情况下特定事项处理规则，则应尊重公司自身意识，公司事先安排优先。

（三）小结

自 20 世纪中期以来，紧急章程细则和董事会紧急权力规则的出现及流行为社会危机情况下的公司治理提供了一定的灵活性，使董事会即使身处极端外部环境，也可以确保公司经营井然有序地进行。但现实中，董事会总是自信地认为那些社会紧急公共事件与自家公司治理相去甚远，往往是杞人忧天式的立法徒劳。外加公司法中存在董事会法定紧急权力这一漏洞填补式规则，结果是，与知名上市公司相比，小型公司对紧急章程细则的兴趣不大，如只有少数的俄亥俄州上市公司在章程中作出此类授权。

同时，即使公司制定紧急章程细则，内容也不会超越《特拉华州一般公司法》和《示范商业公司法》中的示范性立法，仅象征性地在公司章程细则中进行文字复制，以至于本应定制化的紧急章程细则在各公司间呈现高度的雷同化。而紧急公司章程细则与董事紧急权力规则所靶向的情形也是片面的，仅涉及社会紧急公共事件对公司董事会会议

---

[20] Keith Paul Bishop, *Does This California Statute Arbitrarily Shackle Corporate Boards in Times of Emergency?*, https://www. natlawreview. com/article/does - california - statute - arbitrarily - shackle - corporate - boards - times - emergency, visited May 19, 2020.

等个别部分的不良影响，这也为日后美国公司法/公司治理在此议题上朝向更为细致化的改革埋下伏笔。

三、世纪之交的美国联邦应急管理局、"9·11"事件与公司应急管理计划

如果说发端于20世纪中叶的"紧急公司法"规则在应对公司紧急危机方面传达出一种官方自上而下的政策贯彻态度的话，那么，在20世纪末，美国公司治理与公司法针对社会突发公共事件所做改革则更多体现出一种民间式的主动回应，商事公司、行业协会同立法者通力协作，共同推动相关政策的制定。而21世纪初以"9·11"事件为代表的诸多恐怖袭击所造成的心理恐慌也作为一股无形力量，倒逼公司主动将应急管理计划纳入企业合规体系之中。

（一）20世纪末《商业和工业紧急管理指南》制定及其特点

1993年10月，美国联邦应急管理局(Federal Emergency Management Agency, FEMA)鉴于每年社会紧急事件给企业、行业带来巨大的生命和金钱损失，为提前限制工伤和损害的发生，并使公司更快地恢复正常运营，故颁布名为《商业和工业紧急管理指南》(Emergency Management Guide for Business and Industry, EMGBI，以下简称指南)的第141号文件，正如指南副标题那样，其旨在为各规模公司的应急管理计划(plan)、响应(response)及恢复(recovery)提供逐步方法。

指南中描述的方法仅是一种供企业参考的建议，不具有强制约束力，具体表现在：第一，制作主体的半官方性质。指南由美国联邦应急管理局制作并得到代表工商业的许多私营公司、行业协会以及社会组织的支持。[21] 第二，对指南的遵守不代表其他义务的免除。公司没有

〔21〕 美国联邦应急管理局在指南前言部分专门感谢了以下组织参与指南的制定，包括：美国红十字会、美国保险协会、国际建筑所有者和管理者协会、化学品制造商协会、肥料研究所、全国制造商协会、全国房屋建筑商协会全国商业建筑商理事会、全国应急管理协调委员会、全国应急管理协会、国家工业委员会—国家协会小组、新泽西工商协会、太平洋电话公司、宾夕法尼亚州紧急事务管理局。

义务报告是否遵守了本指南，同时即使公司遵循了指南中的具体建议、原则，这也不意味着其就免于注册地或营业地的联邦、州或地方法规层面的其他紧急合规要求。第三，对特定问题的主动放权。美国联邦应急管理局在指南前言部分专门提到自身的非监管机构属性，并指出就特定的监管问题应由职业安全健康管理局或环境保护局等适当机构解决。第四，较为抽象的实现机制。在前言部分，美国联邦应急管理局以自嘲口吻谈到在阅读指南前，公司不需要对应急管理有深入了解，需要做的仅是赋予管理者制定计划的权限以及要求后者作出承诺，将应急管理纳入企业文化的一部分。而为保障应急管理措施能得到推广，美国联邦应急管理局的策略是建议公司首席执行官避免过分考虑紧急情况的负面影响（如死亡、罚款、刑事起诉等），转而强调制定应急管理准备的积极好处。〔22〕

在内容特点方面，其更契合公司的经营现实。例如，指南中对“紧急情况”的定义就与“紧急公司法”颇为不同，其与公司经营密切相关，“紧急情况是指可能导致员工，客户或公众死亡或重伤的任何计划外事件或可能会关闭业务、破坏运营，造成人身或环境破坏或威胁到该机构的财务状况或公众形象”。〔23〕 所列举的某些具体紧急事件情形也是贴近工业事故的，如危险品事件、通讯故障、放射性事故、关键供应商或客户的失踪等。在公共事件中所惯常出现的“灾难”一词则被排除指南之外，理由是它构成人们对大型事件（通常是自然灾难）的先入之见。但实际上，任何对公司产生影响的公共事件都必须加以解决，那些对大型企业的细小麻烦可能是小型企业的灭顶灾难。

除内容上更为细致外，指南较先前“紧急公司法”的进步之处还在于——开始流露出将企业应急管理与企业合规规制框架相联结，如强

〔22〕 例如，美国联邦应急管理局在指南中认为如果公司建立起应急管理机制，那么，可获得的好处有：可帮助公司履行保护员工，社区和环境的道德责任；有助于公司遵守联邦、州和地方机构的法规要求；增强公司从财务损失、监管罚款、市场份额损失、设备或产品损坏或业务中断中的恢复能力；减少了事件发生时承担民事或刑事责任的风险；增强了公司在员工、客户、供应商和社区中的形象和信誉；可能会降低公司的保险费。

〔23〕 参见《商业和工业紧急管理指南》第 6 页。

调应急管理计划的内容与联邦、州及地方法律的相适应，包括但不限于职业安全与健康法规、环境法规、防火法规、地震安全法规、交通法规、分区规划规定以及公司政策等。同时，明确表示紧急管理计划优先级可能会受到政府法规的影响，而为了保持合规性，公司需对特定的紧急管理事项做优先顺位处理，否则，其在给定年份可能被认定为较低优先级的活动。

（二）《商业和工业紧急管理指南》的核心内容

指南共计 76 页，给予公司的建议更为详尽且具有高度指引性，甚至可以说是覆盖到公司应急治理的方方面面，主要包括三部分核心内容。

1. 事先准备：应急管理计划的 4 个步骤

首先，公司应根据自身情况、法规要求以及可承受能力组建应急处理团队/组织。采用群体应对的好处是鼓励多元主体参与其中，并增加参与者可付出的时间和精力，提高应急管理计划的可预见性和内容深度，为问题的解决提供广阔视野。成员组成可包括公司高管、人力、普通员工、设备工程与维护、职工安全健康及环境保护、公共关系、公司法务、财务及销售部门等。公司高层应以书面方式任命成员并确定各自所负责的紧急事务内容。

其次，收集公司自身、应急小组所可能面临的紧急事件与损失，并对公司应急管理计划或政策进行漏洞分析，以确定该机构处理紧急事件的能力。在对文件审查方面，可以考量的要素有疏散计划、消防计划、安全与健康计划、环境政策、安保程序、保险计划、财务和采购程序、停工停产政策、员工手册、危险品处理政策、工艺安全评估、风险管理计划、资本改善计划以及互助协议等。同时，企业需基于历史、技术、地理区位、员工失误及成员生理不能等要素准确预测企业可能面临的紧急风险，评估该风险对于公司人力资源、财产及商业运营多方面造成的损失。

再次，制定言之有物的应急管理计划。应急管理计划是公司在社会突发公共事件中的行动纲领，其内容重要性不言而喻。但遗憾的是，如果说“紧急公司法”聚焦的是抽象化公司权力的紧急配置，那么指南所建议的应急管理计划缺乏公司法规则层面的内容安排，反倒聚焦过于细致和琐碎的集中在管理经营的具体流程层面,其内容复杂性从表1中便可感知。

表1　指南中应急管理计划的详尽内容

整体框架	设置目的	具体内容
执行摘要	对应急管理进行简要概述	计划目的;设施的应急管理政策;关键人员的权限与职责;可能发生的紧急事件类型;紧急运营的各响应部门
应急管理要素	简要概括应急管理计划中的核心要素	指导与控制;通讯;生命安全;财产保护;社区外展;救济与恢复;行政和后勤
紧急应变程序	公司应对紧急情况的流程,尽可能将其开发为一系列检查表以供高管、部门负责人等快速查阅	紧急逃生程序和路线;员工疏散前执行或关闭关键操作的程序;疏散完成后对所有员工、访客和承包商的对接程序;指定员工救援和医疗职责;紧急情况报告程序;有关计划信息的联系人员或部门名称
支持性文件	其他文件以支持应急管理计划的实施	电话清单;楼宇及站点地图;资源清单;与其他公司和政府机构的相互协议

最后,应急管理计划的实施、适时完善与更新发展。应急管理计划的实施不仅是在紧急情况下简单地执行计划,更意味着针对漏洞分析提出建议并采取行动,将计划整合到公司运营之中,培训员工并评估计划。应急管理计划必须成为企业文化的一部分,公司要寻找建立意识的机会、教育和培训人员、确立测试程序。应让各级管理层,所有部门和社区参与计划的制定并使应急管理成为公司日常工作的一部分。公司员工需接受某种形式的培训,这可能包括定期的员工讨论会、应急人员使用设备的技术培训、疏散演习和全面演习,提高紧急情况下可能需要的员工技能(如医学、工程、沟通、外语)等。

2. 事中实施:应急管理中的注意事项

在应急管理计划的实施过程中,重点注意建立诸如人身安全、财产保护、通讯和社区外联等应急管理能力。正如表1所示,这些注意事项集中在指导与控制、通讯、生命安全、财产保护、社区外展、救济与恢复、行政和后勤等方面。

指挥和控制在指紧急情况下用于管理资源,分析信息和作出决定的系统。公司需组建紧急管理小组,以控制所有与紧急事件有关的活动。团体的行动往往需要个人的执行,故该小组可以任命紧急事件指挥官,通过分配资源并与社区、媒体、外部响应组织和监管机构进行互动来支持其工作。二者的职权多是在公司法之外的,除指挥紧急事务的处理外,还包括确定紧急情况的长期和短期影响、命令撤离或关闭设施、联络外部组织和媒体以及对外公共外交。公司还可以根据自身情况设立事件指挥系统(部)或紧急运营中心。前者是专门为消防服务而开发的,提供协调响应、清晰的命令和安全操作链。后者则是应急行动的集中管理中心,供决策者在紧急情况下聚集并根据所提供的信息作出决策。

通讯联络对任何业务运营都必不可少。通信故障本身就可能就是一种灾难,切断公司重要的业务活动。公司在社会突发公共事件中需要通信设备来报告紧急情况,警告人员危险,协调响应行动并与客户和供应商保持联系。保障公司成员的安全与健康是紧急事件中的首要任务。为此,公司必须制定好疏散计划,明示疏散路线与出口,确定疏散区域和预留的紧急安全和安置区域。在财产方面,一旦发生紧急情况,保护公司财产、生产设备及重要文件记录等对于日后的恢复至关重要。

公司毕竟不是应对社会突发公共事件的专业人士,故使外部组织参与应急管理计划,积极保持与所在社区的关系将深刻影响公司保护成员和财产并恢复正常运行的能力。因此,公司需时刻与社区管理者、急救人员、政府机构及公共/公益组织保持对话。公司可以在共同利益的基础上同这些外部组织签署互助协议来确定救援类型、程序及手段等,从而避免紧急情况下的混乱与利益冲突。

灾后损失的救济与经营秩序、业务恢复直接关系到公司命运。为此,企业应考虑与合同相对方重新协商合同条款,降低违约风险,与保险公司会面讨论损失的救济和业务恢复政策。值得注意的是,指南在该部分同样注意到社会突发紧急事件中公司董事、高管可能无法履职的情形,故建议公司法务参考"紧急章程细则",建立核心职位继任、管理人员替补以及设立临时总部等制度安排。

3. 公司可能面临的特定危害之处理

指南的第三部分提供了一些有关火灾、危险物泄漏、洪水与山洪、飓风、龙卷风、地震、技术故障等最常见危害的信息及处理手段。鉴于各种风险的应对策略有所不同,故在此不再赘述。但从整体而言,指南的建议可概括为:考察各法规对本灾难的合规要求→根据灾难特点定制应对方案→注重灾难前期预警→借助公私合力共同解决。

(三)公司应急管理计划的制度漏洞、"9·11"事件的新挑战及未来改革

制定于20世纪末的应急管理指南为公司处于紧急事件提供了周全的策略和原则,以最大限度地减少公司损失,并有效地克服社会紧急危机对公司治理打带来的挑战。社会突发公共事件无疑会威胁公司运营,故企业高管预先准备、实施全面的应急管理计划更是明智之举。但无论是从其建议的内容还是从实施机制角度来看,美中不足之处有三:

其一,公私利益的分野导致指南的制定、实施只能沦为公司独秀。尽管指南强调公司在制定、实施应急管理计划时应与政府机构、社会组织等通力合作,并建议公司以"共同利益"为筹码,吸引外部主体参与其中。但公共利益与商业利益的分野是必然存在的,而公司应急管理计划所试图解决的问题也远远超出了政府等公权机构所关心的范围。

其二,重制定、轻更新的对待方式使公司在新型社会突发公共事件中仍会无措。指南中将制定、实施、更新视为3个同等重要的步骤、阶段,但维护和更新该计划通常被认为是低优先级的,同时要使应急管理计划保持最新状态,还需要投入大量时间成本与金钱成本。当高管转向公司经营中更为紧迫的现实问题时,他们可以更加合理且乐观地认为那些灾难、紧急行动与自身公司相去甚远。最终结果是,现实中商业公司总秉持一种"迟到总比没有好"的心态,注重前端制定而忽视尾端更新。

但自进入21世纪以来,一些新的社会突发公共事件表明更新这些计划非常重要。例如,2000年,震惊公众的"9·11"事件迫使美国公司法学界和商业精英反思先前一劳永逸的应对社会突发公共事件的禀赋方式,共识认为拥有一个结构合理的应急管理计划不应是最终状态,随着时代的发展,其必须予以填充新的内容,如前述指南中并没有列明恐怖主义这一新型社会公共突发事件。晚近福岛第一核电站核泄漏、墨西哥湾漏油事件、"新冠"肺炎病毒暴发等突发公共事件更是为公司应急管理计划的内容更新提出更高的要求。

其三,停留在软性的建议、倡导层面,未正式纳入公司合规体系。虽然指南中频繁提及公司合规,但制定者强调的是应急管理计划的内容与其他外部文件之间的相互协调,并没有将计划的制定视为公司合规的关键一环。深层原因在于——在过去的时代背景下,应急管理计划对于公司治理来讲仍是一种锦上添花而非雪中送炭之举,故恰如其名,应急管理计划也只能是一种倡导性指南。

但在当今世界,自然性灾害的暴发已越发频繁,人为引起的社会性公共事件更有可能随时发生。故结合公司治理规则适用机制的最新发展趋势,采用遵守或解释的处理方式无疑是在尊重公司自治前提下,确保应急管理计划更切实可行,赋予其生命力的重要手段。简言之,可将公司应急管理计划纳入公司合规体系之中,要求公司在公司章程或信息披露报告(如公司的季度报告、年度报告)中表明其是否制定了本公司应急管理计划,如果没有,则需进行披露并说明未制定的理由。

四、美国晚近"抗疫"公司法、公司治理与应对思路革新

(一)"新冠"肺炎疫情中公司法、公司治理的应对思路的革新

既往公司法与公司治理改革所针对的社会突发公共事件都被假定是来去匆匆的,即突然发生,持续状态、对公司治理影响时间较短。因而,相应的防御措施也多具有临时性、过渡性及紧急性等特点。但2020年,"新冠"肺炎在全球暴发,感染人数不断激增并持续至今,为公司法和公司治理的应对提出了新挑战:一方面,国家及地方层面人员隔离、禁止集聚等强制性政策使先前面对面式的公司会议(如股东大会及董事会会议)召开、商业决策方式已然不可能。另一方面,当社会紧急状态长时间存续时,继续实施既定的如管理层任免等易于导致公司治理变动的事项就会付出较高成本,加重公司不稳定状态,先前"紧急公司法"及应急管理指南中的一时性措施对此类事件的应对就稍显不足。

从回应思路、理念上看,如果说立法者在20世纪"紧急公司法"规则

的制定中贯彻了一种当社会突发公共事件暴发时,董事应认识到公司遭受的特殊风险及所处的极端不确定运营状态,确保公司治理针对性改变的应变思路的话。那么,尽管特定情况下,采用这种被贴上“临时干预规则”标签的措施是必要的,但对规则的设计、适用仍应秉持谨慎态度。到21世纪初,虽然应急管理指南开始强调事前预防常态化并与公司合规密切相连的理念处理社会突发公共事件对公司造成的负面影响,但这种游离于公司法正统规则的措施仍扮演合规负担的角色,降低了公司主动设置的兴趣。

故从“新冠”肺炎疫情的自身特点和先前应对机制功能不足的双重角度来看,革新公司法、公司治理对社会突发性公共事件的应对思路迫在眉睫,这其中就要处理好以下几对关系:

第一,应对机制的时代创新与适应成本。每个时代都有着特定的主题与矛盾,这其中更是孕育了公司应对社会突发公共事件的工具与手段。比如,对于那些发生在互联网时代的紧急事件,应对措施无疑需与网络相结合。但任何应对机制的创新都会带来适应成本,这就必须处理好收益与成本之间的关系,正如以往的教训,应急管理指南过于详细的内容反倒打消了公司的积极性。

第二,短暂性与长期性。临时干预规则/措施仅应在特定情况默认适用,并在紧急状态、事件结束后自动失效。为此,所有紧急措施应有一个根据事件类型不同而由公司在章程、章程细则中自行设立的明确且合理的日落时间或结束日期,同时赋予董事权力来根据情况发展适当延长其有效性及存续期间。

第三,有限偏离与成比例性。毋庸置疑,无论是紧急公司法还是紧急公司治理实践,都不可以过多偏离常态化下的公司治理与公司法规则,欲实现的应对社会公共危机目的要与所采用的手段相称且成比例。这就意味着应有限偏离正常情况下所适用的公司法。但当公司因紧急事件而处于生存危机边缘时,往常公司法的合理规则可能会成为致命限制。因此,这时规制重点应该放在改变那些影响公司生存的规则之上。在遵循生存至上的必要原则时,应对那些妨碍公司存续的事项实施快速决策程序(如简化股权和债务资本的注入)。甚至有学者认为,立法者可以更有效地但也更具侵入性地引入新的“主权违约”。理由是,在公司成立或上市时，股东并未将注意力集中在疫情流行之上，否则大多数公司也本应会选择更为精简的决策流程或授予决策者更多的自由裁量权。[24]

第四，自治性与强制性。公司采用何种危机应对模式、策略是自决范畴，故无论是立法者还是最佳公司治理实践的推动者，其需要做的是给出一套可供参考的机制供股东会或者董事会自由选择进入紧急规则范畴或选择退出从而回归到正常公司法规则中。但当董事忽视风险，选出退出而有悖于社会公共利益或者股东共同利益时，那么在这种极端情况下，“选择进入”就成为一种强制性安排。

（二）美国“新冠”肺炎疫情中公司法/公司治理的具体新应对策略

当带着上述思路审视公司在“新冠”肺炎疫情的“抗疫战”中具体行为时，一些彰显上述新应对理念的措施已经出现，且为进一步创设新的规则以战胜疫情提供了启示与思路。

1. 融入时代工具且降低适用成本的“电子公司法”

为限制股东之间的接触，包括美国在内的多国都规定了在“新冠”肺炎疫情期间可以采用虚拟股东大会以替代传统面对面的会议召开方式。具体而言，在通知或会议召开之日，由于健康原因或行政命令限制或禁止召开现实聚集的股东大会，那么，大会召集人可以决定通过视频、电话或网络协助的方式，在无人在场的情况下举行会议。此种情况下，股东应按照公司章程中规定的方式（如投票表格或表决权代理）进行投票。同样，由于疫情防控需要，为减少人员聚集和接触，很多中国企业采用通过钉钉、飞书、企业微信、腾讯会议等方式召开董事会、股东会网络视频会议。但有时形式要求会决定实质质量，当公司会议缺乏情境感时，会议通知形式较为随意、没有通知全部股东参会、临时决议事先没有通知的事项、没有会议记录、会议记录没有经参会人员签字确认、代签会议记录且事后尚没有经股东本人认可、董事会决议内容超越自身权限等问题就会随之而来。[25]

---

〔24〕 Enriques, Luca, *Pandemic – Resistant Corporate Law: How to Help Companies Cope with Existential Threats and Extreme Uncertainty During the Covid – 19 Crisis*, European Company and Financial Law Review, p. 18.

〔25〕 参见陈小利：《疫情期间公司会议组织的法律风险与防控》，载 http://www.wmtv.cn/article/202002/20200226230241978 6.html，2020 年 8 月 14 日访问。

2. 凸显有限偏离与长短可控的“休眠治理”

在公司治理方面,“新冠”肺炎疫情的长期性已促使公司监管部门颁布法案,授予公司采用“休眠治理”,即公司可以暂时执行如新股发行、控制权防御、股票分红等易于导致公司不稳定的事项。在立法实践上,美国等国家纷纷颁布临时法案,允许对公司治理中本应更迭事项的自动化延续或暂缓实施。比如,在“新冠”肺炎疫情期间,到期董事、高管可继续留任、年度审计报告可以延期提交、年度股东大会延期举行等。

3. 避免挂一漏万的董事义务适当扩张

根据商业判断规则理论,一个董事会可免责的公司决策由信息充分收集、董事善意行为及董事会程序合法 3 个部分组成。但是,当各类社会突发公共事件暴发时,信息充分收集的成本远远大于平时,而会议程序也因诸多外力因素无法顺利进行。最终,董事不得不在极端不确定的经济环境、社会环境中匆忙进行商业决策,这就很容易遭致股东、法院等事后追责而不愿采取改变现状的行动。因而,在社会突发公共事件中,董事会最安全的决策、行动状态就是不作为。

但如前文所指出的那样,董事对于社会突发公共事件的任何消极不作为都会使公司、股东遭受利益损失(如股价下跌)的惩罚。在公司法意蕴上,这一问题自然转化为管理层应将对社会突发事件的处理融入公司日常商业决策和风险防范之中。为此,管理层自身必须秉持负责任的领导观,认识到紧急事件对公司治理带来的机遇与挑战,建立一整套公司内部处理机制来降低商业风险。如果管理层在公司内部疫情防治或类似紧急事件处理方面消极懈怠,对公司利益产生不良影响,那么,则可以根据公司法中的信义义务规则,追究管理层的勤勉义务失职之责。

结　语

当前,对于社会突发性公共事件负面影响的治理及应对措施大多走向了公法、社会治理层面,就公司如何应对社会突发公共事件的研究并不多。公司法、公司治理所试图解决的往往也是一个处于公共环境稳定,社会秩序井然的外部环境下公司运营所产生的问题。但社会突发公共事件必然会再次暴发，如果公司就此缺乏一个全面而有效的应对策略，那么，由此带来的治理危机和利益损失也难以避免。

从20世纪50年代冷战事件，到世纪之交震惊瞩目的“9·11”恐怖袭击事件，再到晚近“新冠”肺炎疫情的全球性大流行，美国商事公司基于社会突发公共卫生事件所实施的能动型回应相应经历了公司法文本规则和公司治理商业实践层面的双重衍生路径，所选择的“紧急公司法”“应急管理指南”“电子公司法”等阶段性策略也恰恰成为在此议题上颇具全球借鉴性的经验、智识。故根据此建立一个紧急回应机制，不仅可以保护企业自身利益，甚至为间接战胜此次疫情发挥重要作用，提供新的思路与方法。

（编辑：邹露）

《证券法苑》(2021)
第三十二卷,第208~230页

美国共益公司法之评析

朱　圆[*]　蔡　颖[**]

摘要:共益公司是美国立法者为了适应社会企业发展的需要,在传统营利企业的基础上改良而成的组织形式。相对于传统营利性企业,此类企业形式在企业设定的经营目标、董事的法律义务和信息披露制度等方面均有重要变革。鉴于社会企业的发展有助于推进社会公益事业的进步,我国应当借鉴美国共益公司法的基本立法经验,特别是其所创建的引导社会企业平衡社会公益与股东利益的法律规则,构建和完善我国的社会企业法。

关键词:共益公司　董事义务　信息披露　社会企业

引　言

随着社会的发展,公民和企业的社会责任意识不断增强,一些企业家的运营理念亦发生重要转变,他们开始追求股东利益最大化之外的社会公益目

---

* 福州大学法学院教授,法学博士。
** 福州大学法学院硕士研究生。

标。然而，传统以营利为单一经营目标的企业形式限制了社会企业家们追求双重目标的意愿，况且，一味强调股东利益最大化的传统企业发展模式不利于整个社会的长期健康稳定。鉴于此，综合了营利性和非营利组织特点的社会企业在世界范围应运而生。从欧洲大陆广泛存在的社会合作社形式，到 2010 年开始出现的英国社区利益公司（Community Interest Company），以及美国近年蓬勃发展的共益公司（Benefit Corporation）、低利润有限责任公司（Low Profit Limited Liability Corporation）、灵活目的公司（Flexible Purpose Corporation）和社会目的公司（Social Purpose Corporation），社会企业在世界范围正进入加速发展阶段，形式日益多元。这些社会企业组织形式各有特色，且均以确保企业的社会责任承诺具有法律执行力为核心目标，力求为企业社会责任承诺提供法律保障。

虽然我国尚未针对社会企业构建专门立法，滞后的立法进程在一定程度上阻碍了社会企业在我国的发展步伐。美国的共益公司是在美国最广泛使用的社会企业形式，是美国社会企业立法的典型代表，也是在世界社会企业立法界和学术界受到最广泛关注的企业形式，域外学者关于美国共益公司法律规则的研究数量繁多。[1] 而我国学者的相关研究成果则显得单薄和稀缺，仅李艳老师公开发表一篇以探讨美国共益公司法为主题，但篇幅较短的学术论文，[2] 国内其他研究成果均仅简单提及共益公司的若干片段。[3] 对美国共益公司法律制度研究

〔1〕 See Rick Alexander, *Benefit Corporation, Law and Governance, Pursuing Profit with Purpose*, Berrett – Koehler Publishers, Inc., 2018; Mark J. Loewenstein, *Benefit Corporations: A Challenge in Corporation in Corporate Governance*, Bus. Law (2016); Nancy B. Kurland, *Accountability and the Public Benefit Corporation*, Business Horizons (2017).

〔2〕 参见李艳：《美国共益公司法律制度及其对我国的启示》，载《北京电子科技学院学报》2018 年第 1 期。

〔3〕 具体论述可参见姚瑶：《公司型社会企业的中国化：法律定位与监管逻辑》，载《河北法学》2019 年第 7 期；郑夏蕾：《中美社会企业法律规制比较研究及对中国的启示》，载《科学·经济·社会》2015 年第 3 期；王世强：《美国社会企业法律形式的设立与启示》，载《太原理工大学学报》（社会科学版）2013 年第 1 期；余晓敏：《社会企业的治理研究：国际比较与中国模式》，载《经济社会体制比较》2012 年第 6 期；董蕾红：《社会企业法律制度研究》，知识产权出版社 2020 年版；等等。

的不足显然不利于我国比较和汲取域外立法的宝贵经验。为此,本文力求较全面探索美国共益公司组织形式的核心内容、立法特色及其不足,特别是,其如何为企业寻求社会公益目标构建保驾护航的法律机制。本文还将基于对美国《示范共益公司法》和特拉华州《共益公司法》的比较分析,提出对我国借鉴美国共益公司法的若干建议。

一、社会企业的晚近勃兴

(一)社会企业的界定

在全世界范围内,"社会企业"一词的含义尚未形成共识。传统的企业组织形式大致可以分为两类:营利性企业和非营利性企业。营利性企业以追求股东利益最大化为经营宗旨,而非营利性企业一般设立了某慈善目标作为经营目标。作为两者的综合体——社会企业,则同时设定了社会公共利益和经济利益的双重经营目标。社会企业也可以称为"营利型社会企业""混合社会企业""混合价值组织""第四部门组织"[4]等。此类企业的投资者、所有者包括创始人,可以从企业股权的转让中获得收益,也可以在企业剩余资产清算中得到收入。虽然社会各界尚未对如何精准界定社会企业达成共识,但学界普遍认为,社会企业是以营利事业为载体和支撑,致力于实现营利和社会公益双重经营目的的企业。

(二)社会企业兴起的社会根源

近几十年来,社会企业之所以能在世界范围得到迅猛发展,有其社会根源。有人认为,2008 年的国际金融危机、近年的自然环境恶化,以及相继出现的企业损害社会公共利益的经济丑闻,首先应归咎于传统公司过度强调股东财富的价值理念。对此,评论家指出,现在是企业家们反思传统利润至上的经营理念,并将可持续发展目标置于企业经营

---

〔4〕 将社会企业视为公共部门、营利部门、非营利部门之外的第四部门。

战略中更显要位置的时候了。[5]

而如果立法者完全把企业未来变革的希望寄托于传统非营利企业,恐怕他们的希望将会落空。因为非营利组织在经营过程中时常面临运营资金不足而筹资渠道受限的困境,社会愿意投资于非营利组织的资金较为有限。且由于缺乏营利指标的约束,非营利组织的管理者改善企业治理的动力不足,从而致使企业管理效率低下、经营战略失误情形时有发生。此外,由于缺乏公开透明的信息披露机制,非营利组织的社会公信力不足。

为修正传统公司以股东利益最大化为经营终极目标的实践,强化企业的社会责任担当,20 世纪 90 年代以来,美国三十多个州在其公司法中制定了"利益相关者条款",该条款允许董事在决策过程中考虑公司利益相关者的利益。然而,美国公司法中的利益相关者条款并无强制约束力,董事在决策过程中是否以及在多大程度上考虑公司利益相关者的利益均在其自由裁量范围。换言之,公司的社会责任能否得以履行并无法律强制约束力作为保障机制。[6] 为此,立法者试图推进公司法条款的进一步社会化,从而努力为公司更实质性承担社会责任提供制度支持。

二、美国社会企业运作的组织形式

社会企业并不依赖于任何特定的组织形式,任何组织形式均可以作为企业家运作社会企业的组织形式支撑。另外,为社会企业量身定作专门的企业组织形式,有助于为企业的运作助力。就美国而言,除共益公司外,以下均为新近十多年间出现的专门为社会企业发展而设计的组织形式:经非政府组织认证成为 B 型企业(保留企业传统组织形式)、低利润有限责任公司、灵活目的的公司、社会目的的公司等。值得注

---

〔5〕 See Joseph W. Yockey, *Does Social Enterprise Law Matter*, University of Iowa Legal Studies Research Paper Series, 2014, p. 771.

〔6〕 朱圆:《美国公司法中的社会责任条款探析》,载《山东科技大学学报》(社会科学版)2008 年第 5 期。

意的是,这几种组织形式一方面经历了从公司法中的软条款到非独立法律组织类型,再到独立的组织类型的变迁过程;另一方面,这几种组织形式正同时并存于美国当代的公司实践中。

(一)共益公司

共益公司是本文的研究重点,其最初诞生于2010年4月的马里兰州,截至2020年10月,美国共有37个州和哥伦比亚特区通过相关法规,另有4个州正在开展立法工作。[7] 和所有的社会企业一样,共益公司致力于通过市场力量来解决社会和环境问题,实现公共利益,被认为是最具有发展前景的实体形式,但这一形式也随着许多争议,后文将会对此进行说明。

(二)经认证的B型公司

2006年,位于宾夕法尼亚州的B Lab[8]构建了一种认证体系,授予符合条件的公司以B型公司(B Corporation)的"认证标识"。成为B型公司需要通过三个环节:第一,通过B影响力评估(BIA)[9]测试,此类评估不仅评估公司所提供的产品和服务质量,而且评估公司在社会责任、雇员、消费者、社区和环境等方面的整体影响力。由于B影响力评估是针对过去一年内公司各方面绩效表现进行评估,因此,只有成立一年以上的公司才有资格申请认证。第二,形式要求,通过B影响力评估后,B Lab会根据公司的组织形式给予公司一定的宽限期,在这个期限内,公司需要根据B Lab的要求修改章程,将服务利益相关者利益和社会福利作为长期目标,与公司经营活动紧密联系起来。第三,核查,公司需要在B Lab安排的评估审查之前提交相关的资料和文件以证明在B影响力评估中一些调查的真实性,目前验证通过的周期一般是6~9个月。被授予认证的公司可以在日常经营活动中使用B型公

---

〔7〕 参见 https://benefitcorp.net/policymakers/state-by-state-status,2020年10月31日访问。

〔8〕 B Lab是非营利性组织,致力于将商业组织作为推动社会发展的积极力量,其工作主要包括B型公司的认证、B影响力评估标准的管理以及类似于共益公司等公司管理结构的倡导工作。

〔9〕 B影响力评估是一个免费的评估平台,根据公司的规模及市场方向提供一份约有200个问题的调查问卷,申请认证的公司在评估中获得80分以上并经过B Lab验证后即为通过。

司的标志，获得 B Lab 的服务和支持，但同时也要接受 B Lab 的监督和管理：除了需要在 B Lab 网站上公开 B 影响力报告外，B Lab 每年会随机选择 10% 的 B 型公司进行现场检查。不仅如此，B Lab 每三年会对被评估企业重新评估，以考察是否维持 B 型公司的认证。[10] B 型公司实际上是对已有的营利性公司在社会绩效方面的认可，它并不是一种新的实体形式。B 型公司在被认证后是否能维持其对社会和环境的贡献，很大程度上取决于 B Lab 的监管能力和 B 型公司的自我约束力。

（三）低利润有限责任公司

2008 年美国佛蒙特州通过相关法案，率先从法律上认可了低利润有限责任公司（low profit limited liability company，L3C）的特殊主体地位。此后美国多个州也认可了低利润有限责任公司的法律地位。低利润有限责任公司实质上是有限责任公司[11]的一种特殊形式，运营具有很大的灵活性。低利润有限责任公司的设立旨在鼓励投资者投资于一个或多个致力于实现慈善目标的投资基金，并按投资者对投资风险偏好和对社会公益要求的不同，将投资者划分为低级、中级和高级三种类型，通过投资组合安排以吸引到尽可能多的资金。低利润有限责任公司在一定程度上满足了企业家们对于社会企业形式的需求。

美国《国内税收法》规定了私人基金会[12]如欲享受免税待遇，每年需要为慈善活动贡献的最低出资额度。[13] 大多数私人基金会倾向于选择向慈善机构投资，但非营利组织无法向投资者分配利润，而低利润有限责任公司则不同，低利润有限责任公司有明确的慈善或教育目标，并且可以向投资者分配一定的利润，所以，私人基金会希望可以通过参与“与项目相关的投资”（project related investments，PRIs）向低利润有限责任公司投资，以此来满足法律的最低额度要求，同时能够获得投资利润。

---

〔10〕 参见 https://bcorporation. net/certification/meet - the - requirements，2020 年 10 月 31 日访问。

〔11〕 在美国，有限责任公司（limited liability company）是兼具投资者的有限责任与合伙组织形式特征的企业形式，政府仅对此类企业的投资者收取所得税，而企业本身免缴所得税。此类企业具有经营灵活的优势，投资者可以根据自己的需要设置章程条款和企业运行机制。

〔12〕 美国 Internal Revenue Code § 501（c）（3）规定的免税主体。

〔13〕 美国 Internal Revenue Code § 4249（e）。

(四)灵活目的公司和社会目的公司

灵活目的公司与社会目的公司均是美国个别州使用的社会企业形式。

2011年10月9日,加利福尼亚州通过法案,确立了一种新的公司实体形式——灵活目的公司(flexible purpose corporation,FPC),该法要求灵活目的公司必须是为了慈善目标或是基于一个或多个特定的对雇员、供应商、消费者、债权人、社会和社区以及环境产生积极影响的目标而成立。与低利润有限责任公司不同,灵活目的公司并不受"低利润"的限制,即公司不必将慈善或社会公益目标置于获取利润目标之上,这对于投资者而言更具有吸引力。作为追求公共利益的企业形式,灵活目的公司同样负有提供相关资产运营报告、披露相关信息的义务,但是这一组织形式的名称所显示的"灵活性",其作为企业的核心特征,既是这种组织形式的特有优势,但同样也带来了一些问题:相关立法对于灵活目的公司的信息披露义务和信息透明度没有设立严格要求,这使灵活目的公司更容易出现"漂绿"(green washing)[14]问题,从而破坏了构建该实体形式的立法目的。

2012年3月,华盛顿特区通过法案,认可了另一实体的法律地位——社会目的公司(social purpose corporation,SPC)。社会目的公司与灵活目的公司很相似,有权将一个或多个特定的社会目标作为公司发展的宗旨。但是,同样地,法规对于社会目的公司提供的信息披露要求没有特别的限制,投资者们只能依赖企业所提供的自愿、无明确标准、不受监管的信息披露报告来了解公司从事社会公益事业的情况,这一现实让社会目的公司和灵活目的公司不能有效地实现公司的混合价值目标。

三、美国共益公司法的核心规则

共益公司是美国立法者在传统营利公司法基础上,为应对社会企

[14] 《牛津英语词典》对"漂绿"的解释是机构为展示对环境负责的公共形象而宣传虚假信息。

业发展而加以改良创建的公司形式,是美国社会企业的主要法律形式。共益公司的概念几近等同于社会企业的概念。以特拉华州《普通公司法》为例,该法将共益公司界定为"旨在创造一种或多种公共利益,以负责任和可持续方式运作的营利企业"。[15] 其实,无论从企业运行变化角度抑或企业目的变化角度,我们都可以看出,共益公司既不是非营利性企业,也不同于传统的营利企业,作为一种新型的组织形式,其具有追求公共利益的使命要求,并且在决策的过程中将社会公共利益纳入考虑范围,其实质是旨在为对社会和环境创造积极影响的营利性公司。

尽管美国已通过共益公司法的各州对于共益公司的法律要求并不完全一致,但相关立法均包括以下核心规则。

(一)要求公司担负营利与服务社会的双重使命

一直以来,股东利益至上的原则束缚着营利企业追求社会福利的目标,而共益公司法明确规定了共益公司追求双重使命的性质。例如,《示范共益公司法》规定,"除一般公司法中公司营利目的规定之外,共益公司的目的是创造公共利益"。[16] 除了实现一般公共利益的法定义务外,共益公司还可以在章程中表明其所追求的某一项或某几项具体公共利益目标。作为社会企业的形式之一,追求双重使命是共益公司区别于其他营利性企业的最显著特征。

此外,各州公司法还规定,一般公司法律规则同样适用于共益公司,如特拉华州[17]、马里兰州[18]等。换言之,在法律适用上,除共益公司法另有规定外,共益公司的经营行为受一般公司法律规则的调整。

(二)董事承担信义义务对象的扩张

由于共益公司将追求社会公共利益作为经营主要目的,这就要求董事在决策过程中将实现公共利益作为重要考虑,董事的决策不能仅考虑股东的经济利益,还需要考虑更广泛的利益主体的利益。

---

〔15〕 Delaware General Corporation Law § 362(a).

〔16〕 Model Benefit Corporation Legislation § 201(a).

〔17〕 Delaware General Corporation Law § 368.

〔18〕 Maryland Corporations and Associations § 5-6C-02.

（三）强化信息披露要求

随着社会责任、环保等理念在市场中愈加流行，越来越多的公司用“绿色”“低碳”“公益”“可持续”等词汇为自己包装，这其中不乏夸大甚至伪造自己的社会或环境绩效的“漂绿”型公司。共益公司法需要对社会企业设定高于一般企业的透明度要求，这既便于消费者和投资者识别共益公司，也为共益公司持续坚守双重使命，尤其是坚持追求公共利益提供保障。另外，由于共益公司管理层不以营利最大化作为考核其业绩的指标，对管理层履职的监管在更大程度上依赖于信息披露制度。这就要求共益公司履行更细致的信息披露义务。

四、美国《示范共益公司法》的主要内容

目前美国各州共益公司法内容不尽相同，但大多数州通过的法案都以《示范共益公司法》（以下简称《示范法》）作为范本，在示范法的基础上起草相关规则。《示范法》的制定对于引领美国共益公司法的发展起着十分重要的作用。具体而言，《示范法》主要包括6项内容。

（一）将寻求公共利益纳入公司经营目标

作为社会企业的一种形式，共益公司区别于传统公司形式最核心的特征就是为实现一般公共利益而设立，而所谓“一般公共利益”，是指能对社会和环境产生重大、积极影响的事项。[19] 并且，示范法规定应当由第三方设定标准，用以初步认定共益公司所追求的目标是否为公共利益目标，并由第三方对公司的社会和环境绩效进行界定、报告和评估。另外，法律鼓励共益公司追求更多的“具体公共利益”，包括：（1）为低收入的个人及社区提供福利产品或服务；（2）除在正常的业务过程中为个人或社区创造就业机会外，更要提供经济机会；（3）保护或恢复环境；（4）改善人类健康；（5）促进艺术、科技或知识的进步；（6）为造福社会或环境的实体增加资金流；（7）为社会或环境提供其他特殊

〔19〕 Model Benefit Corporation Legislation § 102.

利益。[20] 共益公司所担负的使命要求共益公司的运营必须从整体上对社会和环境产生实质性的积极影响。但事实是，大部分公司都无法避免对环境产生或多或少的负面影响，而且，多数情况下，对环境有利的举措可能对社会有害。例如，如果关闭由不可再生燃料驱动的工厂，工厂关闭将引发失业，进而对家庭、当地社区和其他企业产生负面影响，因此，实现一般公共利益实际上是一个不现实且相互矛盾的义务。

另外，《示范法》鼓励共益公司设定并寻求具体公共利益目标，在一些学者看来，这样的规定实质上是教条主义的表现。[21] 学者主张，如果一家公司仅为了某一具体公共利益而设立，那么其不应获得共益公司身份，因为实现一般公共利益目标是所有社会企业都应承担的基本义务。对于《示范法》所凸显的一般公共利益和具体公共利益目标的冲突，许多学者持相同观点，认为这是《示范法》观念僵化的副产品。[22]

此外，如果共益公司希望在其经营目标中取消、修改或是增加一项具体公共利益，可以通过修改公司章程以实现这一目的，但必须由持有2/3以上表决权的股东赞成该决策。这在一定程度上保证了公益目标的稳定性，使公司难以随意修改或放弃公共利益目标。

（二）确保公共利益得以强制实施的诉讼机制

作为一种新型的公司形式，共益公司有其特有的公司目标，董事、高管的义务也与一般营利性公司有所不同，因此，股东在此类公司可以使用的救济方式除了传统的股东直接和派生诉讼外，《示范法》还规定了一种特殊的诉讼形式——利益执行程序（benefit enforcement proceeding），即当公司、董事或高管未对实现公共利益目标付诸应有努力，或存在其他违反《示范法》相关规定的行为时，公司可以自行提起诉讼或由董事、持有或实际持有共益公司已发行股份2%以上的股东个人或团体、持有或实际持有共益公司的母公司已发行股份5%以上的股东个人或

〔20〕 Model Benefit Corporation Legislation § 102.

〔21〕 Mark J. Loewenstein, *Benefit Corporation Law*, U. Cin. L. Rev., 2016, p. 381.

〔22〕 Mark J. Loewenstein, *Benefit Corporations: A Challenge in corporation in Corporate Governance*, Bus. Law., 2016, p. 1007.

团体提起诉讼。[23] 由此可以看出,利益执行程序是共益公司所特有的,由公司以直接诉讼的形式或由董事、股东以派生诉讼的形式,针对公司、董事以及高管未积极创造或实现一般或具体公共利益而提起诉讼的一项诉讼机制,本质上是为了保障共益公司形式的"共益性"而设置的一种问责机制。

从追求集体性利益角度来看,利益执行程序可以看作派生诉讼的一种类型,但两者并不完全相同。首先,利益执行程序的原告无法通过提起诉讼要求公司给予经济赔偿,[24]这也就意味着利益执行程序的主要作用是通过诉讼的方式强制公司、董事、高管积极作为或是不作为。其次,《示范法》并未规定提起利益执行程序的前置程序,减少了派生诉讼固有的、烦琐的程序限制。最后,《示范法》扩大了有权提起利益执行诉讼的原告范围,将原告范围从普通派生诉讼的股东扩展至董事以及持有母公司5%以上股份的股东。尽管如此,利益执行程序仍坚持了派生诉讼的重要特点——对原告资格的限制,这在一定程度上减轻了企业对于成为共益公司而需要面对大量未知诉讼的担忧。

(三)对董事施加寻求公益目标的法律义务

《示范法》要求董事在为股东谋利的同时,还必须承担另一项义务,即考虑决策对公司章程所设定的公益目标,特别是对其他利益相关者的影响。[25] 很明显,这项规定使《示范法》比美国传统公司法中的利

[23] Model Benefit Corporation Legislation § 305(a):"一般规则。除利益执行程序外,任何人不得就公司及其董事、高管存在以下行为提起诉讼或主张索赔:(1)未能追求或创造其公司章程中声明的一般公共利益或具体公共利益;或者(2)违反本章规定的义务,职责或行为标准。"Model Benefit Corporation Legislation § 305(c):"原告资格。利益执行程序只能通过以下途径提起:(1)共益公司直接提起诉讼;(2)依照《公司法》的相关规定提起派生诉讼:(i)在所诉的作为或不作为行为发生时,至少持有或实际持有已发行股份2%的个人或团体;(ii)董事;(iii)在所诉的作为或不作为发生时,至少持有或实际持有共益公司的母公司已发行股票5%的个人或团体"。

[24] Model Benefit Corporation Legislation § 305(b):"公司责任限制。共益公司不因未追求或实现一般公共利益或具体公共利益而承担经济赔偿责任。"

[25] 《示范共益公司法》§ 301(a)规定董事应考虑的因素包括:(1)员工、子公司及供应商;(2)作为一般公共利益或具体公共利益的受益人的消费者;(3)共益公司及其子公司、供应商所处的社区;(4)当地和全球环境;(5)共益公司的短期和长期利益,包括共益公司从长期计划中可能累积的利益以及利用这些利益维持共益公司独立性的可能性;(6)共益公司实现一般公共利益和具体公共利益的能力。

益相关者条款更能为公司追求公共利益提供有力的法律保障。但需要注意的是,虽然共益公司董事所承担的信义义务对象扩大到公司的利益相关者,但并没有涵盖更大范围的公共利益的受益人,这也是公共利益的受益人无权就企业共益公司无法实现公共利益而提起利益执行诉讼的原因之一。

从《示范法》的条款来看,其在明确董事须考虑多元利益相关者利益的同时,既取消了传统公司法中股东利益优先的规定,也没有设定董事在决策过程中需要优先考虑的利益主体。换言之,该法条要求共益公司董事力求平衡多个主体的利益。示范法中董事信义义务的这一规定似存在过于笼统的弊病。

需要指出的是,共益公司法中的董事条款只是要求董事考虑广泛的利益相关者利益,却未对董事决策的结果做出特别规定,即未对董事决策的内容做特别要求。[26] 特别是根据《示范法》,董事不因未追求或未实现一般公共利益或具体公共利益而承担个人责任。[27] 就这点来看,《示范法》参考了传统公司法的立法精神:法庭对董事和股东利益的保护方式不以董事决策的实质内容为出发点,而是力求确保董事在决策过程中遵循其信义义务,以经营判断规则作为董事决策的司法审查标准。[28] 这是非常重要的一点,它为董事的决策提供了有力的法律保护。

(四)年度信息披露报告中的公共利益内容

营利性企业一般通过发布财务报告,以向社会公众披露企业的营利状况,但对于包括共益公司在内的社会企业,外界无法通过财务报告了解企业在实现社会公益目标方面所做出的努力。因此,《示范法》对公司设定了提供社会公共利益报告的义务,以便社会公众借此了解公司以及董事在实现社会公益目标方面所付诸的努力。

---

〔26〕 See William H. Clark, Jr. and Larry Vranka, *The Need and Rationale for the Benefit Corporation: Why It is the Legal form That Best Addresses the Needs of Social Entrepreneurs, Investors and, Ultimately the Public*, Version of January, 2013, p. 24.

〔27〕 Model Benefit Corporation Legislation § 305(c).

〔28〕 See Rick Alexander, *Benefit Corporation Law and Governance, Pursuing Profit with Purpose*, Berrett – Koehler Publishers, Inc., 2018, p. 71.

《示范法》对于公司公开信息披露的要求高于其他商事组织法,以期能达到监督公司双重使命的执行,防止“漂绿”现象出现的目的。其实,很多企业组织形式都有信息披露的相关规定,但《示范法》中年度公共利益报告的规定更加严格。比如,在美国,非营利性企业一般应向州检察官提交关于慈善活动的标准化年度报告,而免税企业则需要将年度纳税申报表递交国税局并向公众公开,而共益公司须在报告中说明公司在追求公共利益的过程中采取的方式、遭受的阻碍以及当前目标的实现情况等等具体细节。[29] 再如,《示范法》规定社会企业必须向国务卿提交年度公共利益报告,[30]同时向股东提供年度公共利益报告并在公司网站上公开该报告。[31] 虽然有限责任公司也需要将年度报告提交国家机关,可是有限责任公司所提交的报告并不需要披露公司的社会目标,以及在寻求社会目标的过程中取得的成效等相关内容。因此,共益公司的披露制度相比较营利性或非营利性实体的披露制度,更加严苛。[32] 此外,《示范法》还设置了共益董事来监督公共利益报告的编制,并要求运用第三方设置的标准对共益目标的实现情况进行全面评估。

(五)共益董事与共益高管

《示范法》规定共益公司可以自主决定在董事会中任命一名独立的共益董事。一般来说,共益董事享有和普通董事同等的权利,承担同等义务,并受同样免责事由的保护,适用相同的选举和罢免程序。[33] 与一般董事不同之处在于,共益董事的免责范围更大,无论公司章程是否另有规定,共益董事仅就其作为或不作为构成自我交易,或有违反法定义务的其他情形时,承担个人责任,[34]共益董事的首要职责是负责公司年度公益报告的编制,针对共益公司在运营过程中是否在重大事

---

〔29〕 Model Benefit Corporation Legislation § 401(a).

〔30〕 Model Benefit Corporation Legislation § 402(d).

〔31〕 Model Benefit Corporation Legislation § 401(b).

〔32〕 See Dana Brakman Reiser, *Benefit Corporations—A Sustainable Form of Organization?* Wake Forest Law Review, 2011, p. 601.

〔33〕 Model Benefit Corporation Legislation § 302(a)(b).

〔34〕 Model Benefit Corporation Legislation § 302(e).

项上按照公司所宣告的一般公共目的和具体公共目的行事,以及董事和高管是否履行义务等情况,在年度共益报告中做出声明。若共益公司没有做到上述任何一个方面,则必须在公共利益报告中说明具体理由。[35]

此外,《示范法》还允许社会企业自主决定是否设置“共益高管”职位。《示范法》对于共益高管的规定相较于共益董事而言较少。社会企业可以依照《示范法》以及董事会决议,允许共益高管行使与实现公司公共利益目标相关的权力,以及负责共益报告编制的相关工作。[36]

(六)评估公益目标实现情况的第三方标准

为确保公司所发布的社会公共利益报告和实现社会公共利益目标的真实性,《示范法》规定公司必须适用第三方标准评估公司追求的公益目标的实现情况,考察公司决策对于利益相关者的影响程度,以及衡量公司的社会和环境绩效。第三方标准是指由第三方发布的,用于确定、报告、评估企业社会和环境绩效的标准。[37] 值得注意的是,《示范法》并没有制定或指定一个明确的第三方标准,以此为市场中的共益公司提供客观和明确的参照依据;相反,《示范法》允许共益公司自由选择适用某一满足法定要求的第三方标准。所谓的法定要求,指的是该标准必须由独立的实体制定,并且该实体应具有评估公司社会和环境绩效的专业水平和能力,能够以致力于平衡多个利益相关方利益的理念来制定标准。[38] 此外,《示范法》还要求第三方公开披露衡量公司绩效水平所适用的标准,各个指标在最终评判结果的相对权重、制定和控制标准修订的人员身份、修订标准的过程等信息。[39]

《示范法》所规定的第三方评估标准,是与利益执行程序相对应的外部监督机制的体现。虽然 B Lab 创造了这一示范法文本,规定公共利益报告必须采纳第三方评估标准,而制定示范法的 B Lab 本身也有

---

〔35〕 Model Benefit Corporation Legislation § 302(c).

〔36〕 Model Benefit Corporation Legislation § 304(b).

〔37〕 Model Benefit Corporation Legislation § 102.

〔38〕 Model Benefit Corporation Legislation § 102(2).

〔39〕 Model Benefit Corporation Legislation § 102(2)(3)(4).

一套科学的共益公司影响评价标准,但是《示范法》并没有强制要求所有共益公司采用 B Lab 标准,而是推荐了一些 B Lab 认为可信赖的其他评估标准体系,如全球报告倡议(global reporting initiative,GRI)、[40] 美国保险商实验室(underwriter laboratories Inc.,UL)、[41] ISO2600 [42] 等。尽管如此,立法是否有必要强制共益公司采纳第三方评估标准,仍遭到许多学者的质疑,有些学者认为这是不必要的,有些认为是不明智的,以至于在《示范法》基础上作修订的特拉华州法就取消了第三方标准评估的强制模式,允许公司自愿选择适用的评估标准。

五、特拉华州《普通公司法》中的公共共益公司条款

2010 年至今,美国共益公司法历经了十年的发展历程,美国大部分州已经出台了共益公司法,并且已经有上千家共益公司基于这些法律条款得以成立。大部分州的共益公司立法基本采纳了《示范法》的条款,但同样也有一些州,如特拉华州、科罗拉多州,修改了其中一些条款,为社会企业家们创造了更加灵活的法律。

特拉华州多年来引领美国其他州公司法的发展,在公司法领域具有鲜明的传统优势。2013 年 7 月,特拉华州参考《示范法》,在该州《普

---

[40] 全球报告倡议是由美国非政府组织对环境负责经济体联盟(CERES)和联合国环境规划署联合倡议,于 1997 年成立,其目的在于提高可持续发展报告的质量、严谨度和实用性,提高全球范围内可持续发展报告的可比性和可信度,并希望获得全球认同和采用。该报告编制的业绩指标包括经济业绩指标、环境业绩指标、社会业绩指标。

[41] 美国保险商实验室是美国最有权威的,也是世界上从事安全试验和鉴定的较大的、独立的、非营利的、为公共安全做试验的专业民间机构。它采用科学的测试方法来研究确定各种材料、装置、产品、设备、建筑等对生命、财产有无危害和危害的程度;确定、编写、发行相应的标准和有助于减少及防止造成生命财产受到损失的资料,同时开展实情调研业务。

[42] ISO 26000 社会责任标准是国际标准化组织自 2005 年开始起草的第一个国际社会责任标准,标准包括社会责任的 7 个方面内容:组织治理、人权、劳工权益保护、环境保护、公平经营、消费者权益保护以及参与社区发展。同时,标准强调任何组织都应通过加强与利益相关方的沟通和交流,全面履行社会责任。

通公司法》中增补了有关共益公司的条款，根据该法设定的公司即为“公共共益公司”（public benefit corporation）。特拉华州制定共益公司法的宗旨是促进以一种或多种公共利益为目标，并以负责任和可持续方式运作的营利型社会企业的创建。[43]《示范法》之所以能够吸引企业家们，是因为它鼓励公司将社会责任和可持续性发展的公司经营实践相结合、提高针对所有利益相关者的信息披露的透明度，以及提供了即便公司的管理和控制权发生变化，也不影响公司追求公共利益宗旨的法律保障。特拉华州普通公司法中的公共共益公司条款（以下简称特拉华州《共益公司法》）同样希望能够实现这些目标。[44]自特拉华州《共益公司法》出台以来，已经有739家公共共益公司依据和基于该法而创设。[45]

特拉华州《共益公司法》对于共益公司的规定与《示范法》主要存在以下几点差别：第一，公共利益目标的认定；第二，对公共利益报告的要求；第三，董事义务和问责制度；第四，是否强制要求设置共益董事。

首先，特拉华州《共益公司法》与《示范法》对于公司所寻求公共利益目标的要求不同。特拉华州《共益公司法》对“公共利益”的定义是：“对一个或多个类别的人、实体、社区或利益团体的积极影响，包括但不限于对艺术、慈善、文化、经济、教育、环境文学、医学、宗教、科技或技术的本质的影响。”[46]根据这一条款，公共共益公司可以根据自身特点，确定公司所要追求的一种或多种具体利益，而不强制要求这种利益对社会或环境产生“重大、积极”影响。而《示范法》所规定的公共利益是指能对社会和环境产生重大、积极影响的事项。此外，有学者认为《示范法》对“公共利益”的规定过于模糊，难以界定，在一定程度上成为一些“漂绿”公司的“保护伞”，而特拉华州的相关规定更加具体，更具操作性和辨识性。

其次，特拉华州《共益公司法》虽然同样有要求公司披露年度公共

---

〔43〕 Delaware General Corporation Law § 362(a).

〔44〕 See Rick Alexander, *Benefit Corporation*, *Law and Governance*, *Pursuing Profit with Purpose*, Berrett – Koehler Publishers, Inc. ,2018, p. 125.

〔45〕 See Benjamin Means, Joseph W. Yockey, *Cambridge Handbook of Social Enterprise Law*, Cambridge University Press, 2019, p. 703.

〔46〕 Delaware General Corporation Law § 362(b).

利益报告的规定,但它的要求更加灵活。主要体现在两个方面:第一,公司每两年应向股东提交一次报告(而《示范法》要求公司每年提交一次报告),因为没有第三方标准可以作为参照,特拉华州《共益公司法》要求公司报告的内容必须包括:(1)董事会为促进利益相关者的最大利益和公司执照中写明的公共利益而制定的具体经营目标;(2)董事会衡量公司是否实际促进公共利益和福利的进程中所采用的标准;(3)基于这些标准的客观、真实的信息;(4)评估公司是否成功实现这些目标的方式。[47] 第二,没有强制要求公司公开公共利益报告的内容,也没有要求公司使用第三方标准对是否实现公共利益目标进行衡量。有些学者认为,特拉华州《共益公司法》在制定过程中,没有效仿《示范法》,要求公司必须采用第三方标准,这是因为立法者认为,强制性的第三方审查会加重共益公司的经济负担,使共益公司处于竞争劣势,尤其是加重那些已经承担公开信息披露义务的上市公司的负担。

再次,特拉华州《共益公司法》与《示范法》对于董事义务和问责制度的规定也存在很大差异。《示范法》规定董事在决策过程中需要考虑除股东之外其他利益相关者的利益,而特拉华州《共益公司法》则规定了董事的三方利益平衡义务,即平衡股东的经济利益、显著受企业行为影响的利益相关者的最佳利益以及章程中载明的具体公共利益之间的关系。[48] 除此之外,在问责方面,特拉华州《共益公司法》未制定《示范法》中的利益执行程序。换句话说,股东无法以公司未能实现公共利益作为诉讼理由提起诉讼,但当董事违背其三方利益平衡义务时,法规赋予了单独或共同持有企业2%以上股份的股东(如果企业在国家级的证券交易所上市交易的,那么,单独或共同持有企业2%以上股份或持有的股份市值在200万美元以上)在满足本章§327[49]以及其

〔47〕 Delaware General Corporation Law § 366(b).

〔48〕 Delaware General Corporation Law § 365(a).

〔49〕 Delaware General Corporation Law § 327: "In any derivative suit instituted by a stockholder of a corporation, it shall be averred in the complaint that the plaintiff was a stockholder of the corporation at the time of the transaction of which such stockholder complains or that such stockholder's stock thereafter devolved upon such stockholder by operation of law."

他关于诉讼的条款的同时，享有提起派生诉讼的权利。[50] 需要注意的是，特拉华州《共益公司法》还规定当董事的决策是基于充分了解情况的基础上作出，且董事是善意的，在交易中不享有个人利益，那么，法院会支持董事作出的决策。[51] 由此看来，在共益公司法律环境下，经营判断规则同样适用。

最后，特拉华州《共益公司法》没有要求公共共益公司设置共益董事。是否有必要在共益公司中设置共益董事或是共益高管，一直存在诸多争议，很多学者认为这项规定是毫无必要的。首先，学者们怀疑共益董事是否有能力判断“公司在所有重大方面是否按照其一般公共目的和具体公共目的行事”；其次，共益董事是否有能力对其他董事、高管的行为进行评估，以对其作出“违背或遵守”的评价？共益董事是否真的可以完全独立于董事会而存在？最后，聘请共益董事的额外开销对公司是否值得？特拉华州也许是考虑到了共益董事制度可能引发的诸般不利后果而没有将其写入法律之中。

综上所述，特拉华州《共益公司法》基于《示范法》，构建了公共共益公司这一新的公司类型，但特拉华州《共益公司法》把它所认为《示范法》中那些增加公司的经济负担以及过于宽泛、难以实施的条款予以剔除，形成了一部更加灵活、更加适合于共益公司形式发展的法律。无论是从“公共利益”含义，还是取消第三方标准、利益执行程序、共益董事的规定又或是放宽了年度报告的要求，与《示范法》相比，特拉华州《共益公司法》更为具体、明确且具有更强的可操作性，但特拉华州《共益公司法》在减轻公司负担的同时也降低了创设共益公司的门槛，这可能偏离了共益公司形式设置的最初目的之一——作为真正的社会型企业的一项可靠指标。[52]

---

〔50〕 Delaware General Corporation Law § 367.

〔51〕 Delaware General Corporation Law § 365(b).

〔52〕 Ellen Berrey, *Social Enterprise Law in Action: Organizational Characteristics of U. S. Benefit Corporations*, Transactions, Tennessee Journal of Business Law, 2018, p. 25.

六、美国共益公司法的不足

正如上文所述,在传统公司法框架下,营利公司董事在决策过程中必须奉行股东利益最大化原则,尽管公司可以参与一些服务社会的活动,但其前提是不能对股东利益造成消极影响,因此,营利性公司只能承担有限的社会责任,这使那些具有社会使命和社会意识的企业在寻求服务社会的过程中受到制度限制,而共益公司形式解决了传统公司法中存在的许多问题。共益公司法授权董事在决策过程中考虑更广泛的利益相关者,以及公司所服务的社会公益目的的利益,这为董事决策留下了更多的自主裁量空间。市场调研表明,那些致力于追求公共福利的公司可以得到消费者更多的青睐。[53] 共益公司身份似乎就是一张免费且有价值的"宣传名片",使公司在市场竞争中更具优势。共益公司之所以能维持良好的社会形象,在很大程度上得益于共益公司法试图解决实践中存在的"漂绿"问题。

然而,作为社会企业发展运动的最新成果,美国共益公司法的发展还处在不断探索和尝试的阶段,学者们认为这种组织形式还有很大的改善空间,特别是如何确保共益公司能持续有效为社会公益做出贡献,而不成为试图"漂绿"自己的公司的伪装。学者们提出,当前共益公司立法主要存在如下问题。

(一)董事义务的法律规定尚待精细化

共益公司法要求共益公司寻求社会公共利益。然而,不同类型的公共利益可能存在冲突。比如,对环境有利的行为不一定有利于社会发展,对社会发展有利的行为不一定对环境有利。考虑到"一般公共利益"的宽泛性,我们应如何判断公司是否满足共益公司法的要求和标准,是否创造了一般公共利益呢?如果只是对共益公司设定宽泛的公共利益要求,可能阻碍公司构建适合自身业务和文化的特定利益。

---

〔53〕 参见 http://www.conecomm.com/research-blog/2010-cause-evolution-study,2020年2月6日访问。

共益公司法为董事设置的平衡股东利益与企业所寻求的公共利益的义务，在实施过程中同样面临适用困境。多元利益平衡义务操作的困难性同样使共益公司容易陷入零和博弈局面，[54]董事如何真正实现其所承担的各方义务之间的“平衡”，还有待进一步探索。

（二）信息披露制度难以发挥实际效用

《示范法》要求共益公司公布年度报告，以便市场了解公司的社会和环境绩效，并且由公司自行选择适用某一独立的第三方所制定的标准对年度报告进行评估。对一些小型公司而言，适用第三方标准存在最直接的问题是，雇用第三方认证机构进行评估的成本过高，加重企业经济负担。另外，有学者对信息披露制度的有效性也提出了质疑，指出：“信息披露并不必然促使公司对其社会公益目标的执行情况进行自我反省或者内部变革，相反，证据表明，当公司承担的信息披露义务与面临的市场压力或经济制裁相关联时，信息披露负担可能阻碍公司的创新力和适应力，并且很难与社会公益的监管目标相适应。”[55]

当前，美国共益公司法中的信息披露制度呈现不规则、粗略化的特点，各州共益公司法在信息披露应否包含财务报告、年度公共利益报告披露信息的范围、是否公开年度报告、是否要求第三方标准评估以及选择何种标准等问题上，规定都不一致，而完善的信息披露执行制度的缺失进一步加剧了这种“凌乱”的局面。从统一的证券法信息披露制度上来看，这一制度仅适应了上市公司的信息披露，而绝大多数共益公司属于非上市、小型公司，显然无法受证券法的约束。不统一、不规范的信息披露制度使得投资者无法通过对比甚至无法通过信息披露规则获得社会企业有关的信息资料，以作为投资的依据，这使得大量社会资本处于观望状态。戴维·博恩斯坦（David Bornstein）认为，社会企业形式获得成功面临的最大障碍之一是投资者的不确定性，这是缺乏“简单

---

〔54〕 See Haskell Murray, *Improving Benefit Corporation Law*(2013), http://clsbluesky.law.columbia.edu/2013/07/30/improving-benefit-corporation-law/, 2020 年 2 月 6 日访问。

〔55〕 Nancy B. Kurland, *Accountability and the Public Benefit Corporation*, Business Horizons, 2017, p. 523.

可靠的绩效比较机制"导致的。[56] 因此,不完善的信息披露机制使得共益公司形式无法发挥应有的优势。

(三)有效问责制度的缺失

如何为共益公司构建有效的问责制度,这一直是学界关于共益公司立法讨论最多的问题。共益公司法扩大了对公司及董事的要求,但各州立法却未就如何确保公司或董事履行其义务与职责设置充分有效的问责制度。以《示范法》为例,利益执行程序其中特别设置问责制度,但一些学者对于利益执行程序的有效性持怀疑态度。公司可以基于什么样的动机向董事或高管提起直接诉讼?这种非经济赔偿的救济又会带来怎样的实效?而最有可能提起诉讼的群体——公司追求的具体公共利益的受益人,却被排除在利益执行程度的范围之外。即使公司章程赋予这个群体以诉权,他们也无法获得经济赔偿,更何况,公司几乎不可能设置这样的权利。[57] 特拉华州《共益公司法》虽然没有规定利益执行程序,但公司、股东有权自主提起直接诉讼和派生诉讼,而股东之外的主体同样不享有对董事的诉权。此外,共益公司法对"公共利益目标"的界定非常宽泛,这使共益公司董事在公司运营过程中拥有极大的自由决策权,如果这种"自由"不加以限制可能导致董事滥用职权、侵害公司或股东、其他利益相关者的权益,使得利益相关者的利益难以得到实质性的法律保障。况且,各州共益公司法关于董事义务的规定并不一致,同时缺少指导性判例,这使董事义务可参照的法律规则不充分,从而进一步加剧问责缺失状况。另外,值得我们考虑的是,在股东利益与公共利益相冲突的情况下,股东是否还能够代表其他利益相关者要求公司继续实现公共利益?即便股东同样关心公共利益,由于共益公司法所设定的诉讼并未允诺给起诉股东以经济补偿,股东提起诉讼的积极性无疑将受影响。

社会企业家创建社会企业所面临的一个重要挑战是如何为这一类型的企业选择最佳的法律结构。近来,一项调查报告显示,71%的社会

---

〔56〕 See Brent J. Horton, *Rising to Their Full Potential: How A Uniform Disclosure Regime Will Empower Benefit Corporations*, Harv. Bus. Rev. 101 (2019), p. 226

〔57〕 See Thomas J. White Ⅲ, *Benefit Corporations: Increased Oversight through Creation of the Benefit Corporation Commission*, 41 J. Legis. 329(2015).

企业家认为如何选择法律结构是他们面临的最大挑战。[58] 虽然共益公司法对于将营利与寻求公共利益的双重目的进行合并的企业具有一定价值,但现行立法却未能对社会企业股东提供充分的法律保障,使其免受企业内部机会主义行为的侵害。一方面,相较于传统的营利性企业,运用混合企业形式来寻求公益目的,投资者将失去利润指标这一曾经最有效的监控工具。当公司纯粹以营利为经营目的时,投资者可以通过将管理层的利益与公司利益直接挂钩的方式对管理层进行激励,如向管理层提供股票期权。另外,投资者可以借助公司经营所创造的经济效益来衡量管理层的经营实效。而就共益公司来说,实现社会公益也是公司的经营目标之一,但这一目标很难量化和衡量,因此,无法对管理层管理公司的实际效益进行监测。另一方面,相较于非营利实体,共益公司存在更大的为内部人员所控制和谋利的空间。非营利实体禁止分配利润,而共益公司可以向内部人分配利润,这在一定程度上加大了内部管理人员谋取私利的可能性。因此,加强公司内部治理是共益公司立法,也是所有类型社会企业立法努力的方向和难点之所在。

结　语

我国为社会企业专门制定的组织法可以综合考虑借鉴各国不同类型的社会企业法的制度特色。美国共益公司法的主要优势体现在为社会企业构建了较为宽松的生存环境,共益公司法未对社会企业的盈余分配、剩余资产分配、资产处置设定限制性额度,亦未对社会企业的创设门槛设定明确要求,而是通过要求社会企业披露其在社会公益方面所做出贡献的信息披露制度,对社会企业进行综合调控,给社会企业较大的自由运作空间,这有利于共益公司吸收公众投资者的资金。

社会企业的经营者具有良好的服务社会公共利益的初衷,但因需要支付投资于社会公益的经营成本,比传统营利企业经营者面临更大

---

〔58〕 See Brian D. Galle, *Social Enterprise*, *Who Needs It*, 54 Boston College Law Review 2025 (2013).

的竞争压力,考虑到此类企业对于社会整体公益事业的积极促进作用,立法应积极致力于减轻此类企业的经营成本,同时也要充分考虑一些企业只是打着社会企业的旗号而未对社会福利事业做出实质性贡献的可能。此外,立法还有必要创设有效机制,以避免企业因经营者更替而改变服务社会公益的初衷。美国共益公司法在督促及服务社会企业立法需求所构建的法律制度,值得我国借鉴。

(编辑:邹莹)

《证券法苑》(2021)
第三十二卷,第 231 ~247 页

有限责任公司股权转让的释义困境与法经济学方法探析

卢　颖*　沈志韬**

摘要:有限责任公司股权转让的基础规范依然存在技术不足和价值冲突,其中三类典型问题,即股权分离转让的合同效力、出让股东的反悔权及公司章程限制股权转让规定的效力等,也折射出当前法教义学体系下商事裁判面临的方法论困境。这一困境的根源在于法教义学的"系统性瑕疵"。法律经济学则为公司裁判提供了价值和方法论的补充,以代理成本为切入点可以对当前股权转让的核心法律规范有更深入的理解,也会有助于找到三类典型问题的答案。

关键词:股权转让　法经济学　方法论

长久以来,公司法中的有限责任公司股权转让制度是理论界和实务界共同讨论的热点议题。[1]

---

* 法学博士,上海市第一中级人民法院法官。

** 法学博士,上海外国语大学法学院副院长。

〔1〕 参见蒋华胜、魏胜艳:《股权转让的代理成本问题及其法律规制研究》,载广州市法学会编:《法治论坛》(第 58 辑),中国法制出版社 2020 年版;王艳芳:《对有限责任公司股权转让制度的再认识》,载《法学》2006 年第 11 期;段威:《有限责任公司股权转让时"其他股东同意权"研究》,载《法律科学》2013 年第 3 期。

从司法实践看，股权转让纠纷是商事审判实践中最为常见、数量最大的公司诉讼类型。梳理其中涉及有限责任公司股权转让纠纷的数据发现，[2]有限责任公司股权纠纷案例大量集中在2014～2019年，并呈现逐年上升趋势。从2014年开始激增，2020年有所下降；有限责任公司股权转让纠纷案件比例整体略高于股份有限公司股权转让纠纷案件；[3]有限责任公司股权对外转让产生的纠纷远超内部转让产生的纠纷。[4] 在司法实践中，大量关于股权转让的新型和疑难问题在规范分析层面难以找到依据，或者无法达成有说服力的判决，导致传统裁判思路下处理这一类纠纷不断面临矛盾与挑战。从理论研究看，学者针对有限公司股权转让制度主要聚焦三个方面的探讨。一是关于股权转让的合同效力问题，即公司章程中股权转让合同效力存在效力待定说、可撤销说、无效说和有效说等争议；[5]二是关于公司章程限制股权转让规定的正当性问题，即公司章程对股权转让自由限制的正当性如何，如何创设股权转让“选入式”的公司法规则；三是关于同意条款与优先购买权条款如何适用的问题，即同意权与优先购买权“双重限制”与“单一限制”立法模式与适用法律争议。[6] 上述问题有两个共性：其一，都不是纯粹的立法技术难题，而涉及理论和价值判断，这些问题背后的核心命题在于，如何厘清股权转让中的合同自由与国家强制的边界，[7]对此仅在法学范畴内讨论恐怕难以形成定论。其二，这些问题实际上

---

〔2〕 数据来源于北大法宝、无讼网、北大法意科技资源库、律商网，并人工剔除了与本文明显无关的数据。

〔3〕 以北大法意为检索平台，输入“股权转让纠纷”为案由进行检索，检索到判决书84,823份。在上述结果中以“有限责任公司”为关键词，检索到判决书29,636份（占比34.9%）。以“股份有限公司”为关键词检索，检索到判决书有13,002份（占比15%）。

〔4〕 以无讼网为检索平台，以“对外转让股权”为关键词，共检索到2416篇文书，其中判决书为2186篇，裁定书为227篇；以“对内转让股权”为关键词，共检索到46篇，其中判决书为41篇，裁定书为5篇，明显少于对外股权转让案件数量。

〔5〕 参见蒋华胜：《创设有限公司股权转让的公司法规则：立法表达与司法适用》，载《黑龙江省政法管理干部学院学报》2015年第6期。

〔6〕 参见王东光：《论股权转让的双重限制及其效力》，载顾功耘主编：《公司法律评论》（2010年卷），上海人民出版社2010年版。

〔7〕 参见罗培新：《抑制股权转让代理成本的法律构造》，载《中国社会科学》2013年第7期。

也折射出当前法教义学体系下商事裁判面临的方法论困境，当前商事裁判的方法论仍然停留于传统法教义学的规范分析范式，法官在面对日益复杂的商事纠纷和日新月异的市场创新时，一旦在实体法上找不到依据，便会陷入力不从心的窘境，[8]而这两个共性又息息相关，互为因果。本文将从有限公司股权转让的核心规范入手，提炼释义思维下的争议和困境，然后提出运用法经济学分析方法，为妥当处理此类问题提供价值和方法上的补足。

一、核心法律规范的释义与争议

股权转让制度的基础规范以《公司法》(第三章第71条为主)，出于健全公司治理、加强股东权利保护的迫切需要，2017年施行的最高人民法院《关于〈中华人民共和国公司法〉若干问题的规定(四)》(以下简称《解释（四)》)以股东权利为主线，重点聚焦股东权利纠纷中存在的法律适用难题，其中第17～21条成为细化股权转让制度的重要依据。但即使规则基础不断细化，上述条文的内容依然无法涵盖现实中的各种新情况、新问题。

(一)核心法律规范的释义

1.《公司法》第71条确立了股权转让的基本规则

《公司法》第71条设定了有限责任公司股东对内转让和对外转让股权的主要规则。第一，股权以可自由转让为原则。中共中央、国务院《关于完善产权保护制度依法保护产权的意见》明确要求，将股权与物权、债权、无形财产权并列保护，并强调了同股同权、同股同利等基本原则。[9] 这一规定明确了股权权能包含财产性权利，因此股权原则上可以自由转让。

---

〔8〕 参见詹巍：《论商事裁判的法律经济学分析进路》，载《东方法学》2016年第4期。

〔9〕 参见杜万华：《关于发布〈最高人民法院关于适用《中华人民共和国公司法》若干问题的规定(四)〉的新闻发布稿》，载北大法律信息网，https://www.pkulaw.com/lawexplanation/1d4a4430c834403207de857ad4a14209bdfb.html，2020年10月29日访问。

第二，视内部转让或外部转让，自由程度有所不同。基于保护有限责任公司的人合性和封闭性属性的要求，若股权转让发生在公司内部，则立法采用绝对自由模式（第71条第1款）；若股权转让至公司外部，则立法通过赋予内部股东“同意权”和“优先购买权”予以限制（第71条第2～3款）。这种通过法定程序限制外部转让，从而保护有限公司人合性的立法方式也是世界各国立法的通行做法。〔10〕

第三，公司可以通过章程约定改变股权转让的限制规定。公司法规范可以分为强制性规范和任意性规范，前者是指必须严格执行，不得违反和改变的条款，后者则是指当事人可以选择适用，可以在法律的规定外另作约定，从而排除规定的条款。〔11〕 第71条第4款明确了《公司法》第71条前三款规定属于可选择适用的任意性规范，即公司法提供了默认的标准安排，但也允许股东过章程自行议定股权转让规则，〔12〕从而改变前三款的规定。

上述规则虽确立了有限责任公司股权转让的基本理念，但由于实践情况的复杂程度远超规则的意含，导致对该条款的理解矛盾重重，即使是针对上述三项基本规则，司法裁判在具体实践场景中都会陷入“公说公有理，婆说婆有理”的两难之地。

第一个疑问，既然股权以自由转让为首要原则，股权与物权、债权同属私权，股东能否处分其部分权能？例如，投票权是否可以买卖，或者说投票权买卖能否尊重其意思自治？有学者认为，依据股权可以自由转让的基本法理，“股东可将自己在特定期间内的表决权让渡或处置给他人”，只要“表决权的买方在行使表决权时应依法行事，恪守诚实信用原则，其行使的表决权不得逾越有权处分股东的表决权范围”。〔13〕

---

〔10〕 参见蒋华胜：《创设有限公司股权转让的公司法规则：立法表达与司法适用》，载《黑龙江省政法管理干部学院学报》2015年第6期。

〔11〕 参见赵旭东：《新〈公司法〉的突破与创新》，载《国家检察官学院学报》2007年第1期。

〔12〕 参见罗培新：《抑制股权转让代理成本的法律构造》，载《中国社会科学》2013年第7期。

〔13〕 刘俊海：《论有限责任公司股权转让合同的效力》，载《第二届公司法司法适用高端论坛论文集》。转引自罗培新：《抑制股权转让代理成本的法律构造》，载《中国社会科学》2013年第7期。

第二个疑问，设置“同意权”和“优先购买权”作为限制股份外部转让的两重门槛是否过于严苛？尤其对于优先购买权的设置，理论界向来争议不断。认同的一方认为，有限责任公司具有较强的人合性，股东之间基于相互信任而共同投资。为此，股东向公司股东以外的人转让股权时，其他股东享有的在同等条件下优先购买转让股权的权利。这是股东维护其人合性利益的应有设置。反对的一方则认为，虽然大多数国家都对有限责任公司股权外部转让有所限制，但立法模式和限制宽严程度各不相同，且优先购买权在实践中存在股权出让方面对其他股东主张同等条件下的优先购买权时，能否“反悔”并撤销以该条件出让股权，以及如何理解“同等条件”，还有关于股东优先购买权的行使通知、行使方式、行使期限、损害救济等分歧，对此公司法都没有具体规定，目前对于优先购买权在价值和技术在设定上都过于简单，这也是引发诉讼高发的重要原因。

第三个疑问，既然章程可以限制股权转让，是否可以作任意规定。例如，某有限责任公司章程规定，“职工若生育二孩，则要强制收回职工股”，这类规定注定引发舆论争议，但除了公序良俗外折射出一个问题，章程限制股权自由转让的正当性如何论证，即使正当，其边界又要如何设定？

2.《解释（四）》第 17 ~ 21 条细化了股东优先购买权

针对《公司法》第 71 条的不足，尤其是对于股东优先购买权的法律适用难题，2017 年施行的《解释（四）》重点聚焦股东权利纠纷，其中第 17 ~ 21 条成为细化股权转让制度，尤其是股东优先购买权的重要依据。

一方面，《解释（四）》细化了行使股东优先购买权的程序规则，从技术上弥补了《公司法》第 71 条的粗疏（见表 1）。比如，规定转让股东应当以书面或者其他能够确认收悉的合理方式，将转让股权的同等条件通知其他股东；股东优先购买权的行使期限，应当按照章程规定期限、转让股东通知期限和 30 日最低期限的先后顺序确定；明确了判断“同等条件”应当考虑的主要因素，包括转让股权的数量、价格、支付方式及期限等。这样一来，优先购买权在通知义务、权利主体、行使期限上都更为具体和细致。

表 1 《解释(四)》对有限责任公司股权转让在程序上的细化

事项	其他股东的同意权	其他股东的优先购买权
通知义务	第一次通知	第二次通知
	内容:股权转让事项	内容:转让的同等条件
	方式:书面或者其他能够确认收悉方式	方式:书面或者其他能够确认收悉方式
权利主体	其他股东	其他股东(包括之前不同意的股东)
行使期限	自接到书面通知之日起	自接到书面通知之日起
	法定期限 30 日	1. 先看章程 2. 再看通知 3. 最后法定

另一方面,《解释(四)》明确了股东优先购买权的行使边界和损害救济制度,赋予股东"反悔权",从价值上进一步明晰了有限公司股权转让制度的内涵(见表 2)。《解释(四)》第 20 条规定:"有限责任公司的转让股东,在其他股东主张优先购买后又不同意转让股权的,对其他股东优先购买的主张,人民法院不予支持,但公司章程另有规定或者全体股东另有约定的除外。"该条确认,在公司章程和全体股东没有除外规定和约定的情况下,转让股东可以在面对内部股东主张优先购买权后,"又不同意转让股权"。也就是说,立法支持转让股东的"反悔权",亦即其他股东不具有强制缔约的权利。这是因为股东优先购买权制度的立法宗旨,在于维护公司股东的人合性利益,而非保障其他股东取得转让股权。该条不仅解决了司法实践中对于拟转让股东反悔情况是否应当被支持的争议,也有利于人们理解和厘清拟转让股东、拟受让的其他股东、拟受让的外部第三人这三方主体之间的利益配比。

表 2 《解释(四)》对有限责任公司股权转让在利益平衡上的细化

其他股东	拟转让的股东	
	放弃转让("反悔")	损害优先购买权
强行优先购买	×	√(期内)
请求损害赔偿	√	√(误期)
单独确认转让无效	—	×

同时,为了防止转让股东恶意利用该规则,损害股东优先购买权,《解释(四)》第21条明确规定,转让股东未就股权转让事项征求其他股东意见,或者以欺诈、恶意串通等手段,损害其他股东优先购买权的,其他股东有权要求以实际转让的同等条件优先购买该股权。但为了维护交易秩序和公司稳定经营,《解释(四)》对股东优先购买权被侵害后,股东行使相关权利的期限做了适当限制。

但是,《解释(四)》又带来了新的疑问。首先,《解释(四)》在规则上确认了拟转让股东的"反悔权",但并未平息法理上的争议;其次,关于损害股东优先购买权的股权转让合同效力的实践争议,《解释(四)》认为,对此类合同的效力公司法并无特别规定,不应仅仅因为损害股东优先购买权认定合同无效、撤销合同,而应当严格依照合同法规定进行认定。正是基于此类合同原则上有效,法院支持其他股东行使优先购买权的,股东以外的受让人可以请求转让股东依法承担相应合同责任。因此,"股东以外的股权受让人,因股东行使优先购买权而不能实现合同目的的,可以依法请求转让股东承担相应民事责任"。但是,以转让股东的角度看,转让股东真实意思表示系欲转让股权给外部第三人,无奈因内部股东主张优先购买权,导致股权无法对外转让,对此转让股东无法拒绝,却仍要承担责任,应如何解释?

此外,《解释(四)》对于投票权能否买卖的争议、章程限制股权转让的正当性和边界争议并无回应,主要是因为这两类争议并非涉及简单的技术论证,更多是价值上的辨明,尚无法通过出台具体规范来进行"一刀切"式的明确。

(二)争议归纳与原因反思

经过对核心规范的分析可以发现,当前《公司法》及其司法解释虽然已经确立了股权转让制度的基础规则,也在立法技术和制度体系上不断完善,但依然存在技术上的不足和价值上的矛盾之处,技术上的不足尚可伴随司法实践的累加不断更新完善,价值上的不足则更需要反思与辨析。本文认为,关于投票权买卖的争诉、关于优先购买权中各方利益失衡的争诉、关于章程限制股权转让的争诉便是三类典型的内含价值冲突的问题,这些问题之所以在司法裁判中极易陷入困境,原因主要有两点。

其一,从浅层看,源自规范层面"依据缺失"。无论是投票权买卖、出让股东的"反悔权"还是章程对股份转让所作的限制,这些行为在现有成文法的规范层面都欠缺对应的具体规则。如上文所析,这些具体规则恐怕也无法被一一创制,因为这些问题涉及的不是技术难题,而是价值冲突,缺乏规范依据的背后更核心的问题,是股权转让涉及的私权自治与国家强制之间的边界如何厘定这一问题,在个案中如何逐一确认。法官对公司治理的有限介入原则已经成为公司案件审判实践中的共识。但问题在于,此等边界何在? 要解决这一本质问题,既然无法仰赖确定的规范,裁判的方法论就成为关键。法官唯有在准确把握股权转让涉及的交易结构和经济功能的前提下,依据一定的价值指引和裁判方法,才能做出妥善的裁判方案,并在"找法"的过程中参照援引最为契合的原则或规范。

其二,从深层看,源自商事裁判的"系统性瑕疵"。当前我国商事裁判的基本方法论来自法教义学的规范分析范式。法教义学是对实体法秩序的研究与解读,它通过对现行法律规范的解释、补充、完善、弥补漏洞与冲突,力图构建一个逻辑自足的理论体系,为裁判提供依据,是典型的"规范"法学的理论范式。其最大的优点在于为裁判提供了确定的指引,节约了裁判的成本。易言之,其通过对以往相同情形处理的类型化总结,极大地节约了法官裁判的判断成本。但是,将价值判断固定在概念与规范之中,虽然减轻了法官的思维负担,但同时也使得价值判断形成的过程(方法论)模糊不清。法教义学以教义规范为裁判之指引,突出了形式逻辑推理的法律技术,而忽视了实质判断方法论的构建与运用,导致在面对新类型案件时,一旦教义缺失(规范依据缺乏,裁判规则缺失,主流理论缺位),法官缺乏独立有效的价值判断方法论来寻求处理方案,常常束手无策。即使是裁判中常常运用的法学方法论或民法解释学,也主要是形式逻辑的推演,依然缺乏实质(价值)判断的有效范式。上述三个股权转让纠纷案件处理中的疑问,其根源就在于教义缺失情形下的有效方法论的缺位。因此,对于当前商事司法裁判的这一困境,需从外部予以打破,以开放的态度从其他学科理论中引入可以弥合瑕疵的价值指引和方法论参照。

二、法经济学为司法裁判提供价值和方法补充的可能性

法经济学被引入司法裁判的正当性基础在于两方面。一是理论上的确认。根据科斯定理，“法院就可以被看作市场机制的一种自然而言的延伸”。〔14〕也就是说，法院在做出裁判时就应当考虑判决方案对当事人权利义务的安排，是不是最有效率的。自此，法律、司法裁判与经济运行的效率紧密地联系在一起，法经济学成为司法裁判的方法论来源。二是实践上的确认。事实上法经济学一经诞生，就迅速被公司法所吸纳，极大地改变了公司法的研究范式，为公司裁判提供了全新的方法论基础。在交易费用概念的指引下，公司合同理论、产权分析方法、合约经济理论、交易费用经济学等诸多新制度经济学的理论，都已然成为公司法研究的有力武器。

但问题在于，公司法的法经济学研究文献浩如烟海，法官在探求裁判方案时不可能一一研读。要使法经济学成为法官裁判的有效方法，第一步需要从公司法的法经济学研究的理论体系中寻找可咨运用的理论工具，并提炼出可用于司法裁判实务的分析框架，这一框架必须与法律规范紧密联系，同时又能弥补规范释义的价值和方法论不足。

首先，从新古典经济学理论出发，法经济学的成本收益分析和价格机制的运用可以构成基本分析方法。成本收益分析的最终目标是实现最有效率的安排，以实现社会总收益的最大化。因此，公司裁判的法经济学分析进路所追求的净收益，并非某一个市场主体的个体收益，而是指社会总收益。这一要旨，对于公司裁判而言具有重要的指导意义。在传统法教义学的语境下，法官在作利益权衡时常常会纠结究竟应该保护哪一方的利益，或者说追求哪一种价值目标。典型便是围绕《公司法》第 71 条展开的有限公司股东向外部转让股权，案件通常横跨公司内外

〔14〕 [美]罗纳德·哈里·科斯:《社会成本问题》，载[美]罗纳德·哈里·科斯《企业、市场与法律》，盛洪、陈郁译校，格致出版社、上海三联书店、上海人民出版社 2009 年版。

部关系,拟转让股权的股东、拟受让股权的内部股东以及拟受让股权的外部第三人之间的利益权衡更让法官揪心。如果依照成本收益分析的方法,引入效率目标,就要求法官不是单独考虑某一方主体的利益,而是要仔细斟酌其裁判方案是否在总体上给社会带来净收益,而不是带来更大的成本。[15]

其次,从有限理性的理论出发,法经济学的交易成本视角可以为上述基本框架提供更深刻的补充。交易成本是公司裁判追求效率目标的重要"支点",它认为公司裁判的实质在于交易费用视角下的制度选择。以这一角度出发,可以对《解释(四)》针对优先购买权的完善有更深入的理解。第一,从交易成本的视角看,优先购买权是一种附条件的形成权,一经行使,股东之间的股权转让交易即告成立。因此,在股权转让跨过了"同意权"这第一道门槛后,拟转让股权的股东可以与公司现有股东以外的第三人就股权转让价格进行磋商,但双方达成初步一致后,拟转让的股东必须将双方的交易条件告知公司股东,只要公司任一股东(无论是否同意转让)提出要求行使同等条件下的优先购买权,则意味着该股东和拟转让的股东已经就股权转让达成一致,这便是"优先购买权"这第二道门槛。但在这道门槛下,拟转让的股东与第三人之间的缔约过程所耗费的交易成本即付之东流。所以,《解释(四)》要着重细化规定其他股东的优先购买权行使的程序和期间,其实就是尽量避免其他股东恶意拖延行使优先购买权,从而降低第三人的交易风险,减少双方交易关系的不稳定性。第二,现实中,第三人为了交易成功往往需要花费其他的成本以确定其他股东是否会行使优先购买权,否则,第三人辛辛苦苦与拟转让股权的股东开展磋商,好不容易达成购买条件,却被内部股东以优先购买权"截胡",无疑是一种极大的交易成本的浪费,这会降低第三人与拟转让出资的股东之间进行谈判和达成合意的积极性,也正是现实股权交易中股权价格不断下抑的原因之一。所以,《解释(四)》要明确股东优先购买权的行使边界和损害救济制度,并赋予股东"反悔权",其实是对第三人的交易成本损失予以弥补,但这一弥补对于

---

〔15〕 参见[美]莱纳·克拉克曼等:《公司法剖析:比较与功能的视角》,罗培新译,法律出版社2012年版,第29页。

拟转让股东来说亦是负担。因此,也有交易成本理论的拥趸者认为,应当取消股东优先购买权,因为这往往为其他股东不正当干涉对外转让出资提供口实,虚增了交易成本,从而为交易关系的稳定性埋下隐患。更何况即便股东没有优先购买权,也一样可以参与交易磋商,这样反而对拟转让股权的股东、其他股东以及第三人而言都更加公平。

当然,法经济学进入司法裁判也面临挑战,最普遍的质疑便是,任何情况下都以效率为唯一目标或是首要重要目标被认为并不妥当,为了纠正某种不公平的状态,法律也可能偏离效率的标准对某些权利义务的配置方式予以平衡。因此,如何在效率和公平之间找到平衡点,如何在具体裁判中适当引入代理成本分析方法来更妥帖地弥合股权转让纠纷中的价值冲突,是一个更需要深思的问题。

三、以代理成本分析的方法处理股权转让纠纷的具体进路

(一)逻辑起点:以遏制代理成本的法律对策为考量

公司是由一系列契约作为链接的机构,其中,股东享有的股权也是契约的一种。股东按照比例享有股权、行使股东权利,看似公平合理。但在股东行使股权时,常因为信息的不对称,导致一方股东被另一方压榨,最常见的就是控制性股东和非控制性股东的表决权差异。此时就产生了经济学上的代理问题,信息不对称的程度越大,代理成本就越高。从公司整体利益考虑,降低代理成本,才有利于公司利益的最大化。耶鲁大学汉斯曼等教授认为,控制代理成本的法律对策可以分为"监管策略"和"治理策略"。[16] 监管策略,指根据实体法规范,直接约束控制性股东的行为,从而降低沟通成本;治理策略指通过公司章程等内部措施,提升非控制性股东对控制性股东的控制能力,如任免权、激励措施等。值得注意的是,就遏制代理成本的效果而言,监管策略和治理策略不存在简单的优劣之分,针对不同的问题,可能侧重的策略不同,或者综合运用。前文提出的实践中存在的三大有限责任公司股权转让问题,从代理

〔16〕 参见前注〔15〕,第39页。

成本角度来看,可以归纳成监管策略缺失、监管策略与治理策略冲突等问题。因此,可以尝试运用法经济学作为现有法律规定的理论补充,从降低代理成本的目标与对策出发,重新审视上文的三个疑问,并创制出相应的减少交易成本、鼓励交易效率的法律策略。

(二)创制禁止股权分离规范

股权所包含的某一项权利,如投票权、股东大会召集权等是否可以单独进行转让,公司法并没有规定,在法教义学中也很难找到理论支撑。按照商事审判一贯尊重契约自由的原则,似乎法无禁止即可为。传统的法教义学方法论也认为,财产权利可以将其中的部分予以转让,除非该权利具有人身属性或者法律明确规定不得转让。按照这个理论,股权中的财产性权利自然可以转让,并且可以独立于整体股权单独转让。然而各国对于公司领域又有"一股一权"的共识,如允许公司股东单独将自己股权对应的投票权予以转让,似乎与"一股一权"的原则相矛盾。对此矛盾,我们可以尝试从股权的经济属性作为切入点,从遏制代理成本角度出发前,寻找法经济学依据。

首先,股东行使投票权本身就蕴含代理成本。"在经济学意义上,股权是一种成本极其高昂的'信任型'产品,其形式存在相当大的代理成本",〔17〕股东(大)会作为公司的意志机构,一方股东在投票环节利用自己信息优势地位成为"代理人",而能决定其他"委托人"股东的收益,就产生了第一重代理成本。股东行使股权,对应的不仅是其自身的利益,更会因为其对公司治理和管理的影响,对其他股东的利益产生影响,也就是经济学上的外部性。在这第一重代理成本下,"代理人"股东为了自己的利益,可能给其他股东造成损害,就构成了经济学意义上的负外部性。负外部性的产生对于公司而言,就是增加代理成本的迹象,应予以遏制。

其次,单独转让股权的某一部分权利(如投票权)则会产生双重的代理成本问题。"股东的投票权与股东在公司中的剩余索取权是密切联系的,剩余索取权的相等比例必须与同样权重的表决权相匹配。否则会

---

〔17〕 罗培新:《抑制股权转让代理成本的法律构造》,载《中国社会科学》2013年第7期。

给公司治理带来不必要的代理成本。"[18]股东能正确行使投票权,取决于公司治理与其自身收益之间的关系,实质上股东是基于自身利益行使投票权。共益权溢出自益权,股东就并非完全基于自身利益进行表决,其作出的表决结果并非全部由其自身承担,可能导致股东表决行为对于公司整体的不负责任,对于承担外溢后果的股东而言,就产生了负外部性,并由此产生了不必要的第二重代理成本。

股东投票机制的设立,本身可以降低股东与管理层之间的代理成本,股东通过表决可以选举或者罢免管理层,迫使管理层为公司与股东尽到勤勉义务。而投票权的单独转让,不仅不能减少代理成本,反而导致了双重代理成本。在处理单独转让投票权的案件中,出于遏制代理成本的考虑,应认定该单独就投票权进行买卖的合同无效。

(三)肯定出让股东的"反悔权"

《解释(四)》的出台,从法律规定的层面对"反悔权"进行了肯定,使法官对"反悔权"案件的裁判有法可依。但这仅是从结果的层面进行肯定,业界对于"反悔权"的理论争议始终存在,依然需要对其正当性进行证成。

支持王泽鉴教授意见的学者,主张不应赋予股东"反悔权",认为优先购买权为形成权,[19]股东一旦作出优先购买的意思表示,其与出让股东之间股权转让的买卖合同关系即成立。合同成立后,出让股东自不可再无故撤销,故不应赋予"反悔权"。从这个角度来理解,似乎顺利否定了出让股东的"反悔权"。然而,深究形成权的相关规定后发现,形成权的行使均基于法律的明文规定,并非通过对法律的解读来确定,那么优先购买权属于形成权的说法又不足以支撑其观点。主张应赋予出让股东"反悔权"的,大多认为应形成价格拍卖机制,从而最大限度地保护出让股东的利益。[20] 另外,基于合同自由原则,股东有权决定是否转让股权,股东转让股权是其他股东行使优先购买预案的前提。若股东不转让

---

[18] Easterbrook. FH and Fischel. DR [1983], *Voting in Corperate Law*, in Journal of Law and Economics, Vol. 26, pp. 395 - 427.

[19] 参见王泽鉴:《民法总则》,中国政法大学出版社2001年版,第97页。

[20] 参见蒋大兴:《被忽略的价格形成机制?——论股东优先购买权行使中转让人的反悔权》,载《第二届公司法司法适用高端论坛论文集》,2012年5月。

股权,该前提消灭,优先购买权当然无法行使。[21] 可见,对于“反悔权”的理论支持,单纯从规范法学的角度来说理,未免说服力不够。本文尝试结合新的范式——法经济学来解释。

首先,优先购买权旨在降低公司的代理成本。依照前文阐述,只要存在信息不对称,就存在代理问题,而公司的治理应遏制不必要的代理成本。外部人员进入公司成为股东,与原股东之间的存在较大的异质偏好,要将新股东的意志与原股东的意志协调统一,需要付出更多的协调成本,协调过程中的信息不对称加剧,产生了更多的代理成本。于是,为了维护公司的效率,公司法赋予股东优先购买权,来减少这种代理成本。优先购买权行使过程中,出让方与买受方谈妥转让条件,股东在与这个转让条件同等的前提下,享有优先购买权。出让方与买受方的谈判中,产生了谈判成本,这是出让方与买受方为了达成合同目的付出的必要成本,为减少股权转让后公司内部的代理成本,法律规定了出让方需将转让条件告知公司其他股东。公司其他股东得以在不付出谈判成本的情况下,享有优先购买权。至此,制度的设置目的均系控制公司的代理成本。

其次,“反悔权”遏制了交易的整体代理成本。股东要求行使优先购买权后,如不存在出让方反悔的情形,公司依然保有原股东,股东与股东之间的异质偏好降到最低,协调成本、代理成本降到最低。现出让方在股东明确要求行使优先购买权的情形下,撤销了与外部人之间的转让协议。从表面看,公司同样不再需要接纳外部人员,不存在破坏人合的威胁,但不论是外部人还是内部股东,均已经付出了成本。第一,外部人牺牲的是为了达成转让协议而付出的协商成本,以及为了达到转让条件可能做的前期准备成本。一旦出让方行使“反悔权”,外部人的损失可依据合同法向出让方追讨,这部分成本转化为由出让方承担。第二,行使优先购买权的内部股东虽没有付出协商成本,但对其来说,内部股东需要在极短的时间内筹措到股权对价资金,这部分筹措的成本将因为出让股东的“反悔权”而付诸东流。对于该损失,《解释(四)》已经规定了可以向出让股东进行追讨。由此可见,一旦出让股东行使“反悔权”,外

〔21〕 参见施天涛:《商法学》(第5版),法律出版社2018年版,第163页。

部人和内部股东的损失都将由其承担，公司、外部人、内部受让股东，这三方均不承担代理成本，从法经济学的角度分析，既避免了外部人进入公司后产生的负外部性，又将整体代理成本降到了最低。从制度设计的角度出发，公司的人合性亦得以维持。

最后，针对《解释（四）》规定由出让股东承担责任，亦有利于降低代理成本。出让股东在与外部人的磋商过程中付出了成本，又因行使“反悔权”可能要对外部人和内部股东均需承担赔偿责任，貌似其利益受损。但是从更高收益的角度考虑，出让方撤销出让股权的意思表示，必然是为了追求更高的转让收益，其行使“反悔权”也是基于代理成本考虑，这更是其作出“反悔”所需付出的代价。该部分成本，在制度设计的时候应放在末位予以考虑。

通过比较可以看出，允许转让股东行使“反悔权”的整体代理成本要低于不允许“反悔权”的成本。故不论从规范法学的维护有限责任公司人合性角度考虑，还是从法经济学的“降低代理成本”角度考虑，“反悔权”均应予以支持。

（四）区分限制股权转让条款的效力认定

《公司法》第 71 条的第 4 款通常被理解为公司章程可以任意限制股权的转让，在实践中也存在不少有限责任公司章程就对单个股东的持股比例进行了规定。但其中蕴含了一个价值判断的矛盾之处：对待章程的基本原则是尊重契约自由，股东的基本权利之一是可以依法转让股权，当这两个基本原则相互冲撞，即公司章程的限制条款与法律赋予的股权转让自由产生了冲突，何种价值更高？要解答这个问题，单从公司法该条规定出发很难找到答案。

从实践情况看，有限责任公司章程公司股权转让的情况可谓五花八门，但大致而言可分为“禁止股权转让”“强制股权转让”“其他限制”三类。其中，第一类禁止股权转让在实践中表现为章程直接禁止和间接禁止，前者如章程直接规定在任何情况下均不得转让股权，后者虽不直接表述，但设置了重重障碍，实质上也导致股东无法转让股权。第二类强制转让股权则相反，即在章程中规定某些情况下，股权强制转让而不论股东是否同意。触发强制转让的具体事由各不相同，典型如股东离开公司、股东违法、女性持股者怀孕等。第三类其他限制则是除了上述两种极端情况下的其他情形。多样的限制条款在实践中要如何处理?在美国公司法上,“判断限制股份转让是否有效的普通法标准是,它必须‘没有不合理地限制或者禁止流通性’”。[22] 但是何为合理?需要一套更有实践价值的判断标准,才能在司法中厘定股权转让的“合理”边界。

第一,禁止转让类条款是否侵害少数股东的退出权。公司章程若完全禁止股东自由转让股权,相当于“封闭”了公司,加剧大股东与小股东之间的代理问题。大股东通过自己的优势地位压榨小股东,导致小股东的表决权实质上起不到作用,无法体现其意志。如小股东的股权转让权被限制,直接导致的后果是大股东有恃无恐继续压榨,无疑增加了大股东与小股东之间的代理成本。为了避免大股东滥用权利,小股东的退出权是极为重要的救济机制。“在封闭式公司中,对于少数股东而言,退出权相当重要,因为如果没有退出权,他们的利益就处于由居于控制地位的股东的行为带来的极大风险之中。”[23] 因此,禁止转让类条款是否有效,应取决于转让限制是否配置了必要的退出机制。

第二,强制转让类条款是否违反法律政策精神。以类似“职工若生育二孩,则要强制收回职工股”这样的强制性转让条款为例,有观点认为,约定时双方对于条件及后果都有充分预见,并不违背合同各方的意愿,而且不会产生负的外部性等代理成本。但该条款明显国家的“开放二孩政策”之精神相背驰,不宜认定该强制转让类条款有效。

第三,其他限制类条款应满足合理与善意原则。有限责任公司因其人合性特质,通过章程约定限制股权转让,也是遏制股东异质化转换中的代理成本的合理手段。但正如在 Tu – Vu Drive 公司诉 Ashkins 一案中,大法官布林纳提出,公司章程不得不合理地限制股权转让。[24] 在考虑其他限制股权转让类条款是否有效时,在尊重公司自治的基础上,综合考虑是否处于治理公司的必要、是否保证相应的信息披露等因素。

值得注意的是,对于第二类在一定条件下强制转让股权,以及第三类对股权转让设置其他限制性条件,在司法实践中还应区分是章程的初

---

〔22〕[美]罗伯特·W.汉密尔顿:《美国公司法》,齐东祥组织翻译,法律出版社 2008 年版,第 218 页。

〔23〕同上。

〔24〕See Tu – Vu Drive – In Corp. v. Ashkins,61 Cal. 2d283,391 P. 2d 828(1964).

始条款抑或是后续修订条款。因为在公司成立之初,公司参与方为了吸引出资人,需要通过谨慎权衡和博弈,自主议定章程条款,这种情况下市场机制的作用发挥得比较充分,可以将章程内容视为各方达成最优选择。然而,在经营过程中修改章程,公司参与方的合意却远不够充分,加上我国公司法没有关于允许股东对公司章程有保留条款的规定,所以更容易产生股东被盘剥的可能。或许未来,可借鉴《德国有限责任公司法》第 53 条第 3 款的规定,在章程所规定的股东义务之外再行设定股东义务时,必须经全体股东的一致同意,从而降低其中可能产生的风险。通过上述分析,也可以对《公司法》第 71 条有更深刻的理解。第 71 条最后一款实质上是对股东行使优先购买权的补充性规定,即允许通过公司章程来排除或者限制股东的优先购买权。

结　语

有限公司股权转让的基础规范近年来不断完善,但司法实践的困境却并未显著缓解。究其原因,是因为规范体系的改良往往从技术角度推进,蕴含价值冲突的问题如投票权买卖问题、优先购买权涉及的反悔权及各方主体的利益平衡问题、章程限制股权转让问题,则无法简单通过规则释义予以解答。这时,法经济学的代理成本理论可以被恰当引入,它既让我们对当前股权转让的核心法律规范有更深入的理解,也为具体的司法裁判提供价值和方法论的补充,帮助我们明晰三类问题的答案:表决权买卖使得投票权与股东身份分离产生负外部件,导致激励错配,对公司制造"双重代理成本";《公司法》司法解释允许出让股东在其他股东主张优先受偿权后撤回同等条件报价的规定,这一规则设计通过代理成本理论可以被更好地解释和证成;而基于控制代理成本和公司长期合同之下股东缔约自由意志局限性的考量,应摒弃契约严守原则,否定章程禁止股权转让条款的效力。

(编辑:吴紫君)

《证券法苑》(2021)
第三十二卷,第 248 ~271 页

论公司回购减资中债权人保护规则的完善*

陈铭宇**

摘要:公司回购股东持有的股份/股票时,以公司资产向股东进行支付,引发债权人保护的需要。现有制度要求公司在减资时为其债权人提供担保或者提前清偿,由于资本范围界定模糊,并机械地将资本受损与会计上股本减少挂钩,在债权人保护上同时存在反应过度和反应不足的问题。本文建议,明确法律欲加以维护的资本范围,为资本是否真正减少确立准确的判断标准,并在回购交易中区分资本是否受损采取差异性的债权人保护措施。

关键词:回购减资　资本受损　债权人保护

公司以其全部财产对公司债务承担责任,股东仅以出资为限承担责任,系现代公司与其债权人之间合约的一个"缺省条款"(default term),[1]构成公司这种商业组织的核心制度。债权人与公司缔约时,可以通过尽职调查了解其净资产多寡和流动

---

* 本文仅代表作者个人观点,与所任职单位无关。

** 深圳证券交易所员工。

〔1〕 See Reinier Kraakman et al., *The Anatomy of Corporate Law*, Oxford University Press, 2nd Edition 2009, p. 9.

性、创造现金流的能力等，相应采取相关约定事项（covenant）自我保护，如限制债务人负债、资产处置和分配行为，特定情形下债务加速到期等。但这些措施是预防性的，只有具备谈判优势的债权人方能采取，一般债权人（特别是被动债权人如遭侵权者）无法事先决定债权条件，这构成了在一般合同法之外为债权人提供保护的逻辑起点。

在与第三方交易时，由于股东享有剩余索取权，其需确保偿付债务后仍有剩余价值才能获利，故而有动力"确保交易不仅仅对股东是有益的，而且对所有与公司进行交易的主体（包括债权人）也是有益的"。[2] 当交易的对象是股东时，对于一般经营过程中的交易，重点关注公司是否通过不公允的交易条件向关联方输送利益，全体股东整体利益得到保护的同时，债权人利益附带得到保护。

公司还可能和股东发生权益性交易，即与以所有者之身份行事的股东进行的交易。[3] 这类交易发生在公司一般经营活动之外，债权人利益受损的可能性更大，提供适当保护的必要性更强，最为典型的是回购减资。自2019年判决的江苏华工案支持了股东要求公司履行回购义务的主张后，解读文章不断涌现，其中不乏债权人保护的视角，有文章在分析域外资本维持原则与清偿能力约束两种规制模式后，提出债权人保护模式需考虑公司法的价值判断、相关会计规则和其他保护机制等宏观因素；[4] 有文章在分析美国科创企业资本结构的基础上，对美国法律在公司陷入破产之前，原则上不对债权人特加保护的立场进行了解释。[5]

本文主要立足于中国公司回购减资的规定，集中分析实践中的如

---

〔2〕 Id. , p. 28.

〔3〕 这个概念在国际会计准则理事会（International Accounting Standards Board, IASB）的准则体系中并未正式被定义，但2008年1月修改后的《国际会计准则第27号——合并财务报表和单独财务报表》（International Accounting Standard 27 Consolidated and Separate Financial Statements）在第30段规定特定股权交易的会计处理方式时顺带提到。美国财务会计准则亦有类似概念。

〔4〕 参见刘燕、王秋豪：《公司资本流出与债权人利益保护——法律路径与选择》，载《财经法学》2020年第6期。

〔5〕 参见张巍：《超越华工案：科创企业的资本结构与回购权》，载微信公众号"比较公司治理"2019年10月31日。

下困惑,即在某些情况下净资产实质减少对债权人利益造成消极影响,仅因注册资本形式上未减少而无法触发保护措施,而在另外一些情况下,仅因注册资本形式上的减少,债权人利益未受实质性影响而不必要地触发保护措施,即反应不足和反应过度的双重问题,对现有规则将债权人保护的触发条件与注册资本的减少相挂钩的弊端进行分析,并提出一种替代性的思路。

一、中国法下的回购/减资

向股东回购股份,不必然以公司获得利润为前提,故不像投资者获得分红那样天然具有正当性,对债权人利益的影响更为重大,保护的迫切性更为突出。从规则的演变看,大多数法域至少在一开始是禁止的。[6] 随着现代公司法的发展,人们渐渐意识到,回购乃至减资并不是洪水猛兽,在不影响债权人利益或者提供充分救济的前提下,应容许公司利用回购实现多种交易目标。减资与回购联系紧密,但有其独立功能。回购必然产生库存股,库存股的用途是法定的,其中之一即被注销并引发减资;减资体现为注册资本的减少,多数情况下是注销库存股所引发的,但亦可能纯粹是所有者权益科目内部调整的结果。本文认为,中国法下回购/减资制度设计存在缺陷,主要根源在于对回购/减资的交易实质欠缺细致的分析和准确的理解,本文首先区分有限责任公司和股份有限公司两种类型,集中对各类回购情形及其影响进行分析。

(一)有限责任公司

对于有限责任公司,《公司法》(2018 年修订,下同)第 35 条规定"公司成立后,股东不得抽逃出资",但同时规定了减少注册资本的审议程序(第 37 条、43 条、46 条、66 条),说明可以遵循法定程序将股东出资退回。常见类型有:(1)运营过程中发现资本过剩,将闲置资本予

---

〔6〕 例如,英国上议院早在 19 世纪就作出裁决,即使备忘录中明确规定公司有此权限,公司也不得购买自身的股份,因为这会导致公司资本的减少。See Trevor v. Whitworth (1887) 12 App. Cas. 409 HL.

以退回;(2)执行对赌协议而回购相关股东的出资;[7](3)购回对公司合并、分立决议持异议之股东的出资;(4)为维护有限责任公司的人合性,约定在股东出现辞职、调离或被辞退、解除劳动合同等情形时,由公司收购其所持股份。[8]

以上情形都导致公司向股东实际支付,净资产减少。至于注册资本是否减少,第(1)种情况本意是将多余的资本退回股东,减少注册资本是其当然结果,其他情况下,公司能否以其持有的出资为基础招募新的股东,抑或需予以注销,规则并不明确。

此外,还存在一些形式上导致注册资本减少的情形,主要包括:(1)运营中出现严重亏损,通过调减实收资本以弥补亏损;(2)有限责任公司改制为股份有限公司时,依据《公司法》第95条的规定,以不高于公司净资产的数值确认实收股本,改制后注册资本可能减少;(3)对部分股东,在其认缴出资不到位的限度内减少相应的注册资本;(4)依据最高人民法院《关于适用〈中华人民共和国公司法〉若干问题的规定(三)》第17条的规定,解除"未履行出资义务或者抽逃全部出资"之股东的股东资格,由此减少注册资本。

第(1)种情况对应的会计分录为:

借:实收资本

贷:未分配利润

从而减少直至消除未分配利润的借方余额。

第(2)种情况对应的会计分录为:

借:实收资本(原)

资本公积(原)

其他所有者权益科目(原)

贷:实收资本(新)

资本公积(新)

对于第(3)(4)种情况,如果没有新引入的股东承担未缴足部分的

---

〔7〕 关于对赌安排的有效性,过往各地各层级法院的判决认定并不统一,2019年《全国法院民商事审判工作会议纪要》第5条"与目标公司对赌"已明确持支持立场。

〔8〕 例如,最高人民法院指导性案例第96号:宋某军诉西安市大华餐饮有限公司股东资格确认纠纷案,2018年6月20日公布。

出资义务,则将导致注册资本减少。上述情形均未导致资产实际从公司流出,不过第(1)种情形使分红更为便利,因为无须再用所获利润填补亏损,第(3)(4)种情形如注册资本减少,向债权人宣示的偿债保障金额也下降了,故在第(1)(3)(4)种情况下,公司的偿债能力在“对外宣示”的意义上下降了;而第(2)种情形利用相关所有者权益去填补历史上累计的亏损,是改制本身所允许的,如果注册资本确实减少,也不能认为因此对偿债能力造成消极影响。

(二)股份有限公司

1. 可以进行回购的情形

不同于有限责任公司,《公司法》第142条对股份有限公司回购情形进行了较为明确的规定,包括:(1)减少公司注册资本;(2)与持有本公司股份的其他公司合并;(3)将股份用于员工持股计划或者股权激励;(4)回购对合并、分立等股东大会决议持异议的股东的股份;(5)将股份用于转换上市公司发行的可转换为股票的公司债券(以下简称可转债);(6)上市公司为维护公司价值及股东权益所必需。

此外,在实践中上市公司还可能在四种场合下回购自身股份:(1)执行重组业绩对赌而回购股份;(2)股权激励相关情况下回购股份;(3)为避免形成交叉持股而回购股份;(4)为实现退市向全体股东回购股份。[9]

2. 回购对注册资本和责任财产的影响

回购时,资产从公司流向了股东,公司取得了库存股,但这并不是资产端形态的转化。假设一家没有负债的公司将所有资产用以回购所有股票,则资产借方仅有库存股,其显然是没有实质价值的。所以在资产转化为库存股时,公司的责任财产已然减少,这一影响并非等到其被注销导致注册资本减少时才产生。被注销并导致注册资本减少并非库存股的唯一归宿,库存股有其他法定用途,如果将股份回购连同其后续用途作统一考虑,其对公司责任财产的影响就更为多样化。以下对10种情况逐一进行分析。

---

[9] 此外,《证券法》第24条第2款规定了欺诈发行上市股票责令回购制度,但证监会相关实施办法目前尚未颁行,本文不予讨论。

(1)减少公司注册资本

这一回购情形的立法逻辑与其他情形不同。其一,它与其他法定情形存在重叠,除特定情况下可转让外,库存股一定时间后均需注销,从而减少注册资本。其二,减少注册资本往往不是直接目的,而是其他行为的附带结果,公司能否以减少注册资本的名义实施任何回购而不受限制?例如,能否将资产卖回股东,而股东以注销相应股份的方式作为对价;[10]能否在受到敌意收购时,回购收购方的股份,[11]或者回购除了收购方以外股东的股份。[12]《公司法》仅规定可以减少注册资本,但导致注册资本减少的原因行为需另寻合法性,在其他规则供给不足的情况下,实践中很难创设新的回购模式。例如,为公平对待股东,司法实践已拒绝以减资的名义按不同比例向股东回购股份。[13] 从效果上看,单为减少注册资本而回购股份带来了责任财产的减少。

(2)与持有本公司股份的其他公司合并

这种情形主要出现于上市公司吸收合并其控股股东的交易中,以近期发生的上市公司河南双汇投资发展股份有限公司(以下简称双汇发展)通过向控股股东河南省漯河市双汇实业集团有限责任公司(以下简称双汇集团)的唯一股东罗特克斯有限公司(香港)(以下简称罗特克斯)发行股份,吸收合并双汇集团为例(交易前后股权结构见下图)。双汇集团在交易前持有上市公司59.27%的股份,在交易后该部分资产并入双汇发展,成为其库存股,随后被注销。双汇发展吸收合并双汇集团前后股权结构如图1所示:

---

〔10〕 典型如2006年股权分置改革中,一些上市公司以现金或者资产为对价,定向回购注销了股东持有的非流通股,如延边公路建设股份有限公司股权分置改革方案中,公司以截至2006年6月30日经审计的全部资产及负债为对价,定向回购并注销吉林敖东药业集团股份有限公司持有的上市公司合计46.15%的股权。

〔11〕 在美国案例 Cheff v. Mathes, 199 A. 2d 548. 中,这一俗称为"绿色邮件"(greenmail)的反收购措施得到了支持。

〔12〕 在美国案例 Unocal Corp. v. Mesa Petroleum Co. 493 A. 2d 946 中得到支持。

〔13〕 上海市第一中级人民法院认为,"《公司法》第43条规定的'减少注册资本'应当仅仅指公司注册资本的减少,而并非涵盖减资后股权在各股东之间的分配",认为不同等比例减持需全体股东同意,参见(2018)沪01民终11780号判决书。又如,无锡市中级人民法院认为,"不同比减资会直接突破公司设立时的股权分配情况……对于不同比减资,应由全体股东一致同意,除非全体股东另有约定"。参见(2017)苏02民终1313号判决书。

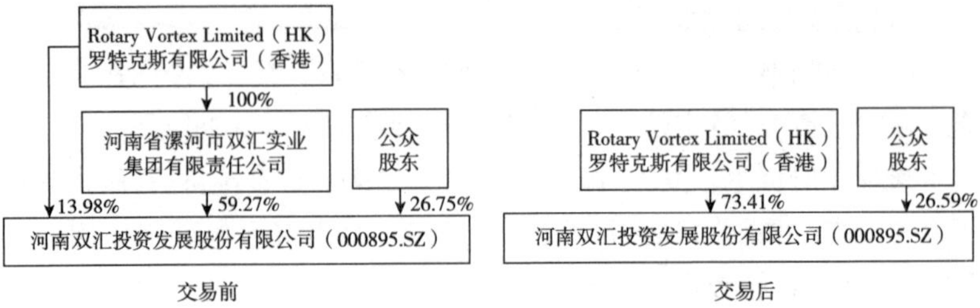

图1　双汇发展吸收合并双汇集团前后股权结构

在对这部分股份进行定价时,评估值按本次作为对价的上市公司股份的发行价确定,即“1 股换 1 股”。从交易实质看,罗特克斯将其间接通过双汇集团持有的双汇发展股票作为出资,换取同等数量的新发行股票。相关股份直接注销而未导致资产实际向股东流出,因而交易报告书在债权人保护措施中并未提及因减资而根据《公司法》第 177 条向股东提供清偿或担保的保护。[14]

(3)将股份用于员工持股计划或者股权激励

将回购和转让两个步骤综合看待,如果回购价格低于限制性股票授出所收取的价格,则公司责任财产因此增加,如果回购成本高于收取的对价,则责任财产将减少。但从债权人利益出发,不通过回购股份而是通过发行新股来实施激励,债权人得到的保障更强,因为公司可以收到的认购对价是固定的,但通过回购实现股份授予,额外支付了发行新股方案所不必支出的回购对价。

(4)回购对合并、分立等股东大会决议持异议的股东的股份

在实践中,一般是由具有较强支付能力的控股股东而非上市公司来收购异议股东的股份。例如,在中国长城计算机深圳股份有限公司换股合并长城信息产业股份有限公司的交易中,双方均为上市公司,对该合并方案持异议的股东所持股份均由共同的控股方中国电子信息产业集团有限公司予以现金收购。[15] 在东北高速公路股份有限公司分立为黑

〔14〕 参见双汇发展于 2019 年 7 月 1 日披露的《吸收合并河南省漯河市双汇实业集团有限责任公司暨关联交易报告书(草案)(修订稿)》,第 245 ~ 252 页。

〔15〕 参见长城电脑于 2016 年 9 月 3 日披露的《换股合并长城信息产业股份有限公司及重大资产置换和发行股份购买资产并募集配套资金暨关联交易报告书(修订稿)》,第 470 页。

龙江交通发展股份有限公司和吉林高速公路股份有限公司的交易中，异议股东的股份也是由第三方黑龙江省公路桥梁建设集团公司收购的。[16]

（5）将股份用于转换上市公司发行的可转债

将回购和转换两个步骤综合考虑，如果回购价格低于转换价格（事先已确定），则对于公司和股东而言，相当于以较低的成本完成了可转债的偿付；如果回购价格高于转换价格，则通过回购满足可转债的转股需求是不明智的，理性的公司不会如此行事。而从可转债持有人之外的债权人的利益出发，不通过回购而通过发行新股以满足转股要求是更有利的，因为公司无须支付回购成本，从而导致责任财产的减少。

（6）为维护公司价值及股东权益所必需

该种情形系2018年修改《公司法》时新增的，证券监管规则将其界定为“股票收盘价低于其最近一期每股净资产”或者“连续二十个交易日内股票收盘价跌幅累计达到30%”。[17] 根据《公司法》第142条第3款的规定，因该种情形而回购的股份可以在3年内择机转让。如果3年内股价持续走低而只能低价转让，甚至到期予以注销，则长期看公司责任财产减少了；即便过后得以高于成本价的价格进行转让，使得总体上公司净资产增加，在进行回购后转让前，公司净资产仍发生减少，至少暂时削弱了公司的偿付能力。

（7）执行重组业绩对赌而回购股份

在证监会《上市公司重大资产重组管理办法》（2020年3月修订）第35条要求的特定情形，或者自愿的情形下，交易对方就标的业绩作出承诺，嗣后业绩不达标时，公司将以1元的名义对价回购业绩承诺主体的股份。由于公司仅支付名义对价，所以回购对公司责任财产并无影响。

（8）股权激励相关情况中的股份回购

依据证监会《上市公司股权激励管理办法》（2018年8月修订）第7条、18条、25条等规定，在出现不得实行股权激励、激励对象离职或者未达到解除限售条件时，上市公司将回购并注销已授予的限制性股票。根据第26条的规定，在不同情况下，回购价格或不高于授予价格，

---

〔16〕 参见东北高速于2010年2月11日披露的《分立上市报告书》，第29页。

〔17〕 参见《关于支持上市公司回购股份的意见》（证监会公告〔2018〕35号）第三点。

或不高于授予价格加上银行同期存款利息之和。在财务效果上,等同于公司从授予到购回股份这段时间内,借入一笔无息或者低息贷款,如果将出资和回购综合考虑,公司的责任财产基本不受影响,在回购前甚至还因为激励对象的出资而得以增加。

(9)为避免形成交叉持股而进行回购

以湖北沙隆达股份有限公司(以下简称沙隆达)2017 年的重组交易为例,交易前后的持股情况如图 2 所示,交易中沙隆达向中国化工农化总公司(以下简称中国农化)发行股份购买 ADAMA Agricultural Solutions Ltd. 100% 股权,从而间接持有 ADAMA Celsius B. V. 100%(以下简称 Celsius)的股权,而 Celsius 原持有沙隆达 10.6% 的 B 股股权。在对交易标的持有的这部分股权进行评估时,其取值等于未来回购时将支付的对价。[18] 所以,实质上,中国农化凭借间接持有的该部分资产获得了上市公司新发行的同等数量的股份。但不同于上述第(2)种情形,沙隆达在回购该部分股份时,需向 Celsius 支付回购款,虽然在沙隆达并表范围内,该部分货币资产仍在其账上,但是由于沙隆达是与 Celsius 相区隔的法律主体,经过支付后其作为偿债保障的责任财产仍发生减少。

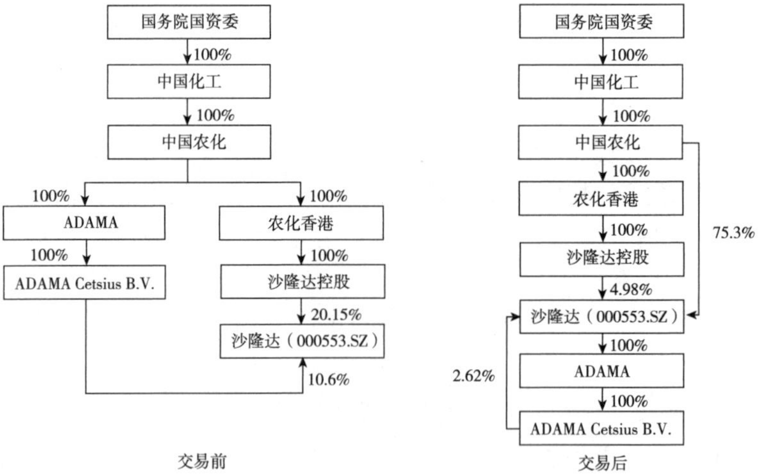

图 2 沙隆达发行股份购买 ADAMA(不考虑募集配套资金)前后股权结构

---

〔18〕 参见沙隆达 2017 年 7 月 5 日披露的《发行股份购买资产并募集配套资金暨关联交易报告书》,第 194 页。

(10)向全体股东回购股份以实现退市

沪深交易所对各板块均有股本总额和股权分布的要求。因此,上市公司可以通过向全体股东回购全部股份或者部分股份的方式,使公司股本总额、股权分布等不再具备上市条件,从而实现退市。实践中尚未有上市公司通过该种方式实现终止上市,如果采用该种回购方式,公司将支出很大一笔回购款,责任财产将大幅减少,相关回购所得的股份除了加以注销外,并无其他法定用途,因此注册资本最终也将减少。

3. 并不导致责任财产减少的减资情形

实践中还存在一些并不导致公司责任财产减少的注册资本减少情形,伴随这些情形的是所有者权益科目的调整。主要有:

(1)缩股/合股

由于股价持续低于面值会导致上市公司终止上市,部分公司通过将若干股股份合并为1股的方式来提高每股股价,规避退市,俗称"缩股"或"合股"。例如,厦门灿坤实业股份有限公司于2012年12月进行的缩股操作,即以总股本1,112,350,077股为基数,全体股东将每6股缩为1股,相当于每股折算为0.166666668股。[19]

一般而言,缩股对公司财务情况的影响是,公司将减少股本并按照不同来源调增相应的所有者权益科目,本身并不影响公司的资产负债情况。如果过往存在以未分配利润送股的情况,且当下未分配利润为负,则缩股过程中,过往亏损可能得到弥补而由负转为零,使公司在以后年度盈利时更容易向股东分配。

(2)减少注册资本以弥补亏损

公司累计未分配利润为负,往往说明股东的出资——不管是计入注册资本还是股本溢价——已开始受到侵蚀,一般认为,此时通过减资,可以"使公司的注册资本与净资产水准相符,有利于昭示公司的真正信用状况"。[20]2006年,安徽飞彩车辆股份有限公司推出股权分置

[19] 参见闽灿坤B于2012年12月27日披露的《关于公司实施缩股方案的公告》。

[20] 宋燕妮、赵旭东主编:《中华人民共和国公司法释义》,法律出版社2019年版,第339~340页。

改革方案,其中一步即是全体股东以每10股减6.7335股的方式减资弥补亏损。[21] 在会计处理方式上体现为:

借:股本

贷:未分配利润

效果上减少了未分配利润的借方余额。以减资的方式弥补亏损,当下并未改变公司资产负债情况,但使得以后年度盈利时更容易向股东分配。

二、回购/减资中债权人保护措施分析

(一)支持《公司法》第177条的主要理由及简要评价

公司法通过不得抽逃出资规则、回购与减资限制、分配规则等严密保护的注册资本,是否足以起到保护债权人的作用,并且不致因缺乏灵活性而对公司运营和资本运作造成不必要的阻碍?对此已有不少理论的优化讨论和实践的修正尝试(如2013年推出的认缴资本制以及2018年对回购事项的修订)。批判观点认为,"决定公司信用的并不只是公司的资本,资产对此起着更重要的作用"。[22] 支持观点通过"禁止抽逃出资"的制度历史梳理及价值分析,建议进行重构而不是削弱。[23] 具体到资本交易中对债权人的保护,《公司法》延续了维持资本信用的制度内核,第177条第2款规定,债权人于公司减少注册资本时,有权要求公司清偿债务或者提供相应的担保。意在处理债权人和股东之间潜在的利益冲突。

通常认为,于减资时赋予债权人上述权利,理由包括减资"导致公司净资产减少,等同于股东优先于债权人回收所投入的资本""减少应当保留在公司的财产数额,导致公司责任财产的减少",[24] 或者从交易

〔21〕 参见*ST飞彩于2006年7月25日披露的《股权分置改革说明书(修订稿)》。

〔22〕 赵旭东:《从资本信用到资产信用》,载《法学研究》2003年第5期。

〔23〕 参见刘燕:《重构"禁止抽逃出资"规则的公司法理基础》,载朱慈蕴主编:《商事法论集》(第27卷),法律出版社2016年版。

〔24〕 同前注〔20〕,第341页。

过程看，债权人在与公司进行交易时评估了公司的资产状况，减资意味着公司单方改变与债权人交易的基础性条件，理应赋予债权人保护性权利。[25]

上述各项理由大多似是而非。首先，股东不得优先于债权人回收所投入的资本，是对债权人保护逻辑的错误概括。法律并不维护绝对的支付顺序，最为明显的例子就是分红，在一定限度之内进行回购，也不因为股东先于债权人获得支付而无效。其次，公司与债权人之间的缔约条件发生变化的理由则过于含糊且欠缺法律依据。其一，所谓“缔约条件”是否仅止于交易对手方通过工商登记、章程等能够查询到的注册资本？界定不够清晰。实践中，部分法院把股本、股本溢价均列入需要维持的资本范围，显然不愿受公示性的束缚。其二，强调注册资本金额作为缔约条件的一部分须持续维持，可能造成不同阶段（对应公司不同的注册资本）的公司债权人享有的保护限度不同，但法律并无意在一般债权人中区分出顺位等级。其三，强调维持注册资本金额作为缔约条件的一部分缺乏法定依据，也很难从缔约过程中解释出来，仅是一种断言式的意见。最后，“注册资本减少—责任财产减少—债权人得要求提前清偿或提供担保”的逻辑推演，得到了较为普遍的认同，在特定情形中具有一定的解释力，但在中国语境下，其推演也并非完全没有问题，下文将予以指出。

（二）债权人保护的一种分析框架

1. 债权人保护的触发条件应与注册资本的减少脱钩

由第二部分的分析可以得知，各类回购/减资情形对注册资本和责任财产的具体影响是多样化的（如表1所示），以注册资本是否变动作为公司责任财产是否变动的衡量指标，进而决定是否触发债权人保护的专门措施并不精确，同时存在反应过度和反应不足的问题。

[25] 参见《公司法第一百七十七条之理解与适用：决议减资与债权人保护》，载《人民司法·应用》2017年第16期。

表1　各类回购/减资情形对注册资本和责任财产的具体影响

公司类型	减资类型	回购/减资情形	对注册资本的影响	对净资产(责任财产)的影响
有限责任公司	实质减资	(1)将过剩资本返还股东	减少	减少
		(2)执行对赌协议而回购股份	可能在一段时间内保留相关出资,在该段时间内注册资本不变	
		(3)回购异议股东股份		
		(4)发生辞职等情形时回购相关股东股份		
	形式减资	(1)减资以弥补亏损	减少	不变,但对外宣示的以注册资本衡量的偿付能力降低
		(2)改制后注册资本减少		
		(3)减少认缴出资不到位相对应的股份		
		(4)解除"未履行出资义务或者抽逃全部出资"之股东的资格		
股份有限公司	实质减资	(1)减少公司注册成本	减少	取决于回购的具体情形
		(2)与持有本公司股份的其他公司合并	一般不会对外转让而是予以注销,因而减少	实践中多以等量股份为支付对价,故不变
		(3)将股份用于员工持股计划或者股权激励	如果均转让或者赠与相关对象,不变	减少
		(4)回购异议股东股份	实践中一般不由公司回购	不变
		(5)持股份用于转换上市公司发行的可转债	如果均用于可转债转换,不变	减少
		(6)上市公司为维护公司价值及股东权益所必需	如果均转让,不变	回购时即已减少。后续取决于转让的价格,如果高于回购成本,增加;反之减少
		(7)执行重组业绩对赌而回购股份	减少	不变
		(8)股权激励相关情况中回购股份	减少	综合考虑获取限售股份的出资和回购支付的对价,对资产基本不影响,在回购前甚至是增加的
		(9)为避免形成交叉持股而回购股份	一般不会对外转让而是予以注销,因而减少	对母公司而言,资产因回购而减少
		(10)向全体股东回购股份以实现退市	减少	减少
	形式减资	(1)缩股以使股价高于面值	减少	不变,但对外宣示的以注册资本衡量的偿付能力降低
		(2)减少注册资本以弥补亏损		

（1）反应过度

注册资本减少并不总是导致责任财产的减少，如在形式减资当中，注册资本的减少并不导致责任财产的减少；与持有本公司股份的其他公司合并，如果以新发行的股份作为对价，则注册资本的减少对净资产亦无影响；又如，在完成重组业绩对赌而回购股份时只支付形式对价，对责任财产的影响也可忽略不计。除此之外，对于大量财力雄厚（回购后净资产仍远大于股本加股本溢价）的公司，只要选择将回购股份加以注销（而不是作为库存股而留作他用），就得给予债权人提前清偿的机会，此种保护措施实际上是过度和失焦的。

股本科目其实是一个容易“操纵”的科目，公司可以通过资本公积转增股份、未分配利润赠送红股等方式予以增加，但并不意味着偿债能力的增强，反之股本减少也不意味着偿债能力的当然减弱，应避免僵化地将注册资本的增减视为偿债能力强弱的当然指标。

（2）反应不足

对于注册资本并未减少，但责任财产已经减少的情形，如股份有限公司将股份用于员工持股计划或者股权激励、用于转换上市公司发行的可转债，或者为维护公司价值及股东权益而进行回购，法律于回购时并无特别的债权人保护要求。某些实施时即可预计将减少注册资本的回购方案，还将第177条提供的债权人保护措施延至回购后的注销环节，此时大额回购款已经付出，公司责任财产早已大幅下降了。

2018年对《公司法》第142条的修订中，删去了公司因奖励职工收购本公司股份，收购资金应当从税后利润中支出的规定。原先这一规则是对回购资金来源的限制，虽然仅适用于奖励职工这一用途，且作为利润表科目的“税后利润”用于描述资金来源存在种种不足，[26]但客观上起到框定回购限度的效果。本次完全删去，放松了对回购金额的仅有限制，切断了回购与资本维持要求的微弱联系。规则上虽然要求回购须考虑对偿债能力的影响，对公司过度回购起到一定约束，但在所有者权益较小，回购金额较大的情况下，公司资本在注册资本形式上减少之前就

〔26〕 参见刘燕：《“对赌协议”的裁判路径及政策选择——基于PE/VC与公司对赌场景的分析》，载《法学研究》2020年第2期。

已遭到侵蚀,而此时第177条提供的保护措施并未触发,存在反应不足的问题。

2. 根据资本是否减少提供有差异的债权人保护措施

在美国,偿付能力标准得到强势适用,资本维护规则实质上仅起到相当微弱的约束力。此外,在大多数国家,公司资本是划分不同保护强度措施的重要界限,在侵蚀与不侵蚀资本的两种情况下,债权人保护措施应有差异。中国法虽在制度细节上仍有较大差距,但基本继承了大陆法系公司法资本原则的理念。在此认识的基础上,下文主要讨论以下问题:其一,判断回购是否侵蚀资本的界限在哪里,即何为真正的"减资";其二,在造成"减资"的回购中,如何保护债权人利益;其三,在未造成"减资"的回购中,债权人利益的保护有何考虑。

(1)判断资本是否真正减少的标准

根据会计原理,股东的出资投入计入股本和股本溢价科目,而实物则已与其他资产混同并发生各种形式转换,成为公司运营的物质基础,并无实在的账户专门保管该等股本和股本溢价;所以维持法定资本水平,并非静态地要求公司不得动用被特定化的一笔资产,而是划定了向股东支付后所有者权益减少的限度,超越该等限度资本就受到侵蚀并触发相关法律后果。由此观之,目前规则和实践存在以下几方面的问题:

第一,将股东从公司获得支付径直定性为抽回出资/减资、抽回资本公积等。股东从公司获得支付,在会计处理时,确实有可能引起股本、股本溢价(资本公积)等科目的减少,但不宜直接将其认定为抽回出资或者抽回资本公积,而应该,且仅应该在下述两种情况中做该等认定:其一,公司愿意以履行更强的债权人保护义务为代价,从而优先从资本中支付回购对价,降低须维持的资本水平;其二,支付的金额较大,使得所有者权益的金额下降至法定须维持的资本水平以下,而不管会计上股本科目是否减少。实践中,误将大量至多是违反分配规则/程序的不当分配行为认定为抽回出资/资本公积。

第二,部分法院意识到股东从公司获得支付须有一定限度,但诉讼各方、各层级法院对该等限度看法不同,规则不明确。争议点集中于计入资本公积科目的股本溢价部分。最高人民法院认为,"出资无论是计入注册资本还是计入资本公积金，都形成公司资产，股东不得请求返还”。〔27〕然而，山东高级人民法院采取了相反的裁判立场，支持原告提出的目标公司和原股东“共同偿还作为公积金部分4200万元及其资金成本及利息损失”的请求。〔28〕一般立法例均对回购界限作出明确规定，2006年《英国公司法》规定，公司一般只能运用可分配利润或者运用为回购而新发行之股份所筹集的资金来回购，〔29〕当然，还可以从其资本中对外支付以进行回购，只要履行相应的减资程序。《特拉华州普通公司法》第160(a)(1)条要求除减少注册资本以及涉及优先股等情形外，回购或者回赎自身股票不得损伤资本。〔30〕根据判例法，“如果用于回购的资金超过了公司的‘溢余’，即根据第154条等于净资产超过已发行股份面值的部分，则可以说该次回购损伤了资本”。〔31〕德国法上区分有限责任公司和股份有限公司，受保护的分别为与公司股本相等的金额和与出资相等的金额（股本加股本溢价）。〔32〕

第三，对回购和分配的额度没有做通盘考虑，当两者同时实施时，累计向股东支付的金额可能过大，侵蚀意欲保护的资本。举例而言，假设某公司简化的资产负债表科目为：负债2亿元，股本和股本溢价合计2亿元，未分配利润2亿元，总资产6亿元。公司先用1亿元进行股份回购并作为库存股，不管是否予以注销，按照现有规则都不影响未分配利润，公司仍能将全部未分配利润2亿元用于分配。此时公司累计以回购和分配的方式共向股东支付3亿元，净资产仅余1亿元，已不能维持意欲保护的股本和股本溢价额度2亿元了。针对该问题，英国法要求将回购对价超过为回购而新发行之股份所筹集资金（如有）的部分，将同等

〔27〕参见最高人民法院(2013)民申字第326号裁定书。

〔28〕参见山东省高级人民法院(2014)鲁商初字第25号判决书。

〔29〕在用语上，回赎(redeem)，一般指的是购回在发行时即约定以后某时公司有权（或者股东有权要求公司）买回的股份；而回购(repurchase)则指买回不限定于上述情形的股份。UK Company Act, § 687(2), 692(2). 本文不作区分。

〔30〕Delaware General Corporation Law, § 170(a)(1).

〔31〕Id., § 154. Klang v. Smith's Food & Drug Ctrs., Inc., 702 A.2d 150, 153 (Del. 1997).

〔32〕参见［德］托马斯·莱赛尔、吕迪格·法伊尔：《德国资合公司法》，高旭军、单晓光、刘晓海、方晓敏等译，法律出版社2005年版，第614～615页。

金额由可分配利润划入资本回赎储备(capital redemption reserve)账户,[33]并将该账户划归为不可分配的储备,[34]对于2006年英国《公司法》中与减少公司资本相关的条文,其适用时应将资本回赎储备视为已缴付资本的一部分。[35] 如此,在上述例子中,公司回购后,须将1亿元从未分配利润拨入资本回赎储备科目,此时,可供分配的金额上限也就相应从2亿元降为1亿元,确保回购和分配的金额合计不超过2亿元,达到资本维持的目的。

综上,判断资本是否真正减少,关键在于明确意欲维持的资本范围,并且以支付后所有者权益是否低于法定资本水平,而不是相关会计科目是否减少作为判断标准,同时,应加总考虑回购与分配对所有者权益的共同影响。至于需予维持的资本是否包括股本溢价、尚未实现的所有者权益增加(计入资本公积或其他综合收益),从私人企业公示性角度看,债权人仅能知悉注册资本,并无从得知该部分之金额,似无加以维持之必要;若考虑与分配规则(盈余公积之上各项所有者权益科目实践中一般未用于分配)相协调,或者增厚对债权人保护的安全垫,则该部分亦不得用于支付回购款项。边界如何界定,须根据公司法的利益取向加以明确。

(2)从资本中支付回购款时对债权人的保护

公司从资本中支付回购款通常包含两种情况:一是公司所有者权益较为单薄,超过资本的部分不足以支付整个回购款,须得从资本当中支出;二是公司主动选择履行减资程序,支付回购对价。公司并非到了没有可供分配利润的"山穷水尽"地步才如此选择,在需要支付大额回购对价时,公司至少可以减计部分资本科目金额,而不是完全减计可分配利润,以确保每股可供分配利润不至于过度下滑。[36] 第一种情形是被动地"减少"资本,第二种情形是主动地"调低"资本。

---

〔33〕 UK Company Act, §733, 853(3)(b). 欧盟法上也有相同的要求。See Directive (EU) 2017/1132 of 14 June 2017 relating to certain aspects of company law (codification) §63.

〔34〕 Id., §831(4)(b).

〔35〕 Id., §733(6).

〔36〕 See in Re Vodafone Group Plc. [2014] 2 B. C. L. C. 422, [21].

典型减资程序可参考英国法的规定,一般系由股东会作出一个特别决议并经法院确认,[37]而除非法院能够确定,有权反对减资的每一公司债权人或者同意减资,或者其债权或请求权被清偿、确认或加以担保,否则法院不得确认减资效力。[38] 为此,公司一般会先行向不同意减资的债权人提前清偿或者提供担保。在中国,减资程序虽不需法院许可,但根据《公司法》第177条第2款亦须为债权人提供同样的保障。所不同的主要是:第一,《公司法》第177条的触发条件是注册资本的形式减少,而英国法则是考量所有者权益的减少程度,除非公司主动降低法定资本的水平,上文已言明;第二,英国学者普遍认为原有做法过度保护了债权人,因为不管是否真正受到减资的消极影响,其原本无担保的债务都能够得到提前清偿或额外担保,因而获得平等谈判所未取得的有利条件。[39] 在2006年欧盟立法的推动下,英国修正了有权反对减资的债权人范围,要求其证明减资很有可能导致公司无法在其债权或请求权到期时予以清偿。[40]

中国法迫切须予以修正的是第177条的触发条件,债权人在公司净资产为正,甚至完全能够保障其债权偿付的情况下,仍有权无理由地要求公司提前偿付或者提供担保,虽为债权人提供了充分保护,但也带来了繁重的时间成本和公司被挤兑的风险。桐昆集团股份有限公司提供了一个过度保护债权人的典型案例,2013年9月,公司计划以不超过5.5亿元的资金进行回购并注销,触发了债权人保护条款,彼时“12桐昆债”债券持有人提出了较为苛刻的担保或清偿方案,导致公司经权衡而终止了回购方案,实际上,公司当年6月30日的盈余公积加未分配利润合计达10.57亿元,远高于回购金额的上限,回购后公司资本远未受到侵蚀。至于英国法上,在资本减少的情况下仍限制可以主张权利的债权人范

---

〔37〕 UK Company Act, §641(1)(b). 此外,英国法针对私人公司设置了由偿付能力声明(solvency statement)支撑而无须法院确认的简易减资程序,UK Company Act, §643.,本文未展开介绍。

〔38〕 Id., §648(2).

〔39〕 Company Law Reform, *Modern Company Law for a Competitive Economy: The Strategic Framework*, URN 99/654, February 1999, para. 5.4.5.

〔40〕 The Companies (Share Capital and Acquisition by Company of Own Shares) Regulations 2009 (SI 2009/2022) reg. 3.

围,考虑到中国商业诚信发展水平和司法事后判断及救济能力,现阶段可能不宜引入。

(3)不需从资本中支付回购款时对债权人的保护

在所有者权益超过资本的部分足以支付回购款的情况下,债权人权益受威胁因而需专门予以保护的迫切性显然较低,英国法在这种情况下并未规定专门的债权人保护措施;美国普通法上,禁止公司处于丧失清偿能力时或者回购将导致该种情况时回购股份,[41]而在执行中,考虑的事项又扩大到公司的持续经营能力是否受影响,且判断权由董事会掌握,体现了特拉华州公司法灵活的资本制度和对董事会中心主义的坚持。

虽然中国公司法并未将公司具备偿债能力和持续经营能力作为回购的前提条件,但是在证券监管规则和部分法院裁判论理中,已关注到回购对公司偿债能力和持续经营能力的影响,但是在两个层面上尚存在欠缺:一是关于如何判断;二是关于第三方如何选取立场。

其一,关于如何判断。

证券监管规则要求,上市公司在回购股份后应"具备债务履行能力和持续经营能力"。[42] 实际执行中转化为披露要求,以深市为例,要求"应当在分析资产负债率、有息负债、现金流等情况的基础上,说明实施回购是否会加大财务风险",披露"关于回购对……债务履行能力、未来发展影响……情况的分析,全体董事关于本次回购股份不会损害上市公司的债务履行能力和持续经营能力的承诺"。[43]

从实际披露情况看,有的公司虽进行回购但未减资,也按照第177条的规定,通知债权人行权,[44]提供退出选择权这一最大限度的保护;

---

〔41〕 在Thoughtworks案中,特拉华州衡平法院引用了十余个案例(最早于1882年作出)等依据论证这一规则的存在,See SV Investment Partners, LLC v. Thoughtworks, Inc., C. A. No. 2724 – VCL, fn. 3 – 4.

〔42〕 中国证监会《关于认真学习贯彻〈全国人民代表大会常务委员会关于修改《中华人民共和国公司法》的决定〉的通知》(证监会公告〔2018〕37号)第二点第(二)项。

〔43〕《深圳证券交易所上市公司业务办理指南第11号——信息披露公告格式》中"第41号上市公司回购股份业务相关公告格式",其他板块的规定类似。

〔44〕 参见江苏连云港港口股份有限公司于2018年12月12日披露的《关于回购公司股份通知债权人的公告》。

有的公司仅是空洞地断言"人民币××亿元上限的回购股份金额,不会对公司的经营活动、财务、研发、盈利能力、债务履行能力和未来发展产生重大影响",未依托具体财务数据进行分析,〔45〕部分公司的回购依赖于银行贷款,但未结合负债的结构、金额、期限等进行分析,论证较为薄弱;〔46〕也有公司依据最近一期的总资产、归母所有者权益、流动资产,回购上限资金占比,最近各期期末资产负债率、有息负债、经营性现金流净额、流动资产情况等财务指标体系,对回购影响进行详细分析。〔47〕

对于非上市公司涉及的相关纠纷,部分法院有意识地对债权人所受影响进行了分析。事实上,如果公司选择履行第 177 条规定的减资程序,对公司偿债能力的判断权便落于债权人手中,无须对偿债能力作过多分析,在未涉及资本减少的情况下,该项分析更为重要,但往往逻辑不够严密,结论不够令人信服。

在较早的甘肃世恒案中,法院认为对赌协议使投资人脱离投资企业的业绩而取得相对固定的收益,"损害了公司利益和公司债权人利益",〔48〕受到实务界批评,认为其"没有核实世恒公司是否有债权人、债权的期限和方式。……是否届期立即偿还,是否有清偿能力等因素"。〔49〕 而在另一则案例中,法院则断言式地认为投资人主张回购股权的权利"不涉及公司资产的减少,不构成抽逃公司资本,不影响公司债权人的利益"。〔50〕 个别法院虽考虑到具体财务因素,但对偿债能力的分析仍是不充分的,华工案判决"参考华工公司在扬锻公司所占股权比例及扬锻公司历年分红情况……回购款项的支付不会导致扬锻公司资产的减损,亦不会损害扬锻公司对其他债务人的清偿能力"。〔51〕 根据过往公

---

〔45〕 参见新湖中宝股份有限公司于 2019 年 2 月 26 日披露的《关于以集中竞价交易方式回购股份的回购报告书》。

〔46〕 参见北京首航艾启威节能技术股份有限公司于 2019 年 12 月 14 日披露的《回购报告书》。

〔47〕 参见佛山市南华仪器股份有限公司 2019 年 2 月 22 日披露的《关于回购股份的回购报告书》。

〔48〕 最高人民法院(2012)民提字第 11 号判决书。

〔49〕 侯炜、金浩然:《对赌第一案风波不断,且看律师深度解读对赌条款效力裁判玄机》,载威科先行法律信息库,2021 年 1 月 20 日访问。

〔50〕 泰安市泰山区人民法院(2016)鲁 0902 民初 3889 号判决书。

〔51〕 江苏省高级人民法院(2019)苏民再 62 号判决书。

司对股东的支付情况,来论证当下回购后对债权人的影响,逻辑方向存在偏差。也有部分案件的分析较为可取,如某案例认定目标公司在承担现金补偿义务后,仍有数千万元的利润足以维持公司日常运营的偿付需要,因而认为回购"不会影响公司的稳定性"。[52] 又如,有案例认定公司"近两年处于亏损状态,无可供分配的利润",回购"将会损害……公司的偿债能力,影响其他债权人债权的实现"。[53]

英国法院在分析公司偿债能力时技法娴熟。例如,在 Vodafone 案中,法院审查了公司未来 3 年的现金流预测、未来 12 个月的营运资金表等资料,探讨了公司作出预测的假设是否合理,敏感性测试下"最差情形"是否仍能保证营运资金充足,逐项讨论了公司债券、商票、银行贷款、衍生品负债,甚至养老金计划负债、存在争议的纳税义务等受影响情况。[54] 法院对财务情况的把握和判断细致而精准,论证层层递进、很有章法。美国《示范商业公司法》的官方评论也指引董事会综合考虑经营状况、公司带来现金流的能力和再融资能力等进行综合评价,实操性较强。[55]

在法律未明确规定回购限度、公司向股东支付的实际执行边界也不明确的情况下,要求回购后需"具备债务履行能力和持续经营能力"在一定程度上起到保护债权人的作用,但是,现有上市公司和部分法院的分析目的性和深入性普遍欠缺。现行规则应以更扎实的财务分析为基础,对须论证的债务范围(如未来多长时间内到期的债务,是否包括潜在债务、或有债务等)和论证深度(如说明回购后净资产仍为正是否充分,抑或需要保留相当于股本加股本溢价的资产,是否需要从资产流动性、货币资金多寡等角度进行分析,等等)予以明确,为偿债能力是否受影响提供更为清晰而全面的论证框架。

其二,事后司法裁判或监管机构如何选取立场。

从上文分析可以看出,一个公司是否因为回购而丧失清偿或持续经

---

[52] (2014)中国贸仲京裁字第0056号,参见安超:《对赌协议法律效力的研究——以最高院和中国贸促仲裁委裁决案为例》,载《中国律师》2018年第10期。

[53] 北京市平谷区人民法院(2018)京0117民初12574号判决书。

[54] In Re Vodafone Group Plc. [2014] 2 B. C. L. C. 422, [32] - [51].

[55] See Model Business Corporation Act (2016 Revision), § 6.4, Official Comment.

营能力,不像资本是否受到侵蚀,是一个相当依赖主观假设的判断,各个利益主体之间难以取得一致。这里主要讨论两个迥异的回购场景。

场景一涉及部分股东不愿意履行向特定股东回购的义务(如PE/VC投资中对赌义务触发时),而主张回购会影响偿付能力或持续经营能力;实际上,在类似中国这样严格执行资本制度的法域,股份回购须经股东(大)会出席股份的2/3通过且被回购的股东还应回避,不乐意回购的股东无须费力分析而仅需投出反对票即可使公司逃避回购义务,使对赌条款成为具文。该场景涉及股东间利益冲突问题,目前最高人民法院不支持强制被诉公司履行减资程序和对赌条款。〔56〕在美国,法院早期积极介入裁断公司是否有能力履行回购义务,甚至不惜亲自指导分期回购方案,但之后又转向尊重董事会关于偿付/经营能力的判断。〔57〕可见当下,司法对嗣后判断和干预并不热心。如何救济寻求回购其持股的股东并非本文重点,此处不展开讨论。

场景二是大部分股东一致支持回购(如上市公司股东希望通过回购来推高股价),而债权人希望主张回购使公司丧失清偿能力而加以阻止。由于大前提是资本未受侵蚀,因此,公司"资足以抵债",此时法律如果允许债权人基于某些极端假定主张回购预计将导致公司丧失清偿能力,则这种保护将强于一般破产法下的保护,因为后者的触发条件是公司现实地丧失清偿能力(《企业破产法》第2条)。因此,在资本未受侵蚀的情况下,董事会基于特定公司的负债金额和期限、资产形态和流动性,自行解释回购对偿付能力的影响并作出相应的承诺理应得到尊重,加以推翻应相当慎重。事实上破产法的事后撤销权(《企业破产法》第31~32条)可以为债权人遭到临近破产受理时点的回购行为损害提供救济,同样支持了尽量不进行事先干预的立场。

---

〔56〕"如果目标公司不履行这一(减资)程序,投资方是否可以通过起诉的方式判决目标公司履行呢?……综合各种因素反复考虑,我们认为,司法不介入为宜。"参见最高人民法院民事审判庭第二庭编:《〈全国民商事审判工作会议纪要〉理解与适用》,人民法院出版社出版2019年第1版。此一裁判观点在纪要发布之后的案例中已经得到反映,参见最高人民法院(2019)最高法民申4797号判决书、北京市平谷区人民法院(2018)京0117民初12574号判决书、最高人民法院(2020)最高法民申2957号判决书等。

〔57〕同前注〔37〕,第138~143页。

代结语——公司债权人保护的简单与复杂

董事的信义义务一般指向股东,因为股东权益受到保护的同时,索取顺序靠前的债权人自然也受到保护,此外,出于自我保护,多数债权人也可以事先对债务人行为进行适当拘束。[58] 在这种架构下,公司法无须过度干预债权人与公司之间的交易,[59] 仅需在特定关键场合给予特别保护或者施加特别责任,如公司进行重大调整时(《公司法》第173条)、濒临破产阶段(《企业破产法》第125条、128条)、清算阶段(《公司法》第189条)、分配利润阶段,以及本文讨论的回购时;同时,债权人保护规则多为明确的消极性要求,如不得偏颇性清偿(《企业破产法》第32条),不得违规分配(《公司法》第166条),等等,这都是公司债权人保护"简单"的一方面。

由于债权人保护规则对确定性的要求较高,因而需要借助会计话语体系进行规则描述,不可避免地引入了会计科目的多样性和会计处理的复杂性。回购的物质基础是所有者权益,但所有者权益的初始和后续计量都十分复杂。[60] 一个法域对需要维持之资本的划定和保护,离不开对各种来源的所有者权益进行性质分析,再根据其是否影响利润、是否已实际实现等特征来决定其是否可用于分配、支付或转化,体现了对会计专业的依赖。但是,规则出于政策需要,完全可以设置特殊规定,摆脱会计话语的羁绊。例如,在注册资本减少时不急于认为法定资本受到侵蚀,而是通过资本回赎储备等计量技术,确保资本按照法律的要求和公司自身的意图得到维持。这又体现了法律规则独立于会计准则的必要

---

〔58〕 See Reinier Kraakman et al. ,*The Anatomy of Corporate Law*,Oxford University Press, 2nd Edition 2009,p. 118.

〔59〕 Id. ,pp. 118 – 119.

〔60〕 一笔出资根据约定被划分为股本和股本溢价;来自股东的无偿赠与或者交易中相当于赠与的部分计入"资本公积—其他资本公积";未实现的资产增值计入"资本公积—其他资本公积"或者其他综合收益;通常的经营成果则计入盈余公积或未分配利润。

性和可能性。

另一层复杂性来源于会计反映的局限性和公司业绩的不确定性。在支付当时,静态的资产负债表可能显示公司净资产为正,在左侧资产拥有较高的变现能力,且未来资产状况不恶化的情况下,可以确保右侧的负债得到偿付。但是公司资产形态的多样性和运营的动态性决定了这两个前提不总是成立,动态的预测只能无法提供百分之百的保证。

法律的策略是粗略地划出一个金额界限,在此之下,认为债权人面临较为现实的偿付风险,需赋予退出或者获得更强保障的权利;而在此之上,则以尊重董事会判断为原则,以慎重的干预为例外。这种模式并非完美,在债权人有权选择退出的情况下,法律并不要求他从公司全局利益出发行事,因而可能争先选择退出,在公司本可维系的情况下造成挤兑;而在由公司决定回购行为是否影响偿债能力时,其可能有意隐瞒公司资产变现能力和盈利能力的缺陷,掩护股东先行退出而给债权人留下欠缺偿付能力的"烂摊子",也可能夸大回购对公司偿付能力和持续经营能力的影响,拒绝回购特定股东的股份。双方都可能存在机会主义的动机和行径,只能通过商业诚信建设、长期博弈约束等来预防,而规则制定者和司法裁判者所能做的是,更加深入地研究商业交易的特点,娴熟掌握财务分析技巧,在此基础上形成更为明确、有效的偿债能力分析框架,以及更为公允、无偏的责任认定和干预标准。

(编辑:姜沅伯)

《证券法苑》(2021)
第三十二卷，第272～287页

增资股东未尽出资义务时其他股东民事责任之否定

——评“十堰市政公司、王某玉合资、合作开发房地产合同纠纷案”

陈洪磊*

摘要：当前司法实践对于公司增资时，若增资股东未尽出资义务，其他股东是否应当如设立时的发起人一样承担连带责任存在分歧。本文通过考察公司设立时发起人承担资本充实责任的法理基础、发展趋势，结合利益衡量法以及对富有争议的裁判依据《关于股东因公司设立后的增资瑕疵应否对公司债权人承担责任的复函》进行形式与实质符合性检验，尚不能得出增资时其他股东承担连带责任的规范意旨。因此，否定增资股东未尽出资义务时其他股东的民事责任不仅于“理由”层面具有充分的法理支撑，而且于“结果”层面使类案具有了统一的裁判尺度。

关键词：公司增资　出资义务　利益衡量　资本充实责任

为督促股东全面履行出资义务，最高人民法院

---

* 吉林大学法学院博士研究生。

出台了《关于适用〈中华人民共和国公司法〉若干问题的规定(三)》(以下简称《公司法解释三》),进一步拓宽了出资民事责任的主体范围。其中第13条第4款将增资过程中股东未尽出资义务时的责任主体限定为违反勤勉义务的董事、高级管理人员,但并未明确增资时,其他股东是否对未尽出资义务的股东如设立时发起人股东一样承担连带责任,[1]这一法律的不圆满性引发了法院间的不同判决。在甘肃广某公司与北京艺某公司、杜某合同纠纷案[2]中,法院支持了原告主张,判决增资时的其他股东与增资不实的股东承担连带责任;而在吉林省人民政府国有资产监督管理委员会、大连港某公司与马某等民间借贷纠纷案[3]中,法院却并未支持原告诉请。对此问题,最高人民法院亦在不到两个月的时间内对两个案情、争点类似的案件作出了截然不同的判决。[4] 以上裁判分歧暴露出亟须解释的困惑:增资股东未尽出资义务时,其他股东是否应承担责任?故本文将结合经最高人民检察院抗诉而由最高人民法院再审的案件——十堰市政公司、王某玉合资、合作开发房地产合同纠纷案[5](以下简称市政案),对这一问题进行分析,以期回应分歧,达到法院适用偏差保持小概率状态的裁判效果。

一、案例引入:最高人民法院与最高人民检察院的观点分歧

(一)基本案情

千某公司于2000年11月由十堰市政公司、王某玉、刘某、侯某等9

---

〔1〕《公司法解释三》第13条第3款规定:"股东在公司设立时未履行或者未全面履行出资义务,依照本条第一款或者第二款提起诉讼的原告,请求公司的发起人与被告股东承担连带责任的,人民法院应予支持;公司的发起人承担责任后,可以向被告股东追偿。"

〔2〕甘肃省兰州市中级人民法院:甘肃广电网络传媒有限责任公司与北京艺飞鸿文化传播有限公司、杜某勇合同纠纷案民事判决书,(2019)甘01民初288号,2019年11月4日。

〔3〕吉林省高级人民法院:吉林省人民政府国有资产监督管理委员会、大连港集团有限公司与马某等民间借贷纠纷案民事判决书,(2018)吉民终204号,2018年6月8日。

〔4〕即后文提及的"市政案"与"亚桥案"。

〔5〕最高人民法院:十堰市政公司、王某玉合资、合作开发房地产合同纠纷案民事判决书,(2016)最高法民再205号,2018年12月29日。

人共同出资组建,该公司注册资本200万元,其中,市政公司、刘某等8名自然人认缴的出资均已缴足。2003年12月,千某公司将注册资本增加至1211万元,并变更了工商登记。其中,新吸收自然人股东李某等6人出资22万元、王某玉认缴95万元、刘某认缴894万元(其中现金92万元,以千某公司门面出资802万元)。2004年3月,千某公司与机电公司约定联合开发房地产,后机电公司合同主体地位几经转让,最终由东某公司继受。在此项目中,千某公司欠付东某公司房屋销售款1191万元。后查明,在该交易行为发生时,千某公司的注册资本1011万元系虚增。诉讼中东某公司放弃对增资股东李某等6人主张权利。本案焦点为千某公司增资时股东未尽增资义务应当如何承担责任,关键在于增资时其他股东,包括增资股东刘某、王某玉以及未增资的其他股东市政公司、侯某等7人是否应在千某公司不能清偿的范围内与增资瑕疵股东刘某、王某玉一并承担连带责任。换言之,增资股东之间是否应承担连带责任?未增资的其他股东是否也应承担连带责任?

(二)观点分歧及理由

最高人民法院依据最高人民法院执行工作办公室《关于股东因公司设立后的增资瑕疵应否对公司债权人承担责任的复函》(以下简称《复函》)的精神,于2013年11月16日作出民事裁定〔6〕,主要从"公司增加注册资本是扩张经营规模、增加责任能力的行为,与公司设立时的初始出资并没有区别"推导出"公司股东有增加出资瑕疵的,应承担与公司设立时的出资瑕疵相同的责任",认为市政公司、侯某等7人是公司设立时的股东,也是增资时的股东,更是与机电公司签订合同时的股东,故应对王某玉、刘某增资瑕疵所承担补充赔偿责任,对外承担连带责任。

案后,最高人民检察院提出抗诉,理由包括两点:其一,从文义解释的视角看,《公司法解释三》第13条第4款对公司增资时的股东出资瑕疵,仅规定由公司董事和高级管理人员承担责任,而未规定由全部增资

---

〔6〕 最高人民法院:十堰市市政建设工程有限责任公司王某玉因与东风汽车有限公司合资、合作开发房地产合同纠纷申请再审民事裁定书,(2013)民申字第1504号,2013年11月16日。

股东承担责任。故本案不应适用《公司法解释三》第 13 条第 3 款的规定,而应适用该条第 4 款的规定。其二,《复函》是针对个案所作的答复,是关于公司股东对自身存在的增资瑕疵应当承担与公司设立时出资瑕疵相同责任的规定,而非关于股东对其他股东增资瑕疵承担责任的规定,《复函》涉及的法律关系与本案的法律关系并不相同,原审判决参照《复函》的内容对本案作出裁判,明显不当。2016 年 3 月,最高人民法院作出再审裁定,[7] 并于 2018 年 12 月 29 日作出再审判决书[8],认为《公司法解释三》第 13 条第 4 款并非规定公司增资时的股东出资瑕疵仅由公司董事和高级管理人员承担责任;同时,从《复函》精神延展论证,与第一次再审理由保持一致,因而驳回了最高检的抗诉意见。

上述观点之分歧呈现清晰的图景:公司设立时发起人的连带责任是否可以类推适用至增资股东和其他股东?作为主要裁判依据及论证理由的《复函》是否有可适用的空间?以下,本文将结合上述两个方面进行思考,以为司法实践提供理论。

二、资本充实责任适用范围的检讨

(一)资本充实责任的法理基础与式微趋势

1. 资本充实责任的法理基础

《公司法解释三》第 13 条第 3 款规定发起人承担连带责任的法理依据是资本充实责任。[9] 所谓的资本充实责任,是指为贯彻资本充实原则,由公司发起人共同承担的互相担保出资义务履行,以确保公司实

---

〔7〕 最高人民法院:十堰市市政建设工程有限责任公司等与东风汽车有限公司合资、合作开发房地产合同纠纷上诉案民事裁定书,(2016)最高法民抗 25 号,2016 年 3 月 30 日。

〔8〕 最高人民法院:十堰市市政建设工程有限责任公司、王某玉合资、合作开发房地产合同纠纷再审民事判决书,(2016)最高法民再 205 号,2018 年 12 月 29 日。

〔9〕 参见最高人民法院民事审判第二庭编著:《最高人民法院关于公司法解释(三)、清算纪要理解与适用》(注释版),人民法院出版社 2014 年版,第 218 ~ 220 页。

缴资本与注册资本相一致的民事责任。[10] 除上述出资缴纳担保责任外,还包括非货币出资的差额填补责任(《公司法》第30条、第93条第2款)以及股份有限公司认购担保责任(《公司法》第94条)等。资本充实责任作为违法出资义务以外的其他公司设立者的责任,是一种较为严苛的无过错且连带责任。一般认为,其因公司设立行为而产生,承担者也仅限于公司发起人。[11]

立法者赋予发起人资本充实责任的法理基础有三:其一,发起人的合伙人定位。"一个设立公司的协议将该协议的当事人放在了合伙人这样的一种关系中,而该合伙的目标则是公司的设立和其业务的确立。"[12] 发起人共同订立设立协议,在性质上属于合伙协议。目的是彼此对外担保出资义务的履行,共同完成公司资本的原始积累,保证公司设立及初始运营的成功,进而吸纳更多资金。当公司成立之后,协议的当事人蜕化为公司股东,协议中的部分内容被公司承继,发起人的部分责任也随公司成立而转至公司。[13] 但发起人对外担保出资的义务并未完成,而是一直持续到股东完全履行出资义务时止,以此防范发起人设立皮包公司来接手合同,免除自身责任。

其二,资本充实责任是平衡各方的利益安排。一方面表现为对内外部主体间利益失衡的矫正。股东的有限责任为公司所有者的个人资产免受公司债权人追究建固其良好的风险隔绝屏障,但事实上,有限责任并非消除企业风险的手段,其中却暗含从股东转移给债权人的风险输送,最终由债权人承担了公司违约的风险。而资本充实责任便是试图通过资本的充实来保护债权人基于公司资本信用建立起的信赖利益,在注册资本范畴内实现对债权人风险的消弭。另一方面,亦是对公司内部潜存之各种利益冲突的管制。从发起人与成立后公司的关系上

---

〔10〕 参见冯果:《论公司股东与发起人的出资责任》,载《法学评论》1999年第3期。

〔11〕 需要说明的是,公司发起人对有限责任公司而言一般指公司设立时股东。参见陈甦:《公司设立者的出资违约责任与资本充实责任》,载《法学研究》1995年第6期。

〔12〕 [美]罗伯特·W.汉密尔顿:《美国公司法》,齐东祥组织翻译,法律出版社2008年版,第87页。

〔13〕 我国《民法典》第75条第1款规定,"设立人为设立法人从事的民事活动,其法律后果由法人承受"。

看，在公司设立时，各种设立行为均由发起人实施，发起人在公司设立的各种法律关系中处于核心地位，对外代表公司，对内执行设立任务，预设并铺垫公司未来的发展方向，对公司具有实质影响。在这过程中，由于发起人拥有较其他股东更多的权利，〔14〕很有可能利用先入公司的优势，将公司作为自己谋利的工具，损害职工、投资人等弱势群体的利益，而不注重对未来公司健全人格的培育。〔15〕发起人对成立后公司的预设，甚至是主导权促使立法者对其中利益失衡的矫正，因此让发起人股东承担较重的连带责任不仅是对设立后公司弱势地位的保护，也是出于对认股人对发起人出资控制与监督能力较弱的弥补。〔16〕

其三，对设立行为的瑕疵担保。认缴资本制降低了公司设立门槛，赋予了设立公司的便宜性，但“认”与“缴”的时间差以及出资期限的章程自定使本应由公司掌握的资金主导权不当地落入了股东手中，在一定程度上诱生了设立程序以及目的的不法性。债权人基于工商登记的公信力与公司开展交易，并以此建立了公司内外部复杂的关系网络。商事活动对效率和交易安全的强调意味着宣布一个交易行为的无效会造成巨大社会效益的损失，这也促使我国《公司法》未规定公司设立无效制度。然而，发起人股东未履行或未全面履行出资义务时，事实上已经造成了公司成立物质基础的瑕疵。为不辜负认缴人的期待和避免发起人重为设立程序之不便，令发起人承担设立行为的瑕疵担保责任也就成为在资本维持原则、资本充实原则与认股人利益及公司之设立经济之间的权衡选择。〔17〕

2. 资本充实责任的式微趋势

在2013年完全认缴制改革之前，公司设立时股东的实缴出资必须要达到法定资本的最低限额并且要履行法定验资手续，而且对未缴出资设定了最长5年的缴纳期限，这样时间紧凑的制度安排事实上使得发起人之间基于彼此信赖熟悉的密切关系，而对互相监督出资义务具有较强的控制力。正是严苛的出资义务为资本充实责任的适用提供了

---

〔14〕 参见赵旭东主编：《新公司法制度设计》，法律出版社2006年版，第45页。

〔15〕 参见前注〔10〕。

〔16〕 参见前注〔9〕，第220页。

〔17〕 参见王文宇：《公司法论》，元照出版有限公司2018年版，第320页。

充足的合理性,并减小了适用难度。然而,随着改革的推进,出资期限的不确定性催生了发起人股东承担风险的加大,设立时只需认缴而无须实缴的制度设计侵蚀着发起人之间的监督可能性。股东不履行出资义务的可能性越来越大,而发起人承担的无过错连带责任并未改变,这使得资本充实责任越发严苛。而且连带责任的承担也在一定程度上瓦解了发起人股东的有限责任。此外,成熟的公司法理论及商业实践已经认识到公司以资本为信的价值观正在崩溃,而资产信用正在建立:公司资产构成公司对外偿债能力的基石,公司的资本制度也应围绕公司资产的维护而展开。[18] 随着公司经营存续时间的增长,资本信用对公司债权人的参考及保护意义越小,[19] 令发起人对若干年后的债权人再承担连带责任,也缺乏充足的现实意义。

从域外制度的立法演进看,英国对发起人连带责任的态度趋于缓和。[20] 从 1866 年 Kelner v. Baxter 案[21]中,发起人对未成立公司的合同总是有责任;到 1954 年 Newborne v. Sensolid (Great Britain) Ltd. 案[22]中法院开始尝试免除发起人责任;再到 2006 年新修《公司法》第 51 条,在公司未被组建之时,只有合同主体意图代表公司签订合同的发起人承担责任,他才据此对合同负有个人责任。此外,在发起人连带责任缓和的同时,英国设计了公司对未缴部分股权的留置权、催缴制度以及股权回购等制度来保障资本的充足率。同属英美法系的美国,则更为激进,其认为股东除支付股票对价外,不对公司或者债权人承担任何责任,除非章程另有规定。[23] 例如,在 Old Dominion Copper Mining & Smelting Co. v. Lewisohn 案[24]中,美国联邦最高法院认为,发起人对公司所负的信义义务,到公司成立时即告终止,而不是到发起人所预先设计的发起计划完成时止。并且,这种责任的免除不因公司成立后发

---

〔18〕 参见傅穹:《重思公司资本制原理》,法律出版社 2004 年版,第 81 ~ 90 页。

〔19〕 参见赵旭东主编:《公司法学》,高等教育出版社 2012 年版,第 202 页。

〔20〕 参见周游:《驱散公司发起人连带责任制度的迷雾》,载《暨南学报》(哲学社会科学版)2013 年第 9 期。

〔21〕 [1866] LR 2 CP 174.

〔22〕 [1854] 1 QB 45 CA.

〔23〕 Model Business Corporation Act § 6.22(a)(b).

〔24〕 210 U.S. 206, 28 S. Ct. 634, 52 L. Ed. 1025 (1908).

起人是否从公司撤出而受到影响，此时，发起人的身份已转变为公司的股东和董事，而不再是发起人。[25] 与此同时，美国法设计了一系列的催缴机制来补足发起人的资本充实责任，如《美国特拉华州公司法》规定，董事会有权随时催缴股东未实缴的出资。[26]

在大陆法系一侧，日本旧《商法》第 192 条对于设立时已认购但没有缴纳股款的股份应该由发起人与董事一起承担缴纳股款的义务，这一规定的目的是确保公司成立之时的资本充实；但日本《公司法》取消了这一强制认购与缴纳制度。[27] 而且对发起人现物出资差额填补责任的规定突破了单一无过错连带责任即如果实物出资已经过监察人的调查或是发起人可以自证没有过失，则不承担责任。[28] 日本《公司法》第 36 条亦规定，发起人享有对未履行出资者催缴的权利。未履行出资股东若在规定日期前不履行出资，将失去通过履行该出资成为设立时发行股份股东的权利。[29] 德国《有限责任公司法》第 24 条在非违约股东按照其营业份额对欠缴出资进行筹集之前，设定了催缴、出售营业份额抵偿等前置程序；[30] 并且设立人作为连带债务人承担责任时，若其并不知情，存在有限的免责可能性，[31] 这些措施都在一定程度上避免了发起人承担过重的责任。

比较法的视野似乎都在印证：发起人严苛的无过错的连带责任正在逐渐走向松动。孕育繁荣商业的美国更是几乎完全抛弃了发起人的资本充实责任。在松动之余，各国公司法制也设计了一系列配套机制，如董事会的催缴制度、除权机制，来保障公司资本的充实。资本充实责任式微与配套机制补足的全球经验，或许也是我国新一轮公司法改革

---

〔25〕 See Harry G. Henn, John R. Alexander, *Laws of Corporation*, Third Edition, West Publishing Co. ,1983, p. 241.

〔26〕 参见《美国公司法规精选》，虞政平编译，商务印书馆 2004 年版，第 348 页。

〔27〕 参见［日］森田章：《公开公司法》，黄晓林编译，中国政法大学出版社 2012 年版，第 78 页。

〔28〕 参见［日］山本为三郎：日本《公司法精解》，朱大明、陈宇、王伟杰译，法律出版社 2015 年版，第 54 页。

〔29〕 参见《新订日本公司法典》，王作全译，北京大学出版社 2016 年版，第 14 页。

〔30〕 参见《德国商事公司》，胡晓静、杨代雄译，法律出版社 2014 年版，第 34 ~ 35 页。

〔31〕 参见［德］格茨·怀克、［德］克里斯蒂娜·温德比西勒：《德国公司法》（第 21 版），殷盛译，法律出版社 2010 年版，第 304 页。

的方向。

(二)增资时资本充实责任适用的抵牾

1.类推适用的龃龉

在明晰资本充实责任的法理基础后,需要进一步探讨公司发起人的连带责任是否可以类推适用至增资股东和增资时的其他股东。所谓类推适用,"系就法律未规定之事项,比附援引与其性质相类似之规定,以为适用",〔32〕关键在于寻找具有法律上有意义的"类似性质"和"类似关系"。

在公司成立后,公司即具有独立的法人资格,对外独立承担责任;发起人作为公司股东,与其他股东权利义务相同,均是以股东会的方式间接参与公司经营,公司股东包括发起人不再代表公司。其他股东是在公司成立后,股东会作出增资决议的所有股东,依其出资情况,可分为增资股东和未增资的其他股东。根据权责一致原则,增资股东、其他股东在公司增资时并不具有发起人于公司设立时的特殊权利及信息优势,仅为公司的股权投资人,也无须担保公司设立时的瑕疵。在公司增资时,股东会形成增资决议,由增资股东与公司签订出资协议,履行出资义务。但是,股东会的增资决议并非协议。协议规范的重心在于意思表示的一致,行为人基于此而受契约约束。但组织法视阈下的决议,是以多数成员意思决定公司意思进而约束全体,属于按公司章程的议事方式和表决程序作出的民事法律行为。即便增资属于股东会特别决议事项,但也不需要所有股东意思表示一致,显然增资决议与设立协议具有明显区别。〔33〕若出现增资瑕疵,只需由增资股东自身对内向公司承担违约责任,对外向公司债权人承担补充赔偿责任。正如在"市政案"作出终审判决前2个月,与之案情、争议焦点类似的吉林市亚某研究所、吉林省人民政府国有资产监督管理委员会民间借贷纠纷再审审

〔32〕 参见杨仁寿:《法学方法论》,中国政法大学出版社1999年版,第146页。

〔33〕 吉林省高级人民法院:吉林省人民政府国有资产监督管理委员会、大连港集团有限公司与马岩等民间借贷纠纷案民事判决书,(2018)吉民终204号,2018年6月8日。

查案[34](以下简称亚桥案)中,最高人民法院明确指出,其他股东与增资股东、发起人的责任范围不同,未在增资过程中认缴出资的其他股东没有与公司形成增资协议关系,无出资义务;认缴出资的其他股东由于仅与公司建立起出资的债权债务关系,无须为他人债务承担责任。以上两类股东,均与增资股东之间无合伙关系,不承担彼此担保出资的义务,不能得出其他股东对瑕疵增资承担连带责任的结论。反之,无疑是将其他股东与增资股东之间的关系等同于设立协议的合伙关系,直接否定了公司的独立人格。

综上,公司设立时的特殊性影响了资本充实责任法律规定的立法目的或规范意旨,由于设立时与增资时两者的构成要件——"在于法律评价有关的重要观点上"并不类似,故不应对二者作相同的评价。[35]质言之,也就不能将设立时的规则完全类推适用到增资时。而且无论是全球经验还是国内改革,资本充实责任正面临着式微的发展趋势。随着新一轮公司法改革序幕的拉开,将仅在设立时适用就饱受争议的资本充实责任再扩大至增资时的其他股东,并不符合不断松绑的资本制度以及由债权人中心向股东利益中心转向的改革潮流。

2.利益衡量方法的解读

现代公司是诸多利益主体博弈的产物,而公司制度的核心就是在公司运作中达致利益相对均衡的景象。如上文所述,发起人资本充实责任的法理基础之一是平衡各方的利益安排,在增资时适用资本充实原则抑或不适用,究竟何种选择才可达到利益平衡的状态?需要借助利益衡量的方法进行"利益解析"与"衡量展开"。[36] 利益解析目的在于探寻某项法律规则可能涉及的全部利益,按照利益层次结构划分,可以分为当事人的具体利益、群体利益、制度利益与社会公共利益。[37]

---

〔34〕 最高人民法院:吉林市亚桥食品研究所与吉林省人民政府国有资产监督管理委员会等民间借贷纠纷再审审查与审判监督民事裁定书,(2018)最高法民申5424号,2018年10月30日。

〔35〕 参见[德]卡尔·拉伦茨:《法学方法论》,陈爱娥译,商务印书馆2003年版,第258页。

〔36〕 参见蔡琳:《论"利益"的解析与"衡量"的展开》,载《法制与社会发展》2015年第1期。

〔37〕 参见梁上上:《利益衡量论》,法律出版社2013年版,第80~81页。

其中,前两者于规范设计还是个案事实中均表现出很强的相似性,故本文将用群体利益代替当事人的具体利益。制度利益是某一具体法律制度所追求或凝固的根本利益,具体到公司法视阈,还应包括公司法的核心结构性特征,如法律人格、有限责任、投资者所有权等。〔38〕社会公共利益则包括经济秩序、社会公德等,并应该结合具体的社会环境来定位。具体方法为借助群体利益以放大当事人利益,并以此为起点,联系群体利益与制度利益后,得出妥当的结论。〔39〕借助上述利益衡量的层级结构模型,试图对此问题进行利益衡量方法的检验。

由表1可以发现,增资时,不论其他股东是否承担责任,对未履行增资义务的股东来说,其都应该承担出资义务,因而其利益均不受影响。当其他股东如同发起人一样承担连带责任时,自然是以牺牲自身利益保全了债权人的利益。对于公司而言其利益影响与否,受制于提起诉讼的原告身份:若公司自身主张其他股东的连带责任,其利益便可以得到实现;但如果原告是债权人,由于此时公司已经不能清偿到期债务,其他股东承担责任也不过是满足自身债权的实现,对公司利益并没有太大影响。对于制度利益而言,若赋予其他股东资本充实责任,将会突破《公司法》第3条所确立的股东有限责任,股东将承担超出认缴出

表1　公司增资利益衡量

选择保护对象	结果					
	群体利益				制度利益	社会公共利益
	未履行增资义务的股东	其他股东	公司	债权人	股东有限责任 公司独立人格	吸引投资
其他股东承担责任	○	×	○/√	√	×	×
其他股东不承担责任	○	√	○/×	×	√	√

注:表格中的"√"表示能够得到保护,"×"表示没有得到法律保护或者不能得到法律保护,"○"表示没有影响。

---

〔38〕参见[美]莱纳·克拉克曼等:《公司法剖析:比较与功能的视角》,罗培新译,法律出版社2012年版,第6~17页。

〔39〕参见前注〔37〕,第81页。

资额以外的责任。例如,在本文所提及的“市政案”中,市政公司要承担王某、刘某虚假增资的989万元,远超过在设立时认缴140万元,侯某等其余股东所承担的责任与其认缴数额间差额则更大。此外,从连带责任的产生看,根据《民法典》第178条的规定,连带责任的产生方式是“依照法律的规定或者当事人的约定”。在当事人没有约定,《公司法》及其司法解释又没有明确规定的情况下,法院不能判令当事人之间承担较重的连带责任。同时将增资协议视为合伙协议的做法,事实上也是对法人独立人格的否定。制度利益衡量的基准应该与社会公共利益相协调。〔40〕从增资的现实需求上看,在面对新型经济的发展时,许多高成长性公司往往需要借助机构投资者多次融资进而实现公司上市的目的,若制度层面给予增资股东对其他股东增资瑕疵的连带责任,势必造成“实然规定”与“现实需求”间的拉锯,让机构投资者等增资股东承担超出自身增资数额的责任,有损投资欲望,不利于实现“为各类市场主体投资兴业营造稳定、公平、透明、可预期的良好环境”〔41〕的政策目标。反之,若其他股东不承担责任,则仅以暂时牺牲债权人利益保全了更大利益,但也并非罔顾其利益。《公司法解释三》第13条第4款又为其寻找了另一请求对象——失职董事、高级管理人员,将其利益损害控制在合理范围内,以实现利益保障最大化的目的。

因此,无论是类推适用还是利益衡量方法的解读,都指向同一个结论:增资时,股东未履行或未全面履行增资义务,并不能追究其他股东的责任。如此既可以实现“理由”层面的妥当,又可以消弭“结果”层面的纷争。

三、《复函》适用符合性的反思

(一)形式符合性:《复函》是否对类案具有普遍的约束力?

“市政案”中最高人民法院与最高人民检察院关于适用法律问题的

〔40〕 参见前注〔37〕,第130页。

〔41〕 《优化营商环境条例》(中华人民共和国国务院令第722号)第4条。

争议均提及了 2003 年最高人民法院执行工作办公室颁布的一份《复函》,首先需要明确的是,这份《复函》是否对类案具有普遍的约束力,可以成为下级法院的裁判法源?在"聚法案例"数据库中以《复函》编号"2003 执他字第 33 号"于"本院认为"部分中进行检索,截至 2021 年 1 月 14 日,共有 51 条记录,其中近 5 年的案件有 38 件。[42] 虽然案件数量整体不多,但法院持续性的适用暴露出的适用分歧仍旧需要明确,以使类案具有统一的判准。样本中,承认《复函》效力的案件有 42 个,认定无效的有 9 个。无效理由一般为,《复函》不属于最高人民法院《关于司法解释工作的规定》(法发〔2007〕12 号)中明确规定的司法解释的三种形式("解释""规定""批复")之一,并没有经最高人民法院审判委员会讨论通过,只是最高人民法院执行工作办公室对个案请示的答复,故不适用于本案。[43] 但答复制度因其比司法批复更具及时性而且在约束力上也更加柔性,而在司法实践中具有一定的适用空间。[44] 故最高人民法院将其成为"准司法解释性的文件",是对最高人民法院司法解释制度的一种必要补充,在保障法律正确适用和审判工作顺利进行方面起着不可能或缺的重要作用。[45]

然而,《复函》毕竟是针对个案所作的技术完善,在对当事人各方进行利益调整时,调整弹性较大,这主要是因为不同法官调整利益关系的价值取向、方法选择有所不同,利益调整的结果也可能有所不同。这一点不同于司法解释反复论证,进而实现对类案或者相同事项设定统一的利益调整规则,调整弹性较小,[46] 以保证统一的法律适用。因此,虽然最高人民法院以及司法实践中的各级法院均普遍承认其效力,或者虽然

---

〔42〕 其中 2016 年 6 件,2017 年 9 件,2018 年 10 件,2019 年 9 件,2020 年 4 件。

〔43〕 参见广东省汕头市中级人民法院(2018)粤 05 民终 532 号民事判决书、广东省深圳市福田区人民法院(2013)深福法民三初字第 1885 号民事判决书等。

〔44〕 参见侯学宾:《司法批复衰落的制度竞争逻辑》,载《法商研究》2016 年第 3 期。

〔45〕 参见人民法院出版社法规编辑中心编:《解读最高人民法院请示与答复》(第 2 辑),人民法院出版社 2010 年版,编写说明。

〔46〕 参见陈甦:《司法解释的建构理念分析——以商事司法解释为例》,载《法学研究》2012 年第 2 期。

《复函》在不具有裁判法源的功能的情况下[47]可以在法院释法说理部分增强裁判结果的说服力;但是利益的个别调整与一般性调整间的分歧也要求法院不能就其中的一句话而作片面解读,而是应当全面考虑《复函》的个案与其他个案的事实、争议焦点是否类似或相近。若同属类案,《复函》精神方能适用。

(二)实质符合性:《复函》精神与本案案件事实是否具有涵摄关系?

接下来便需要检验此份《复函》的精神与本案案件事实间的涵摄关系,以免发生误用错用。《复函》逻辑演绎的进路是,"[前提]公司增加注册资金……与公司设立时的初始出资是没有区别的。[结论]公司股东若有增资瑕疵,应承担与公司设立时的出资瑕疵相同的责任"。但这一前提仅看到了股东对公司资本的投入,没有认识到当资金进入公司组织体后各利益相关人的作用以及对公司的影响。如发起人协议与公司决议的区别、发起人与其他股东对公司影响深度的差异,这些差异事实上都在一定程度上影响增资与初始出资的本质差异,进而波及制度的选择。后半句从文义解释的角度理解,"公司股东"作为前后两个短句的主语,亦可以表达为"有增资瑕疵的公司股东,应承担与公司设立时的出资瑕疵相同的责任"。显然,这句话指向的责任主体应该是违约增资股东自身,而非其他股东。退一步讲,若承认"公司股东"中包括其他股东,但当时适用的1993年《公司法》仅规定发起人只对非货币出资承担补足差价的连带责任,直到2011年《公司法解释三》才于第13条将股份有限公司设立时的其他股东(发起人)承担连带责任的规定推广适用到有限责任公司,而股份公司的这一规定也是在2005年《公司法》修改中才确立的。

具体到本案中,只有刘某以千龙公司门面出资802万元具有推论的前提,而对于其以现金出资的92万元和王某玉认缴的95万元,并不存在推论增资时其他股东连带补缴责任的法律前提。显而易见,最高人民法院在裁判时并未准确理解《复函》作出的历史背景,盲目适用必然会

---

[47] 实践中还是有法院直接将《复函》作为判决依据,如山东省青岛市崂山区人民法院(2013)崂执裁字第483-1号民事裁定书、湖北省宜昌市西陵区人民法院(2016)鄂0502民初1959号民事判决书等。

有损《复函》的规范意图。而且2003年《复函》的意见和精神,在2005年和2013年《公司法》修正时,以及历次司法解释修正过程中,都未被吸收和采用。此外,当初江苏省高级人民法院针对富某公司申请执行龙岗电影城一案向最高人民法院请示的焦点问题是,富某公司在龙岗电影城增资前与之交易所产生的债权能否要求此后增资瑕疵的惠某集团承担责任,故《复函》的核心在于强调公司增资时间导致交易人对公司责任能力预期的影响,并非“市政案”中的争议问题。在上述《复函》有效的样本中,有32个(占比76.2%)案例引用了这一精神,远超过“市政案”中最高院所侧重的增资时其他股东应承担如同设立时发起人一样责任的主张(9个,占比23.8%),这也表明司法的适用与理解的倾向。因此,“市政案”仅以该份《复函》的一句话便推论出结论,缺乏对背景和含义的解析,导致对《复函》精神理解的偏差,未免过于武断,缺乏说服力。

代结语——走出股东认而不缴困境的路径选择

公司资本是公司的“血液”,为公司提供了日常生产经营的物质条件,并以此为核心构建起整个公司的信用体系。从2005年起的公司法改革,不断放宽资本管制,从完全实缴制变为有限的认缴制,再到完全认缴制。这一过程中“认”与“缴”的分离试图增加公司运用资本的灵活性,但也带来了股东“认”而不“缴”的痼疾。公司增资是企业扩张经营规模、增强责任能力的行为,更是吸纳投资,彰显营商环境水平的重要量化指标;但这些的关键绝不是工商登记注册资本数额的变化,而是资本的按期足额缴纳。否则,公司将不具有扩大再生产的资金基础,公司的交易人(债权人)凭借对工商公示资本的信赖产生对公司责任能力扩大的合理预期便无从保障,因而增资时股东出资的重要性不言而喻。但监督股东出资义务的履行绝非尽可能多地增加承担民事责任的主体数量,而是在充分的法理基础和利益衡量之后,谨慎地确定承担责任的主体范围。

我国台湾地区学者王文宇在评价我国2013年公司法注册资本认缴制度变革时,一针见血地指出,“公司法修正虽然增加股东投入资金之弹性自由……但其并未订有如英美法制中的催缴(call - up)机制,不能在特定要件下由公司向未完全履行出资义务股东催收股款,对债权人之保障较为不足"。[48] 对于增资时监督股东出资义务履行的主体,不应是仅追求有限责任的公司股权投资者,而是在公司存续期间对公司决策与经营更具话语权的董事、高级管理人员。由其依据信义义务对增资时未履行出资义务的股东进行监督与催缴,既可以及时回应公司经营发展需要,弹性运用资金,又可以营造一种鼓励投资并促进商业发展与竞争的氛围。在股东催而不缴后,可以对股东对公司的债权采取转让、质押、强制执行等合同法路径的解决方式,也应在公司组织法视角下,限制股东权利、除名,以强化股东出资责任。[49] 这既是全球经验,也是我国的改革方向。

(编辑:邹露)

〔48〕 同前注〔1〕,第330页。

〔49〕 参见袁碧华:《"认"与"缴"二分视角下公司催缴出资制度研究》,载《中国法学》2019年第2期。

《证券法苑》(2021)
第三十二卷,第288~312页

明股实债的司法审查:标准选择与裁判逻辑的反思*

黄维平** 成卓玲***

摘要:明股实债融资模式遭受了金融监管的层层阻力,面临司法裁判的重重困境,这深刻影响了对它的合法性认定和合同效力分析。要想在相关案件的审理中践行公平正义,就必须明确司法在明股实债纠纷中的地位,坚持谨慎介入、适时介入、能动介入;划清司法与监管的边界,二者各司其职,公共政策服务司法裁判必须经过充分严密的论证;在内部关系和外部关系两个维度,以当事人真意探寻和商事外观保护共同构筑明股实债商事裁判体系。

关键词:明股实债 金融监管 司法介入 裁判标准

股权与债权是资本市场法制中的两个基本概念,二者的区分不仅划定了股票与债券、股东与债权人的法律边界,还构成了公司融资及治理结构的基础,从根本上影响着资本市场法制的价值体系构

* 本文系中国法学会部级法学研究课题“股债融合视域下公司法贯通式改革研究”[CLS(2017)D97]的阶段性成果。

** 武汉大学法学院博士研究生。
*** 武汉大学法学院硕士研究生。

造与具体规则设计。[1] 但在活跃的资本市场上,趋利避害的市场主体为了融通资金以及规避监管,时常打破股与债的界限,设计出复杂新颖的交易模式,明股实债就是其中之一。[2] 作为实务中广泛应用的创新型投资模式,明股实债本身并非规范性的法律术语,而是投资方将资金以股权投资的方式投入目标公司,取得固定投资收益,并约定在一定期限届满或特定条件成就的情况下由目标公司或第三方回购股权的融资方式的总称。自 2016 年新华信托诉港城置业破产债权确认纠纷案以来,明股实债纠纷不断增多,其法律定性时常陷入股权抑或债权的纠结,司法裁判也总是面临维系商业外观主义抑或坚守"实质重于形式"原则的两难选择。本文旨在厘清司法机关在明股实债案件中的目标定位、裁判标准和审理逻辑,以类案同判为目标导向,希冀为良好营商环境的营造和金融创新的稳步推进提供有力的司法支撑。

一、在自由与强制之间:明股实债纠纷司法介入的难题

(一)明股实债纠纷司法介入的实证检视

本文为充分明晰明股实债案件的现行裁判逻辑,通过在裁判文书网以"明股实债""名股实债"为关键词,检索了 400 余个案例,整理了明股实债案例概览(见表 1),由于涉及投资关系定性的案件基数较大,综合考虑案件价值、裁判年份、法院层级、地域等因素,表 1 仅展示了部分典型案件。

---

〔1〕 参见李安安:《股债融合论:公司法贯通式改革的一个解释框架》,载《环球法律评论》2019 年第 4 期。

〔2〕 参见陈明:《股权融资抑或名股实债:公司融资合同的性质认定——以农发公司诉通联公司股权转让纠纷案为例》,载《法律适用》2020 年第 16 期。

表1 明股实债案例概览

界定	案号	交易模式	股权取得方式	退出机制	裁判要点
界定为股权投资关系	（2019）最高法民终355号	股权投资	增资入股	第三人回购	结合协议签订背景、目的、条款内容及交易模式、履行情况综合判断。增资入股、逐年退出及回购机制并非“明股实债”的特有模式；一定程度上参与了公司经营；固定收益远低于一般借款利息
	（2020）冀01民终1927	股权投资	增资入股	目标公司+股东回购	固定收益和股权回购属于股东和目标公司就投资收益和风险分担所做的内部约定，不影响交易目的和投资模式
	（2019）赣民终677号	股权投资	增资入股	目标公司+股东回购	明股实债的股权回购不与业绩挂钩，本案并非无条件适用强制回购条款，不符合明股实债构成要件
	（2019）沪民终295号	股权投资	股权代持	代持人向实际权利人支付股权折价款和利息	双方并无借款合意，退出方式的约定仅是股权代持的结算方式
	（2019）苏01民终7691号	股权投资	股权受让	股权转让	根据当事人的投资目的、实际权利义务等因素综合认定，投资人取得公司股权并参与经营管理，应当认定为股权投资
	（2019）浙0681民初1875号	股权投资	增资入股+股权转让	股东回购+股权转让	本案涉及股权流转，股东先后均实际成为公司股东；股权受让款若作为破产债权确认，将损害债权人利益

续表

界定	案号	交易模式	股权取得方式	退出机制	裁判要点
界定为股权投资关系	(2018)京0105民初45527号	股权投资	增资入股	目标公司法定代表人回购	非获取固定收益;是否履行回购义务具有或然性
	(2018)渝民初113号	股权投资	股权受让	处分股权、减资退出、向劣后受益人分配信托财产	综合协议约定的合作方式、资金的运用和管理方式、当事人的权利义务关系、资金的退出方式、实际履行情况判断
界定为债权投资关系	(2019)最高法民终1532号	股权投资	增资入股	股权对外转让、申请减资、处置涉案项目	各方履行合同中债权投资的意思表示;股权收益的相关约定同借款利息的约定一致;不参与公司日常经营;不违反信托行业规范
	(2018)最高法民终785号	股权投资	债权转股权	目标公司回购	投资方享有在先债权;系列协议的签署目的在于保障债权的实现;固定投资收益且不与经营业绩挂钩
	(2020)沪民终46号	股权投资	股权受让	控股股东回购	属于不违反金融管制强制性规定的临时性资金拆借行为;为各方当事人真实意思表示
	(2020)京03民终6130号	股权投资	投资入股	股东回购	法律关系应当综合当事人的行为及相关文件内容综合判断
	(2018)苏03民终4541号	股权投资	增资入股	股东回购	前后合同对照及固定收益、固定利息、回购条款的约定
	(2019)冀11民初60号	股权投资	投资入股	违约解除	未办理股权变更手续;每年收取固定收益;不违反民间借贷的强制性规定

续表

界定	案号	交易模式	股权取得方式	退出机制	裁判要点
界定为债权投资关系	(2019)鄂0102民初9550号	股权投资	投资入股	无偿返还	隐名股东只享有投资收益、不参与经营管理;投资款与股权占比不匹配
	(2019)浙0381民初13508号	股权投资	投资入股	撤资	未办理股权过户手续;投资款使用期限对应借款期限;投资方可随时撤资,与随时主张债权相对;收取固定分红但不共担亏损
	(2019)川0191民初8104号	股权投资	受让股权	未提及	未明确投资总额、出资比例、权利义务关系;未参与经营管理;收取收益不与项目盈亏挂钩
	(2019)京0101民初4729号	股权投资	增资入股	股东回购	内部纠纷应结合协议内容与行为目的等探求当事人真实意思表示从而判定交易性质
	(2018)鄂民初51号	股权投资+债权投资	增资入股	目标公司回购	履约过程中债权投资的意思表示;未参与公司经营管理,只取得固定回报;投资行为不违反信托行业规定
	(2018)苏1182民初849号	股权投资	增资入股	实际控制人+大股东回购	涉及对赌协议。股权回购条款未违反法律强制性规定;大股东或实际控制人回购不构成抽逃资本,未损害债权人利益;参与公司管理,以公司业绩对赌,不违背公平原则
	(2017)赣民初61号	股权投资	债权转股权	债权人回购	款项性质;其他相关协议中处理债权债务关系的合意

续表

界定	案号	交易模式	股权取得方式	退出机制	裁判要点
未涉及关系认定	(2019)沪02民终10026号	股权投资	投资入股	股东回购	合同为各方当事人真实意思表示,合法有效,各方当事人应当按约履行
	(2018)川20民终192号	PPP模式	合同价款支付	固定投资回报+资金占用费	针对PPP模式的禁止性规定效力低于法律和行政法规;该PPP模式不存在违反法律、行政法规的强制性规定
	(2019)粤0106民初19710号	股权投资	增资入股	实际控制人回购	相关合同是各方的真实意思表示;内容不违反我国法律、行政法规的强制性规定,合法有效,并对缔约各方产生约束力;不存在损害社会公益的情形

在相关案件的裁判中,法官主要通过当事人的缔约背景、缔约目的、合同权利义务的安排、系列合同内容以及实际履约过程综合判断当事人的内心真意,将明股实债的定性或者认定为股权投资,或者认定为债权投资,或者进行了模糊处理,似乎无逻辑和规律可循,引发了“类案不同判”的困惑。

通览界定为股权投资的案件,大致可以分为两类:第一类为事实上的股权投资;第二类为涉及第三人时的认定为股权投资。事实上的股权投资的认定主要是从非收取固定收益回报和事实上参与公司经营两个要件展开。但也有法院认为固定收益和股权回购的安排仅为目标公司就投资收益和风险分担的内部约定,并不影响对于法律关系的认定。[3]涉及第三人时认定为股权投资主要是在公司解散或破产的情形下,对于当事人法律关系的定性将极大限度影响债权人的利益。而明股实债的模式通常是相关各方的内部约定,债权人并不知情,在当事方真意为债

〔3〕 参见(2020)冀01民终1927号民事判决书。

权投资关系的情况下,若如实定性,将有损债权人的利益,此时,法院并不会将当事人之间的关系认定为债权投资,而是以股权投资关系定性,以保护债权人的合理信赖。[4]

债权投资的认定较股权投资更为复杂,为了识别当事人的隐藏行为,除了固定投资回报和不参与公司经营外,法院往往还会考虑投资方是否办理了股权过户手续,其他合同中关于债权债务关系处理的意思表示,如投资款的数额、使用期限与在先债权相一致等。部分法院会在债权投资关系的基础上进一步论证是否违反民间借贷的强制性规定,是否违反相关行业规范。[5] 对于回购条款效力的认定,主要是从是否违反法律、行政法规的强制性规定,是否构成抽逃出资,损害公司债权人利益的角度展开。[6]

此外,部分案件并未直接以股、债对当事人的法律关系进行界定。而仅从涉案合同的合法性认定出发,明确相关合同是各方真实意思表示,且不违反法律、行政法规的强制性规定,对缔约各方均具有约束力。在投资方已完成增资入股的义务之后,回购义务人也应当依约进行股权回购。[7]

梳理上述案例可以看出,无论将明股实债交易认定为何种法律关系,都是立足融资合同探究当事人的真实意思表示,如约定究竟体现了股权交易形式还是债权交易结构、合同对投资款项性质的确认、股权转让的价款设置是否合理等。区别在于认定为股权交易的案件中更强调"形式重于实质",认为除合同之外,应当结合股东名册、工商登记、参与公司经营管理的情况等外部表现形式进行认定,即使股权转让的系列行为存在担保的可能,也不影响股权交易的性质认定。在涉及外部债权人的情况下,更强调外部债权人信赖利益的保护,通常不推翻股权投资的性质认定。认定为债权交易的案件,则更注重揭示当事人交易实质的证据的适用,如股东会决议、转让股权之上是否设有抵押、担保等。由于对明股实债案件债权性质的认定突破了股权投资的表象,对相关证据的证

[4] 参见(2019)浙0681民初1875号民事判决书。

[5] 参见(2019)冀11民初60号民事判决书;(2018)鄂民初51号民事判决书。

[6] 参见(2018)苏1182民初849号。

[7] 参见(2019)粤0106民初19710号民事判决书。

明力要求更高,法官的裁决也更为审慎。

综观2017~2020年的明股实债案件,涉及外部第三人的案件较少,通常情况下,在证据表明当事人的真实意思表示为债权投资时,若无合同无效的情形,一般依照当事人的内心真意认定。只有在当事人的债权投资主张与相关协议的约定、明股实债的要件不相印证时,才以股权投资关系定性。但是,由于法律、行政法规的缺位,法官并非严格以固定投资回报和不参与公司经营作为认定"明股实债"的依据,从而可能出现类似案件但裁判结果不同的情况。此外,也有部分案件的裁判抛弃了对股、债的区分,直接基于合同文本从合同效力角度展开分析,从某种意义上,这样的分析跳脱了股债二分的理论局限,但就目前的法律实践而言,这样的裁判逻辑更多表明了法官主动放弃了对案件涉及的错综复杂的交易模式、法律关系和利益纠葛的裁量和判断,有懈怠之嫌。当然,在行政监管的强势规范逻辑之下,法院也并未丧失其独立的裁判思维,如四川万和建设有限责任公司诉四川省安岳县教师进修学校项目投资合同纠纷一案中,在监管规范明确禁止PPP投资模式的情况下,法院并未依照有关禁止性规范否定PPP项目投资合同的效力,而是基于《合同法》第52条进行判断,认可了固定回报条款的有效性。[8]

综上,针对明股实债案件,司法裁判其实并无相对统一的裁判标准,这样:一来对法官的专业能力要求提高,法官个人专业素养对法律关系认定的影响加大;二来也降低了当事人对相关模式安排可能面临的司法后果的可预测性,当事人的权利义务处于相对不稳定的状态。对此,当务之急是厘清案件的裁判思路。

(二)司法介入的尺度把握:能动主义与形式主义的平衡

国家强制和私法自治的尺度把握是一项难题,司法裁量和公司自治作为公私界分的两大代表,司法介入公司治理的合理性实现亦未明朗化。[9] 明股实债作为公司的投融资模式,属于公司自治的范畴,司法介入的立场问题亟待明确。

---

〔8〕 参见(2018)川20民终192号民事判决书。

〔9〕 参见邓辉:《公司法的国家强制》,中国政法大学出版社2004年版,序言。

1. 司法介入的原则：司法谦抑

明股实债作为公司的私人秩序结构，体现的是公司和投资者的自主意志，运行自有公司内部机制保障。因其引发纠纷时，公司往往也可根据公司章程中的内部争议机制予以解决。司法应当对公司章程保持谦抑的态度，尊重公司章程对争端解决的具体安排。尤其是在纠纷并不涉及外部关系时，在各方主体已确定了解决纠纷的治理结构时，司法不应介入。〔10〕同时，法官对明股实债的商业判断并不具有经验和知识上的优势，许多情况下法官对其中复杂的商业判断、精细的结构设计采取了简单粗野的业余方法。〔11〕破解这一问题，就需要司法对公司商业判断的尊重，不可以市场机制和公司治理的缺陷为司法介入合理性的获得背书。当然，若明股实债安排违反法律强制性义务或法定义务，毋庸置疑，司法有权介入争端解决。

2. 司法介入的前提：穷尽内部救济

司法介入公司治理应自内而外，穷尽公司内部救济手段。〔12〕明股实债纠纷解决机制的建构也应自内而外。如果说司法谦抑使得公司内部争端解决机制在纠纷解决中取得了优先地位，那么，内部机制无法发挥作用之时，即司法介入的正当之时。只有当内部解决机制失灵，各方利益对立和矛盾冲突超出可控范围之外，甚至造成公司僵局时，司法才能以明股实债的合同规范为基准介入。即便是在涉及外部债权人的破产纠纷中，也应以《破产法》下的债权人会议为厘清剩余财产分配的首要选择。这样一方面可以充分灵活地发挥公司内部各项治理机制的作用，使内部机制在不断地实践运用中自我完善，实现内部机制的良性循环，避免公司治理的僵化。另一方面也可以降低法院的诉讼压力，节约司法资源、提升司法能效。对于公众公司，穷尽内部救济不仅包括公司内部治理机制，还囊括了公司自律管理手段、行政监管手段。在明股实

---

〔10〕参见管欣荣：《我国司法介入公司治理的迷惑及对策——华尔街金融危机背景下的新思考》，载《政法论坛》2009 年第 4 期。

〔11〕参见［加］布莱恩·R. 柴芬斯：《公司法：理论、结构和运作》，林华伟、魏旻译，法律出版社 2001 年版，第 347 页。

〔12〕参见马俊彦：《“公司自治”与“司法强制”关系辨析》，载《宁波大学学报》（人文社会科学版）2019 年第 3 期。

债监管政策盛行的当下,司法介入更应慎之又慎。

3. 司法介入的要求:能动、灵活

司法作为公平正义的最后一道屏障,当公司自我调节机制、金融监管机制失灵之时,司法理应以强势的地位矫正混乱失序的市场环境。司法能动主义倡导司法应当积极回应社会现实,发挥司法推动社会进步、实现社会公正的积极作用,对司法作用的最优发挥意义重大。[13] 将司法能动主义应用于明股实债纠纷处理之中,包含以司法能动激发该模式积极影响的美好愿景。具体而言,即便司法不得不介入,法官也应基于能动司法的考量,发挥对案件管理、控制的权力,在当事人之间积极协调,促成各方当事人的和解,以降低诉讼成本,促使当事人重建互信、重新实现合作发展,实现良好的社会效果。在具体的案件审理过程中,由于明股实债纠纷可能涉及多方法律关系,对其的处理应当从团体法的性质出发寻求解决之道。面对纠纷中可能出现的个体私益和公共利益的冲突,司法也应坚持能动、灵活处理,认真行使自由裁量权。回归明股实债的本质,作为利益各方自发自生的秩序安排,[14] 法官在依法裁判的过程中应给予充分的尊重,在尊重市场规律的前提下以司法的强制性、可预测性、能动性推进公司自治、服务金融创新。

二、明股实债的司法审查:公共政策衡量与标准选择

明股实债作为典型的商事投资法律行为,具有极高的专业性和创新活力,对其的管制一般通过司法介入和金融监管实现。理论上,二者各司其职,在各自的边界范围内实现对明股实债的规范和管控。但事实上,基于我国当前的法制现状和政策环境,政策热情很大程度上侵蚀了司法理性,干扰了司法的中立性和独立性。为此,必须厘清金融监管和金融审判的关系,明确相关政策在司法审判中的地位和角色,在二者的

---

〔13〕 参见季金华:《司法能动与司法公信的应有关系模式》,载《甘肃政法学院学报》2014年第2期。

〔14〕 参见[英]哈耶克:《法律、立法与自由》(第1卷),邓正来等译,中国大百科全书出版社2000年版,第184页。

协调配合中实现最优的政策效果和裁判结果。

（一）明股实债的金融监管政策立场

当前我国的法律法规并未对明股实债这一投融资模式进行规制，仅在国家部委和金融监管机构层面明确了审慎监管的基本态度。比如，《关于规范金融机构资产管理业务的指导意见》（以下简称《资管新规》）明确了资产管理业务是金融机构的表外业务，不得承诺保本保收益，打破刚性兑付，强调消除多层嵌套，抑制通道业务。证监会出台的《上市公司证券发行管理办法》、《创业板上市公司证券发行管理暂行办法》和《上市公司非公开发行股票实施细则》（以下简称《再融资新规》）明令禁止保底保收益或变相保底保收益的承诺。2008 年银监办发布的中国银监会办公厅《关于加强信托公司房地产、证券业务监管有关问题的通知》明确了对以投资附加回购承诺的方式发放房地产贷款的禁止性规定。在保险领域，原保监会《关于保险资金设立股权投资计划有关事项的通知》更是直接指明严防以明股实债的方式进行企业股权投资。财政部、发改委出台的系列通知、办法也对 PPP 项目资本金的来源提出了要求，明确反对以注入明股实债模式股权资金的方式增加地方政府的债务风险，国有金融企业也不得对存在明股实债融资安排的 PPP 项目提供融资。[15]对于非金融企业投资金融机构，明股实债也被排除在合规的资金来源之外。[16]

综合上述监管政策可知，对于明股实债这一融资模式，整体上是以限制为主。究其缘由主要有以下几点：首先，从明股实债的本质上来说，其对投融资的安排虽然具有股权投资的外观，但却违背了股权投资“利益共享，风险共担”的基本属性。为了确保回购条款的实现、保障投资安

---

〔15〕 具体规范包括：2015 年中华人民共和国财政部《政府投资基金暂行管理办法》、2015 年中华人民共和国财政部《关于进一步做好政府和社会资本合作项目示范工作的通知》、2017 年中华人民共和国财政部、发展改革委、司法部、人民银行、证监会、银监会《关于进一步规范地方政府举债融资行为的通知》、2018 年中华人民共和国财政部《关于规范金融企业对地方政府和国有企业投融资行为有关问题的通知》。

〔16〕 中国人民银行、中国银行保险监督管理委员会、中国证券监督管理委员会《关于加强非金融企业投资金融机构监管的指导意见》规定，“企业投资金融机构应当以自有资金出资，资金来源真实合法，不得以委托资金、负债资金、‘名股实债’等非自有资金投资金融机构”。

全，投资方往往会在回购条款之外附加对控制权、融资方收益的特殊约定。投融资协议中对投资方介入公司经营管理程度的规定，影响了企业的治理，也存在损害公司及其他债权人利益的风险。其次，明股实债模式的适用意味着监管套利的滋生。以银行业为例，当前我国商业银行向企业进行股权投资受到《商业银行法》的限制，银行资金利用需求难以满足，加之商业银行贷款进入相关领域的管控和阻碍，银行向有关项目、企业注资需要借助第三方通道。这就为私募基金、信托计划发挥通道作用、收取通道费，分取投资收益提供了契机。最后，明股实债活跃在资本市场的各个领域还意味着系统性风险的潜滋暗长。一方面，若采用明股实债融资模式的企业的会计审计和信息披露不到位，债权人可能无法准确把握企业的债务状况，企业存在债务融资过度、偿债能力弱化的风险。另一方面，明股实债内涵债务属性，若企业无法在其存续期间内消解其带来的债务风险，很可能造成实体经济财务杠杆系数增大。在经济下行的总体趋势下，极易诱发系统性风险。

（二）"强监管，弱司法"权力配置的现实审视

在"防范化解重大金融风险"的公共政策背景下，目前的资本市场正处于"强监管"的政策周期。无论是以《资管新规》为代表的管制型规范文件的密集出台，还是以穿透式监管为主轴的执法实践，均映射出强监管的制度逻辑，这种政策背景无疑对明股实债的司法裁判产生了深刻影响。

1. 立法空白下的金融政策主导格局

资本市场瞬息万变，相较于法律法规，更具有及时性、灵活性的金融政策成为更具有现实指导意义的规范性文件，在某种程度上，其地位甚至取代了法律法规。纵览我国的《公司法》《证券法》《商业银行法》等效力层级较高的法律规范，不难发现，其中对明股实债融资模式并无直接着墨。在行政法规层面，仅有国务院的有关通知对这一问题有所涉及。[17] 其缘由在于高位阶的法律规范内容抽象、修订程序烦琐，很多时

〔17〕 例如，国务院《关于开展第四次大督查的通知》（国发明电〔2017〕1号）明确要"严控'明股实债'等变相举债行为情况"；国务院办公厅《关于印发互联网金融风险专项整治工作实施方案的通知》强调"股权众筹平台不得发布虚假标的，不得自筹，不得'明股实债'或变相乱集资"。

候无法准确、及时地回应灵活多变的市场需求，这就使明股实债处于法律法规的真空地带。然而，审慎监管的要求使金融监管机构无法无视其潜在风险，放任此种模式横行市场。由此，证监会、银保监会、原保监会等金融监管机构出台了大量政策文件，就 PPP 项目、证券发行、非金融企业投资金融机构等投融资行为中的明股实债问题有针对性地设置了禁止性规范。[18] 证监会《关于加强私募投资基金监管的若干规定》就明确指出"严禁使用基金财产从事借（存）贷、担保、明股实债等非私募基金投资活动"。此外，以上海证券交易所、证券投资基金业协会为代表的行业规范也明确反对通过明股实债模式进行变相融资。[19] 当立法的空白遇上强监管，法官的纠纷处理也面临极大的挑战，若无视监管政策，则可能削弱政策的权威性和执行力，自由裁量权也可能由于缺乏法律依据而失控；若配合监管政策，则可能由于政策的反复而出现裁判标准的反复。

2. 司法僵化下的裁判规范供给

作为深受大陆法系影响的国家，我国司法裁判恪守成文法思维，依法裁判原则的践行较为僵化，创造性适用法律的空间十分有限，叠加法律滞后、立法缺失的现状，法官对金融创新的理解和认知十分有限，往往难以作出准确公正的裁断。此时，及时快速又顺应时势的监管政策就成为法官裁判依据的重要来源。就目前看来，司法监管化，以监管政策作为审理案件的标准和依据是主要趋势。[20] 例如，依据原《合同法》第 52 条第 4 款的规定，将社会公共利益与政策目标相结合，导向对保底收益、刚性兑付的否定态度，最终得出明股实债的合同安排由于会危害金融安

---

〔18〕 例如，中国证券监督管理委员会《关于修改〈上市公司证券发行管理办法〉的决定（2020 年）》指出要加强对明股实债行为的监管；中国银保监会《关于开展银行业保险业市场乱象整治"回头看"工作的通知》禁止以各类"明股实债"、收（受）益权或其他"伪创新"规避监管规定。

〔19〕 例如，上海证券交易所《政府和社会资本合作（PPP）项目资产支持证券信息披露指南》要求管理人和律师事务所核查 PPP 项目是否存在政府方采用固定回报、回购安排、明股实债等方式进行变相债务融资的情形，并在相关发行文件中发表明确意见；中国证券投资基金业协会《关于发布〈证券期货经营机构私募资产管理计划备案管理规范第 4 号〉的通知》把以"名股实债"的方式受让房地产开发企业股权作为不予备案的情形之一。

〔20〕 参见黄韬：《公共政策法院——中国金融法制变迁的司法维度》，法律出版社 2013 年版，第 109 页。

全、破坏金融秩序,进而损害社会公共利益而无效的结论。这样虽然统一了司法审判和金融监管对于该融资模式的基本态度,实现了防范化解金融风险的力量叠加,但也蕴含法律效力位阶的争议和司法独立受损的问题。[21] 伴随2019年《全国法院民商事审判工作会议纪要》的出台,法院以违反监管规章为由否认合同效力的障碍也在逐步清除,[22]但需综合监管强度、交易安全保护及社会影响对规章是否涉及公序良俗进行谨慎衡量并充分说理论证。结合《民法典》第153条第2款的规定,监管规范、公序良俗、合同无效三者实现了规范连接。以证监会出台的《再融资新规》为例,[23]根据该规则,若上市公司及其控股股东、实际控制人、主要股东向发行对象作出保底保收益或变相保底保收益承诺或直接或间接向发行对象提供财务资助或者补偿,基于对明股实债行为监管的需要,法院可以通过论证该行为违反监管规范,危及金融安全、破坏市场秩序进而违背公序良俗来否定相关合同的效力。

3. 权能分配体制下的司法监管化

司法监管化是在强监管的背景下,司法逐渐向金融监管政策靠拢,将金融监管的政策目标作为司法裁判的重要考量的一种司法裁判趋势。[24] 以上海市高级人民法院2018年发布的《关于落实金融风险防范工作的实施意见》(以下简称《意见》)为例,《意见》指出,要"密切与行业监管等部门的沟通联系,推进完善金融纠纷多元化解决机制建设",同时要"审慎处理金融创新产品引发的金融纠纷案件。对不符合金融监管规定和监管精神的金融创新交易模式,或以金融创新为名掩盖金融风

[21] 参见沈伟、李术平:《迈向统一监管的资管新规:逻辑、工具和边界》,载《财经法学》2019年第5期。

[22] 《全国法院民商事审判工作会议纪要》第31条明确规定:"违反规章一般情况下不影响合同效力,但该规章的内容涉及金融安全、市场秩序、国家宏观政策等公序良俗的,应当认定合同无效。人民法院在认定规章是否涉及公序良俗时,要在考察规范对象基础上,兼顾监管强度、交易安全保护以及社会影响等方面进行慎重考量,并在裁判文书中进行充分说理。"

[23] 为加强对明股实债行为的监管,《再融资新规》规定:"上市公司及其控股股东、实际控制人、主要股东不得向发行对象作出保底保收益或变相保底保收益承诺,且不得直接或间接向发行对象提供财务资助或者补偿。"

[24] 参见赵尧:《金融司法监管化的逻辑审视》,载《华中科技大学学报》(社会科学版)2020年第5期。

险、规避金融监管、进行制度套利的金融违规行为,及时否定其法律效力,并以其实际构成的法律关系确定其效力和各方的权利义务”。在具体的司法实践中,也已有以证监会规定为基础,推理得出协议违背公序良俗、损害公共利益而无效的案例。佳晔苌清公司诉铁龙公司委托理财合同纠纷案中,上海市金融法院就曾指出,虽然《中国证监会通报证券公司融资融券业务开展情况》非行政法规,不符合原《合同法》第52条第5项关于合同无效情形的规定,但这一规定是在2015年股市特定背景下出于强监管的需求出台的,对于控制金融风险,维护经济秩序意义重大,当事双方通过通道业务规避监管的行为扰乱了市场秩序、增加了金融风险,损害了社会公益,属于原《合同法》第52条第4项规定的合同无效情形。[25]

由此可知,监管规范对于明股实债的否定态度,可能会成为法院否定其合同效力,探寻实际法律关系的重要依据。这样虽然确保了二者在法政策上的一致性,实现了以司法规制手段强化金融风险化解的目标,但也带来了负面影响。一方面,司法的可预测性受到冲击。统一裁判标准,提高法律适用的可预测性是司法的应有之义。[26] 可预测性意味着该交易模式下各方主体可以根据已有案例形成内心的裁判预期并化为自身交易结构设计的指导。但司法监管化下,判决结构处于相对不稳定的状态。在这种不稳定的状态之下,当事人的信赖若被频繁打破,不仅会危害诉讼各方的权利,还可能使市场主体之间整体性的信任关系被破坏,道德风险随之滋生。另一方面,金融创新活动遭受压制。明股实债作为投资各方当事人针对公司融资构建的创新性安排,诚然触及了金融监管的底线,触发了诸多金融风险,但以金融监管为标尺,严格否认其合同安排的效力,将大大压缩市场主体意思自治的范畴,金融创新也将由于不符合司法监管化下的秩序要求受到阻碍。

(三)金融监管与司法裁判的角色定位厘清

随着社会经济的发展,我国社会异质化的进程也在逐步加快,异质

---

〔25〕 参见(2019)沪74民终233号民事判决书。

〔26〕 参见申鸣阳:《强监管背景下的金融司法——以金融合同效力裁判为视角》,载《北方金融》2019年第12期。

化的体现之一就是社会系统功能的分层化,如实现社会治理和政策目标的政府系统、适用法律法规、维护社会公平正义的法律系统,促进市场经济发展、维护资本市场秩序的经济系统等。[27] 金融监管与司法裁判作为不同社会系统的重要组成,理应基于各自的功能定位发挥应有的作用。

1. 监管政策与司法的内在差异:多变性与稳定性

金融监管政策的态度与社会经济的发展密切相关,并随着实体经济的发展变化不断进行调整。相反,司法基于其权威性和导向性,始终处于一个较为稳定的状态。今日为监管明令禁止的明股实债,其价值可能在未来得到认可。加之其交易结构的存续期间可能长达数年之久,若在这期间出现政策的反复而司法又以政策为导向,不同时期的合法性认定不同,前后案件的裁判很可能出现巨大差异,由此造成当事人之间不稳定的预期,很可能加剧违约风险和道德风险。因此,在相关案件中,司法应当与监管保持适当的距离,尊重彼此的功能定位。[28] 就监管而言,应当及时、灵活地对经济形势做出反应,促进信息披露落实、强化监管科技的适用、加强监管协作,尽可能避免"穿透式"监管下的公私冲突调整;对司法来说,则应稳定、克制,克服多变的监管政策给审判带来的压力和挑战。

2. 金融行业视野下的合法与合规

传统行业中,合法与合规的概念似乎并无太大的差别。但在金融业下,却是属于不同领域的两个问题。合法主要指符合法律、法规的强制性规定,合规则是在有关法律规范之外,强调金融机构对于监管规定、经营规则、行业准则和职业道德的遵守。[29] 合法与合规的侧重差异同时也体现了监管与审判的关系定位。当前银保监会等金融监管机构针对保底条款和刚性兑付的不认同反映出了监管对明股实债模式的反对态度。基于稳定金融秩序、营造安全资本市场环境而言,监管政策的此种设计无可非议。但立足于司法角度,是否有必要为了维护金融稳定这一公共利益而模糊合法和合规之间的界限呢?答案显然是否定的。一方

---

〔27〕 参见郑智航:《最高人民法院如何执行公共政策——以应对金融危机的司法意见为分析对象》,载《法律科学》2014 年第 3 期。

〔28〕 参见马荣伟:《金融监管与金融审判的冲突与合作》,载《银行家》2010 年第 2 期。

〔29〕 参见陈瑞华:《中国金融监管机构确立的合规体系》,载《中国律师》2019 年第 8 期。

面,金融监管基于审慎监管的考量,制定的监管政策往往远高于《公司法》等法律、法规的要求,客观上存在违反《公司法》的情形,审判中对各类金融监管政策性文件的适用很可能背离《公司法》的立法宗旨和具体规则。明股实债中固定收益的安排固然违反了监管规范,但若未突破"风险共享、利益共担"原则,未违背公序良俗,法院在裁判时便应根据《公司法》的基本规定,严守公平、自愿原则,合理确定各方权利义务,尊重当事人之间的意思自治。另一方面,若明股实债纠纷可通过监管机构的合规监管解决,司法也无须越俎代庖,过分干预。即便司法不得不介入其中,也应当在辨析金融秩序和意思自治的关系的基础上构建出合理的裁判体系。若金融监管和司法裁判逻辑趋同、目的趋同,那么,行政与司法的相互制约作用也就无法有效发挥。[30]

3. 明股实债司法裁判标准的理性选择

一方面,要合理界分监管与司法,保证司法独立。"监管的归监管,司法的归司法",这是进行明股实债司法裁判的重要前提。若纠纷可在金融监管纠纷解决体系中解决,则由其处理。若司法不得不介入,也应处理好监管和司法的关系,不可使司法成为监管的附庸。司法独立性是司法权威维护的内在动力,在进行司法裁判时,应当有统一而稳定的价值判断和裁量标准,保持定力。首先,综合利用多种法律解释、法律推理的手段,从监管政策中提取出蕴含的可适用于案件裁判的法律规则。[31]其次,在审理中尽可能地平衡当事人意思自治和金融监管之间的关系,以司法裁判助力金融创新实践,维护市场秩序。最后,若要在裁判中适用"社会公共利益""诚实信用"等较为抽象、笼统的法律原则时,更应格外谨慎,重视说理和论证,确保裁判结果既符合法律体系内部的规范要求又不颠覆大众基于一般理性人的认知。当然,若能通过法律、法规的出台,统一金融监管标准,不仅能实现各部门的监管合作,更好地协调金融政策与产业政策、财政政策的关系,共同助力社会主义市场经济发展,还可以减轻司法裁判的压力,发挥司法对金融体系的保障作用。

〔30〕 参见王玥:《认真对待"刚性兑付"——资管新规与"刚性兑付"效力认定的裁判思维》,载《经济法论坛》2019 年第 1 期。

〔31〕 参见马荣伟:《金融监管与司法审查的边界》,载《中国金融》2018 年第 20 期。

另一方面,在涉及公共政策时,在裁判说理中应强调比例原则的运用。公共政策若可以先行转化为立法再适用于司法固然是上佳政策,但基于立法成本、体系协调、系统分工等考量,许多政策并不适合立法转化。此时,法院进行司法裁判若想适用公共政策,就应当优化裁判技术,进行充分的说理、论证。〔32〕 具体而言,应从政策本身出发,依据比例原则,根据合宪性、合目的性、均衡性三个维度来确定公共政策是否适用于明股实债案件。合宪性是公共政策得以成为司法裁判依据的首要前提,只有公共政策具有合宪性,法官才能通过法律的符码将其转换适用。〔33〕 同时,可以适用的公共政策应当与法律、行政法规等上位法具有一致性,以合法性获得法理上的正当性,不可违反《公司法》《证券法》等上位法的规范,损害当事人权利、增加当事人义务。就合目的性而言,监管政策规范是否可以实现其政策目标,政策目标与基本法益是否一致,是能否适用于司法裁判的重要参照。具体到明股实债纠纷,则要考虑政策是否平等考量了各方利益,是否统筹兼顾了内部关系与外部关系,是否有效协调了金融创新保护与金融秩序维护之间的关系,是否有助于资本市场的良好运行。目前看来,监管规范中“明股实债”之前的谓语往往是简单的“严控”“不得”“制止”,对该类规范的直接适用将跳过上述全部考量,法官说理论证中只有结合具体交易架构补齐这一环,才能使政策规范服务于法益实现。均衡性维度主要强调适用公共政策是否可以达到最优的司法效果。如不适用公共政策,仅依靠现有法律规范,很可能造成不公正合理的裁判结果。存在相互冲突的多项法益时,若要为了保护其中一项法益而侵害另一法益时,也不可超过必要的限度。〔34〕 法官裁判之时固然可以基于维护金融秩序、社会公益的考量以违背公序良俗为由否认合同效力,但必须论证除此手段之外无其他路径可以实现公共利益维护,且对当事人意思自治和金融创新的侵害在合理范围内,不会过度损害当事人权益,也不会造成其他负面传导效应。而事实上,金融审判对明股实债合同效力的否定是把“双刃剑”,并不必然有助于金融安

〔32〕 参见苏盼:《司法对金融监管的介入及其权力边界——以金融贷款利率规范为例》,载《上海财经大学学报》(哲学社会科学版)2019 年第 3 期。

〔33〕 参见前注〔27〕。

〔34〕 参见谭清值:《公共政策决定的司法审查》,载《清华法学》2017 年第 1 期。

全维护,也可能导致金融风险的爆发,在金融活动外部性特征的作用下快速传递到金融市场的其他领域。

三、"类案同判"与明股实债案件裁判的体系化

(一)深化司法体制改革进程中的"类案同判"

深化司法体制改革,建设社会主义法治国家,是推进国家治理体系和治理能力现代化的重要举措。司法体制改革的持续推进应当以公正为标尺,实现"努力让人民群众在每一个司法案件中都感受到公平正义"的价值目标。"类案同判"为人民群众理解司法公正提供了最为直观的评判标准,也对司法裁判形成了强有力的约束。[35]

1. 形式正义实现的内在要求

将后案沿袭相类似的前案的裁判思路是基于"类案同判"自身所具有的内在的善的价值考量,"类案同判"所遵循的"类似案件类似处理,不同案情不同处理"的内在逻辑对于形式正义的实现意义重大。司法裁判的核心在于依法裁判,但在具体案件中适用时依然需要将抽象的法律条文具体化。具体化的实现离不开类型化的推理方式,通过对先例所蕴含的逻辑进路、推理方法、基本程序的沿袭实现同类型案件的审理,是司法特有的方法、程序和过程。[36] 这一具体化的路径体现了"类案同判"所追求的形式正义并不在于追求两个不可能完全相同的案件的统一结论,而在于案件审理过程中裁判逻辑、方法、程序一致性的实现。形式正义这一核心价值,作为沟通"类案同判"和司法性质的内在纽带,一方面在"类案同判"的践行中得到彰显,另一方面也为"类案同判"成为司法解释基本遵循和司法的构成性义务提供了价值依托和地位保障。

2. 司法效能与公信力的提升手段

"类案同判"具有提升可预测性、限制法官自由裁量权的工具性价值,有助于司法规范化和公众合理信赖的实现。"类案同判"的审理思

---

〔35〕 参见孙海波:《"同案同判":并非虚构的法治神话》,载《法学家》2019 年第 5 期。

〔36〕 参见泮伟江:《论指导性案例的效力》,载《清华法学》2016 年第 1 期。

维使得法官无法依据自己的主观认知随意裁判，而需依循在同类案件的审理过程中基于反复适用而形成的共识性规则和基本逻辑进行事实认定和价值判断，这样一来约束了法官的裁判行为，避免了法官裁判的专断性和随意性；二来法官处理同类案件的效率有效提升，司法资源的配置也更为合理。"类案同判"的裁判规则之下，案件审理的可预测性也得到了提高，基于同类案件先例的存在，人们可以根据过去的裁判实践推测自己所处诉争中的权利义务状况和纠纷解决趋势，且拥有充分的理由信赖在先的裁判规则会一以贯之得适用到本案中。基于此，公众的合理信赖将促使法官"诚信裁判"。[37] 同时，判决的可预测性也使得人们有了裁判指引。"类案同判"原则之下，当事人采取明股实债这一投融资模式时将基于可能产生的裁判后果进行更为审慎和规范化的设计。

（二）明股实债案件裁判体系的构建

2019 年出台的《全国法院民商事审判工作会议纪要》中对民商事审判中正确审判理念的树立明确了方向，强调了对契约自由、意思自治、诚实信用、公序良俗等基本审判原则的辩证理解，认可了以同案同判思维统一裁判尺度的基本路径。其中对于民商事审判与行政监管的关系、外观主义的适用的表述更是为明股实债案件统一裁判体系的构建指明了方向。

1. 穿透式审判思维下的当事人真意探寻

"穿透式"条款源自美国《1940 年投资公司法》和《1940 年投资顾问法》中的"穿透规则"，指的是探求本质，实现规范目的的法律条款。[38] 同理，穿透式审判思维强调的是在"实质重于形式"原则的指导下，在司法裁判中尽可能"发现事实"，确认当事人的真实意思表示和真实法律关系。

（1）真实法律关系探求

在明股实债投融资模式下，投资方认购、投资入股、退出的过程当中，当事人之间存在数份合同，这些合同体现了当事人的合意，蕴含当事

〔37〕 参见孙海波：《"同案同判"与司法的本质——为依法裁判立场再辩护》，载《中国法律评论》2020 年第 2 期。

〔38〕 参见王妍、赵杰：《"金融的法律理论"视域下的"穿透式"监管研究》，载《南方金融》2019 年第 5 期。

人的真实意思表示。对当事人真实法律关系的认定,也应当从合同着手。在港城置业与新华信托的破产债权确认纠纷中,双方《合作协议》中约定的投资方式为投资入股,属于股权投资的范畴。关于退出机制,双方并未直接在《合作协议》中约定,而是在《信托资金合同》中明确资金以获得分红或减资、股权转让、收益权转让的方式退出。这些方式明显不属于债权投资的退出途径,而恰恰符合股权投资的退出要求。综合合意达成、资金进入、资金运行、资金退出的全过程判断,本案应当为股权投资。[39] 相反,在新华信托与江峰房产的合同纠纷中,《合作协议》不仅约定的投资入股的款项严重不合理,相关内容还被置于《借款合同》项下,且在《收益权转让合同》中,双方约定的退出模式为由江峰地产回购收益权。综上,法院有理由认定双方的真实意图为债权投资。[40]

上述过程是法院平衡双方当事人权利的一个过程,不同的性质认定将会直接影响双方当事人的权利、义务状态。当事人出于维护自身利益的考虑,必然会将事实和证据导向有利于己方的立场,甚至歪曲交易目的。因此,法官必须从数份合同中梳理出当事人合同订立时的真意,实现双方当事人的利益平衡。具体来说,可以根据主合同具体条款、是否行使股东权利、股权转让价款、是否设有固定收益回报、抵押担保设置情况等客观证据综合认定。

在具体的案件中,股东权利行使的意义也存在争议。当事人可能会主张实际行使股东权利、介入公司经营管理是为了确保公司债权的实现,但这种主张的合法性和合理性有待商榷。因为无论是股东权利的行使,还是公司经营管理的参与,都不是传统意义上外部债权人担保债权实现的正当形式,若法院肯定这种主张,那么,首先应当赋予一般外部债权人以参与公司经营等方式监督债权实现的权利,再将其作为明股实债模式下债权投资关系成立的论据。既然目前此项权利未及于一般外部债权人,那么当事人的主张就不应得到认可。此外,混合型投资工具的出现,股债融合的兴起,[41] 也为案件审理中股与债的界分造成了阻碍。

---

〔39〕 参见(2016)浙0505民初1671号民事判决书。

〔40〕 参见(2014)渝高法民初字第00010号民事判决书。

〔41〕 参见李安安:《股债融合视域下的公司治理:现实检讨与法制回应》,载《西南民族大学学报》(人文社会科学版)2020年第4期。

在司法实践中，应当注意区分股权投资表象下的债权投资和优先股，避免二者混淆下错误的法律关系认定。对于这一点，应当注意公司股权架构的信息披露，明确优先股的具体安排。

(2)虚伪表示下隐藏行为的合法性分析

根据《民法典》第146条的规定，[42]双方的表示若不符合内心，而是合谋捏造出的虚假表示，那么，虚假表示所指向的民事法律行为无效。但基于其虚假表象下隐藏着的真实合意实施的法律行为的效力则应根据法律对相应的法律行为的规定处理。明股实债模式便是在股权投资虚伪表示下隐藏的债权投资模式，其真实的法律关系为借贷法律关系。因此，对其合同效力的认定本质上是对当事人借贷关系是否合法有效的认定。在"宝云公司诉植享公司"一案中，法院在认定原告的投资行为属于明股实债后，便依据最高人民法院《关于审理民间借贷案件适用法律若干问题的规定》(以下简称《规定》)第11条对《投资协议书》的效力进行判断，确认双方存在企业间的民间借贷法律关系。[43] 总之，当非金融机构作为放贷主体时，《规定》是认定当事人之间债权投资行为是否合法的主要依据。从用途来看，明股实债的资金应用于企业的生产经营而非基于其他目的。从来源上看，资金不得为投资方套取金融机构信贷资金又高利转贷给目标公司，不得为目标公司知情或应当知情的情况下，由投资方向其他企业借贷或本单位职工集资又转贷给目标公司。此外，还应考虑利率限制、公序良俗、国家限制经营或特许经营及其他违反法律、行政法规效力性强制性规定等要素，综合判断明股实债合同的效力。[44] 当金融机构作为放贷主体时，则应关注关于金融借贷的特殊规定。[45]

---

〔42〕《民法典》第146条规定："行为人与相对人以虚假的意思表示实施的民事法律行为无效。以虚假的意思表示隐藏的民事法律行为的效力，依照有关法律规定处理。"

〔43〕参见(2019)冀11民初60号民事判决书。

〔44〕参见杨立新：《民间借贷关系法律调整新时期的法律适用尺度——〈最高人民法院关于审理民间借贷案件适用法律若干问题的规定〉解读》，载《法律适用》2015年第11期。

〔45〕例如，根据最高人民法院《关于进一步加强金融审判工作的若干意见》(法发〔2017〕22号)精神，金融借款合同的借款人以贷款人同时主张的利息、复利、罚息、违约金和其他费用过高，显著背离实际损失为由，请求对总计超过年利率24%的部分予以调减的，应予支持。

(3)股权回购条款的效力认定

一般来说,回购条款的设置不会违反法律、行政法规效力性的强制规定,但对于回购义务人的选择依然需要慎重。目标公司和股东都是常见的回购主体,受《公司法》第142条规定的限制,目标公司回购所受争议颇多。对此,需要明确的首要问题是对股权回购进行限制的目的是什么?目标公司进行的回购是否会损害此项法益?针对股权回购的限制的根本目的在于确保资本维持,保护债权人利益。股权回购损害债权人利益的构成要件:一是通过股份所得向股东返还了财产;二是返还财产的行为减损了公司资本。[46] 对于明股实债中的股权回购而言,只要股权回购不损及公司资本,债权人即无法以利益受损为由否认回购条款的效力。若回购条款中还附有确保偿债能力和持续经营能力的证据和内容来佐证回购后依然能保障债权人债权的实现,则可更为灵活、弹性地认定回购条款对债权人权利的影响。至于股东回购,则相当于股东间的股权转让,不影响公司资本维持原则,不侵害债权人利益,原则上应认定其有效。[47]

2. 交易安全保护下外观主义的审慎适用

(1)第三人合理信赖保护

外观主义作为商事审判中重要的裁判原则,主要指第三人由于信赖某项与真实情况相悖的权利或法律关系的虚假外观而为法律行为时,应当对其善意的信赖予以保护,核心在于以保护第三人的信赖利益实现交易的便捷、安全。在涉及第三人的情形下,明股实债的纠纷应当优先适用外观主义原则。在具体的认定中,一方面,需要有权利外观的存在,即投资方已作为目标公司的股东被记载于股东名册、公司章程,办理了工商登记;另一方面,第三人基于对权利外观善意的合理信赖进行投资或处分。[48] 在新华信托与港城置业的破产债权纠纷中,新华信托成为港城置业股东的外观向外部不特定的第三人传达了积极信号,即港城置业

---

〔46〕 参见张保华:《债权人保护:股份回购资金来源限制的法律漏洞及其填补》,载《证券市场导报》2020年5月号。

〔47〕 参见吴潇敏、孙美华、郑扬:《“名股实债”的司法裁判路径探析——以“新华信托—港城置业”案为例》,载《法律适用》2019年第12期。

〔48〕 参见刘胜军:《论商事外观主义》,载《河北法学》2016年第8期。

是一个具有良好市场发展前景和风险控制能力的企业。基于这一信号，外部第三人显然更乐于与港城置业发生交易。若企业发展良好，这份信赖将会持续存在，但一旦企业破产，导致其他债权人产生错误信赖的新华信托却可以基于当事人意思自治的原则而作为债权人受偿，这样的结果对其他外部债权人显然极为不公平。在确认属于外观主义原则适用的情境后，就应当优先保护善意第三人的利益，依照商事外观显示的权利义务关系对案件进行裁判，至于隐藏事实当事人权利的冲突、利益的损失，则由其双方在内部关系中处理。当然，第三人的投资、处分行为主观上不得为故意或重大过失。这是因为，若赋予商事外观主义以绝对的权威，很可能导致该原则适用的僵化。对于涉及外部关系的明股实债纠纷，应当在以外观主义原则为基础的情况下，综合考虑公平正义、静态安全等法益。〔49〕若有确实、充分的证据可以证明当事人的主观恶意或重大过失，则不应适用商事外观主义原则。总之，无论是当事人意思自治原则还是商事外观主义原则，其适用都不应绝对化，而应通过尽可能多的有效事实、证据，结合解释和推理技术，在全面综合的判断后根据利益平衡原则进行选择。

（2）合同无效条款适用

在明股实债模式下，不仅对权利外观下的错误信赖会对第三人的权利造成损害，当事人隐藏的债权投资关系也可能损害当事人的合法权利。此时，对于债权投资关系效力的认定可以结合《民法典》第 154 条的规定展开。〔50〕就构成要件而言，首先，从文本上看，“第三人”属于合法权益因恶意串通受到侵害的“他人”之列。其次，当事人主观上应当具有侵害他人合法权益的主观恶意。〔51〕对于“恶意”的证明既可以依据法律规定实现对恶意的推定，也可以依据交易习惯、商事惯例等事实经验进行认定。〔52〕在明股实债纠纷中，当事人的“恶意”可表现为应当向其

---

〔49〕参见郭富青：《外观主义思维模式与商事裁判方法》，载《西部法学评论》2015 年第 2 期。

〔50〕《民法典》第 154 条规定：“行为人与相对人恶意串通，损害他人合法权益的民事法律行为无效。”

〔51〕参见茅少伟：《论恶意串通》，载《中外法学》2017 年第 1 期。

〔52〕参见张平华：《恶意串通法律规范的合理性》，载《中国法学》2017 年第 4 期。

他债权人及时披露明股实债投资关系但未披露。最后,当事人的恶意串通行为应当造成了第三人合法权益受到侵害的后果。在破产情形下,将明股实债投资关系认定为债权投资,将直接影响其他债权人的债权受偿状况,尤其是在其对明股实债投资关系并不知悉的情况下,合法权益受侵害的事实表现得更为明显。综上,在破产情形下,若明股实债投资关系的当事人未及时披露双方真实的债权关系,则双方债权表示的合同无效,融资方不得基于债权人身份与其他债权人同等受偿。此外,若当事人隐藏的债权投资关系违反法律、行政法规的强制性规定的,自然也属于无效的民事法律行为。至于明股实债投资关系是否需要纳入“违背公序良俗”的法律行为效力判断程序,基于鼓励商事交易和商事创新,避免规则滥用的考虑,应尽可能避免以“违背公序良俗”为由否定当事人的债权投资关系。

结　语

明股实债模式作为金融创新的典型安排,监管实践与司法裁判的态度不仅对该模式的未来发展影响重大,还间接折射出了国家层面对于金融创新的态度到底是审慎抵触还是包容试错。因此,对于明股实债纠纷的裁判问题,司法必须在充分发挥公司内部机制和金融监管的积极作用的基础上保持谦抑,在具体法律条文缺失的现实和司法金融化的趋势下保持公正,在穿透式审判思维和商事外观主义原则的博弈中保持平衡,助力金融创新和金融安全的协同发展。

(编辑:吴紫君)

《证券法苑》(2021)
第三十二卷,第313~327页

构建多因子量化计算模型
精准认定证券虚假陈述投资者损失

——许某某等诉普天公司案评析

肖　凯[*]　张文婷[**]　阮申正[***]

摘要:证券虚假陈述纠纷案件的一个司法难点在于如何精准计算投资者损失,既要有效问责虚假陈述行为人,切实维护投资者合法权益,又要贯彻损害赔偿的因果关系原则。因此,一方面,需要合理确定因果关系的范围及证明标准;另一方面,也应诉诸现代金融分析模型,量化非虚假陈述风险因素所造成的损失并予以排除。司法实践中,可在程序正当的前提下借助金融专家构建多因子量化分析模型以科学方法核定投资者损失,实现法律逻辑与金融逻辑的双重自洽。

关键词:虚假陈述　因果关系　多因子量化计算模型

---

*　上海金融法院二级高级法官。
**　上海金融法院综合审判二庭法官。
***　上海金融法院综合审判二庭法官助理。

一、案情

原告:许某某等4名投资者。

被告:上海普天邮通科技股份有限公司(以下简称普天公司)。

普天公司系上海证券交易所的A股、B股上市公司。2015年3月21日,普天公司发布2014年年度报告,公布了公司的基本情况、会计数据和财务指标、股本及股东情况等事项。

2015年9月29日及2016年1月11日,国务院办公厅、财政部等五部委分别发布涉电动车充电基础设施建设的指导意见及通知。在此期间,新能源汽车及充电桩概念相关的市场热度上升。2015年9月上旬起,普天公司A股股价从15元左右开始上涨,2015年10月上旬涨至32元左右,2015年11月中旬达到61.72元的高点后维持50元左右的高位,2016年起震荡下行,截至2017年1月19日前,恢复到30~35元的水平。

2017年1月19日,普天公司发布公告称,公司于2017年1月17日收到中国证监会《调查通知书》,中国证监会因普天公司涉嫌违反证券期货相关法律法规,根据《证券法》的有关规定,决定对其立案调查。公司将全面配合中国证监会的调查工作,严格履行信息披露义务,并请广大投资者理性投资,注意投资风险。当日,普天公司A股股价跌幅达10.01%,B股股价跌幅为7.46%,10日内,普天公司A股股价累计跌幅达13.89%,B股股价累计跌幅为16.39%。

2017年1月26日至4月15日,普天公司连续三次发布退市风险警示公告。2017年3月28日,普天公司股票*ST。2017年4月22日,普天公司再次发布退市风险警示公告,提示投资者,若公司2017年度经审计的净利润继续为负值,公司股票可能被暂停上市。2017年4月25日,普天公司股票*ST。

2018年1月10日,普天公司发布公告称,公司于2018年1月9日收到上海证监局《行政处罚事先告知书》,上海证监局查明:2014年9月至11月,普天公司为弥补2014年度利润缺口、完成利润指标,进行了3笔虚假三方贸易，并将上述虚假信息载入其2014年年度报告中，共计虚增营业收入4261.75万元，虚增利润总额998.4万元，占2014年度合并财务报表利润总额的73.68%，拟对普天公司作出行政处罚。

2018年3月15日，上海证监局根据《行政处罚事先告知书》认定的违法事实正式作出沪〔2018〕4号《行政处罚决定书》，对普天公司责令改正、给予警告，并处以40万元罚款。

2018年1月31日至4月27日，普天公司多次发布股票暂停上市风险提示公告。2018年5月2日起，普天公司股票停牌。

许某某等4名投资者根据《行政处罚决定书》认定的相关事实起诉普天公司，要求其赔偿因信息披露违规行为所造成的损失。

二、审判

一审初步审理阶段，上海金融法院围绕被告的行为是否构成虚假陈述、虚假陈述的实施日、揭露日等基本事实进行了审查，认定普天公司信息披露违法的行为构成虚假陈述，确定以2015年3月21日为虚假陈述行为实施日，2017年1月19日为揭露日，并依据最高人民法院《关于审理证券市场因虚假陈述引发的民事赔偿案件的若干规定》（以下简称《若干规定》）第33条确认了A股基准日为2017年3月21日，基准价为31.59元，B股基准日为2018年3月5日，基准价为0.792美元。

在此基础上，诉讼围绕原告的损失是否由虚假陈述行为所致及如何确定相应赔偿金额等争议焦点继续展开。上海金融法院认为，《若干规定》采用"推定信赖"原则，在虚假陈述对市场产生影响的时间段内，投资者无须举证其因虚假陈述信息而作出投资决定，亦不要求将信赖作为投资决定的唯一动机，在没有相反证据的情况下，应认定投资者的损失与虚假陈述行为之间存在因果关系，但除了虚假陈述的影响外，上市公司的股票价格还受到大盘走势、行业板块及公司规模、价值、盈利等风格因素的持续影响。此外，普天公司提交的该公司股价波动情况、关于充电桩的研究报告及媒体报道等证据亦可以证明，该公司股价亦受充电桩概念热度影响，上述风险因素所致损失与虚假陈述并无关联，应予扣除。

因损失金额的准确计算涉及金融、财会领域的专业知识,经释明,各方当事人一致同意由法院委托某高校金融研究院对本案投资损失予以核定。损失核定人员通过构建多因子量化计算模型,使用收益率曲线同步对比法计算出原告的涉案投资差额损失,并就上述损失核定的结论出具了《证券投资者损失核定意见书》(以下简称《损失核定意见书》),出庭接受质询。经充分听取各方意见,上海金融法院最终对《损失核定意见书》予以采纳,并据此认定各原告的投资差额损失及相应佣金、印花税和利息损失。

2020 年 4 月 17 日,上海金融法院一审判决:普天公司向原告许某某支付赔偿款 7571.17 元;向原告厉某某支付赔偿款 9406.06 元;向原告胡某支付赔偿款 10,301.83 元;向原告王某某支付赔偿款 54,727.19 元。[1]

判决后,普天公司不服提起上诉,认为其虚假陈述行为与损害结果之间不存在因果关系,一审认定的损失金额过高。上海市高级人民法院二审认为,《若干规定》对虚假陈述行为与损害结果之间推定存在因果关系,普天公司未提出相反证据予以否认,对其意见不予采纳;证券领域具有高度专业性,一审由专业、中立的第三方出具《损失意见核定书》程序正当,且《损失意见核定书》采用了目前最为科学、经济、高效的方式核定损失,已达到高度盖然性的标准,符合实体正义。遂判决:驳回上诉,维持原判。[2]

三、评析

(一)损失认定的法律适用逻辑

证券虚假陈述本质上是一种侵权行为,[3]侵权责任的构成要件包

---

〔1〕 上海金融法院:许某某、厉某某等与上海普天邮通科技股份有限公司证券虚假陈述责任纠纷一审民事判决书,案号:(2018)沪 74 民初 1399 号,2020 年 4 月 17 日。

〔2〕 上海市高级人民法院:上海普天邮通科技股份有限公司与许某某、厉某某等证券虚假陈述责任纠纷二审民事判决书,案号:(2020)沪民终 294 号,2020 年 6 月 11 日。

〔3〕 参见人民法院出版社编:《司法解释理解与适用全集·金融卷 3》,人民法院出版社 2019 年版,第 1632 页。

括:侵权行为、损害后果、侵权行为与损害后果间的因果关系、行为人过错。对于上市公司实施的虚假陈述行为而言,《若干规定》第6条、[4]第21条分别明确了侵权责任的行为要件及过错要件,故案件的核心在于损害后果及因果关系的认定上。[5] 投资者的损失主要体现在证券价格的变动上,但证券价格的变动受到多种因素的影响,且上述影响具有客观性、同步性、群体性及不可分散性,[6]故损失的认定须以因果关系的建立为前提。

1. 因果关系的初步推定

虚假陈述案件中,因果关系的建立包含两个层面上的含义:一是交易上的因果关系,若原告的投资决策并没有受到虚假陈述行为的实质性影响,则不能向虚假陈述行为人主张赔偿;二是损失上的因果关系,若原告遭受的实际损失不是虚假陈述行为导致的,则虚假陈述行为人不承担赔偿责任。一般侵权案件中,原告应承担因果关系的证明责任,但证券交易的模式不同于传统的"面对面"交易,投资者与虚假陈述行为人可能并非交易对手方,投资者的损失也不必然表现为虚假陈述行为人的获益,故现实中投资者难以通过客观证据证明上述因果关系。从保护投资者权益的角度出发,美国司法实践基于"欺诈市场理论",推定交易因果关系的存在,从而减轻了投资者的证明责任。该理论认为,在一个有效的资本市场,所有的信息将及时地反映在交易价格上,投资者即使对于虚假陈述的内容毫不知情,在交易时也因对市场价格的信赖而构成对虚假陈述行为的间接信赖。[7] 但对于证券流通阶段

---

〔4〕 2015年最高人民法院《关于当前商事审判工作中的若干具体问题》指出,因虚假陈述、内幕交易和市场操纵行为引发的民事赔偿案件,立案受理时不再以监管部门的行政处罚和生效的刑事判决认定为前置条件。但实践中,投资者一般仍基于上述行政、司法认定提起诉讼。

〔5〕 部分案件中,重大性被作为一个独立的争议焦点。笔者认为,从重大性的两个考察层面而言,即是否足以影响投资者决策,是否足以导致股价波动,其本质上也属于因果关系范畴。

〔6〕 参见缪因知:《精算抑或斟酌:证券虚假陈述赔偿责任中的系统风险因素适用》,载《东南大学学报》(哲学社会科学版)2020年第5期。

〔7〕 参见罗斌:《程序法视野下的"欺诈市场理论"研究——以证券集团诉讼的确认为中心》,载《政法论坛》2009年第4期。

的损失,主流观点认为,原告仍须承担损失因果关系的证明责任。[8]

《若干规定》亦采取了推定因果关系存在的做法,但其并未区分交易因果关系和损失因果关系,实质上是采取了对交易因果关系和损失因果关系的双重推定。根据《若干规定》第 18 条的规定,投资人具有以下情形的,人民法院应当认定虚假陈述与损害结果之间存在因果关系:(1)投资人所投资的是与虚假陈述直接关联的证券;(2)投资人在虚假陈述实施日及以后,至揭露日或者更正日之前买入该证券;(3)投资人在虚假陈述揭露日或者更正日及以后,因卖出该证券发生亏损,或者因持续持有该证券而产生亏损。[9] 实施日即行为人作出虚假陈述或发生虚假陈述之日;揭露日(更正日)即虚假陈述因他人揭露或行为人自行更正而为市场所知悉之日;基准日则是虚假陈述行为被揭示后,其对市场扭曲的效应被市场消化平复之日。对于实施日至揭露日(更正日)期间买入案涉股票的投资者,推定为具有交易因果关系;而虚假陈述被揭露后至其影响消除之日期间,投资者在案涉股票上发生的损失,被推定为因虚假陈述导致。

实践中,实施日的确定相对争议较小,对于积极的虚假陈述行为,信息披露义务人作出明确、肯定但与事实不符的陈述之日即为实施日;对于消极的虚假陈述行为,以法定披露期限的最后一个期日作为实施日。本案中,《行政处罚决定书》认定普天公司于 2015 年 3 月 21 日发布的 2014 年年度报告记载了虚假信息,各方对此均无异议,故应以该日作为虚假陈述实施日。

揭露日的确定则相对复杂,根据《若干规定》第 20 条的规定,揭露日的认定需要具有首次性、公开性、权威性,但是对揭露的内容及其程度未作要求,由此引发争议。普天公司主张以立案调查通知书公告日为揭露日;原告则认为,2017 年 1 月 19 日的立案调查通知书公告尚未就虚假陈述行为进行明确、具体的揭露,主张以 2018 年 1 月 10 日,即《行政处罚事先告知书》公告日为揭露日。笔者认为,根据"欺诈市场

---

〔8〕 参见龙非:《美国证券欺诈案件中"损失因果关系"的证明责任》,载郭锋主编:《证券法律评论》(2020 年卷),中国法制出版社 2020 年版。

〔9〕 亏损的定义参见《若干规定》第 31 ~32 条。

理论”，投资者对虚假陈述信息的信赖是一种间接信赖而非直接信赖，故确定揭露日的核心在于风险揭示是否引起投资者注意。一般而言，只要相关信息能够起到充分警示作用，使投资者注意到投资风险，便足以打破投资者对当前市场价格的信赖。2019 年《全国法院民商事审判工作会议纪要》（法〔2019〕254 号，以下简称《九民纪要》）亦指出，虚假陈述的揭露和更正，其精确程度并不以“镜像规则”为必要，不要求达到全面、完整、准确的程度，只要交易市场对监管部门立案调查、权威媒体刊载的揭露文章等信息存在明显的反应即可认定。[10] 本案中，从主观判断的角度而言，我国证券监管执法实践对于相关证券违法行为一般只有在掌握较为确实充分的证据的前提下才会启动立案调查，故立案调查公告本身已属具有较强警示性的信息；从客观判断的角度而言，立案调查通知一经公告，市场即产生了剧烈的反应，交易价格大幅下跌，证明该信息确实影响了投资者的交易决定；从价值判断的角度而言，如以《行政处罚事先告知书》公告日作为揭露日，则会导致在立案调查通知书公告日至《行政处罚事先告知书》公告日期间内已充分获取警示信号却仍买入股票的投资者仍有权主张赔偿，不利于鼓励投资者作出理性判断。故法院最终以 2017 年 1 月 19 日为揭露日，并根据《若干规定》第 33 条认定了对应的 A 股、B 股基准日及基准价，初步确定了投资者索赔的损失范围。

2. 因果关系的排除与证明

前已述及，证券虚假陈述纠纷案件中采用推定因果关系，可以通过相反的证据予以推翻。根据《若干规定》第 19 条的规定，被告举证证明原告具有以下情形的，人民法院应当认定虚假陈述与损害结果之间不存在因果关系：（1）在虚假陈述揭露日或者更正日之前已经卖出证券；（2）在虚假陈述揭露日或者更正日及以后进行的投资；[11]（3）明知虚假陈述存在而进行的投资；（4）损失或者部分损失是由证券市场系统风险等其他因素所导致；（5）属于恶意投资、操纵证券价格的。其

---

〔10〕 参见《九民纪要》第 84 条。

〔11〕 事实上，《若干规定》第 19 条第 1～2 项的规定属于对第 18 条第 2～3 项的当然解释，一般无须被告举证。

中,第2、3、5项可归为对交易因果关系的抗辩;第1、4项可归为对损失因果关系的抗辩。

本案中,普天公司提出,部分原告并非在实施日后立即买入案涉股票,而是在2015年下半年充电桩概念热炒时买入,另有部分原告在揭露日后仍大量买入案涉股票,应认定其投资行为不具有交易因果关系。笔者认为,对交易因果关系的否定将导致赔偿责任的全部免除,故相应的证明标准需要达到较高的程度,否则将架空虚假陈述赔偿司法救济,使投资者权益无法得到有效保障。一方面,投资者在虚假陈述被揭露前的投资行为可能存在各种动机,而前述动机与投资者对虚假陈述的信赖并不矛盾;另一方面,投资者在虚假陈述被揭露后的交易动机未必与此前的交易动机一致。故法院认定,普天公司尚未达到充分否定交易因果关系的证明程度,对其主张不予采纳。

普天公司另提出,除了虚假陈述,投资者的损失还受到证券市场系统风险及公司经营状况的恶化、充电桩概念、公司ST等其他因素的影响。原告则认为,《若干规定》第19条第4项中的"等"字应属列举煞尾,免责因素应限于证券市场系统风险,且该风险"不仅要有客观真实的风险诱因,而且要看相关指数是否出现了大幅度的波动,必要时可以监管部门出具的结论为参考依据"。笔者认为,对损失因果关系的反证不宜过于苛刻。一是对责任减轻、免除事由的定义不应太过狭隘。因果关系的目的在于"确保我们能对那些介入并改变事物发展进程使其朝坏的方向发展的人苛以侵权之责",[12]限制被告的抗辩与侵权责任的法理基础相悖;从投资行为自担风险的角度而言,证券价格的形成客观上受到多种因素的影响,难以穷尽列举,要求虚假陈述行为人承担那些市场固有的风险,违背损失填补原则,[13]使投资者获得不当得利。二是对证明的标准不宜要求过高。从政策平衡角度而言,推定的政策事实上使得一种可能性的,而非盖然性的因果关系足以引起责任,对此

〔12〕 [美]路易斯·罗斯、[美]乔尔·赛里格曼:《美国证券监管法基础》,张路等译,法律出版社2008年版,第667页。

〔13〕 笔者认为,对于证券虚假陈述责任而言,惩罚性功能应主要体现在行政责任而非民事责任上。2019年修订的《证券法》大幅提高了行政处罚的力度正体现了这种立法理念的转变。

应当保持警惕。[14] 过于偏向投资者的司法政策将导致滥诉，不但无助于实现优化公司治理的制度目标，而且将使诉讼实质上沦为上市公司股东之间的财富再分配，并有损债权人利益。[15] 从司法现状而言，当前国内民事主体诉讼能力普遍较弱，也不掌握相关的专业信息和资源，往往只能提出概括的抗辩及初步的证据。若因被告不能对这些符合常识或具有盖然性的免责因素在数量上予以直接证明，就在实体上对其作出不利认定，无益于公平正义的实现。本案中，法院认为，如果有证据证明投资者损失的形成存在其他致损因素，这些因素对股价的波动具有相当的影响程度，并且与虚假陈述行为无关，则应当认定该些因素导致的损失不属于虚假陈述行为人的赔偿范围。

（二）损失认定的金融量化计算方法

法律的逻辑主要在于明确权利保护的理念和范围，最终需要落实到具体的数字。由于证券损失的计算涉及诸多金融、统计学方面的专业知识，无法为一般常识所包容，这就造成审理的困难。对此，最高人民法院在2017年《关于进一步加强金融审判工作的若干意见》（法发〔2017〕22号）指出，“要依法充分运用专家证人、专家陪审员制度，扩充证券案件审理的知识容量和审理深度，提高证券案件审判的专业性和公信力”。本案中，法院通过向当事人进行释明，在充分征得各方同意的前提下，通过委托专业机构构建损失量化计算模型，客观、精确、高效地对投资者损失金额予以核定。上述做法不仅符合当下我国法院偏向职权主义的定位，也与日本等发达国家的做法一致。[16]

1. 损失核定方案的原理

本案中，在计算投资者时创新性地首次采用了“收益率曲线同步对比法”，即通过对比投资者实际投资的损益比例（名义损益比例）与排除虚假陈述因素的模拟损益比例，得出投资者受虚假陈述而产生的差

〔14〕 参见［美］H. L. A. 哈特、［美］托尼·奥诺尔：《法律中的因果关系》，张绍谦、孙战国译，中国政法大学出版社2005年版，第19页。

〔15〕 参见黄永庆：《证券民事救济案中赔偿额计算的不同规则及其政策原因》，载北京大学金融法研究中心编：《金融法苑》（2001年第8期），法律出版社2002年版。

〔16〕 参见梁爽：《日本证券虚假陈述责任法律适用对我国的启示》，载《法学》2011年第1期。

额损失。其中,模拟损益比例是通过对影响股价的各因素予以定量分析,计算出除虚假陈述外的各因素所形成的案涉证券模拟收益率曲线,并根据投资者实际投资时间、数量进行模拟投资形成的损益比例。“收益率曲线同步对比法”的计算公式为:投资差额损失金额 = 名义买入成本 ×(名义损益比例 - 模拟损益比例)。其中,(名义或模拟)损益比例 =(买入成本 - 回收成本)÷ 买入成本 ×100%;买入成本 = 买入均价 × 实施日至揭露日期间的净买入股数;回收成本 = 揭露日后每笔卖出股数 ×(实际或模拟)卖出股票价格 + 基准日仍持有股数 × 基准价。上述公式符合《若干规定》第 30 ~ 32 条关于“投资差额损失”的规定及第 19 条无关损失扣除的规定。

“收益率曲线同步对比法”与方正科技公司虚假陈述责任纠纷案〔17〕中适用的“同步指数对比法”在原理上存在共通之处,即通过将投资者每笔交易与同期的参照标准进行直接对比,精确地将交易期间内市场风险的动态变化予以固定,解决了传统损失核定方案缺乏时间维度考量所带来的误差。“收益率曲线同步对比法”与“同步指数对比法”的不同之处在于,“同步指数对比法”中的参照标准为“3 + X”的平均指数,即综合指数、一级行业指数、三级行业指数三个必选指数和一个可选概念指数的均值,而“收益率曲线同步对比法”中的参照标准是根据量化计算得到的除虚假陈述外的各因素所形成的案涉证券模拟收益率。与方正案相比,案涉普天公司的股价走势除了受到大盘、行业因素的影响,还明显受到了其他市场风险因素的影响。故在本案中,“收益率曲线同步对比法”的参照标准更为直观,也更符合投资者自担市场风险,虚假陈述行为人仅对其行为造成的损失负责的司法理念。

2. 损失核定的步骤

首先是样本数据的取得。对于投资者的交易数据,法院依职权从中国证券登记结算有限责任公司调取投资者特定时间范围内〔18〕的交

〔17〕 上海金融法院:卢某某、杨某某等与方正科技集团股份有限公司证券虚假陈述责任纠纷一审民事判决书,案号:(2020)沪 74 民初 330 号,2019 年 5 月 5 日;上海市高级人民法院:方正科技集团股份有限公司与卢某某、杨某某等证券虚假陈述责任纠纷二审民事判决书,案号:(2019)沪民终 263 号,2018 年 8 月 7 日。

〔18〕 一般略大于实施日至基准日的范围。

易记录，以确保样本数据的真实、准确、完整。在此基础上，核定人员进一步筛选了有效数据：(1)投资者在实施日前的持股不纳入损失计算，若投资者在实施日后有卖出交易，则从卖出股票中先予扣除该部分持股；(2)若投资者在实施日至揭露日期间出现过清仓，则最后一次清仓前的交易均不纳入损失计算，否则自实施日后的首笔买入至揭露日前的交易均参与损失计算；(3)投资者在揭露日后买入的股票不纳入损失计算，若投资者在揭露日至基准日期间有卖出交易，则卖出股票按实施日前的持股数量、实施日至揭露日期间净买入股票数量的顺序予以抵扣。实施日至揭露日期间净买入股票对应的卖出交易和持有至基准日的股票均参与损失计算。[19] 即在买入成本和回收成本的统计、计算上进一步排除不具备交易因果关系、损失因果关系的交易标的和交易区间。对于用于模拟收益率分析的大盘、板块、行业及个股等大数据样本，则是从专业、权威的金融数据和分析工具服务商处取得。

其次是计算方法的选定。《若干规定》第 31 ~ 32 条仅概括地涉及"买入均价""卖出均价"的概念，而未对其计算方法予以具体说明，在投资者仅具有单个交易方向的理想状态时并无争议，但对于投资者在买入期间内存在相反方向的交易时，不同的计算方法将导致买入均价产生较大差异。在证券虚假陈述纠纷的各类案例中，法院采用了实际成本法、先进先出法、移动加权平均法等计算方法。实际成本法是指实施日至揭露日期间股票存在多笔买卖时，投资者买入股票的总成本扣除卖出股票的回收金额后，除以买入与卖出股数的差额；先进先出法是指实施日至揭露日期间股票存在多笔买卖时，假设先买入的股票最先卖出，卖出成本根据最先买入的成本确定，据此计算买入均价；移动加权平均法是指实施日至揭露日期间股票存在多笔买卖时，当投资者每次买入股票后，以新买入的成本加上库存成本后，除以新买入数量与库存数量之和，计算出新的买入均价，每次卖出时，只减少对应的持仓数量，不改变股票均价。实际成本法简单快捷，缺陷在于其结论受投资者卖出价格的影响较大，而根据虚假陈述责任原理，投资者在揭露日前的卖出价格与其损失无关；先进先出法符合虚假陈述责任原理且便于计

〔19〕 参见本案《损失核定意见书》。

算,但从实践来看,采用该方法将导致买入均价趋向于接近揭露日的价格,对部分投资者的权利保护不利;移动加权平均法具有计算准确、整体反应股票交易状况、综合体现提前回收成本和除权影响的优点,[20]能够有效避免因投资者操作水平和股价走势引发的买入均价畸高或畸低的情况,其缺点在于计算过程较为烦琐,只有通过计算机技术等辅助手段,才能实现高效运算。目前该方法已经能够运用相应的计算软件提高效率,在近期司法实践中业已得到了较多的运用。本案损失核定方案即采用移动加权平均法进行计算。

最后是市场风险的多因子量化。损失核定方案根据案件实际情况,对 A 股、B 股的市场风险分别采用了多因子模型法和关联法进行量化。多因子模型的基本原理是认为股票的均衡收益[21]可以由多个风险因素来解释。[22] 在多因子量化分析模型中,影响股票的均衡收益的风险因素主要包括国家因素、行业因素、风格因素及其他无法被前述因素所解释的部分。其中,国家因素代表整个 A 股涨跌带来的日收益率;行业因素代表特定行业涨跌带来的日收益率;风格因素代表影响特定个股股价的个性化因素,主要包括上市公司的规模因素、价值因素、盈利因素等九大常见因素。[23] 此外,根据个案情况的不同,对于一些影响上市公司股价的长期性风险因素,如 ST 状态、热门概念炒作等,也可以纳入风格因素进行考量。如此一来,扣除所有可量化的风险因

---

〔20〕 参见张捷:《证券市场虚假陈述案件投资差额损失计算方法的最优选择》,载《人民司法》2008 年第 22 期。

〔21〕 即个股超额收益率 + 无风险利率(取 1 年期存款利率)。

〔22〕 多因子模型是关于资产定价分析的模型,在各类量化投资模型中,多因子模型历经长时间的研究和发展,实证结果较为客观公正,整体表现稳定,在学术理论和投资实务中有着广泛的运用。参见上海交通大学上海高级金融学院、中国金融研究院课题组(课题主持人李峰、严弘):上海金融法院 2020 年度课题《证券虚假陈述案件的损失计算模型构建》。

〔23〕 参见本案《损失核定意见书》,具体包括:规模因素(大、小市值的收益差)、价值因素(估值高低的收益差)、beta 因素(对市场风险反应程度大小的收益差)、盈利因素(公司不同盈利水平的收益差)、杠杆因素(高杠杆和低杠杆公司的收益差)、成长因素(销售或盈利成长快慢公司的收益差)、动量因素(股票收益历史表现好坏的收益差)、波动率因素(股票交易波动大小的收益差)和流动性因素(股票换手率大小的收益差)。

素，无法解释的因素则被推定为因虚假陈述而引发的日收益率。本案中，根据查明事实，普天公司的股价除了受到国家、行业及常见风格因素的影响外，还受到充电桩和ST概念的影响，故在常见风格因素的基础上添加了充电桩因素和ST因素，分别基于充电桩板块成分股数据和ST成分股数据进行构建；普天公司提出的股票暂停上市等经营因素由于已经在盈利因素和长期股价变动中得以体现，不应重复计算，故未纳入考量。各系统性风险因素所带来的日收益率乘以相应的暴露值〔24〕后相加之和即股票日收益率。通过使用整个A股市场的个股日收益率对国家因子暴露矩阵、行业因子暴露矩阵、风格因子暴露矩阵进行线性回归，可以得到国家、行业及常见风格因素带来的日收益率，进而计算得出除虚假陈述因素外的案涉股票模拟日收益率。〔25〕

对于那些只在一定期间内影响上市公司股价的重大事件，由于其属于短期性风险因素，故不适合纳入多因子模型，应通过其他方式另行确定其影响。实践中，一般通过事件分析法予以认定。事件分析法中，首先，要确定重大事件〔26〕影响的事件窗口；〔27〕其次，计算事件窗口期内公司的股票收益率，然后计算窗口期目标事件外的股票收益率；最后，验证该重大事件对收益率的影响是否显著。通过叠加使用多因子模型法和事件分析法，可以较为充分地评估多数情况下虚假陈述带来的影响。〔28〕 本案中，因不存在需要单独考虑的重大事件，〔29〕故未使用

〔24〕 可以理解为受影响程度。根据本案《损失核定意见书》，所有A股股票的国家因素暴露值均为1；不同行业股票中，属于特定行业的，其暴露值取1，不属于的取0；风格因素的暴露值基于公司最近的财务数据和交易数据计算得到，会随着时间推移不断更新。

〔25〕 多因子模型中，股票每日的模拟日收益率可以由公司在不同风险维度的暴露值乘以不同风险因子当期的日收益率线性叠加计算得到。

〔26〕 重大事件还需满足以下筛选标准：(1)该事件与虚假陈述事件无因果关系；(2)该事件为确定的事件，而非尚未发生的事件；(3)该事件在数据库中有明确的定义。

〔27〕 一般一个完整的事件窗口包括估计窗口、事件窗口和事后窗口。

〔28〕 同前注〔18〕。

〔29〕 本案中，损失核定人员认为，普天公司经营不善导致的暂停上市风险已包含在ST因素的长期影响中，叠加使用事件法将导致损失重复扣除。

事件分析法,与本案同时期审理的上海中毅达股份有限公司虚假陈述案[30]中,由于股票受到重大重组事件影响,损失核定专家同时使用了两种方法核定投资者损失。

对于B股市场而言,由于市场规模较小、股票数量有限(100只左右),而多因子模型法需要大量的样本数据以保障精确性,故该方法难以直接适用。对此,相应的替代方案有两种:一是关联法,即根据同一公司A股、B股股价表现上的关联性量化B股模拟日收益率。以交易日前3个月作为时间窗口,并用此期间B股实际日收益率对A股模拟日收益率进行线性回归,计算得到A股、B股间的变动系数,进而以该变动系数乘以交易日A股模拟日收益率,得出交易日B股模拟日收益率;二是自选投资组合法,通过在B股市场选取一批在行业因素、风格因素等方面与被告类似的公司,通过这些公司的平均收益率估算出被告的B股模拟收益率。在同一家公司A股、B股走势较为接近时,可以优先选择关联法,否则适用自选投资组合法。本案中选取了关联法计算普天公司的B股模拟收益率。通过将虚假陈述日前一日A股、B股的实际收盘价格分别作为初始价格,代入并累计运算可以得到案涉股票每天的A股、B股模拟价格,将投资者的实际交易时间、数量代入,可以确定模拟损益比例,进而通过"收益率曲线同步对比法"计算出投资者实际受虚假陈述而产生的差额损失。

(三)损失核定意见的采信

损失核定意见的最终采信,除了需要符合实体正义,即具有科学性、严谨性和客观性,还需要符合程序正义。程序正义的核心要求是保障当事人的程序参与权、辩论权。作为裁判根据的案件信息应形成于审判程序,并充分贯彻直接言词原则,在此基础上才能形成科学公正的事实认定。证券虚假陈述损失核定涉及专业性极强的知识,如果不以通俗的语言表述,并提前让当事人知悉相关证据的基本情况,双方难以在庭审时对它们进行充分、有效的质证。本案中,相关金融专家根据法

[30] 上海金融法院:许某、叶某某等与上海中毅达股份有限公司证券虚假陈述责任纠纷一审民事判决书,案号:(2018)沪74民初615号,2020年4月17日;上海市高级人民法院:上海中毅达股份有限公司与许某、叶某某等证券虚假陈述责任纠纷二审民事判决书,案号:(2020)沪民终302号,2020年6月10日。

院的要求，就其损失核定的依据及方法、数据样本分析、计算逻辑和步骤及核定结论等出具了《损失核定意见书》，法院在收到《损失核定意见书》后及时提供给双方当事人，并给予充足的质证准备期间；诉讼中，出具《损失核定意见书》的金融专家出庭，围绕当事人对损失核定方法的确定、损失核定因素的取舍等相关问题和质疑一一进行了解释和回应。最终，法院认为，《损失意见核定书》中的核定方法实现了对各类影响股价因素的量化计算，克服了无法将虚假陈述因素与其他因素有效分离的弊端，相对科学、准确，符合立法本意与司法实践需求，予以采纳，并据此认定各原告的投资差额损失及相应佣金、印花税和利息损失。

（四）结语

虚假陈述责任的构建始终围绕因果关系的核心而展开。作为一项司法政策，虚假陈述案件中因果关系的认定本身存在一定的模糊性，其在当事人最终权利和责任的落实上也缺乏直观性，由此可能导致对判决结果的质疑与批评。本案中，法院公平、合理地界定了虚假陈述行为与损失间因果关系的范围及证明标准，同时，通过法律逻辑与金融逻辑的双重自洽，使因果关系不再是一种主观裁量性的概念判断，而是立足于科学的资产定价理论，多因子量化分析并扣除非虚假陈述行为的风险因素，实现了投资者损失的精准计算，增加了判决的客观性和说服力，不失为一次具有积极意义的探索。

（编辑：邹莹）

《证券法苑》(2021)
第三十二卷,第328~352页

新《证券法》实施背景下信息披露犯罪疑难问题研究

陈　晨*

摘要:《刑法修正案(十一)》有关证券期货犯罪的条款则主要涉及信息披露犯罪。应综合考量主体身份要件、法定义务、因果关系等综合要素,并依据共同犯罪理论准确界定刑事责任人员范围。信息披露内容应关注其是否涵盖法定基本要素,而不拘泥于信息载体的具体名称。刑事司法宜借助专业机构的知识,对信息披露内容尤其是财务会计报告予以鉴证和证伪,在厘清信息披露违法犯罪的行为性质基础上,准确予以罪数评价。

关键词:信息披露　发行人　上市公司　证券服务机构　勤勉尽责

资本市场是一个信息市场,证券产品的特殊性导致信息不对称问题更加突出。相关市场主体只有充分地披露有效信息,全面地揭示和评估风险,形成合理的市场定价,投资者才能做出理性决策,从而提高市场运行的稳定性。因此,信息披露质量

---

* 复旦大学管理学院博士后,上海市人民检察院第四检察部检察官,经济学博士。

直接影响市场的运行效率和运行效果,是资本市场的核心问题。[1] 2020 年 3 月 1 日正式实施的《证券法》(2019 年修订)(以下简称新《证券法》)设专章规定信息披露制度,从扩大信息披露义务人的范围、完善信息披露的内容、强调应当充分披露投资者作出价值判断和投资决策所必需的信息、规范信息披露义务人的自愿披露行为等诸多方面,系统完善了信息披露制度。[2]

2020 年 12 月 26 日,第十三届全国人民代表大会常务委员会第二十四次会议通过《刑法修正案(十一)》,自 2021 年 3 月 1 日起施行。《刑法修正案(十一)》与证券市场相关的法律修订主要涉及 4 个罪名[3],分别为《刑法》第 160 条欺诈发行股票、债券罪,第 161 条违规披露、不披露重要信息罪以及第 229 条提供虚假证明文件罪、出具证明文件重大失实罪,而这 4 个罪名正是刑事法律规制信息披露违法犯罪的主要罪名。[4]

相对于资本市场立法大刀阔斧的完善和推进,信息披露犯罪的刑事司法案例积累还稍显不足,法律适用和证据标准方面还存在不少争议问题亟待解决。本文立足于司法案例,借鉴行政执法理论和实践,对相关问题进行探讨。

一、刑法与新《证券法》的联动修订:问题讨论的大背景

法治化是资本市场健康发展的基石,从严监管是时代的需求。此

---

〔1〕 参见程茂军:《上市公司信息披露法律规制研究》,中国法制出版社 2019 年版,第 1 页。

〔2〕 考虑到本文所涉及的行政处罚和刑事司法案件均以修订前《证券法》作为法律依据和前置法基础,因此,在案例讨论部分多援引修订前《证券法》法条,并在注释中说明所对应的新《证券法》条款。

〔3〕 《刑法修正案(十一)》涉及证券期货犯罪的部分,除上述 4 个罪名外,还包括刑法第 182 条操纵证券期货市场罪。

〔4〕 从《证券法》的法条设置来看,欺诈发行违法行为未设置在信息披露一章,但考虑到《刑法》第 160 条欺诈发行股票、债券罪的主要行为方式是在招股说明书、认股书、公司、企业债券募集办法等发行文件中隐瞒重要事实或者编造重大虚假内容,发行股票或者公司、企业债券、存托凭证或者国务院依法认定的其他债券,其犯罪行为与信息披露具有密切关系,因此,将此类违法犯罪行为归于信息披露犯罪予以研究。

次《证券法》与《刑法》的联动修改,向资本市场释放了加强法治化建设、提高违法成本的强烈信号。信息披露制度是政府对诸多社会领域监管的基石,对证券市场尤其如此。[5] 在全面推行注册制大背景下,此次新《证券法》对信息披露制度予以高度关注,而《刑法修正案(十一)》涉及证券犯罪完善的内容则聚焦于信息披露犯罪,我国刑法学泰斗高铭暄先生评价,此次《刑法》修正案坚持以人民为中心的立法价值理念,更加注重统筹发挥好《刑法》对经济社会生活的规范保障、引领推动作用,《刑法修正案(十一)》与《证券法》密切联动,不仅回应了证券市场发展的首要关切,也契合了当前资本市场全面深化改革的攻关主题,有利于打造资本市场良好发展生态并保证经济运行安全。[6] 具体而言,《刑法》与《证券法》的联动修订主要表现在以下几个方面:

(一)严密刑事法网

1. 完善刑事责任主体范围。针对《刑法》第229条提供虚假证明文件罪和出具证明文件重大失实罪的主体包括承担资产评估、验资、验证、会计、审计、法律服务等职责的中介组织,《刑法修正案(十一)》对两罪的犯罪主体予以完善,明确列举保荐人员属于两罪名的刑事规制范围。

2. 增加犯罪行为方式。为了与新《证券法》相关修订内容相衔接,修正案在欺诈发行股票、债券罪和违规披露、不披露重要信息罪中均扩展了犯罪的实行行为,明确了公司、企业的控股股东、实际控制人组织、指使实施欺诈发行股票或违规披露、不披露重要信息行为的刑事责任。

3. 增加实施犯罪所利用的信息载体种类。《刑法修正案(十一)》将《刑法》第160条欺诈发行股票、债券罪所列举发行文件载体"招股说明书、认股书、公司、企业债券募集办法"修改为"招股说明书、认股书、公司、企业债券募集办法等发行文件",扩展了可能列入刑事法律规制的信息载体种类范围。

---

[5] See McClane, Jeremy R, *Regulating Substance through Form: Lessons from the SEC's Plain English Initiative*, Harvard Journal on Legislation, Vol. 55, Issue 2, Summer 2018.

[6] 参见高铭暄、孙道萃:《〈刑法修正案(十一)(草案)〉的解读》,载《法治研究》2020年第5期。

（二）加大刑事责任

1. 提高自由刑刑期。对理论和实务界长期质疑的信息披露犯罪只有一档法定刑，处罚力度偏低不足以阻遏犯罪的问题，《刑法修正案（十一）》予以回应，第160条欺诈发行股票、债券罪、第161条违规披露、不披露重要信息罪以及第229条提供虚假证明文件罪均增设了一档法定刑，使涉嫌上述罪名的行为人可能面临的自由刑刑期明显提高。

2. 大幅提升罚金刑。证券犯罪作为典型的经济犯罪，罚金刑的设置意味着提升违法犯罪成本，对于彻底阻遏行为人的经济驱动力具有重要意义。此次《刑法》修正案中主要从以下两个方面提升罚金刑：一是将罪名的倍比罚金制调整为无限额罚金制，如在《刑法》第160条欺诈发行股票、债券罪中对发行人的罚金由现行的"非法募集资金金额百分之一以上百分之五以下罚金"调整为无限额罚金，而第161条对依法负有信息披露义务的公司、企业中直接负责的和其他直接责任人员罚金，则由现行的并处或者单处2万元以上20万元以下罚金，调整为无限额罚金。二是直接提高罚金与违法所得的比例和数额，如第160条新增设的控股股东、实际控制人组织、指使实施欺诈发行行为的，除了判处相应的自由刑外，均应"并处或者单处非法募集资金金额百分之二十以上一倍以下罚金"，相较于现行《刑法》中"并处或者单处非法募集资金金额百分之一以上百分之五以下罚金"的规定，前者罚金刑的比例显著提高。

综上分析，此次《刑法》修正案积极贯彻刑事治理的立法思维，注重整合犯罪学、刑事政策学等多学科的资源，从科学而有效治理犯罪的基本立场出发，及时运用立法等有效手段回应，[7]在既有刑法规制的基础上，从增加行为种类、完善行为主体、提升刑事责任处罚力度等方面与新《证券法》紧密衔接，进一步提升了针对资本市场重大违规的处罚力度，提高了资本市场的违法违规成本，违法违规的行为人不仅将面临更高的行政罚款和针对投资者的民事赔偿，还将面临更为严格的刑

[7] 参见高铭暄、傅跃建：《新时代刑事治理现代化研究》，载《上海政法学院学报》（法治论丛）2020年第4期。

事法律制裁。[8]

《刑法》与《证券法》作为保障资本市场秩序与稳定的两大法律利器,在此次联动修订中,对信息披露违法犯罪高度关注,释放出规范证券市场秩序、打击信息披露违法犯罪活动,为全面实施注册制保驾护航的强烈信号,正如中国人民大学刘俊海教授所言,《刑法修正案(十一)》"既实现了民事责任、行政责任、刑事责任、信用责任四大法律责任之间的有机协调和无缝对接,也实现证券法与刑法之间的同频共振"。[9] 这是行政执法者和刑事司法者在实践中需要关注的原则和坚持的方向,也是本文对信息披露犯罪的相关疑难问题讨论的立法背景。

二、信息披露的义务主体及刑责范围

厘清市场各方主体责任,完善法律法规建设是规制证券市场信息披露和发行秩序的基础。信息披露义务主体是指以自己的名义,对有关自身的经营、财务或交易的重大信息加以披露的当事人。[10] 对于哪些主体在何种条件下承担信息披露义务,论者见解并不相同。一般认为主要包括证券发行人、上市公司和上市公司控股股东等。在此基础

---

〔8〕 针对此次《刑法》修正案对证券犯罪罪名的修改,笔者还有几点完善建议:第一,统一相关罪名罚金刑设置,修正案采取了将倍比罚金制修改为无限额罚金、提升倍比罚金两种方式,如对第160条欺诈发行股票、债券罪的规定,该条第1款采取无限额罚金,第2款、3款采取提升倍比罚金的方式,稍显混乱,而法学理论和司法实践一般认为,无限额罚金重于倍比罚金,因此在同一罪名中宜对罚金刑的设置方式予以统一。第二,协调相关罪名单位犯罪单罚制和双罚制的规定,修正案对《刑法》第161条违规披露、不披露重要信息罪的第1款保留原有刑法规定,对涉案单位采取单罚制,而第2款、3款明确了所增设的控股股东等主体为单位犯罪时采取双罚制,对此统一为宜。第三,此次《刑法》修正案对于证券犯罪修订仅局限于前述3个罪名,但实际上,对内幕交易、泄露内幕信息罪、利用未公开信息交易罪、操纵证券市场等罪名均应有所关注,如《刑法》与修订后《证券法》在利用未公开信息违法犯罪主体上不完全一致,对此建议修改统一。

〔9〕 吴晓璐:《刑法修正案草案加大欺诈发行等刑罚,与新证券法实现同频共振》,载腾讯网,https://new.qq.com/omn/20200630/20200630A02ANY00.html,2020年6月30日访问。

〔10〕 参见盛学军:《证券公开规制研究》,法律出版社2004年版,第151页。

上，信息披露的责任主体要大于义务主体的范围。根据新《证券法》第85条、第163条等条款规定，除了信息披露义务主体，发行人的控股股东、实际控制人、董事、监事、高级管理人员和其他直接责任人员以及保荐人、承销的证券公司及其直接责任人员，以及出具信息披露文件的证券服务机构，视其情况也要承担相应的法律责任。基于讨论主题，本文重点关注发行人、上市公司董事、监事、高级管理人员和其他直接责任人员，以及证券服务机构两大类市场主体的刑事法律义务和责任。

（一）发行人、上市公司刑事责任人员的范围界定

1. 发行人、上市公司内部人员的刑事责任范围。发行人、上市公司违规信息披露案件一般犯罪链条长，涉及人员多，在确定刑事责任人员范围时，需要对行政违法性、刑事违法性和社会危害大小进行审查和判断，准确划定与犯罪事实有直接、重要作用的人员范围，而不以发行人董事、监事、高级管理人员的身份为限制。现以上海检察机关办理的一起违规披露重大信息刑事案件为例进行讨论。

【案例1】被告人所在H公司系1995年在上海证券交易所上市的公司。2015年10月，为虚增上市公司业绩，经时任公司副董事长、总经理任某某决定，由副总经理、财务总监林某某，财务经理秦某某及某下属子公司副总经理盛某实施，将已由他人完工的工程收入违规计入公司三季报，并对外披露，累计虚增利润1000余万元，占同期披露利润总额的81.35%，虚增净利润近800万元，将亏损披露为盈利。任某某等4人以违规披露重要信息罪，被判处拘役3个月至有期徒刑1年，并处罚金5万元至20万元不等，均适用缓刑。据悉，该案是上海市提起公诉的首例违规披露重要信息案。[11]

本案被刑事追责的4名被告人中，任某某、林某某、秦某某均系涉案公司的“董监高”，而盛某不具备上市公司“董监高”身份要件，但其时任H公司下属子公司的副总经理，分管公司财务，负责涉案虚假工程项目的接洽以及材料提供，是虚假财务会计报告制作和提供的具体实施者，应认定为直接责任人员。

---

〔11〕 参见《上海首例！四人违规披露重要信息被提起公诉获判》，载新浪网，http://k.sina.com.cn/article_5044281310_12ca99fde020018vps.html，2020年6月8日访问。

2. 发行人、上市公司外部人员的责任问题。从证监会查处的上市公司因财务造假导致信息披露违法的案件来看,除上市公司管理层参与违法之外,公司高级管理人员、大股东或实际控制领导指使、安排公司外部人员参与实施财务造假的情形也比较多发。在既有案例中,公司外部人被处罚的情况亦不罕见,如果公司外部人员属于修订前《证券法》第193条〔12〕第1款所规定的其他信息披露义务人,或存在第3款所规定的信息披露义务人的控股股东、实际控制指使从事违法行为的情形,证监会可以对有关人员予以处罚。但如果上述人员以外的公司外部人参与了公司财务造假行为,对其行政处罚则存在一定争议。〔13〕

本文认为,对发行人、上市公司外部人员参与信息披露违法犯罪行为予以行政和刑事规制有其法理依据:一方面,根据法律规定,对于上市公司因财务造假所导致信息披露违法的案件,公司"董监高"在未直接参与违法,甚至并不知情的情况下,也可能因为勤勉尽责对公司所披露文件履行保证责任而被处罚,其违法行为主要体现为消极的不作为;而外部人明知违法而积极实施有关行为,属于积极作为的情形,其在违法行为中所扮演的角色比前述内部人更加重要,社会危害性更大。另一方面,从执法和司法效果来看,如果对外部人积极实施信息披露违法犯罪的情形不追究其法律责任,不仅在个案中导致放纵违法,从而使其他因不作为被处罚的人质疑处罚的公正,还可能对市场形成错误导向。

实践中可从以下两种法律适用路径,对参与信息披露违法犯罪的外部人员课以行政处罚:〔14〕其一,作为单位的责任人员处罚。根据2011年中国证券监督管理委员会《信息披露违法行为行政责任认定规则》第17条的规定,董事、监事、高级管理人员之外的其他人员,确有证

---

〔12〕 新《证券法》为第197条。

〔13〕 例如,雅百特信息披露违反法规行政处罚一案中,涉案关键人员李某松在多个环节参与公司财务造假,但由于证据方面的原因,最终未对其进行处罚。

〔14〕 参见中国证监会行政处罚决定书(2017)102号(江苏亚百特科技股份有限公司、陆某、顾某莉等21名责任人员)。相关案例分析详见"雅百特信息披露违法违规案",载中国证券监督管理委员会行政处罚委员会编:《证券期货行政处罚案例解析》(第2辑),法律出版社2019年版,第114~115页。

据证明其行为与信息披露违法行为具有直接因果关系，包括实际承担或者履行董事、监事或者高级管理人员的职责，组织、参与、实施了公司信息披露违法行为或者直接导致信息披露违法的，应当视情形认定其为直接负责的主管人员或者其他直接责任人员。此项规定明确了在责任人员认定时，应采取实质重于形式的原则，其范围并不局限于上市公司董事、监事、高级管理人员，只要确有证据证明其行为与信息披露违法具有在直接因果关系，即可以认定为责任人员，其范围可延伸至公司其他人员乃至外部人员。从刑事判决来看，已有上市公司非董事、监事、高级管理人员，被认定为违规披露重要信息的刑事责任人员，甚至因其积极联系介绍通道公司、直接组织指使下属推进具体虚假贸易的开展，并通过增加三方循环虚假贸易实现虚增利润等行为，一审法院未采纳其辩护人的辩护意见，将其认定为直接负责的主管人员而非直接责任人员。〔15〕

其二，与信息披露义务人构成共同违法处罚。如果有证据证明外部人员与公司或其他信息披露义务人如实际控制人存在共同违法的主观故意并且从事相关违法行为，则可以认定为共同违法。实践中，在内幕交易、操纵市场类案件中不乏证监会认定共同违法的情形，其中既包括自然人之间共同违法如多起夫妻共同内幕交易案件，也包括单位和个人构成共同违法的情形，如上海阜兴集团、李某卫操纵大连电瓷案。〔16〕此外，对于上述共同违法的认定思路可参考我国刑法在共同犯罪认定时对帮助犯依据主犯性质的定罪原则，主要根据《刑法》第382条以及最高人民法院《关于审理贪污、职务侵占案件如何认定共同犯罪几个问题的解释》第3条规定，公司、企业或者其他单位中，不具有国家工作人员身份的人与国家工作人员勾结，分别利用各自的职务便利，共同将本单位财物非法占为己有的，按照主犯的犯罪性质定罪。

刑事司法实践中，对发行人、上市公司外部人涉及信息披露犯罪行为予以追责已有相关判例，可以作为行政执法和刑事司法的参考。

---

〔15〕 参见上海市第三中级人民法院刑事判决书(2020)沪03刑初57号。

〔16〕 参见中国证监会行政处罚决定书(2018)77号(上海阜兴金融控股集团有限公司、朱一栋、李某卫等5名责任人员)。

【案例2】Z公司是一家成立于2006年的物流公司,2013年下半年,Z公司法定代表人陈某某、总经理关某为达到顺利发行私募债券、募集资金的目的,在明知公司财务状况不符合发债要求的情况下,伙同为Z物流公司代理记账的刘某某及Z公司财务负责人周某,向承销商提供虚假财务数据致使承销商根据上述虚假的财务数据决定立项。之后关某伙同周某、刘某某通过制作虚假"增值税专用发票""纳税凭证"等财务凭证及虚假财务报表的方式,虚增公司营业收入及利润,并通过Y会计师事务所出具了虚增营业收入6.7亿余元,虚增利润1.4亿余元,虚增资本公积金6000余万元的审计报告。2014年1月,承销商出具了包含上述审计报告数据的私募债券募集说明书,经证券交易所备案,发行两年私募债券共计0.9亿元,造成投资者重大资金损失。[17]

本案中,陈某某、关某和周某系Z公司直接负责的主管人员和其他直接责任人员,刘某某作为欺诈发行债券的共犯,4人行为均构成欺诈发行债券罪。对刘某某的定性可以从主观和客观两方面论证:首先,刘某某在主观上具有欺诈发行债券的共同故意,其参与了关某、与券商工作人员第一次商讨发债碰头会,明确知道Z公司发行中小企业私募债券的意图。刘某某一直在为Z公司记账,在明知Z公司2010~2012年3年营业收入仅为100万~300万元,企业每年亏损几百万元乃至近千万元的情况下,调整审计报告将把营业收入改成一两亿元,净利润改成二三千万元,数额悬殊。其次,刘某某在客观上实施了虚造财务数据的欺诈行为,其给券商工作人员发送了虚假的财务数据,使券商根据上述虚假的财务数据决定对Z公司发债立项,其行为为Z物流发债提供了可行性。另外,刘某某还提供了电子账套到Z公司,会计师事务所以此电子账套为基础,出具了虚增营业收入6.7亿元,虚增利润1.4亿元,虚增资本公积金6000余万元的审计报告,私募债券募集说明书也包含了此审计报告,这足以证实刘某某在帮助Z公司发行债券过程中所发挥的实质性作用。[18]

---

〔17〕 参见上海市第一中级人民法院刑事判决书(2018)沪01刑初66号。

〔18〕 对于欺诈发行和信息披露违法行为的法条关系,本文将在后文作进一步讨论,基于违规披露不披露是欺诈发行的一般条款,举重以明轻,对于欺诈发行案件中公司外部人员的行政和刑事责任可以认定,违规信息披露案件中亦可以认定。

(二)证券服务机构的义务和责任

新《证券法》第160条进一步完善了证券服务机构的范围和准入机制,在证券服务机构的范围方面,增加了财务顾问机构、信息技术系统服务机构,并且明确了证券服务机构的义务,即应当勤勉尽责、恪尽职守,按照相关业务规则为证券的交易及相关活动提供服务。证券发行、上市、交易等业务复杂,需要券商、会计师事务所、律师事务所等各类中介机构分别提供专业服务,发表专业意见,保证发行证券的质量,从而有效减少市场主体之间的信息不对称程度,体现证券市场"看门人机制"的核心功能。

但在近年来接连发生的万福生科、新大地、欣泰电气等性质恶劣的财务造假案件中,证券中介机构均失守"看门人"的角色,诚信意识淡薄、职业操守存在严重缺陷,其"负作用"饱受诟病。从刑事角度来看,2017年起,上海司法机关办理的多起欺诈发行私募债券刑事案件中,涉案会计师事务所、承销券商无视法律,共同参与财务造假和欺诈发行,已有多起中介机构工作人员被刑事追责。

1. 证券服务机构"勤勉尽责"义务的阐释对于证券服务机构与保荐人而言,"勤勉尽责"是其法定义务的核心要素,也是阻却其行政责任乃至刑事责任的法定事由。因此,不能单纯以发行人存在欺诈行为来推定中介机构未勤勉尽责,中介机构的勤勉尽责情况需要对照其业务规则作具体判断。发行人、上市公司与中介机构是相互独立的主体,中介机构的责任在于对发行、上市、交易所披露的信息进行审慎核查,在审慎核查的基础上判断其是否符合发行条件,而不负有"发现一切欺诈"的责任。因此,应对证券服务机构的"勤勉尽责"义务作谨慎地把握和认定,一方面,中介机构如不能勤勉尽责,核查工作流于形式,则发现欺诈的可能性就大为降低;另一方面,在发行人财务欺诈趋于隐蔽化的情况下,存在中介机构即便已经勤勉尽责,客观上仍不能发现欺诈行为的可能。就此意义而言,"勤勉尽责"是中介机构的责任边界所在。

从行政监管角度而言,中介机构"勤勉尽责"可以从三个层面进行考量:一是进行合规性审查,看其是否履行了现行规则体系明确规定的核查或鉴证职责。二是进行充分性审查,即审查中介机构的核查工作是否与核查目的相匹配,是否能够足以支持其核查结论,充分行使在合规性基础上更进一步的要求,也是“勤勉”要义所在。三是进行审慎性审查,也即审查中介机构是否履行了其专家注意义务。[19]

2.刑事案件中认定未尽“勤勉尽责”义务的思路。从刑事司法的角度而言,认定证券服务机构是否履行“勤勉尽责”义务,是否能够阻却其刑事法律责任,应从中介机构履职过程中是否严格履行法定义务,出具的证明文件是否存在重大失实问题,违反义务规定与证明文件失实之间是否存在实质因果关系等方面进行综合审查,现以一起注册会计师涉及出具证明文件重大失实案例予以分析。

【案例3】2013年下半年,L会计师事务所因T公司发行中小企业私募债对该公司2011年度、2012年度财务状况进行审计。杨某某、陈某某等人违反审计准则,按照T公司授意,在未核实财务凭证的情况下对T公司营业收入、净利润进行重大调整,虚增营业收入3亿余元、净利润6300余万元、资本公积金6500余万元。王某某、徐某二人未对T公司审计报告及底稿进行审计及复核审查,严重不负责任,在该含有重大失实财务数据的审计报告书上签名确认,使T公司发行中小企业私募债成功。至2016年7月债券到期后,T公司无力支付1亿元债券本息,造成投资人重大经济损失。[20]

根据《注册会计师法》和《中国注册会计师独立审计准则》等规定,注册会计师负有维护社会公共利益,保护投资者和其他利害关系人的合法权益,促进社会主义市场经济的健康发展的社会责任。注册会计师应当恪守独立、客观、公正的原则,以应有的职业谨慎态度执行审计业务,对被审计单位会计报表的合法性、公允性及会计处理方法的一贯性进行审计时,应当按照独立审计准则的要求出具审计报告,保证审计报告的真实性、合法性。但在本案4名被告人违反审计准则和职业操守,严重不负责任,致使出具的审计报告严重失实。

第一,本案4名涉案注册会计师均严重违反审计准则的相关规定。根据《中国注册会计师审计准则第1101号——注册会计师的总体目标

---

〔19〕 参见中国证券监督管理委员会行政处罚委员会编:《证券期货行政处罚案例解析》(第1辑),法律出版社2017年版,第234~236页。

〔20〕 参见上海市第一中级人民法院刑事判决书(2017)沪01刑初80号。

和审计工作的基本要求》，注册会计师在整个审计过程中应运用职业判断和保持职业怀疑，在重要审计环节需要运用职业判断并保持职业怀疑，包括通过了解被审计单位及其环境，识别和评估由于舞弊或错误导致的重大错报风险；通过对评估的风险设计和实施恰当的应对措施，针对是否存在重大错报获取充分、适当的审计证据；根据从获取的审计证据中得出的结论，对财务报表形成审计意见等。〔21〕但涉案会计师事务所现场负责人在缺少相关合同、出入库单、商品明细清单、征询函等材料原件的情况下直接将账外收入调整为营业收入；在未对股东会决议内容进行核实、发行人也未提供相关材料的情况下直接将股东捐赠转成资本公积金，造成了审计报告初稿为T公司虚增营业收入3亿余元、净利润6300余万元、资本公积金6500余万元。更有甚者，徐某和王某某两名注册会计师在未参与该项目的前期任何环节，亦未对审计报告初稿进行审核的情况下，即直接予以签名，根本未严格履行审计准则，更难论及职业怀疑和勤勉义务。

此外，根据《中国注册会计师审计准则第1142号》〔22〕第25条，如

〔21〕 财政部《中国注册会计师审计准则第1101号——注册会计师的总体目标和审计工作的基本要求》(2010年修订)第22条规定，审计准则旨在规范和指导注册会计师对财务报表整体是否不存在重大错报获取合理保证，要求注册会计师在整个审计过程中运用职业判断和保持职业怀疑。需要运用职业判断并保持职业怀疑的重要审计环节主要包括：(1)通过了解被审计单位及其环境，识别和评估由于舞弊或错误导致的重大错报风险；(2)通过对评估的风险设计和实施恰当的应对措施，针对是否存在重大错报获取充分、适当的审计证据；(3)根据从获取的审计证据中得出的结论，对财务报表形成审计意见。第28条规定，在计划和实施审计工作时，注册会计师应当保持职业怀疑，认识到可能存在导致财务报表发生重大错报的情形。第30条规定，为了获取合理保证，注册会计师应当获取充分、适当的审计证据，以将审计风险降至可接受的低水平，使其能够得出合理的结论，作为形成审计意见的基础。此三项条款在财政部2019年修订的《中国注册会计师审计准则第1101号——注册会计师的总体目标和审计工作的基本要求》均未作修改，因本案案发时间为2017年，因此引用2010年修订版本。

〔22〕《中国注册会计师审计准则第1142号——财务报表审计中对法律法规的考虑》第25条规定，如果认为违反法律法规行为对财务报表具有重大影响，且未能在财务报表中得到充分反映，注册会计师应当按照《中国注册会计师审计准则第1502号——在审计报告中发表非无保留意见》的规定，发表保留意见或否定意见。该条款经2019年财政部《关于〈印发中国注册会计师审计准则第1101号——注册会计师的总体目标和审计工作的基本要求〉等18项审计准则的通知》修订后未作修改，仍予以保留。

果认为违反法律法规行为对财务报表有重大影响,且未能在财务报表中得到恰当反映,注册会计师应当发表保留意见或否定意见。案件中发行人提供的财务报表存在多项明显且重大的可疑之处,注册会计师仍出具无保留意见审计报告并顺利通过会计师事务所的审核,严重违反了审计准则。

第二,本案中的发行证明文件存在重大失实,L 会计师事务所为 T 公司出具的审计报告在审计底稿、确认外账收入、确认入账收入、调整资本公积金等方面均有严重问题,最终导致 T 公司虚增营业收入 3 亿余元、净利润 6300 余万元、资本公积金 6500 余万元的重大失实。

第三,从因果关系来看,4 名被告人的职务行为与审计报告的严重失实从而导致投资人严重损失之间存在直接因果关系。首先,杨某某作为 L 会计师事务所承接 T 公司审计项目的主管人员,在审计期间指派陈某某等人进行现场审计,与陈某某商议如何落实 T 公司要求,并在陈某某拒绝签名后安排王某某、徐某作为签字注册会计师签名。其次,陈某某负责 T 公司审计项目的现场审计和审计报告初稿起草,在未按审计准则要求对 T 公司账外收入和股东捐赠等进行审核的情况下,直接进行审计调整,最终出具无保留意见的审计结论,而王某某和徐某作为 T 公司审计报告的签发人,未对 T 公司审计报告的真实性、完整性进行复核,亦未对其中的重要审计事项的正确性进行复核,其过失行为显然已经达到严重不负责任之程度。由此可见,4 名被告人在 T 公司审计项目的不同环节均发挥了重要、实质性作用,其行为与审计报告重大失实之间存在直接因果联系,应认定为直接负责的主管人员和其他直接责任人员承担相应的刑事责任。

3. 证券中介机构参与信息披露犯罪的主观故意区分。刑法规制证券中介机构及其工作人员信息披露违法犯罪行为的罪名主要为提供虚假证明文件罪与出具证明文件重大失实罪,两罪名的不同之处主要在于主观方面,前者属故意行为,后者属过失行为。应当指出,这里的故意、过失是相对于证明文件本身的真假而言的,明知证明文件的内容虚假而提供,即可认定为故意提供;相反,因未尽必要的注意义务而未认识到所出具的证明文件与事实不符,则属过失。

近年来,在欺诈发行股票、债券的刑事案件中,涉案注册会计师无视行业操作规范，或在明知发行人不符合发行条件情况下故意提供虚假证明文件，或肆意违规调整财务数据，违背了独立审计准则，未能遵循和实施必要的审计程序，所出具的审计意见以未经核实或者委托利害关系人核查的审计证据为依据，存在严重的失职行为，司法机关根据其主观故意的不同分别予以定罪处罚。

例如，在李某甲、李某提供虚假证明文件一案中，被告人李某甲、李某受北京某会计师事务所指派，为A集团发行债券进行财务审计工作。在明知该集团不符合发行债券的要求的情况下，被告人李某甲安排被告人李某故意通过虚增收入、利润等方式修改财务报表数据，出具了A集团虚假的财务审计报告，加盖了公章并由被告人李某甲等人签字，并在此基础上先后出具了虚假的A集团2013年、2014年1~6月审计报告。A集团将以上3份财务审计报告作为申请发行共计3亿元债券的依据，并发行成功。〔23〕

而在前述杨某某等4人出具证明文件重大失实一案中，对于审计报告的严重失实，4名被告人有义务、有能力预见到，之所以未预见到完全系不正确履行职责、严重不负责任所致，并因此造成了严重的危害后果，因此，认定4名被告人构成出具证明文件重大失实罪。〔24〕

4.发行人、上市公司与证券服务机构是否认定共同犯罪。在欺诈发行和违规信息披露的刑事案件中，是否认定证券服务机构及其工作人员与发行人、上市公司及其内部人员构成共同犯罪，需要根据案件事实予以具体评价。以注册会计师提供虚假、失实财务会计报告为例，注册会计师与发行人及其高管是否以共同犯罪定罪处罚，则主要根据注册会计师的主观故意、实施行为以及地位作用等综合因素。

其一，如果注册会计师的行为主要为职务行为，尽管发行人、上市公司及其高管与注册会计师两者存在共同实施犯罪的故意，对于后者仍需按提供虚假证明文件罪处理：一方面，两者的故意内容有所不同，前者主要是出于虚增业绩欺骗股东和社会公众，后者主要是出于承接审计业务考虑；另一方面，双方的行为在刑法上可以得到充分的、相应

〔23〕 参见山东省庆云县人民法院刑事判决书(2018)鲁1423刑初192号。

〔24〕 参见上海市第一中级人民法院刑事判决书(2017)沪01刑初80号。

的评价,无须按共同犯罪处理。[25]

其二,如果注册会计师涉及其他行为,或者其作用主要不是依附于其注册会计师的审计职能,并且对欺诈发行或信息披露违法犯罪产生实质性作用,可以考虑认定共同犯罪。例如,在一起欺诈发行债券案件中,会计师王某某不仅为计划发行债券的企业联系了具有证券业务资质的会计师事务所,还为企业财务人员介绍制作假税单和发票的人,其"穿针引线"的作用贯穿私募债发行始终,成为发行人欺诈发行犯罪行为的"掮客",宜认定为欺诈发行债券的共犯。[26]

5. 证券服务机构刑法规制的完善。从立法角度看,证券法律体系对保荐人和其他证券中介机构的法律规制存在差别,如新《证券法》第十章对证券服务业务进行规定,但未涉及保荐机构;而第 182 条[27]和第 213 条[28]对保荐人和证券服务机构的法律责任分别作出规定,可见保荐人在地位设定上有别于证券服务机构。

根据《证券发行上市保荐业务管理办法》(2020 年)第 8 条、第 58 条、第 61 条规定,"证券服务机构及其签字人员应当依照法律、行政法规和中国证监会的规定,配合保荐机构及其保荐代表人履行保荐职责,并承担相应的责任"[29]"保荐机构有充分理由认为其专业能力存在明

---

[25] 参见最高人民法院指导案例第 285 号"董某等提供虚假财会报告案",载张军主编:《刑事审判参考》(2004 年第 2 集),法律出版社 2004 年版。

[26] 上海市第一中级人民法院刑事判决书(2018)沪 01 刑初 58 号。

[27] 修订前《证券法》第 192 条。

[28] 修订前《证券法》第 226 条第 2 ~3 款和第 223 条。

[29] 《证券发行上市保荐业务管理办法(2020 年)》[中国证券监督管理委员会令(第 170 号)]第 8 条规定,发行人及其控股股东、实际控制人、董事、监事、高级管理人员,为证券发行上市制作、出具有关文件的律师事务所、会计师事务所、资产评估机构等证券服务机构及其签字人员,应当依照法律、行政法规和中国证监会、证券交易所的规定,配合保荐机构及其保荐代表人履行保荐职责,并承担相应的责任。保荐机构及其保荐代表人履行保荐职责,不能减轻或者免除发行人及其控股股东、实际控制人、董事、监事、高级管理人员、证券服务机构及其签字人员的责任。

显缺陷的，可以向发行人建议更换。”[30] 证券服务机构及其签字人员应当保持专业独立性，对保荐机构提出的疑义或者意见进行审慎的复核判断，并向保荐机构、发行人及时发表意见。[31] 在证券发行上市工作中，保荐人处于统揽全局、组织协调的重要地位，根据权责对应原则，法律对保荐人设置了较证券服务机构更为严格的法律责任。

根据新《证券法》第182条的规定和第213条第3款的规定，保荐人需要承担责任的义务违反情形是“出具有虚假记载、误导性陈述或者重大遗漏的保荐书，或者不履行其他法定职责的”，而第213条第3款规定的证券服务机构承担责任的义务违反情形为“未勤勉尽责，所制作、出具的文件有虚假记载、误导性陈述或者重大遗漏的”，[32] 可见，发生法律文件存在虚假记载、误导性陈述或者重大遗漏等后果，是证券服务机构行为违法的构成要件，而非保荐人行为违法的构成要件，保荐人“不履行其他法定职责”，但未最终导致保荐书等法律文书存在虚假记载等后果的仍需依法承担法律责任。也就是说，较其他证券服务机构，证券法律对保荐人设定了更为严格的归责原则。此外，新修订的《证券法》第24条规定了发行人控股股东、实际控制人以及保荐人在

---

[30] 《证券发行上市保荐业务管理办法（2020年）》[中国证券监督管理委员会令（第170号）]第58条规定，保荐机构应当组织协调证券服务机构及其签字人员参与证券发行上市的相关工作。发行人为证券发行上市聘用的会计师事务所、律师事务所、资产评估机构以及其他证券服务机构，保荐机构有充分理由认为其专业能力存在明显缺陷的，可以向发行人建议更换。

[31] 《证券发行上市保荐业务管理办法（2020年）》[中国证券监督管理委员会令（第170号）]第61条规定，证券服务机构及其签字人员应当严格按照依法制定的业务规则和行业自律规范，审慎履行职责，作出专业判断与认定，对保荐机构提出的疑义或者意见，应当保持专业独立性，进行审慎的复核判断，并向保荐机构、发行人及时发表意见。证券服务机构应当建立并保持有效的质量控制体系，保护投资者合法权益。证券服务机构应当妥善保存客户委托文件、核查和验证资料、工作底稿以及与质量控制、内部管理、业务经营有关的信息和资料。

[32] 新《证券法》第182条规定：保荐人出具有虚假记载、误导性陈述或者重大遗漏的保荐书，或者不履行其他法定职责的，责令改正，给予警告，没收业务收入，并处以业务收入一倍以上十倍以下的罚款；没有业务收入或者业务收入不足一百万元的，处以一百万元以上一千万元以下的罚款；情节严重的，并处暂停或者撤销保荐业务许可。对直接负责的主管人员和其他直接责任人员给予警告，并处以五十万元以上五百万元以下的罚款。

过错推定下的连带责任，赋予了保荐人更加严格的民事法律责任，[33]对此立法原则应予以准确把握。

然而，现行《刑法》规定对保荐人故意提供虚假保荐文件或出具保荐文件重大事实的相关罪名未予明示，与保荐人“第一看门人”的市场作用不匹配。在刑事司法实践中，涉及保荐人、承销券商涉嫌违法犯罪情形，多以职务类罪名追究刑事责任。例如，某保荐人非国家工作人员受贿案中，证券公司投资银行部总经理与两名下属共谋从相关企业获得非法利益，形成了环环相扣的犯罪流程，由一名下属担任保荐代表人，全面负责首次公开募股项目的材料撰写以及上会前的准备工作，另一下属负责首次公开募股项目招股说明书中非财务部分的撰写，总经理则在该项目的立项会、内核会中行使投票权，三人分工“合作”长达近3年，获利逾千万元。该案对3名被告人以非国家工作人员受贿罪被判处有期徒刑1年9个月缓刑1年9个月至2年6个月不等。[34]

值得肯定的是，《刑法修正案（十一）》对《刑法》第229条进行修改，明示保荐人属于提供虚假证明文件和出具证明文件重大实施罪的主体，并在提供虚假证明文件罪的法定刑升格规定中，明确了提供与证券发行相关的虚假保荐证明文件，“情节特别严重”的情形，充分提示了保荐人作为证券发行市场“第一看门人”，更应慎独自律，择善而从。

三、信息披露的内容范围及证伪方法

信息披露制度是资本市场健康发展的基石，是维护投资者知情权

---

〔33〕 新《证券法》第24条规定：“国务院证券监督管理机构或者国务院授权的部门对已作出的证券发行注册的决定，发现不符合法定条件或者法定程序，尚未发行证券的，应当予以撤销，停止发行。已经发行尚未上市的，撤销发行注册决定，发行人应当按照发行价并加算银行同期存款利息返还证券持有人；发行人的控股股东、实际控制人以及保荐人，应当与发行人承担连带责任，但是能够证明自己没有过错的除外。”股票的发行人在招股说明书等证券发行文件中隐瞒重要事实或者编造重大虚假内容，已经发行并上市的，国务院证券监督管理机构可以责令发行人回购证券，或者责令负有责任的控股股东、实际控制人买回证券。

〔34〕 参见上海市杨浦区人民法院刑事判决书（2017）沪0110刑初1187号。

的重要保障，究竟以何种载体向社会公众提供信息构成刑事法意义上的信息披露，以及如何证明行为人在信息披露违法犯罪或欺诈发行证券，从而使其承担相应的法律责任，是值得细致研究的问题。

（一）如何准确认定“财务会计报告”

财务会计报告是证券信息披露违法犯罪行为中经常涉及的概念和内容，根据《刑法》规定，违规披露、不披露重要信息罪是指“依法负有信息披露义务的公司、企业向股东和社会公众提供虚假的或者隐瞒重要事实的财务会计报告，或者对依法应当披露的其他重要信息不按照规定披露，严重损害股东或者其他人利益，或者有其他严重情节的行为”。财务会计报告的概念和范围，仅从刑法角度较难准确理解，需要援引相关前置法律法规。根据国务院2001年1月1日施行的《企业财务会计报告条例》（以下简称《条例》）规定，财务会计报告是指企业对外提供的反映企业某一特定日期财务状况和某一会计期间经营成果、现金流量的文件。财务会计报告分为年度、半年度、季度和月度财务会计报告。年度、半年度财务会计报告应当包括会计报表、会计报表附注、财务情况说明书。而季度、月度财务会计报告通常仅指会计报表，会计报表至少应当包括资产负债表和利润表。《条例》对财务会计报告的主要类别和基本要素予以明确规定，为刑事司法案件中判断一份包含财务数据的文件是否属于“财务会计报告”提供了标准和指引。在此基础上，刑事司法者应立足于信息披露犯罪所侵犯的法益，根据案件事实和证据情况作出具体认定。

以前文所述案例1为例进行讨论，[35] H公司对外披露的虚假信息载体为2015年第三季度报告，对此能否认定为刑法意义上的“财务会计报告”？本文持肯定意见，主要理据如下：H公司公布的2015年三季报以附录形式包含了合并资产负债表、母公司资产负债表、合并利润表、母公司利润表、合并现金流量表、母公司现金流量表，涵盖了《企业财务会计报告条例》第8条对财务会计报告季报的要素，这是其一。其二，从刑法保护法益来看，违规披露、不披露重要信息之所以要对财务会计报告予以明示强调，正是基于财务信息是公司信息披

〔35〕 参见上海市第三中级人民法院刑事判决书，(2020)沪03刑初4号。

露的核心内容,是投资者作出价值判断和投资决策的主要依据,同时,财务信息容易暴露出公司治理和企业经营中存在的问题,也成为发行人造假的重要手段和对象。因此,应对发行人披露的财务会计文件予以穿透式、实质性的认定,只要其财务文件符合了前置法的要件要求,含有虚假的或者隐瞒重要事实的财务数会计数据,并且以公司、企业名义向社会公众予以披露,就应该依法予以评价为刑法上的财务会计报告,而无须拘泥于信息载体的具体名称,否则会成为犯罪分子逃避法律制裁的漏洞。基于以上两点考虑,应将 H 公司所公布的“2015 年度三季报”依法评价为违规披露、不披露重要信息罪中的财务会计报告。

值得关注的是,对发行人信息披露内容予以实质性认定的原则和思路在新《证券法》中也有充分体现,新《证券法》第 85 条明确规定,虚假陈述、误导性陈述或者重大遗漏的信息载体包括了公告的证券发行文件、定期报告、临时报告及其他信息披露资料,而不受其具体名称是否为财务会计报告的影响。〔36〕

(二)财务会计报告的证伪路径

由于财务会计报告在发行人和上市公司信息披露中具有重要地位,在认定其违法犯罪时也是需要重点关注的关键证据。

对于财务会计报告虚假的认定,在以往的行政处罚案件中就有相关问题的辩解和讨论,如在欣泰电器一案中,欣泰电气对存在虚构应收账款,在首次公开募股申请文件及上市后定期报告中存在虚假记载、重大遗漏的事实不存在争议,但主张中国证监会对相关财务数据造假的认定,应当以司法鉴定部门或者专业审计部门的意见作为依据,主张对于欺诈发行认定中重要的财务数据问题,因没有委托专业机构审计或

〔36〕 新《证券法》第 85 条规定:“信息披露义务人未按照规定披露信息,或者公告的证券发行文件、定期报告、临时报告及其他信息披露资料存在虚假记载、误导性陈述或者重大遗漏,致使投资者在证券交易中遭受损失的,信息披露义务人应当承担赔偿责任;发行人的控股股东、实际控制人、董事、监事、高级管理人员和其他直接责任人员以及保荐人、承销的证券公司及其直接责任人员,应当与发行人承担连带赔偿责任,但是能够证明自己没有过错的除外。”

鉴定,缺少中立客观的第三方意见为依据,因此存在违法或者事实不清。[37]

本文对此观点不能认同,理据如下:首先,证监会具有对执法中的专业问题作出判断的法定职权和职责。根据证券法的相关法律规定,欺诈发行、信息披露违法案件即属证监会依职权查处的一类案件,证监会有权对查处证券违法行为所涉及的相关事实及法律适用予以审查认定,并独立对外承担法律责任。其次,中国证监会作为证券发行上市交易行为的监管机构,服务实体经济、防范金融风险,其在行政许可及日常监管、调查处罚等环节涉及大量信息披露、会计核算规范、公司治理与内控等专业问题的判断。最后,并无法律规定证监会对执法中的专业问题必须聘请专业机构出具意见。虽然证监会也可以通过专业机构帮助查明事实,但专业机构的意见并非证监会查明案件事实的必要依据,外聘专业机构不是证监会的法定义务,是否通过外部聘请专业财务人员就专门问题进行查明,是其行使自由裁量权的行为。综上,法律规定一方面确认了证监会在执法专业问题上的认定职权和职责;另一方面并未课以证监会外聘专业机构的法定义务。因此,该案的一审、二审以及再审法院均未支持欣泰电气的主张。[38]

上述讨论并不意味排斥专业机构在涉案财务会计报告鉴证中的重要作用,恰恰相反,从刑事司法的角度,借助专业机构的专业知识和判断,对涉案财务证明文件的虚假陈述或重大事实予以阐释和说明,对刑事案件的审查办理起到事半功倍的效果。例如,在前述案例 3 中,侦查、司法机关正是借助了专业司法鉴定机构,以司法鉴定意见的方式,针对涉案会计师事务所出具的审计报告中存在的专业问题以及违背的审计准则予以审查,并一一分析阐述,成为刑事司法人员厘清财务数据造假专业问题的重要参考。事实上,基于发行人财务欺诈隐蔽化、复杂化的发展趋势,刑事案件中司法者对财务数据的审查和证伪将面临更

〔37〕 参见中华人民共和国最高人民法院行政裁定书,(2018)最高法行申 4640 号[丹东欣泰电气股份有限公司、中国证券监督管理委员会金融行政管理(金融)再审审查与审判监督行政裁定书]。

〔38〕 参见《欣泰电气欺诈发行及信息披露违法违规案》,载中国证券监督管理委员会行政处罚委员会编:《证券期货行政处罚案例解析》,法律出版社 2019 年版。

多的挑战和难度,借助专业机构和专家证人至关重要。以此为基础,在相关证券信息披露犯罪案件的庭审过程中,公诉方和辩方可以申请法庭通知鉴定人和有专门知识的人出庭,就鉴定人作出的鉴定意见提出意见,以达到充分保护控辩双方权利、实现庭审实质化的目标(见图1)。

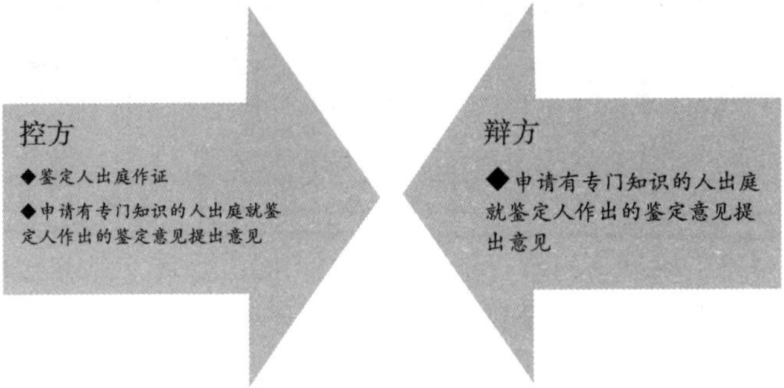

图1　专业机构在控辩中的作用

四、信息披露的行为分析和罪数界定

在证券市场中,发行人、上市公司信息披露既可能出现在首次公开募股环节,也披露在上市后持续披露环节,近年来的信息披露违法犯罪行为呈现出多次性、重复性特征,可能触发多个违法犯罪条款。

(一)发行人在发行环节采取欺诈手段骗取发行,同时涉及违规披露、不披露重要信息,应认定为欺诈发行违法犯罪

从行政法的角度而言,修订前《证券法》第193条〔39〕和第189条〔40〕的关系,一般认为是一般法和特别法的关系:第193条是关于信息披露违法行为的一般规定,第189条适用于特定条件下的信息披露违法行为。具体而言,欺诈发行证券违法行为的适用的特定性表现在几个方面:一是主体特定。第193条适用于发行人、上市公司或者其他信

〔39〕　新《证券法》为第197条。

〔40〕　新《证券法》为第181条。

息披露义务人，第189条仅适用于发行人。二是主观方面特定。从第193条的规定看，行为人一旦具有“未按照规定披露信息或者所披露的信息有虚假记载、误导性陈述或者重大遗漏”的行为，即要承担信息披露违法的责任，主观过错（故意或过失）并非认定违法的构成要件；第189条以行为人骗取发行核准为构成要件，即要求行为人主观方面为故意。三是结果特定。第193条的客观方面主要为行为要件，即“未按照规定披露信息（报送有关报告）”或者所披露的信息（报送的报告）有虚假记载、误导性陈述或者重大遗漏；第189条的客观方面除需要具备第193条的行为要件外，还需要具备特定的结果要件，即实际骗取了发行核准。

上述观点也有相应的行政判决予以支持，北京市高级人民法院在丹东欣泰电气股份有限公司与中国证券监督管理委员会行政处罚决定和行政复议决定二审行政判决书指出，欺诈发行确实涉及信息披露违法问题，但由于《证券法》第189条对于欺诈发行已有特别规定，本案欣泰电气的违法行为完全符合欺诈发行的构成要件，因此中国证监会依据《证券法》第189条对欣泰电气在首次公开募股申请过程中的欺诈发行违法行为作出行政处罚并无不当。〔41〕法院的上述观点实际上认可了《证券法》第193条和第189条之间系一般法和特别法的关系。当欣泰电气的行为既符合《证券法》第193条的构成要件也符合第189条的构成要件时，根据特别法优于一般法的法律适用原则，证监会认定欣泰电气的第一项违法行为构成《证券法》第189条规定的欺诈发行行为是符合法律规定的。〔42〕

---

〔41〕 参见北京市高级人民法院行政判决书，(2017)京行终3243号。

〔42〕 案情简介：2011年12月至2013年6月，欣泰电气通过外部借款、使用自有资金或伪造银行单据的方式虚构应收账款的收回，在年末、半年末等会计期末冲减应收款项（大部分在下一会计期期初冲回），致使其在向中国证监会报送的首次公开募股申请文件中相关财务数据存在虚假记载。2013年12月至2014年12月，欣泰电气在上市后继续通过外部借款或者伪造银行单据的方式虚构应收账款的收回，在年末、半年末等会计期末冲减应收款项（大部分在下一会计期期初冲回），导致其披露的相关年度和半年度报告财务数据存在虚假记载。此外，泰电气实际控制人温某乙以员工名义从公司借款供其个人使用，截至2014年12月31日，占用欣泰电气6388万元。欣泰电气在《2014年年度报告》中未披露该关联交易事项，导致《2014年年度报告》存在重大遗漏。参见中国证监会行政处罚决定书，〔2016〕84号（丹东欣泰电气股份有限公司、温某乙、刘某胜等18名责任人员）。

从刑法角度来看,如果行为人在发行环节实施了以欺诈手段骗取发行和违规披露、不披露重要信息,可以根据牵连犯的理论,将信息披露作为骗取发行的手段行为,根据从一重处罚原则,认定为欺诈发行违法犯罪。

(二)发行人在骗取发行后,持续披露环节仍存在虚假陈述,应根据所披露信息的具体情况认定其罪数

对此又可区分两种情况:第一种情况下,持续披露环节的虚假陈述信息与骗取发行时申报的信息完全一致;第二种情况下,持续披露环节的虚假陈述信息与骗取发行申报的信息发生了变化,或增加了新的虚假陈述内容,下面分别予以讨论。

1. 欺诈发行和违规信息披露的信息完全一致。发行人上市前通过系列造假,以欺诈方式取得上市资格后,对上述造假的材料披露,虽然行为人有两个行为,由于获得欺诈发行和披露的信息属于同一事项,特别在证券发行注册制的背景下,公司公开发行新股应当报送的文件中包括财务会计报告等,[43]发行人报送的证券发行申请文件是投资者作出价值判断和投资决策所必需的信息来源和载体,即使发行后在持续披露环节再纳入年度报告、中期报告等予以披露,其对投资者的影响力已经耗尽,基于一事不再罚的原则,本文倾向于认为,发行人、上市公司在持续披露环节公布该部分信息的行为不再单独认定为违规披露信息犯罪。[44]

2. 欺诈发行和违规信息披露的信息不完全一致。实践中更加多见的情况是,发行人、上市公司通过欺诈手段获得发行后,为了掩盖之前的欺诈发行违法犯罪活动,会继续通过捏造财务报表、虚增利润等方式披露虚假信息,并对新增的虚假信息予以披露,则既构成了欺诈发行股

---

〔43〕 新《证券法》第13条规定:"公司公开发行新股,应当报送募股申请和下列文件:(一)公司营业执照;(二)公司章程;(三)股东大会决议;(四)招股说明书或者其他公开发行募集文件;(五)财务会计报告;(六)代收股款银行的名称及地址。依照本法规定聘请保荐人的,还应当报送保荐人出具的发行保荐书。依照本法规定实行承销的,还应当报送承销机构名称及有关的协议。"

〔44〕 根据中国证券监督管理委员会《上市公司信息披露管理办法》(2021年)[中国证券监督管理委员会令(第182号)]第7条规定,信息披露文件包括定期报告、临时报告、招股说明书、募集说明书、上市公告书、收购报告书等。

票、债券罪，还会同时构成违规披露、不披露重要信息罪，对此应依法予以数罪并罚。

【案例4】2009年年初，被告单位W公司董事长兼总经理被告人龚某某决定，对W公司的财务报表进行造假，以达到欺诈发行股票并上市的目的，聘请L会计师事务所，按照上市要求，共同拟定的财务造假目标，重新制作W公司2006~2009年的会计账套及会计凭证。2009年5月，W公司聘请被告人彭某某担任公司上市财务顾问，协助覃某某负责进行财务造假。2009年4月至2012年6月，W公司在龚某某、覃某某组织下，彭某某等人具体实施下，采用篡改会计账套，伪造、变造会计记账凭证和原始凭证等手段，持续进行财务造假。后通过隐瞒重要财务事实和编造重大财务虚假内容的上市申报材料，骗取股票发行核准，于2011年9月交易所挂牌上市。

W公司上市后，为掩盖之前欺诈发行股票的犯罪事实以及继续发行股票，被告人龚某某、覃某某仍组织公司财务和其他部门人员沿用前述手段继续财务造假，向股东和社会公众披露了虚假和隐瞒重要事实的2011年年度财务会计报告及2012年半年度财务会计报告。

W公司、L会计师事务所均以欺诈发行股票罪，分别判处相应罚金；被告人龚某某、覃某某均以欺诈发行股票罪、违规披露重要信息罪，数罪并罚，决定执行有期徒刑判2年2个月至3年6个月不等，并处相应罚金。被告人彭某某等人均以欺诈发行股票罪，分别判处有期徒刑1年6个月至1年不等。[45]

在本案中，W公司等主体的信息披露违法犯罪行为既发生在股票的上市发行环节，表现为采用篡改会计账套，伪造、变造会计记账凭证和原始凭证等手段进行财务造假，2008~2010年，虚增营业收入分别达1.34亿元、1.53亿元和1.93亿元，虚增净利润分别达3120万元、3922万元和4559万元，三年合计虚增营业收入4.8亿元、虚增净利润1.16亿元；也发生在上市之后的持续披露环节，W公司作为信息披露义务主体，其向股东和社会公众披露的2011年年报、2012年半年报中，分别虚增营业收入2.86亿元和1.65亿元，分别虚增净利润6458

〔45〕 参见湖南省长沙市中级人民法院刑事判决书，(2014)长中刑二初字第00050号。

万元和3179万元，扣除虚增后W公司当期净利润均为亏损。基于W公司及其责任人员的多个行为侵犯了不同的法益，W公司及其责任人员根据参与犯罪环节、发挥实际作用的不同，分别认定一罪和数罪，承担相应的刑事责任。

综上所述，对于不同环节的信息披露违法犯罪行为，应当对其披露的信息进行细致甄别，并根据证券法和刑法规定的构成要件，进行刑事违法性和罪数评价。

五、余论

信息是证券市场的"血液"，有效的信息披露是证券市场正常运转的关键，对于违法信息披露义务的主体施加全面的法律责任则是实现有效信息披露的保障。由于信息披露义务的违法直接影响投资者作出正确的投资决策，扰乱证券市场秩序，不仅侵害了投资者的合法权益，还侵害了整体的公共利益。在《证券法》和《刑法》联动修改的大背景下，应当综合发挥民事、行政、刑事责任制度的内部协调性予以有效规制。从刑事法律的角度，在完善行政执法和刑事司法有效衔接，准确认定犯罪，提升办案质量效果，强化法律责任对信息披露违法犯罪行为的惩罚威慑和预防功能，方能进一步保障市场公平和秩序，激发市场活力，保护投资者的合法权益，促进资本市场长期稳定健康发展，为满足人民群众财富保值增值等多元诉求营造良好的市场生态。

（编辑：彭鲁军）

《证券法苑》(2021)
第三十二卷,第353~372页

债券承销商虚假陈述侵权行为认定机制探析

吴　弘[*]　吕志强[**]

摘要:五洋债案件一审判决认定债券承销商存在重大过错,但未明确界定承销商所应承担的注意义务类型,也未明确中介机构间的内部责任分担。在承销商非故意的情形下,判决其承担全部连带责任并以债券本息作为损失基数,值得商榷。宜结合行业尽调指引及个案情形对承销商过错予以审慎认定,并视其过错情形承担全部或比例连带责任,中介机构间宜按照过错比例进行内部责任分担,应当以虚假陈述信息对发行人偿债能力的影响程度来划定承销商责任范围。

关键词:债券　承销商　虚假陈述　过错　因果关系

引　言

2020年12月底,杭州市中级人民法院对24件

---

* 华东政法大学经济法学院教授,博士生导师,中国法学会银行法研究会副会长。

** 华东政法大学经济法专业博士研究生。

债券持有人起诉五洋建设、陈某樟以及主承销商、会计师事务所(以下简称会计师)、律师事务所(以下简称律所)、评级机构等被告的虚假陈述责任纠纷案件作出一审判决,主承销商、会计师被判对全部债务本息承担连带赔偿责任,评级机构、律所被判分别在全部赔偿金额的10%以内和5%以内承担连带责任。该案是新《证券法》生效后首例启动的代表人诉讼案,且因涉及承销商等中介机构赔偿责任,相关司法判决可能对作为市场"看门人"的中介机构的连带赔偿责任认定具有长远示范意义,甚至会深刻影响未来资本市场发展的生态环境。而债券市场的规范化发展,不仅是实现债券市场促进投融资效率目标的前提,也是保护债券投资者以及相关中介机构等债券市场参与者合法权益等公平目标的内在要求。承销商等债券市场参与者的法定职责、义务以及责任承担等制度设计是市场规范化发展的核心架构。但因相关法规并未明确过错认定标准、虚假陈述行为因果关系和责任范围等焦点问题,导致在具体个案司法实践中未有明确遵循,影响司法判决的公信力。该案一审判决也引起了学术界、实务界在承销商、律所、会计师等中介机构行业执业风险、妥善定责等方面的热议。因此,亟须根据债券承销业务以及行政监管实践总结归纳经验,更好地指导和回应司法审判实践。

《证券法》[1]为确保承销商切实勤勉尽责履行"看门人"职责,明确规定了承销商对债券募集文件真实性、准确性、完整性的核查义务,以及承销商与发行人的虚假陈述行为承担过错推定连带赔偿责任。通常认为,证券市场虚假陈述责任属于侵权法范畴,无法也不必适用合同法进行规制。[2] 在责任认定方面,债券承销商在虚假陈述不法行为存在的情况下,证明自己没有过错是免除承担赔偿责任的唯一条件,而因果关系决定了损失与虚假陈述不法行为是否具有法律上的关联关系,其直接限缩投资者在侵权责任意义上产生损失的大小甚至否定了损失的存在。因此,本文主要围绕承销商虚假陈述侵权行为中过错认定和

---

〔1〕 详见新《证券法》第29条、第85条。

〔2〕 参见周卫青等:《债券违约情景下承销商虚假陈述民事责任及风险防范研究》,载《中国证券》2020年第4期。

因果关系界定两个核心要件的相关争议问题进行讨论,同时也将结合论述对五洋债案件一审判决进行评析。

一、债券承销商虚假陈述信息重大性的界定

债券承销商虚假陈述行为成立的前提是相关虚假陈述信息具有重大性,但虚假陈述信息的重大性标准尚不明确,在一定程度上影响着债券承销商虚假陈述侵权行为的认定,有必要进一步讨论。

(一)债券交易的"信息不敏感"影响信息重大性认定

通常,股票市场投资主要在于获得交易价差,反映在市场信息对股票价格造成的波动。而债券市场投资的目的主要在于希望能够保证本金安全的基础上获取借贷利息,更关注在债券到期后能够获取全部的本息兑付。在最广泛的层面上,关于公司债券交易所起作用的主流经济理论表明,它们的"信息不敏感"是一个关键特征,[3]其基本思想是,市场参与者经常准确地交易公司债券,是因为他们重视这样一个事实,即他们和他们的对手方并不关心试图识别工具的实际价值是否与当前交易价格不同。但陷入困境的发行人债券却是例外,它们不太可能对信息不敏感。因此,如果没有重大的风险事件,期间相对较小的债券价格波动对于投资者的投资决策影响甚微,反而是发行人债券偿付能力的变化更具有相关性。

我们认为,根据上述理论,如果某类信息有可能导致发行人的经营陷入困境或者对发行人的偿债能力造成重大影响,则会成为对债券交易的敏感信息,即该信息因符合"重大性"要件而构成虚假陈述信息,当然也成为认定虚假陈述侵权责任的基础。实践中,发行人虚假陈述的信息多种多样,如关于发行人的历史沿革信息、诚信问题、财务信息、关联交易、担保信息以及或有负债等方面,各个信息的重要性程度也不尽相同,依据虚假陈述信息重大性标准,即按照一般理性人的标准判断

---

〔3〕 See Merritt B. Fox, Lawrence R. Glosten and Gabriel V. Rauterberg, *The New Stock Market: Law Economics and Policy*, New York, Columbia University Press, 2019, p. 295.

可能会对投资者的投资决策产生重大影响,也即可能实质影响投资者对发行人偿债能力的判断,如发行人收入、利润等财务造假占比超过一定比例以上。因此,该“信息”不是泛指一般意义上的招股说明书等信息披露文件中所有不真实、不准确或遗漏信息的记载和陈述。美国1933年《证券法》第11条将信息重大性作为虚假陈述行为的核心认定标准,其他各国证券司法实践也是普遍要求披露信息应当满足重大性要求,使“在投资者的信息需求和披露信息难题的解决之间确定一个平衡点”。

(二)虚假信息重大性的界定标准

笔者认为,结合现有法规及司法解释规定,债券虚假陈述信息的重大性标准可以从以下两个方面判断:

一是虚假陈述的信息可以达到行政处罚的程度。新《证券法》第184条〔4〕中称违反本法第29条规定的行为须要予以行政处罚,而对照第29条规定可以看出,其要求承销商核查发行募集文件,就是要保证募集文件不存在虚假陈述情形。因此,此处相对严重的虚假陈述信息对应的虚假陈述不法行为已足够达到行政处罚的程度。当然,根据监管实践,如果相关虚假陈述信息未达到重大性标准,行政监管部门一般不会对此违规行为采取行政处罚措施,取而代之的则为采取一般的行政监管措施或关注措施。因此,《全国法院民商事审判工作会议纪要》(以下简称《民商事审判会议纪要》)第85条〔5〕对虚假陈述行为中的重大性要件的认定再次进行了明确,即可能对投资者的投资决策具有重要影响的信息,应当认为已被行政处罚的虚假陈述具有违法行为

---

〔4〕 新《证券法》第184条规定:“证券公司承销证券违反本法第二十九条规定的,责令改正,给予警告,没收违法所得,可以并处五十万元以上五百万元以下的罚款;情节严重的,暂停或者撤销相关业务许可。对直接负责的主管人员和其他直接责任人员给予警告,可以并处二十万元以上二百万元以下的罚款;情节严重的,并处以五十万元以上五百万元以下的罚款。”

〔5〕 《民商事审判会议纪要》第85条规定:“审判实践中,部分人民法院对重大性要件和信赖要件存在着混淆认识,以行政处罚认定的信息披露违法行为对投资者的交易决定没有影响为由否定违法行为的重大性,应当引起注意。重大性是指可能对投资者进行投资决策具有重要影响的信息,虚假陈述已经被监管部门行政处罚的,应当认为是具有重大性的违法行为。在案件审理过程中,对于一方提出的监管部门作出处罚决定的行为不具有重大性的抗辩,人民法院不予支持,同时应当向其释明,该抗辩并非民商事案件的审理范围,应当通过行政复议、行政诉讼加以解决。”

的重大性，司法不予支持行政处罚决定不具有重大性的抗辩。在五洋债案件中，证监会已在行政处罚决定书中认定，发行人以虚假申报文件骗取公开发行公司债券核准，已构成欺诈发行，按照上述分析，相关虚假陈述信息已足以对投资者的债券投资决策产生重大影响，符合虚假陈述信息的重大性标准。

二是该虚假陈述信息足以对发行人的偿债能力产生重大影响。根据上述债券交易理论分析，一般性的虚假陈述的信息不会导致债券交易价格的大幅波动，而导致交易价格大幅变动的则应该是重大信息。最高人民法院《关于审理证券市场因虚假陈述引发的民事赔偿案件的若干规定》（以下简称《虚假陈述若干规定》）第 17 条〔6〕在定义证券市场虚假陈述的概念时，将“重大事件”作为虚假陈述的标的，同时规定重大事件应当结合原《证券法》第 59 条等规定进行认定。新《证券法》第 81 条〔7〕首次规定了债券临时信息披露的重大事件，将重大事件界定为发生可能对上市交易公司债券的交易价格产生较大影响的事件，规定的 11 种情形涵盖股权结构或者生产经营状况、债券信用评级、重大资产处置、新增借款或者对外提供担保、重大损失、重大诉讼、仲裁及刑事案件、处置公司决定等类型。结合新《证券法》第 52 条内幕信息的规定，上述重大事件当然也属于内幕信息范围。笔者认为，《证券

〔6〕《虚假陈述若干规定》第 17 条规定：“证券市场虚假陈述，是指信息披露义务人违反证券法律规定，在证券发行或者交易过程中，对重大事件作出违背事实真相的虚假记载、误导性陈述，或者在披露信息时发生重大遗漏、不正当披露信息的行为。”

〔7〕新《证券法》第 81 条规定：“发生可能对上市交易公司债券的交易价格产生较大影响的重大事件，投资者尚未得知时，公司应当立即将有关该重大事件的情况向国务院证券监督管理机构和证券交易场所报送临时报告，并予公告，说明事件的起因、目前的状态和可能产生的法律后果。

“前款所称重大事件包括：（一）公司股权结构或者生产经营状况发生重大变化；（二）公司债券信用评级发生变化；（三）公司重大资产抵押、质押、出售、转让、报废；（四）公司发生未能清偿到期债务的情况；（五）公司新增借款或者对外提供担保超过上年末净资产的百分之二十；（六）公司放弃债权或者财产超过上年末净资产的百分之十；（七）公司发生超过上年末净资产百分之十的重大损失；（八）公司分配股利，作出减资、合并、分立、解散及申请破产的决定，或者依法进入破产程序、被责令关闭；（九）涉及公司的重大诉讼、仲裁；（十）公司涉嫌犯罪被依法立案调查，公司的控股股东、实际控制人、董事、监事、高级管理人员涉嫌犯罪被依法采取强制措施；（十一）国务院证券监督管理机构规定的其他事项。”

法》第81条列举的重大事件包括定性指标和定量指标,都足以对发行人偿债能力造成重大影响,部分定量指标中以直接处置或损失数额达净资产10%或新增负债或对外担保数额达净资产20%作为界限也比较妥当。因此,上述持续信息公开的重大事件可以直接认定为符合重大性标准。当然,上述重大事件的规定是在债券发行后的持续信息公开阶段。新《证券法》第29条规定,承销商不得承销已发现存在虚假陈述的证券。法规并未就承销商在债券发行前的尽职调查阶段的重大性信息作出规定,为了保持信息内容的同一性和实质性,笔者认为,可以参照上述持续信息公开阶段的重大事件的认定标准予以认定。

需要说明的是,《证券法》以"可能对上市交易公司债券的交易价格产生较大影响"的事件来定义重大事件,与影响投资者投资决策判断的发行人偿债能力会有所不同。公司债券市场交易价格影响因素较多,诸如市场交易活跃度、投资者人数、种类、持有目的等,虽然重大事件与影响偿债能力的因素具有很大重合性,但是可能适用上会有偏差,且理念上并不完全一致。因此,在债券信息虚假陈述与事实的偏离程度方面,应以更加务实且贴切的偿债能力标准进行"重大性"评判。[8]

二、债券承销商虚假陈述适用的过错认定

(一)勤勉尽责宜结合行业尽调指引及个案情形予以认定

在法律层面,新旧《证券法》均未明确提及承销商的勤勉尽责核查义务。如前文所述,新《证券法》规定承销商的法定核查义务的对象限于"公开发行募集文件",对比新《证券法》第10条的规定,承销商的审慎程度低于保荐人。但证监会的部门规章对债券承销的勤勉尽责义务进行了规定,《公司债券发行与交易管理办法》第6条[9]规定,承销机

---

〔8〕 参见前注〔2〕。

〔9〕 《公司债券发行与交易管理办法》第6条第1款规定:"为公司债券发行提供服务的承销机构、受托管理人,以及资信评级机构、会计师事务所、资产评估机构、律师事务所等专业机构和人员应当勤勉尽责,严格遵守执业规范和监管规则,按规定和约定履行义务。"

构等专业机构和人员应当勤勉尽责，按规定和约定履行义务。在规范性文件层面，中国证券业协会于2020年1月22日修订发布《公司债券承销业务尽职调查指引》（以下简称《尽调指引》），详细规定了开展公司债券承销业务尽职调查的范围、手段和方法，以掌握发行人经营情况、财务状况和偿债能力。当然，该指引规定是尽调工作的一般要求，承销商还应当核查可能对投资者决策能力产生重大影响的其他事项。

在债券承销商与其他债券服务机构的核查责任方面，最高人民法院于2020年7月15日商相关监管部门同意后制定发布《全国法院审理债券纠纷案件座谈会纪要》（以下简称《审理债券纠纷纪要》），其参照证券律师相关注意义务的区分规定，〔10〕首次确立了承销商等中介机构过错认定的总体原则，即未对与自己专业相关的业务事项核查履行特别注意义务，未对其他业务事项核查履行普通注意义务。以此为基础，《审理债券纠纷纪要》在第29条〔11〕直接规定了司法应当认定债券承销机构的五种过错情形，其中两种为故意情形，包括协助参与发行人造假或明知而故意隐瞒，以及故意隐瞒发行人经营活动、财务状况、偿债能力和意愿等重大信息；两种为过失情形，包括未按原则开展尽职调查，随意改变尽调计划或省略规定核查程序，以及对其他专家意见产生

---

〔10〕《律师事务所从事证券法律业务管理办法》（证监会令第41号）第14条规定，律师在出具法律意见时，对与法律相关的业务事项应当履行法律专业人士特别的注意义务，对其他业务事项履行普通人一般的注意义务，其制作、出具的文件不得有虚假记载、误导性陈述或者重大遗漏。

〔11〕《审理债券纠纷纪要》第29条规定："债券承销机构的过错认定。债券承销机构存在下列行为之一，导致信息披露文件中的关于发行人偿付能力相关的重要内容存在虚假记载、误导性陈述或者重大遗漏，足以影响投资人对发行人偿债能力判断的，人民法院应当认定其存在过错：(1)协助发行人制作虚假、误导性信息，或者明知发行人存在上述行为而故意隐瞒的；(2)未按照合理性、必要性和重要性原则开展尽职调查，随意改变尽职调查工作计划或者不适当地省略工作计划中规定的步骤；(3)故意隐瞒所知悉的有关发行人经营活动、财务状况、偿债能力和意愿等重大信息；(4)对信息披露文件中相关债券服务机构出具专业意见的重要内容已经产生了合理怀疑，但未进行审慎核查和必要的调查、复核工作；(5)其他严重违反规范性文件、执业规范和自律监管规则中关于尽职调查要求的行为。"

合理怀疑时未能审慎核查。同时,在第30条[12]规定了司法应当认定债券承销机构不存在过错的四种具体免责抗辩事由,主要包括依照相关规定开展了合理尽调工作;尽调工作存在的瑕疵与未发现虚假陈述行为基本无关。还有两种情形是履行了视专家意见存在与否情况下的特殊或普通的注意义务。

笔者认为,司法机关在诉讼程序中可以参照《尽调指引》等规范性文件的规定,参考行业通行的做法,认定债券承销过程中对发行人财务会计信息、诚信情况、资信评级、增信措施、募集资金使用用途、偿债安排计划及保障措施等方面的"勤勉尽责"的构成标准,再结合个案判断是否还有其他重大事项需要予以关注和核查。总体来看,在过错认定方面,我们已经从单纯地让承销商证明根据相关法律法规、规范性文件等规则已勤勉尽责地开展尽调工作、履行了尽职核查义务,演进为在司法解释或行业规范性文件中明确列举过错认定情形和具体抗辩事由,尝试尽可能地明确规定承销商债券承销执业行为的合规底线,使行政监管部门和司法机关在承销商过错认定过程中更具有可操作性,同时会督促承销商恪尽职守、勤勉尽责,当然也从融资端保护了债券投资者的合法权益。

在五洋债案件中,承销商辩称,证监会对其作出的处罚决定仅认定承销商在应收账款核查等问题上未尽勤勉义务,上述事项均与发行人应收、应付账款"对抵"无关,应收、应付账款"对抵"事项属于会计师基于会计准则作出的专业判断事项,超出了承销商的普通注意义务,承销商对财务核查不负有特别注意义务。一审法院直接判决承销商在关注

---

[12] 《审理债券纠纷纪要》第30条规定:"债券承销机构的免责抗辩。债券承销机构对发行人信息披露文件中关于发行人偿付能力的相关内容,能够提交尽职调查工作底稿、尽职调查报告等证据证明符合下列情形之一的,人民法院应当认定其没有过错:(1)已经按照法律、行政法规和债券监管部门的规范性文件、执业规范和自律监管规则要求,通过查阅、访谈、列席会议、实地调查、印证和讨论等方法,对债券发行相关情况进行了合理尽职调查;(2)对信息披露文件中没有债券服务机构专业意见支持的重要内容,经过尽职调查和独立判断,有合理的理由相信该部分信息披露内容与真实情况相符;(3)对信息披露文件中相关债券服务机构出具专业意见的重要内容,在履行了审慎核查和必要的调查、复核工作的基础上,排除了原先的合理怀疑;(4)尽职调查工作虽然存在瑕疵,但即使完整履行了相关程序也难以发现信息披露文件存在虚假记载、误导性陈述或者重大遗漏。"

到发行人应收账款回收风险问题时，未充分履行核查程序，调查企业应收账款形成原因、收回可能性，并结合投资性房地产核查以及房地产转让等其他两个核查问题认定承销商对相关债券得以发行、交易存在重大过错，但未明确界定承销商对上述3个事项应该承担何种注意义务。笔者认为，鉴于学术界、司法解释已取得基本共识，勤勉尽责的标准建立在区分中介机构特殊注意义务、普通注意义务的基础上进行履职尽责评价，法院应当在判决说理中予以积极回应，明确上述3个事项核查的注意义务类型，并在此基础上判断承销商是否履行了上述义务，并相应地对其过错及程度进行分析认定。

（二）有关勤勉尽责或过错情形司法解释规定的合理性评析

1. 以未严格执行尽调工作计划作为过错情形欠妥

实践中，承销商一般会依据法规及自律性规则在公司内部制定详细的尽调工作指引、流程、底稿等方面的要求，根据发行人的规模、行业、经营特点、盈利模式等经营、财务状况制定不同的尽调工作安排，并在尽调工作中根据具体情况作适当调整，如对部分金额大小不一的应收账款的函证客户未回函的问题，承销商可以采取收入细节测试等替代性措施补充核查，如核查充分有合理信赖，监管上也会予以认可。但《审理债券纠纷纪要》以"随意改变尽职调查工作计划或者不适当地省略工作计划中规定的步骤"作为过错的情形之一，所谓的"尽调工作计划"并不是开展尽调工作的实质性内容，以此作为过错认定的一种情形似有不妥，且使用"随意改变"或"不适当地省略"等表述使本就具有较大司法裁量空间的过错认定更加具有不确定性。因此，建议根据未来实践情况考虑将该条情形予以删除，或者直接保留"未按照合理性、必要性和重要性原则开展尽职调查"即可。

2. 有专家意见支持时仍规定承销商的审慎核查义务欠妥

《审理债券纠纷纪要》第30条区分了是否有其他债券服务机构出具的专业意见作为支持，无专业意见支持的要有合理的理由相信相关信息披露内容与真实情况相符，有专业意见支持的须在履行审慎核查和必要的调查、复核工作的基础上排除合理怀疑，看似规定了承销商不同程度的勤勉尽责义务，但难以准确判断两种情形下的独立判断标准究竟有何实质不同。"审慎核查"的程度和范围难以界定清楚，尤其是公司债券一旦出现违约,发行人本身的经营情况恶化导致偿债能力明显减弱,核查过程中的一些尽调瑕疵问题易被放大,从而认为承销商尽调核查未勤勉尽责履行审慎核查义务。此外,审慎核查与“必要的调查、复核工作”的基础上排除合理怀疑,两者在判断标准有一定的矛盾之处。

因此,建议司法解释能够在消除歧义的情况下有所突破,在有专业机构意见支持的情形下,赋予承销商必要的调查、核查义务以排除合理怀疑即可,不再规定审慎核查义务。延伸来看,监管法规可以借鉴司法解释的逻辑和规定,在《公司债券发行与交易管理办法》中对相关内容作出相应修改,以使承销商的核查边界与核查责任更趋于清晰合理。值得一提的是,2020 年修订发布的《尽调指引》参照《审理债券纠纷纪要》的规定,在第 5 条新增承销商不同的注意义务条款,规定在履行普通注意义务的同时,如有发现对专业意见有合理怀疑的,应当要求专业机构解释或出具核查说明;如有发现专业意见与尽调信息存在重大差异的,要对相关事项进行调查、复核并在相关文件中进行风险提示,相关规定较为合理。

(三)勤勉尽责认定实践中的难点

目前,在行政监管及司法实践中在勤勉尽责的标准认定方面尚存在以下难点:

第一,尽调标准规定层级过低。债券承销过程尽调核查标准系由证券业协会出台的自律规范性文件,在法律适用中虽然可以通过法规中的兜底性条款予以引用,但因其效力层级较低导致权威性和公信力不足,且对承销商执业实践的规范性和约束力效果不甚理想,建议上升到证监会的规范性文件层面。

第二,勤勉尽责的核查边界仍不够清晰。《尽调指引》提供了一个基本的承销商尽调工作裁判指引,但勤勉尽责的标准没有统一的裁判尺度,行政监管上也难以提供一个确切的标准,在不同承销商的项目质控水平、人员专业素质良莠不齐、业务量较大且承做时间较短的情况下,各家承销商关于勤勉尽责严谨水平的判断差异较大,行业也没有形成统一的操作惯例。因此,目前仍难以明确承销商完全履行勤勉尽责义务的核查边界,有关法律问题的认定较为依赖行政监管部门的意见以及承销商在司法程序中举证能力。

第三,司法裁判有待更加专业化。司法裁量承销商对具体事项核查充分性的空间仍然很大,对于审判人员专业水平要求很高,尤其在目前基本未有参考判例的情况下,司法裁判面临一定挑战,建议必要时适当引入专家证人给予金融实践经验等智力支持。

第四,勤勉尽责注意义务宜以客观标准界定。《审理债券纠纷纪要》未明确界定注意义务的标准。一种观点认为是主观标准,即以中介机构专业人员知识背景、从业经验、个人能力等因素综合化的专业素质来判定注意义务的程度。比如,承销商的项目人员是签字保荐代表人,同时也持有注册会计师和律师资质,则应当与新近工作的项目人员的注意义务进行区分判定。笔者认为,虽然上述区分具有一定合理性,但不宜以主观标准来判断注意义务的程度。实践中,不同承销商甚至同一家承销商的不同项目人员综合化的专业素质和能力参差不齐,以主观标准判断难度较大,且在案件中会不同程度的提高或降低承销商、律师或会计师等专业人员注意义务的要求,导致专业人员个人因素对于中介机构的过错责任及赔偿影响程度过大,案件的司法审判结果具有较大的不确定性。因此,笔者赞成以客观标准来界定承销商等专业人员的注意义务,即认定不同承销商等中介机构的不同项目人员,作为相应的专业人员应该具备与从事该种业务相当的专业素质,均具有同等的特别注意义务或者普通注意义务要求,不同人员对于同一事项的尽调核查能力和专业判断在司法认定上应当基本一致,而不应当存在重大差别。建议《审理债券纠纷纪要》对注意义务的标准进行明确,弱化司法实践中在个案适用中的不确定性。

三、区分过错情形及大小划分债券承销商的连带责任

(一)应视承销商过错情形判定与发行人的连带责任范围

1. 有关过错全部连带抑或比例连带的两种观点

有观点认为,新《证券法》第85条规定了承销商严格的过错连带责任,即过错责任在制度安排上仅存在成立或不成立的两种互斥状态,

一旦承销商被认定为有过错后,在其他侵权行为要件成立的情况下,承销商须承担全部的连带赔偿责任。尤其是存在多个虚假陈述事项的情况下,在其他虚假陈述事项均无过错的情况下,承销商仅因某一虚假陈述事项中无法证明自己没有过错的轻微过失,就要对发行人的全部责任连带赔偿。上述情况会导致两种后果。一是此种过错全部连带的责任安排,使承销商的责任大小与其过错程度不相匹配,引发基于不同事件导致相同处理的结果。二是承销商债券承销业务面临巨大的执业操作风险。债券发行规模动辄数亿元甚至数十亿元,一旦承销债券违约且承销商被认定存在过错,部分中小券商因资本金不足将产生较为严重的操作风险和流动性风险。显然,认定发行人虚假陈述行为成立不会增加其本就承担的债务清偿民事责任,有观点认为法律认定发行人虚假陈述的现实意义就是让承销商代其赔偿。债券市场纠纷的复杂性因果不容低估,若不对过错程度慎加区分,让中介服务机构承担过重的兜底责任,既不公平,也会对资本市场的长远健康发展带来负面影响。[13]

当然,也有观点认为,目前新《证券法》第85条规定承销商过错连带责任的方式,未指明是与发行人侵权造成全部损失的连带还是过错比例范围内的连带责任,是直接连带还是对在发行人先行受偿后剩下未偿付部分进行补充连带,故司法仍有在具体案件中视情况予以个性化裁量适用的解释空间。

2. 视过错形态进行全部或比例连带的主张及法理分析

笔者认为,过错包括欺诈故意、重大过失以及一般过失三种形态。第一种情形下,承销商与发行人之间存在串通欺诈的故意,则双方具有共同的意思表示,按照《民法典》第1168条构成共同侵权行为,双方应当对投资者的损失承担连带责任,承销商可以与发行人按照共同侵权的侵权责任大小分担侵权赔偿损失。第二种和第三种情形下,承销商排除与发行人的串通欺诈,但存在重大过错或一般过失,承销商与发行人并无共同意思表示,双方分别实施侵权行为,承担独立责任而非连带

〔13〕 参见缪因知:《债券违约案频发:中介机构该担何责》,载《经济观察报》2021年1月8日版。

责任,但根据《民法典》第1171条、第1172条,当造成同一损害且每个人的侵权行为都足以造成全部损害的,承销商与发行人也应当承担连带责任;当造成同一损害且都不足以造成全部损害的,视责任大小确定情形,各自承担相应的责任或平均承担责任。但根据《民法典》第12条及新《证券法》第85条规定,新《证券法》对证券发行活动的民事责任进行了特殊规定,即存在过错的承销商应当与存在虚假陈述行为的发行人承担连带赔偿责任。因此,在上述第二、三种情形中双方都不足以造成全部损害的情况下,承销商也应当与发行人承担连带责任。但笔者认为,此时应当与承销商存在故意的情况下连带责任的范围有所区别,在与发行人串通故意的情况下,过错程度较为严重,应由其承担全部连带责任,而在重大过失或一般过失的情况下,原则上应由其按照过错大小承担相应的连带责任。除非中介机构存在合谋欺诈的故意,或债券发行人的资产利润基本上为虚假,否则原则上不应令中介机构承担完全连带责任。中介机构的责任应当以部分责任、补充责任为主,即对发行人、有责的控股股东或实际控制人不能清偿的部分适度承担责任。〔14〕《民商事审判会议纪要》已指出,证券虚假陈述案件的责任承担要与侵权行为及其主观过错程度相匹配。〔15〕综上,更宜采用基于过错类型区分责任,以及根据过失程度承担不同比例赔偿数额的"比例责任"。〔16〕建议在未来修改《证券法》时,规定承销商根据其过错大小、程度对发行人造成的损失承担连带赔偿责任。当然,在承销商承担连带责任的情况下,因债券融资资产在扣除承销费等中介费用后均归发行人所得,承销商可以就连带赔偿金额超出其承销费用等所得的部分向发行人进行追偿。

3. 行政或司法机关应当审慎认定承销商的过错

从目前实践情况看,《审理债券纠纷纪要》第29~30条尝试从过错情形和抗辩事由正反两方面严格界定承销机构过错问题,也是在现

〔14〕 参见前注〔3〕。

〔15〕 参见《民商事审判会议纪要》"六、关于证券纠纷案件的审理(一)关于证券虚假陈述"部分。

〔16〕 参见杨志国、李阿敏:《会计师事务所虚假陈述民事赔偿责任承担方式研究》,载《中国注册会计师》2019年第9期。

有虚假陈述责任体系下寻找一定的缓和空间,符合我国债券承销业务的现实。笔者建议,在认定承销商过错方面,行政监管部门以及法官更应该审慎判断承销商的过错,综合考虑发行人造成损失的大小、债券违约兑付对公众投资者权益的损害以及相关违规行为对社会的影响程度等因素,平衡好承销商过错认定的尺度,分析承销商故意或过失大小等过错程度,充分发挥好司法自由裁量的空间。当然,如果行政监管部门在对发行人采取行政处罚后,再对相关中介机构执业违规行为进行行政处罚,司法审理中可以作为中介机构存在重大违规或者存在较大过失甚至故意等过错情形的一个佐证,当然还可以进行充分质证。如果中介机构未被行政处罚,司法在自主认定承销商等中介机构存在承担连带责任的过错时,更应在相关司法解释、执业自律规则的空间内遵循审慎、谦抑原则。

4. 承销商非故意情形下承担全部连带责任的判决值得商榷

在五洋债案件中,法院一审判决评级机构、律所2家中介机构分别在全部赔偿金额的10%以内和5%以内承担过错比例的连带责任,而对于承销商、会计师则未区分过错比例,直接判其对全部债务本息承担连带赔偿责任。笔者认为,如果司法认可过错比例连带的方式,且已适用于其中部分中介机构,但未予统一适用到单个案件的其他中介机构,似有不妥。且不论律所、评级机构是否承担以及承担的比例是否合理,至少从案件事实来看,会计师已经知晓发行人存在应收应付账款“对抵”的情况,但是未获取充分、适当的审计证据加以验证的前提下即认可该种对挂靠承包模式的实质财务会计处理,而承销商尽调中已关注到发行人应收账款回收风险问题但未充分履行核查程序。可以看出,该案中承销商、会计师并不是与发行人故意造假欺诈投资者,相关虚假陈述行为与中介机构的执业能力、职业判断以及注意义务程度等因素有关,即使承销商及会计师的过错程度被认定为足以造成对发行人应收应付账款“对抵”的财务造假信息披露行为导致的全部损失,也不宜认定对投资者全部债券本息损失承担100%的过错责任。一审判决二者承担债券本息的全部连带责任而非按部分过错比例的方式合理性有所欠缺。

(二)承销商与其他中介机构宜按照过错比例进行内部责任分担

1. 按照过错比例进行内部责任分担的主张及法理分析

在不同中介机构之间的责任划分方面,我国仅规定中介机构与发行人共同承担连带赔偿责任,系中介机构与发行人之间的民事责任分配问题,但对于中介机构之间的责任分担问题并未予以明确。按照共同侵权理论,应当依据各自过错比例进行内部分担,但是,实践中仅有个别承销商在承担先行赔付责任后起诉会计师、律所等其他中介机构,且公开查询尚未有相关判例。〔17〕 该问题本质还在于不同中介机构之间的核查职责边界划分,以及不同中介机构之间信赖专家意见的责任承担及免责事由的认定,中介机构之间责任分担需要以厘清上述问题为前提。美国 1995 年《证券私人诉讼改革法》之后,对 1933 年《证券法》第 11(f)条规定的所涉相关人员应负的共同及连带责任予以了严格的限制,支持根据责任大小承担按份责任,即每一被告按照其在所有被告中错误所占的比例,对所有被告行为造成全部损失的一定份额承担法律责任。〔18〕 区分过错比例责任后,可以在一定程度上避免"一个只有 1% 过错的人却要对 100% 的损失承担责任"的情况。〔19〕 美国在法规中明确规定中介机构之间按照过错比例进行内部责任分担的做法值得我国借鉴。

2. 判决宜明确中介机构之间的内部责任分担比例

在五洋债案件中,法院仅判决承销商、会计师、评级机构、律所等中介机构自身对发行人虚假陈述行为导致损失承担全部或部分连带责任,但未就上述中介机构之间是否存在连带,即在其中一方对发行人赔偿责任全部连带赔偿后是否可以向其他与发行人赔偿责任的连带人进

〔17〕 参见《平安证券有限责任公司关于设立万福生科虚假陈述事件投资者利益补偿专项基金的公告》,载 https://www. sac. net. cn/hyfw/hydt/201305/t20130510_62200. html,2020 年 6 月 13 日访问;《兴业证券起诉"欣泰电气欺诈发行"连带责任人》,载 http://finance. sina. com. cn/roll/2017 - 09 - 23/doc - ifymfcih3111547. shtml,2020 年 6 月 13 日访问。

〔18〕 参见[美]莱瑞·D. 索德奎斯特:《美国证券法解读》,胡轩之、张云辉译,法律出版社 2004 年版,第 314 页。

〔19〕 参见刘燕:《会计师民事责任研究:公众与职业利益的平衡》,北京大学出版社 2004 年版,第 248 页。

行求偿的问题进行明确阐释,本质上系未对中介机构之间的责任分担问题进行明确,导致其中一方中介机构全部赔偿后再去向其他中介机构索赔要求承担相应的连带责任,相关判决未能直接起到定分止争的终局效果。笔者建议,参照美国证券审判实践和经验:一是应明确各自中介机构自身对发行人虚假陈述赔偿责任的过错比例及连带责任数额,如该案中已明确评级机构在10%的范围内连带赔偿发行人的虚假陈述赔偿数额;二是应明确规定所有中介机构之间按照过错比例进行内部责任分担,根据责任大小承担按份责任,一方超出按份的赔偿责任后可以要求超过部分在其他中介机构之间按照过错比例再进行分摊。例如,该案中4家中介机构如何进行划分,评级机构和律所各自的10%、5%连带责任比例是否即为所有中介机构的内部责任分担比例,如是,则剩下的85%是否应在会计师、承销商之间进行比例分担。当然,考虑到中介机构责任轻重、赔付能力、投资者权益保护等因素,与发行人的连带赔偿的比例与中介机构内部责任的分担比例也不一定一致。但根据目前的一审判决,承销商全部连带赔偿后能否向其他中介机构进行追偿,尚不明确。

四、虚假陈述行为损失上因果关系决定连带责任损失范围

(一)损失上因果关系实质判断对发行人债务偿还能力的影响程度

国内学界普遍认为,证券虚假陈述侵权责任的因果关系要件包括交易上因果关系和损失上因果关系。[20] 前者决定了投资者的债券损失与虚假陈述行为是否有关;后者决定了该虚假陈述行对于投资者损失的影响程度以及赔偿责任范围的大小,从而避免因果关系过度泛化或者其他非关键因素的影响使侵权行为人承担不合理的赔偿责任。美国联邦最高法院也认为,一方面,需要适当且有限度地扩大虚假陈述侵权责任范围至部分外部关联人;另一方面,也要通过举证责任分配、程

〔20〕 参见樊健:《我国证券市场虚假陈述交易上因果关系的新问题》,载《中外法学》2016年第6期。

度设定等对因果关系、过错类型认定等责任要素上予以必要的限制。〔21〕

新《证券法》第85条关于发行人承担赔偿责任的前提是虚假陈述行为导致了投资者证券交易损失的规定，当然包含了侵权行为损失因果关系的构成。笔者认为，发行人债券违约本质上是其债务偿还能力的下降甚至丧失，对于债券虚假陈述而言，债券投资者最关心的应该是虚假陈述信息给发行人债务偿还能力带来的负面影响。投资者是否因该虚假陈述信息遭受损失以及遭受损失的大小，与该信息是否对发行人债务偿还能力造成影响以及影响的程度是等同的。因此，在交易上因果关系成立的前提下，损失上因果关系就是要判断虚假陈述信息是否对债券发行人的债务偿还能力造成影响以及影响的程度，据此计算导致投资者的权益受损以及赔偿责任的大小。如上所述，如果相关虚假陈述的信息具有重大性，如财务数据存在重大造假、遗漏对外担保导致发行人对外清偿大额债务，显然会对投资者的投资决策产生重大影响，则可以判断该虚假陈述不法行为与投资者的损失具有交易上因果关系，但承销商因此承担投资者投资损失的范围要以上述虚假陈述信息对于发行人偿债能力的影响程度为基础。

（二）分析虚假信息对发行人偿债能力影响程度的必要性及实践

在实践中，通常是在债券出现违约的最终结果后，发行人和承销商的虚假陈述行为才会被揭露出来，而发行人最终对债券违约，并不一定仅因本次虚假陈述的信息造成债务清偿能力下降，也可能主要或者综合公司经营不善、市场系统性风险、股东控股权之争、公司治理问题、宏观经济下行等其他因素导致，如果让承销商因为其中一项虚假陈述的违约因素而承担所有违约因素导致的全部违约损失，显然有失公平以及违反过错与责任相适应的原则。因此，应该以相关虚假陈述信息对发行人偿债能力的实质性影响范围为限来判定承销商对投资者的过错侵权责任，这也是损失上因果关系的必然要求。

最高人民法院就会计师虚假陈述行为中的审计责任专门出台了司

---

〔21〕 参见郭雳：《证券欺诈法律责任的边界，新近美国最高法院虚假陈述判例研究》，载《中外法学》2010年第4期。

法解释,[22]其第10条规定:"对被审计单位、出资人的财产依法强制执行后仍不足以赔偿损失的,由会计师在其不实审计金额范围内承担相应的赔偿责任。会计师对一个或者多个利害关系人承担的赔偿责任应以不实审计金额为限。"该规定对原有的侵权责任范围进行了限缩修正,也是司法机关认可损失上因果关系的体现。另外,《虚假陈述若干规定》第19条第4款[23]显然是在因果关系层面"排除异常介入因素"的规定,但其仅提及"系统性风险"一种因素的缺陷,导致司法实践易于忽视"等其他因素"的重大意义。[24] 因此,如果虚假陈述的内容对发行人的债务偿还能力没有造成实质性的影响,如发行人遗漏某一对外担保信息,但在发行人本次债券到期偿付时,发行人担保的主体已自主如约偿还发行人所担保的债务,发行人的担保风险在债券到期偿付前已经解除,则可以判断虚假陈述不法行为与投资者的损失不具有损失上因果关系,理应不需要对投资者承担连带的侵权赔偿责任。此时也可看出,债券违约必定是基于其他违约因素导致。

当然,此时承销商不承担民事侵权赔偿责任,并不影响行政监管部门对承销商等中介机构未勤勉尽责核查行为进行行政追责,包括采取行政监管措施甚至行政处罚。另外,未认定发行人因该项虚假陈述信息导致投资者受损承担赔偿责任,并不影响发行人按照债券募集合同的约定,在债券违约的情况下对投资者负有偿还未清偿本金和利息的合同义务。

(三)以债券本息作为连带责任损失基数的判决值得商榷

根据五洋债案件一审判决书,发行人通过对应收账款和应付款项"对抵"的方式进行财务造假,导致上年度少计提坏账准备,多计提利润,3年虚增净利润合计约2.5亿元,可以得出此项财务造假信息披露导致发行人债务偿还能力减少2.5亿元,相关影响金额不足以达到两

---

〔22〕 参见最高人民法院《关于审理涉及会计师事务所在审计业务活动中民事侵权赔偿案件的若干规定》(法释〔2007〕12号)。

〔23〕《虚假陈述若干规定》第19条规定:"被告举证证明原告具有以下情形的,人民法院应当认定虚假陈述与损害结果之间不存在因果关系:……(四)损失或者部分损失是由证券市场系统风险等其他因素所导致……"

〔24〕 参见前注〔2〕。

期债券所有未能偿付的合计本息，当然，还可以适当考虑投资性房地产评估报告与咨询报告的评估差额以及大幅低于公允价值转让的差额对发行人债务偿还能力的影响数额（如有，一审判决书未体现具体数额）。且从事实来看，发行人债务违约显然并不仅因该项应收应付账款“对抵”的财务造假因素使然，可能还有房地产行业不景气及宏观经济下行、经营不善、公司治理不健全等其他因果关系异常介入因素的影响。“2.5 亿元虚增利润”的陈述，并非投资者购买债券的全部原因，也非投资者产生损失的全部原因。[25] 因此，一审判决承销商、会计师等中介机构在债券发行规模全额的基础上进行全额或者比例连带，未考虑损失上的因果关系即相关虚假陈述信息对发行人的债务偿还能力的影响程度并以此作为连带赔偿的计算基数，似有不妥。

结　论

首先，在债券承销商虚假陈述信息重大性的界定方面，债券交易的“信息不敏感”影响信息重大性认定，敏感信息因符合“重大性”要件而构成虚假陈述信息，当然也成为认定虚假陈述侵权责任的基础。虚假陈述信息足以对发行人的偿债能力产生重大影响，可以参照适用新《证券法》第 81 条首次规定的债券临时信息披露的重大事件标准界定虚假陈述信息。

其次，在债券承销商虚假陈述行为的过错认定方面，司法机关可以参照《尽调指引》等规范性文件的规定，参考行业通行做法，认定债券承销过程中各项尽调事项“勤勉尽责”标准，再结合个案判断是否还有其他重大事项需要予以关注和核查。行政或司法机关应当审慎认定承销商的过错。在承销商连带责任划分方面，建议未来修改《证券法》时规定根据债券承销商故意、重大或一般过失等过错情形对发行人造成的损失承担全部或比例连带赔偿责任，承销商与其他中介机构宜按照过错比例进行内部责任分担。

---

〔25〕 参见前注〔13〕。

最后，虚假陈述行为损失上因果关系决定承销商连带赔偿责任损失范围。损失上因果关系即要实质判断虚假陈述信息是否对债券发行人的债务偿还能力造成影响以及影响的程度。发行人债券违约有多重因素导致，如果让债券承销商因其中一项虚假陈述的违约因素而承担所有违约因素导致的全部违约损失，显然有失公平以及违反过错与责任相适应的原则。因此，应当以虚假陈述信息对发行人偿债能力的实质性影响范围为限，来判定债券承销商对投资者的虚假陈述过错侵权责任。

（编辑：吴琼）

《证券法苑》(2021)
第三十二卷,第373～392页

论妨碍证券执法行为的认定与责任*

——新《证券法》第218条的规范分析

胡大路**

摘要:新《证券法》明确了妨碍证券执法行为的性质和行政责任,其可追责性源于证券监管机构监督检查、调查职权强制性,包括所妨碍的执法主体、执法活动的属性以及妨碍行为的方式等构成要件。认定中应当把握妨碍执法行为与规避调查行为、一般抗拒心理的区别,与隐瞒、篡改相关文件资料的联系和区别,明确单位实施该行为的认定要点,辨析执法程序瑕疵对认定的影响。同时,应当结合具体情形,厘清违法行为责任及与并处治安管理处罚的关系。

关键词:新《证券法》 监督检查 调查 行政执法程序

资本市场法治建设离不开规范、高效的执法体制。依法行使监督检查、调查职责既是证券监督管

* 本文观点仅代表作者个人,与所属单位无关。

** 中国证券监督管理委员会工作人员,法学博士,研究方向为宪法学与行政法学。

理机构获取市场信息、检验监管效果、保障法律实施的手段，也是获取证据资料、开展奖惩激励、实施其他具体行政行为的前提。长期以来，资本市场监管执法成本高、难度大，与部分市场主体法治观念落后、基于各种原因不配合监督检查、调查有很大关系。尤其是近年来发生了以深大通拒绝、阻碍证券执法案（以下简称深大通案）为标志的恶性抗法事件，严重扰乱市场秩序，损害了法律的严肃性和监管执法的权威性。

新《证券法》第 218 条首次赋予证券监管机构对妨碍监督检查、调查行为的认定和处罚权。[1] 近期，首例拒不配合调查案件被证监会立案，[2] 并最终予以处罚。[3] 可以预见的是，在“零容忍”打击态势长期持续、证券违法成本日益提高的背景下，不法分子对抗调查的驱动力也将增强，执法环境建设任重道远。为此，厘清新《证券法》第 218 条的规范含义，明确妨碍证券执法行为的构成要件、认定标准和责任追究方式，对于提高监管执法效能、规范公权力运行、保障相对人权利具有重要意义。

一、新《证券法》第 218 条概述

妨碍证券执法行为的可追责性，首先源于证券监管机构依法履行监督检查、调查职责的强制性。在行政法理论中，所谓“监督检查”，是指行政机关依法对相对人执行法律、法规和规章以及有关行政命令、行政处理决定的情况进行了解。它具有监测法律实施效果、积极预防并及时处理违法行为等多种功能。[4] 所谓“调查”，是指行政机关在做出具体行政行为之前，为确认特定情形是否符合法定要件而进行的事实

〔1〕 新《证券法》第 218 条规定：“拒绝、阻碍证券监督管理机构及其工作人员依法行使监督检查、调查职权，由证券监督管理机构责令改正，处以十万元以上一百万元以下的罚款，并由公安机关依法给予治安管理处罚。”

〔2〕 参见张雪：《涉嫌操纵股价还拒不配合监管 中恒电气董事长被立案调查》，载《上海证券报》2020 年 8 月 20 日，第 6 版。

〔3〕 中国证监会行政处罚决定书〔2021〕10 号。

〔4〕 参见朱维究、刘永林：《论行政检查与行政法实施——以确保行政规范性文件得到真正落实为视角》，载《政治与法律》2012 年第 7 期。

调查或资料收集活动。相对于监督检查而言,调查权具有事后性、非直接处分性等特征。[5] 二者的共同点在于:第一,都是法律赋予的职责,是行政机关行使监管职权的前提和基础,在履职过程中都应当满足一定的实体和程序要求;第二,都是针对特定相对人实施的,会对相对人的具体权利义务产生影响,不属于抽象行政行为;第三,都具有高权性和强制性,可以基于行政机关单方意志而启动,以一定的强制措施、追责手段为后盾,当事人具有配合义务。

由于不同经济社会领域接受法律调整的内容、程度、方式、规律不同,不同行政机关法定的检查、调查职责不同,当事人的配合义务也不尽相同。例如,在治安管理中,由于实施扰乱公共秩序、危害社会安全等违法行为常依赖于必备的作案工具,公安机关检查、调查权限更集中于身份、场所、物品、人身等方面。[6] 在安全生产和环境保护领域,由于涉及事项与企业日常生产经营密切相关,更强调行政机关进入特定场所内部进行现场检查的权限,[7] 当事人拒绝配合要承担相应责任。[8] 而在审计、税收、反垄断、外汇管理等领域,由于涉及抽象、专业、频繁的财务和经济活动,单位的组织分工、资金流动、单证协议、账簿记录、财务数据等成为观察和评价相关活动的重要依据。相应地,相关法律法规往往对企业的内控制度、单证保管、账簿登记、财务信息生成等提出明确要求,赋予相关部门进入特定场所执法的权限,并要求当事

[5] 参见杨海坤、郝益山:《关于行政调查的讨论》,载《行政法学研究》2000 年第 2 期。

[6] 《治安管理处罚法》第 87 条规定,公安机关对与违反治安管理行为有关的场所、物品、人身可以进行检查。

[7] 《安全生产法》第 62 条第 1 款第 1 项规定:“安全生产监督管理部门和其他负有安全生产监督管理职责的部门依法开展安全生产行政执法工作,对生产经营单位执行有关安全生产的法律、法规和国家标准或者行业标准的情况进行监督检查,行使以下职权:(一)进入生产经营单位进行检查,调阅有关资料,向有关单位和人员了解情况。”《环境保护法》第 24 条规定:“县级以上人民政府环境保护主管部门及其委托的环境监察机构和其他负有环境保护监督管理职责的部门,有权对排放污染物的企业事业单位和其他生产经营者进行现场检查。被检查者应当如实反映情况,提供必要的资料。实施现场检查的部门、机构及其工作人员应当为被检查者保守商业秘密。”

[8] 《安全生产法》第 105 条规定:“违反本法规定,生产经营单位拒绝、阻碍负有安全生产监督管理职责的部门依法实施监督检查的,责令改正;拒不改正的,处二万元以上二十万元以下的罚款;对其直接负责的主管人员和其他直接责任人员处一万元以上二万元以下的罚款;构成犯罪的,依照刑法有关规定追究刑事责任。”

人在接受检查、调查时主动说明情况、提供相关的业务和财务资料等。[9]如果当事人拒绝或阻碍,除了承担《治安管理处罚法》第50条的责任

〔9〕《审计法》第32条规定:"审计机关进行审计时,有权检查被审计单位的会计凭证、会计账簿、财务会计报告和运用电子计算机管理财政收支、财务收支电子数据的系统,以及其他与财政收支、财务收支有关的资料和资产,被审计单位不得拒绝。"第33条第1款规定:"审计机关进行审计时,有权就审计事项的有关问题向有关单位和个人进行调查,并取得有关证明材料。有关单位和个人应当支持、协助审计机关工作,如实向审计机关反映情况,提供有关证明材料。"《税收征收管理法》第54条规定:"税务机关有权进行下列税务检查:(一)检查纳税人的帐簿、记帐凭证、报表和有关资料,检查扣缴义务人代扣代缴、代收代缴税款帐簿、记帐凭证和有关资料;(二)到纳税人的生产、经营场所和货物存放地检查纳税人应纳税的商品、货物或者其他财产,检查扣缴义务人与代扣代缴、代收代缴税款有关的经营情况;(三)责成纳税人、扣缴义务人提供与纳税或者代扣代缴、代收代缴税款有关的文件、证明材料和有关资料;(四)询问纳税人、扣缴义务人与纳税或者代扣代缴、代收代缴税款有关的问题和情况;(五)到车站、码头、机场、邮政企业及其分支机构检查纳税人托运、邮寄应纳税商品、货物或者其他财产的有关单据、凭证和有关资料;(六)经县以上税务局(分局)局长批准,凭全国统一格式的检查存款帐户许可证明,查询从事生产、经营的纳税人、扣缴义务人在银行或者其他金融机构的存款帐户。税务机关在调查税收违法案件时,经设区的市、自治州以上税务局(分局)局长批准,可以查询案件涉嫌人员的储蓄存款。税务机关查询所获得的资料,不得用于税收以外的用途。"《反垄断法》第39条规定:"反垄断执法机构调查涉嫌垄断行为,可以采取下列措施:(一)进入被调查的经营者的营业场所或者其他有关场所进行检查;(二)询问被调查的经营者、利害关系人或者其他有关单位或者个人,要求其说明有关情况;(三)查阅、复制被调查的经营者、利害关系人或者其他有关单位或者个人的有关单证、协议、会计账簿、业务函电、电子数据等文件、资料;(四)查封、扣押相关证据;(五)查询经营者的银行账户。采取前款规定的措施,应当向反垄断执法机构主要负责人书面报告,并经批准。"《外汇管理条例》第33条规定:"外汇管理机关依法履行职责,有权采取下列措施:(一)对经营外汇业务的金融机构进行现场检查;(二)进入涉嫌外汇违法行为发生场所调查取证;(三)询问有外汇收支或者外汇经营活动的机构和个人,要求其对与被调查外汇违法事件直接有关的事项作出说明;(四)查阅、复制与被调查外汇违法事件直接有关的交易单证等资料;(五)查阅、复制被调查外汇违法事件的当事人和直接有关的单位、个人的财务会计资料及相关文件,对可能被转移、隐匿或者毁损的文件和资料,可以予以封存;(六)经国务院外汇管理部门或者省级外汇管理机关负责人批准,查询被调查外汇违法事件的当事人和直接有关的单位、个人的账户,但个人储蓄存款账户除外;(七)对有证据证明已经或者可能转移、隐匿违法资金等涉案财产或者隐匿、伪造、毁损重要证据的,可以申请人民法院冻结或者查封。有关单位和个人应当配合外汇管理机关的监督检查,如实说明有关情况并提供有关文件、资料,不得拒绝、阻碍和隐瞒。"

外,还需要承担专门责任。[10]

与前述经济领域类似,证券发行交易相关的信息披露、证券交易、中介服务等也涉及复杂的财务及经济活动,并且在市场复杂程度、参与主体数量、业务资金规模、关联及控制关系、行为隐蔽性等方面更胜一筹。为此,证券监管机构法定的检查、调查权限也较为特殊。1993 年国务院《股票发行与交易管理暂行条例》第 64 条,从侧面明确了证券监管机构调查违法行为有权获取公司"非公开信息和文件"。1998 年首部《证券法》第 168 条赋予监管部门进入特定场所展开调查,对当事人及相关涉事人员展开询问并要求其说明情况,查阅复制相关证券交易记录、登记过户记录、财务会计资料及其他相关文件和资料,查询相关资金账户、证券账户等权限,同时,在第 171 条规定了单位和个人的配合执法义务。2005 年《证券法》第 180 条进一步丰富监督检查、调查权限,增加查阅复制财产权登记、通讯记录的权限,特殊情况下还可以对资料进行现场封存、冻结查封各类账户、限制证券交易等。此外,2005 年修法还在第 230 条明确了妨碍证券执法应承担"依法给予治安管理处罚"之责任。

然而,在资本市场高速发展过程中,依赖治安处罚保障证券执法显得日益捉襟见肘:一是与其他资本市场相比,我国证券监管采取"以监

---

〔10〕《审计法实施条例》第 47 条规定:"被审计单位违反审计法和本条例的规定,拒绝、拖延提供与审计事项有关的资料,或者提供的资料不真实、不完整,或者拒绝、阻碍检查的,由审计机关责令改正,可以通报批评,给予警告;拒不改正的,对被审计单位可以处 5 万元以下的罚款,对直接负责的主管人员和其他直接责任人员,可以处 2 万元以下的罚款,审计机关认为应当给予处分的,向有关主管机关、单位提出给予处分的建议;构成犯罪的,依法追究刑事责任。"《税收征收管理法》第 70 条规定:"纳税人、扣缴义务人逃避、拒绝或者以其他方式阻挠税务机关检查的,由税务机关责令改正,可以处一万元以下的罚款;情节严重的,处一万元以上五万元以下的罚款。"《反垄断法》第 52 条规定:"对反垄断执法机构依法实施的审查和调查,拒绝提供有关材料、信息,或者提供虚假材料、信息,或者隐匿、销毁、转移证据,或者有其他拒绝、阻碍调查行为的,由反垄断执法机构责令改正,对个人可以处二万元以下的罚款,对单位可以处二十万元以下的罚款;情节严重的,对个人处二万元以上十万元以下的罚款,对单位处二十万元以上一百万元以下的罚款;构成犯罪的,依法追究刑事责任。"《外汇管理条例》第 48 条第 6 项规定:"有下列情形之一的,由外汇管理机关责令改正,给予警告,对机构可以处 30 万元以下的罚款,对个人可以处 5 万元以下的罚款:(六)拒绝、阻碍外汇管理机关依法进行监督检查或者调查的。"

管机构为中心的公力实施模式”,但执法权限却被严重低配,尤其体现在与取证相关的权限强制性不足,导致名义上的权限配置也“停留于纸面”。[11] 二是与其他经济领域相比,证券监管机构处理违法违规线索多、专业技术性强、涉案金额较高、查办难度大,执法环节的保障机制却最弱。据笔者观察,我国在审计、税收、反垄断、外汇管理等部门立法中,最早分别于1994年、2001年、2007年、2008年赋予相关行政机关对妨碍执法的独立处罚权限,证券领域则相对滞后。三是极少数地方公安机关对证券执法权限、流程不熟悉,导致规范难以操作,有时由公安介入非但不能起到震慑、惩戒作用,反而被不法分子利用成为阻挠执法、拖延时间的新型手段。综上,现实需要与制度供给不足之间的落差,导致了实践中证券监管机构最多只能将妨碍执法作为处罚阶段的一个考虑情节,对于遭遇消极对抗,或是受到阻碍难以查证处罚等情形则束手无策。

新《证券法》第218条弥补了此前的制度空白,其意义在于:一是赋予证券监管机构对妨碍执法行为的认定和处罚权,明确了违法行为的性质和构成要件,用以专门追究违反第173条之责任,不再需要再将其归入“未保存、泄露、隐匿、伪造、篡改或者毁损有关文件资料”行为进行处罚;[12] 二是采取双罚制,除了赋予证券监管机构对该行为的认定和处罚权限之外,保留了追究治安管理责任的规定,与《治安管理处罚法》第50条相互衔接,有利于公安机关介入以便防范、应对各类突发情况;三是罚金额度设置合理,定额罚款10万~100万元与审计、税收、环保等领域相比数额较高,反映出资本市场的特征,而与信息披露违规等行为相比,又处于《证券法》中“数距式”罚款类的最低区间,考虑了行为性质、侵犯客体和市场危害程度。[13]

---

〔11〕 参见肖凯:《构建有效的证券市场执法机制》,载《清华金融评论》2019年第10期。

〔12〕 在《证券法》第218条制定之前,中国证监会对于妨碍执法过程中伴有隐匿、篡改、销毁相关文件资料等情形的,在认定其未履行配合执法义务的同时,通常将其归入后者进行处罚。参见中国证监会行政处罚决定书〔2002〕2号、中国证监会行政处罚决定书〔2017〕68号、中国证监会行政处罚决定书〔2019〕129号、中国证监会北京监管局行政处罚决定书〔2019〕4号。

〔13〕 参见郭峰等:《中华人民共和国证券法制度精义与条文评注》,中国法制出版社2020年版,第881页。

二、妨碍证券执法行为的构成要件

由于该行为违法性的渊源是不履行配合监督检查、调查义务，本质是破坏正常的证券行政执法秩序，分析该行为的构成要件应当从新《证券法》第 218 条出发，同时结合第 173 条法定配合义务的主体、内容来理解。

（一）履行职务的主体是“证券监督管理机构及其工作人员”

新《证券法》第 218 条中的“证券监督管理机构”即中国证监会及其派出机构，它是依法对全国证券市场实行集中统一监督管理的行政机关。而证监会履行监管职责是通过其工作人员依法执行职务来实现的，此处“工作人员”，是指履行证券监管公职、纳入相应编制序列、由国家财政负担工资福利的人员。强调该行为对象的特定性，是因为在我国行使证券行政执法权的主体是限定的。换句话说，证券业协会、各类证券交易场所虽然也被法律赋予一定的自律管理职责，还可以实施纪律处分、采取其他自律管理措施等，但遭遇阻碍并不属于本条款的指涉范围。

（二）妨碍的对象是证券监管机构“依法行使监督检查、调查职权”

妨碍行为必须是针对证券监管机构依法履行监督检查、调查这两项职务。从正面理解，本行为的客体是特定类型的行政执法活动，而不是危害相关工作人员自身生命或财产安全，或是抗拒其他非公务活动、不落实抽象的政策指引等；从反面理解，该职权活动必须是“依法行使”的，否则当事人有权拒绝配合。

对于监督检查、调查职权的性质前文已有介绍，新《证券法》第 170 条详细列举了其内容、权限。重点在于对“依法行使职权”的理解，主要包括 3 个层面：

首先，所妨碍的履职活动必须具有合法性。具体包括 4 个方面：一是具备概括授权，即监督检查、调查事项属于证监会的监管范畴，属于股票、债券、期货、基金等市场中与证券发行、交易相关的活动；二是具备具体授权，即在监督检查、调查过程中所使用的手段属于第 170 条的权限范围;三是符合实质正义,即监督检查、调查行为的实施是基于监管需要,符合比例原则,不针对无关事项,不存在以权谋私、假公济私等现象;四是程序合法,符合第172条对执法人数、出示证件和出具相关法律文书等形式要求。

其次,该行为必须发生于执法人员"正在"履行职务之时。证券执法通常可以划分为若干个阶段,妨碍执法行为应当发生在执法实施阶段。就当事人而言,该阶段起始于发生执法接触之时,如执法人员与当事人取得联系,要求其接受询问、说明情况、提供材料,或是要求进入特定场所、签收相关法律文书等。终点是针对该当事人的监督检查、调查活动终结,即完成了文件搜集、现场取证、结束了询问、查阅复制完相关资料,并由当事人配合完成核验、签字等程序性义务之后。如果妨碍执法发生于其他阶段,如事前通过行贿阻挠调查程序启动,或是事后滋扰报复相关工作人员、拒绝签收《行政处罚事先告知书》等,不属于本行为范畴。

最后,妨碍执法行为发生在履职活动"当场"。当然,如果当事人在必经之路设置障碍,或是对达到现场的必备工具进行破坏,也满足这一条件。值得一提的是,与其他领域不同,新《证券法》第170条第3款中赋予监管机构要求相关人员就特定事项作出说明、提供相关资料文件的职权,二者不需要在现场实施,而是可以通过函件、电话等远程方式。对此,拒绝履行配合义务也涉嫌构成本行为,不需要满足空间要素的要求。

由于当事人有权拒绝非法履职活动,从其他部门执法实践来看,行政机关的履职活动"是否合法"往往是此类案件争议的焦点。为此,应当明确依据何种标准、由何种主体、依据何时的标准判断证券监管机构履职活动的合法性问题。在这一方面,刑法学妨害公务罪的相关理论较为成熟,可供借鉴:[14]第一,就依据何种标准而言,存在实质标准说(依据执法在本质上是否合法来判断)、形式标准说(依据执法活动在外观上是否合法来判断)、折中标准说(将执法活动的本质和外观都作

---

〔14〕 参见杨彩霞:《妨害公务罪客观方面若干疑难问题探讨》,载《山西警官高等专科学校学报》2002年第3期。

为判断依据)，通说采用折中标准说，即执法活动在实体和程序方面都应当是合法的，当事人才不得拒绝；第二，就判断主体而言，存在客观判断说(由法院等中立第三方判断)、主观判断说(由执法人员主观判断)、一般人判断说(按照正常人的通识标准判断)，通说采用客观判断说，即合法性争议应当由审判机关依据证据材料作出客观、独立判断；第三，就依据何时的标准判断而言，包括行为时判断说(依据执法活动在当时是否合法来判断)、裁判时判断说(依据该行为在事后看来是否合法来判断)，通说采用前者，即只要执法活动在当时具备合法的依据就不应当拒绝——这在类似的治安管理案件也得到了肯认，法院认为“在判断该职务行为是否合法时，还应根据行为发生时的情况，结合与该行为有关的法律规定进行认定，而不能完全以事后的客观判断为准”。[15]

需要指出的是，上述标准并不是严格化新《证券法》第 172 条的“形式合法”标准。因为在执法现场，除了执法人员的身份、是否出示文书等形式标准之外，对事实和法律依据等问题本身就很难做出现场判断，理论上的“实质合法 + 形式合法”的判断标准应当是“即时可判断的”。在形式合法基础上，满足无明显的滥用权力或对象错误的实质标准，当事人就应当履行配合义务。[16] 更何况，行政调查的初查阶段往往较长，执法部门在现场执法之前，往往也无法完全掌握涉案人员信息和全部不法事项。而证券违法活动在知情范围、行为逻辑、资金流向等方面颇为复杂隐蔽，甚至很多涉案人员也无法判断自己是否“与被调查事件有关”，这就更加强调“即时可判断的”标准之重要性。换句话说，即便事后通过调查证明该当事人与涉案事项无关，只要执法部门在当时有合理依据认为其与相关事项在主体身份特征、资金往来、行为组织策划、具体实施等方面存在直接关联，就不应当认为“缺乏执法依据”。

(三)实施了“拒绝”“阻碍”行为

按照字面理解，“拒绝”是指“不接受(请求、意见或馈赠)”，“阻

---

〔15〕 参见辽宁省大连市中级人民法院(2018)辽 02 行终 103 号行政判决书。

〔16〕 参见李林：《妨害公务罪中的公务合法性及相对人配合义务》，载《政治与法律》2016 年第 11 期。

碍”是指“使(某事)不能顺利通过或发展”。可以发现,两者都是以显见的行为对执法活动施加障碍。区别在于,前者是对于他者针对自身所提出的要求的否定,而后者是对他者行动的阻挠。结合《证券法》第170条的执法权限来看,拒绝行为应当发生于特定主体,即按照身份和职责被要求说明特定事项、提供特定资料的单位或个人。而阻碍的主体则是不特定的,任何人都可以就监管机构针对自身的执法活动施加阻挠(如提供虚假材料),也可以就针对第三方的执法活动进行阻挠,如阻拦进入特定场所,在现场实施干扰、破坏等。

从主观方面来看,拒绝、阻碍行为应当是在“明知”状态下故意实施的。“明知”包括知晓自己妨碍的对象是证监会工作人员,以及知晓对方在依法行使监督检查、调查职权,二者缺一不可。参照刑法理论,“明知”状态的认定包括“确实明知”和“应当明知”两类,前者依赖于当事人的供述,而后者则可以依据当时的客观情况和外在环境推定。[17] 由此可见,即便当事人事后不承认自己当时明知相关部门在依法行使职权,如果客观证据表明执法人员满足新《证券法》第172条的执法人数要求,向其出示了证件,出具了相关法律文书,并且申明来意,就应当推定当事人“应当明知”,而不能再以认识错误、过失等理由抗辩。

从行为结果来看,只要相对人实施了拒绝、阻碍行为就构成违法,而不需要造成调查中断、延缓工作进度、证据被销毁转移等后果。当然,该行为应当达到足以妨碍执法的程度,而不能是相对人臆想中的,或显著轻微不足以造成任何影响的。结合证监会在深大通案中明确的四项配合义务内容,[18]“足以”妨碍的判断标准应当是该行为能够对执法人员进入相关场所、为执法履行必要的程序性义务、进行询问及调取文件资料任何一项构成实质障碍。至于当事人所采取的手段、方法不

---

〔17〕 参见陈娟、孙军、俞炜:《妨害公务罪若干疑难问题》,载《中国检察官》2006年第6期。

〔18〕 深大通案中证监会明确了当事人的配合执法义务包括“为检查、调查人员进入相关场所提供便利,履行检查、调查工作所必要的程序性义务,按要求接受询问及提供文件资料等,单位和个人的行为更不得成为检查、调查工作之阻碍”,参见中国证监会行政处罚决定书〔2019〕129号。

影响该行为的认定:妨碍执法可以是自己实施,也可以指使他人实施;可以是明确的拒绝、蓄意干扰破坏,乃至使用暴力威胁方法等积极方式,也包括默示的拖延推诿、刻意逃避等消极对抗;可以是直接针对办案人员进行滋扰,也可以使其丧失执法条件,如对文件资料进行隐藏和转移,将其他被调查对象带离现场等。

(四)实施"隐瞒"不构成本行为

通过对比不难发现,新《证券法》第173条禁止的行为包括"拒绝、阻碍和隐瞒"3项,而第218条没有将"隐瞒"纳入追责范畴。可见,实施"隐瞒"虽然也违背了配合执法义务,但并不构成第218条所述的违法行为。

按照字面理解,"隐瞒"是指"把真相隐藏起来不让人知道"。该行为的本质是不履行告知实情的义务,表现在接受询问、被要求说明情况时,对于已经知晓、应当知晓的事实不予说明、只作部分说明,或是沉默不言、编造谎言。"隐瞒"与"拒绝、阻碍"存在的区别是,前者只能是自然人已经同意接受询问、按要求说明情况后,又以口头、书面等方式作出"伪证"。除言辞真实性存疑之外,没有显见的不配合行为。换句话说,如果是相关责任人员不按要求提供,或是提供篡改的文件资料,就具备了显见的、可以验证的行为表现,可以归入"拒绝""阻碍"的范畴,而不再属于"隐瞒"。

不宜对"隐瞒"追究责任,主要是由于:一是符合"不得自证其罪"的法治理念。《刑事诉讼法》第52条中"不得强迫任何人证实自己有罪"的原则对行政调查取证同样适用。少数当事人出于自我保护、畏罪心理、不明就里等原因,在接受询问时难免会选择全部、部分隐瞒真相乃至捏造事实,对此法律很难苛求其有相反表现。二是该行为以参与执法、外观配合为前提,对于市场秩序和监管权威的危害程度较小。三是该行为难以验证,即便行政机关能够通过当事人的身份、职务、外在行为猜测其对特定事项的知悉情况,也很难将这种推测作为认定其主观供述真伪的依据。

(五)对于"一般主体"还是"特殊主体"的辨析

虽然第218条没有限定违法主体,但是由于它追究的是违反第173条行为之责任,而从字面看,第173条有义务配合执法的主体仅限于

“被(证券监管机构)检查、调查的单位和个人”,因此,本行为属于“特殊主体”还是“一般主体”违法存在分歧理解。

在实践中,证券监管机构实施检查、调查时所接触的主体不限于被监管对象、涉案当事人或知情人员,还包括保存了相关文件资料的证券交易场所、登记结算机构、托管银行、证券公司等,以及利害关系人、当事人亲朋好友、物业管理人员、在场无关群众等。前一类主体是否协助执法,应当运用新《证券法》第175条第2款证券监管部门“进行监督检查或者调查时,有关部门应当予以配合”来解决,不属于本文的讨论范畴。但是,如果后一类主体阻碍证券监管机构执法,可否构成第218条的违法行为呢?

在深大通案中集团员工李某以自己并非上市公司员工、“不具有配合检查、调查的义务”为由提出抗辩,证监会在其市场禁入决定书中主要论证了其“实际履行深大通中层管理人员的职责”,对“特殊主体”问题未置可否。[19] 但在,参照《治安管理处罚法》第50条第2款的治安管理案件来看,应当采纳“一般主体”说。任何主体满足“实施了阻碍行为”“妨碍对象是国家机关工作人员”“所阻碍的是依法执行职务活动”三个要件都构成妨碍公务行为,不限定行为主体。[20] 对于曾经发生的由当事人亲属实施的妨碍执法行为,法院也认为“实施阻碍执行职务的主体并不限于行政相对人,其他人员亦可构成”。[21]

笔者赞同“一般主体”说,理由在于:首先,在证券执法过程中,即便非监管对象、非涉事主体也有不阻碍国家公职人员履行职权的最低义务,第218条针对的正是违背这种最低义务的行为,其行为描述与第173条并不完全相同,两者在主体方面不需要完全对应;其次,证券监管对象往往背景复杂、实力雄厚,实践中很多阻挠、破坏活动是通过雇佣、唆使其他主体来完成的,并且行为隐蔽、难以证实,如果限定第218条的违法主体将使其丧失可操作性,难以达到预想的立法效果;最后,不同行政机关对妨碍执法行为的处罚金额是依据其监管事务性质、执

〔19〕 参见中国证监会市场禁入决定书〔2019〕22号。

〔20〕 参见黑龙江省高级人民法院(2018)黑行申485号行政裁定书、江苏省南通市中级人民法院(2016)苏06行终688号行政判决书。

〔21〕 参见江苏省南通市中级人民法院(2016)苏06行终598号行政判决书。

法成本来确定的，不能认为对一般主体适用本条款就违背了公平原则。因为认定非监管对象、非涉事主体妨碍证券执法也应以其“明知”执法人员身份和正在依法履行职权为前提，他们对执法效率、监管权威造成的负面影响没有因为身份而减弱，更何况其多与涉案主体存在重大利害关联。

三、妨碍证券执法行为的常见情形

通过对包括深大通案在内的证监会行政处罚决定书进行分析，可以发现其在既往执法过程中遭遇的拒绝、阻碍行为主要包括下列七种。对此，笔者认为在新《证券法》实施过程中，都可以结合实际酌情认定为第218条所述的违法行为。

一是多次推诿、拒绝出面接受询问。例如，深大通案中上市公司实控人姜某“在多个地点、通过多种途径核实调查人员身份后仍拒绝接受询问”、执行总经理黄某华“长时间、多次反复未按照要求接受询问”，朱某拒绝、阻碍调查案中当事人“拒绝接听调查人员电话，或者接听后拒绝与调查人员见面，多次未回复调查人员发送的短信”，天丰节能信息披露违法案中上市公司董事王某立“到达调查现场后，未按《证券法》要求接受调查询问，其后在被通知接受调查的情况下始终未与调查组联系”等。[22]

二是拒绝或阻碍执法人员进入相关场所。例如，深大通案中上市公司工作人员在执法人员出示证件、表明来意后“拒绝检查、调查人员进入办公场所”。

三是无故不履行程序性义务、拒绝在相关法律文书上签字。例如，深大通案中上市公司“在具备签收条件的情况下拒绝签收调查通知书”，实控人姜某“在客观有条件的情况下拒绝签收监督检查通知书”，董事会秘书李某燕“询问当天拒绝在询问笔录上签字，未经允许擅自离开询问场所”，朱某拒绝、阻碍调查案中当事人“拒不接收调查通

〔22〕 参见中国证监会行政处罚决定书〔2014〕19号。

知书”。

四是拒绝提供文件资料及载有相关资料的设备载体。例如，深大通案中上市公司北京分公司“拒绝提供周例会文件资料等重要证据，擅自转移、隐瞒存有周例会文件资料等重要证据的电子设备，截至调查结束，周例会文件资料等材料仍未提供”，实控人姜某“拒绝提供本人使用的手机，导致我会无法查阅、复制相关通讯记录”，凯迪生态信息披露违法案中上市公司财务总监“存在未按时提供资料、提供资料不完整、相关材料未盖章等问题，且多次与调查人员发生口头争执”。[23]

五是在执法过程中篡改、销毁相关文件资料。如在元正评估未勤勉尽责案中涉案单位在接受调查期间，为掩盖原《评估报告》中计算评估值的错误“让美利纸业重新出具一份产能证明，降低可利用的数值，以维持评估结果不变；并据此对原评估报告和电子底稿进行篡改后提交我会，同时调换了保存在美利纸业的原评估报告”，[24]上海证券通违规承诺收益案中该机构在已经收到现场检查通知的前提下，仍组织员工销毁了通讯设备中与营销推广、咨询服务相关的资料，[25]涂某华等操纵证券市场案中当事人“两次销毁涉案电脑”等。[26]

六是在执法过程中实施扰乱、破坏。例如，深大通案中集团员工李某“擅自闯入询问场所阻断询问，强行带离正在接受询问的人员，指使专职律师干扰、阻挠检查、调查工作”，张某达等操纵证券市场案中当事人“在调查组开展调查工作的场所内安装录音设备进行窃听”等。[27]

七是辱骂、恐吓、威胁、伤害执法人员。例如，深大通案中上市公司职工监事牛某指使他人“使用推搡、抓挠调查人员，抢夺、摔砸执法记录仪等暴力方法抗拒调查”，集团员工李某“威胁检查、调查人员要将检查、调查现场的影像视频资料发布到网络上”，张某达操纵证券市场案中当事人“态度蛮横，多次威胁恐吓调查人员”等。

---

〔23〕 参见中国证监会行政处罚决定书〔2020〕19 号。

〔24〕 参见中国证监会行政处罚决定书〔2017〕68 号。

〔25〕 参见中国证监会北京监管局行政处罚决定书〔2019〕4 号。

〔26〕 参见中国证监会行政处罚决定书〔2015〕89 号。

〔27〕 参见中国证监会行政处罚决定书〔2019〕97 号。

四、认定中存在的几个问题

(一)本行为与规避调查、一般抗拒心理的区别

按照字面理解,“规避”是指设法躲避。在金融全球化、货币虚拟化、远程通信和网络科技极大发达的背景下,证券违法犯罪活动规避调查的意识越来越强、手段也越来越先进,使用虚假身份、研发专门软件、实施跨境操作、切断利益和行为关联等不胜枚举。例如,唐某博操纵证券市场案中“绕道境外,采取更为隐蔽的违法手段对境内市场实施反向操纵”就是一种典型的规避调查行为。[28] 这虽然也极大提高了证券执法成本,更能体现不法分子的主观恶性,但由于并没有发生在执法过程中、没有直接破坏监管执法的权威性,不能认定为《证券法》第218条所述的违法行为。

在实践中,还有部分被监管对象和涉案当事人,出于怀疑执法人员身份、不了解法定配合义务的内容、怀有畏惧或侥幸心理等原因,或是由于执法人员态度生硬、解释不到位,会对执法产生抗拒心理,通常表现为对执法要求言语推辞、置之不理、借故拖延时间,有时甚至态度恶劣、与执法人员发生争执。然而,经过说服教育、耐心沟通、验明身份等,怀此心理者最终也能够配合执法,由于并未真正实施拒绝、阻碍行为,与《证券法》第218条所述行为有本质区别。

(二)本行为与不保存、隐匿、伪造、篡改或者毁损文件资料的联系和区别

妨碍证券执法与《证券法》第214条所述违法行为存在区别,同时又有一定的交叉和牵连关系,主要体现在:第一,在侵犯法益方面,前者主要破坏正常的执法秩序,后者侵犯的是复杂客体,相关单位不保存、泄露、篡改、毁损证券登记账簿、证券交易记录、客户开户及委托资料等,除了破坏监管执法秩序之外,还将危害市场秩序和交易安全、侵犯客户财产安全和隐私权等;第二,在实施主体方面,前者可以由单位或

---

〔28〕 参见中国证监会行政处罚决定书〔2017〕21号。

个人实施,后者只能由负有文件资料保管义务的发行人、证券登记结算机构、证券公司、证券服务机构等单位实施;第三,在主观态度方面,前者主要是基于故意,后者可以是基于故意或过失;第四,行为手段不同,前者是通过各类手段达到妨碍执法之目的,后者的行为样态是规范列举的,主要是影响特定信息的真实性、完整性;第五,后者的责任重于前者,除了罚金额度更高之外,情节特别严重时还可并处撤销业务许可等资格罚。

可见,如果单位或个人妨碍执法行为不涉及文件资料的保管、提供,或是单位泄露相关文件资料、基于过失未能保存资料等,两种违法行为就相互独立、可以单独判断。而如果是单位故意不予保存,或是隐匿、篡改、销毁相关文件资料,产生了妨碍监督检查、调查的实际结果,就应当结合其违法的主要意图、实施违法行为的个数、相互因果关系来认定违法行为和责任:第一,如果隐匿、篡改文件资料等行为发生在执法过程之前,该事实是在监督检查、调查过程中被执法人员无意发现的,并且当事人在执法过程中无其他抗拒行为,则应当依据第 214 条进行认定和处罚,实践中的案例也证实了这一观点;〔29〕第二,隐匿、篡改文件资料等行为发生在执法过程中,并且只实施了这一种妨碍执法行为,属于想象竞合的情形,应当择一重者、即依据第 214 条认定和处罚,既往妨碍执法的案例也采取这种做法;〔30〕第三,在执法过程中除隐匿、篡改文件资料外,还实施了其他抗拒行为,应当对数个违法行为实施并罚,典型的如深大通案。

(三)单位违法行为的认定

从《证券法》第 173 条的规定来看,单位也具有配合证券执法的义务。单位配合执法主要是通过各层次职员行为体现的,管理人员除个人应履行配合义务外,还应当根据所任职务和实际履职情况,积极组织、协调其他人员配合执法。结合此前案件认定情况来看,单位实施本行为的认定依据是:一是拒绝、阻碍执法行为反映了单位意志,是在主

〔29〕 参见中国证监会行政处罚决定书〔2010〕47 号、中国证监会行政处罚决定书〔2011〕8 号、中国证监会行政处罚决定书〔2011〕14 号、中国证监会行政处罚决定书〔2020〕5 号、中国证监会海南监管局行政处罚决定〔2020〕3 号。

〔30〕 同前注〔11〕。

要负责人或高级管理人员组织、指使下实施的。例如，上海证券通违规承诺收益案中该单位在接受现场检查当天，公司员工突然集体删除了相关业务资料，反映出该单位“删除信息逃避监管的主观动机”，深大通案中相关员工在接到上级电话后旋即转变态度，开始拒绝签字、扰乱现场秩序、使用暴力抗拒调查等。二是妨碍执法行为在整个单位具有一致性、系统性，如深大通案中自高级管理人员到普通员工“多次反复地”消极对待、拒绝、阻碍监督检查、调查，元正评估未勤勉尽责案中作为被调查对象的辽宁元正资产评估有限公司“以公司名义”提供经过篡改的资料文件等。相反地，如果只是单位的高级管理人员个人不配合，而其他职员没有实施拒绝、阻碍行为，应当认定为个人行为。

（四）执法程序瑕疵对本行为认定的影响

执法程序瑕疵往往会影响当事人对公务活动“合法性”的判断，进而影响妨碍公务行为的认定。参照相关治安管理案件，应当区分两类情况：

如果该类瑕疵不会影响当事人对执法人员身份、执行公务性质的判断，也不会侵害其实体权利义务，就不影响妨碍公务行为的认定。实践中出现过的案例包括，执法笔录中记载的当事人到场时间与实际不符，[31]多名警察在驾驶警车、身着警服、配备警用装备进行出警时没有向当事人出示证件，[32]在强制传唤当事人时应当事人个人要求、为保护其隐私未将传唤理由、传唤处所通知其家属，案发后当事人又反悔等。[33]

反之，如果该类瑕疵足以影响当事人对执法人员的身份判断，则不宜认定为妨碍公务行为。类似的情形包括，交警在下班回家途中发现当事人交通肇事逃逸欲予以制止，向其表明身份并要求其停留原地等候处理，“但其当时未着警服、亦未携带警察证”，对方不听劝阻将其打伤。[34]民警甲与协警乙在夜间进行租户实有人口信息登记，当事人要求甲出示证件，民警甲虽然身着警服，但没有出示证件，当事人怀疑其

〔31〕参见广东省兴宁市人民法院（2019）粤14行终8号行政判决书。
〔32〕参见安徽省铜陵市中级人民法院（2019）皖07行终10号行政判决书。
〔33〕参见江苏省南通市中级人民法院（2016）苏06行终688号行政判决书。
〔34〕参见王景亮：《另类妨害公务行为的性质认定》，载《中国检察官》2015年第2期。

身份并拨打“110”报警,此后,丙不听甲劝阻欲脱离现场,双方争执过程中丙将民警甲打伤。[35]

综上,在证券执法的语境下,如果存在执法程序瑕疵,应当根据其具体内容、对当事人判断公务合法性造成的实际影响来判断其性质,不能一概而论。

五、追究法律责任的方式与裁量空间

(一)处罚方式与罚金额度的选择

适用新《证券法》第218条首先涉及裁量权的运用,证监监管机构在完成事实认定的基础上,不仅可以量处10万~100万元的罚金,针对较为轻微的违法行为也可以不予处罚,而是依法采取责令改正、监管谈话、出具警示函等监管措施,[36]而针对情节严重的则可以一并采取市场禁入。从新《证券法》第170条和第221条对监管措施、市场禁入的规定来看,描述较为宽泛,对于妨碍执法行为皆可适用。其间的权力运用受到行政裁量理论的约束,证券监管机构应当基于追求个案正义、维护执法公平、统一执法标准等目的,通过制定裁量基准、建立内控程序、促进利益均衡、强化处罚决定书说理等方式,有效规制其裁量权。[37]

在妨碍证券执法行为的处罚审理环节,应综合考虑不法行为主体的身份、主观上的恶意程度、采取的妨碍手段、造成的后果和影响等,对违法情节进行量化评价,区分处罚方式和罚金的不同档次。笔者认为,本行为的减轻责任情节应当包括:一是由非监管对象、非重要涉案主体实施该行为;二是在主观上恶意不明显;三是属于初犯的;四是没有采取极端手段、未发生激烈冲突的;五是先实施妨碍执法行为后又悔改,或采取其他补救措施的;六是受人教唆、指使实施该行为的;七是未造

〔35〕 参见前注〔16〕。

〔36〕 参见中国证监会陕西监管局行政监管决定书(陕证监措施字〔2019〕15号)。

〔37〕 参见钱卿、周佑勇:《论行政裁量规制系统的建构——基于功能主义的范式》,载《湖北社会科学》2012年第11期。

成其他严重后果的。相应的加重情节应当包括:一是上市公司实控人及董事、监事、高级管理人员,或是证券从业人员实施的;二是对抗执法的意图强烈、主观恶性强的;三是此前实施过其他证券违法行为、屡教不改的;四是采取辱骂挑唆、言语恐吓、暴力威胁等手段的;五是教唆、指示他人阻碍调查的;六是造成程序长时间拖延、涉案人员逃窜、证据毁损灭失等严重后果的。

(二)对其他违法行为认定与责任追究的影响

在新《证券法》第218条制定之前,针对监督检查、调查中遭遇的妨碍执法行为,证券监管部门往往将其作为信息披露违法、内幕交易、操纵证券市场等其他违法行为认定和处罚中的一个不利情节来处理。具体而言,就是在认定过程中将当事人提供虚假材料、联络他人编造谎言、拒绝接受询问、销毁证据等行为,视为避罪心理的表现,进而认为其在调查过程中放弃了解释申辩权、采信对其不利的客观证据、佐证违法事实的存在。[38] 而在实施处罚过程中,则将其作为涉案人员主观恶性明显、社会危害性强、负有主要责任的表现,进而作为加重情节提高罚金额度,或是处以市场禁入等。[39]

新法实施后,妨碍执法行为依然可以视为一种常见的避罪表现。换句话说,当事人如果实施该行为,在其他违法行为的认定环节仍将对其自身产生不利影响。然而,在处罚环节,如果妨碍执法行为已经获得

---

〔38〕 例如,在佘某麒内幕交易案中,佘某麒在说明涉案账户的开立和实际控制关系时反复改口,相关当事人也纷纷拒绝出面说明情况,证监会遂将这一情节视为佘某麒不能提供合理解释的表现,认定其本人实际开立并控制了涉案账户;在陈某贤操纵证券市场案中,陈某贤在说明涉案账户控制使用情况时存在找朋友冒认罪行、串通他人提供虚假借款证明等行为,被调查人员识破,后相关当事人在听证阶段又推翻了此前对陈某贤的不利指证,证监会均未采信;在曾某山从业人员违规炒股案中,曾某山及其亲属均存在拒绝接受询问、拒绝说明涉案账户实际控制使用情况的行为,随后证监会采信了对其不利的客观证据。分别参见中国证监会处罚决定书〔2010〕2号、中国证监会行政处罚决定书〔2016〕10号、中国证监会行政处罚决定书〔2018〕63号。

〔39〕 例如,天能科技信息披露违法案中对有妨碍执法行为的3名责任人员秦某滨、曾某强、刘某奕实行终身市场禁入措施,在天丰节能信息披露违法案中对于有阻碍调查情节的高管人员王某文的罚金额度明显高于其他责任人员,分别参见中国证监会市场禁入决定书〔2013〕8号、中国证监会处罚决定书〔2014〕19号。

了与其性质、危害相匹配的惩罚,就不应再将其作为其他违法行为“加重情节”施加处罚,否则就有重复评价之嫌,除非该行为在危害程度方面不足以单独处罚。对此,妨害公务罪的相关司法解释中也可以提供参照。[40]

(三)是否“并处”治安管理处罚的问题

新《证券法》第218条采取法定的双罚制,对妨碍证券执法行为除了由证券监管机构实施行政处罚外,还应当由公安机关实施治安管理处罚。这并不违背《行政处罚法》第24条“一事不再罚”的原则:第一,两者的法律依据不同。前者是依据新《证券法》第218条,主要是维护正常的证券执法秩序,后者是依据《治安管理处罚法》第50条第2款,主要是维护正常的社会管理秩序。第二,两者的处罚类型不同,前者倾向于财产罚,而后者对情节严重者可以实施拘留,不可相互取代。第三,针对经济普查、环保等领域发生的妨碍执法行为,执法部门与公安机关也会依据不同的法律对同一行为实施类型不同的处罚,法院支持这种做法。[41]

但是,也不应过度僵化理解这两种行政责任的关系,不应认为一切妨碍证券执法的行为都必须同时处以治安管理处罚。因为新《证券法》第218条针对的是“拒绝”“阻碍”两类行为,而《治安管理处罚法》第50条“拒绝”只有在“拒不执行人民政府在紧急状态情况下依法发布的决定、命令”的情况下才构成违法,只有“阻碍”执法是普遍适用于各类时机、场合之公务行为的。[42] 可见,如果当事人只是通过推诿拖延、拒绝接受询问、拒绝签署法律文书、拒绝提供相关文件资料等“拒绝”方式妨碍证券执法,往往不会对治安管理秩序构成太大危害。在这种情况下,证券执法人员应酌情判断是否需要请求公安机关介入,而公安机关也可自行判断是否将其作为治安违法行为认定和处理。

(编辑:邹思思)

---

〔40〕 参见前注〔13〕。

〔41〕 参见安徽省宣城市中级人民法院(2017)皖18行再1号行政判决书、江苏省东台市人民法院(2020)苏0981行初21号行政判决书。

〔42〕 参见刘知音、贾向明、张晓凤:《论妨害公务的行为》,载《吉林公安高等专科学校学报》2006年第1期。

《证券法苑》(2021)
第三十二卷,第393~415页

资本市场操纵行为认定的欧盟经验与启示

刘春彦* 林义涌**

摘要:欧盟通过修正其资本市场法规填补了新型资本市场操纵行为在监管立法中的漏洞,统一且优化了欧盟范围内资本市场操纵行为的认定规则。本文介绍分析了欧盟所构建的一套以类型化定义为核心、操纵行为征兆及实例为补充、安全港规则与豁免条款为例外的多层次资本市场操纵行为认定规则,并从中提炼出具有欧盟特色的立法经验。我国应借鉴欧盟经验,从规范体系化、内容精细化与结构科学化三方面加强资本市场操纵行为认定规则建设。

关键词:市场操纵行为 认定规则 类型化定义 操纵行为征兆 欧盟经验

随着算法和高频交易迅猛发展、金融产品深度创新与场内外市场互联互通,"资本市场的结构变革在丰富市场交易策略的同时也推动着市场操纵

* 同济大学法学院副教授,硕士生导师。
** 同济大学法学院硕士研究生。

行为的演进”。[1] 2008年,伦敦银行间同业拆借基准利率(LIBOR)操纵丑闻揭露了作为金融产品定价基础的基准利率(Benchmark)被操纵以扰乱市场的冰山一角。2010年美股“闪崩”(the flash crash)震荡市场,引发了监管机构与市场对高频交易技术在内的新型操纵手段的广泛关注。日趋自动化、技术化与复杂化的资本市场操纵行为逾越了监管能力,其所带来的监管漏洞侵蚀了市场监管的有效性。

为应对市场操纵领域内出现的挑战,多国和国际组织陆续对资本市场制度进行了深入改革。继美国于2010年推出《多德－弗兰克法》改革积弊后,欧盟亦通过修正其资本市场法规与颁布一系列措施加强了对资本市场的干预和监管。[2] 2011年10月21日,欧盟发布了针对2003年《反市场滥用指令》(Market Abuse Directive, MAD)[3]的修订草案,旨在强化市场完整性与投资者保护。在历经广泛质询后,欧洲议会与欧盟理事会于2014年4月16日正式通过该草案,形成了《反市场滥用条例》(Market Abuse Regulation, MAR)。[4]《反市场滥用条例》于2016年7月3日起直接适用于所有欧盟成员国,取代旧法成为欧盟监管市场操纵、内幕交易、非法披露内幕信息等市场滥用行为的综合性立法。《反市场滥用条例》调整了欧盟市场滥用的监管框架,并修订了市场滥用监管范围、认定规则、行政执法与制裁等方面的内容。其中关于市场操纵行为的认定规则经修订后分为框架性规定和配套实施细则两个层次:前者为《反市场滥用条例》中关于市场操纵行为认定的一般规定;后者为欧盟委员会2016年先后受权颁布的《关于市场操纵行为征兆(Indicators of manipulative behaviour)等补充条例》[5](以下简称《补充条例》)、《回购计划与稳定措施(Buy－back programmes and Stabilisation)实施条例》,[6]以及《公认市场惯例(accepted market

[1] 杨松、石启龙:《市场操纵本质的新认知及监管制度创新》,载《江西社会科学》2019年第3期。

[2] 参见主力军:《欧盟与德国资本市场法研究》,上海社会科学院出版社2018年版。

[3] Market Abuse Directive No. 2003/6/EC.

[4] Market Abuse Regulation No. 596/2014.

[5] Commission Delegated Regulation (EU) 2016/522.

[6] Commission Delegated Regulation (EU) 2016/1052.

practice）实施条例》[7]对前者的细化规定。

欧盟通过上述立法建构了一套体系完备、层次分明且直接适用于欧盟各成员国的市场操纵行为认定规则，深刻影响着欧盟范围内针对市场操纵行为的监管立法、执法与司法。我国虽与欧盟在资本市场结构、制度环境和发展程度上存在差异，但在强化市场监管与保护投资者的立法目的上存在共识，亦能从欧盟资本市场制度的立法实践中汲取经验。本文拟从市场操纵类型化定义、操纵行为征兆及实例、安全港规则与豁免条款三方面研究欧盟对资本市场操纵行为认定的立法经验，以期为我国完善资本市场操纵行为相关立法提供有益启发。

一、欧盟认定市场操纵行为的核心规则：类型化定义

欧盟以一般性描述的方式对不同类别的市场操纵行为进行概括性定义，并在后款列举若干示例对概括性定义进行补充说明，形成了独具特色的市场操纵行为类型化定义。根据《反市场滥用条例》第 12 条的规定，可将市场操纵行为划分为交易型、策略型、散布虚假信息型和基准利率型市场操纵行为四种类型。

（一）交易型市场操纵行为

交易型市场操纵行为（manipulating transaction）是指发出或可能发出关于金融产品[8]供需或价格的虚假或误导性信号、使或可能使一种或多种金融产品的价格处于异常或人为水平的交易、下单或其他行为。

该类操纵行为表现为操纵者通过交易行为人为扭曲金融产品供需或价格状况，具体又可细分为虚假或误导性交易（false or misleading transactions）与价格凝固（price securing）两种形态。虚假或误导性交易是指交易行为本身作为一种"虚假或误导性信号"，其他市场参与者接收到该信号后将产生对金融产品的供需或价格虚假或误导性印象，进

[7] Commission Delegated Regulation (EU) 2016/908.

[8] 本文所述金融产品包括金融工具、相关现货商品合约和基于排放配额的拍卖产品。

而影响相应的投资决策。这种虚假或误导性信号可能是真实交易活动中的某种特殊的买卖方式。例如,《反市场滥用条例》补充的操纵行为示例——在开盘或收盘时买卖金融产品,误导或可能误导投资者根据开盘或收盘价行事的特定时段内交易;也可能是一种使一般投资者误认为存在实际的交易,但实际上该交易并未发生的虚假交易方式,如不转移实际所有权的洗售(wash sale)。而价格凝固则是指交易行为将金融产品价格锁定在"异常或人为水平"。这种异常或人为水平的价格通常表现为偏离正常范围的价格,但"市场供求的正常运作也可能产生价格或高或低偏离正常交易范围的现象",[9]因而仅有价格异常的表征并不足以认定为价格凝固,还须上溯到引发价格异常的人为操纵因素。因此是否存在"锁定"这一人为因素就成为认定价格凝固的关键。根据《反市场滥用条例》补充的示例——行为人单独或合谋实施以谋求金融产品供需的控制性地位,具有或者可能具有直接或间接地凝固买卖价格、产生或可能产生其他不公平交易条件影响的行为——因此锁定在操纵语境下被理解为对市场供需或价格的控制力。

当前自动化交易广泛应用于市场,其在增加市场流动性、提高市场质量和效率的同时,[10]也可能放大市场波动、诱发滥用速度优势的操纵行为,甚至引发系统性风险。为此欧盟出台了《金融工具市场指令Ⅱ》(MiFID Ⅱ)[11]对包括算法和高频交易在内的广泛的自动化交易进行监管,但对于算法和高频交易中的某些操纵性策略,欧盟则将其纳入《反市场滥用条例》中予以针对性监管。通过补充的操纵行为示例,《反市场滥用条例》明确了利用自动化交易策略实施交易型市场操纵行为的表现形式,即"通过包括电子方式(如算法和高频交易策略)在内的任何可行的交易方式向交易场所下达包括取消或修改指令在内的订单:(1)扰乱或可能扰乱、迟延或可能迟延交易场所交易系统的运行;(2)使或可能使其他人在交易场所交易系统上更难识别真实订单,

[9] 蔡奕:《证券市场短线操纵的界定与规制法律难点分析——海外经验与比较》,载《金融服务法评论》2011 年第 1 期。

[10] 参见刘春彦、程红星、赵雯佳:《美国期货交易委员会自动化交易最新监管政策进展及启示》,载郭锋主编:《证券法律评论》(2017 年卷),中国法制出版社 2017 年版。

[11] Directive 2014/65/EU.

包括下达导致订单簿超载或破坏订单簿稳定性的订单；(3)产生或可能产生关于金融产品供需或价格的虚假或误导性信号，特别是通过下单诱发或加剧这一趋势。并且具有虚假或误导性交易、价格凝固或欺诈交易所具有的影响之一”。上述行为是利用包括算法和高频交易在内的自动化交易技术具有的速度优势实施传统的做市、套利等交易策略，本质上仍属于交易型市场操纵行为。但自动化交易策略因其鲜明的技术特征而有别于传统表现形式，判定该类市场操纵行为的标准除“是否影响价格”之外，还包括“是否干扰交易系统、误导投资者、影响金融资产供求关系”[12]等。上述规定确定了欧盟对滥用自动化交易策略实施市场操纵的监管法律依据，便于监管机构针对性执法，也符合强化自动化交易监管的国际趋势。

(二)策略型市场操纵行为

策略型市场操纵行为(manipulating devices)是指使用虚假手段或任何其他欺骗形式或诡计进行交易、下单或进行任何其他行为，且影响或可能影响一种或多种金融产品的价格。

交易型与策略型市场操纵行为均涉及交易或下单，在操纵效果方面也具有相似性。但二者区别在于后者的操纵手段本身是一种欺诈，即“明知客观上能够误导或助长错误认识，并由此而实施对他人的想法产生影响的任何行为”。[13] 前述定义对操纵手段的界定采用了虚假手段、欺骗形式和诡计这些要素，强调了操纵手段的欺诈性。该类操纵手段主要体现为与传播虚假、误导性信息或投资建议相关联的交易或下单，即某些将信息手段与交易行为结合起来操纵市场价格的欺诈行为。例如，未揭示利益冲突的“抢帽子交易”——事先持有金融产品的头寸，并在未以合理且有效的方式向公众披露利益冲突的情况下，利用偶然或定期接触传统或电子媒介的机会，发表关于该金融产品(或间接关于其发行人)的意见且随后从该意见对金融产品价格产生的影响中获益的行为。该类操纵还包括通过散布虚假或误导性的利好或利空

---

〔12〕 蔡奕:《证券创新交易模式对市场监管的挑战及法律应对》，载黄红元、徐明主编:《证券法苑》(第11卷)，法律出版社2014年版。

〔13〕 高基生:《德国最高法院对“抢帽子交易”案的判决及其启示》，载《证券市场导报》2006年第9期。

信息诱导投资者抬高或拉低价格,随后抛售或平仓谋利的"做多或做空型操纵"等。但从虚假手段、欺骗形式和诡计这些界定要素的宽泛概念来看,该类操纵手段远不止"将信息手段与交易行为结合"一种形态,而实际上能够涵盖更为广泛的欺诈手段。因此,也有学者认为《反市场滥用条例》对策略型市场操纵行为的规定应视为兜底条款,以涵盖不属于其他三种类型的市场操纵行为。[14] 此外,策略型市场操纵行为要求具有或可能具有引起金融产品价格波动的效果,但又不以对价格产生了实际影响为必要。换言之,只要欺诈行为具有影响金融产品价格的可能性,就足以认定为策略型市场操纵行为。

(三)散布虚假信息型市场操纵行为

散布虚假信息型市场操纵行为(dissemination),是指在明知或应知信息是虚假或误导性的情况下,通过包括互联网在内的媒体或以任何其他方式散布信息的行为(包括散布谣言),且该信息发出或可能发出关于金融产品供需或价格的虚假或误导性信号、使或可能使一种或多种金融产品的价格处于异常或人为的水平。

与前两类市场操纵行为不同,散布虚假信息型市场操纵行为不涉及交易或下单,而是指一些散布虚假或误导性信息干扰投资者判断和决策的行为,其主要有 4 个构成要件。一是以作为或不作为方式向不特定多数投资者散布信息,散布方式包括发出明显错误的信息、故意遗漏重要事实以及故意不准确地报告信息等,散布途径包括但不限于口头、传统媒体和互联网。网络荐股、分析师荐股已经成为此类操纵的主要形式。二是散布的信息具有虚假或误导性,体现为发出或可能发出关于金融产品供需或价格的虚假或误导性信号、使或可能使一种或多种金融产品的价格处于异常或人为的水平。"真实信息也可能由于选择性披露或行为人对披露节奏的控制而产生误导性,因此也能够成为散布的对象。"[15] 三是不以产生特定操纵结果为要件,只要行为人实施了散布关于金融产品虚假或误导性信息的行为即可认定为散布虚假信

〔14〕 参见盛学军主编:《欧盟证券法研究》,法律出版社 2005 年版,第 227 页;余磊:《操纵证券市场罪研究》,中国人民公安大学出版社 2013 年版,第 43 页。

〔15〕 陈晨:《证券市场信息型操纵认定难点及监管对策研究》,载《证券市场导报》2017 年第 8 期。

息型市场操纵行为。行为人是否进行后续交易以及是否从这些虚假信息中获得个人利益应在行政处罚和民事赔偿金额的确定方面予以考量,并非认定散布虚假信息型市场操纵行为是否成立的要件。四是行为人主观上明知或应知其散布的是虚假或误导性信息。

理论上,任何人都可以通过散布虚假或误导性信息操纵市场,但对于新闻记者来说这可能会带来无法承受的风险。[16] 考虑到记者的职业属性且为避免干扰新闻自由,《反市场滥用条例》赋予记者一定的特权:记者以专业身份正常披露和传播信息,即便信息可能是虚假或误导性的,也不认定为构成散布虚假信息型操纵行为。但存在两种例外情形:一是记者或与其密切相关的人直接或间接地从所涉信息的披露或传播中获得优势或利益;二是所涉信息的披露或传播将误导市场上关于金融产品的供需或价格。

(四)基准利率型市场操纵行为

基准利率型市场操纵行为(benchmark manipulation)是指当传输信息或提供输入数据的行为人明知或应知涉及基准利率的信息或输入数据是虚假或误导性的时,传输与基准利率有关的虚假或误导性信息、提供与基准利率有关的虚假或误导性的输入数据或任何其他操纵基准利率计算的行为。

这类新型市场操纵行为在伦敦银行间同业拆借基准利率操纵丑闻曝光后为世人所知悉。而后欧洲银行间同业拆借利率(EUIBOR)也被爆出操纵丑闻。这一系列基准利率操纵导致数百万亿美元的金融产品被错误定价,伦敦银行间同业拆借基准利率和欧洲银行间同业拆借利率的真实性受到广泛质疑。为重振市场信心、填补基准利率操纵方面的监管漏洞,欧盟于2012年7月以“草案修正案”的形式将基准利率型市场操纵行为的规定增补进《反市场滥用条例》草案并获得通过。欧盟据此成为首个将基准利率型市场操纵行为纳入法律规制的司法管辖区。

由于资本市场高度依赖基准利率作为衡量业绩和价值的信息工

---

〔16〕 See Mathias M. Siems, *The EU Market Abuse Directive: A Case - Based Analysis*, Hart Publishing, 2008, pp. 39 - 49.

具,因此实际或企图操纵基准利率的行为会严重侵蚀市场信心,并可能给投资者带来重大损失甚至扭曲实体经济。根据《反市场滥用条例》的规定,被操纵的基准利率主要是指周期或定期向公众提供或发布的、通过应用公式或基于一项或多项基础资产的价值或价格或调查来确定的、且被作为确定金融工具应付金额或金融工具价值参考的比率、指数或数值。上述定义基本上涵盖了所有公开的基准利率,诸如信用违约互换(credit default swap,CDS)基准利率等。实践中,根据数据来源的不同,基准利率可以分为"报价提交型"和"交易数据型"。前者是根据报价行提供的估算报价进行计算形成的,如伦敦银行间同业拆借基准利率;后者则是根据实际交易数据计算得出,如 WMR 基准汇率。〔17〕由于两种类型的基准利率在形成机制上的差异,行为人的操纵模式也有所区别。报价提交型基准利率的操纵有别于传统市场操纵行为理论,其在行为方式上无须制造真实、虚假的交易或散布虚假性、误导性信息,其在作用机制上也无须通过对投资人决策的控制就可以实现对金融工具的价格操控。〔18〕 而交易数据型基准利率的操纵则可能涉及操纵性交易或使用虚假手段。

上述定义列举了操纵基准利率的三种形式,包括:(1)传输虚假或误导性信息操纵基准利率本身。这些传输的信息是代表活跃市场中受竞争供需力量影响的非关联交易对手之间交易的可观察的价格、利率、指数或价值;(2)提供与基准利率有关的虚假或误导性输入数据操纵基准的数据源。这些输入数据是基准管理者用于确定基准的数据,例如一项或多项基础资产价值或价格;(3)任何其他操纵基准利率计算过程。基准利率计算是大多数基准形成的重要环节,包括接收和评估与该基准利率计算有关的所有数据以及无论是基于算法还是全部或部分基于判断的基准利率计算方法。此外,与散布虚假信息型操纵行为一样,基准利率型市场操纵行为也需要满足行为人主观上明知或应知该信息或输入数据是虚假或误导性的前提。

---

〔17〕 WMR 基准汇率又名"London 4pm Fix",其根据来自不同外汇交易场所的交易数据计算得出,并由 Word Market Company 和路透社在伦敦时间下午 4 时发布。

〔18〕 参见王越:《LIBOR 操纵案的刑法学反思——试论市场操纵犯罪的新类型:基准操纵》,载《政治与法律》2015 年第 12 期。

二、欧盟认定市场操纵行为的辅助规则:操纵行为征兆及实例

类型化定义是识别认定市场操纵行为的核心规则或标准,但其构成要素的宽泛概念不利于执法机关的准确理解与具体运用。为便于监管机构和市场参与者把握定义内涵,在实践中更好地判别交易或下单是否构成市场操纵行为,欧盟引入了一系列辅助认定标准:

一是操纵行为征兆(以下简称征兆),〔19〕指"异于正常交易行为的操纵行为迹象或表征,能够暗示可能存在的市场操纵行为"。〔20〕《反市场滥用条例》附件一列举了7项涉及"虚假或误导性信号和价格凝固"(交易型市场操纵行为)和两项涉及"使用虚假手段或任何其他形式的欺骗或诡计"(策略型市场操纵行为)的征兆,但未涉及散布虚假信息型和基准利率型市场操纵行为。征兆并非市场操纵行为的构成要件,其本身也不一定构成市场操纵行为,只是为监管机构认定查处市场操纵行为提供辅助的依据。而且"这些征兆应结合执法者的主观裁量以判断操纵行为是否成立,符合的征兆越多,其构成市场操纵行为的概率就越大"。〔21〕 二是实例(examples of practices),〔22〕是征兆的具体化,表现为实践中典型的操纵手段或情形。三是附加征兆(additional indicators),与征兆并无本质区别,但仅在其所对应实例的情境下加以考虑。作为征兆的补充,《补充条例》在各项征兆下列举了若干实例,并给大部分实例配置了相应的附加征兆。这二者本身亦不一定构成市场操纵行为,仅供监管机构在个案基础上加以考量。而且这些实例和附加征兆并非穷尽列举,欧盟证券与市场管理局(ESMA)将根据市场、技术发展情况适时更新。此外,实例与其所对应的征兆之间具有非

〔19〕 与征兆相关的内容最早规定在欧盟委员会2003年11月22日颁布的《关于公开披露内幕信息的定义和市场操纵的定义的指令》(2003/124/EC)第4~5条。

〔20〕 唐洪敏:《欧盟关于市场操纵的定义及其特点》,载《证券市场导报》2005年第8期。

〔21〕 同前注〔9〕。

〔22〕 与实例相关的规定可以追溯至欧洲证券监管委员会2005年5月发布的《第一套指导意见》(CESR/04/505B)所列举的一些可能构成市场操纵行为的案例。

限制性关联,即一项实例可能会重复出现以说明其所对应的多项征兆。相应地,这种非限制性关联也适用于附加征兆与其所对应的实例之间。

(一)涉及虚假或误导性信号和价格凝固的征兆及实例

1. 交易或下单占金融产品日交易量重大比例

日交易量占比是考察行为人价格影响能力的重要因素。根据《补充条例》的规定,用以说明该征兆的实例包括:

(1)首次公开募股后的欺诈交易(colluding in the after - market of an IPO),指在配售后串通多方在二级市场买入金融产品,以将该金融产品价格拉抬至人为水平并引发其他投资者交易兴趣。该实例通常涉及股票首次公开发行后即时进行的交易,行为人将股票价格拉抬至高位以吸引其他投资者加入交易。根据《补充条例》的规定,用以说明该实例的附加征兆有两项:一是异常集中的交易或下单;二是在开盘或收盘时除增加交易价量外没有其他明显理由的交易或下单。

(2)创建地板价或天花板价格(creation of a floor, or a ceiling in the price pattern),在交易中设置金融产品价格涨跌限制条件。例如,发行人或其控股股东为避免价格变动对其股票或信用评级造成负面影响而设置价格涨跌幅限制。但涉及回购计划或稳定措施的交易须进行合理且必要的价格限制,因此,该实例应区别于这类合法交易。该实例的附加征兆有5项:一是在相关衍生品或可转债的发行、可选择赎回或到期前的数天内,对价格有或可能有增减或维持作用的交易或下单;二是对当日或某一时段的加权平均价格有或可能有增减作用的交易或下单;三是具有或可能具有将基础金融产品价格维持在低于或高于执行价格的交易或用于确定到期日相关衍生品交割执行价格或其他因素影响的交易或下单;四是具有或可能具有改变基础金融产品价格,使其超过或未达到在到期日确定相关衍生品交割执行价格或其他因素影响的交易;五是当该价格在计算保证金要求时被用作参考或决定因素时,具有或可能具有改变金融产品结算价格影响的交易。

(3)试探性订单(ping orders),指下达小额订单以窥探隐藏订单深度,特别是评估处于暗池中的订单。试探性订单的发起方在极短时间内提交和取消大量小额订单,以诱使其他市场参与者对该试探性订单作出反应，并在此过程中试探出其他市场参与者的交易意图（如拟交易的价格或数量）。由于大多数试探性订单在执行前被撤销，因此发起人能够以极低的代价获得价值不菲的信息。

（4）网络钓鱼（hishing），指下达一个或一系列交易订单以发现其他参与者的订单信息，然后利用获得的信息下单交易。

2. 持有大量头寸者进行的交易或下单导致该金融产品价格重大变化

具有头寸规模优势的行为人进行的交易造成价格剧烈波动，是一种典型的操纵行为表征。除前述首次公开募股（IPO）后的欺诈交易之外，用以说明该征兆的实例主要出现在跨市场操纵中，包括：

（1）滥用挤压（abusive squeeze），指利用在金融产品供需或交割机制上占据支配地位的影响力，扭曲或可能扭曲其他对手方为履行义务必须接受的交割、提货或者迟延交割价格。滥用挤压也被称为市场力量型操纵，其行为逻辑是通过对金融产品头寸、现货供应的物理控制与期现货交割机制来实现操纵目的。[23] 此处的滥用挤压应理解为广义上的挤压，具体又分为囤积和狭义的挤压两种类型。

（2）交易场所间操纵（inter – trading venues manipulation），指在某一交易场所场内或场外交易金融产品以便不正当地凝固在另一交易场所场内或场外交易的同一金融产品的价格。交易场所间操纵属于价格关联型跨市场操纵，其本质上是利用在不同交易场所上市交易的同一金融产品的价格关联性实施的操纵。但利用同一金融产品在不同交易场所交易价格的差异进行的合法套利不构成操纵。该实例的附加征兆除了前述“创建地板价或天花板价格”下所列的第一、三、四、五项附加征兆之外，还包括“无论是否是在同一交易场所进行的、当买卖价差是确定其价格的一个因素时进行的改变买卖价差的交易”。

（3）跨交易产品操纵（cross – product manipulation），指交易金融产品以便不正当地凝固同一或另一交易场所场内或场外交易的相关金融产品的价格。跨交易产品操纵也属于价格关联型跨市场操纵，但与交易场所间操纵不同，前者利用的是不同金融产品之间价格关联性实施的操纵。跨交易产品操纵可能同时涉及基础金融产品和衍生品市场，

---

〔23〕 参见钟维：《跨市场操纵的行为模式与法律规制》，载《法学家》2018 年第 3 期。

作为操纵对象的金融产品之间仅需具备价格关联性的特征而不论是否在同一交易场所交易。例如,操纵在场内交易的金融工具价格,以影响场外交易的金融工具信用违约互换或价差合约(CFD)价格,反之亦然。该实例可以通过交易场所间操纵项下所列的附加征兆来说明。

3. 交易未改变金融产品的受益所有权

根据《补充条例》的规定,用以说明该征兆的实例包括:

(1)洗售(wash sale),指达成交易获益或市场风险不变、只在一致行动或合谋的当事方之间转移的某种交易安排。洗售是指不真正转移金融产品所有权的虚假或误导性交易,但回购交易、融资融券或其他涉及将证券作为抵押品转让的交易不构成洗售。该实例的附加征兆有3项:一是少数当事方在一段时间内异常地重复交易;二是在不减少或增加头寸规模的同时修改或可能修改头寸估值的交易或下单;三是异常集中的交易或下单。

(2)粉饰行情(painting the tape),指将下单、单独或连续交易金融产品显示在交易行情设施上,发出交易活跃或价格变动的假象。该实例的附加征兆为前述"洗售"下所列的第一、三项附加征兆。

(3)对敲(improper matched orders),指由一方或合谋的多方当事人以非常近似的数量和价格几乎同时进行交易。该实例的附加征兆除了前述"洗售"下所列的3项附加征兆之外,还包括"当订单簿的流动性或深度不足以在交易日内固定价格时,具有或可能具有固定市场价格的影响的交易或下单"。

(4)隐瞒所有权(concealing ownership),指以合谋的一方或多方的名义持有金融产品,通过违反披露持有金融工具的相关规定,隐瞒金融工具所有权的行为。该实例包括对金融产品的真实基础性持有情况进行误导性披露,但不包括有正当理由以实益所有人以外的他方的名义持有金融工具的情况,如名义持股(nominee holdings)。"少数当事方在一段时间内异常地重复交易"可用以说明该实例。

4. 占日交易量的重大比例的交易或报撤单在短期内颠倒了头寸方向,并可能与该金融产品价格重大变化有关

除前述粉饰行情、对敲外,用以说明这一操纵行为征兆的实例还包括:

(1)拉高出货(pump and dump),指持有金融产品的多头,然后进一步增持和/或散布关于金融产品的具有误导性的利好,以期诱使其他买方拉高价格,当价格处于人为高位时抛售。拉高出货的操纵对象一般是流动性较差的证券。

(2)压低吸筹(trash and cash),指持有金融产品的空头,然后进一步减持和/或散布有关金融产品的具有误导性的利空,以期诱使其他卖方压低价格,在价格下跌后平仓。该实例与拉高出货的执行方向相反。

(3)塞单(quote stuffing),指下达大量订单和/或取消和/或修改订单给其他投资者创造不确定性,放慢其交易决策过程和/或掩饰自身交易策略。

(4)动量点火(momentum ignition),指下达一个或一系列订单或执行一个或一系列交易,开启或加速行情趋势并引导其他投资者加速或延长该趋势,从而创造机会以有利价格平仓或建仓。该实例的附加征兆为:"高订单取消比(如订单交易比)与交易数量比(如每份订单的金融工具数量)的结合。"

5.交易或下单集中在短时间内并导致价格变化随后发生颠倒

该征兆体现为在短时间内砸单并导致价格随后发生逆转的异常现象。除前述创建地板价或天花板价格、交易场所间操纵、跨交易产品操纵、塞单以及动量点火外,用以说明该征兆的实例还包括:

(1)做尾盘(marking the close),指在交易时段的参考时点(如开盘、收盘、结算时点)故意买入或卖出金融产品,以将参考价格(如开盘价、收盘价、结算价)拉抬、打压或锁定在特定水平。做尾盘可能在任何单独的交易日出现,但在诸如期货/期权到期日、季度/年度投资组合、指数参考/估值点等日期出现的概率较高。该实例的附加征兆有7项:一是在竞价价格确定前几分钟在交易系统的中央订单簿大量下单,并在该订单簿锁定以计算竞价价格前几秒钟取消这些订单,以使开盘价高于或低于理论上的开盘价;二是在交易日内接近基准点进行基于市场规模会显著对供需、价格或价值产生重大影响的交易或下单;三是在开盘或收盘时进行除了增加交易价量外没有其他明显理由的交易或下单;其余的四项为前述"创建地板价或天花板价格"下所列的第一、

三、四、五项附加征兆。

(2)分层与幌骗(layering and spoofing),指频繁在订单簿的买方或卖方一侧申报大量不同价格层次或大额的非真实订单,而真正目的是在订单簿的另一侧进行交易,一旦交易完成,将立即撤销未执行的非真实订单。换言之,操纵者在订单簿的一侧下达非真实订单,然后在订单簿的另一侧进行真实交易,下达非真实订单是为了在订单簿的另一侧以更好的条件(价格或数量)进行交易。塞单也是申报大量订单后迅速撤单,但其没有紧跟着一个反方向的下单。根据《补充条例》的规定,前述“动量点火”下所列附加征兆可用以说明该实例。

6. 下单改变金融产品的最佳买卖报价或市场参与者可得的订单簿报价且在执行之前撤单

该征兆体现为人为改变订单簿报价的频繁报撤单行为。除前述创建地板价或天花板价格、交易场所间操纵、跨交易产品操纵、塞单、分层和幌骗以及动量点火外,用以说明该征兆还包括以下实例:

(1)不打算实际履行的订单(placing orders with no intention of executing them),指在订单执行前撤单,给出或可能给出金融产品在该价格上的供需误导性假象。例如,下一个小额订单以改变金融产品的报价然后迅速撤销,若无法及时撤销则执行该订单,将以较低的成本实现价格操纵。该实例的附加征兆有两项:一是嵌入提高出价或降低报价价格并具有或可能具有提高或降低相关金融工具价格的影响的下单;二是高订单取消比与交易数量比的结合。

(2)不当报价(excessive bid - offer spreads),指通过滥用市场力量将买卖价差扩大至和/或维持在人为水平上。该实例通常是由具有市场力量的中介机构滥用其市场力量实施的,其附加征兆有 2 项:一是具有或可能具有绕过市场交易保障措施(如价格限制、数量限制、买卖价差参数等)影响的交易或下单;二是对于无论是否是在同一交易场所进行的、当买卖价差是确定其价格的一个因素时进行的改变买卖价差的交易。

(3)拉抬(advancing the bid),指下达提高或降低金融产品报价从而提高或降低其价格的下单。该实例可以通过“嵌入提高出价或降低报价价格并具有或可能具有提高或降低相关金融工具价格的影响的下单”这一附加征兆来说明。

(4)烟雾弹(smoking),指下单以吸引采用传统交易技术的其他市场参与者(慢速交易者)的注意,然后迅速修改为不那么慷慨的条款,希望能在慢速交易者交易订单流入的情况下盈利。烟雾弹可能与市场参与者的报价显示情况有关,这些报价总是在“订单簿的顶部”以吸引投资者注意,但在收到客户的交易请求时,其将被取消或修改为不太慷慨的条款。

7. 在参考、结算价格与估价计算的特定时点或时点前后进行交易或下单,并导致对此类价格与估价产生影响的价格变化

除前述做尾盘、首次公开募股后的欺诈交易、创建地板价或天花板价格、交易场所间操纵和跨交易产品操纵外,还包括“为了固定与商品合同相关成本(如保险或运费)而作出安排,将金融产品的结算价格凝固在异常或人为的水平”这一实例。

(二)涉及虚假手段或任何其他形式的欺骗或诡计的征兆及实例

1. 是否在行为人或与其密切相关的人发出虚假或误导性信息前后进行交易或下单

除前述拉高倒货、压低吸筹和隐瞒所有权外,用以说明该征兆的实例还包括:

(1)通过互联网在内的媒体或其他方式传播虚假或误导性市场信息,导致或可能导致金融产品价格向有利于信息传播者持有头寸或计划交易的方向变动。

(2)建仓并在公开披露后立即平仓(opening a position and closing it immediately after its public disclosure),指在金融产品中建仓,并在公开披露并强调长期持有投资后立即平仓。该实例通常由投资组合经理和其他大型投资者实施,其投资决策通常被市场参与者视为未来的价格动态信号。但若报告或披露是以按照法律或监管要求规定的方式作出的,并且是此类要求明确要求或许可的,则该报告或披露本身不会产生虚假或误导性的印象。

(3)实物商品的移动或存储可能会对金融产品或可交付物的供需、价格或价值造成误导性印象;这种操纵市场的行为是指通过媒体以外的手段给人以虚假和误导性印象的行为过程。

(4)空载货船的移动可能会对金融产品或可交付物的供求、价格或价值造成虚假或误导性印象。

2. 是否在行为人或与其密切相关的人提出或传播错误、有偏见或明显受到重大利益影响的投资建议前后进行交易或下单

除前述拉高倒货、压低吸筹外,用以说明该征兆的实例有:通过互联网在内的媒介或其他方式传播虚假或误导性市场信息,导致或可能导致金融产品的价格向有利于传播信息的相关人员所持头寸或计划交易的方向变动。该实例的附加征兆为:“在市场参与者或公开的与其密切相关的人产生、传播公开可用的相反研究或投资建议前后不久进行交易或下单。”

三、欧盟认定市场操纵行为的例外规则:安全港规则与豁免条款

《反市场滥用条例》明确了反市场操纵行为的两种例外情况。一种是针对回购计划和稳定措施设立的安全港(safe - harbor)规则,即在满足法定条件的情况下,上市公司在回购计划中交易自身股票的行为和证券承销商稳定证券价格的行为将不被视为市场操纵行为。另一种是针对特定交易行为设置的豁免条款,即对于某些构成交易型市场操纵的特定交易行为,行为人可以该交易行为是出于合法原因且符合公认市场惯例为由提出合法抗辩。

(一)回购计划和稳定措施的安全港

欧盟在《反市场滥用条例》第5条中对回购计划和稳定措施的安全港进行了框架性规范,并在《回购计划与稳定措施实施条例》中进一步明确了安全港规则的具体内容。

1. 回购计划的安全港

回购计划,是指上市公司购买自身已发行的股票,其在防御收购、推行员工激励计划、引导股价等方面具有积极意义,但也极易引发操纵股价、内幕交易等不法行为。《反市场滥用条例》在回购目标、透明度要求、交易条件和消极限制条件方面确定了回购计划的安全港,强调对回购计划的事前监管以防范市场操纵行为。具体而言:第一,上市公司

的回购目标只能是减资、履行可转换为权益工具的债务金融工具所产生的义务或者履行员工股票期权计划或其他股份配置所产生的义务之一。第二,上市公司在回购计划执行前和执行期间均应履行充分披露与报告义务,以确保信息公开透明。第三,上市公司应在其股票获准交易的交易场所以特定的交易方式执行回购计划,并且应严格遵守价量限制要求:回购价不得高于上一次独立交易的最高价或相关交易场所当日最高报价;回购交易量不得高于相关交易场所日均交易量的25%。第四,上市公司不得出售自有股票、不得在封闭期内或在决定延迟公开披露内幕信息的情况下交易自有股票,除非其是投资公司或信贷机构,并且已建立、实施且维持适当有效的信息隔离机制,来防止直接或间接获取上市公司内幕信息的人向实施回购交易的负责人或代表客户买卖自有股票的负责人非法披露内幕信息。

2. 稳定措施的安全港

稳定措施,又称安定操作,是指证券承销商在发行证券时,因该证券存在销售压力而在规定时间内为维持该证券的市场价格而购买、要约购买该证券或者交易等同于证券的相关金融工具。稳定措施通常由证券承销商在证券公开发行后进行,旨在稳定证券市场价格、防止短期投机并确保公开发行的成功,但其可能将证券价格人为凝固在高位并带来市场操纵的风险。因此,欧盟仅允许证券承销商在特定条件下实施稳定措施,具体而言:第一,应在稳定期内进行。对于股票及其他相当于股票的证券,稳定期应自首次公开发行交易之日或再融资充分公开披露证券最终价格之日起至不迟于30日。而对于债券和其他形式的证券化债务,稳定期应自充分公开披露证券发行条款之日起至不迟于金融工具发行人收到发行收益后30日,或至不迟于证券配售后60日,以较早者为准。第二,应履行充分披露与报告义务。在稳定期前,应充分公开披露稳定措施的全部细节信息。在稳定期内,应确保在7个交易日内充分公开披露全部稳定交易的信息。第三,应满足价格条件。证券承销商不应以高于发行价的价格购买股票或相当于股票的证券,不应以高于新的发行最终条款披露时市场价的价格购买可转换或可交换的证券化债务。第四,应在特定条件下实施辅助稳定。为给稳定措施提供资源与对冲,欧盟允许以行使超额配售选择权

(overallotment facilities)〔24〕或绿鞋期权(greenshoe options)〔25〕的形式进行辅助稳定。

(二)交易型市场操纵行为的豁免条款

市场参与者利用对其有利的时间、价量或手段寻求利益最大化的行为是一种普遍的金融市场逐利行为,虽其表面上是一种交易过程中的操纵,但本质上是一种交易或投资手段,并不等同于《反市场滥用条例》禁止的市场操纵行为。交易型市场操纵行为以交易或投资手段为载体,在很大程度上具备正常投资行为的表征。但《反市场滥用条例》仅规定了交易型市场操纵行为的客观构成要件,而"这种客观性判断标准未免过于严苛和简单化,很可能将一些无意识的或偶然的市场行为包括在内,有违市场公平原则"。〔26〕为避免监管泛化抑制资本市场创新和持续动态发展,《反市场滥用条例》针对交易型操纵行为设置了豁免条款,即涉嫌构成交易型市场操纵的行为若是出于合法原因且符合监管机构确定的"公认市场惯例"则将豁免于被认定为市场操纵行为。易言之,当某一特定交易行为仅因符合交易型市场操纵行为的构成要件而被认定为市场操纵行为时,行为人能够根据豁免条款对该行为提出合法抗辩。此外,监管机构一般通过操纵行为本身的违法性推定行为人具有操纵市场的目的,因此提出合法抗辩主张的行为人应承担相应的举证责任。

《反市场滥用条例》第 3 条将公认市场惯例定义为"经成员国监管机构依照《反市场滥用条例》第 13 条规定认可的具体的市场惯例"。作为一种可能落入市场操纵行为定义范围的特定市场行为,公认市场惯例由于具有合理性且被成员国的监管机构依法认可,从而排除了违法性。欧盟赋予成员国自由裁量权,以决定适用于本国场内外交易市场的公认市场惯例。《反市场滥用条例》第 13 条规定了成员国监管机

---

〔24〕超额配售选择权,是指承销协议或牵头管理协议中的一项允许接受认购或要约认购比最初发行数量更多证券的条款。

〔25〕绿鞋期权,是指要约人授予参与要约的证券承销商的一种涵盖超额配售目的的选择权。根据该选择权的条款,该公司或机构可在证券发行后的一段时间内以要约价格购买一定数量的证券。行使超额配售选择权,必须以绿鞋协议为前提。

〔26〕同前注〔14〕,盛学军,第 227 页。

构确定公认市场惯例应遵循的一般程序与欧盟证券与市场管理局的相关职责,且明确了确定公认市场惯例应考虑的7项因素:行为的透明度水平;市场力量运行保障与供需力量相互作用;对市场流动性与效率的影响;对市场正常运行的影响;相关市场完整性风险;对市场惯例的调查结果;市场结构特征,包括交易的金融工具类型与市场参与者类型。除了《反市场滥用条例》的框架性规定,欧盟委员会受权制定的《公认市场惯例实施条例》进一步明确了监管机构确定公认市场惯例的细化标准、程序要求、维持和终止适用公认市场惯例及修改其考虑因素的要求等内容。此外,《反市场滥用条例》赋予了欧盟证券与市场管理局监控公认市场惯例、定期向欧盟委员会提交公认市场惯例应用情况报告等职责。2019年12月13日,欧盟证券与市场管理局发布了关于公认市场惯例应用情况的最新年度报告。[27] 截至报告日期,西班牙、葡萄牙、意大利和法国监管机构已经确立了涉及"流动性合约"(liquidity contracts)[28]的公认市场惯例。

四、欧盟认定市场操纵行为的立法经验

(一)体系化的市场操纵行为认定规则

欧盟通过《反市场滥用条例》及其实施细则两级立法,构建了一套以类型化定义为核心、征兆及实例为补充、安全港规则与豁免条款为例外的多层次市场操纵行为认定规则体系。首先,欧盟立法以法定禁止性行为为出发点对市场操纵行为进行界定,给出了较为全面、精准的市场操纵行为定义,涵盖了四种操纵行为类型。其次,在立法中创造性地引入了一系列征兆及实例,作为监管机构和市场参与者识别认定市场操纵行为的参考因素,对类型化定义进行了有力补充。最后,欧盟立法明确了市场操纵行为认定的例外情形,包括安全港规则与豁免条款,为

---

〔27〕 ESMA70 - 156 - 1823.

〔28〕 流动性合约,是指允许上市公司或封闭式集体投资计划与投资服务提供商之间达成的主要是为了稳定价格波动的合约安排,其唯一目的是提升股票流动性。

具有积极作用的交易行为提供“安全网”,避免抑制市场积极性与创新功能的发挥。

(二)包容性的市场操纵行为定义

欧盟立法强调市场操纵行为定义的开放性与弹性,[29]体现在市场操纵的定义形式与内容两方面。一方面,《反市场滥用条例》采用了一般性描述与具体操纵行为相结合的定义形式,包含了对市场操纵本质特征的凝练和具体样态的列举,兼具开放性与实用性。不仅有利于监管机构根据市场操纵本质特征所内含的原则精神进行抽象演绎,而且有助于其依据具体的示例进行有针对性和可操作性的认定。另一方面,《反市场滥用条例》率先将基准利率型市场操纵行为纳入类型化定义之中,亦明确禁止将报撤单作为自动化交易策略核心的市场操纵行为。在此基础上,《反市场滥用条例》也增强了市场操纵行为定义的弹性,明确将可能产生操纵后果的行为纳入禁止性规定,推动监管口前移。同时规定操纵手段的表现形式除了交易和下单外,还包括“任何其他行为”的概括性兜底,确保监管能够涵盖市场发展过程中不断出现的新型操纵手段。市场操纵定义形式与内容上的开放性和弹性,形成了欧盟具有包容性特征的市场操纵类型化定义。

(三)精细化的市场操纵行为认定辅助标准

欧盟认定市场操纵行为的辅助标准分为征兆、实例、附加征兆3个层次,其内容精细化水平较高。第一,操纵征兆以操纵行为的表现形式为主,“有的描述了行为的后果,如交易或下单对金融产品价格、成交量的影响等;有的描述了行为所处的环境,如行为发生的时间等;有的则描述了行为人的市场地位,如是否在头寸上具有优势等”。[30] 且大部分征兆可以被不同程度地量化,如交易或下单在相关金融工具的日交易量中所占的比重等。第二,每项征兆下所列的实例是该征兆在实践中的做法,是征兆的具体化。这些实例不仅包括洗售、对敲、拉高倒货、压低吸筹等传统的操纵手段,还包括在自动化交易背景下出现的试

---

〔29〕 参见朱庆:《论股份回购与操纵市场的关联及其规制》,载《法律科学》(西北政法大学学报)2012年第3期。

〔30〕 同前注〔20〕。

单、网络钓鱼、塞单、动量点火、分层和幌骗等新型操纵手段。第三，每项实例下所列举的用以说明该实例的附加征兆，也是一种行为表征。这些附加征兆的作用是辅助说明某一征兆下的实例。上述辅助认定标准能够作为监管机构和市场参与者认定市场操纵行为的实用工具。

（四）客观化的市场操纵行为认定模式

欧盟立法关于市场操纵行为认定模式呈现客观化的趋势，仅以单纯客观行为作为评价行为的法律标准。一方面，欧盟不以存在操纵的主观故意（动机）作为认定市场操纵行为的构成要件。《反市场滥用条例》仅规定了操纵行为的客观构成要件，强调判断行为人的行为本身是否对价格形成机制或其他投资者行为造成影响。这是由于"主观故意是一种存在于当事人脑海中的意识，除非当事人自认或者出现法定情形，否则难以直接证明"。[31] 因此，在这种客观主义的认定标准下，欧盟监管机构无须花费大量精力去探究难以直接证明的主观故意，而通过操纵行为本身违法性推定操纵人交易目的或动机不纯。这大大减轻了监管机构的举证难度，使操纵行为更容易被识别认定。但客观主义的认定标准并不意味着排除所有主观因素的考量，对于散布虚假信息型和基准利率型市场操纵行为而言，只有在满足行为人"明知或应知其传播或传输的信息是虚假或误导"这一主观认知前提才构成市场操纵行为。

另一方面，欧盟不以实际发生操纵后果作为认定市场操纵行为的构成要件。"金融产品的价格异常波动，是操纵行为追求的结果而非构成操纵行为的必要条件。"[32] 因此不论操纵结果是否发生，操纵行为对市场秩序的扰乱效果实际存在。《反市场滥用条例》第 15 条将"企图"（attempt）的概念引入市场操纵行为的禁止性规定，明确"任何人不得进行或企图进行市场操纵"。这种企图操纵市场包括行为已经开始但未完成的情况，如由于技术失败或下单未被执行等。由于企图操纵市场不以实害后果为必要，未遂的交易或下单也被纳入了认定范围，市

---

〔31〕 郑彧：《从"结果主义"转向"行为主义"——论连续交易型市场操纵的认定》，载蒋锋、卢文道主编：《证券法苑》（第 26 卷），法律出版社 2019 年版。

〔32〕 同前注〔14〕，盛学军，第 212 页。

场操纵行为的认定中因果关系的重要性被弱化。总言之,客观化的市场操纵行为认定模式扩大了欧盟市场操纵行为的监管范围,监管机构据此能够对更广泛的可疑行为进行认定查处,反映出欧盟立法对打击市场操纵行为的严厉态度与防患于未然的监管理念。

五、欧盟经验对我国的启示

我国新修订的《证券法》已于 2020 年 3 月 1 日起施行,该法第 55 条作为我国反证券市场操纵行为的核心法律依据,在旧法基础上:扩大了操纵证券市场的行为类型,吸纳了虚假申报、蛊惑交易、抢帽子交易与跨市场操纵四种市场操纵行为;改变了市场操纵行为的构成要件,明确将“意图影响”证券交易价格或交易量的行为定义为操纵。后者拓宽了对市场操纵行为的监管范围,与欧盟客观化的市场操纵行为认定标准立法有相似之处。新《证券法》对证券市场操纵行为定义的完善及其在市场操纵行为认定要件上的客观化趋势值得肯定。但现有的证券市场操纵行为认定制度仍存在一些遗留问题有待厘清。其一,新《证券法》仍未就市场操纵行为定义中的概念与构成要件授权下位法进行细化规定,也未针对“操纵证券市场的其他手段”这一兜底性条款的界定主体与规范形式进行授权。实践中,除了将原则性的市场操纵行为定义作为认定依据之外,我国证券监督管理机构亦将其 2007 年制定的《证券市场操纵行为认定指引(试行)》(以下简称《认定指引》)作为查处认定市场操纵行为的依据。但《认定指引》中给出的指标较为粗疏,且制定后并没有随着证券市场形势变化适时更新,在应对不断演变的新型操纵行为上存在滞后性。其二,尽管《认定指引》与证监会 2008 年《关于上市公司以集中竞价交易方式回购股份的补充规定》对不构成操纵行为的例外情形作出了规定,但在《证券法》中却找不到相应的上位法依据,存在着立法缺漏。因此我国资本市场操纵行为认定规则还有进一步完善的空间。

借鉴欧盟经验,我国应从规范体系化、内容精细化与结构科学化三方面加强资本市场操纵行为认定规则建设。首先,我国应在新《证券法》出台之际，全面梳理与更新现存的反市场操纵行为相关规范，以问题为导向进一步完善现有法律、行政法规、部门规章、交易所规则在内的多层次证券市场操纵行为规范体系。同时，在现阶段以行政执法为主导的规范体制下，明确授权国务院证券监督管理机构作为界定“操纵证券市场的其他手段”的权威主体，及时回应证券市场与执法实践的发展。其次，在参考欧盟立法中的操纵行为辅助认定标准与总结监管机构查处认定经验的基础上，我国应通过行政法规或部门规章的形式对市场操纵行为的法律概念和构成要件予以明确，对监管机构在查处认定市场操纵行为中遇到的难点进行有针对性的规定，对算法和高频交易等新型操纵手段建立自身的认定指标体系，并鼓励交易所根据自律监管实践制定相应的行业规范或监管指南，提高规范精细化水平。最后，应当在现有股份回购安全港条款基础上细化与完善具体的规则，提前部署、加快研究符合我国证券市场现状的稳定措施安全港条款。同时借鉴欧盟对市场操纵进行定义时使用的合法原因、公认市场惯例等概念，解决由于立法空白或条文模糊情况下困扰执法者的市场操纵行为合理抗辩问题，避免不当干预合法合理的市场行为，实现科学立法。

（编辑：胡睿超）

【制度研究】

《证券法苑》(2021)
第三十二卷,第416~438页

上市公司股份代持的穿透式审判思维审视及裁判路径重构

钱玉林*　徐芙蓉**

摘要:司法裁判对于上市公司股份代持问题,一般穿透到源头,否定代持协议效力。判决理由偏向于分析"未披露行为"的危害,但判决结果转而得出"未披露的行为"无效,存在理由与结果的错配,同时未考虑到股份代持中的双层关系,规制效果不佳。应以不打破双层关系为原则,将法益保护、行为外部性作为前置考虑因素,针对股份在取得、持有和转让三阶段的不同,确立身份冲突时的取舍规则,公司归入权的引入规则以及发起人的严格绑定规则等新的裁判路径。

关键词:股份代持　穿透式　分层假说　协议效力

上市公司股份代持现象涉及公司法、证券法、合同法的交叉适用问题,理论界和实务界关于如何规制,争议较大。目前,从单个部门法领域进行研究论

* 华东政法大学经济法学院院长,博士生导师。

** 华东政法大学经济法学院博士研究生,上海市第二中级人民法院研究室科长。

证的较多,交叉融合论证的较少,出现了研究成果和解释规范无法涵盖问题全貌的现象。司法实践更多是从穿透式审查的角度,追溯到股份代持协议效力这一源头进行规制。这种规制方式缺乏层次性和整体性分析,容易导致适用上的逻辑错乱和法理不清。管见认为,对股份代持进行阶段划分,厘清公司法、证券法、合同法的适用层次,进行一种更系统、更全面的研究,可以为上市公司股份代持问题提供一种新的规制视角。

一、穿透式审判思维下的规制模式审视

股份代持的一般表现形态为,资本的所有者有出资的愿望,有股权的期待,但出于某种考虑,选择隐去身份,将他人标识为公司股东。这种情况在现行法中未被明文禁止,但目前的司法实践倾向于穿透到行为源头,以判决股份代持协议无效的方式,对上市公司股份代持行为予以否定性评价。

(一)司法实践判决无效的典型情形归纳

2016年《互联网金融风险专项整治工作实施方案》首次提出穿透式监管的概念以来,穿透式理念在多领域被频繁提及。司法作为公权力的一种行使方式,也参与了对资本市场的管控。2019年11月,最高人民法院发布《全国法院民商事审判工作会议纪要》(以下简称《九民纪要》),这是最高人民法院出台的第九个会议纪要,其中对穿透式审判思维进行了固定和强化,反映出司法价值观对金融监管政策的迎合。通过对近年来的相关案例进行分析发现,司法实践比较典型的规制方式有两种,即将上市公司股份代持认定为符合《合同法》第52条第4项或者是《民法总则》第8条、第143条、第153条的规定,归入到"损害社会公共利益"或者是"违背公序良俗"的理由上,进行无效处理。

情形一:归入《合同法》第52条第4项"损害社会公共利益"之下,[1]作出无效判决,并推而广之,形成"上市公司股份代持协议无效"的一般性裁判规则。兹举例以明之,最高人民法院2018年3月在杨某

[1] 该条规定:"有下列情形之一的,合同无效:……(四)损害社会公共利益……"

国、林某坤股权转让纠纷案中认为,[2]根据《证券法》《首次公开发行股票并上市管理办法》《上市公司信息披露管理办法》等规定,上市公司发行人必须真实,并不允许发行过程中隐匿真实股东,否则公司股票不得上市发行,从而得出“上市公司股份不得隐名代持”的结论。判决中进一步论证,上市公司股份代持必然损害到广大非特定投资者的合法权益,从而损害到资本市场基本交易秩序与基本交易安全,损害到金融安全与社会稳定,从而损害到社会公共利益。之后很多法院直接将“上市公司不得隐名代持”作为当然的前提来适用,涉及上市公司股份代持行为的,一律认定为无效。[3]

情形二:归入《民法总则》第 153 条之下,[4]以“违反公序良俗”为由判决无效。譬如,上海金融法院在 2019 年 4 月,杉某立身诉龚某股权转让纠纷案中认为,[5]公序良俗包括公共秩序和善良风俗。发行人应当如实披露股份权属情况,禁止发行人的股份存在隐名代持情形,属于证券市场中应当遵守,不得违反的公共秩序。双方签订的股份代持协议构成发行人股份隐名代持,违反证券市场的公共秩序,属于违反公序良俗的行为,应认定无效。

综上以观,上述两种情形在论证的前半段,相当于认定了“上市公司股份代持行为”的违法性。但在进行效力判定时,又绕开了违反强制性规定中“效力性强制性规定”和“管理性强制性规定”的识别和论证,通过对“损害社会公共利益”和“违反公序良俗”的论证来完成无效的认定。

(二)裁判视角下的法律逻辑考量

裁判过程中,除了考虑判决结果对涉案当事人的影响之外,案件的

---

〔2〕 最高人民法院:杨某国与林某坤股权转让纠纷再审审查与审判监督民事裁定书,案号:(2017)最高法民申 2454 号,2018 年 3 月 21 日。

〔3〕 例如,上海市高级人民法院 2020 年 1 月在陈某、沈某俊与上海明匠智能系统有限公司、河南黄河旋风股份有限公司等股权转让纠纷中,基本上援用了最高人民法院在杨某国、林某坤股权转让纠纷案中的观点,认为构成违规并对公共利益造成损害的最直接行为是上市主体的不实信批及代持人的刻意隐瞒行为。上市公司股权必须清晰,不得隐名代持股份。

〔4〕 该条规定,违背公序良俗的民事法律行为无效。

〔5〕 上海金融法院:杉某立身与龚某股权转让纠纷一案判决书,案号:(2018)沪 74 民初 585 号,2019 年 7 月。

辐射效果、可能的潜在影响等都在裁判考虑之列。甚至时代背景、政策导向等,无不影响着裁判的走向。裁判中可能考虑到严格监管的大背景,但对代持协议无效的说理性不强,在为什么归入"损害社会公共利益"和"违反公序良俗"方面,大而化之,一笔带过,缺乏深入的法理分析和逻辑论证。通过只言片语的判决理由,大致可以提炼出如下裁判逻辑:股份代持的状态违反了有关披露的规定,这种违反是一种违法行为,这种违法行为损害了社会公共利益和公序良俗,所以代持协议无效。裁判逻辑背后的考量大抵有三点:

其一,协议不披露是一种对监管的逃避。大部分代持协议在涉诉之前是不公开的,不公开的行为直接违反的是关于披露义务的规定。这类披露义务主要由《证券法》〔6〕《首次公开发行股票并上市管理办法》〔7〕《上市公司信息披露管理办法》〔8〕等进行规定。披露义务在某种程度上是公司股东对公司管理层的一种监管,是所有权与经营权分离状态下的一种平衡。鉴于中小股东的力量薄弱,公权力即证监会等组织介入,代替中小股东行使了部分监管职能。裁判者认为,不披露出资人的状态会逃避监管部门对其进行的监管,那么背后的出资人在逃离监管的状态下,会作出有损公司利益以及其他投资者(公司其他股东)权益的行为,基于这样的预判,从而认定代持协议无效。

其二,影响投资者权益会影响资本市场的稳定。不披露出资人的状态,会导致公司披露的信息不真实、不全面,对于资本市场的不特定投资者来说,其是在信息极度不对称的情况下作出投资决定,这种决定的错误率较高,某种程度上说,是一种误导。大部分投资者是资本市场的弱势群体,如果不设置特定对投资者的保护规则,非常容易被处于强势地位的经营者利用,诱使投资者作出于己不利的行为,进而影响投资者的投资积极性,不利于活跃和繁荣资本市场。

---

〔6〕《证券法》(2020 年)中设专章共 10 条内容规定信息披露。

〔7〕第 13 条规定:"发行人的股权清晰,控股股东和受控股股东、实际控制人支配的股东持有的发行人股份不存在重大权属纠纷。"

〔8〕第 21 条及第 22 条规定,持股 5% 以上股东、控股股东、实际控制人及公司前 10 大股东持股情况,控股股东及实际控制人发生变化的情况等,应当分别在年度报告及中期报告中进行记载。

其三,资本市场不稳定等同于损害社会公共利益,等同于违背公共秩序。资本市场面向的受众广,且具有不特定性。不特定群体的受损相较特定群体而言,有着更重的公众意味。不特定性是一种安全隐患,会危害金融秩序,进而损害公共利益,违反公序良俗。

总之,目前的裁判基本上都是把"未披露行为"和"未披露的行为"混为一谈,即没有正确区分未披露行为和未披露的代持行为两者的不同性质、不同行为结构和不同违反后果。在上市公司的股份代持关系中,股份代持是一层行为,未对股份代持行为进行披露是另一层行为。判决视角偏向于披露动作本身,对未披露的社会危害性着墨较多。按此分析路径,股份代持行为与资本市场中违反其他披露义务的行为一样,是未披露这一行为损害了社会利益,违反公序良俗。但判决结果转而得出"未披露的行为"即上市公司股份代持行为无效的结论,存在论证理由与论证结果的错配。裁判视角过于偏向披露动作本身,缺乏对股份代持行为的充分论证和分析,判决结论与判决理由脱节,有违法理和事理逻辑。

(三)现行裁判思路的不足

《九民纪要》对穿透式审判思维的固定和强化,很难避免一种合理猜测,即司法审判中对这类案件进行了一种先定果后寻因的技术操作。这种操作使得法律沦为政策的工具,不但折损了判决的说理性,也影响了法律的公信力。

首先,穿透式审判违反了法律适用的体系性。披露义务是公权力机关基于保障证券市场良好运转对参与主体及其行为施加的义务。穿透的理念源自金融领域,主要目的是在于发现金融活动的本质,是证券市场对参与主体苛以披露义务落空后的主动选择,希冀达成与参与主体履行披露义务一致的结果。这种理念和行为体现的是证券法思维、管理者思维和公法思维。对违反披露义务的正常规制逻辑是,在证券法领域按照监管逻辑进行规制,直接突破部门法界限,穿透到民事法律行为效力层面,违反了法律适用体系,突破了公法与私法之间的边界,欠缺恰当的穿透理由。

其次,穿透式审判错误理解了股份代持情况下的市场风险。资本市场的风险是其与生俱来的特性。风险本身带有中性,即损失和收益的共生。我们需要防范的并不是市场本身的风险，而是系统性的风险。那么股份代持的行为是否能够带来资本市场的系统性风险呢？系统风险是指对证券市场产生普遍影响的风险因素，特征在于系统风险因共同因素所引发，对证券市场所有的股票价格均产生影响，这种影响为个别企业或行业所不能控制，投资人亦无法通过分散投资加以消除。[9]资本市场的高风险特性本身已经把风险偏好低的投资者挡在门外。判决书认为的，未披露行为会增加资本市场的风险，本身就是一个伪命题。未披露实际出资人并不一定就增加了投资者的投资风险。现实中，只有为数很少的投资者对公司治理问题具有全面而深入的认识。大多数投资者和监管者可能都错误理解了投资者实际上承担的风险。公司的股票价格取决于专业投资者的知识和判断。业余投资者无须知道公司的过多信息，这些未知因素的机制都已经包含在专业投资者确定的股票交易价格中，这些价格自动地保护了无知的投资者。股份价格所蕴含的信息比市场中任何一个参与者知道的都要多。[10] 资本市场的投资者在做出投资决策时，基本上不会考虑或者很少考虑公司普通股东的情况。股份代持对代持公司的股价基本上不会有忽上忽下的过大影响，更不用说对整个资本市场的影响。所以，资本市场上不披露股东行为的高风险性在很大程度上是一种想象的存在。

最后，穿透式审判与公司自治原则有冲突。公司自治是公司制度所坚持的最核心、最基本的价值，是公司当事方应当得到法律确认与保护的一种权利与地位。[11] 一般只有存在外部效应的时候，比如，存在环境污染或者商业垄断等情形时，才有司法干预的必要性。试想，一名散户的股份代持状态会对资本市场、对股价产生多大的影响，如果不加区分地对代持行为进行笼统定性，会导致行为本身、行为结果与行为评价的极度不对称。股份代持更多的是代持双方与公司之间的关系，动

〔9〕 参见郑义彬：《中国股市系统风险估值研究》，载《武汉理工大学学报》（信息与管理工程版）2007年第1期。

〔10〕 参见［美］弗兰克·H. 伊斯特布鲁克等：《公司法的逻辑》，黄辉编译，法律出版社2016年版，第30～32页。

〔11〕 参见王怀勇：《公司自治的思想渊源》，载《宁夏大学学报》（人文社会科学版）2009年第4期。

辄以行为有损公共利益为名，而横加干涉，属于司法对公司自治的越界干预，会增加公司的设立成本、影响公司的正常运转节奏。目前的判决没有给出必须干预的理由。

综上，现阶段对于穿透式审判思维的实践运用略显粗糙，先定果后寻因的裁判思路，跳过了多重论证环节，以偏概全，将“未披露行为”违法等同于“未披露的行为”违法，使裁判基础薄弱而不扎实，难免引起非议。需要在厘清股份代持具体情形以及界定股份代持法律性质的前提下，在满足一系列先设条件之后，有所取舍地适用穿透式审判思维。

二、以股份为中心的代持情形分析

假如必须等待单个资本增长到修建铁路的程度，那么，恐怕直到今天世界上还没有铁路，但是，通过股份公司来集中资本，转瞬之间就能把这件事完成。[12] 广泛化、社会化的资本来源是上市公司制度的本质，大规模的资本集中成为社会发展的推进器。股份公司为了吸引更多的资本注入，需要给资本以期待的对价。这种对价就是公司股份。

（一）股份在公司运转中的基础和关键作用

在股份取得阶段，出资人其实是和公司进行了一场交易。对出资人来说，其用资本购买了股份；对公司来说，其用股份购得了资本。股份将出资人对资本的所有权转变为公司股权，将出资人身份转变为公司股东身份。也就意味着，股东身份的取得和股权行使依附于股份。在股份持有阶段，股东凭借拥有的股份数量行使相应权利，并受相应制约。股份转让则是一系列身份利益和财产利益的打包交易。“股东的一切权利根源于股份，随着股份的转移，股东的所有权利也随之转移。”[13] 由此可见，股份的产生由出资人的出资行为来启动，经过股份取得、股份持有和股份转让3个阶段，形成了资本的闭环运行，如图1

〔12〕《资本论》（第1卷），中共中央马克思恩格斯列宁斯大林著作编译局译，人民出版社1975年版，第688页。

〔13〕［韩］李哲松：《韩国公司法》，吴日焕译，中国政法大学出版社2002年版，第204页。

实线箭头部分所示(为体现股份流转的直观性,制作图1)。具体过程为:出资人的出资被公司接纳后,取得股份,在持有股份期间,以股东身份行使股权,经过股份转让行为,交易相对人取得了股东身份,交易相对人取得股东身份的实质相当于出资人通过出资取得股东身份。申言之,出资行为一旦完成,其就进入了公司的资本闭环中,除非公司解散或者破产,不然资本会在其中永续循环。而人的要素处于循环之外,如图1虚线箭头所示。股份将人和公司、资本和股权连接起来,股份的持有人是公司认可的当然成员,股东身份和股权的行使也依赖于对股份的持有。

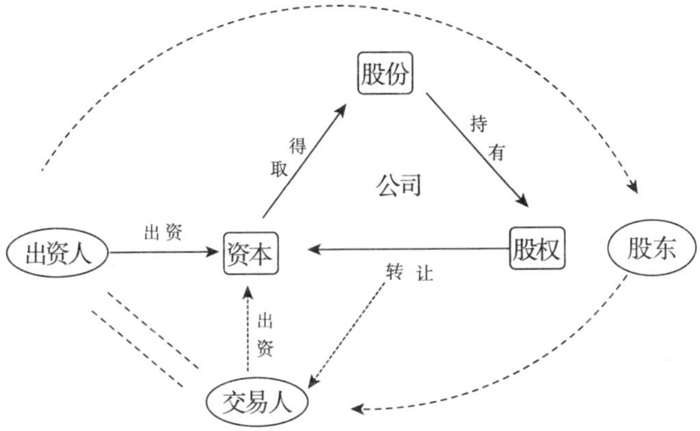

图1　上市公司股份作用

(二)股份代持原因的三阶段分析

法律文书中较少提及股份代持原因。理论界关于股份代持原因的分析倒是多有提及,如郑彧在《上市公司股份代持法律问题研究——兼论股份代持对信息披露监管制度的挑战与完善》一文中,将代持原因分为四类,即规避法律的限制性要求、基于非法目的和意图、股权激励的现实需要、民企海外上市规避审批的需要。[14] 雷金牛在《论公司中隐名投资的法律规制》一文中,将代持原因分为两类,即规避类原因和

---

〔14〕 参见郑彧:《上市公司股份代持法律问题研究——兼论股份代持对信息披露监管制度的挑战与完善》,载黄红元、徐明主编:《证券法苑》(第7卷),法律出版社2012年版。

非规避类原因,规避类原因包括规避法律法规、不正当获取优惠待遇等;非规避类原因包括保密真实财产、商业运作考虑和认识偏差等。[15] 杨姝玲在《隐名出资人主体资格的法律界定》一文中,将代持原因分为三类,即规避对于投资主体的限制、规避对于投资领域的限制、规避对于投资比例和期限的限制等。[16] 上述分类方式过于随意,各种判断标准杂糅在一起,对于清晰理解代持原因以及进一步对代持进行规制,意义不强。

本文尝试以股份在公司运转中的作用为着眼点,对代持的动因和情形进行更明晰的分类。非规避情形下的代持可能是出于"藏富"的心理,也可能是某种难以归类的偶然安排,这一类型的代持可以称为"非规避型代持",对其进行法律上分类和评判的价值较小。以下主要围绕规避型代持,即存在规避法律法规或者规范性文件需求的代持,来展开分析。通过图1股份的循环过程可见,股份的取得、持有和转让三个阶段是发生股东与公司、股东与第三人等各种关系的密集阶段,法律法规也是着重对上述3个阶段的各种关系进行了规制。那么,就以这3个阶段为标准,对代持情形进行分类研究,可以突出研究重点,理顺研究脉络,并提出有针对性的规制观点和规制路径。

第一,股份取得阶段的规避。法律会在特定的领域对特定主体的准入行为进行限制,或者对特定主体的经营行为进行限制,被限制主体的出资不会被公司接纳。具体情形分为两类:一是出于国家利益或者社会整体安全的考虑。比如,我国目前对一些关系国计民生的领域如部分农产品新品种的选育、特定矿藏的开采等,限制外商投资企业进行投资。发展改革委、商务部最近6年来,5次修订《外商投资准入特别管理措施(负面清单)》。[17] 随着我国产业配套能力的增强以及国内

---

〔15〕 参见雷金牛:《论公司中隐名投资的法律规制》,对外经贸大学2014年博士学位论文。

〔16〕 参见杨姝玲:《隐名出资人主体资格的法律界定》,载《法律适用》2012年第1期。

〔17〕 《外商投资准入特别管理措施(负面清单)(2019年版)》,新清单将自2019年7月30日起施行。2019年版的全国和自贸试验区两张负面清单进一步扩大农业、采矿业、制造业、服务业等领域开放,限制措施从6年前的190条缩减至全国版的40条和自贸区版的37条。

市场创新能力的提升，负面清单的范围正逐步限缩。部分外商处于利益驱使，可能采取股份代持的方式进入被限制领域。[18] 二是出于职业和岗位特性的考虑，《证券法》第43条对此作了概括性的规定，“证券交易场所、证券公司和证券登记结算机构的从业人员，证券监督管理机构的工作人员以及法律、行政法规规定禁止参与股票交易的其他人员，在任期或者法定限期内，不得直接或者以化名、借他人名义持有、买卖股票或者其他具有股权性质的证券，也不得收受他人赠送的股票或者其他具有股权性质的证券”。其中关于法律、行政法规规定禁止的情况，比较典型的是《公务员法》第59条的规定，公务员不得“违反有关规定从事或者参与营利性活动，在企业或者其他营利性组织中兼任职务”。部分上述人员存在以权谋私的心理，借亲属或他人的名义以股份代持的方式投资。

第二，股份持有阶段的规避。这种情况主要表现为对履行大股东义务的规避。股东在享受股权的同时，因其共同参与了公司这一组织，在考虑公司整体发展的情况下，需要各股东特别是大股东承担一定的义务。这种义务的承担会与股东一味追求利益的情况构成冲突，某些股东会以股份代持的形式来规避这些义务，达到个人利益最大化。比如，法律法规对关联交易有一系列的限制规定，《公司法》第16条对公司为股东和实际控制人提供担保进行了规定；[19] 中国证监会的《上市公司治理准则》[20]《上市公司股东大会规则》[21]《上市公司章程指引》[22]等监管规范性文件也都要求上市公司与控股股东（实际控制人）、关联董事发生关联交易时，需遵守相关董事会、股东大会表决程

〔18〕 北京市朝阳区人民法院陈某锋与董某杰股权转让纠纷一审民事判决书，案号：(2019)京0105民初48283号，2019年9月19日。

〔19〕 《公司法》第16条第2～3款规定：“公司为公司股东或者实际控制人提供担保的，必须经股东会或者股东大会决议。前款规定的股东或者受前款规定的实际控制人支配的股东，不得参加前款规定事项的表决……”

〔20〕 参见该准则第六章第一节控股股东及其关联方行为规范中第63～67条的规定。

〔21〕 第31条第1款规定：“股东与股东大会拟审议事项有关联关系时，应当回避表决，其所持有表决权的股份不计入出席股东大会有表决权的股份总数。”

〔22〕 第79条规定：“股东大会审议有关关联交易事项时，关联股东不应当参与投票表决，其所代表的有表决权的股份数不计入有效表决总数；股东大会决议的公告应当充分披露非关联股东的表决情况。”

序和回避表决的要求。有的股东为了规避上述规定,委托他人代持股份成为其优质选项,以此将自己淡出披露对象的范围,逃避系列行为监管。[23]

第三,股份转让阶段的规避。这一阶段的规避主要原因在于突破对于股份转让的限制。股份转让意味着原股东脱离股东义务或者部分脱离股东义务,正常情况下,这种流动是被允许并被提倡。但对某些股东而言,这种自由因应更大的法意被限制。比如,《公司法》第 141 条对发起人转让股份进行了规定。[24] 上述股份转让的限制,在于防止发起人利用设立公司谋取不当利益,并通过转让股份逃避可能承担的法律责任。司法实践中,有的发起人为了实现即时上市套利,委托他人代持股份,公司一上市就将股份转让,把公司经营风险转移至资本市场。[25]

上述三种不同阶段的股份代持行为,规避的动因不同,损害的法意也有所区别,需要在对股份代持性质进行分层解析的基础上,找寻有效的规制模式。

三、分层视角下股份代持关系解析

目前,对实际出资人和被登记为股东的人,大多将其称为“隐名股东”和“名义股东”。这种称谓不够规范。股份代持情形下,哪一方能够被认定为股东尚无定论,“××股东”的说法不够严谨。可以从真实发生的行为状态来考虑,将真实出资的一方称为“出资人”,被登记为股东的一方称为“代持人”更为妥当。在股份代持的情形下,图 1 中的

---

〔23〕 北京市第一中级人民法院程某与余某股权转让纠纷再审民事判决书,案号:(2019)京01民再172号,2019年12月26日。

〔24〕 该条规定,发起人持有的本公司股份,自公司成立之日起1年内不得转让。公司公开发行股份前已发行的股份,自公司股票在证券交易所上市交易之日起一年内不得转让。

〔25〕 上海市高级人民法院陈某、沈某俊与上海明匠智能系统有限公司、河南黄河旋风股份有限公司等股权转让纠纷民事判决书,案号:(2019)沪民终295号,2020年1月20日。

关系结构被嫁接了一层出资人和代持人的关系，出资人的地位和作用被代持人取代，出资人与公司的距离拉远，其通过与代持人之间的关系来实现参与公司的目的。那么在这种状态下，出资人与公司的关系变得复杂。目前观点多以单层视角对股份代持进行界定，难以揭示股份代持全貌，需要一种新的研究视角来拓展思路。

（一）现有学说及不足

关于股份代持的法律性质，学界从单层视角提出了不同的假说。“代理说”认为，以民事主体间的意思表示为角度，通过代理法律关系对股份代持法律问题进行规制。[26] “信托说”认为，用信托关系理解股权代持比代理关系更好，不仅可以让信托股权有更加相对的独立性，而且对受托人诚信的要求也更高。同时，从与国际接轨的角度来说，英美国家大都将股份代持认定为信托，所以我国司法与法律应跟上国际形势。[27] “共有说”认为，可以借鉴民法、物权法上的共有制度对股份代持问题进行探讨，出资人通过共有人决议不仅能够实际参与公司的运营管理，对股份的管理与处分也享有自己的表决权利，与股份信托制度相比，共有制度能够实现出资人投资公司的最终目的，并且成为股东实现股权的有效途径，因而是保护实际出资人的最佳选择。[28]

以上学说角度各异，勾画了股份代持的不同侧面，但似乎又都不够全面和妥帖，难以涵盖股份代持所涉及的全部法律问题。按“代理说”的思路，间接代理情况下，代理人披露被代理人后，被代理人直接取得代理人的法律地位。但在股份代持的情况下，被代理人（出资人）被披露之后，需要受到公司法上关于股东认定的限制，不能代替代理人（代持人）直接成为显明股东，代理的法律逻辑难以涵盖此点。“信托说”只是在“名实不符”的形式上与股权代持关系相一致，是从表象上进行的倒推，没有触及代持的本质。信托需要被信托人较强的专业能力来

〔26〕 参见赵旭东、顾东伟：《隐名出资的法律关系及其效力认定》，载《国家检察官学院学报》2011 年第 2 期。

〔27〕 参见黄辉：《股东资格与股权转让》，载赵旭东、宋晓明主编：《公司法评论》（2006 年第 4 辑），人民法院出版社 2007 年版。

〔28〕 参见陈晨晨：《论共有制度对隐名股东股权的保护——与信托制度比较》，浙江师范大学 2012 年硕士学位论文。

开展信托事宜,但代持状态下,很多情况是出资人向代持人的借名行为,由出资人自己参与公司决策,完全没有用到信托关系中代理人的专业力量。"共有"一般是对所有权能的共同所有,各方都拥有占有、使用、收益、处分的权能,而非一方拥有部分权能,另一方拥有另一部分权能,但实际上代持人在很多情况下,并不实际享有股东权益,不能真正参与公司决策,享受股息和红利,只是基于代持协议取得收益。

(二)股份代持分层关系假说

综览前文可知,出资之后,资本自行形成一个闭环,与上市公司发生连接的只是代持人。出资人始终处于这一循环之外,通过股份代持协议与代持人发生联系,代持人再通过出资行为与公司发生联系。申言之,股份代持的整个过程由两个主要的行为来完成。行为一是出资人发起签订代持协议的行为,这是发生在两个平等的民事主体之间的法律行为,受合同法规范的约束;行为二是代持人发起向公司出资的行为,这是个体加入组织体的行为,受公司法规范的束缚。由此,可将股份代持的整个过程分为两层,以更好地分析行为的法律意义(见图2)。

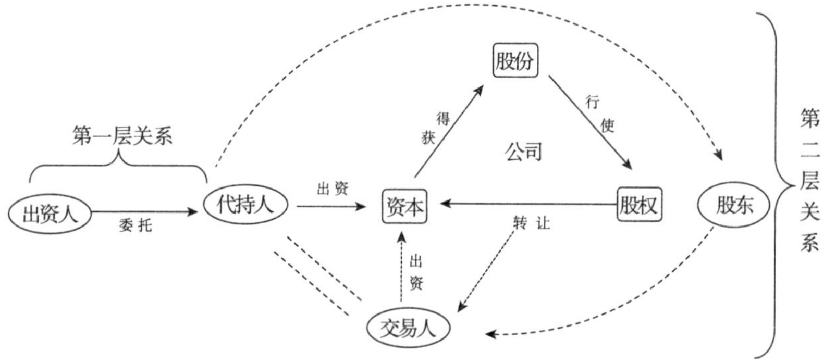

图2　股权代持的双层关系

第一层关系中,出资人与代持人通常以签订股份代持协议的方式达成代持合意。以实践中比较典型的代持协议为例,双方以代持为核心,主要对两个事项进行约定:一是出资人实际出资,代持人被登记为公司股东,股份权益由出资人享有;二是代持人在行使股东权利时,应就待表决事项等与出资人意见保持一致。这样一来,相当于代持人把"名字"借给出资人使用,类似于一种借名登记行为。"借名登记合同是指当事人约定一方将自己之财产以他方名义登记，而仍由自己管理、使用、处分……在性质上应与委任契约同视，倘其内容不违反强制、禁止规定或公序良俗者，固应赋予无名契约之法律上效力，并类推适用民法委任之相关规定。”〔29〕此时，出资人和代持人之间的关系更类似于代理关系，出资人委托代持人以代持人的名义为一定法律行为，与“间接代理”〔30〕的形态类似。代理规范是一种典型的法律效力归属规范，即行为主体与责任主体分离的规范。首先，从外观形态上看，“以受托人名义”行事，代理人即代持人是以自己的名义参与公司活动，被代理人即出资人在整个活动过程中是隐身状态，是幕后力量，不会被暴露出来。其次，从行为后果上看，“利益归属委托人”，代持人行为的一切后果由出资人承担，代持人参与公司行为的结果表现形式是股份收益，这一收益的归属是出资人，这也是出资人出资的根本目的。可见，间接代理的形态和实质跟委托持股关系的形态和效果基本一致，用代理理论进行规范较为合理。

第二层关系中，对于公司来说，代持人是与公司直接发生一系列连接的人，在参与经营表决的过程中，不论其是出于真意还是代为表意，意思表示出来之后，都是公司股东的当然意思。代持人参与公司事务的权利来源不是代持协议，而是基于持有股份。出资人和公司之间没有直接的联系。出资人通过与代持人之间的协议，在某种程度上会操纵代持人的行为，将其意志渗透进公司经营中，但渗透的基础是与代持人之间的协议，而不是基于股东身份。即便出资人之后获得了公司的分红，也是基丁与代持人的协议而享有，而非基丁参与公司管理而享有。股份代持的情形下，代持人为公司和外界认可的股东，出资人仍希望保有对股份的持有，但不公示股东的身份，在法律逻辑上行不通。

上述第一层关系是合同法上的关系，第二层关系是公司法上的关系。两层关系之间有一定的联系：第一层关系是股份代持的基础关系、

〔29〕 赵秀梅：《借名登记合同中的法律问题》，载《国家检察官学院学报》2014 年第 5 期。

〔30〕 间接代理，指虽为委托人（本人）的计算而以自己名义实施法律行为的代理。参见耿林、崔建远：《民法总则应当如何设计代理制度》，载《法律适用》2016 年第 5 期。

原因关系;第二层关系是股份代持的延伸关系、结果关系。但两者之间更多的是相互独立,分别适用不同的法解释体系。公司法相对于合同法来说,有更多组织法的意味,完全的意思表示行为在公司法领域受到更多的限制,在产生了公司法上的法律效果后,这一效果与引起其产生的合同法行为之间是否还有关联,一个行为的瑕疵是否会对另一个行为产生影响,成为能否穿透审查的关键。前述分析可知,股份代持关系中的两个行为分属不同的部门法领域,不同领域的法在规范对象、规范理念、规范效果方面都存有差异,用A部门法中的规制方式来规制隶属B部门法调整的对象,即用合同法上否定合同效力的方式来规制公司法上股份代持行为,本身就是一种解释混乱,其打破了协议行为与公司法上的后果之间存在的天然壁垒。在资本市场发展到一定程度,商事交易频繁的当下,更适合用无因性理论来解释两层关系。无因性理论适用于股份代持的第一层关系和第二层关系的意义在于:结果行为的效力摆脱了基础行为效力的影响,有利于保护交易安全,维护平和稳定的法秩序。此其一。无因性理论框架内,基础行为与结果行为泾渭分明,法律关系清晰可辨,法律适用上不容易出现混乱,且能给参与者较强的行为预期。此其二。无因性理论减轻了相对人的注意义务和交易成本,有利于鼓励交易,促进经济流转。这对于上市公司所处的资本市场来说,意义重大。此其三。代持人被登记为公司股东之后,这一公示效力不因基础关系的有效与否而受影响,有利于保护资本市场的参与者,鼓励后续交易。公示的公信力不仅是对外界的一种权利宣示,也为权利的保护提供了技术上的支持,公示制度具有权利正确性的推定效力、善意保护效力和风险警示效力,而可以规避权利的冲突,使交易成本内在化。[31]

综上以观,在某种行为涉及多个法律关系,特别是多个法律关系归属于不同的部门法调整时,遵循法律的体系性是首要规则,穿透式审查是例外,需要设置明确的适用前提和适用条件。

---

〔31〕 参见胡智强:《论表决权信托——以小股东利益保护为背景展开的研究》,载《现代法学》2006年第3期。

四、重构上市公司股份代持问题的理论适用逻辑

目前对上市公司股份代持行为的评判，主要表现为对一种载体，即股份代持协议的效力判定上，这种做法让协议本身承载了太多期待，为了迎合这种期待，会扭曲协议本身的特质，且完全偏向了法律的工具性功能，导致合同法向公司法、证券法领域的无序蔓延，引发法律体系性混乱，需要对目前的做法有所纠正，理顺规制逻辑。

（一）上市公司股份代持行为是否违法

部分判决中关于上市公司股份代持行为违法的认定过于武断，需要对法律规定进行精细化解析后才能得出结论。目前包括《证券法》在内的法律法规尚无关于禁止上市公司进行股份代持的明确表述。与之相关的，也就是判决中援引最多的规章包括两项。

其一，《首次公开发行股票并上市管理办法》第 13 条的规定，即发行人的股权清晰，控股股东和受控股股东、实际控制人支配的股东持有的发行人股份不存在重大权属纠纷。目前裁判中一般将此条理解为对股份代持的禁止。其实并不尽然。该规定传递了 3 个信息点：一是股权清晰。不清晰，是指特定股份属于何人，较难辨别，可能属于甲也可能属于乙。二是并不排斥在上市公司中出现受控股股东和实际控制人支配的股东。这种控制和支配与股份代持的部分效果类似。这是对上市公司实际情况的接纳，反映了规定制定者对客观存在的尊重。三是不存在股权的重大权属纠纷。关于重大权属纠纷的界定，诉诸诉讼应当是其中的重要表现之一。将上述信息点带入股份代持的情境下进行分析，股份代持情况下，登记在册的股东是代持人，这是对股权权属的权威认定，不存在不清晰的情形。有可能的疑惑是代持人受出资人支配，在参与公司事务时代表出资人的意志，但上述规定并不禁止这种情况的出现，而且这超出了法律能够调整的行为边界，即便强行禁止，也难以达到禁止效果。此外，股份代持的双方在大部分情况下对于权属的认识是一致的。只有特殊情况下，如部分股份权属正在诉讼过程中，存在类似这样的情形，才符合存在重大权属纠纷的要求。由此可见，该

条规定不能体现禁止上市公司股份代持的意思。

其二，《上市公司信息披露管理办法》第21条和第22条的规定，即持股5%以上股东、控股股东及实际控制人情况及公司前10大股东持股情况、控股股东及实际控制人发生变化的情况等，应当分别在年度报告及中期报告中进行记载。这条规定其实是一条对披露义务的规定，披露义务的主体是公司，披露的对象限定为“持股5%以上股东、控股股东、实际控制人及公司前10大股东”；披露的内容限定为“持股情况、控股股东及实际控制人发生变化的情况等”。以此来对照股份代持的情况，股份代持的双方都不是披露义务主体，代持的股份也不一定都能满足占股5%以上等量上的要求，所以对于代持协议双方来说，上述规定不存在适用的前提，司法实践中的适用有牵强附会之嫌。再结合《证券法》（2020年）第五章关于披露信息的规定分析。第五章全部条文中，明确披露的义务主体是公司、公司的控股股东、实际控制人、董事和高级管理人员，普通股东也不是信息披露义务人，难以得出禁止上市公司股份代持的意思。

综上以观，“未披露的行为”即股份代持行为并不当然违法，“未披露行为”也不当然违反法律规定的披露义务，要考虑行为主体、占股比例等多种情况进行综合判断。如果说“未披露的行为”即股份代持行为是为了规避对股东资格的限制、对股东义务的逃避以及对股东转让股份的限制，那也只能界定为规避法律，而不宜直接界定为违反法律。

（二）规避法律的行为是否必然无效

规避法律的行为并不等同于违法行为。德国司法审判中，规避的法效果经历过从“一律无效”到“同等对待原则”的变迁。〔32〕在帝国法院时期，普遍认为规避行为一律无效。原因在于当时的规避学说主要认为，规避是具有自己独立法效果的单独的法律制度。此外，法律规避制度经常被限定在禁止性法律，以至于无效后果是从《德国民法典》第134条〔33〕中得出的。但在一些案件中，尽管不涉及禁止性法律，法院

〔32〕 参见张新：《论民法视域中的法律规避行为——以“民生华懋案”为例》，载《华东政法大学学报》2019年第3期。

〔33〕 该条规定，违反强制性规定的法律行为无效。

也判决无效。而从20世纪90年代初开始,无效理论在德国法院判决中不再被支持。[34] 为规避法律而实施的行为是否归于无效,取决于该法律行为的事实构成和规定这些事实构成的规范的解释。[35] 避法行为的处理最终都要转化为法律解释和法律补充问题。[36]

诚如前述,"未披露的行为"即股份代持行为首先被法院解释为损害社会公共利益或者违反公序良俗,然后在这样的体系下,进行无效判定。除了前文第一部分第三点的论证之外,针对理论上关于"规章和规范性文件的目的在于维护公共利益和公共秩序"的论断,本文认为,基本上任何制度的初衷都在于对社会公共利益和公共秩序进行维护,如果违反规章和规范性文件的规定都可以定性为损害社会公共利益,那么,《合同法》第52条第4项和第5项的规定就存在逻辑上的矛盾,会突破第5项的设限,存在随意扩大的可能。正如崔建远教授所认为,《合同法》第52条第5项[37]只是该条第4项的特别法,为避免规范适用上的矛盾,应将《合同法》第52条第4项作目的性限缩。[38]

总言之,法律针对不同类型行为的规范各有其"独立法律含义",法院应尊重不同规范之间的独立性,尊重当事人对法律规范的信赖和所作的类型选择。[39] 应当承认规避法律本身的价值中性,规避行为不等同于直接违法行为。

(三)明确无效适用的前提

意思自治是司法领域的基本原则,对意思自治进行否定的最严厉方式便是对行为的无效判定。在规避行为价值中立的前提下,启动无效机制,需要设置几项前提条件,针对上市公司股份代持问题的特性,在认定协议无效之前,首先要考虑探究规制的"法意保护"。具体来说,就是要分析禁止性条款本身所保护的法意,立法者借由这些规定并

---

〔34〕 同前注〔32〕。

〔35〕 参见[德]维尔纳·弗卢梅:《法律行为论》,迟颖译,法律出版社2013年版,第413页。

〔36〕 参见王军:《法律规避行为及其裁判方法》,载《中外法学》2015年第3期。

〔37〕 该条规定:"有下列情形之一的,合同无效:……(五)违反法律、行政法规的强制性规定。"

〔38〕 参见崔建远:《合同法总论》(上卷),中国人民大学出版社2011年版,第328页。

〔39〕 参见王军:《法律规避行为及其裁判方法》,载《中外法学》2015年第3期。

非旨在阻止这些法律行为的内容或结果,就违反之法律后果而言,其他法律上之效果既为已足(如刑罚、治安处罚及竞争法上之措施等),无须再为私法效果上的处罚。[40] “若借名登记契约仅影响课税之计算基准或导致土地登记制度有违真实者,此应属税捐机关是否按实课税或当事人应否承担不真实登记事项风险之问题,不当然得作为否定私人法律行为效力之依据。”[41] 其次考虑“行为外部性”,外部性越强,启动的必要性越大。私法主体之间的行为效力一般基于双方之间,但如果行为溢出双方,效果波及太广,则需要公权力的适时介入。比如,影响到了国家的经济规制及调控,那么,基于整体利益优先于私法自治的精神,启动无效机制,一方面,避免了个案对整体的破坏;另一方面,无效的法律后果可以强化对禁止性规定意旨的贯彻,进而具有一般预防功能。[42] 同时,“由于个人受限于知识、远见、技能和实践,组织变成为实现人类目标的有效工具”。[43] 个人通过小部分的投入参与一个组织体,在组织体整体获益的情况下,个人可以获得其小部分投入单独不可能实现的收益,那么在考虑组织整体利益的某些时候,需要被权衡掉部分个人利益。

五、上市公司股份代持问题的实践规制路径

上市公司的股份代持涉及两重规制:一是“未披露行为”的规制;二是“未披露的行为”的规制。对于未披露行为,随着资本市场的日趋成熟,对披露机制的理性认识会不断加深。新《证券法》设专章规定信

[40] 参见胡坚明:《德国法上违反禁止性规定之法律行为的效力》,载《华东政法大学学报》2018 年第 2 期。

[41] 参见林诚二:《不动产物权变动登记之实与虚——以我国台湾地区借名登记契约之相关问题为说明》,载《北方法学》2014 年第 1 期。

[42] 同前注[39]。

[43] [美]奥利弗·E. 威廉姆森:《市场与层级制》,蔡晓月、孟俭译,上海财经大学出版社 2011 年版,第 26 页。

息披露内容。[44]“当交易在不确定性/复杂性的条件下完成时，交易会变得非常昂贵。”[45]对于股东身份的披露要求是便于对资本市场进行管理，防止公司沦为股东个人的盈利工具。如果不披露或披露不完全，则监管的前提就不复存在，本质上是逃避了监管。证券市场信息披露制度的本质在于保持公平、透明的市场环境，以便投资者在平等、公平的环境下从事证券交易，这样的目的使证券法有别于传统的民法或者商法的理念，证券买卖的法律后果并不能够完全依从于“买者自负”原则。既然证券监管的目标在于确保对外披露的真实性和有效性，因此，就必须确保这种信息披露的效力及违法从事信息披露的法律后果能有效震慑潜在行为人。[46] 对于违反披露事项的惩罚措施，证券法本身有两层惩罚机制。第一层是“有行为即有处罚”，只要存在违反披露义务的行为，则适用该法第197条关于处以罚款的规定；[47]第二层是“有结果才有处罚”，适用第85条关于赔偿责任的规定。[48]

以上仅是解决了对未披露行为的规制，那么，“未披露的行为”及股份代持行为被披露出来之后该如何处理？《证券法》中找不到解决方案，需要结合《公司法》《合同法》等规定综合考虑。如果代持行为不存在规避因素，即“非规避型代持”，依本文第三部分的分析结论，应为合法有效。如果代持行为是“规避型代持”，可以沿用本文第二部分的分阶段理论，并结合“法益保护”和“行为外部性”的过滤，对股份三阶段的代持找寻有针对性的规制方式。

（一）股份取得阶段的代持规制：身份冲突时的取舍

股份取得环节采取代持的方式，规避的是两种身份之间的冲突。

---

〔44〕 该法第80条罗列了需要披露的重大事件：……持有公司百分之五以上股份的股东或者实际披露人持有股份或者控制公司的情况发生较大变化，公司的实际控制人及其控制的其他企业从事与公司相同或者相似业务情况发生较大变化……

〔45〕 同前注〔43〕，第27页。

〔46〕 参见［美］丹尼尔·F.史普博：《管制与市场》，余晖、何帆、钱家骏、周维富译，上海三联书店、上海人民出版社2008年版，第11页。

〔47〕 该条规定，信息披露义务人未按照本法规定报送有关报告或者履行信息披露义务的，责令改正，给予警告，并处以五十万元以上五百万元以下的罚款……

〔48〕 该条规定，披露信息存在虚假记载、误导性陈述或者重大遗漏，致使投资者在证券交易中遭受损失的，信息披露义务人应当承担赔偿责任。

资本市场的身份限制,是指特定的人不能从事特定的营利活动,否则会产生已有身份与营利身份之间的冲突。比如,相关证券从业人员、公务人员等。目前采取否定协议效力的方式,没有直中要害。既然是身份之间的冲突,那么,通过在身份上施以一定的影响,某种程度上更能达到对特定身份人员进入资本市场的威慑作用。例如,《公务员法》对公务人员从事或者参与营利性活动予以禁止,同时也规定了对违纪行为给予警告、记过、记大过、降级、撤职、开除等处分。如果将规制视角放在对已有身份的影响上,那么公务人员在从事营利性活动时,需要审慎考量,行为情节严重时丧失公务身份,是不是其可以承受的损失。根据《证券法》的规定,证券从业人员违规买卖证券的,将被没收违法所得,并处以买卖证券等值以下罚款。这种规制方式没有聚焦身份,如果从限制或禁止证券从业资格的角度考量,与单纯的金钱惩罚相比,能达成更好的规制效果。且因身份关系而起的问题最终落脚在身份上的处理,逻辑上更为顺畅,无须启动穿透审查来判定合同无效。关于外国人投资特定领域的行为,对外国人这一特定的主体身份,属于一种客观描述,不存在身份处罚的施展空间。从法益保护角度看,外国出资人通过代持人向公司这一组织体输入自己的意志,规避了国家宏观调控经济这一法意,有对国家经济安全造成不利影响的可能,即便很小的可能性也能带来很大的外部性。此种情况下存在进行穿透式审查的必要性,需要追溯到协议源头,对代持人和出资人之间的委托关系进行否定。

(二)股份持有阶段的代持规制:引入公司归入权

“一个国家对于防止公司的经理及控股股东掠夺公司投资人利益方面提供了什么样的法律保护措施,决定其资本市场的深度和广度、上市公司股利的分配政策及外部融资等的便捷程度。”[49] 如果是意图规避股东义务,那么出资人实际享有的权利将超出其本应履行的法律义务,构成权责利的不一致。首先考虑“法益保护”问题。对于股份持有阶段的监管,本质上在于防止个人与公司争利,把本属于公司的利益私入囊中。从保护公司盈利这一法意出发,如果我们想要改变股东的行为,应当通过改变股东行为的外部环境去促使其作出一定改变,而不是

---

〔49〕 同前注〔31〕。

直接强制性地要求其改变。股东在股份持有阶段的代持规避，目标是利润最大化，那么，可以通过在某些问题上施加金钱惩罚去影响股东的行为。顺此思路，我们可以找到《公司法》第149条关于董监高的忠实义务规定，董监高违反忠实义务，本质上是把公司作为实现自己私利的工具，股东虽然不存在对公司的忠实义务，因为一般情况下其不参与公司的经营管理。但如果通过违规的股份代持来损害公司利益，谋取私利，本质上跟董监高违反忠实义务的后果相同，可以推定适用《公司法》第148条的规定，将其收入归入公司。这种思路也可以从《证券法》第44条规定中获得印证。[50] 法效果上对盈利的禁止，可以有效避免事前的规避行为。直接援用《证券法》《公司法》的已有规范进行规制，更符合法理逻辑，更能达到规制效果，不需要穿透到代持协议效力层面。

（三）股份转让阶段的代持规制：担保机制的严格绑定规则

公司经营处所的市场影响着其组织结构。上市公司的关键市场是资本市场。其原因在于，成立公司这种上市组织的一种解释是，这样可以更为便利地获取资本。公司所拥有的股份自由转让和股东有限责任特征，使其更容易获得资本的青睐，[51] 对股份转让环节的限制是一种例外，那么，这种例外有没有道理和法律逻辑？限制股份公司发起人股份转让的目的，是防止发起人利用发起股份公司“圈钱”后向公众投资者转嫁投资风险。而限制公开发行前已发行股份的转让，目的是保持公司上市前后股权结构稳定，防止公司一上市就发生重大股权结构变化。[52] 考虑到有些不当发起行为的法律后果和法律责任的滞后性，如果发起人在后果实际发生前因转让股份退出了公司，就很难追求其责任，不利于保护他人或社会公众的合法权益。因此，需要在一定时期内

---

〔50〕 该条规定：上市公司、股票在国务院批准的其他全国性证券交易场所交易的公司持有百分之五以上股份的股东、董事、监事、高级管理人员，将其持有的该公司的股票或者其他具有股权性质的证券在买入后六个月内卖出，或者在卖出后六个月内又买入，由此所得收益归该公司所有，公司董事会应当收回其所得收益。

〔51〕 参见[美]罗伯塔·罗曼诺编著：《公司法基础》，罗培新译，北京大学出版社2013年版，第1页。

〔52〕 参见王军：《中国公司法》，高等教育出版社2017年版，第181页。

禁止发起人转让其持有的公司股份。[53]

这种限制相当于设定了一种发起人对公司的担保机制,将发起人特定的财产利益与公司存亡绑定在一起,一定期间之内不能将财产利益置换为财产。这是一种对信任机制的保护,在发起人部分转让股份时,虽说发起人的财产被他人的财产替代,公司的总财产保持不变,但新进股东对公司的了解更少,参与公司运营的机会和动力更少,而发起人因为投资额的减少,与公司之间的连接减弱,对公司持久发展的期待降低,不利于公司的长久发展。同时,这种行为存在极强的外部性,在发起人全部转让股份时,1 年内完全退出公司,我们有合理怀疑其存在上市套现的心理,此时发起人规避的义务,会损害公司成立的根基,把公司作为私人的谋利工具,并且会导致资本市场的套利心理严重,损害广大投资者的合法权益。此种情况下予以穿透,通过否定出资人和代持人之间的协议效力来达到规制目的,就显得尤为必要。

(编辑:赵宇)

〔53〕 同前注〔52〕,第 183 页。

《证券法苑》(2021)
第三十二卷,第439~456页

强制现金分红规则的实施机制

曹兴权[*]　王婷婷[**]

摘要:基于公司章程相对必要记载事项路径的间接强制性以及鼓励和引导的政策意图,是理解与适用《证券法》第91条现金分红规则的逻辑起点。应当从私法与公法两个层面发掘相关制度的作用空间。在私法层面,应借助于软法机制与惯例机制去关注现金分红章程条款设计、股东承诺等指引规则的完善问题;在公法层面,应关注如何将现金分红监管理念融入信息披露与公司内部决策机制等其他监管措施,同时考量如何将现金分红监管与行政许可监管脱钩等问题。

关键词:现金分红　公司章程　承诺履行　信息披露　行政监管

一、问题的提出

2019年12月修订的《证券法》增设专章体系性地引入投资者保护制度。其中,第91条规定:

---

* 西南政法大学民商法学院教授。

** 西南政法大学2018级民商法专业硕士研究生。

“上市公司应当在章程中明确分配现金股利的具体安排和决策程序,依法保障股东的资产收益权。上市公司当年税后利润,在弥补亏损及提取法定公积金后有盈余的,应当按照公司章程的规定分配现金股利。”该条将证监会强制上市公司分红的监管思路和政策转化为法律规定,意图对上市公司的分红决策自由施加某种强制,以完善上市公司现金分红制度。该条在实施中就面临很多疑问:上市公司不修改章程引入此类条款的,法律后果是什么?进一步而言,在股东大会表决引此条款入章程的议案时,控股股东否决议案的将会面临何种不利后果?比如,直接认定控股股东违反强制性规定中小股东起诉维权或者由证券监管机关直接进行处罚?若允许其他股东要求控股股东赔偿则涉及是否构成一种特殊的表决权滥用?如果构成,又如何确保公司基于有效决议的路径去实现引入相关章程条款的目的?针对公司而言也是如此,可否直接认定上市公司违反强制性规定中小股东起诉要求法院强制公司分配现金或者由证券监管机关直接处罚上市公司?公司章程中存在该类条款而在具体决议时控股股东否定分红议案的,也存在类似的问题。更进一步讲,是否应对回到宣示性规范的角度去理解,是要着眼于在法条之外的鼓励与引导机制的构建而并非在于强制公司或者控股股东的决策呢?这些问题也涉及对《关于构建更加完善的要素市场化配置体制机制的意见》(以下简称《意见》)所提“鼓励和引导上市公司现金分红”政策的理解适用。因此,有必要结合公司法基本原理与证券市场监管原理,深度解读其中的事理逻辑与政策逻辑,探寻《证券法》第 91 条的实施机制。

二、《证券法》第 91 条的文本解读

(一)关于现金分红的间接性强制

从表述看,《证券法》第 91 条对上市公司直接施加了两项具有强制性色彩的义务:第一,按照规定修改章程的义务。章程中应当包含记载分配现金股利的具体安排和决策程序的条款。第二,严格执行公司现金分红的章程条款,只要符合公司法设置的分红条件,就应当进行现

金分红。根据该规定，上市公司股东直接享有两项权利：第一，可以直接要求公司必须章程以引入分配现金股利的具体安排和决策程序的条款；第二，可以直接要求公司在经营管理中必须执行这些条款并现金分红。

但这并不意味着法律强制可以直接针对上市公司的具体分红决策行为而展开。《证券法》第 91 条所设的强制并不直接针对公司是否分配、分配多少、选择何种形式分配等事宜，而是针对章程条款的引入以及章程条款的执行两个要素展开。虽然就现金分红引入了强制规则，但这种强制至多是一种间接性强制。上市公司违反该规定所面临的法律后果，特别是民事法律后果显然不能直接等同于直接强制义务违反的情形，作为权利人的公司股东也难以简单适用直接性法定权利规则去维护自己的权益。

（二）一种新型的公司章程相对必要记载事项

若执行《证券法》第 91 条，上市公司的章程则必须包含记载有关现金分红的具体安排和决策程序的条款。该条实际上是直接针对公司章程内容所作的强制安排，可以理解为针对公司章程记载事项的法律要求。

关于公司章程内容，有必要记载事项与任意记载事项之区分。所谓必要记载事项，是依据法律规定必须载明或者选择列举的事项；任意记载事项，是法律未予明确要求而由章程制定人任意选择记载的事项。“现代公司法对公司章程的强制性要求已经呈现出一种简化倾向”，以至于很多公司法仅仅要求章程记载一些“最低限度的信息”。[1] 其实，借助于合同法关于合理成立与生效的二分原理去界定章程绝对必要记载事项可能较为科学。如果股东未就关乎那些公司设立与运行机制的必备要素达成一致并由章程固定下来，或者存在若没有磋商就无法经由公司法的填补而加以确定的情形，那么，我们可以认定，难以根据此文件去组成公司，或者所谓的公司并非公司法意义上的组织体。就此而言，公司章程必要记载事项的范围乃是根据公司运行的客观技术规定性而确定的；并且，该等要素缺乏的法律效果应当首先是章程不成立，然后才是不成立导致没有效力。

按照该等基于技术逻辑的判断标准，有关现行分红安排及决策程

〔1〕 施天涛：《公司法论》，法律出版社 2009 年版，第 122 页。

序的条款,绝非客观事理逻辑层面上的上市公司章程绝对必要记载事项。相对而言,将其理解为一种新型的相对必要记载事项较为合理。首先,该类条款并非属于绝对必要记载事项,不涉及章程的成立;上市公司章程缺乏现金分红章程条款的,并不发生章程因不成立而无效的法律效果。其次,该内容至多与相对必要记载事项相关,但与一般逻辑意义上的相对必要记载事项有区别。基于某种逻辑,上市公司章程应当选择记载而不能够选择忽略。只不过,如何设置现金分红的比例、如何选择现金分红的时间、如何执行分红决议以支付现金红利等,《证券法》第91条并未设置具体要求,公司章程只须记载涉及现金分红安排及决策程序的内容即可。至于这类条款的具体要素及表达,可以尊重商业惯例的方式来确定,《上市公司章程指引》关于现金分红的条款可直接援引。因此,上市公司章程若引入此类条款,则应将《上市公司章程指引》关于分配比例、分配时间、最有利于中小股东的决策程序、现金红利支付时间等规定列为最低要求。

(三)一点启示

基于以上分析我们可以发现,难以从私法强制性规则以及章程必要记载事项的一般逻辑去解释《证券法》第91条的强制性。进一步讲,逻辑特殊性意味着这种强制性的法律意义可能存在法律场域的区分。在民事逻辑上,此种强制可能是一种宣示性的规定,甚至也必须从宣示性规定的原理中去理解,如同《公司法》第5条、《民法典》第86条关于"应当承担社会责任"的规定。在行政监管的公法逻辑,此种规定或许具有实质的法律意义。[2]

三、现金分红中公司自治与国家强制的关系

(一)经营事务与组织治理逻辑中的现金分红

股东分红权实质为股利分配请求权,而该权利的对象为公司。公

---

〔2〕 当然,这并不排除监管法逻辑的法律效果对民事法律效果产生某种实质性的影响。因为,基于其他机制,如《民法典》第10条的习惯机制,行政监管要求可能是形成习惯或促成习惯形成的某种力量。

司的分红决策及具体方案关乎经营决策，公司有权自主决定。根据公司经营状况、财务状况及后续发展战略，经营管理部门是否提出利润分配方案并且提交董事会审议，董事会是否通过该决议并且提交股东大会审议、股东大会是否通过该决议，都应遵循公司经营自由原则，法律不能够随意强制。因此，基于尊重公司经营决策自由的逻辑，不存在强制公司分红、强制公司现金分红的可能空间。

不过，公司利润分配方面的经营决策自由也不是绝对的。公司是各种利益相关者利益的载体，任何经营决策都可能关乎这些主体利益的制衡。就此而言，也应当从公司治理的角度考量利润分配事宜。现金分红事实上是一种激励机制，有助于降低管理层的代理成本；股东利益的法律保护、股权结构与现金股利政策三者之间存在互动关系，股利政策可能成为控制股东侵占小股东利益的一种途径。因此，无论是为了抑制管理层强势可能对股东利益保护带来的过度风险，还是基于抑制控股股东滥用权利可能对其他股东带来过度风险的目的，充分保护股东获得现金红利的分配权，都有助于改善公司治理。〔3〕不过，“股利分配是小股东利益法律保护的结果，而不是投资者利益保护的替代品”。〔4〕因此，需要关注现金分红问题，但更应当关注治本，要尊重公司自治原则，充分利用借助于契约设计和制度创新来增强公司股东对现金分红决策的参与度，同时借助于控制股东的诚信义务与强制股利分配之诉来事后救济。〔5〕即便是从公司治理的角度理解公司分红与现金分红，也应当坚持自治为原则、强制为例外的私法调整逻辑；即便存在强制调整的空间，也应当是事后救济式的、例外式的。〔6〕该例外的救济，应针对具体的现金分红行为，而不宜针对条款设置的公司行为以及是否引入该条款是控股股东的特别同意权。如果公司股东会否决引入现金分红条款的公司章程修改议案，也不适宜给中小股东针对此

〔3〕参见朱芸阳、王保树：《上市公司现金分红制度的自治与强制——以股利代理成本理论为逻辑基础》，载《现代法学》2013年第2期。

〔4〕同上。

〔5〕同上。

〔6〕当然，能否完全适用控股股东诚信义务机制（如股权滥用、表决权滥用机制）来救济，也值得深思。

种情形的特殊救济权。当然,针对公司的具体分红行为,或许可例外赋予中小股东在此情形下的诉讼救济权利。

(二)关于公司分红的司法、监管及法律立场

1. 司法立场

关于是否能够强制公司分红,司法界有明确立场。在河南思维自动化设备有限公司与胡克公司盈余分配纠纷案中,最高人民法院清晰地将公司利润分配完全当作公司经营事务来处理、尊重公司决策自由的观点。“公司是否分配利润以及分配多少利润属公司董事会、股东会决策权范畴”,“在公司董事会、股东会未就公司利润分配方案进行决议之前,公司股东直接向人民法院起诉请求判令公司向股东分配利润缺乏法律依据”。[7] 在庆阳市太一热力有限公司与李某某公司盈余分配案中,最高人民法院改判了甘肃省高级人民法院强制公司分红的裁决,认为公司分红的内部冲突,“原则上这种冲突的解决属于公司自治范畴,是否进行公司盈余分配及分配多少,应当由股东会作出公司盈余分配的具体方案”。“一般而言,即使股东会或股东大会未形成盈余分配的决议,对希望分配利润股东的利益不会发生根本损害。”当然,“当部分股东变相分配利润、隐瞒或转移公司利润时,则会损害其他股东的实体利益,已非公司自治所能解决,此时若司法不加以适度干预则不能制止权利滥用,亦有违司法正义”。[8] 显然,此刻应当重点审查是否存在一部分股东滥用权利导致公司不分配利润而损害其他股东利益的情形。

在处理盈余分配纠纷时,最高人民法院的立场已经从经营决策的单一关怀转向到了尊重经营决策自由与公司治理底线审查的二维关怀。单一关怀过于绝对,不符合公司制度运行实际。河南思维案中法院仅仅关注经营决策的立场也为学界所批判。[9] 最高人民法院《关于适用〈中华人民共和国公司法〉若干问题的规定(四)》(以下简称《公司法司法解释四》)坚持了二维立场。“是否分配和如何分配公司利

〔7〕 最高人民法院(2006)民二终第110号。

〔8〕 最高人民法院(2016)民终528号。

〔9〕 参见梁上上:《论股东强制盈余分配请求权——兼评“河南思维自动化设备有限公司与胡克盈余分配纠纷案”》,载《现代法学》2015年第2期。

润，原则上属于商业判断和公司自治的范畴，人民法院一般不应介入。”“公司大股东违反同股同权原则和股东权利不得滥用原则，排挤、压榨小股东，导致公司不分配利润，损害小股东利润分配权的现象时有发生，严重破坏了公司自治。”[10]《公司法司法解释四》第15条表达了不支持股东抽象利润分配权的立场，但同时设置了“违反法律规定滥用股东权利导致公司不分配利润，给其他股东造成损失”的例外。当然，此种介入思路与法律后果之间的逻辑匹配性本身有待商榷。因为，如果控股股东滥用权利导致公司不能够分红，则应当承担责任的不是公司而实施侵权行为的控股股东；而根据该解释，例外构成的结果将是强制公司分红，将受强制的主体从实际从事违法行为的控股股东转向公司。对于公司治理中国家强制的必要性与正当性的论证与实施路径的选择之间可能存在错配，造成“失之毫厘，谬以千里”。这意味着，针对公司分红甚至现金分红的法律强制策略在实施中可能遭遇障碍，而这种障碍在本质上涉及公司制度中自由与强制之间的矛盾。

2. 监管立场

可能有人认为，新《证券法》颁布实施后将出现大量上市公司修改章程的现象。但事实并非如此。针对上市公司不愿意分红、不愿意现金分红甚至是忽悠式分红导致的中小股东保护不力、公司治理难以提升等问题，证监会在《证券法》第91条被引入之前早就实施有关强制现金分红的监管措施。这些措施包括：

第一，与其他监管措施挂钩，在效果意义上推行强制现金分红监管政策。2001年发布的《上市公司新股发行管理办法》虽然将现金分红与再融资审查监管挂钩，但是仅将未分红作为再融资监管中董事会及主承销商的特别解释事项要求。根据该要求，此种强制采纳了遵守或解释的逻辑，只要能够充分解释，未分红也不会有实质影响。2004年《关于加强社会公众股股东权益保护的若干规定》将上市公司最近三年未进行现金利润分配作为公开发行股票审批的否决事由。根据该要求，现金分红成为实质性的强制条件。最新的《上市公司证券发行管理办法》又有显著变化，仅仅将“最近三年以现金方式累计分配的利润

〔10〕 最高人民法院在《公司法司法解释四》新闻发布会上的权威解读。

不少于最近三年实现的年均可分配利润的百分之三十"作为评判财务状况良好的必要条件,从直接否决的直接强制转化为经由财务审查的间接强制。有意思的是,证监会能够有权开展监管的场合而上市公司直接提出了现金分红比例强制要求。2006 年发布的《上市公司证券发行管理办法》对上市公司现金分红设置了最低比例,"最近三年以现金或股票方式累计分配的利润不少于最近三年实现的年均可分配利润的百分之二十";2008 年颁布的《关于修改上市公司现金分红若干规定的决定》提高了比例,要求"最近三年以现金方式累计分配的利润不少于最近三年实现的年均可分配利润的百分之三十"。不过,这些比例强制依然是基于上市公司再融资许可监管措施而存在的。

第二,强化能够约束上市公司分红意愿的各种市场性约束条件。一方面,要求上市公司应当将其利润分配办法载明于公司章程。2004 年的《关于加强社会公众股股东权益保护的若干规定》、2008 年的《关于修改上市公司现金分红若干规定的决定》均有该规定。另一方面,强化市场透明度。2004 年的《关于加强社会公众股股东权益保护的若干规定》就要求,董事会未作出现金利润分配预案的应特别披露原因,并且独立董事应当对此发表独立意见;年报准则要求,上市公司必须披露利润分配预案;对报告期内盈利但未提出现金利润分配预案的公司,应详细说明公司未分配利润的用途和使用计划的理由。

第三,降低现金分红的监管要求。比如,2008 年就允许上市公司中期财务会计报告不经审计即可实施半年度现金分红。在实施这些监管措施时,证监会并没有忽略公司经营逻辑以及公司自治的理念。具体而言:其一,这些监管措施并非针对所有上市公司。上述第一种具有明显强制性色彩的,但仅仅针对那些需要获得证监会监管许可的公司;而修改公司章程引入现金分红条款、强化信息披露的监管要求,因缺乏法律后果规则而事实上无法强制所有公司。其二,这些监管措施并非直接针对具体分红行为本身。分红要求被作为其他监管措施的一个要件而存在;即使要求要引入章程、披露不分红决策的理由,也不是直接针对分红的具体行为。其三,即使是强制要求上市公司修改章程、引入现金分红内部约束规则,也在表决机制上遵从公司资本民主的逻辑,遵从公司自治与股东自治。被认为是强制要求上市公司章程引入现金分红内容的文件，是2008年《关于修改上市公司现金分红若干规定的决定》。该决定相关内容的表述为："《上市公司章程指引（2006年修订）》第一百五十五条增加一款，作为第二款：'注释：公司应当在章程中明确现金分红政策，利润分配政策应保持连续性和稳定性。'"《上市公司章程指引》的内容并非属于强制性要求，也未对章程修改的决策作特别要求。2012年的《关于进一步落实上市公司现金分红有关事项的通知》虽然要求进一步完善董事会、股东大会对公司利润分配事项的决策程序和机制，但依然坚持公司决策分红事宜的内部决策逻辑。

3.《证券法》第91条与《公司法》第74条的隐喻

如前所述，《证券法》第91条对现金分红采取的强制具有明显的间接性，并且依赖于一种特殊的公司章程相对必要记载事项机制来实现。此种规定表达了公司经营与公司治理并进的二元思维。该条事实是将证券市场中长期推行的监管措施的成文化，延续了强化中小股东保护的治理逻辑。但是，立法者在成文化过程中对治理逻辑的处理立场并非强化而是弱化。一方面，没有应强化投资者保护的治理要求而引入章程修改的特别表决机制，没有赋予中小股东在修改章程引入此类条款时的特殊影响权利。另一方面，在《证券法》中看不出任何将其他强制监管措施与分红监管措施进行关联或者挂钩的表达。同时，期望通过公司引入公司章程的方式去保障股东现金收益权的安排，已经清晰地表达出立法者处理公司经营逻辑与公司治理逻辑冲突的政策立场，即将尊重公司经营自由作为最基础的考虑，于迫不得已的场合中才在尊重公司自由之外基于治理逻辑去保护中小股东的收益权，才有了基于"应当"的强制性。从直接强制转向间接强制之后，章程安排与章程"应当"安排之间，自由与强制之间的困惑依然突出，由此带来的实施难题是不言自明的。

其实，《公司法》第74条的隐喻立场可能更加突出。根据该条，连续五年满足分配条件而不向股东分配利润的，异议股东仅有权要求公司以公平价格回购股权，此种对利润分配的强制介入相对弱化。尊重公司经营自由、例外地强调组织治理，即使例外地引入某种强制性也不一定针对分红行为，是该条表达出的基本立场。强制介入情形的例外性、强制介入路径的多元性，是在有限公司股东股利分配权保护制度设计中处理公司经营逻辑与公司治理逻辑矛盾的基本思路。若坚持行体系解释的原则进行解释,股份公司股东难以享有公司不分配利润时的公平退出权保护,股份公司股东分配权保护的强制性则应更微弱。

四、控股股东现金分红意愿的诱导

(一)公司现金分红中自由与强制的连接点:股东意愿

关于股东股利分配权保护中立法者所持有限公司与股份公司相区分的立场,因为《证券法》第 91 条的特殊考虑而有所改变。不过,证券立法的特殊政策立场能够在多大程度上实质性地改变股利分配上自由与强制的矛盾、公司经营逻辑与公司治理逻辑的矛盾呢?答案是有变化,但这种变化仅是表面而非实质性的。

首先,公司治理逻辑本身应遵循公司自治的原理展开。而尊重股东自治、公司自治是公司内部治理制度展开的底层逻辑,强制当然是例外。其次,公司经营决策与监督机制本身涉及公司治理,而确保公司经营效率也是公司治理制度的一个核心目的。在公司自治的层面,公司经营逻辑和公司治理逻辑高度统一。最后,通过强制公司分配股利特别是现金股利的手段而实现保护中小股东的治理目标,最终需要在公司经营与决策体制中落实。即使是为了改善公司治理而在公司内部权利配置上所做的某种强制安排,如果涉及经营事项,也应尊重公司经营决策的内在逻辑。公司股利分配,正属于此类事项。

因此,无论从公司经营逻辑还是从公司治理逻辑,均须尊重公司内部决策机制。股利分配涉及董事会与股东大会两个层面的决策。在股权分布较为集中、存在控股股东的情形,两个层面的决策事实上均受到控股股东的控制。若控股股东缺乏分红的意愿,受其控制的董事将不会推动甚至阻止董事会提出分红议案、分配比例较高的议案、现金分配议案,股东大会也会否决董事提出的分配议案。只要不存在明显违反章程、违反法律行政法规的其他情形,则很难适用抽象的诚信义务规则在利润分配事宜上对董事施加法律意义上的责难;只要不存在《公司法司法解释四》第15条所言滥用股权的行为,也很难仅仅就股东大会针对分红议案的否决性表决行为控股股东施加法律上的责难。在分红事宜上对控股股东的刚性约束,应当涉及股东协议、控股股东单方承诺或者公司章程的具体规定。不能够强迫公司分红,也不能够强迫股东支持公司分红的决策,但可以构建直接约束股东意愿表达的正式约束机制,这恰好是《证券法》第91条的制度设计的出发点。因此,即使强制要求上市引入有关现金股利的政策与决策机制,也没有根本性地改变分红事宜上自由与强制之间关系的基础结构。

除非法律或者章程另有排除性安排,股东表决权是针对公司决策的所有事项;除非章程或者法律有特别安排,自主决定是否参加表决、如何表决,是表决权自由的当然内容。无论是强制要求股东表决通过关于利润分配的章程条款,还是强制要求股东通过利润分配方案,都缺乏正当性和可操作性。因此,对于涉及股东大会表决的所有制度安排,均应考虑尊重股东意愿、引导股东产生意愿的逻辑。也就是说,在公司内部约束的构建上,需要聚焦于考虑如何激发股东引入该机制意愿的问题;在分红议案的具体形成与决策上,需要聚焦于如何激发股东支持意愿的问题。有关强制措施,如果不能围绕这些股东意愿激发与诱导而展开,则难以实施。这正是《意见》所提要鼓励和引导上市公司现金分红政策的基本初衷。

当然,鼓励和引导的措施除在形式上针对公司外,还应当实质性地针对控股股东。如何将激励和引导措施指向的分红意愿,从形式上针对公司完成到实质上针对公司控股股东的转化,是完善股票市场基础制度、推进资本要素市场化配置不能够忽略的问题。

(二)股东意愿诱导的私法机制

如果股东大会否决关于引入分红政策及其决策机制条款的章程修正案或者公司分红议案,则很难直接适用表决权滥用机制去追究控股股东的法律义务。因此,就股东支持公司分红的意愿而言,私法强制性规范很难发挥作用。出路在于,可重点考虑如何有效利用公司法上的任意性规范或者其他私法机制诸如股东承诺机制。

1.股东承诺

在我国资本市场中,上市公司及其控股股东或实际控制人等相关主体因重组、并购、股改、禁售等事项作出具有市场利好性质的公开承诺可谓比比皆是。[11] 控股股东承诺支持分红特别是现金分红是保护中小股东的常见措施。此种承诺,应当属于单方法律行为,自控股股东向中小股东作出支持分红的意思表示即生效。

为确保明晰性,控股股东在分红事项上的特别承诺应当包括3个方面:第一,支持公司按照《证券法》第91条的规定修改章程;第二,支持公司按照公司章程的规定形成分红议案;第三,对该分红议案表达支持意见。在上市公司基于监管机关的要求完成章程修订事宜后,支持公司形成议案以及议案表决时表达支持意见的承诺则是关键环节。实践中,很多上市公司以公司公告的形式发布了此类承诺。

鉴于控股股东就公司分红事宜作出的特别承诺将构成中小股东进行投资决策的前提,违反该承诺给投资者造成损失的,控股股东应依据《证券法》第84条承担赔偿责任。投资者的损失,应当包括应当获得的相应分红及维权费用。

对于控股股东在分红事项上的承诺,还应当涉及其他相关问题:第一,公司分红承诺不能替代控股股东承诺。现实中,很多公司以签署诚信公约或者其他方式承诺向股东分红。公司此类承诺的履行,有待控股股东的支持;但公司承诺不等于控股股东承诺。第二,违反承诺民事责任宜按违约责任处理。即使有承诺,控股股东不支持分红议案的,也难以认定构成表决权滥用;违约的构成不以控股股东的主观过错为前提的安排,有利于中小股东有效维权。第三,控股股东不得以董事会未提出分红议案或董事会所提分红议案不符合承诺或章程规定为理由进行抗辩。虽然分红议案通常由董事会提出,但控股股东可以通过控股股东大会控制董事会。即使控股股东控制的董事会席位不足,也有义务通过合法手段影响公司其他董事以促成提出符合要求的议案。

2. 公司章程示范性条款

就规则的完备性而言,利润分配政策及决策程序应当包括以下内容:第一,利润分配的基本原则,诸如应充分重视对投资者的合理投资

---

〔11〕 参见陈洁:《上市公司及相关主体违反公开承诺的民事责任分析——以虚假陈述型违反承诺为中心》,载《法律适用》2013年第10期。

回报，兼顾考虑运营和长期发展方面资金需求、利润分配政策的连续性和稳定性；第二，利润分配的前提条件，诸如当期盈利且合并报表累计未分配利润为正数；第三，利润分配的形式及顺位安排，诸如现金股利、实物股利、股份股利、回购等现金分红优先的顺序安排；第四，现金股利、实物股利、股份股利的条件，特别是以限制非现金股利为目的而设置的特别条件；第五，现金分红的比例安排或者差异化安排策略；第六，非现金股利的特别信息披露机制；第七，股利政策调整的特别决策机制；第八，公司内部的股利分配决策机制，特别是非现金股利的特别程序，诸如独立董事意见、监事会意见、中小股东的沟通；第九，股利的支付；第十，股东违规占用公司资金情况时现金股利的扣减规则。

实践中，上市公司章程对利润分配政策及决策程序的表述差异较大。大多数公司的章程规定较为细致，但也有很多公司的规定过于简略。从私法原理看，关于公司利润分配的规定大多数属于任意性规范。基于公司有权自主决定分配形式、分配比例等逻辑，如果《公司法》或者《证券法》无详细规定，公司有权自主设置相关内容；如果存在规定，这些规定因公司章程的特别规定而被排除适用。因此，鼓励公司分红特别是现金分红政策意图的实现，有赖于公司章程或者法律的详细规定。公司有能力、有意愿起草这些详细规定时，强制或者鼓励现金分红的监管意图能够得到有效落实；如果公司有意愿但是无能力时，由《公司法》或者《证券法》提供详细规则就相当必要了。在公司无意愿的场合，《公司法》或者《证券法》的详细规则事实上具有评价及约束、督促的效果。

或许，抛弃宜粗不宜细的立法理念，显著增加《公司法》或者《证券法》的条文而对公司分红事宜作出详细界定，应成为未来立法的选择。〔12〕 当然，在公司立法或者证券立法理念保持不变的情况下，也可以考虑正式引入软法机制来丰富有关利润分配任意性规则的供给。最

〔12〕 学界对公司立法中的软父爱主义理论有很多讨论。参见潘林：《论公司法任意性规范中的软家长主义——以股东压制问题为例》，载《法制与社会发展》2017 年第 1 期；吴飞飞：《论中国公司法的供给侧结构性改革——兼论中国公司法的“服务型”转向》，载《北方法学》2020 年第 2 期；季奎明：《中国式公司内部监督机制的重构》，载《西南民族大学学报》（人文社会科学版）2020 年第 4 期。

新版《上市公司章程指引》在第 155 条提出公司章程应单列股利分配政策条款；在第 152 条对公司现金分红有一些明确指引。该条指引涉及现金分红优先原则、分红决策机制、分红政策调整的条件及程序、利润分配政策的构成要素。这些规定能够很好地指引公司处理利润分配事宜。如果能够对所有利润分配形式的适用条件、非现金股利的特别决策程序及信息披露要求作出具体规定，指引效果可能会更好。因此，建议在适当时机修订《上市公司章程指引》的相关内容。同时，最好以在《公司法》《证券法》等法律中直接明确《上市公司章程指引》的地位，以彰显软法机制在正式制度供给中的积极效应。若不作此种处理，《上市公司章程指引》发挥私法作用的通道也是存在的。可以借助《民法典》第 10 条的习惯法源机制，将其转化为公司治理的习惯，让《上市公司章程指引》事实上具有较强的约束效力。

五、上市公司分红行为的监管激励

公司分红决策属于公司行为，《证券法》第 91 条强制分红规则的落地尚须构建针对公司行为的强制约束和激励机制。公司不作出引入现金分配政策及决策程序条款的章程修正案，或者不提出现金分配议案或者股东会否决议案时，中小股东能否要求公司承担民事责任呢？如前所述，几乎不可能。本部分要讨论的是《证券法》第 91 条是否对证券监管机关的行政行为产生影响、法治化改革对现金分红监管措施的影响，以及如何利用这些影响来推进该条的实施。

（一）一种特殊的行政处罚授权

上市公司必须履行遵守《证券法》第 91 条关于修改公司章程引入分配现金股利的具体安排和决策程序条款的义务以及严格遵守和执行这些条款的义务。公司治理是证券监管的主要内容，证券监管机关是否可以依据该条而对未遵守这些义务的上市公司直接采取强制性的监管措施甚至处罚呢？

依据《证券法》第 168 条的规定，国务院证券监督管理机构依法对证券市场实行监督管理；依据第 169 条的规定，证券监督管理机构有权针对证券的发行、上市、交易、登记、存管、结算等行为,依法制定有关证券市场监督管理的规章、规则,并且采取审批、核准、注册,办理备案等监管措施,有权依法对证券发行人、证券公司、证券服务机构、证券交易场所、证券登记结算机构的证券业务活动,进行监督管理,有权依法对证券违法行为进行查处。问题在于:第一,上市公司履行第91条两个义务的行为是否属于与发行、上市、交易、登记、存管、结算等证券市场行为有关的行为。第二,上市公司违反第91条两个义务的行为,是否属于证券违法行为;如果是,则证券监督管理机关可能有权依据第91条对上市公司进行处罚。从证监会强力推行现金分红政策的监管政策演进历史看,第91条事实上是既有监管政策的成文化,延续了证监会就现金分红事务进行强力监管的逻辑。因此,从文本表达以及制度背景看,似乎并不排除证监会直接依据第91条而处罚上市公司的可能;并且,由《证券法》在第91条设置行政处罚事由也不违背创制行政处罚的法治原则。在《证券法》未引入该条前,证监会不能对违反相关监管措施的上市公司进行处罚;而基于第91条的规定,证监会在此种情形下行使处罚权的障碍似已消失。不过,行政处罚的设置必须坚守谦抑性原则。因此,《证券法》在法律责任部分创设的各种处罚均以详细方式列出了违反特定条款所定义务的特定违法行为。由于未被明文列入法律责任部分,证监会不得仅仅以违反第91条时的两个义务为理由而处罚上市公司。

在监管层面,第91条事实上成为要么遵守要么解释的规则。也就是说,上市公司应当积极遵守,但也可以充分表达理由后不予遵守。证券监管机关对上市公司遵守第91条的执法方向,转到了信息披露的监管要求。在《证券法》修订前,为第91条所创设的上市公司两个义务虽然存在,但层级较低,尚不能完全成为违法信息披露方面进行处罚的法定事由。但是该障碍在修法后完全消失。证监会可以在完善既有信息披露规则的基础上,基于信息披露监管创设新的行政处罚情形。

公司在对待第91条所设义务时,必须经由系列决策。证监会也可从公司内部组织治理监管的角度去督促上市公司执行强制现金分红监管政策。如果在董事会未及时提出相应的公司章程修正议案、未能够提出符合规定的分配议案或者提出的分配方案不符合章程规定,上市公司没有引入必要程序以确保中小股东、独立董事、监事会表达意见时,证监会可在法律规定的框架内针对这些违反监管要求的违法行为实施行政执法甚至处罚。

(二)对市场许可挂钩机制的修正

在《证券法》此次修订之前,借助在公司新股发行、公司再融资等环节的审批或者核准等行政许可机制,证监会已经卓有成效地实施了现金分红强制监管政策。市场化、法治化一直是证券市场监管的主线。该主线在本次《证券法》修改中得到了充分体现,集中表现在证券发行条件的优化及注册制的引入;此外,证券监管机关的很多监管制度有相应体现,比如上市收购制度。但有疑问的是,《证券法》修订后,此前借助证券发行机制的强制分红监管措施能继续下去吗?

国务院办公厅《关于贯彻实施修订后的证券法有关工作的通知》(国办发〔2020〕5号)要求,要进一步完善上海证券交易所科创板、深圳证券交易所创业板的注册制度试点制度,落实好公司债券公开发行注册制要求,完善证券公开发行注册程序。上市公司执行《证券法》第91条的情况应当是注册问询中的一个必备事项。不过,在证券交易所执行问询的注册模式中,现金分红监管政策的执行可能并非基于强制机制,而是发行人与交易所之间的契约。问题在于,证监会可否继续坚持之前的监管措施,或者修订发行监管制度而将对《证券法》第91条的执行情况、公司现金分红情况作为发行的条件?从《证券法》第169条的条文看,似乎不存在障碍。但从监管改革发展趋势看,继续坚持将强制现金分红与许可挂钩的监管策略可能有失市场化改革初衷,应当对第169条关于"依法制定有关证券市场监督管理的规章、规则,并依法进行审批、核准、注册,办理备案"以及第13条关于"(五)经国务院批准的国务院证券监督管理机构规定的其他条件"等规定作限缩解释。

从有效推进现金分红的政策意图看,与许可脱钩的改革可能导致监管"空白"。不过,不必对这一问题过于担心。一方面,这种空白是否合理,本身就值得反思。《意见》关于引导的表达以及市场化改革的战略意图应当得到贯彻。另一方面,由证券交易所基于契约机制推行的自律管理,以及基于信息披露及公司内部决策治理的监管措施能够有效地填补这一所谓"空白"。

结　语

落脚于现金分红来保护投资者具有目的正当性。股利在公司控制权方面具有双重作用,“可以作为一项约束机制,使管理层能够追求价值的最大化”,也“可以成为替代若干内部监督机制的若干公司治理机制”。同时,股利政策在股权相对分散的情况下“还可以构成一项重要的信号机制”,“股利消减被市场解读为关于公司当前境况及其前景的强有力信号”。〔13〕 不过,目的正当性并不意味着可以强制推行某种特定监管措施,因为市场的客观理性往往决定着市场监管措施的形与神。某种制度的市场效率价值也并不意味着采取强制措施推进该制度在法律上是正当的。《证券法》第 91 条所表达的强制现金分红政策,在实施中必须有效协调公司经营决策逻辑(经营自由)与公司治理逻辑(中小股东倾斜保护)之间的关系、公司运行事理逻辑与市场监管政策逻辑之间的关系、公法措施与私法措施之间的关系、公司章程修改与分红决策中公司责任与控股股东责任之间的关系。分红或者现金分红与否的实践,涉及尊重公司决策自由与公司治理中保护投资者的特殊安排。无论是基于尊重公司决策自由的逻辑还是基于尊重公司治理自治的逻辑,都难以得到针对分红行为构建直接强制机制的结论。

虽然《证券法》第 91 条将证券监管机关一直推行的强制分红监管政策转化为法律规定,但也应当关注法律对现金分红监管政策的独特表述以及这种表述对制度实施带来的影响。该条的意义在于,通过引入一种类似于公司章程必要记载事项的机制,来构建针对上市公司分红的间接强制机制。为此,必须从该特殊角度来理解对上市公司监管的影响。直接强制本身就难以影响针对上市公司的私法约束机制与公法约束机制,更不必说间接强制了。正因如此,《意见》从“推进资本要素市场化配置”的高度强调要建立针对上市公司现金分红的“鼓励和

〔13〕 [葡]路易斯·科雷拉·达·席尔瓦、[卢森堡]马克·格尔根、[比]吕克·伦内布格:《股利政策与公司治理》,罗培新译,北京大学出版社 2008 年版,第 204~205 页。

引导"机制的政策意图。鼓励与引导,是上市公司现金分红监管政策及制度应当贯穿的基本理念,也是实施《证券法》第91条所言现金分红间接强制规则的指导思想。鉴于存在单一的占支配地位的控股股东,是中国上市公司的普遍现象,需要从控股股东或者实际控制人、上市公司两个层面去考虑现金分红的鼓励机制与具体行为指引机制。于前者,需要考虑对股东意愿的激励和指引;于后者,除应当考虑借助《上市公司章程指引》的软法机制来优化章程的现金分红条款外,还可以考虑借助针对信息披露及公司内部决策机制的强制监管机制及董事责任机制来构建间接性强制机制。在市场化改革的背景下,则需要变革之前将现金分红与行政许可挂钩的监管策略,抑制直接针对章程条款缺失及分红决议违反章程条款的行为而处罚上市公司的冲动。应当借助证券交易所与发行人之间的合约机制以强化证券交易所在现金分红监管方面的功能,借助证券行业协会、上市公司协会以及其他行业协会的契约机制与内化机制来强化行业组织的自律监管功能,以此来替代证券监管机关的行政监管。这也是优化监管、落实《证券法》第91条的重要方向。

(编辑:姜沅伯)

《证券法苑》(2021)
第三十二卷,第457~476页

合法激励与非法集资的边界
——论员工持股计划排除二百人计算的例外规定*

牛喜堃**

摘要:《证券法》第9条将依法实施的员工持股计划,作为公开发行"二百人"标准的例外规定。法理逻辑在于其属补偿性而非筹资性证券交易,不符合证券监管的立法本意。具体适用中,依法实施的员工持股计划无须穿透计算,作为直接持股主体视为一名股东,且豁免范围不宜限于本公司员工,可放宽至关联实体范畴。科创板首次公开募股(IPO)审核问答需相应完善,建议取消"闭环原则",明确员工持股计划"依法实施"要素,通过负面清单设定要求,健全发行对象激励约束机制。

关键词:员工持股计划　公开发行　"二百人"　注册　闭环原则

一、问题的提出

《证券法》在公开发行证券和注册制条款中,进

* 本文仅代表作者个人观点,与所在单位无关。

** 上海证券交易所科创板公司监管部员工。

一步完善了“二百人”的规定,在法律上明确依法实施员工持股计划的员工人数排除出累计“二百人”范畴。就股权激励相关的制度安排,上市公司层面已形成较为完备的规则体系,但专门针对非上市公司层面则有所缺失,通常是在首次公开募股申报过程中关注其合法合规性。2019 年 3 月 3 日发布的《上海证券交易所科创板股票发行上市审核问答》(以下简称《科创板审核问答》),确立了员工持股计划穿透计算的“闭环原则”。核心内容是承诺上市后锁定 36 个月或在基金业协会依法依规备案即可按一名股东计算人数,否则需穿透计算。证监会 2020 年 6 月修订《首发业务若干问题解答》,创业板 2020 年 6 月 12 日发布《深圳证券交易所创业板股票首次公开发行上市审核问答》,均明确首发申报前实施的员工持股计划原则上应当全部由公司员工构成,依法以公司制企业、合伙制企业、资产管理计划等持股平台实施的员工持股计划,按一名股东计算股东人数,[1] 相较科创板前期的制度创新更进一步。为便利科创公司实施股权激励,满足实务需要,落实《证券法》对员工持股计划的例外规定,科创板首次公开募股审核需要更为明晰、具体的问答指引,以明确市场预期。

二、科创板与创业板首次公开募股中的员工持股计划案例梳理

随着国家对国企混改的政策支持力度不断加大,数字经济时代科技创新企业逐渐成为中流砥柱,人才激励的重要作用日益凸显。2008 年 10 月 8 日,国务院国资委发布《关于规范国有企业职工持股、投资的意见》(以下简称《规范职工持股意见》),国有企业职工投资参与国有中小企业改制和国有大中型企业辅业改制,科技骨干参股科研院所改制,对于推进企业股份制改革、完善公司法人治理结构、增强企业活力

---

〔1〕《首发业务若干问题解答》(2020 年 6 月修订)问题 24:新《证券法》实施后,发行人在首发申报前实施员工持股计划的,信息披露有哪些要求?中介机构应当如何进行核查?

起到了重要作用。[2] 党的十八届三中全会提出，积极发展混合所有制经济，允许混合所有制经济实行企业员工持股，形成资本所有者和劳动者利益共同体。[3] 2018 年中国联通股权激励方案公布，7855 名员工获配 8.4 亿股，国有上市企业股权激励从 2005 年的 2 家增长到 2019 年的 49 家。[4] 非上市公司层面缺乏公开数据，从科创板首次公开募股申报企业来看，国盾量子、埃夫特、中国电研等国有企业均设有持股平台进行员工激励。

相较传统企业，高科技企业对技术和人才依赖性强，风险性与成长性并存，吸引与挽留人才具有重要作用。股权激励实践之初，主要授予对象是高管人员，随后范围逐渐扩大至中小层管理者和普通员工。产业模式变革也进一步提升了股权激励的重要性，以产业集聚、生态布局整合资源，对企业经营业绩具有重要影响，共担风险、共享收益的员工持股成为迫切需求。例如，蚂蚁集团股权激励对象中包括阿里巴巴的员工、董事、顾问等人士，彰显了两者价值相依。

《证券法》确立的"二百人"标准为防范变相公开发行的风险铸就了坚实防线。但在本次修订前，却对科创公司实施股权激励形成一定束缚。为尽可能灵活、广泛地激励员工，同时避免碰触变相公开发行的红线，科创板与创业板拟上市公司尝试采取了多种方案设计，但仍不可避免地因人数过多或范围包含外部人员在首次公开募股中被要求穿透计算。按照现行《科创板审核问答》，无论是承诺锁定 36 个月，还是规范清理，均有损股权激励积极性与创造性。虽然证监会与创业板最新审核口径已扫清股东人数计算的障碍，但仍面临持股平台参与方范围过窄的潜在问题。

---

〔2〕 参见国资委：《推进国有企业改制　规范职工持股行为——〈关于规范国有企业职工持股、投资的意见〉答记者问》，载国务院国有资产监督管理委员会网，http://www.sasac.gov.cn/n2588035/n2588320/n2588335/c4258655/content.html，2020 年 11 月 24 日访问。

〔3〕 参见中华人民共和国中央人民政府：《中共中央关于全面深化改革若干重大问题的决定》，载中国政府网，http://www.gov.cn/jrzg/2013－11/15/content_2528179.htm，2020 年 11 月 24 日访问。

〔4〕 参见陈赟：《"十四五"：加快发展和完善国有企业的中长期激励机制》，载《中国发展观察》2020 年第 17 期。

(一)拟上市公司员工持股计划实践现状

科创板与创业板首次公开募股中的员工持股计划形式多样,最为常见的为设立合伙企业,部分通过信托计划、资管计划等形式,或因历史原因形成持股会,较为新颖的模式则采用虚拟股票,四种方式在激励对象及持股管理方面各具特色。

1. 合伙企业

据科创板与创业板已上市公司的披露文件,上市前多数采用有限合伙形式搭建员工持股平台。此种模式下,员工持股计划结构较为简单,但由于有限合伙企业合伙人应在50人以下,如果员工人数较多,则需搭建多个有限合伙,甚至需要多层嵌套才能满足要求。按照首次公开募股审核穿透计算的原则,很难实现激励对象超200人。激励对象一般包括关键岗位工作的核心骨干及对公司持续发展有直接或较大影响的人员,也可涵盖外部人员;持股管理机制上,根据《合伙协议》约定或设立专门员工持股管理委员会,审议员工持股计划参加对象及持股份额、决定员工股份分配或转让的受让对象、确定员工股份转让价格等;转让方式上,通常须将合伙份额转让给指定人员。

2. 三类股东

通过契约性基金、信托计划、资产管理计划等"三类股东"结构满足激励对象人数较多的需求,在实践中也较为常见。员工通过设立信托计划或资管计划等,委托具备资产管理资质的专业机构进行管理,并由持股计划持有人会议选举产生的持股计划管理委员会负责持股计划的日常管理,员工本身无法单方面决定持股事务。激励对象上,不限于本公司员工,可以包括母公司、控股子公司、兄弟公司的核心人员;转让方式上,通常要求不得转让、质押或作其他类似处置,不得要求对持股计划资产进行分配。由资产管理方根据持股管理委员会的指令处置股票。

针对"三类股东"的监管主要涉及两个层面:一方面,银保监会对投资者人数的限制。《信托公司集合资金信托计划管理办法》规定,集合资金信托参与信托计划的委托人为唯一受益人,2007年新规废止了对信托计划份额不超过200份的限制。2009年进一步修改,单个信托计划的自然人人数不得超过50人,但单笔委托金额在300万元以上的自然人投资者和合格的机构投资者数量不受限制，且未对受益人人数做出要求。实践中，公司更倾向于选择委托人属于积极主动地位的单一资金信托，但在员工无法满足合格投资者标准的情况下，则尝试采用设立工会委员会作为单一资金信托委托人的方式突破200人的限制（见图1）。另外，证监会防范层层嵌套及股东身份不明的首次公开募股发行审核政策。目前，考虑到部分新三板挂牌企业申请首次公开募股，涉及新三板发展问题，各板块就在新三板挂牌期间形成“三类股东”的监管要求予以明确，通常控股股东、实际控制人、第一大股东不属于“三类股东”，且依法设立并有效存续，已纳入国家金融监管部门有效监管则不必清理。但因员工持股计划形成的“三类股东”审核标准尚不明晰。

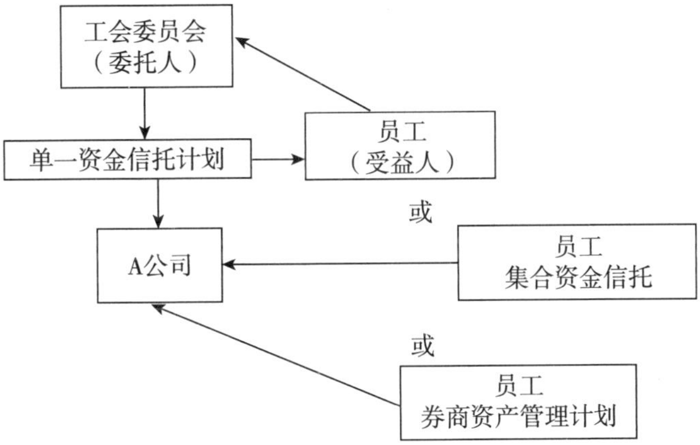

图1 “三类股东”形式的员工持股计划

3. 职工持股会

在深化国有企业改革过程中，部分公司通过职工出资的方式形成持股会资金，成为改制后新设公司股东，全员持股模式下往往导致持股会会员远超200人。持股管理上，通常由工会指导，代表持股会会员行使股东权利，并以工会社团法人名义承担民事责任。转让方式上，持股会需严格执行托管和限制转让规定，员工如需退出，股权一般退还给职工持股会。2000年，证监会明确工会和职工持股会不得作为发起人或股东，也不能间接持有公司股份。目前，各板块对于间接股东存在职工持股会或工会持股情形的,如不涉及发行人实际控制人控制的各级主体,无须清理。但在《科创板审核问答》要求下,仍需穿透计算股东人数。

4. 虚拟股票

虚拟股票主要指经济受益权激励计划,其授予标的为经济受益权,是一种以股份价值为基础的经济激励安排。授予对象可以基于经济受益权获得一定金额的经济利益,该金额整体上与公司价值挂钩。但经济受益权仅是一种合同权利,并不等同于拥有公司的股份,不享有股东权利,仅享有对应的分红权和净资产增值收益权。激励对象上,可涵盖集团内公司的员工、董事、顾问或管理人确定的其他人士;持股管理机制上,公司以自有资金、对外筹集的资金或股份分红及转让收益等来授予权益,激励对象无权要求公司必须出售对应的股份;转让方式上,不具有流动性,不得要约出售、出售、出让、转让、质押、抵押或以其他方式处置。此种方式不涉及持股主体穿透披露的问题,激励人数更加自由。

(二)科创板首次公开募股中员工持股计划面临的困境

虽然《科创板审核问答》允许满足一定条件下,可不穿透计算股东人数。但现实中,初创成长型科技企业激励人数超200人,完成基金业协会备案或存在困难,承诺锁定36个月对权利限制较大。此外,员工持股计划参与范围的限缩解释也可能导致无法适应新型经济模式下公司的发展需要。

"三类股东"模式的员工持股计划超200人,备案程序缺乏预期且不代表合规。2020年5月8日,中国银保监会就《信托公司资金信托管理暂行办法(征求意见稿)》公开征求意见,第8条规定:"资金信托面向合格投资者以非公开方式募集,投资者人数不得超过二百人。任何单位和个人不得以拆分信托份额或者转让份额受益权等方式,变相突破合格投资者标准或者人数限制。"虽然针对合格投资者设200人限制备受争议,监管尺度却有所收紧,与《证券投资基金法》的规定保持一致。科创板拟上市公司意图通过"三类股东"突破200人限制,能否完成备案程序存在较大不确定性。此外,2019年中国证券投资基金业协会发布《私募投资基金备案须知》,明确备案不构成对管理人和私募投资基金合规情况的认可。

合伙企业模式的员工持股计划超200人,锁定36个月的要求可能降低科技企业股权激励吸引力。2019年10月,在科创板上市的中国电研,共计596名员工通过13个有限合伙企业间接持有公司股权。虽然《员工持股管理办法》已对股份减持作出严格限定,仍需承诺锁定36个月。港股与美股均未对上市前员工持股平台做此类强制,给予公司灵活安排的空间,深圳证券交易所首次公开募股审核也已不做强制要求。如汇创达于创业板上市,将员工持股平台众合通认定为一名股东,而众合通未设置锁定期,因受公司实控人控制而承诺锁定36个月。

激励对象范围限缩解释不满足科创企业现实需求。新型经济模式下,公司的经营研发愈加倚赖产业生态体系,重视与境外先进企业和技术人员的战略合作,因此对外部顾问或参股公司的员工进行激励已有实践案例,但尚无法纳入员工持股计划中进行豁免。例如,科创板上市公司中芯国际,在港股上市期间,曾于2014年披露购股权计划,参与资格方面由董事会酌情邀请中国、美国或其他地区的本公司任何雇员、高级职员或其他服务供货商接纳购股权。2019年7月在科创板上市的虹软科技,Arcergate股权激励平台包括部分外部咨询服务人员,只能选择穿透计算股东人数,最终出资总人数为190人,已临近200人的界限。

三、《证券法》公开发行规定豁免员工持股计划的法理逻辑

由于《证券法》对公开发行的严格界定,科创公司超"200人"员工持股计划往往在上市环节遭受挑战,部分企业被要求全面清退,部分企业则转向海外谋求上市。但员工持股计划在我国并非一开始就受此限制,因应科技创新企业的发展需要,伴随科创板首次公开募股审核中"闭环原则"的率先试点,员工持股计划的松绑诉求已嵌入在立法理念中。从"证券"品种的经济实质出发,不同特征的员工持股计划是否落入证券监管范畴在理论上存在讨论空间。鉴于我国无法通过判例形式逐案识别向员工发行股票不适用《证券法》,在成文法层面确立了员工持股排除200人计算的例外规定。该规定与美国"701规则"基

于员工持股计划属非筹资性证券交易而豁免发行注册,以及《JOBS法案》基于该安排不具二级市场交易活跃性而豁免实体注册的考量殊途同归。

(一)员工持股计划与"证券"范畴

员工持股计划与证券发行监管之间的矛盾并非我国特有。对于不符合"证券"实质的员工持股计划,即使表现形式为法定列举的"证券",美国司法裁判认为无须适用证券法,因而不涉及是否豁免的问题。而我国基于分业监管的职权体系,明确列举了股票、债券、存托凭证作为证券法的调整对象,无法跳脱出证券法对证券品种进行认定。因此,如股权激励的表现形式为纯持股平台,则需寻求豁免之路;如表现形式为资管产品、证券衍生品等,则不一定从公开发行证券角度进行规管,监管制度通常另有安排(如关于上市前股票期权的规定)。一直以来,完善"证券"定义的呼声较为强烈,未来如果有所调整,员工持股计划与证券法的关系或许将重新检视,而美国对员工持股计划与证券概念的认识提供了有益借鉴。

美国的员工持股计划(employee stock ownership plans,ESOP),又称雇员福利计划。在雇员福利计划中可以发行两种"证券":一是员工在计划中享有的参与权益;二是所投资的工具(如持股的信托基金)持有股票的权益,所投资工具持有的权益通常属于证券。员工在计划中享有的参与权益则可设置为是否具备"共担性"(只由雇主支付则为非共担性)与"强制性"(员工无权选择是否参与或支付为强制性),[5]而这两种特性决定了雇员福利计划在证券监管上的不同处理。

《1933年证券法》与《1934年证券交易法》两部法律对"证券"进行了清单式的列举(如票据、股票、债券),且实质上相同。但并未对这些名称的含义做出解释,也未明确"证券"与"非证券"划分的经济实质。法院在判例中逐渐发展出是否构成"证券"的分析框架。首先,需判断该投资工具是否落入法定列举范围以及是否符合该定义的内在特征,如并不符合,则适用"Howey测试"判断是否构成"投资合同"

〔5〕 参见[美]路易斯·罗思、[美]乔尔·塞利格曼:《美国证券监管法基础》,张路等译,法律出版社2008年版,第228页。

(investment contract);如均符合,还需依据"Reves 测试"考察其经济实质(见图2)。

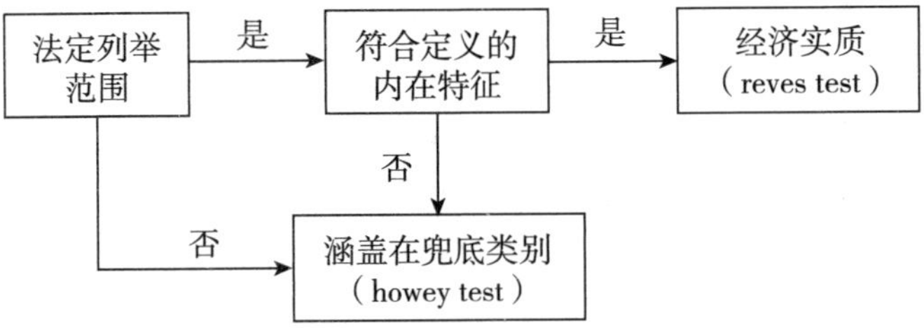

图 2　证券范畴的判断路径

"Howey 测试"在 1946 年提出,[6] 作为判断证券范畴的著名案例结论,成为弥补成文法不足的重要工具,主要包括四个构成要件:(1)投资者以现金或等值品投资;(2)投资于同一项目或实体;(3)投资者具有获利预期;(4)获利依赖于发起人或第三方的努力。就雇员福利计划而言,雇主可能无偿发放股票给员工,作为对其劳务的补偿,因此,争议焦点主要在于是否满足"以现金或等值品投资"这一构成要件,也成为判断前三种雇员福利计划不符合"证券"定义的重要依据。

关于员工持股计划的判例法最早源于 1979 年 International Brotherhood of Teamsters v. Daniel 案的裁决。该案中的员工持股计划是强制性非雇员共担计划,即雇员不能选择是否参加该计划,也不对该计划支付任何款项。[7] 最高人民法院认定,非共担、强制养老金计划不构成《1933 年证券法》或《1934 年证券交易法》意义上的"证券"。将"以现金或等值品投资"分解为两层含义,投资考虑(consideration)与投资决定(decision),在强制性的雇员福利计划中,员工不存在考虑做出投资的机会,也未做出过投资决定,因此不属于"证券"。[8] 基于此,强制性、非共担性和强制性、共担性的雇员福利计划均可认定不符合"证券"定义。

Daniel 案判决作出后,美国证券交易委员会在 1980 年和 1981 年

---

[6] SEC v. W. J. Howey Co. ,328 U. S. 293(1946).

[7] International Brotherhood of Teamsters v. Daniel,439 U. S. 551(1979).

[8] Uselton v. Commercial Lovelace Motor Freight,940 F. 2d 564,573 (10th Cir. 1991).

发布了两份文件,陈述对雇员福利计划如何适用《1933 年证券法》的看法,推定第三种自愿性、非共担性的雇员福利计划不涉及证券。〔9〕虽然 Daniel 案并未涉及此种类型,但其分析是否具有"证券"属性时,考虑的是包含持有权益的整个交易,而不仅仅是持有权益本身的特征。自愿性、非共担性的雇员福利计划中,普通员工主要是为了谋生而出卖自己的劳动力,而非为了投资。激励工具在员工全部不可分割的薪酬中,仅是相对无关紧要的部分,〔10〕完全由雇主出资缴款,员工也并未做出投资的决定。

最后一种是自愿性、共担性。美国证券交易委员会与法院的界定存在差异,美国证券交易委员会认为雇员共担涉及金钱投资,通过所投资工具管理人的努力产生预期收益,符合"证券"的概念。但某些法院认为此种认定过于宽泛,雇员福利计划的设定可能不满足"Howey 测试"中的"获利预期"要件。例如,员工的福利是有保证的,类似于固定的年金,具有稳定性和安全性,能否赚取利益不依赖于投资工具的发展前景,〔11〕但法院的此种认定囿于个案事实。因此,自愿性、共担性雇员福利计划可能属于证券,至少在员工的最终福利以投资成功因素为主,而不具有担保因素的情况下,构成"证券"。〔12〕对于落入证券监管范畴的员工持股计划,需回归公开发行证券注册制的立法本意,判断员工持股计划排除适用的合理性。

(二)员工持股计划不具备涉众筹资性

公开发行行为的规范是证券监管的重要组成部分,原因在于其具有涉众性,关系到公众投资者利益和金融市场秩序稳定。虽然就如何界定公开发行,各国法律作出不同的安排,但根本考量是一致的。例如,美国更为关注发行对象是否为成熟投资者,不以人数多少界定行为性质。《1933 年证券法》下的"交易注册"是对特定发行行为提出信息披露要求,在以公众投资人作为买方的一级市场交易,解决公众投资者因经验、地位处于弱势带来的信息不对称问题。因而私募发行存在豁

〔9〕 参见前注〔5〕。

〔10〕 International Brotherhood of Teamsters v. Daniel, 439 U. S. 551 (1979), pp. 559 - 560.

〔11〕 Tanuggi v. Grolier Inc., 471 F. Supp. 1209, 1215 (S. D. N. Y. 1979).

〔12〕 参见前注〔5〕。

免空间。

1993~1999年,将一半以上员工纳入雇员福利计划的美国大型公司占比由17%上升至39.4%。[13] 由于需要考虑发行对象是否需要获得证券法的保护,如发行人信息的可获取性、自身投资经验及财富水平,一旦员工持股计划的范围扩大,能够满足上述标准的员工较少,无法通过私募发行路径豁免负担较重的注册义务。[14] 经过广泛讨论,美国证券交易委员会依据《1933年证券法》的授予权限,制定了"701规则",秉承监管强度与风险水平相匹配的理念,设置了多样化的发行限额。发行人每连续12个月可依照"701规则"销售的证券总额不超过以下三者中的最高额:(1)100万美元;(2)最近一个资产负债表日总资产的15%;(3)最近一个资产负债表日已发行的该类股份的15%。[15]

监管认为雇员福利计划的本质属性与证券法的立法本意存在差异。由于员工在发行人处任职,掌握其基本情况,相较于发行人没有特殊联系的投资者而言,信息披露的类型和数量应当有所区分。为防止滥用豁免注册发行的规定,"701规则"明确仅针对非报告公司,不适用于证券交易所的报告公司。依据"701规则"发行的证券属于"受限证券",除非该证券已注册或持有人符合豁免要求,否则不得自由交易。[16]

我国严守"二百人"底线,主要考虑是如果特定对象人数较多,对于社会公众利益有一定影响,实质上具备了公开发行的特性。[17] 1998年《证券法》最初颁布,未对"公开发行"进行界定。2005年修订时,采取列举方式规定了两种情形:一是向不特定对象发行证券;二是向特定对象发行证券累计超过200人。选定"200"这一数字,与2005年《公

---

〔13〕 See *Disclosure of Equity Compensation Plan Information*, Exchange Act Release No. 34-43892, January 26, 2001.

〔14〕 参见吕雅馨:《美国员工持股注册豁免制度探析》,载《法律与新金融》2018年第1期。

〔15〕 Rule 701(c) [17 CFR 230.701(c)].

〔16〕 SEC, *Employee Benefit Plans-Rule* 701, https://www.sec.gov/smallbusiness/exemptofferings/rule701, 2020年10月30日访问。

〔17〕 参见程合红主编:《〈证券法〉修订要义》,人民出版社2020年版,第25页。

司法》新增发起人人数200人为限相衔接,又承接了2002年《信托投资公司资金信托管理暂行办法》中信托投资公司接受的资金信托合同不超过200份的规定。[18]

该规定具有中国特定的历史成因,主要是20世纪90年代以来异常活跃的非法证券活动,共历经3个高峰期。第一个高峰表现为擅自发行和交易内部职工股。第二个高峰则为场外非法股票交易。第三个高峰为2000年年初以来的非法发行股票和非法经营证券业务。[19] 2006年国务院办公厅发布《关于严厉打击非法发行股票和非法经营证券业务有关问题的通知》,首次明确向特定对象转让股票后,公司股东累计不得超过200人。为防止规避"二百人"限制,监管层面一直秉承多次发行累计计算、穿透合并各级主体、二次转售后股东人数仍然受限3个计算原则。

但目前广泛提倡的科技公司员工持股计划,不同于股份制试点初期"内部职工股"的全新安排,与非法集资活跃期间的职工持股存在本质差异,与《证券法》的调整范围也不相匹配。根据最高人民法院《关于审理非法集资刑事案件具体应用法律若干问题的解释》,非法集资活动包括非法性、公开性、利诱性、社会性四个特征。利诱性包含有偿性和承诺性两个方面,投资者需要投入资金进行被动投资,获利依赖于发起人或第三方的努力。但员工持股计划中,投资回报主要来自员工自身提供劳务的努力,一般不具有利诱性。通常设置锁定期,严格限制对外转让,也缺乏公开性。

公开发行行为的证券监管,旨在促进资本募集与二级交易市场的诚信。然而,这些立法考虑在为补偿目的而向员工提供激励计划的情况下并不适配。[20] 股权激励计划作为补偿性证券交易,不同于筹资性

---

[18] 参见郭雳:《特定对象发行:制度构建与疑义相析》,载《华东政法学院学报》2006年第1期。

[19] 参见孙沛成:《对我国〈公司法〉第79条和〈证券法〉第10条"200人"规定的反思》,载杨遂金主编:《民商法争鸣》(第3辑),法律出版社2011年版。

[20] See American Bar Association, *International Employee Stock Plans and the Federal Securities Laws*, The Business Lawyer ,February 1994, Vol. 49, No. 2, February 1994.

证券交易，发行人主要关心的是补偿雇员，而非最大化其出售收益。[21]

（三）员工持股计划不具备交易活跃性

除《1933 年证券法》下的“交易注册”，美国《1934 年证券交易法》下的“实体注册”要求持续信息披露，如季报、年报，考虑的是二级市场上交易发行人证券，投资者需要掌握发行人近期的经营信息。一般而言，符合以下两种情形的公司需要履行该注册义务：第一，在全国性的证券交易所上市交易（第 12 条 b 款）；第二，在册股东超过 2000 人，或非合格投资者超过 500 人，且资产超过 1000 万美元的非上市公众公司（第 12 条 g 款）。我国公开发行“200 人”标准似未明确区分注册义务是对此次发行行为的注册，抑或是对上市公司实体进行的注册，不排除部分参考了美国对在册股东人数限制的规定。

从立法历史来看，第 12 条 g 款并非原始条款，而是由《1964 年证券法修正案》纳入。[22] 此次修正案的历史背景是国会要求美国证券交易委员会重新审查“管理证券市场的规则，以确定它们是否足以保护投资者”。[23] 1961 年，美国证券交易委员会经调查研究后建议，消除全国性证券交易所交易证券和场外交易市场交易证券之间的信息差异。此前证券监管上的注册和报告规定只适用于在全国性证券交易所上市的发行人，因为早在 1929 年，美国仅 16% 的股权证券交易量发生在柜台市场，至 1961 年，该数字为 61%。[24] 第 12 条（g）款的增加，旨在将证券法上的部分条款扩大至在场外交易市场交易的证券发行人，为判断依据何种标准对非上市公众公司施加信息披露义务，美国证券交易委员会对场外交易市场交易的企业进行数据回归分析，发现在册股东人数和交易数额呈正相关。而二级市场交易活跃度越高，信息披露必要性越强，因此，股东人数成为能够量化、间接反映二级市场交易

---

〔21〕 See *Exempt Offerings Pursuant to Compensatory Arrangements*, Securities Act Release No. 33 - 7645, Feb. 25, 1999.

〔22〕 Securities Act Amendments of 1964, Pub. L. No. 88 - 467, 78 Stat. 565 (1964).

〔23〕 Robert Anderson IV, *Employee Incentives and the Federal Securities Laws*, University of Miami Law Review, Vol. 57, 2013.

〔24〕 参见吕雅馨：《美国员工持股注册豁免制度探析》，载《法律与新金融》2018 年第 1 期。

的指标。

将员工持股计划放在股东人数设置的原始意图上考虑会发现,此种情况下,人数无法成为衡量交易活跃度的有效标准。员工持股计划虽然涉及人数较多,但通常会设置较长的限售期,具有不可转让性、人身附随性,即使内部可互相转让,也不会产生互相之间信息不对称的问题。2012 年美国已通过《JOBS 法案》修订了第 12 条 g 款,明确记名证券不包括根据员工持股计划所获得证券,[25] 员工持股人数不计算在股东人数内。

四、《证券法》公开发行规定豁免员工持股计划的适用理解

因不完全符合证券法规范募资行为、充分信息披露的立法本意,员工持股计划得以跨越公开发行严密规范的藩篱。然而,员工持股是国有企业在公司制和股份制改造过程中逐步发展起来的一种股权制度安排。其间经历多次反复,出现较大波动,也数度被紧急叫停。[26] 这反映出股权激励能够实现优化公司治理、劳动者共享发展成果方面存在普遍共识,但如何达到上述目的仍需在法律适用上积极研究探索。

(一)立法取向转变为无须穿透计算

证券法保护边界性与职工持股性质可责性之间的动态平衡,初步突破股东人数上限"瓶颈"的潜在趋势,均传递出立法取向已转变为在公开发行规定中豁免员工持股计划。新《证券法》实施后,员工持股计划无须遵循监管层面的严格计算原则,仅将直接持股主体视为一名股东,上层股东人数不做限定,在员工之中的多次发行和二次转售也不必纳入计算。

我国企业内部职工持股的最初原因是内部筹集资金,随后作为国有企业股份制改造及改善经营管理的一种方式逐渐推广。[27] 1985 年

[25] Jumpstart Our Business Startups Act, Pub. L. No. 112 - 106 Sec. 502.

[26] 参见黄群慧、余菁、王欣、邵婧婷:《新时期中国员工持股制度研究》,载《中国工业经济》2014 年第 7 期。

[27] 参见王新红:《职工持股法律问题研究》,载《时代法学》2003 年第 2 期。

国务院办公厅转发国家体改委《全国城市经济体制改革试点工作座谈会议纪要》指出“试点企业可选择少数大企业试行吸收本企业职工入股”,主要原因是员工热情较高及缓解内部资金紧张。1992 年 5 月,国家体改委发布《股份有限公司规范意见》后,大量国企实施职工持股。此时试点“内部职工股”的背景是允许设立不规范的定向募集股份有限公司,由于缺乏必要的法律规则进行约束,开始出现超范围、超比例发行,或以法人名义购买股份后分发给个人,造成内部股公众化、法人股个人化。[28] 因此,在募资为主要意图、员工投机心理大于激励作用、法治保障不健全的背景下,证券监管的态度只能逐渐收紧。

及至今日,经济发展向创新驱动转型,支持公司建立长效激励机制,激发员工积极性、创造性成为更为重要的时代命题。鉴于科技创新需求迫切、信息传递有效性提高、证券监管体系逐渐完备,《证券法》需要适应新经济企业员工持股和国有企业混合所有制改革的需求,放开员工持股计划的 200 人限制,[29] 向豁免其注册义务一端倾斜。

《证券法》修订过程中,对具有中国特色的公开发行“二百人”标准本身是否适宜,进行了广泛讨论。由于“二百人”与公司法股东人数上限相衔接,而纵观世界各国,放宽股东人数上限已逐渐成为共识。目前欧盟绝大多数国家不对公司股东最高人数进行限制,我国台湾地区和日本也相继取消了限定,美国国会也正在提议放宽公司股东人数上限。[30] 虽然为避免引发风险,将 200 人人数标准提高到 2000 人,将董事、监事、高级管理人员等发行人的关联人排除计算等建议均未被《证券法》采纳,[31] 但将员工持股计划作为公开发行“二百人”标准的例外规定却是向前迈进了一步。

(二)豁免范围不仅限于本公司员工

明确依法实施的员工持股计划能够豁免,随之而来的问题便是豁

〔28〕 参见王保树:《完善国有企业改革措施的法理念》,载《中国法学》2000 年第 2 期。

〔29〕 证监会:《对十三届全国人大一次会议第 4329 号建议的答复》,载证监会官网,http://www.csrc.gov.cn/pub/zjhpublic/G00306201/201808/t20180831_343360.htm,2020 年 10 月 30 日访问。

〔30〕 参见戴皓:《员工持股计划与 IPO 审核 200 人上限政策相衔接》,载环球网,https://finance.huanqiu.com/article/9CaKrnJUlOy,2020 年 10 月 30 日访问。

〔31〕 参见前注〔17〕。

免范围的界限如何划定。证监会最新审核问答认为原则上全部由公司员工构成,新《证券法》施行之前设立的员工持股计划含外部人员,可不清理但穿透计算。经考察比较法经验并结合现实情况,豁免范围的理解应当有所放宽,即包括本公司或其母公司、控股子公司、集团内兄弟公司的董事、高级管理人员或其他员工。

我国香港地区与美国规定的股权激励对象范围较为宽松,以便利企业充分利用激励工具。香港证券交易所认为,虽然主要股东及其联系人对上市发行人一般具有控制权或较大影响力,存在明显利益冲突。但未禁止其作为发行对象,仅规定了严格限额标准下的审议要求。[32]

美国"701 规则"下"员工"的范围则更加宽松,发行对象范围包括非报告公司(或其母公司、控股子公司或兄弟公司)与该公司的雇员、管理人员、董事、合伙人、受托人、咨询顾问。[33] 1999 年,"701 规则"将发行对象范围扩大至包括兄弟公司的雇员,针对咨询顾问保持较为谨慎的态度,做出严格限制。[34] 2018 年,美国证券交易委员会发现,自 1999 年一系列实质性修订以来,股权激励计划的种类和劳动力结构都发生了重大变化,开始就"701 规则"现代化的改进方案征求意见。其

---

〔32〕《港交所上市规则》第 17.04 (1)条除第 17.03(3)条附注 1 及第 17.03(4)条附注所载的股东批准外,每次根据上市发行人或其任何附属公司的计划向上市发行人的董事、最高行政人员或主要股东或其各自联系人授予期权时,也须同时遵守本第 17.04 (1)条的规定。每向任何此等人士授予期权之前,必须先得上市发行人的独立非执行董事批准(任何获授期权的独立非执行董事不计算在内)。如向上市发行人的主要股东或独立非执行董事又或其任何联系人授予期权,会令计至有关人士获授期权当日止的 12 个月内所有已授予或将授予的期权(包括已行使、已注销以及尚未行使的期权)予以行使后所发行及将发行的证券:

(a)合计超过有关类别已发行证券的 0.1%;及

(b)(若有关证券在本交易所上市)按授出期权当天的收市价计算的总值超逾港元 500 万元。则该等再次授予期权的建议须经上市发行人的股东批准。上市发行人须向股东发出通函。在该股东大会上,获授人、其联系人及上市发行人的所有核心关联人士须放弃投赞成票。

〔33〕 Rule 701(c) [17 CFR 230.701(c)].

〔34〕 Rule 701(c)(1) [17 CFR 230.701(c)(1)]. 要求包括:(1)自然人;(2)向发行人、其母公司、其控股子公司或者兄弟公司提供真实的服务;(3)其提供的服务与融资交易中的证券发行或者销售无关,不直接或者间接地促进或者维护发行人的证券市场。

中，特别提及“零工经济”（gig economy），鉴于发行人利用数字平台为员工提供销售商品和服务的机会，需要理解其工作形式并确定这些关系的性质，为扩大“701 规则”豁免资格提供基础。[35] 由于“701 规则”设置了多样化的发行限额，[36] 而我国内地并未要求，香港地区也在考虑收紧有关向非雇员授出期权的披露规定，[37] 目前尚不适宜过于宽泛，可以关联实体员工为限，暂不纳入外部顾问。

实践中集团内员工交叉持股的创新激励模式已广泛运用，且具备必要性及合理性。将合伙制理念运用到股权激励中，通常由集团内母公司员工和各子公司员工组成有限合伙，共同投资集团内的创新业务或重点业务，为业务成长凝聚人才。阿里巴巴、小米等互联网企业作出有益尝试后，其他行业的诸多企业也学习效仿，可见该创新模式对企业发展起到积极作用。国务院国资委《规范职工持股意见》中规定职工可投资参与本企业改制，确有必要的，也可持有上一级改制企业股权。科研、设计、高新技术企业科技人员确因特殊情况需要持有子企业股权的，存在豁免余地。表明规则上已考虑到扩大员工持股计划发行对象范围存在积极意义。

从公司法对公司独立性界定的角度看，当从集团角度考虑每个子公司时，独立边界往往并不一定需要划分特别清楚，从而局限员工持股计划激励对象的范围。企业集团通常作为整体运营，追求集团利益的最大化，而弱化集团内各个子公司的法人人格。集团内的子公司无法完全等同于传统意义上的独立法律实体，一定程度上缺乏独立性。[38] 基于此，我国台湾地区“公司法”的最新修改也扩大了员工奖励工具的

---

[35] SEC, *SEC Adopts Final Rules and Solicits Public Comment on Ways to Modernize Offerings Pursuant to Compensatory Arrangements*, https://www.sec.gov/news/press-release/2018-135, 2020 年 10 月 30 日访问。

[36] 发行人每连续 12 个月依照“701 规则”销售的证券总额不超过以下三者中的最高额：(1)100 万美元；(2)最近一个资产负债表日总资产的 15%；(3)最近一个资产负债表日已发行的该类股份的 15%。

[37] 香港证券及期货事务监察委员会：《证券及期货事务监察委员会就交易所规管上市事宜的表现而作出的检讨报告》，2020 年 6 月，第 25 页。

[38] 参见彭冰：《从零思考修改公司法》，载北京大学法学院招生教学信息平台，https://mp.weixin.qq.com/s/p8qchuGdBAwNzwiDHByb2Q，2020 年 11 月 24 日访问。

发放对象,可包括控制或从属公司之员工。主要立法理由在于,企业基于经营管理之需,常设立研发、生产或营销等各种功能之从属公司,且大型集团企业对集团公司员工均采取同等奖励措施。应赋予企业运用员工奖酬制度之弹性,借鉴外国实务作法,以符合实务需要。[39] 例如,研发子公司可以发行给生产事业母公司员工。[40]

五、《科创板审核问答》员工持股计划条款的完善建议

无论是科创板拟上市公司员工持股计划存在的实践困境,还是《证券法》修改将员工持股计划排除"二百人"计算的立法考量,均反映出《科创板审核问答》确立的"闭环原则"已完成阶段性任务,应予删除。考虑到"三类股东"的审核标准中并未纳入因实施员工持股计划而形成的"三类股东",可吸收借鉴证监会及深交所的规定,明确依法设立的资管计划、合伙企业等员工持股平台均适用员工持股计划审核问答。在此基础上,进一步明确员工持股计划"依法实施"的要素,通过设定负面清单方式予以具体化,健全发行对象激励约束机制。

(一)明确员工持股计划依法实施要素

《证券法》第 9 条明确规定,只有"依法实施"的员工持股计划才符合豁免条件,意味着不是任何冠名为"员工持股计划"的证券发行行为都可得到豁免。从《证券法》公开发行规定豁免员工持股计划的法理逻辑出发,建议厘清员工持股计划"依法实施"需具备的特征,为科创公司设计股权激励方案提供合理预期。

员工持股计划应满足下列要求:

一是不具备融资性。员工持股计划设立目的应是为员工的劳动提供回报、激发员工创造性,而非募集资金,可以从激励对象的要求、授予权益的条件等方面综合判断。

---

〔39〕 参见我国台湾地区"公司法"第 167 条。

〔40〕 参加郭大维:《我国台湾地区公司法制的再进化——评 2018 年我国台湾地区新修正"公司法"》,载蒋锋、卢文道主编:《证券法苑》(第 26 卷),法律出版社 2019 年版。

二是不具备外部性。出于长期绑定员工的考虑，设置较长期限的锁定期通常被认为是不具备外部性的。为防止隐藏在持股平台背后的变相公开发行，平台内部应建立严格的流转、退出机制，通常情况下不作流动性安排，设置持股管理委员会确定可转让的对象和条件。

三是不具备信息不对称性。参与对象应当是能够掌握公司基本情况、积极参与到公司日常经营中的员工，有助于避免信息不对称对投资者利益的损害，也能防范公司对“名义上的员工”利益输送。

（二）设定员工持股计划负面清单

上述员工持股计划依法实施的基本要素，是探究《证券法》例外规定的立法逻辑后，对其核心理念的具体阐释，仍然较为概括。但各国立法仅是创造职工持股制度的环境，未对其运行规则直接作出规定，主要原因在于员工持股计划采取何种形式、如何运行，本质上属于自治范围。〔41〕因此，不建议规定该如何安排方为合规，从而限制激励方案的想象力。通过负面清单划出红线可能更加合适，具体可包括以下情形：

募集范围上，不得扩大至与员工有关系的人员，或并未为公司提供服务的人员。股份锁定上，员工在一定期限内不得转让。企业为激励员工而实施持股计划，如取得股份后可立即转让，则失去留住人才之本意。交易机制上，不得在社会上转让交易、不得继承，允许内部转让。对员工股的转让应严格限制，以避免职工持股变为投机工具。仅在符合特定条件时，可由持股计划的管理主体确定转让对象。但为激励员工持股，有必要允许员工内部转让股权。〔42〕

（三）健全发行对象激励约束机制

虽然激励对象的范围不宜完全限缩为本公司员工，应放宽至本公司或其母公司、控股子公司、集团内兄弟公司的董事、高级管理人员或其他员工。但如果设计不当，职工通过投资关联企业，从事不当利益输

---

〔41〕 参见王保树：《职工持股会的法构造与立法选择》，载《法商研究》2001年第4期。

〔42〕 参见蒋建湘：《国企混合所有制改革背景下员工持股制度的法律构建》，载《法商研究》2016年第6期。

送或转移国有企业利益,[43]可能成为自身谋取福利的渠道。

基于此,在放宽"员工"范围的同时,也应当对其有所限定,可以考虑从以下两个角度入手:其一,借鉴我国香港地区针对特定对象设置审议标准及美国发行上限的思路,要求如向关联实体员工进行股权激励,每12个月内不得超过一定金额或一定股份数量;其二,对关联实体的投资范围、持股管理有所约束,即关联实体员工不得选择性投资已经成熟的业务,表决权行使由专门管理机构集中负责,限制员工独自行使表决权或决策权。如不满足上述条件,则不构成《证券法》意义上"员工持股计划",相关人员按实际人数穿透计算,仍不能豁免注册义务。

(编辑:韩励豪)

〔43〕 参见国资委:《推进国有企业改制 规范职工持股行为——〈关于规范国有企业职工持股、投资的意见〉答记者问》,载国务院国有资产监督管理委员会网站,http://www.sasac.gov.cn/n2588035/n2588320/n2588335/c4258655/content.html,2020年11月24日访问。

征稿启事

《证券法苑》是上海证券交易所主办、面向国内外公开连续出版的法学学术著作,并已被中国社会科学评价中心收录为中文社会科学引文索引数据库(CSSCI)来源出版物。《证券法苑》致力于繁荣资本市场法治研究,弘扬资本市场法治理念,推动资本市场法治建设,促进资本市场健康稳定发展。

《证券法苑》坚持学术性与实践性并重、现实性和前瞻性兼顾,紧紧围绕我国资本市场的改革发展,密切关注资本市场法治动态,集中研究资本市场立法、监管执法和司法等法治活动,深入剖析资本市场法律制度和法律关系,积极探讨资本市场法治建设中的重点、难点、热点问题。

《证券法苑》设置"理论前沿""专题研究""名家论坛""热点追踪""制度研究""市场监管""域外法制""法学随笔""案例评析"等栏目,每卷根据实际情况略有不同。

2017 年起,《证券法苑》计划每季度出版 1 卷、视稿件质量全年出版 3 ~ 4 卷,诚邀各界惠赐稿件。现就征稿相关事项说明如下:

一、征稿范围

《证券法苑》选题范围包括:证券法、公司法、金融法等的法理研究,资本市场法治发展动态研究,资本市场监管的法律研究,资本市场创新的法律研究,资本市场典型法律案例研究,境外资本市场法律制度研究等。

参考选题如下(可不受此限):

1. 新《证券法》实施:我国新《证券法》实施的重大理论问题研究,《证券法》具体制度的实证研究,证券衍生品种、财资产管理产品、场外市场监管制度的完善,资本市场法律体系的构建与完善,境外资本市场法制动态及其对我国证券法制体系的借鉴意义。

2.《公司法》修订:优化营商环境背景下我国《公司法》修订的思路

与建议,上市公司控股股东、实际控制人等“关键少数”的规制路径,公司治理结构的职权与设置,非上市公众公司监管制度,股份发行与转让制度的改革方向,公司集团化趋势下的法律应对策略。

3. 设立科创板试点注册制改革相关制度:各国(地区)证券发行注册制的比较研究,试点注册制的制度创新与实践评估,科创板上市公司监管的制度实践、法律问题与对策,科创板试点注册制司法保障的法律问题分析。

4. 信息披露制度:信息披露制度的完善方向,如何提高信息披露制度的有效性,如何界定信息披露的“重大性”,信息披露法律责任分配,自愿性信息披露制度的逻辑与建构。

5. 证券交易制度:多层次市场上市、交易、登记结算、转板制度的构建,错误交易撤销制度,交易技术发展(ATS、ECN、程序化交易、高频交易、暗池交易等)对传统证券交易制度的挑战与监管对策。

6. 证券监管执法:近年来境外资本市场监管体系与制度的发展变化,我国证券执法机制的完善,我国金融监管协调机制的完善,资本市场监管转型的配套制度建设。

7. 投资者保护:网络环境下的投资者保护,投资者适当性制度研究,新型证券违法行为研究,证券市场侵权民事责任与民事诉讼制度的完善,投资者保护基金制度的完善,证券市场多元化纠纷解决机制的完善。

8. 资本市场对外开放:红筹企业境内发行上市法律问题研究,证券法律冲突与法律适用,跨境监管协作机制的构建。

9. 资本市场创新法律制度:私募基金的法律规制,可交债的制度设计,市场创新对现有法律制度的冲击与立法完善。

10. 金融监管法律制度:金融业综合经营的法律问题,金融统合监管立法,全球金融监管法律制度的发展演变与最新动态,互联网金融的监管对策,金融消费者保护。

二、投稿要求

1. 论文应当立论科学、论据充足、论证严密、层次清晰、语言流畅,尤其欢迎贴近市场脉搏、具有学术深度和实践应用价值的文章。稿件篇幅以一万字左右为宜,特别优秀稿件不受此限。

2. 投稿请发送至以下电子邮箱：zqfy@ sse. com. cn（建议投稿后电话确认）。所有投稿应符合国家著作权规定、公认学术规范和本书“编辑体例”要求（详见上交所官方网站 http://www. sse. com. cn/“关于”栏目或《证券法苑》图书）。

3. 本书实行匿名审稿制度，作者投稿时请一律将作者简介（姓名、出生年月、工作单位、学位、职称、研究成果等）、通讯方式（地址、邮编、电话、电子信箱等）以及本文是否为何种课题成果等内容，另页单独注明，正文中不要出现任何个人信息。

4.《证券法苑》编辑部保留对来稿进行文字性和技术性修改的权利。《证券法苑》所载文章，均不代表上海证券交易所观点，文责由作者自负。除作者特别说明外，其文章均为其个人观点，与其所在单位、职务无关。

5. 向《证券法苑》投稿即视为授权本书将稿件纳入《中国学术期刊网络出版总库》及 CNKI 系列数据库、“北大法宝”（北大法律信息网）数据库、万方数据库以及本书确定的其他学术资源数据库，本书支付给作者的稿酬已包含上述数据库著作权使用费。如有异议，请在来稿时注明，本书将做适当处理。

6. 凡投给本书的稿件，请勿一稿多投。自投稿之日起 3 个月未接到本书用稿通知的，作者可以自行处理。稿件编辑过程中如拟被其他出版物采用的，请作者及时告知相关决定，以免重复出版。

7. 联系人：

姜沅伯　电话：021－68602370；

宋　澜　电话：021－68602679。

编辑体例

一、标题：宋体小三号字，居中。如有关于本篇文章的说明，注脚注，用上标（＊）。

二、作者：宋体小四号字，居中，并用上标星号（＊）作为介绍作者脚注的标志，在脚注中注明作者姓名、工作单位、职务、职称（为便于联系，另请作者向《证券法苑》联系邮箱提供通信地址、邮政编码、固定及移动电话、电子邮箱，本书对此予以保密）。如有两名作者，第二名作者用两枚上标星号（＊＊），依此类推。

三、中文摘要、关键词：楷体 GB2312 小四号字，摘要 200 字以内、关键词 3～5 个。

四、英文标题、摘要、关键词："Times New Roman"字体，标题小三号字居中，摘要与关键词小四号字。

五、正文：宋体小四号字，首行缩进，行距 18 磅。区分标题和要点，标题层级依次为"一、……""（一）……""1. ……""（1）……"，要点层级依次为"1. ……""（1）……""①……"，一段之内的要点列举使用"（1）……"一级标题采用四号宋体加粗；二级标题采用黑体小四号字不加粗；三级标题宋体小四号字，不加粗。引用具体法律文件应加书名号，如《证券法》《上市公司收购管理办法》。法条序号（第×条、第×款、第×项）、时间（世纪、年代、年月日等）、数量金额等用阿拉伯数字，但直接引用原文的从原文。

六、注释：采用脚注，全文连续注码，注码放标点之后，注码符号为"1、2、3、……"非引用原文者，注释前加"参见"；引用资料非原始出处者，注明"转引自"；数个注释引自同一资料者，可合并同注某。宋体小五号字。

注释示例如下：

1. 著作类

（独著作品）史尚宽：《民法总论》，中国政法大学出版社 2000 年版，第 19 页、第 22 页。

（合著作品）崔建远、韩世远：《债权保障法律制度研究》，清华大学出版社 2004 年版，第 10 页。

（多人合著作品）蔡守秋等：《可持续发展与环境资源法制建设》，中国法制出版社 2003 年版，第 214 ~ 216 页。

（编辑作品）张文显主编：《法理学》，法律出版社 2004 年版，第 65 ~ 67 页。

2. 论文类

（期刊）俞荣根、刘霜：《立法助理制度述论》，载《法学杂志》2007 年第 2 期。

（论文集）尹田：《论动产善意取得的理论基础及相关问题》，载梁慧星主编：《民商法论丛》（第 29 卷），法律出版社 2004 年版。

（学位论文）刘晓华：《私法上的信赖保护原则研究》，山东大学 2013 年博士学位论文。

3. 译作类

［英］亚当·斯密：《国富论》，唐日松等译，华夏出版社 2005 年版，第 224 页。

4. 报纸类

李希慧等：《"轻轻重重"应成为一项长期的刑事政策》，载《检察日报》2005 年 5 月 26 日版。

5. 古籍类

《明太祖实录》卷二十六。

6. 辞书类

《牛津法律大辞典》，光明日报出版社 1988 年版，第 68 页。

7. 网络类

梁慧星：《关于中国物权法的起草》，载北大法律信息网：http://article.chinalawinfo.com/article/user/article_display.asp? ArticleID = 29283，2009 年 8 月 8 日访问。

8. 判决书类

最高人民法院：上海大智慧股份有限公司与冯志雄证券虚假陈述责任纠纷二审民事判决书，案号：(2018) 沪民终 28 号，2018 年 9 月 17 日。

9. 外文类

从该文种注释惯例。英文注释体例如下:

著作类:

Harold U. Faulkner, *American Economic History*, New York, Harper & Brothers Publishers, 1960, pp. 23 – 25.

论文类:

Gavin Goh & Andreas R. Iiegler, *Retrospective Remedies in the WTO after Automotive Leather*, Journal of International Economic Law, Vol. 6, 2003.

网络类:

Impact Exchange, *Impact Exchange Board Listing Guide: A Board of the Stock Exchange of Mauritius*, https://iixglobal. com/wp – content/uploads/2017/04/Impact_Exchange_Listing_Guide – 2017 – 1. pdf, visited May 4, 2017.